普通高等教育“十三五”规划教材
全国高等医药院校规划教材

供中药学、中药制药、中药资源与开发、中草药栽培与
鉴定、临床中药学等专业使用

中药化学

何 昱 主编

科学出版社
北 京

内 容 简 介

本教材以“表述清晰、准确、易懂，能够激发学习兴趣”为编写指导原则，详细介绍了中药中具有生物活性、能够防病治病的有效化学成分。教材共分十二章，在总结归纳中药化学成分提取、分离和鉴定方法的基础上，系统介绍了各类型中药化学成分的结构特征、理化性质、提取分离、鉴别检识和结构鉴定等理论知识和技能，探讨了化学成分结构与药效之间的相关性，并例举了代表性中药的研究实例。同时，本教材还编写了各章内容提要、思考题及反应视频、显色照片、波谱谱图、背景知识等扩展阅读内容，以二维码的形式展现，从而帮助学习者更好地掌握本课程的内容，提高自主学习的能力。

本教材适用范围较广，可作为全国普通高等院校中药学、中药制药、中药资源与开发、中草药栽培与鉴定等中药学类专业的教学用书和药学类专业的教学辅助用书，也可供广大的医药研究工作者参考。

图书在版编目 (CIP) 数据

中药化学 / 何昱主编 . — 北京：科学出版社，2017.6
普通高等教育“十三五”规划教材 · 全国高等医药院校规划教材
ISBN 978-7-03-052916-9

Ⅰ. ①中… Ⅱ. ①何… Ⅲ. ①中药化学－医学院校－教材 Ⅳ. ① R284

中国版本图书馆 CIP 数据核字（2017）第 115339 号

责任编辑：刘 亚 / 责任校对：贾伟娟
责任印制：赵 博 / 封面设计：陈 敬

科学出版社 出版
北京东黄城根北街 16 号
邮政编码：100717
http://www.sciencep.com
北京凌奇印刷有限责任公司 印刷
科学出版社发行 各地新华书店经销
*
2017 年 6 月第 一 版 开本：787 × 1092 1/16
2025 年 5 月第七次印刷 印张：21
字数：528 000

定价：59.80 元

（如有印装质量问题，我社负责调换）

《中药化学》编委会

主　编　何　昱

副主编　李丽华　吴德玲

编　者　（以姓氏笔画为序）

王　靓（河北中医学院）
冯　薇（河北中医学院）
许凤清（安徽中医药大学）
李　斌（湖南中医药大学）
李行诺（浙江工业大学）
李丽华（河北中医学院）
吴德玲（安徽中医药大学）
何　昱（浙江中医药大学）
张刘强（上海中医药大学）
周桂芬（浙江中医药大学）
郭　辉（浙江工业大学）

前　言

本教材是普通高等教育“十三五”规划教材之一。依据中药化学课程的教学要求和目标，本教材详细介绍了中药中含有的各类型化学成分，在秉承中医药特色的同时，运用现代的化学分析手段与技术来阐释中药发挥药效的科学内涵。在编写过程中，以“表述清晰、准确、易懂，能够激发学习兴趣”为指导原则，内容上既突出中药化学成分自身的结构、性质、提取分离与鉴定，也注重与其他课程知识的融会贯通，以保证教材的整体性和系统性，培养学习者的中医药思维和创新能力。

教材共分十二章，在总结归纳中药化学成分提取、分离和鉴定方法的基础上，系统介绍了各类中药化学成分的结构特征、理化性质、提取分离、鉴别检识和结构鉴定等基本理论知识和技能，探讨了化学成分的科属分布、生物活性及结构与药效之间的相关性，并例举了代表性中药的研究实例。同时，本教材还编写了各章内容提要、思考题及反应视频、显色照片、波谱谱图、背景知识等扩展阅读内容，以二维码的形式展现，从而使学习者能更好地掌握本课程的内容，提高自主学习的能力。

各章具体的编写分工为：第一章由何昱编写，第二章由吴德玲、许凤清编写，第三章由李丽华编写，第四章由王靓编写，第五章由冯薇编写，第六章由李斌编写，第七章由张刘强编写，第八章由许凤清、吴德玲编写，第九章由李行诺编写，第十章由何昱编写，第十一章由周桂芬编写，第十二章由郭辉编写。编写成员来自各高等院校，他们以严谨负责的工作态度，查阅、汇总了大量的文献资料，并把自身多年从事课程讲授的经验积累和相关课题研究成果融合到本教材的编写中，在此对他们的辛勤付出表示真挚的感谢。诚然，由于我们的水平和能力有限，本教材中必然存在有不妥或不足之处，还恳请各位读者给予指正，以促使教材的质量得以不断提升。

至此本教材出版之际，《中华人民共和国中医药法》也将正式实施，衷心希望越来越多的中医药人才能够迅速地成长起来，运用现代的技术与方法解密“中医药”这一人类文明的瑰宝，推动中医药事业的不断发展。

编　者

2017年4月

目　录

第一章　绪　　论

第一节　中药化学的涵义和主要研究对象

中药化学（chemistry of Chinese materia medica）是一门以中医药基本理论和临床用药经验为指导，运用现代科学技术与方法研究中药中化学成分（以有效成分或有效部位为主）的学科。

在中药化学的涵义中，有三个核心方面。其一，中医药是几千年临床经验的积淀，为人类的生命健康提供了有力的保证。在人类运用中医药防病治病的过程中，逐步形成和完善了“辨证论治”、“四气五味”等理论。在“辨证论治”的基础上，依据病症的不同，结合中药药性，遣方用药，从而发挥最佳的治疗作用。中药的性味归经、功效应用，为中药化学成分的研究提供了最直接的借鉴。例如，中药青蒿来自菊科植物黄花蒿 *Artemisia annua* L. 的干燥地上部分，中医认为其具有截疟的作用，可以用于疟疾的治疗。正是在这一临床经验的指导下，我国学者对青蒿进行了成分的提取分离和药效活性成分的跟踪，确定了其抗疟的有效成分——青蒿素（artemisinin）。青蒿素类药物对于疟疾等疾病的治疗效果显著，在全球范围内挽救了数以百万人的生命，上亿人受益于青蒿素联合疗法，青蒿素类化合物现已成为国际抗疟疾首选药物。而在青蒿素之前，治疗疟疾的主要药物是从茜草科植物金鸡纳树 *Cinchona ledgeriana*（Howard）Moens et Trim. 的树皮中分离得到的奎宁。在化学结构上，青蒿素属于具有过氧基团的倍半萜内酯类化合物，奎宁属于含氮的生物碱，两者在结构上存在着显著的差异，可以说，如果没有中医药理论的指导，我们即便从青蒿中提取分离得到了青蒿素，也不一定能发现其具有的抗疟活性。

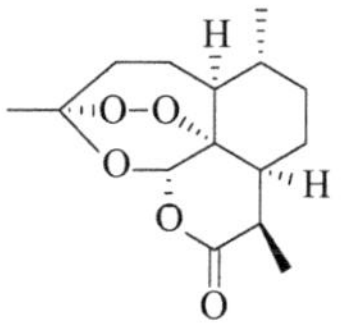

青蒿素

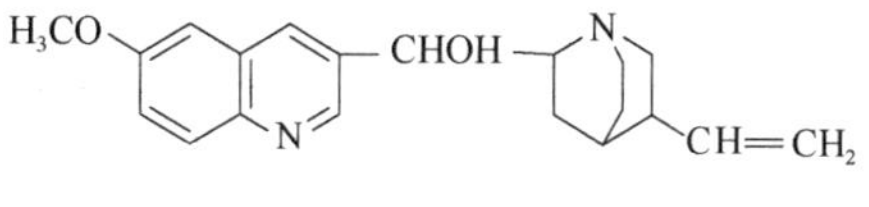

奎宁

其二，中药是在中医理论指导下用于预防、治疗疾病或调节人体功能的药物。中药源自天然，来源于植物、动物、矿物、微生物及海洋生物等，其中植物药占 90% 以上，因而中药化学的研究内容与天然药物化学（chemistry of natural medicine）、植物化学（phytochemistry）的研究内容十分相近。但是，与天然药物化学和植物化学相比，中药化学的研究可以在中医药理论指导下，结合临床用药经验来进行，这也是其优势和特色所在。

其三，中药化学的研究对象是中药中防治疾病的物质基础——化学成分，特别是其中的有效成分或有效部位，这是因为中药所含的化学成分复杂，数目众多，不同的中药化学成分结构类型不同，性质也各异，就我们现有的研究水平无法将任何一种中药的所有化学成分研究清楚，故只能将研究的重点放在中药中具有生物活性的化学成分上。中药中具有生物活性，能起到防病治病作用的单一化学成分，称为有效成分。例如，麻黄中的麻黄碱能够松弛支气管平滑肌，增加代谢，诱发出汗，而丹参中的丹参酮 $Ⅱ_A$ 具有扩张冠状动脉、降低血压、抗血栓等作用，它们都是中药中发挥药效的有效成分。与有效成分相对应的，是中药中具有生物活性，能起到防病治病作用的非单一化学成分，即有效部位。有效部位可能是几种或者是几十种乃至是几百种成分的混合物。例如，麻黄中除了麻黄碱外，还有伪麻黄碱、甲基麻黄碱等也能发挥与麻黄碱的类似功效，这些成分合称为麻黄总生物碱。丹参除丹参酮 $Ⅱ_A$ 外，还含有丹参酮Ⅰ、丹参酮 $Ⅱ_B$、隐丹参酮等有效成分，合称为丹参总醌。虽然在不少期刊论著中，有效成分和有效部位常常被混称为有效成分，但在中药新药的研发中，未在国内上市销售的从中药、天然药物中提取的有效成分及其制剂为一类新药；而未在国内上市销售的从中药、天然药物中提取的有效部位制成的制剂为五类新药，两者在申报要求和所需资料上存在着较大的差异。

与有效成分或有效部位相对应的，是中药中不具有生物活性，不能起到防病治病作用的化学成分，谓之无效成分。例如，中药中的糖类、蛋白质、叶绿素、油脂等一般认为是维持植物自身生命活动的基本物质，不具有生物活性，是无效成分。但值得注意的是，中药中有效成分和无效成分的划分是相对的，是发展变化的。一些过去认为是无效成分的化合物，现在发现它们具有新的生物活性。例如，现已证实天花粉蛋白具有引产作用，可以用于终止早期及中期妊娠；黄芪多糖、人参多糖等能增强机体免疫力，它们都是中药中的有效成分或有效部位。此外，一些中药的药效活性成分，也在人类不断的认知过程中被修正，如麝香中抗炎的有效成分原以为是其含有的大环化合物——麝香酮，而现在研究发现，麝香的抗炎活性更主要地来自其水溶性多肽类成分。丹参的有效成分原来认为是脂溶性的丹参酮类化合物，现在发现水溶性的酚酸类成分也具有类似的作用，也是其有效成分，它们都是丹参活血化瘀的物质基础。

第二节　中药化学的主要研究内容

中药化学主要研究中药中化学成分（主要是有效成分）的结构分类、理化性质、提取分离、结构鉴定、结构改造与修饰、构效关系及生物合成等内容。

这其中，中药化学成分的结构、理化性质、提取分离和结构鉴定是中药化学最基本的研究内容。这是因为，中药中防病治病的化学成分按照结构的不同，可以分成醌类、苯丙素类、黄酮类、萜类和挥发油、三萜类、甾体类、生物碱、鞣质等多种类型，它们结构上的差异决定了溶解性、酸碱性等理化性质的差异，这些理化性质上的差异又决定了它们提取分离方法上的差异。而中药化学成分的提取分离不仅是其进一步结构鉴定的基础，也是中药或中药复方进行药效探讨或剂型改革的前提。采用合理的提取分离手段获得其中的有效成分并解析相应的化学结构是中药化学研究的重要内容之一。因此，中药化学课程对每一类中药化学成分的介绍，均是按照结构与分类、理化性质、提取与分离、检识与结构鉴定的基本模式展开，这一部分内容也是中药化学课程中要求重点掌握的知识体系。

中药化学的第二部分研究内容，是化学成分的结构改造和修饰。对有效成分进行化学结构的改造，从而改变药物的理化性质乃至体内生物利用度和治疗指数等，制备出疗效更好、毒副作用更小的新药。例如，在对青蒿中发现的青蒿素进行理化性质的研究过程中发现，青蒿素在水和油中的溶解度都不好，阻碍了其临床疗效的发挥。为此，对青蒿素进行了一系列的结构改造与修饰，极大地提高了青蒿素的生物利用度和抗疟效价。青蒿素结构中的羰基可先还原成羟基，再甲基化成甲氧基，合成为蒿甲醚（artemether）。蒿甲醚可溶于注射用油，以肌内注射应用于临床，从而使抗疟效果提高了 14 倍。也可将青蒿素与琥珀酸反应，制成青蒿素琥珀酸单酯（青蒿琥酯，artesunate），青蒿素琥珀酸单酯临用前用 5% 碳酸氢钠注射液溶解后供静脉注射用，用于脑型疟及各种危重疟疾的抢救。

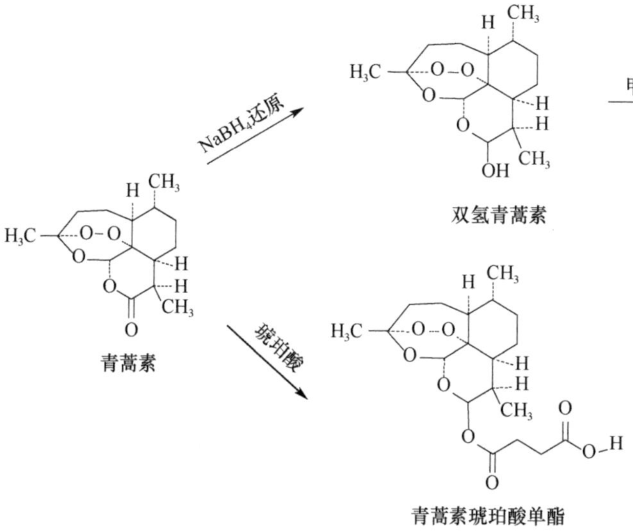

中药化学成分的结构与其药效之间存在的密切联系——构效关系也是中药化学探讨的内容。化学结构的改变，会引起生物活性的降低或消失，如青蒿素通过氢化可以得到脱去过氧基团的氢化青蒿素，其抗疟活性彻底消失，从而说明过氧基是青蒿素发挥药效的必要基团；强心苷甾体母核的 C/D 环必须是顺式稠合，才有强心作用。因此，在对中药化学成分进行结构改造或修饰时，首先要研究分析不同活性分子的结构和构象差异，总结其活性发挥所必需的结构及其与药理（毒理）作用之间的规律，以保留相应的结构部位。

生物合成指的是中药化学成分在生物体内的转变过程。通过阐明化学成分在体内的生源与合成过程，了解前体、中间体与终产物之间的关系，不仅有助于这些化学成分的化学合成和仿生合成，还可以人为地对这些化学成分的合成进行生物调控，有利于定向合成所需要的化学成分。生物合成与生物转化是中药化学正在逐步深入的研究方向。

中药化学成分的生物合成途径主要有：①乙酸 - 丙二酸途径（合成脂肪酸类、酚类和醌类等化合物）；②甲戊二羟酸途径（合成萜类、甾体化合物）；③桂皮酸途经（合成苯丙素类化合物）；④氨基酸途径（合成生物碱类化合物）；⑤复合途径（由前述任两种途径共同合成化合物分子，如合成黄酮类化合物）。

第三节　中药化学的学科地位和研究意义

一、中药化学的学科地位

作为中药学学科知识体系的重要组成部分，中药化学兼具应用基础和应用方向的双重性质，它不仅构建在无机化学、有机化学、分析化学、仪器分析、药用植物学等的知识体系之上，还与中药药剂学、中药鉴定学、中药药理学、中药炮制学等的知识体系交互融合、交互渗透。中药化学作为主干和桥梁，与其他课程共同构建了中药学的学科知识体系，以培养应用能力和综合素质全面优化的中药学专业人才。

二、中药化学的研究意义

1. 明确中药防病治病的物质基础

中药中所含的化学成分，是中药防病治病的物质基础。通过将现代的科学技术引入传统的中医药理论，对中药中所含有的化学组分进行提取分离、结构鉴定，结合药效试验确定活性组分，对解密中药防治疾病的作用机制，促进中药现代化具有重要意义。例如，人参为补益类名贵中药，具有大补元气、复脉固脱、补脾益肺、生津养血、安神益智的功效。目前已在人参药材中发现了皂苷、多糖、挥发油、蛋白质、有机酸、维生素等多种类型的化合物。这其中，人参皂苷是人参的主要有效部位，在人参中的总含量可达到 5% 左右，它包含了人参皂苷 Rg_1、Re、Rb_1 等三十多种有效成分，发挥着抗休克、快速缓解疲劳、改善学习记忆、延缓衰老、兴奋中枢神经、抑制血小板凝集、抗肿瘤等诸多药理作用。红花为经典的活血化瘀类药物，功效活血通经、散瘀止痛。从红花中已分离出黄酮类、生物碱类、有机酸类和甾体类等 200 多种化合物，其中以羟基红花黄色素 A 为代表的黄酮类化合物是红花防病治病的物质基础，现已证实，羟基红花黄色素 A 能够抗氧化、抗血栓、舒张血管、改善微循环等，对心脑血管疾病有良好的预防和治疗效果。红花药材中，除了羟基红花黄色素 A 外，脱水红花黄色素 B、红花红色素等组分也可以抗血小板聚集、提升耐缺氧能力，它们共同发挥着活血化瘀的药效作用。

2. 阐释中药药性理论

中药药性理论体系是中医药理论体系的重要组成部分，是临证立法、配伍组方的重要依据，包括有四气、五味、归经、升降浮沉、十八反和十九畏等基本内容。中药化学研究的开展，为认识中药药性各性能的内在关联性和开展药性的科学内涵研究提供了有益的线索。例如，辛味药主要含有挥发油，其次是苷类和生物碱；酸味药含有有机酸或鞣质；苦味药以生物碱和苷类成分为多。荆芥中的挥发油具有挥发性，是辛味的物质基础，具有“宣”“散”的作用，又是该药“解表”的药效物质基础；黄连味苦，苦能泄热，黄连中的异喹啉类生物碱既是黄连的“苦味”物质基础，也是清热解毒的功效成分。但是，由于药性理论形成的历史悠久，内容繁杂，中药药性理论研究尚未取得实质性突破。为此，有学者提出了用化学生物学实质表征中药药性理论的路径，尝试系统地揭示中药药性的物质基础与作用原理。

3. 探讨中药药对、复方配伍机制

在中医药理论指导及辨证论治的前提下，通过合理有效的中药配伍组成方剂应用于临床，是中医药治疗疾病的一大特色。方剂是中医临床用药的重要形式，方剂的最小元素为单味中药，其次为药对。中药药对或复方配伍过程中会发生复杂的化学成分变化，从而改变中药中有效成分或毒性成分的溶出率，或形成新的化学物质，以增强疗效，降低毒副作用。例如，人参麦冬药对配伍后，人参中的 8 种皂苷成分发生显著变化，其中人参皂苷 Rg_1、Re、Rb_1 和丙二酸甲酰基人参皂苷 Rb_1 的含量减少，而人参皂苷 Rb_3、丙二酸甲酰基人参皂苷 Rb_2、丙二酸甲酰基人参皂苷 Rc、人参皂苷 Rf 的含量增加，说明麦冬与人参配伍改变了人参皂苷类成分的含量，这可能是麦冬配伍人参作用的物质基础。再如马钱子中的主要生物碱士的宁和马钱子碱既是其有效成分，也是其毒性成分，配伍甘草后两者含量均有不同程度的降低，其中士的宁的含量下降显著，提示了甘草的减毒作用。大黄牡丹汤是治疗肠痈的代表方剂，对组方药味大黄中大黄酸的含量测定结果表明，配伍后结合型大黄酸含量降低，游离大黄酸含量增加，推断大黄与各配伍药材在共同煎煮过程中，配伍药材中某种或某些共存组分可能加速了结合型大黄酸的氧化、水解，甚或生成其他物质，也可能对游离大黄酸产生助溶、增溶作用。因此，通过中药药对或复方配伍前后化学成分的变化情况，探讨方剂的使用原则，对于深入了解中药复方配伍使用规律、保证临床安全用药有着重要的指导意义。

4. 提供中药炮制的现代科学依据

中药炮制是根据中医药理论，按照辨证论治用药需要、药物自身性质及调剂与制剂的不同要求所采取的一项制药技术。中药经过加工炮制以后，药性和临床功效都发生了明显变化，其中的机制与炮制过程中化学成分的变化密切相关。例如，甘草生品能清热解毒、润肺止咳，经蜜制后则能补脾益气，抗炎作用明显增强。研究表明，甘草炮制过程中，黄酮苷类成分甘草素芹菜糖苷和异甘草素芹菜糖苷发生水解反应，失去糖链，生成甘草素和异甘草素，皂苷类成分甘草酸也会发生水解反应产生新的成分 18β- 甘草次酸，这些是甘草蜜制后抗炎作用增强的重要物质基础。又如马钱子具有通络止痛、消肿散结的功效，炮制后药理作用和生品接近，但毒性大大降低，原因主要是由于其生物碱类成分士的宁和马钱子碱在高温条件下发生分解及氧化反应，含量降低所导致的。此外，作为一项传统技术，炮制的程度往往随操作者的经验不同而有差异，没有客观标准可循，如炒法中炒黄或炒炭等，而运用现代的科学技术与方法对中药中的有效成分进行定性或定量的分析，就能较为准确地控制炮制品的规格与质量，监控炮制的过程。

5. 研发新药、扩大药源

从中药中寻找有效成分，或以之为前体进行结构的改造与修饰，通过与中药药理学、药剂学和临床医学等的相互配合，研制安全、有效的新药，是国内外新药开发的重要模式。从中药中提取或衍生的许多药物，如盐酸小檗碱（黄连素）、麻黄碱、延胡索乙素、阿托品、哌替啶、洋地黄毒苷、蒿甲醚、丹参酮 II_A、利血平、天麻素等，在临床上获得了广泛的应用。

此外，有些有效成分在中药中的含量很低，或者其药用原植物资源有限，可以利用植物亲缘关系相近，含有的化学成分也相近的规律来寻找或扩大药源。例如，抗菌消炎的小檗碱，最初是从毛茛科植物黄连中分离得到的，但黄连原植物生长缓慢，资源有限，而在小檗科植物三颗针、防已科植物古山龙中也发现含有小檗碱，这些植物已成为工业上生产小檗碱的主要原料。许多的药用成分现在也可以通过植物组织（细胞）培养获得，从各种植物培养物中产生的中药化学成分包括人参皂苷、三七皂苷、甘草皂苷、甜菊苷、柴胡皂苷、薯蓣皂苷、地高辛、熊果酸、莨菪碱、东莨菪碱、小檗碱、蛇根碱、萝芙木碱、迷迭香酸等。植物组织培养技术为那些自然界不能大量提供，且化学结构复杂因而难以利用化学方法合成的中药有效成分，提供了新的生产和研究途径。

自 2017 年 7 月 1 日起，《中华人民共和国中医药法》正式实施，该法的颁布旨在继承和弘扬中医药，扶持和促进中医药事业发展。与此同时，各种提取、分离、检测技术日新月异。超高压提取、酶解、微波萃取、半仿生提取、真空冷冻干燥、闪式提取等提取技术；膜分离、双水相萃取、泡沫分离（又称泡沫吸附分离）、分子印迹、分子蒸馏等分离方法；UPLC/Q-TOF-MS、UPLC/MALDI-TOF-MS 等液质联用定性定量技术正逐步深入到中药化学研究领域中。围绕基于细胞模型的活性成分筛选、高通量中药化合物鉴定等的新技术和新方法不断发展，为高效灵敏地分离、筛选、鉴定中药中的有效成分，准确可靠地评价和控制中药的质量，提供了新的模式。

本章参考资料请扫码

第二章　中药化学成分提取、分离和结构鉴定的一般方法

中药化学成分复杂、结构多样，一味中药可能含有成百乃至上千种的化学成分。如何将这些成分从中药中提取分离出来，得到有效的单体化合物是一项艰巨而有意义的工作。

第一节　中药化学成分简介

植物在生长过程中进行的一系列新陈代谢，形成和积累了种种化学物质。有些成分是维持生物体正常生命活动所必需的，如一次代谢生成的糖、蛋白质、脂质、核酸等；有些是在特定的条件下，以一次代谢产物为原料或前体，进一步经历不同的代谢途径，生成结构变化多样、对维持植物生命活动不起重要作用、但是往往具有明显生理活性的天然有机化学成分，如二次代谢产物中的生物碱、萜类、黄酮等。在进行中药化学成分研究之前，需要对这些化学成分类型及一般理化性质的有关知识进行了解。

一、糖类化合物

糖类化合物（saccharides）及其衍生物在自然界分布广、含量多，几乎所有的动物、植物、微生物体内都有，是维持生命不可或缺的成分，亦是中药中普遍存在的物质。早年分析糖类化合物的分子式为 $C_x(H_2O)_x$ 或 $C_x(H_2O)_y$，如葡萄糖的分子式 $C_6(H_2O)_6$、蔗糖的分子式 $C_{12}(H_2O)_{11}$，所含元素碳与水分子呈某种比例，因此最早糖类化合物又称为碳水化合物（carbohydrates）。随着不符合该通式的糖分子如去氧糖、氨基糖、糖醛酸等的发现，糖类化合物的定义进一步规范。如今糖类化合物泛指多羟基的醛或酮，或经简单水解能生成这类醛、酮的化合物。根据分子水解情况，可将糖类化合物分为单糖、寡糖和多糖相应的衍生物。

1. 单糖及其衍生物

所谓单糖，指不能再被简单水解成更小糖分子的糖类，多为白色结晶，味甜，具旋光性。由于分子结构中存在多个羟基，极易溶于水，不溶或难溶于乙醚、丙酮等有机溶剂。

2. 寡糖

寡糖也称低聚糖，是由 2 ～ 10 个的单糖分子失水而形成的糖类，易溶于水，难溶或不溶于乙醇等有机溶剂。

3. 多糖

多糖是 10 个以上甚至几百、几千个单糖失水而形成的糖类化合物，其水解后能生成成百上千个单糖分子。常见的多糖有淀粉、菊糖、果胶、树胶和黏液质等。多糖已失去单糖的性质，

多不溶于水，即使个别悬浮于水，也只能生成胶体溶液，不溶于乙醇等有机溶剂。

二、苷类化合物

苷类化合物（glycosides）是单糖或低聚糖的半缩醛羟基与另一分子中的羟基、氨基或者巯基等失水而产生的化合物。因其可被稀酸、稀碱或酶水解后生成糖和非糖两部分的化合物，非糖部分称为苷元（genin）或配基（aglycone），故苷类又称配糖体。苷类化合物的共性在糖的部分，苷元部分包括各种类型的天然有机成分，性质迥异。一般而言，自然界中天然存在的苷类化合物，多呈左旋性，不容易结晶。分子结构中由于糖分子的引入，其水溶性增加，稳定性增强。

三、醌类化合物

醌类化合物（quinones）泛指分子中含有“不饱和环己二烯二酮”结构的一类化合物。天然的醌类分为苯醌、萘醌、菲醌和蒽醌四种类型。其多为有色晶体，因分子中多具有酚羟基，呈现出一定的酸性。游离醌类多溶于苯、氯仿、乙醚、乙醇等有机溶剂，微溶或难溶于水。醌苷类化合物因亲水性增加，易溶于甲醇、乙醇，在热水中也可溶解。

四、苯丙素类化合物

苯丙素类化合物（phenylpropanoids）泛指植物体内存在的一类具有 C_6—C_3 基本骨架的化学成分，其中香豆素和木脂素为典型代表。

1．香豆素

香豆素（coumarins）是一类具有苯骈 α- 吡喃酮母核的天然化合物的总称，结构上可看成是顺式邻羟基桂皮酸脱水而成的内酯。香豆素多具较好的结晶性，在紫外灯下显示蓝色的荧光。游离的香豆素易溶于甲醇、乙醇、乙醚、氯仿等有机溶剂，溶于热水，冷水中不溶；香豆素苷类化合物则溶于水、甲醇和乙醇，在低极性有机溶剂中溶解度小。

2．木脂素

木脂素（lignans）由两分子苯丙素衍生物（桂皮酸，偶有桂皮醛、桂皮醇、丙烯苯、烯丙苯）聚合而成的一类天然物质，因多存在于木质部及开始析出时呈树脂状而得名，多为无色结晶。游离的木脂素为亲脂性，易溶于苯、氯仿、乙醚、乙酸乙酯、乙醇等有机溶剂，难溶于水。木脂素苷类化合物随着结构中糖分子的引入，极性增加，水溶性增大。

五、黄酮类化合物

黄酮类化合物（flavonoids）广泛存在于自然界，是两个苯环通过三个碳原子相互连接而成的一系列化合物的总称。天然黄酮类化合物母核上常含有羟基、甲氧基、烷基、异戊烯氧基等取代基，酚羟基的存在常使其显酸性。其多为结晶型固体，少数为无定形粉末。游离黄酮类化合物易溶于甲醇、乙醇、乙酸乙酯等有机溶剂和稀碱溶液中。黄酮苷类化合物一般易溶于水、甲醇、乙醇、吡啶等溶剂中。

六、萜类化合物

萜类化合物（terpenoids）是由甲戊二羟酸（mevalonic acid，MVA）衍生而来，是大多数分子式符合（C_5H_8）$_n$通式的一类天然化合物。萜类化合物种类繁多，骨架庞杂，根据分子结构中异戊二烯单位的数目，可分为单萜（monoterpenoids）、倍半萜（sesquiterpenoids）、二萜（diterpenoids）、二倍半萜（sesterterpenoids）、三萜等。单萜和倍半萜为油状液体或低熔点固体，多具有挥发性，可随水蒸气蒸馏出来；二萜和二倍半萜多为结晶性固体；三萜皂苷元具完好结晶。萜类化合物多具苦味，又称苦味素，具光学活性，且多有异构体存在。游离萜类化合物亲脂性强，易溶于醇及亲脂性有机溶剂，难溶于水。萜类化合物苷化后亲水性增强。

七、挥发油

挥发油（volatile oil）又称精油，是存在于植物中的具有挥发性、可随水蒸气蒸馏出来与水不相混溶的油状液体，主要由单萜、倍半萜及其含氧衍生物、小分子芳香族化合物及小分子脂肪族化合物组成。其具有特殊的香气，常温下能挥发，有较强的折光性和旋光性，易溶于极性小的有机溶剂。

八、甾体类化合物

甾体类化合物（steroids）泛指结构中具有环戊烷骈多氢菲甾核的一类化学成分，包括植物甾醇、胆汁酸、C_{21}甾类、昆虫变态激素、强心苷、甾体皂苷、甾体生物碱、蟾毒配基等。甾体皂苷元多有完好的结晶，能溶于亲脂性有机溶剂。甾体皂苷具水溶性，其水溶液多具有发泡性、溶血性及鱼毒性。

九、生物碱类化合物

生物碱类类化合物（alkaloids）为存在于生物体内的一类含氮有机化合物，通常具有碱的性质，大多能与酸结合成盐。其多为无色结晶状固体，少数为无定形粉末，极少数小分子生物碱类化合物为液体，多具苦味。其生理活性与旋光性有关。大多数生物碱类化合物几乎不溶或难溶于水，能溶于氯仿、乙醚、乙醇、丙酮、苯等有机溶剂，也能溶于稀酸水溶液而成盐类。生物碱类化合物的盐大多溶于水。

十、鞣质

鞣质（tannins）又称单宁或鞣酸，是一类复杂的多元酚类化合物的总称。根据其能与蛋白质结合形成致密、柔韧、不易腐败又难透水的化合物的性质，在制革工业上用其鞣皮成革。鞣质大多数为白色无定形粉末，能溶于水、乙醇、丙酮、乙酸乙酯等极性较大的溶剂中，不溶于乙醚、氯仿等有机溶剂。

第二节　中药化学成分的常用提取方法

为阐明中药预防和治疗疾病的化学物质基础，发现具有潜在价值的单体化合物，选择适当的提取方法，尽可能将存在于生物体内的化学成分包括微量成分提取出来，是研究中药化学的前提。经典的提取方法有溶剂提取法、水蒸气蒸馏法、升华法，以及近些年来出现的一些新技术、新方法。其中，以溶剂提取法应用最为广泛。

一、溶剂提取法

1．溶剂提取法的原理

我国中药资源丰富，其中以植物药居多。由于药材中大部分有效成分存在于细胞质中，新鲜的药材经干燥后，组织内的水分挥发，细胞皱缩甚至形成裂缝，同时在液胞腔中溶解的活性成分等物质干涸沉积于细胞内，使细胞形成空腔。当干燥的药材遇到合适的溶剂后，药材即被润湿，在液体静压力和毛细管的作用下，溶剂进入药材空腔和裂隙中，渗透进组织细胞内，使干皱细胞膨胀，溶解细胞内可溶性成分或胶性物质转入溶液中或生成凝胶。当浸出液的浓度逐渐增大，细胞内外出现浓度差和渗透压差，此时，细胞外侧纯溶剂或稀溶液向细胞内渗透，细胞内高浓度的液体可不断地向周围低浓度方向扩散，如此反复进行，直至内外浓度达到动态平衡，完成一次提取过程。将此饱和溶液滤出，继续多次加入新溶剂，就可以把所需要的成分近于完全溶出或大部分溶出。

2．溶剂的选择

生物体中的有机化学成分在溶剂中的溶解性能与溶剂的性质直接相关。溶剂按其极性强弱可分为水、亲水性有机溶剂和亲脂性有机溶剂。

亲脂性
←

石油醚≷苯≷氯仿≷乙醚≷乙酸乙酯≷正丁醇≷丙酮≷乙醇≷甲醇≷水

亲水性
→

水：常用溶剂中，水是一种强的极性溶剂。中药中亲水性的成分如无机盐、糖类化合物、鞣质、氨基酸、有机酸盐、生物碱盐及苷类化合物等都能被水溶解。为了增加某些成分的溶解度，也常采用酸水及碱水作为提取溶剂。酸水提取，可使生物碱与酸生成盐类而溶出，碱水提取可使有机酸、黄酮、蒽醌、内酯、香豆素及酚类成分溶出。

亲水性有机溶剂：指与水能混溶的有机溶剂，如乙醇、甲醇、丙酮等，以乙醇最常用。乙醇的溶解性能比较好，对中药细胞的穿透能力较强。那些难溶于水的亲脂性成分，在乙醇中均有一定的溶解度。另外，还可以根据被提取物质的性质，采用不同浓度的乙醇进行提取。用乙醇提取比用水提取时间短，溶解出的水溶性杂质也少。乙醇作为有机溶剂，虽易燃，但毒性小，来源广泛，价格便宜，沸点也比较适中，便于回收重复利用。甲醇有着与乙醇相似的性质，但因其有视神经毒性，较少作为提取溶剂应用于工业生产。

亲脂性有机溶剂：也就是一般所说的与水不能以任意比混溶的有机溶剂，如石油醚、苯、氯仿、乙醚、乙酸乙酯、正丁醇等，以石油醚、乙酸乙酯和正丁醇最为常用。石油醚对低极性成分如挥发油和植物脂溶性色素有较好的溶解性；乙酸乙酯对中等极性的化合物如多极性官能团化合物单糖苷类化合物及黄酮和蒽醌苷元有很好的溶解性，且毒性小，沸点低；正丁醇对低聚糖苷类化合物有较好的溶解性能。这些溶剂的选择性能强，提取物纯度高。但此类溶剂挥发性大，易燃，一般有毒，价格贵，设备要求较高，透入植物组织的能力弱，多用于有效部位的富集或单体化合物的纯化。

不同的溶剂具有不同程度的亲水性和亲脂性，各种中药成分亦是如此。只要化学成分与溶剂的亲脂性或亲水性相当，就会在此类溶剂中拥有较大的溶解度。溶质与溶剂之间符合“相似相溶”规律：亲脂性成分易溶于亲脂性有机溶剂，难溶于亲水性有机溶剂；反之，亲水性成分则易溶于亲水性有机溶剂。中药中化学成分的亲脂性成亲水性可以根据其结构进行判断。一般来说，苷类化合物分子结构中含有糖分子，羟基数目多，表现出亲水性，而苷元则属于亲脂性化合物。游离的生物碱多属于亲脂性化合物，当其与酸结合成盐后，能够离子化，增加了其极性，属于亲水性化合物。挥发油、油脂、蜡等都是亲脂性成分。

溶剂提取法的关键是选择合适的溶剂。理想溶剂：①溶剂对目标成分的溶解度大，对杂质溶解度小，或反之；②与中药化学成分不发生化学反应；③经济、易得、安全；④沸点适中，易于回收利用。

3．常用的提取方法

（1）煎煮法：是我国最早使用的最为传统的提取方法。将中药饮片放在适当的器皿中（忌铁器），加水浸过药物表面，使药材细胞充分溶胀后，直火或蒸汽加热煎煮 2 ～ 3 次，每次 0.5 ～ 1 小时，煎煮次数及时间可依据药材的投料量及质地适当进行调整。直火加热时应时常搅拌以避免药材局部受热而焦糊。本法操作简便，药材中大部分成分均能被不同程度地提取出来，但对含挥发性成分及加热易破坏成分的药材不宜使用。另外，淀粉含量较高的中药，用水煎煮后药液黏度较大，难以过滤。

（2）浸渍法：属于静态提取方法，是在常温条件下加入适当的溶剂（含水醇）浸泡药材，密封器皿，放置一日至数日，使其所含的有效成分被浸出的一种简便常用提取方法。此法无需加热，对于有效成分遇热易破坏或含淀粉、黏液质含量高的药材较为适用。但提取时间长，提取效率低。

（3）渗漉法：在浸渍法的基础上发展而来。将药材粗粉加入适当的溶剂润湿溶胀 24 小时，装入渗漉桶中，加溶剂继续溶胀 24 小时后在渗漉桶的上端不断添加新溶剂，使其自上而下渗透药材粉末，于渗漉桶下端接收提取液。当溶剂渗透进药材细胞溶解出药物成分时比重增大而向下移动，上层的溶剂或浓度低的溶液便替换其位置，从而造成良好的浓度差，提取呈现一种动态的过程。通常采用不同浓度的醇为提取溶剂，提取效率高于浸渍法，溶剂消耗量较大，操作时间较长。在工业生产中，常用收集到的低浓度的渗漉液作为新一批原料的提取溶剂。

（4）回流提取法：用有机溶剂加热提取药材中的有效成分时，需采用回流装置，避免有机溶剂的损失，减少有毒溶剂对实验操作人员的毒害和对环境的破坏。本法的提取效率高，但溶剂消耗量较大，操作较麻烦。工业上常采用大型提取罐。

（5）连续回流提取法：是在回流提取法的基础上发展的。实验室常用脂肪提取器或称索氏提取器。其优点是以较少的溶剂一次性加入便可完成高效率的提取。但由于提取需要 6 ～ 8 小时，遇热不稳定易变化的中药成分不宜采用此法。

二、水蒸气蒸馏法

水蒸气蒸馏法只适用于具有挥发性的，能随水蒸气蒸馏而不被破坏，难溶或不溶于水的成分的提取。此类成分的沸点多在 100℃以上，与水不相混溶或仅微溶，并在 100℃左右有一定的蒸气压。当与水一起加热，其蒸气压和水的蒸气压总和为一个大气压时，液体就开始沸腾，水蒸气将挥发性物质一并带出。中药中的挥发油，某些小分子的生物碱如麻黄碱、烟碱、槟榔碱及某些小分子的酚性物质如丹皮酚等的提取可采用此方法。

三、升华法

升华（sublimation）指物质从固态不经过液态直接变成气态的相变过程。利用中药中的某些固体物质如樟脑、咖啡因、苯甲酸等成分在受热情况下可由固体直接转化成蒸气，蒸气冷却后又凝结为固体的特性，可将这些成分直接从药材中提取出来。但中药成分具有升华性质的并不多。

四、超临界流体提取法

当处于临界温度（T_c）和临界压力（P_c）以上时，物质的气态和液态会趋近于类似，最终达成一个均匀相的流体——超临界流体（supercritical fluid，SF）。SF 同时具有液体和气体的双重特征，其密度与液体相似，黏度与气体相近，扩散系数虽不及气体，但比液体大 100 倍。在超临界状态下，将 SF 与待分离的物质接触，使其有选择性地把极性大小、沸点高低和相对分子质量大小不同的成分依次溶解出来，当压力与温度恢复常压与常温时，溶解在流体中的成分立刻与气体分开，达到分离的目的。此方法称为超临界流体提取法（supercritical fluid extraction，SFE）。

可以作为 SF 的物质很多，如 CO_2、NH_3、C_2H_6、CCl_2F_2、C_7H_{16} 等。CO_2 因其临界温度（T_c=31.4℃）接近室温，临界压力（P_c=7.37 MPa）也不太高，且本身化学惰性，价格便宜，在中药超临界流体萃取中最为常用。

利用 SFE 对非极性和中等极性成分的萃取，可克服传统的萃取方法中因回收溶剂而导致的样品损失及对环境的污染，尤其适用于对热不稳定的挥发性化合物。然而，由于大部分 SF 都是非极性物质，对极性较强的物质溶解能力有限，为此，人们通过在 SF 中加入夹带剂的方法来扩大该技术的应用范围。常用的夹带剂有甲醇、乙醇、丙酮、乙酸乙酯等，用量不超过 15%。

五、超声提取法

超声波指频率高于人的听觉阈以外的声波，具有频率高、波长短、方向性好、功率大、穿透率强等特点。利用超声波辐射产生的强烈的空化效应、机械振动、扰动效应、高的加速度等多种作用，击破植物细胞壁，并增加物质分子运动的频率和速度、溶剂的穿透力，从而加速目标成分进入溶剂，实现高效、快速提取细胞内容物。同时，超声波还可以产生许多如乳化、扩散、击碎、化学效应等次级效应，这些作用也促进了植物体中有效成分的溶解，促使有效成分进入介质，与介质充分混合，从而加快了提取过程的进行，提高了药物有效成分的提取率。

六、微波提取法

微波是指波长在 1mm ～ 1m 范围（相对频率为 300 ～ 300 000MHz）的电磁波，介于红外与无线电波之间。一方面，分子对微波具有选择性吸收，极性分子可吸收微波能，然后弛豫，以热能形式释放能量，使介质内部温度迅速上升，造成内部压力过大，导致成分流出溶解于溶剂中；另一方面，微波所产生的电磁场可使部分成分向萃取溶剂界面扩散，加速其热运动，缩短提取时间，既提高了提取效率，又降低了提取温度，对不耐热物质实用性较好。在我国，微波萃取技术已经用于上百种中药如葛根、三七、茶叶、银杏等的提取生产线。

第三节　中药化学成分的常用分离方法

用适宜的溶剂提取出中药中的化学成分后，有些提取液稍作浓缩便有结晶析出，如丹皮中的丹皮酚、知母中的芒果苷。但多数情况下浓缩后得到的提取物仍然是混合物，需要进一步分离、纯化、精制才能得到单体化合物。中药是一个复杂化学成分的集合体，成分的分离要根据提取物中各种成分之间物理或者化学性质的差异，运用一定的方法使各成分彼此分开从而获得单一化合物。这一过程可粗略地分为部位富集和单体分离两个阶段，但实际的研究过程中两者并没有明显的界限，而是根据不同药材化学成分的具体情况灵活取舍。

随着分离材料的不断涌现，分离技术及方法也在日新月异的发展，依据分离原理分为以下几类：根据物质在两相溶剂中分配系数的差异进行分离；根据物质溶解度的差异进行分离；根据物质吸附性能的差异进行分离；根据物质分子大小的差异进行分离；根据物质解离程度不同进行分离等。

一、液 - 液萃取法

（一）溶剂分配法

溶剂分配法也叫两相溶剂萃取法，是利用混合物中各组分在两相溶剂中分配系数不同而达到分离的方法。溶剂分配法的两相往往是互相饱和的水相和有机相，混合物中各成分在两相中分配系数相差越大，则分离效果越好。对于分离极性较大的成分，选用正丁醇 - 水（如分离皂苷类化合物），极性中等的成分选用乙酸乙酯 - 水（如分离黄酮类化合物），极性小的成分选用氯仿（或乙醚）- 水（如分离苷元及游离生物碱），除去植物中的叶绿素及脂肪酸可选用石油醚。溶剂分配法常用于中药化学成分的初步分离，其分离过程可在分液漏斗中进行，工业生产中在萃取罐及连续液 - 液萃取装置中进行。

系统溶剂萃取法是利用各组分极性差异，用极性由小到大的溶剂依次进行萃取，以分离药材中不同极性大小的化学组分的方法。一般是将中药材的醇提或水提浓缩物或浸膏，加水混悬后，依次用石油醚（或环己烷）、乙酸乙酯（或氯仿）、水饱和正丁醇萃取，回收有机溶剂，分别得到石油醚萃取部位（含极性小的脂溶性成分）、乙酸乙酯萃取部位（含中等极性化合物如单糖苷类、黄酮及多极性官能团化合物）和正丁醇萃取部位（含有极性较大的化合物，如低聚糖苷类及其他水溶性成分）；被有机溶剂萃取后的水层，含有的化合物极性最大（如含糖数目较多的苷类、糖类、氨基酸、蛋白质及其他极性很大的水溶性化合物等），水液减压浓缩至干，残留物用甲醇溶解，又可得到醇溶性和醇不溶性两部分。也可以将水液经过大孔树脂处理（图 2-1）。

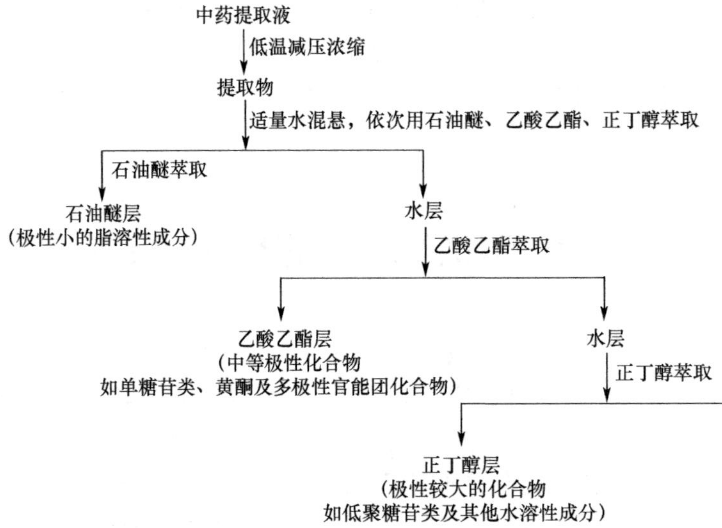

图 2-1　系统溶剂萃取法流程图

（二）酸碱溶剂萃取法

酸碱溶剂萃取法即利用混合物中各组分酸碱性的不同而进行分离的方法。难溶于水的有机碱性成分，如生物碱类化合物可与无机酸成盐溶于水，借此可与非碱性难溶于水的成分分离；具有羧基或酚羟基的酸性成分，难溶于酸水可与碱成盐而溶于水；具有内酯或内酰胺结构的成分可被皂化溶于水，借此与其他难溶于水的成分分离。具体操作时，可将总提取物溶于亲脂性有机溶剂（常用乙酸乙酯），用酸水、碱水分别萃取，将总提取物分成酸性、碱性、中性三个部位。也可将总提取物溶于水，调节 pH 后用有机溶剂萃取。如此所得碱性或酸性部位中，存在着碱性或酸性不同的成分，还可用 pH 梯度法萃取进一步分离。

使用酸碱溶剂法时要注意酸性或碱性的强度、与被分离成分接触的时间、加热温度和时间等，避免在剧烈条件下某些化合物结构发生变化或结构不能恢复到原存于中药中的状态。

（三）pH 梯度萃取法

pH 梯度萃取法是分离不同酸性或不同碱性成分常用的手段，其原理是由于溶剂系统 pH

的变化改变了化学组分的存在状态（游离型或解离型），从而改变了它们在溶剂系统中的分配系数。通过梯度改变溶液的 pH，使不同酸性或不同碱性的成分依次成盐或游离，从而与其他成分分离。其主要用于黄酮类、蒽醌类、生物碱类化合物等酸性或碱性成分之间的初步分离。

二、沉淀法

沉淀法（precipitation）是基于中药中某些化学成分能与某些试剂生成沉淀，或加入某些试剂后可降低此类成分在溶液中的溶解度而自溶液中析出的一种方法。此方法可用于沉淀分离有效成分，也可用于除去杂质。

（一）溶剂沉淀法

在混合组分的溶液中加入与该溶液能互溶的溶剂，改变混合组分溶液中某些成分的溶解度，使其从溶液中析出；亦可通过加入溶剂的数量来改变溶剂的极性而使沉淀逐步析出实现分级沉淀。

1. 水 - 醇法或醇 - 水法

水 - 醇法或醇 - 水法指根据中药成分在水和乙醇中的溶解度差异，利用水和不同浓度的乙醇交替处理进行精制的方法。水 - 醇法即水提醇沉法：将中药提取液浓缩至小体积后，加入一定量的乙醇，可使树胶、黏液质、蛋白质、糊化淀粉、脂溶性色素杂质沉淀析出。通常认为，当含醇量达到 50% ～ 60% 时，可去除淀粉等杂质；当含醇量达到 75% 以上时，除鞣质、水溶性色素等少数成分外，其余大部分杂质均可沉淀而去除。醇 - 水法即醇提水沉法：中药的乙醇提取液常含有树脂、油脂、色素等杂质，将醇提液回收乙醇后，加 10 倍量以上的水搅拌、静置一段时间，这些杂质便可沉淀，经过滤的方式去除。

2. 分段沉淀法

分段沉淀法指在混合组分溶液中分批加入与该溶液能混溶的溶剂，改变混合组分中某些成分的溶解度，使其从溶液中析出的方法。例如，利用皂苷难溶于乙醚、丙酮等溶剂的性质，先将粗皂苷溶解于甲醇或乙醇后，逐滴加入乙醚、丙酮或乙醚 - 丙酮的混合溶剂，极性有差异的皂苷逐级沉淀析出；另外，该方法也常用于多糖的分级，在多糖的水溶液中逐步加入乙醇，随着乙醇含量的提高，多糖根据相对分子质量由大到小沉淀出来。

（二）专属试剂沉淀法

某些试剂能选择性地沉淀某类化学物质，称为专属试剂沉淀法。例如，在分离水溶性生物碱时，通常在其弱酸性水溶液中，加入雷氏铵盐、硅钨酸等生物碱沉淀试剂，使其与生物碱沉淀试剂生成不溶于水的复合物或盐析出，滤取沉淀，再以适当的方法净化、分解即可；甾体皂苷能和胆甾醇生成难溶性的分子复合物，利用该性质可与其他水溶性成分分离；鞣质能与明胶生成极其稳定的分子复合物而沉淀，可借用此性质去除中药水提液中的鞣质。

（三）盐析法

在中药水提液中，加入无机盐至一定浓度，或达到饱和状态，可使某些成分在水中的溶解度降低，从而与水溶性大的杂质分离，即为盐析法。常用的无机盐有氯化钠、硫酸钠、硫酸镁、硫酸铵等。例如，自黄藤中提取掌叶防己碱、自三颗针中提取小檗碱，在生产上都是用氯化钠或硫酸铵盐析制备。有些水溶性较大的成分如原白头翁素、麻黄碱、苦参碱等，在提取时，亦往往先在水提液中加入一定量的氯化钠，再用有机溶剂萃取。

三、结晶法

化合物由非晶型经过结晶操作形成有晶型的过程称为结晶（crystallization）。结晶法是利用混合物中各成分在溶剂中的溶解度不同以实现分离的方法，是纯化物质最后阶段常采用的方法。其具体的操作是：选用合适的溶剂（甲醇、乙醇、丙酮、乙酸乙酯、乙酸、吡啶等及两种或两种以上的混合溶剂）将混合物加热溶解，形成所需成分的饱和溶液，趁热滤去不溶的杂质，滤液常温或低温放置，使溶剂缓慢挥发，析出晶体。初析出的结晶往往纯度不高，需反复结晶即重结晶后，才能得到高纯度的单体化合物。初步判断晶体的纯度可依据化合物的晶型、色泽、熔点及熔距，或通过薄层色谱或纸色谱等进行。

结晶溶剂的选择：①对所需成分冷时溶解度小，热时溶解度大，对杂质冷热都不溶或冷热都溶；②沸点不宜过高；③与成分不发生化学反应。当用单一溶剂不能达到结晶效果时，可用两种或两种以上溶剂组成混合溶剂进行结晶操作。

四、色谱法

色谱法又称色层法或层析法，是一种物理的分离方法。利用不同物质与固定相和流动相之间的作用力（吸附、分配、离子交换等）的差别，当两相做相对移动时，各溶质在两相间进行多次平衡，使各溶质达到相互分离。如今，色谱法因其分离效能高、快速、简便等优点已成为中药化学成分分离中最常应用的方法。人们通过选用不同分离原理、不同操作方式、不同色谱材料或将各种色谱有机综合应用，可达到对各类型中药成分分离和精制的目的。

色谱方法的分类：按照分离机制将色谱分为吸附色谱、分配色谱、凝胶过滤色谱、离子交换色谱和亲和色谱；按照操作方式将色谱分为柱色谱、纸色谱和薄层色谱；按照流动相的物态将色谱分为气相色谱和液相色谱。

（一）吸附色谱法

在中药化学成分分离研究过程中，吸附现象十分普遍。其中以固 - 液吸附应用最为广泛，并有物理吸附、化学吸附及半化学吸附之分。物理吸附也叫表面吸附，基于构成溶液的分子（包括溶质和溶剂）与吸附剂表面分子间的相互作用力而引起，因而无选择性，吸附与解吸附过程可逆，也是实际工作中应用得最广的一种吸附。常见的硅胶、氧化铝、活性炭等的吸附就属于这一类型。化学吸附是指构成溶液的溶质分子与吸附剂表面原子（或分子）发生电子的转移、交换或共有，形成吸附化学键的吸附，如黄酮等酚酸性物质被碱性氧化铝吸附，或生物碱被酸性硅胶吸附等。其具有选择性，吸附作用力与化学键相当，多数不可逆，在中药化学分离过程中较为少用。半化学吸附是介于物理吸附与化学吸附之间的吸附过程，其吸附力较弱，如黄酮、蒽醌等酚性化合物与聚酰胺之间的氢键吸附等，在中药化学成分研究中有一定的应用。

1．常用的吸附材料

（1）硅胶（silica gel）：白色均匀颗粒，主要成分为二氧化硅。硅胶是一种极性的吸附剂，不溶于水和任何溶剂，无毒无味，化学性质稳定，除强碱、氢氟酸外不与任何物质发生反应。色谱用硅胶具有丰富的微孔结构，分子中具有硅氧烷的交链结构，颗粒表面又有很多的硅醇基，构成硅胶的吸附活性中心。

硅胶的吸附能力与硅醇基的多少有关。硅醇基能够通过形成氢键的方式而吸附水分子，随着吸附水分子质量的增加，其吸附能力随之降低，当硅胶吸水量超过 17% 时，表现出极弱的吸附能力。此时，将硅胶置于 100 ～ 110℃环境中，硅胶表面因氢键吸附的水分子可以被除去，硅胶即被活化。当温度升高到 500℃时，硅醇基分子内脱水生成硅氧烷基，从而失去吸附性能，即使用水处理亦不能恢复其吸附活性。

硅胶显示微弱的酸性，常用于中性或酸性物质的分离。分离碱性化合物时需要进行处理，如可用稀碱液代替水制备薄层板或在展开剂或流动相中加入少量碱性试剂作为抑尾剂。

用于中药化学成分分离的硅胶有柱色谱硅胶和薄层色谱硅胶。

（2）氧化铝（aluminum oxide）：主要成分为三氧化二铝，因其中可能混有碳酸钠等成分，对于一些碱性物质的分离效果颇为理想。色谱用的氧化铝可分酸性、中性和碱性三种。酸性氧化铝 pH 为 4 ～ 4.5，用于分离羧酸、氨基酸等酸性物质；中性氧化铝 pH 为 7.5，用于分离中性物质，应用最广，适用于分离生物碱、萜类、甾体、挥发油及在酸、碱中不稳定的苷类、内酯类等化合物，不适用于酸性物质的分离；碱性氧化铝 pH 为 9 ～ 10，用于分离生物碱、胺和其他碱性化合物等。

（3）聚酰胺（polyamide）：俗称尼龙（nylon），是大分子主链重复单元中含有酰胺基团的高聚物。其不溶于水、甲醇、乙醇、氯仿及丙酮等有机溶剂，对碱较稳定，对酸尤其是无机酸稳定性较差，可溶于浓盐酸、冰醋酸及甲酸。

聚酰胺色谱自 1955 年用于分离酚性物质以来，目前已发展成为分离极性和非极性物质的用途广泛的色谱方法，黄酮、酚类、醌类等物质的分离纯化均可采用。一般认为，聚酰胺分离化合物的原理是由于分子内的酰胺键可与酚羟基或羰基形成氢键，从而对这些类型的化合物产生吸附作用，即“氢键吸附”学说。聚酰胺分离化合物的原理见图 2-2。

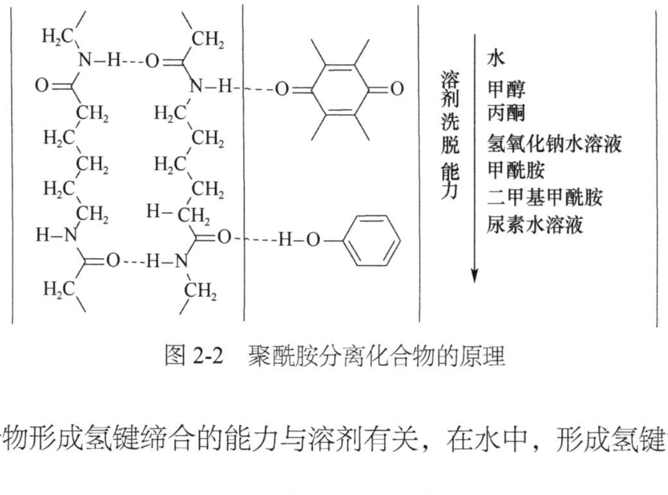

图 2-2　聚酰胺分离化合物的原理

聚酰胺与化合物形成氢键缔合的能力与溶剂有关，在水中，形成氢键能力最强，在有机溶剂中较弱，在碱性溶剂中最弱。各种化合物与聚酰胺形成氢键的能力不同，聚酰胺对它们的吸附力亦有差异，通常在含水溶剂中大致有以下规律。

1）可形成氢键的基团数目越多，吸附能力越强，如

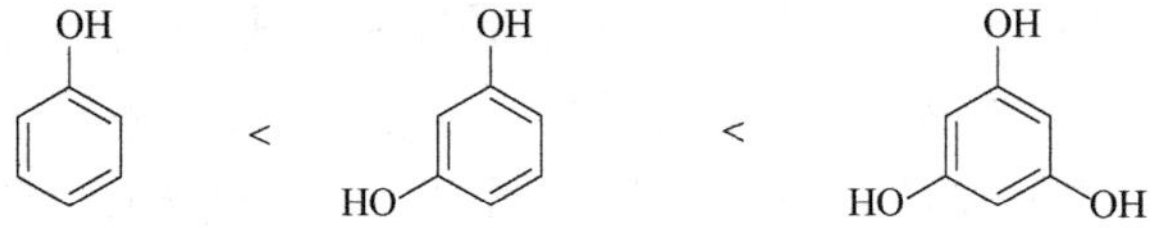

2）苷键位置对吸附能力的影响。化合物易形成分子内氢键越多，其与聚酰胺吸附能力随之减弱，如

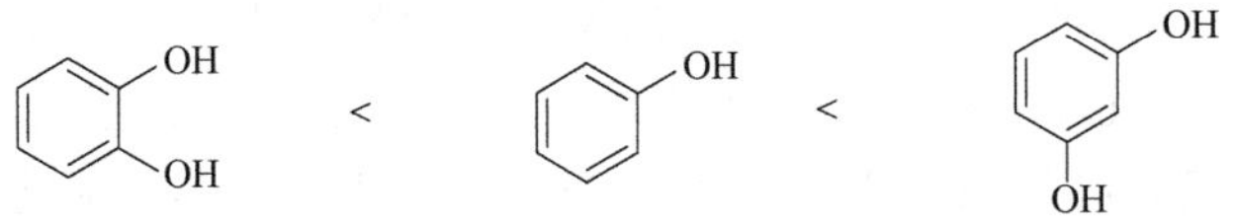

3）分子芳香化程度越高，吸附能力增强，如

吸附是在溶液中发生的，因此溶剂也会和吸附剂表面进行争夺，发生与溶质和聚酰胺之间氢键结合的竞争而解吸附。一般来说，聚酰胺与酚羟基或含羰基的化合物形成氢键缔合的能力在水中最强，在含水醇中随着醇浓度的增加而相应减弱，在高浓度醇或其他有机溶剂中几乎不缔合。因此，在实际操作中，通常用水装柱，尽可能采用水溶液上样（水溶性差的样品可参照硅胶吸附拌样），随后用不同浓度的醇梯度洗脱，达到分离的目的。此外，水溶液中加入酸或碱均可破坏聚酰胺与溶质之间的氢键缔合，也有很强的洗脱能力，可用于聚酰胺的精制及再生处理。

综上分析，各种溶剂自聚酰胺色谱柱上洗脱物质的能力由弱到强的排列顺序为

水＜甲醇＜丙酮＜氢氧化钠水溶液＜甲酰胺＜二甲基甲酰胺＜尿素水溶液

（4）活性炭：多孔性无定形粉末，其结构是由碳原子相互以共价键结合成六角形（表面层除外），并以两层或多层堆叠成平板块。活性炭对气体或对某些溶液的溶质有吸附作用，其吸附力的大小与活性炭的总表面积有关，碳的颗粒越细，总表面积越大，吸附力越强。反之亦然。同一粒度的活性炭，其吸附力的强弱与被吸附物质的结构密切相关。一般来讲，凡是结构中含有共轭双键的化合物，活性炭都易吸附，共轭双键越多，吸附力越强。因大多数色素类物质分子中具有共轭双键，在天然产物纯化或重结晶过程中加入活性炭可起到脱去色素的作用。活性炭对物质的吸附能力还与所用溶剂有关，在水中吸附能力最强，甲醇和丙酮中次之，其他溶剂中较弱，因此，利用活性炭脱色素时，通常在水溶液中进行。

活性炭属非极性吸附剂，对非极性物质亲和能力强，在水中对溶质表现出很强的吸附能力，随着溶剂极性降低，吸附能力也随之降低；解吸附时，洗脱溶剂的洗脱能力随溶剂极性降低而增强。

2. 吸附色谱法用于中药化学成分的分离

硅胶吸附色谱的应用较广泛，各类中药化学成分大多可用其进行分离；氧化铝吸附色谱的应用范围有一定限制，主要用于碱性或中性亲脂性成分的分离，如生物碱、甾类、萜类等

成分；活性炭吸附色谱主要用于分离水溶性物质如氨基酸、糖类及某些苷类化合物；聚酰胺色谱以氢键作用为主，主要用于黄酮、蒽醌等酚类成分的分离及鞣质的去除。

（1）薄层色谱（thin layer chromatography，TLC），为最常用的液 - 固吸附色谱。通常是将吸附剂均匀地涂在玻璃、金属或薄膜等表面上，形成薄层。干燥后在涂层的一端点样，竖直放入一个盛有少量展开剂的密闭容器中。涂层接触到展开剂，借助毛细作用向上移动。待分离物质在吸附剂和展开剂之间进行多次吸附和解吸附作用，将混合物中各组分按极性差异分成若干个孤立的组分，从而实现分离。

一个好的薄层色谱展开条件，应当能使样品中的组分在薄层中展开适当的距离。若混合物中各组分都靠近原点，说明展开剂极性过低；若各组分都移动到溶剂前沿附近则说明展开剂的极性过强。通常选择混合溶剂系统作为展开剂，先选择一种极性小的溶剂为基础溶剂，再加入极性较大的溶剂按照一定比例与其混合，调整到合适的极性，常用的溶剂系统如石油醚 - 乙酸乙酯、石油醚 - 丙酮、氯仿 - 甲醇、乙醇 - 水等。

比移值（R_f 值）等于 0 时，表示组分留在原点未被展开，当 R_f 值等于 1 时，表示组分不能被固定相保留。若用薄层色谱鉴别化合物时，R_f 值以 0.3 ～ 0.8 为宜；以薄层色谱条件选择柱色谱条件时，R_f 值以 0.1 ～ 0.2 为宜。

（2）吸附柱色谱：硅胶和氧化铝常作为吸附柱色谱的分离材料，在实际的分离工作中最为常用，两者的分离原理和方法也基本相同。有关注意事项如下。①吸附剂的选择与用量：作为吸附剂的硅胶和氧化铝均有市售商品供应，初分时选用 100 ～ 200 目为宜，细分时则多选用 200 ～ 300 目的颗粒；吸附剂用量一般为样品量的 10 ～ 20 倍，若样品中化合物极性差别较小，吸附剂的用量可适当提高到 50 ～ 100 倍，并依据吸附剂的用量选择合适的色谱柱。②样品的制备：通常将样品用易挥发的溶剂溶解，并将其吸附于样品质量 1 ～ 2 倍的吸附剂，拌匀并挥干溶剂，过筛。③吸附剂的选择：多用混合溶剂，并通过调节比例来改变极性，达到梯度洗脱分离物质的目的。一般混合溶剂中极性大的溶剂对流动相的洗脱能力影响较大，因此不可随意将极性差别很大的两种溶剂组合在一起使用。常作为洗脱溶剂的系统有石油醚 - 乙酸乙酯、石油醚 - 丙酮、氯仿 - 乙酸乙酯、氯仿 - 甲醇、氯仿 - 甲醇 - 水、氯仿 - 乙酸乙酯 - 甲醇 - 水等。

（3）减压柱色谱：也称为真空液相色谱（vacuum liquid chromatography，VLC），它是利用柱后减压使洗脱剂迅速通过固定相，从而快速、高效率分离样品的一种色谱技术。该法于 1969 年由 Coll. J. C. 提出，1977 年首次成功从大洋洲软珊瑚中分离到 1 个新的西松烷型（cembrenoid）二萜化合物，随后该种分离方法得到广泛应用并延用至今。

（二）分配色谱法

分配色谱法（partition chromatography）是以液体作为固定相和流动相的色谱法。其原理是混合物中各成分在固定相和流动相两种不相混溶的液体之间连续分配，利用各成分在两相间的分配系数不同，从而达到相互分离的目的。按固定相与流动相的极性差别，分配色谱法有正相与反相之分。在正相分配色谱法中，流动相的极性小于固定相的极性，常用的固定相有氰基与氨基键合相，主要用于分离极性及中等极性的物质，极性小的化合物先被洗脱。在反相分配色谱法中，流动相的极性大于固定相的极性，常用的固定相有烷基键合的反相硅胶等，主要用于分离中等极性及弱极性的物质，极性大的化合物先被洗脱。

1. 键合相色谱

在分配色谱中，由于固定相和流动相均为液体，选用的溶剂应该是互不相溶的，但实际上相互间总会有少许的溶解。即使是极少量的互溶，在大量的洗脱剂的洗脱下，也会使固定相液膜流失而影响分离，故在操作前，要使两相预先相互饱和。为了避免操作上的麻烦和提高固定相的稳定性，现在一般将固定相以共价键结合在载体颗粒上。键合相有三种：①非极性键合相[乙基（$—C_2H_5$）、辛基（$—C_8H_{17}$）和十八烷基（$—C_{18}H_{37}$），分别命名为 RP-2、RP-8 和 RP-18，它们的亲脂性强弱顺序为 RP-18 > RP-8 > RP-2]；②弱极性键合相（醚基和二羟基等）；③极性键合相[氨基、氰乙硅烷基 $\equiv Si(CH_2)_2CN$）等]。

经典的液 - 液分配柱色谱中所用的载体颗粒直径较大，流动相靠自身重力作用自上而下缓缓流经色谱柱，柱效低，费时长，近年来逐渐被各种加压液相色谱所替代。加压液相色谱所用的载体多为颗粒直径较小、机械强度高、比表面积大的球形硅胶颗粒，其上键合有不同极性的有机基团以适应不同类型分离工作的需要，因而柱效大大提高。例如，Zipax 类薄壳型或表面多孔性硅胶及 Zorbax 类全多孔硅胶微球，均常作为 HPLC 柱的填充剂。此外，还有 Waters *u*-Bondapak C_{18}、Merck LiChrosorb RP_{18}、Perkin Elmer C_{18} 等均为键合了十八烷基的填充剂，与 Zorbax ODS 类似，均供作反相色谱应用。为提高分离效率，须施加压力，根据所需压力大小不同，分为快速色谱（flash chromatography，约 2.02×10^5Pa）、低压液相色谱（LPLC，< 5.05×10^5Pa）、中压液相色谱（MPLC，$5.05 \times 10^5 \sim 20.2 \times 10^5$Pa）和高压液相色谱（HPLC，> 20.2×10^5 Pa）等。

2. 纸色谱（paper chromatography，PC）

纸色谱是以滤纸作为载体，滤纸中含有的 6% ～ 7% 的以氢键形式与纸纤维上羟基结合的水为固定相，水饱和的有机溶剂为流动相，进行点样、展开、定性和定量的液 - 液分配色谱法。

展开剂：常由有机溶剂和水组成，常用的如 BAW 系统——正丁醇 - 乙酸 - 水（4 ∶ 1 ∶ 5）的上层；15% 的乙酸水溶液等。

展开方式：根据溶剂的移动方向，可以分为上行法和下行法展开。在分离一些复杂的组分时，还常采用双向纸色谱，即先向一个方向展开，取出，待展开剂完全挥发后，将滤纸转 90°，再用原展开剂或另一种展开剂进行展开；亦可多次展开、连续展开或径向展开等。

自 1944 年 Consden、Gordon 和 Martin 首次采用纸色谱方法成功分离氨基酸以来，该分离技术在中药化学成分研究中得到了广泛的应用，尤其在糖类、氨基酸等极性大的化合物的分离分析方面，表现出独特的应用价值。

3. 逆流色谱（counter current chromatography，CCC）

逆流色谱原理是基于某一样品在两种互不混溶的溶剂之间的分配作用，溶质中的各组分在通过两溶剂相的过程中因不同的分配系数而得以分离。逆流色谱是一种不用固态支持体的全液态分配色谱法，它是在 20 世纪 40 ～ 50 年代建立的逆流分溶法的基础上发展起来的。逆流分溶法的设备由几百个单元部件构成，溶质在每一个单元的两个液相层之间进行分配，然后将其中的一层转移到下一个单元中再进行分配。在逆流分溶法分离过程中，相层在转移之前必须充分实现平衡。与液相色谱相比，逆流色谱是一个连续的非平衡过程，它的溶剂是连续流动的。

逆流色谱可克服上述液相色谱中因固体载体存在引起的不可逆消耗、样品变性污染及色谱峰畸形拖尾等弊端，样品还可以定量回收，目前已广泛应用于皂苷、生物碱、酸性化合物、蛋白质、糖类等天然化学成分的分离精制工作，并取得了良好的效果。

（1）液滴逆流色谱（droplet counter current chromatography，DCCC）：是一种在逆流分配法基础上改进的液 - 液分配技术，它要求流动相通过固定液相柱时能形成液滴。流动相形成的液滴在细的分配萃取管中与固定相有效地接触、摩擦，不断形成新的表面，促进溶质在两相溶剂中的分配，使混合物中的各化学成分在互不混溶的两相液滴中因分配系数不同而达到分离。该法适用于各种极性较强的中药化学成分的分离，如苷类化合物等难分离的强极性成分，更适用于制备性纯化。其分离效果往往比逆流分配法好，且不会产生乳化现象；用氮气压驱动流动相，被分离物质不会因遇大气中氧气而氧化，但本法必须选用能生成液滴的溶剂系统，且处理样品量小，并需要有专门设备。

（2）高效逆流色谱（high speed counter current chromatography，HSCCC）：是一种不用固态载体的液 - 液分配色谱技术。该法利用聚氟乙烯螺旋分离柱的方向性和特定的高速行星式旋转所产生的离心力作用，使无载体支持的固定相稳定地保留在分离柱中，并使样品和流动相单向、低速通过固定相，使互不相溶的两相不断充分地混合，随流动相进入螺旋分离柱的混合物中的各成分在两相之间反复分配，按分配系数的不同而逐渐分离并被依次洗脱。在流动相中分配系数大的化学成分先被洗脱，反之，在固定相中分配系数大的化学成分后被洗脱。

（三）凝胶过滤色谱法

凝胶过滤色谱法（gel filtration chromatography）又称分子筛过滤色谱（molecular sieve filtration chromatography）或体积排阻色谱（exclusion chromatography），是在 20 世纪 60 年代发展起来的一种分离分析技术。凝胶是具有许多孔隙的固体，在水中不溶但可膨胀成具有三维空间网状结构的球形颗粒。

1. 凝胶过滤色谱分离物质的原理

凝胶过滤色谱分离物质的原理主要是分子筛作用，根据凝胶的孔径和被分离化合物分子的大小而达到分离目的。当在水或有机溶剂中充分溶胀后的凝胶装入色谱柱中，加入试样混合物溶液，用溶剂淋洗时，混合物中比凝胶孔隙小的物质分子可以自由渗入并扩散到凝胶内部，而大分子的物质因受凝胶网孔半径的限制不能渗入凝胶颗粒内部（即被排阻），只能在颗粒间隙中移动。试样混合物中各物质分子大小不同，渗入凝胶内部的程度也不尽相同，经历一段时间的流动并达到动态平衡后，即按照分子由大到小的顺序先后流出而得到分离。

2. 凝胶的种类及性质

商品凝胶的种类很多，常用于有机化合物分离的有葡聚糖凝胶和羟丙基葡聚糖凝胶。

（1）葡聚糖凝胶（Sephadex G）：是由葡聚糖（右旋糖酐）和交联剂（一般为环氧氯丙烷）通过醚桥的形式互相交联成的三维空间多孔性网状结构，在水中溶胀，酸性条件下水解，碱水中稳定。凝胶颗粒网孔大小取决于葡聚糖与交联剂配比及反应条件。交联度越高，网孔越紧密，孔隙越小，吸水膨胀也越小；交链度低则网孔稀疏，吸水后膨胀大。商品型号即按交联度大小分类并以吸水量（干凝胶每 1g 吸水量 ×10）表示，如 Sephadex G-25，含义是此干凝胶吸水量为 2.5ml/g，Sephadex G-100 的吸水量为 10ml/g。Sephadex G 只适于水中应用，不同规格适合分离不同相对分子质量的物质。

（2）羟丙基葡聚糖凝胶（Sephadex LH-20）：是 Sephadex G-25 经羟丙基化处理而成的产物。此时，葡聚糖凝胶的葡萄糖上的羟基与羟丙基结合成醚键的状态。与 Sephadex G 比较，Sephadex LH-20 分子中羟基总数虽没有变化，但碳原子所占比例却相对增加了。因此，Sephadex LH-20 既有亲水性又有亲脂性，不仅可在水中应用，也可在极性有机溶剂或它们与水组成的混合溶剂中膨胀使用。在常用溶剂中的溶胀性能见表 2-1。

表 2-1　Sephadex LH-20 在不同溶剂中的溶胀性能

溶胀能力	水	甲醇	氯仿	二氯甲烷	四氢呋喃	乙醇	丙酮	乙酸乙酯
（ml 溶剂 /g 干胶）	4.0 ～ 4.4	3.8 ～ 4.1	3.9 ～ 4.1	3.8 ～ 4.1	3.6 ～ 3.9	3.6 ～ 3.9	2.4 ～ 2.6	1.6 ～ 1.8

Sephadex LH-20 除保留有 Sephadex G-25 原有的分子筛作用，可按照相对分子质量大小分离物质外，在由极性与非极性溶剂组成的混合溶剂系统中常常起到反相分配色谱的效果，广泛应用于不同类型有机物如黄酮、香豆素、皂苷、生物碱、有机酸等的分离纯化工作中。

（四）大孔吸附树脂色谱

大孔吸附树脂（macro-porous adsorption resin）是一种不含交换基团，含有无数网状的孔穴结构的人工合成高分子吸附材料。一般为白色球状颗粒，理化性质稳定，不溶于酸、碱及有机溶剂中。自 1966 年美国 Rohm and Hass 公司合成第一种网状吸附剂以来，各种不同性能的吸附树脂相继问世，并广泛应用于医药工业、污水处理、工业脱色、环境保护等领域。

1. 大孔吸附树脂分离化合物的原理

大孔吸附树脂是吸附性和分子筛原理相结合的分离材料，其吸附性能与活性炭相似。从相互作用力的角度观察，它所具有的吸附力与范德瓦耳斯力或氢键作用力有关。分子筛性能是由于其本身的多孔性结构的性质决定的。

2. 大孔吸附树脂的种类及性质

（1）非极性大孔树脂：由偶极矩很小的单体聚合而得，不带任何功能基，孔表面的疏水性较强，可通过与小分子内部疏水部分的作用吸附溶液中的有机物。适用于在极性溶剂（水）中吸附非极性物质，也称为芳香族吸附剂，如苯乙烯和二乙烯苯的聚合物。

（2）中等极性大孔树脂：含酯基的吸附树脂，以多官能团的甲基丙烯酸酯为交联剂，表面兼有疏水和亲水两部分。既可在极性溶剂中吸附非极性物质，也可在非极性溶剂中吸附极性物质，也称为脂肪族吸附剂，如聚丙烯酸酯大孔树脂。

（3）极性大孔树脂：含氮、氧、硫等极性官能团如酰胺基、氰基、酚羟基等的吸附树脂，通过静电作用吸附物质，如丙烯酰胺。

实际工作中，常先将欲分离的混合物的水溶液通过预处理好的大孔树脂柱后，依次用水、浓度由低到高的含水甲（乙）醇溶液、甲（乙）醇洗脱，可将混合物分离成若干组分。大孔吸附树脂的再生处理比较方便，再生时先用 1mol/L 盐酸浸泡，水冲洗后续用 1mol/L 氢氧化钠溶液浸泡洗涤，最后用蒸馏水洗至中性，浸泡于甲醇或乙醇中储存，临用前用蒸馏水洗尽醇即可使用。

（五）离子交换色谱法

离子交换树脂是一类表面带有可交换基团的合成高分子材料，一般成球状或无定形粒状。1945 年美国人 D. Alelio 成功合成聚苯乙烯型强酸型阳离子交换树脂和聚丙烯酸型阳离子交换树脂，为离子交换色谱法（ion exchange chromatography，IEC）的发展奠定了基础。

1. 离子交换色谱法分离物质的原理

离子交换色谱以离子交换树脂作为固定相，树脂上具有固定离子基团及可交换的离子基团。当流动相（水或与水混合的溶剂）带着组分电离生成的离子通过固定相时，组分离子与树脂上可交换的离子基团进行可逆变换。根据组分离子对树脂亲合力不同而得到分离。

化合物与离子交换树脂进行离子交换反应的能力强弱，主要取决于化合物解离度的大小和带电荷的多少等因素，化合物解离度大（酸性或碱性强），则易交换在树脂上，而较难洗脱。因此，当具不同解离度成分的混合物被交换在树脂上时，解离度小的化合物先于解离度大的化合物被洗脱。离子交换色谱法在富集和纯化如生物碱、氨基酸、有机酸、肽类和黄酮类成分上发挥着独有的优势。

2. 离子交换树脂的类型及性能

离子交换色谱的固定相是交换剂，按交换基团可分为阳离子交换树脂和阴离子交换树脂两大类。

（1）阳离子交换树脂：解离性基团是磺酸（$—SO_3H$）、磷酸（PO_3H_2）、羧酸（—COOH）和酚性羟基（—OH）等酸性基团。根据解离 H^+ 能力的大小不同，阳离子交换树脂又分为强酸型和弱酸型两种。例如，含磺酸基的为强酸型阳离子交换树脂，含羧基和酚羟基的为弱酸型阳离子交换树脂。

（2）阴离子交换树脂：可解离的基团有伯胺基（$—NH_2$）、仲胺基（$—NHCH_3$）、叔胺基 [$—N(CH_3)_2$]、季铵基 [$—N^+(CH_3)_3$]。通过水化作用，形成 $R—NH_2OH$、$R—NHCH_3OH$、叔胺基 $R—N(CH_3)_2OH$、季铵基 $R—N^+(CH_3)_3OH$，OH^- 可被阴离子交换和洗脱。其中季铵基 $—N^+(CH_3)_3OH$ 不易电离，为强碱型阴离子交换树脂，伯胺基、仲胺基和叔胺基为弱碱型阴离子交换树脂。

离子交换树脂的交换能力取决于交换基团的数量，用交换当量（1g 干树脂可交换离子的毫克当量数）表示。

中药水提液中的酸性、碱性及两性化合物，在水中多呈现解离状态，可按照图 2-3 进行有效的分离。

除了离子交换树脂外，还可用离子交换纤维和离子交换凝胶来进行分离。离子交换纤维和离子交换凝胶是在纤维素或葡聚糖等大分子的羟基上，通过化学反应引入能释放或吸收离子的基团所制成，如二乙基氨乙基纤维素（DEAE-cellulose）和羧甲基纤维素（CM-cellulose）、二乙氨基乙基葡聚糖凝胶（DEAE-sephadex）、羧甲基葡聚糖凝胶（CM-sephadex）等。它们既有离子交换性质，又有分子筛的作用，对水溶性成分的分离十分有效，主要用于分离纯化如蛋白质、多糖、生物碱和其他水溶性成分。

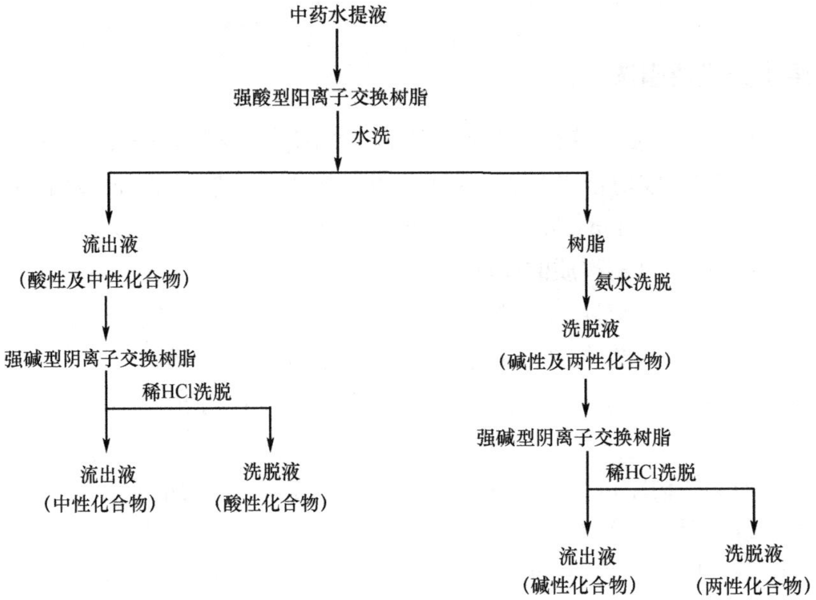

图 2-3　离子交换树脂法分离不同电荷物质模式图

第四节　中药化学成分的结构研究方法

结构研究是中药化学研究中的重要内容之一。中药中单体化合物的活性及安全性是由其结构自身决定的。化合物结构明确，才有可能进一步深入地探讨有效成分的生物活性、构效关系、体内代谢过程；也只有在结构明确的基础上才能进一步完成结构的修饰和改造，乃至人工全合成。

与合成化合物相比，中药中有效成分的结构鉴定难度较大。中药成分相对复杂，一味药材中往往含有上百种化合物，从中分离获得的生理活性物质量甚少，有时仅几毫克，难以采用经典的化学方法（如化学降解、衍生物合成等）来完成结构的研究工作，主要依靠谱学分析的方法，即尽可能在不消耗或少消耗试样的条件下通过测定得到各种图谱，获取尽可能多的结构信息，在综合分析的基础上，充分利用文献数据进行比较分析，必要时配合化学手段，以推断并确认化合物的平面结构和立体结构。

一、结构研究的一般程序

（一）化合物的纯度测定

对单体化合物的纯度进行检验是鉴定或测定其化学结构的前提。纯度检查最常用的方法为各种色谱法，如薄层色谱、纸色谱、高效液相色谱或气相色谱等。无论采用哪种色谱法进行检查，均需用两种以上差别较大的溶剂系统或色谱条件进行检测，样品均显示单一斑点或色谱峰时，才能保证结论的准确性。

此外，固体物质还可通过检查有无均匀一致的晶型，有无明确、敏锐的熔点进行纯度判断；液体物质还可通过沸点、沸程、折光率等进行纯度判断。

（二）物理常数的确定

物质的物理常数是表征该物质性质的重要依据，在中药化学成分结构研究中需要测定的重要物理常数有：熔点、沸点、比旋度、折光率和密度等。固体纯物质的熔距应在 0.5 ～ 1.0℃的范围内，若熔距过大，则可能存在杂质。液体纯物质则可以测定其沸点，除高沸点物质外，其沸程不应超过 5℃。另外，液体纯物质还应有恒定的折光率及密度。中药化学成分多为光学物质，在化学结构鉴定时，无论是已知物还是未知物皆应测定其旋光度。此外，记录和测定化合物的溶解性、色谱行为、化学定性反应、pH 等，亦能为其结构的推断提供必要的线索。

（三）分子式的测定及不饱和度的计算

1．分子式的测定

分子式的测定方法主要通过元素定量分析配合相对分子质量测定法、同位素丰度比法和高分辨质谱（high resolution mass spectrometry，HR-MS）法，目前，在中药化学成分研究中高分辨质谱法最为常用。

高分辨质谱在给出精确相对分子质量的同时，还可以直接给出化合物的分子式。例如，青蒿素的高分辨质谱法中，分子离子峰为 *m/z* 282.1472 $[M]^+$，计算值 282.1467，可计算出其分子式为 $C_{15}H_{22}O_5$。高分辨质谱仪可以将物质的质量精确测定到小数点后第三位。

2．不饱和度的计算

分子式确定后，可按下式计算不饱和度

$$\Omega = \mathit{IV} - \mathit{I} + \mathit{III}/2 + 1$$

式中，I 为一价原子（如 H、X、D）的数目；III 为三价原子（如 N、P）的数目；IV 为四价原子（如 C）的数目。O，S 等二价原子与不饱和度无关。

（四）化合物官能团和分子骨架的推定

确定了一个化合物的分子式后，就需要进行分子结构骨架和官能团的确定。首先，根据化合物的不饱和度，推测分子结构中的双键数或环数；其次，利用各类中药化学成分的显色反应、色谱行为、酸碱性、溶解性等，结合文献调研及波谱等推定分子骨架和官能团；最后，将化学定性结果与所测得的波谱数据、物理常数结合起来综合分析，以确定化合物的官能团和分子骨架。

（五）化合物结构的确定

鉴于同科同属植物中常含有相同或相似的化合物结构类型，在进行化合物结构鉴定时，应对原生物或其近缘生物成分研究的文献进行全面调研，在此基础上，综合运用各种波谱技术 [紫外吸收光谱（ultraviolet absorption spectra，UV）、红外光谱（infrared spectra，IR）、氢磁共振谱（^{1}H nuclear magnetic resonance spectroscopy，^{1}H-NMR）、碳磁共振谱（C^{13} nuclear magnetic resonance spectroscopy，^{13}C-NMR）、质谱（mass spectrometry，MS）、旋光光谱（optical rotary dispersion，ORD）、二维磁共振谱（two dimension nuclear magnetic resonance，2D-NMR）、X- 线衍射等] 结合该化合物的理化性质及相关色谱行为，进行鉴定

或结构测定。

对于已知化合物的结构鉴定，在有对照品的情况下，最好用对照品同时进行熔点、混合熔点、色谱和红外光谱对照。如果样品与对照品的熔点相同，混合熔点不降低，色谱中的 R_f 值相同，IR 谱相同，则可判定样品与对照品为同一化合物。若无对照品，则应通过测定足以确认结构的数据与文献数据核对来确定结构。对于未知化合物，应测定该化合物的各种波谱数据，并进行必要的化学沟通以确定其结构。目前，通过 SciFinder Scholar 数据库检索，可以很快知晓化合物是“已知”还是“未知”。

二、结构测定中常用的波谱分析技术

目前，紫外光谱、红外光谱、磁共振技术（nuclear magnetic resonance，NMR）和质谱技术等的普及和各种二维磁共振谱及质谱新技术的开发利用，大大加快并提高了中药中有效成分结构确定的进度及准确性。波谱分析方法的基本知识已在《波谱解析》课程中作过介绍，这里仅对其在中药有效成分结构鉴定中的应用作简要的介绍。

（一）紫外吸收光谱

紫外吸收光谱是分子吸收波长范围为 200 ～ 400nm 的电磁波产生的吸收光谱，简称紫外光谱。化合物的紫外光谱是由分子中的价电子吸收一定波长的光从基态跃迁到激发态而产生的。对于饱和碳氢化合物，由于 $\sigma \rightarrow \sigma^*$ 跃迁需要较高的能量，超出了正常的紫外可见光范围，所以在上述区域无吸收；若含有杂原子基团（如 N、O、S）时，虽有 $n \rightarrow \pi^*$ 跃迁，但只能在 200 ～ 210nm 附近有末端吸收，对于结构解析提供的信息较少。紫外光谱主要提供分子中共轭体系的结构信息，如分子中含有共轭双键、α，β- 不饱和羰基（醛、酮、酸、酯）结构的化合物及芳香化合物。这些化合物可因 $n \rightarrow \pi^*$ 或 $\pi \rightarrow \pi^*$ 跃迁而在紫外光谱中显示强吸收，因而能够提供的信息较多。例如，图 2-4 9，10-dihydro-aphyllone A-5-*O*-*β*-D-glucopyranoside 的紫外吸收光谱图，横坐标为波长，以纳米表示，纵坐标为吸收度（absorbance，Abs）。

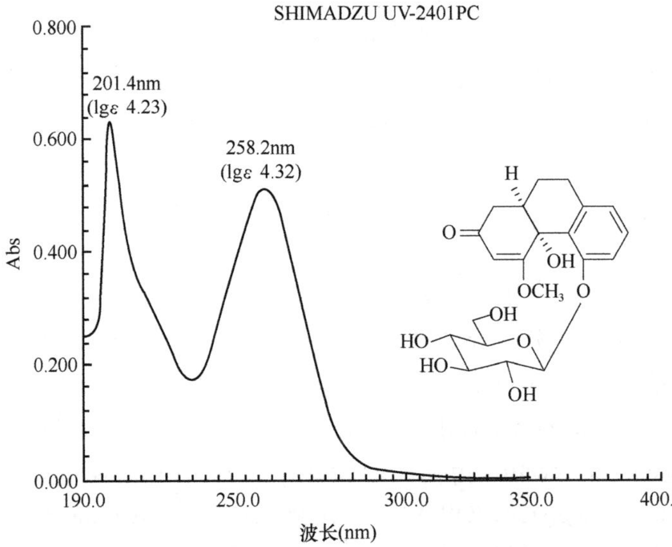

图 2-4　9，10-dihydro-aphyllone A-5-*O*-*β*-D-glucopyranoside 的紫外吸收光谱图

一般来说，紫外光谱主要可提供分子部分的结构信息，而不能给出整个分子的结构信息，所以只能作为化合物结构鉴定的辅助手段。对具有共轭体系的中药化学成分的结构确定具有一定的实际应用价值。例如，黄酮类、香豆素类等化合物的紫外光谱在加入一定诊断试剂后因分子结构中的取代基类型、数目、排列方式不同而发生一定规律的变化，可根据这些变化推断化合物的精细结构，如取代基的位置、种类和数目。

（二）红外光谱

红外光谱是由分子的振动 - 转动能级跃迁引起的，范围在 4000 ～ 625cm^{-1} 区域。其中 1250cm^{-1} 以上的区域为特征频率区（functional group region），特征官能团如羟基、氨基、炔基、羰基、芳环等的吸收均出现在这个区域。1250 ～ 625cm^{-1} 的区域为指纹区（fingerprint region），出现的峰主要是由 C—X（X=C，O，N）单键的伸缩振动及各种弯曲振动而引起。

1．各种化学基团的红外光谱特征吸收

红外光谱是化合物分子结构的客观反映，图谱中的吸收峰都对应着分子中化学键或基团的各种振动类型。关于吸收带位置与分子结构的关系，已总结出了一些规律，通常将红外光谱划分为以下几个振动范围来解析。

（1）O—H、N—H 伸缩振动区（3750 ～ 3000cm^{-1}）：不同类型 O—H、N—H 的伸缩振动峰位见表 2-2。

表 2-2　O—H、N—H 的伸缩振动范围

基团类型	波数（cm^{-1}）	吸收强度	基团类型	波数（cm^{-1}）	吸收强度
ν_{O-H}	3700 ～ 3200	强（特征）	ν_{N-H}	3500 ～ 3100	弱
游离 O—H	3700 ～ 3500	较强	游离 N—H	3500 ～ 3300	弱而稍尖
缔合 O—H	3450 ～ 3200	强、宽（特征）	缔合 N—H	3500 ～ 3100	弱而尖
—COOH 的 ν_{OH}	3000 ～ 2500[a]	强而宽（特征）	内酰胺	3500 ～ 3300	可变

（2）C—H 伸缩振动区（3300 ～ 2700cm^{-1}）：不同类型的 C—H 键，分别具有一定的伸缩吸收区域，一些主要 C—H 吸收带的大致位置见表 2-3。

表 2-3　C—H 伸缩振动范围

C—H 类型	波数（cm^{-1}）	吸收强度	C—H 类型	波数（cm^{-1}）	吸收强度
—C≡C—H	～ 3300	高强、尖	R—CH—R′	2890	低强
—C═H	～ 3100 ～ 3040	中强（双峰）	R—CHO	2820，2870	高强 - 双峰[a]，尖
Ar—H	～ 3030	中强	ν_{S-H}	2600 ～ 2550	弱、尖
—CH_3	2960 ～ 2870	高强 - 双峰	ν_{P-H}	～ 2400	弱、尖
R—CH_2—	2930 ～ 2850	高强 - 双峰			

a. 双峰是由于醛的 ν_{C-H} 和 δ_{C-H}（1395cm^{-1}）的倍频之间产生 Femier 共振引起的

（3）三键对称伸缩振动区（2400 ～ 2100cm^{-1}）：三键的对称伸缩振动频率见表 2-4。

表 2-4　三键的吸收范围

三键类型	波数（cm^{-1}）	吸收强度	三键类型	波数（cm^{-1}）	吸收强度
R—C≡C—H	2140 ～ 2100	强	R—C≡N	2260 ～ 2240	中强，尖
R—C≡C—R′	2260 ～ 2190	弱、可变	Ar—C≡N	2240 ～ 2220	中强，尖
R—C≡C—R（R═R′）	无吸收		—C═C═N	2150	强
—N^+≡N^-	2280 ～ 2240	强	O═C═O	2349	中强

（4）羰基的伸缩振动区（1900 ～ 1650cm^{-1}）：不同类型的羰基伸缩振动频率见表 2-5。

表 2-5　羰基的伸缩振动范围

羰基的类型	波数（cm^{-1}）	吸收强度	羰基的类型	波数（cm^{-1}）	吸收强度
醛 R—CHO	1740 ～ 1720	强	酰胺	1660 ～ 1640	强
酮 R—CO—R′	1725 ～ 1705	强	酸 RCOOH	1725 ～ 1700	强
酸酐（RCO）$_2$O	1850 ～ 1800	强（双峰，间隔	酯 RCOOR′	1740 ～ 1710	强
	1780 ～ 1740	60cm^{-1}）	五元内酯环	1780 ～ 1760	强
酰卤 R—CO—X	1815 ～ 1785	强	六元内酯环	1750 ～ 1730	强

（5）双键的对称伸缩振动区（1690 ～ 1600cm^{-1}）：各类双键伸缩振动频率见表 2-6。

表 2-6　双键的吸收范围

三键类型	波数（cm^{-1}）	吸收强度	三键类型	波数（cm^{-1}）	吸收强度
＞C═C＜	1680 ～ 1620	不定	—N═N—	1630 ～ 1575	不定
＞C═N—	1690 ～ 1640	不定			

（6）C—H 的弯曲振动区（面外 1000 ～ 650cm^{-1}）：在 1000 ～ 650cm^{-1} 范围中的一些 C—H 的弯曲振动见表 2-7 及表 2-8。这些吸收峰对识别烯烃和芳香环的取代情况有大的参考价值。

表 2-7　烯烃 C—H 的弯曲振动吸收范围

烯烃类型	波数（cm^{-1}）	吸收强度	烯烃类型	波数（cm^{-1}）	吸收强度
RCH═CH_2	990 ～ 910	强	RCH═CHR（顺式）	690	中至强
R_2C═CH_2	890	中至强	RCH═CHR（反式）	970	中至强

表 2-8　取代苯类的弯曲振动吸收范围

取代苯类	波数（cm^{-1}）	吸收强度	取代苯类	波数（cm^{-1}）	吸收强度
单取代（5 个邻接 H）	700 及 770	强	间位（3 个邻接 H）	810 ～ 750	强
邻位（4 个邻接 H）	770 ～ 735	强	对位（2 个邻接 H）	860 ～ 800	强

2. 红外光谱在有机化合物结构解析中的应用

红外光谱主要用于官能团的确认、芳环取代类型的判断等。红外光谱测定结构时，化合物仅需 1 ～ 10μg 的量即可。如果被测物质与已知对照品的红外光谱完全一致，则可推测是同一物质。如无对照品，也可检索有关红外光谱数据图谱文献。如果被测物结构基本已知，可能某一局部构型不同，在指纹区就会有差别，如 25*R* 与 25*S* 型螺甾烷型皂苷元，在 960 ～ 900cm^{-1} 附近有显著区别，很容易鉴别。

（三）磁共振谱

磁共振技术的原理是有磁矩的原子核在磁场的作用下能够产生能级间跃迁。自 1945 年发现磁共振现象，经历了脉冲傅里叶变换磁共振波谱仪的问世、电子计算机技术和超导磁体的普及，以及磁共振成像和二维磁共振技术的开发等，磁共振技术现已有很大的发展，由其所得到的信息在物理学、化学、生物学和医学等学科领域中得到了广泛的应用。有机化合物相对分子质量在 1000 以下、几毫克的微量物质甚至单用磁共振测定技术也可确定它们的分子结构。

1. 氢磁共振谱

氢同位素中，^{1}H 的丰度最大，其灵敏度较高，^{1}H-NMR 测定比较容易，应用得最为广泛。^{1}H-NMR 通过化学位移、峰面积及裂分情况提供分子中 ^{1}H 的种类、数目及周边的化学环境，为有机化合物的结构鉴定提供重要信息。

（1）化学位移（chemical shift）：用 δ 表示，单位 ppm；^{1}H 核因周围化学环境不同，其外围电子云密度及绕核旋转产生的磁屏蔽效应不同，不同类型的 ^{1}H 核共振信号出现在不同区域（表 2-9），据此可以识别。

表 2-9　不同类型氢核化学位移的大致范围（ppm）

类型		δ	类型	δ
CH	—C—CH_3	0.8 ～ 1.2	≡CH	2 ～ 3
	—C—CH_2	1 ～ 1.5	=CH	5 ～ 8
	—C—CH	1.2 ～ 1.8	芳环及芳杂环	6 ～ 9
	R—CH（α）—CH（β）	在上列数值基础上	—CHO	9 ～ 10
	（R=OH，OCO，OR，NO_2，X）	α-H：+2 ～ 4	活泼氢	
	R—CH（α）—CH（β）	β-H：+1 ～ 2	（—COOH，OH，SH，NH）	不定，加入 D_2O 后消失
	（R=C=O，C=C，Ar—）	α-H：+1 ～ 2		
		β-H：+0.5 ～ 2		

（2）峰面积：^{1}H-NMR 上积分面积与分子中的总质子数相当（各吸收峰覆盖的面积与引起该吸收的氢质子数目成正比）。在分析图谱时，只需通过比较吸收峰的面积，便能判断氢核的相对数目；当化合物分子式已知时，就可以求出每个吸收峰所代表氢核的绝对个数。

（3）耦合常数（coupling constant）：用 *J* 表示，可表明氢核与氢核之间的耦合关系。磁不等同的两个或两组氢核，在一定距离内因相互自旋耦合干扰而使信号发生裂分，表现出不同的形状：如 s（单峰，singlet）、d（二重峰，doublet）、t（三重峰，triplet）、q（四重峰，

quartet）及 m（多重峰，multiplet）等。

在低级耦合系统中，谱线裂分的数目符合“*n*+1”规律，即某基团的氢与 *n* 个相邻氢耦合时被裂分为 *n*+1 重峰。裂分间的距离为耦合常数，其反映两个核之间作用的强弱。各种不同环境下 ^{1}H 核相邻结构具有一定的耦合常数值，间隔的化学键越少，*J* 值越大，反之越小，通常超过三根单键以上的耦合可以忽略不计。但在 *π* 系统中，如烯丙基及芳环，因电子流动性较大，即使间隔超过了三根键，仍可发生耦合，但作用较弱，如

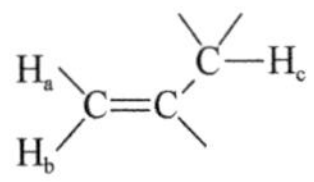

*J*ac(*trans*) = 1.6～2.0Hz
*J*bc(*cis*) = 0～1.5Hz

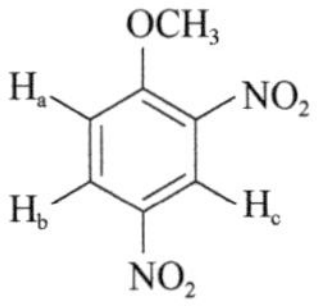

^3Jab(*ortho*) = 8Hz
^4Jbc(*meta*) = 2Hz
^5Jac(*para*) = 0

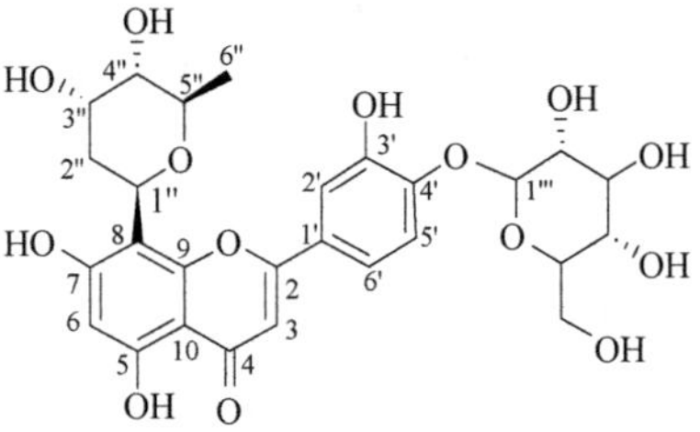

通常情况下，相互耦合的两个或两组氢核其耦合常数相等。因此仔细分析比较裂分间的距离对于判断氢核间是否耦合在结构解析时有很大的帮助。但是用此种方法识别有多重耦合影响的氢核信号时十分困难。目前多采用同核去耦技术（homodecoupling）消除或部分消除相邻氢核的耦合影响，以利于简化图谱、帮助识别。

图 2-5 为从紫果西番莲 *Passiflora edalis* Sims 的茎叶中分离得到的一个黄酮苷类化合物木樨草素 -8-*C*-*β*- 洋地黄毒糖基 -4′-*O*-*β*-D- 吡喃葡萄糖苷（luteolin-8-*C*-*β*-digitoxopyranosyl-4′-*O*-*β*-D-glucopyranoside）的 ^{1}H-NMR（methanol-d_4，400MHz）图。谱中呈现出一个苯环取代的 ABX

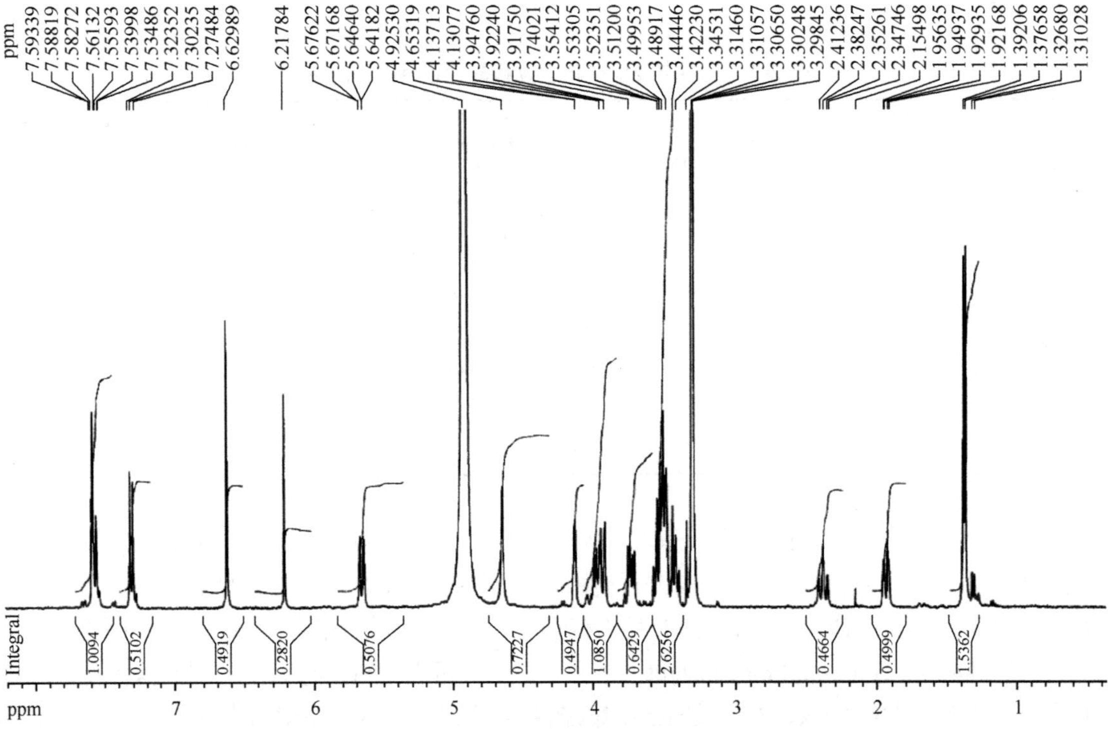

图 2-5　木樨草素 -8-*C*-*β*- 洋地黄毒糖基 -4′-*O*-*β*-D- 吡喃葡萄糖苷的 ^{1}H-NMR 谱

系统信号：δ_H 7.58（1H，d，J=2.0Hz，H-2′），7.55（1H，dd，J=8.4，2.0Hz，H-6′）和 7.30（1H，d，J=8.4Hz，H-5′）；两个单峰质子为 H-3 和 H-6（或 H-8）的信号，出现在 δ_H 6.63 和 6.21；两个糖的端基质子信号分别出现在 δ_H 5.64（1H，dd，J=12.0，1.8Hz）和 4.92（1H，d，J= 7.8Hz），其耦合常数表明糖分子均以 β- 键与黄酮母核相连。在 δ 4.13 ～ δ 3.42 之间共有 9 个连氧碳上的氢质子信号；δ 2.34（1H，ddd，13.9，12.0，1.6Hz）和 1.92（1H，ddd，13.9，3.5，1.8Hz，H-2″-e）分别为 C-2″ 上直立键和平伏键上的氢质子；δ 1.37（1H，d，6.2Hz）为 C-6″ 甲基上的氢质子。

以上为一般 ^{1}H-NMR 测定所能提供的结构信息。此外，还可以用 NOE 技术确定氢核之间的空间距离，加 D_2O 交换以判断分子中有无活泼质子，改变测试溶剂或加镧系试剂以测定溶剂位移或试剂位移，改变测试温度以判断有无氢键缔合或相对构型、构象的变化等，对解析化合物的结构有着重要的意义。

^{1}H-NMR 测定时需要考虑的一些主要问题如下。

样品问题：进行磁共振测定时，样品纯度要求达到 95% 以上，为了得到分辨率很高的图谱，应将样品用溶剂溶解制成具有一定浓度的溶液。

溶剂问题：由于 ^{1}H-NMR 测定的是样品分子中的氢原子核，因此所选用的溶剂应为氘代溶剂，且试剂应对样品有较好的溶解度。常用的氘代溶剂有：$CDCl_3$、$(CD_3)_2CO$、DMSO-d_6、CD_3OD、C_5D_5N、CD_3CN、D_2O 等。表 2-10 给出常见溶剂在 ^{1}H 谱中的化学位移。

表 2-10 常见溶剂的 ^{1}H 在不同氘代试剂中的化学位移值

Mult.	氘代溶剂						
	$CDCl_3$	$(CD_3)_2CO$	DMSO-d_6	CD_3OD	C_5D_5N	CD_3CN	D_2O
残余溶剂峰	7.26	2.05	2.50	3.31	7.20 7.57 8.72	1.94	4.79

2. 氢磁共振谱

^{13}C-NMR 可以提供有机化合物分子中碳原子的数目、类型、化学环境等结构信息，与 ^{1}H-NMR 互为补充，是鉴定有机化合物结构最为重要的手段之一。但是，由于 ^{13}C 的天然丰度只有 1%，加之磁旋比仅是 ^{1}H 的 1/4，所以直至脉冲傅里叶变换磁共振装置的出现及计算机的引入，^{13}C-NMR 才得以在实际中应用。

（1）^{13}C 的裂分：由于 ^{13}C 和 ^{1}H 均为磁性核，因此在间隔一定键数范围内也可通过自旋耦合干扰，使对方信号产生裂分。在 ^{1}H-NMR 中，因 ^{13}C 的天然丰度比甚小，故这种耦合干扰极小，表现为微弱的“卫星峰”形式，埋在噪声中，可以忽略不计。通常只需要注意 ^{1}H—^{1}H 之间的同核耦合影响。但 ^{13}C-NMR 则不同，因两个 ^{13}C 相连的概率只有 0.1%，故 ^{13}C—^{13}C 之间的同核耦合影响一般可以不予考虑。相反，^{1}H 的耦合影响（异核耦合）却表现得十分突出，由 ^{1}H 核自旋耦合干扰产生的裂分数目仍然遵循 n+1 规律。以直接连接的 ^{1}H 的耦合影响为例，^{13}C 信号将分别表现为 q（CH_3）、t（CH_2）、d（CH）、s（C），$^1J_{CH}$ 为 120 ～ 250Hz。

实际上，除了 $^1J_{CH}$ 影响外，还可能同时存在二根键（$^2J_{CH}$）及三根键（$^3J_{CH}$）范围内的远程耦合影响，表现为更为复杂的峰形。为了弄清楚相互耦合的关系，可通过各种形式的异核去耦试验得到不同类型的 ^{13}C-NMR。

（2）常见的 ^{13}C-NMR 及其特征

1）质子噪声去耦（proton noise decoupling spectrum）：也叫全氢去耦（proton complete decoupling，COM）或宽带去耦（broad band decoupling，BBD），是最常见的 ^{13}C-NMR 测定技术。方法是采用宽频的电磁辐射照射所有的 ^{1}H 核使之饱和后测定 ^{13}C-NMR。此时，^{1}H 对 ^{13}C 的耦合影响全部消除，所有的 ^{13}C 信号在图谱上均作为单峰出现，故无法确定其上连接的 ^{1}H 数，但对判断 ^{13}C 信号的化学位移十分方便。另外，因照射 ^{1}H 后产生的 NOE 效应，连有 ^{1}H 的 ^{13}C 信号强度将会增加，季碳信号因不连有 ^{1}H，将表现为较弱的吸收峰。

图 2-6 为木犀草素 -8-*C*-*β*- 洋地黄毒糖基 -4′-*O*-*β*-D- 吡喃葡萄糖苷的 ^{13}C-NMR 谱，图谱中共给出 27 个碳信号。可见质子宽带去耦谱具有信号分离度好，强度高的优点，常用于确定分子中不等价碳的数目，以及测定各碳的化学位移值，但不能区分伯、仲、叔碳。

2）DEPT（无畸变极化转移增强法，distortionless enhancement by polarization transfer，DEPT）：通过改变照射 ^{1}H 核的脉冲宽度（θ），使不同类型的 ^{13}C 信号在谱图中呈单峰形式分别朝上或朝下伸出，灵敏度高，信号之间很少重叠，目前已成为 ^{13}C-NMR 的一种常规测定方法。即当 θ= 45° 时，所有的 CH、CH_2、CH_3 均显正信号；当 θ=90° 时，仅显示 CH 正信号；当 θ=135° 时，CH 和 CH_3 为正信号，而 CH_2 为负信号。季碳同样无信号出现。

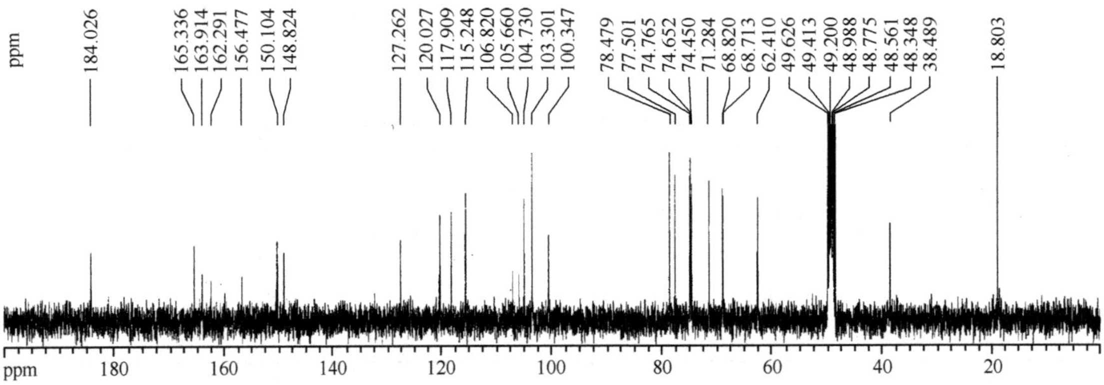

图 2-6　木犀草素 -8-*C*-*β*- 洋地黄毒糖基 -4′-*O*-*β*-D- 吡喃葡萄糖苷的 ^{13}C-NMR 谱

木犀草素 -8-*C*-*β*- 洋地黄毒糖基 -4′-*O*-*β*-D- 吡喃葡萄糖苷的 DEPT 谱见图 2-7，将 ^{13}C-NMR 与 DEPT 135° 和 DEPT 90° 对比，可以指认 ^{13}C-NMR 中的各个碳的类型，如 CH_3、CH_2、CH 或 C。解析 ^{13}C/DEPT 谱最简单的方法是先观察 DEPT 90° 谱中给出的碳正信号，标记为 CH；DEPT 135° 谱中的碳负信号，标出的所有 CH_2；然后对比 DEPT 135° 和 DEPT 90° 中朝上方伸出的碳正信号，将其扣除 DEPT 90° 中的碳信号，剩余的碳信号标记为 CH_3；最后在全氢去耦谱中减去其他两种 DEPT 谱中没有的碳信号，标为季碳。

3. 二维磁共振谱

二维傅立叶变换磁共振（2D-FT-NMR）是 20 世纪 80 年代发展起来的磁共振新技术。二维磁共振谱是将 NMR 提供的信息，如化学位移和耦合常数、氢化学位移和碳化学位移等在二维平面上展开绘制的图谱。二维谱可分为同核化学位移相关谱和异核化学位移相关谱，前者如 ^{1}H-^{1}H COSY、NOSEY 和 ROESY 谱，后者则为各种 ^{13}C-^{1}H COSY 谱，包括 HSQC 和 HMBC 谱等。图谱的表现形式主要有堆积图和等高线图两种，其中等高线图最常用，位移相关谱全部采用等高线图。等高线图最中心的圆圈表示峰的位置，圆圈的数目表示峰的强度；

最外圈表示信号的某一定强度的截面，其内第二、第三、第四圈分别表示强度依次增高的截面。

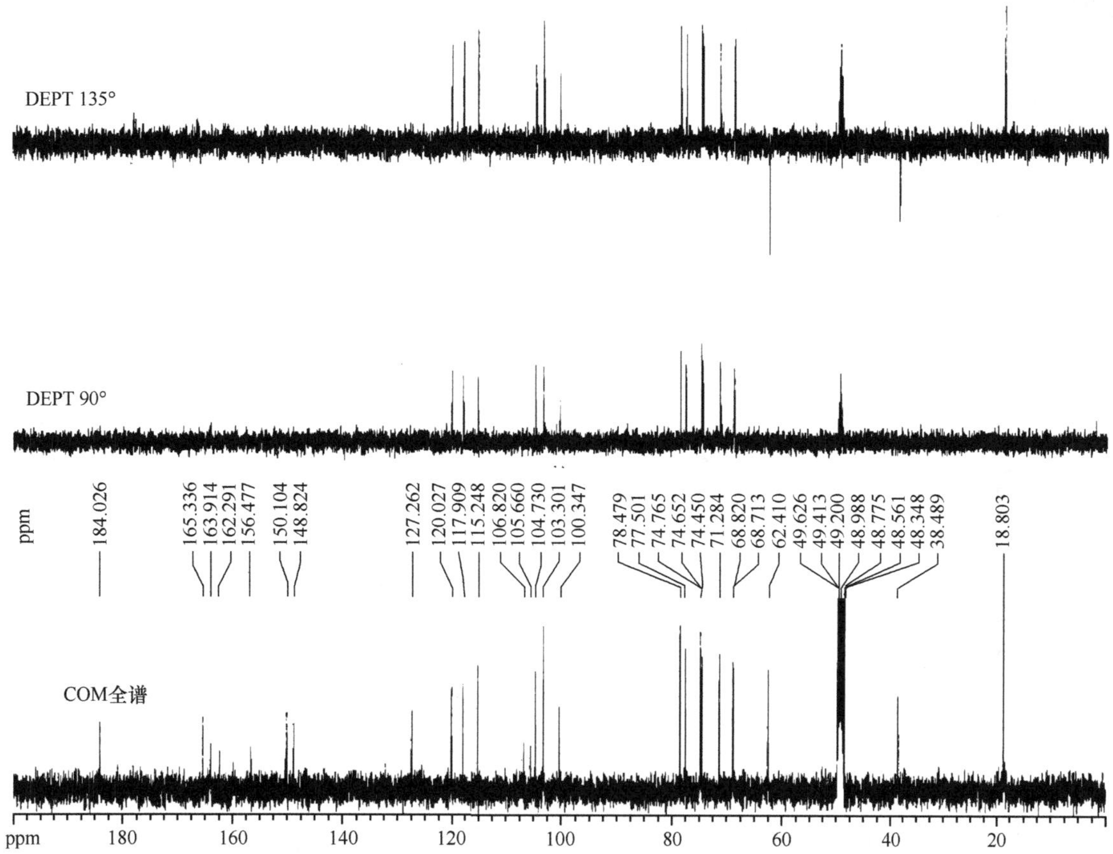

图 2-7　木犀草素 -8-*C*-*β*- 洋地黄毒糖基 -4′-*O*-*β*-D- 吡喃葡萄糖苷的 DEPT 谱

（1）HSQC 谱：通过 ^{1}H 核检测的异核单量子相关谱（^{1}H detected heteronuclear single quantum coherence，简称 HSQC），灵敏度高，较为常用，能反映 ^{1}H 核和与其直接相连的 ^{13}C 的关联关系，以确定 C—H 耦合关系（$^1J_{CH}$）。在 HSQC 谱中，F_1 域为 ^{13}C 化学位移，F_2 域为 ^{1}H 化学位移。直接相连的 ^{13}C 与 ^{1}H 将在对应的 ^{13}C 和 ^{1}H 化学位移的交点处给出相关信号。由相关信号分别沿两轴画平行线，就可将相连的 ^{13}C 与 ^{1}H 信号予以直接归属。例如，在木犀草素 -8-*C*-*β*- 洋地黄毒糖基 -4′-*O*-*β*-D- 吡喃葡萄糖苷的 HSQC 谱（图 2-8）中，可找到各碳、氢的相关峰，由此可容易地确定各碳氢的归属。

（2）HMBC 谱：是通过 ^{1}H 核检测的异核多键相关谱（^{1}H detected heteronuclear multiple bond correlation，简称 HMBC），它把 ^{1}H 核和与其远程耦合的 ^{13}C 核关联起来。在 HMBC 谱中，F_1 域为 ^{13}C 化学位移，F_2 域为 ^{1}H 化学位移，HMBC 可以高灵敏地检测 ^{1}H-^{13}C 远程耦合（$^nJ_{CH,}\ n \geqslant 2$），通过 2 ～ 3 个键的质子与季碳的耦合也有相关峰。从 HBMC 谱中可得到有关碳链骨架的连接信息、有关季碳的结构信息及因杂原子存在而被切断的耦合系统之间的结构信息。例如，在木犀草素 -8-*C*-*β*- 洋地黄毒糖基 -4′-*O*-*β*-D- 吡喃葡萄糖苷的 HMBC 谱（图 2-9）中显示，洋地黄毒糖的端基氢质子 *δ* 5.64（1H，dd，*J*=12.0，1.8Hz）与 C-7（*δ* 163.9）、C-8（*δ* 106.8）和 C-9（*δ* 156.4）有远程相关关系，葡萄糖端基氢质子 *δ* 4.92（1H，d，*J*=7.8Hz）与葡萄糖上的 C-4′ 位碳（*δ* 150.1）有远程

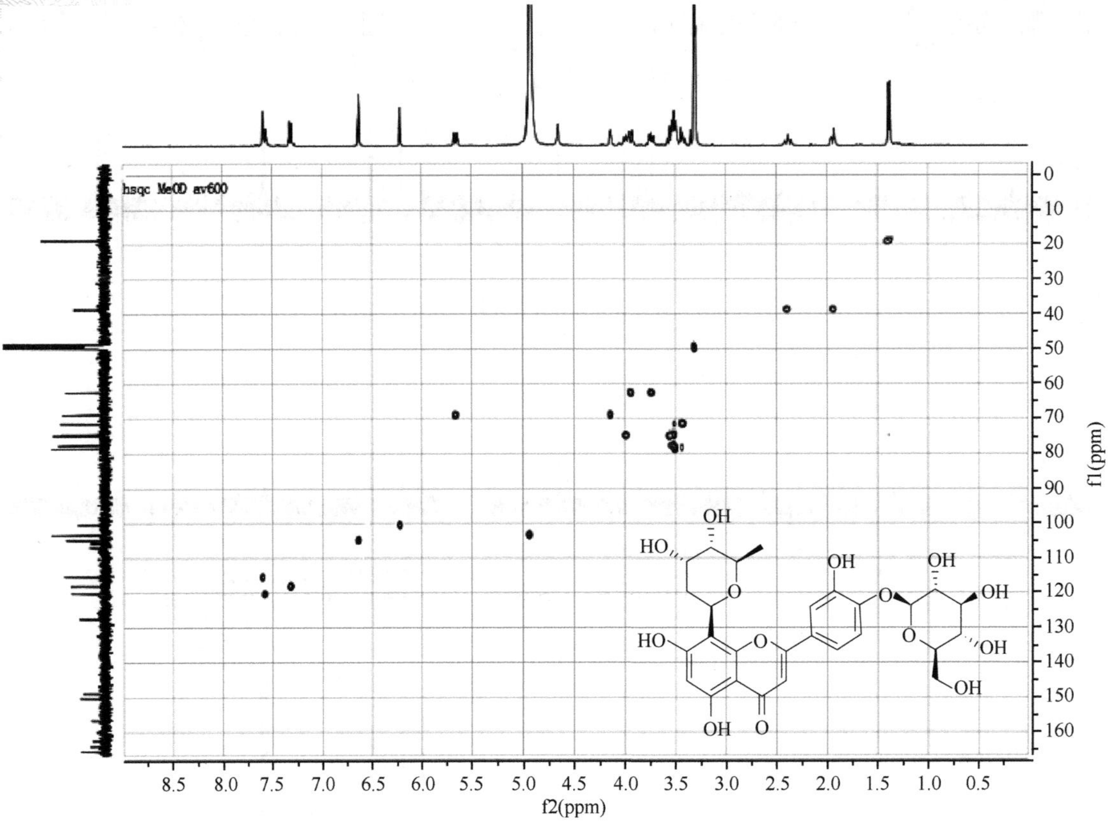

图 2-8　木犀草素 -8-*C*-*β*- 洋地黄毒糖基 -4′-*O*-*β*-D- 吡喃葡萄糖苷的 HSQC 图谱

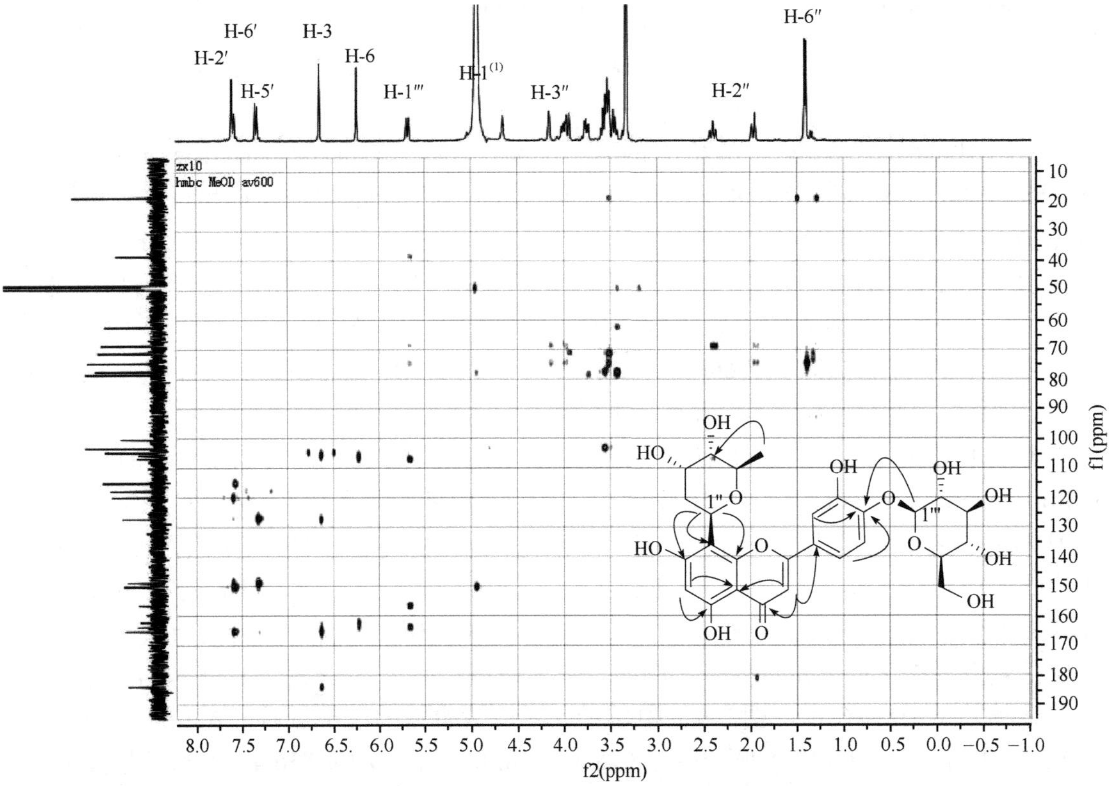

图 2-9　木犀草素 -8-*C*-*β*- 洋地黄毒糖基 -4′-*O*-*β*-D- 吡喃葡萄糖苷的 HMBC 图谱

相关关系，由此可推断洋地黄毒糖分子以碳苷键连接在木犀草素的 C-8 位，葡萄糖分子通过氧原子与木犀草素的 C-4′ 位相连。

（3）^{1}H-^{1}H COSY 谱：也称氢 - 氢化学位移相关谱，是同一个耦合体系中质子之间的耦合相关谱，可以确定质子之间的耦合关系和连接顺序。图谱多以等高线图表示，对角线上的峰为一维谱，对角线两边相应的交叉峰与对角线上的峰呈长方形，该长方形对角线上的两峰即表示有耦合相关关系。因此，通过 ^{1}H-H COSY 谱，可以确定相邻含氢基团（氢原子之间的耦合常数为 ^3J）的耦合关系，对其自旋系统中各质子的化学位移进行精确归属。例如，图 2-10 是木犀草素 -8-*C*-*β*- 洋地黄毒糖基 -4′-*O*-*β*-D- 吡喃葡萄糖苷的 ^{1}H-^{1}H COSY 谱，在图谱中能清楚地看到洋地黄毒糖分子中的 H-1″/H-2″/H-3″/H-4″/H-5″/H-6″ 的连接和葡萄糖分子中的 H-1‴/H-2‴/H-3‴/H-4‴/H-5‴/H-6‴ 的连接，对于确定糖分子氢化学位移的归属至关重要。另外在高场能够观测到 H-5′ 和 H-6′ 的相关峰。

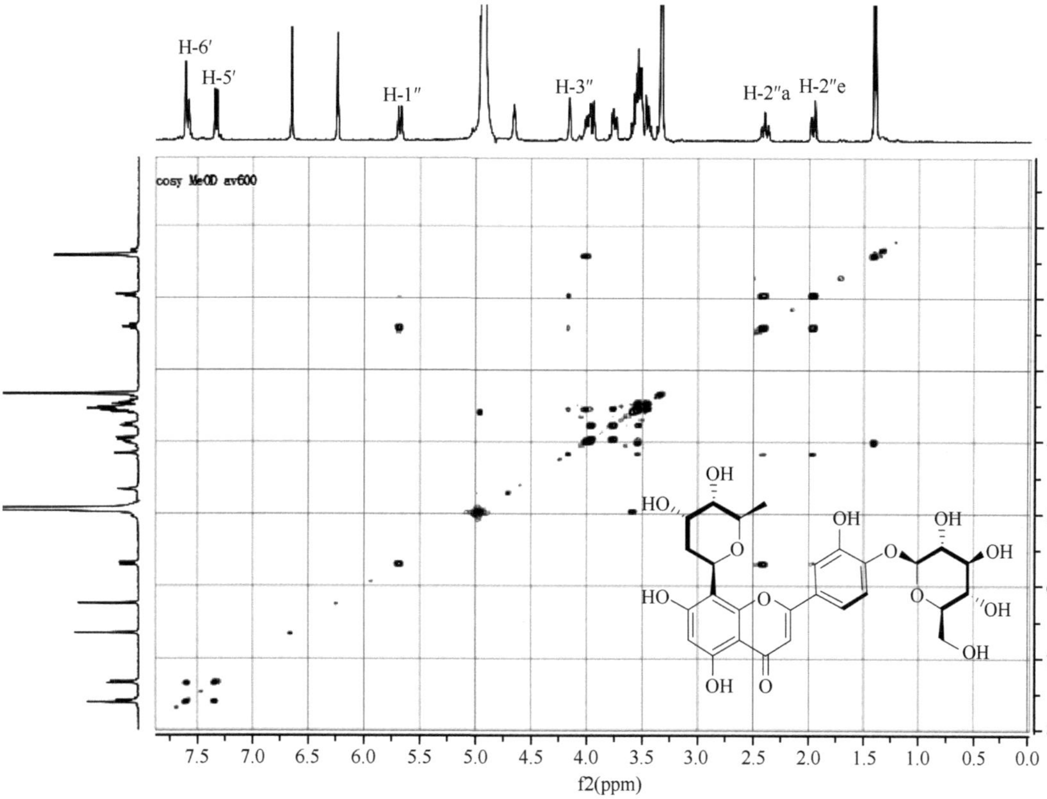

图 2-10　木犀草素 -8-*C*-*β*- 洋地黄毒糖基 -4′-*O*-*β*-D- 吡喃葡萄糖苷 ^{1}H-^{1}H COSY 谱

（4）NOESY 谱（overhauser enhancement spectroscopy） 或 ROESY 谱（rotating frame overhauser effect spectroscopy）：两个（组）不同类型质子位于相近的空间距离时，照射其中一个（组）质子会使另一个（组）质子的信号强度增强。这种现象称为核的 overhauser 效应，简称 NOE。NOE 通常以照射后信号增强的百分率表示。NOE 与距离的 6 次方成反比，故其数值大小反映了相关质子的空间距离，可据以确定分子中某些基团的空间相对位置、立体构型及优势构象，对研究分子的立体化学结构具有重要的意义。二维 NOE 谱简称 NOESY，表示的是质子的 NOE 相关关系，横纵坐标均为质子的化学位移值，其图谱外观与 COSY 谱类似。

ROESY 是旋转坐标系下的 NOESY 谱，其在结构解析中的作用和解析方法与 NOESY 相同。图 2-11 为木犀草素 -8-*C*-*β*- 洋地黄毒糖基 -4′-*O*-*β*-D- 吡喃葡萄糖苷的 ROESY 谱，在图谱中能够观察到 H-1″↔ H-5″ 及 H-4″↔H-2″ 的相关信号，准确确定洋地黄毒糖分子中氢质子的取向，对于推测其分子结构起着至关重要的作用。

（四）质谱

质谱（mass spectrometry，MS）是表征碎片离子的质量谱，就是把化合物分子用一定方式裂解成带电荷的分子或碎片离子，在电场与磁场的共同作用下按其质荷比（*m/z*）大小排列形成的图谱，横坐标以质荷比表示，纵坐标则表示相对强度。近年来，新的离子源不断出现，使质谱在确定化合物相对分子质量、元素组成和由裂解碎片检测官能团、辨认化合物类型、推导碳骨架等方面发挥着重要作用。

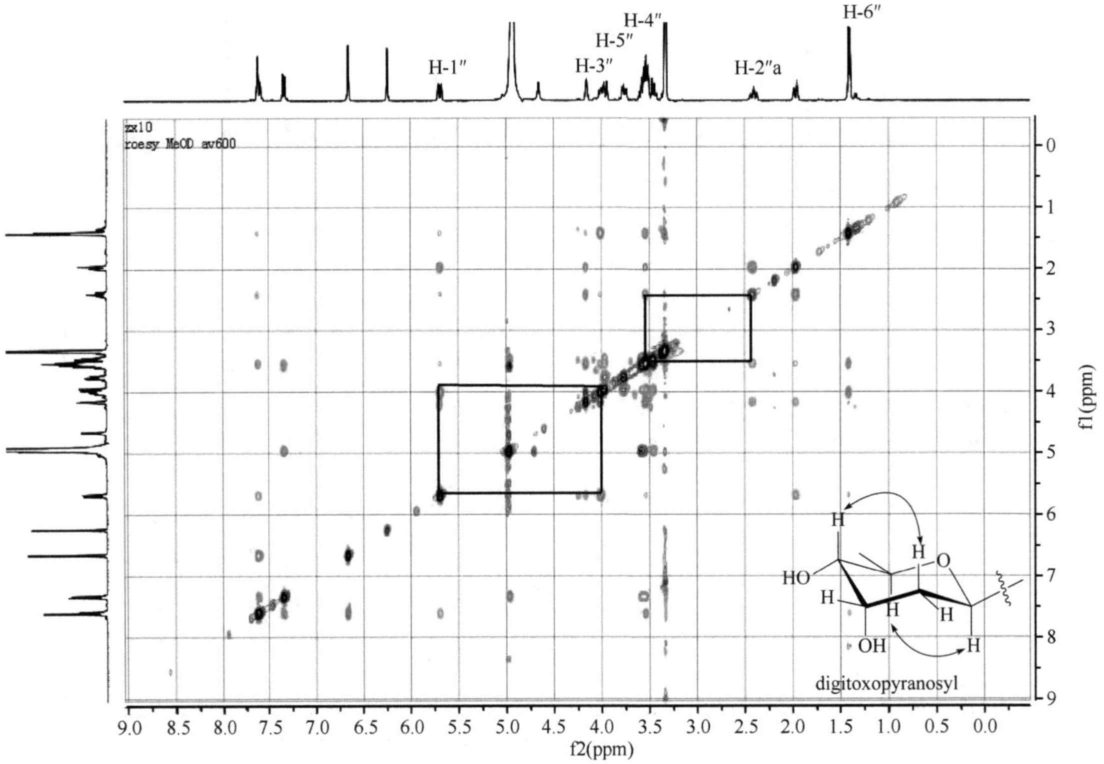

图 2-11　木犀草素 -8-*C*-*β*- 洋地黄毒糖基 -4′-*O*-*β*-D- 吡喃葡萄糖苷 ROESY 谱

按离子源划分常见的有电子轰击质谱（electron impact mass spectrometry，EI-MS）、快原子轰击质谱（fast atom bombardment mass spectrometry，FAB-MS）、电喷雾电离质谱（electrosprag ionization mass spectrometry，ESI-MS）、化学电离质谱、场解吸质谱、基质辅助激光解吸电离质谱等（matrix-assisted laser desorption mass spectrometry，MALDI-MS）。下面简要介绍目前在中药化学成分结构研究中较常用的 EI-MS、FAB-MS、ESI-MS 和 MALDI-MS 等。

1. 电子轰击质谱

EI 是目前应用最普遍、发展最成熟的电离方法。样品气化后，气态分子受到一定能量的电子轰击，大多数分子电离生成缺一个不成对电子的正离子（分子离子 M^+），其在过多的能量下可以继续发生裂解生成“碎片”离子或游离基或失去中性小分子。EI 法能得到较多的碎片离子，为解析化合物的结构提供丰富的信息，只要在离子化室中保持一定的样品蒸气压，就能得到一张良好的质谱图。EI-MS 有较好的重现性，其裂解规律的研究也最为完善，已经建立了数万种有机化合物的标准谱图库可供检索。但当样品相对分子质量较大或对热稳定性差时，常常得不到分子离子峰，因而不能测定这些样品的相对分子质量。

2. 快原子轰击质谱

用快原子轰击方式作为离子源的质谱分析法，在结构研究中应用较为普遍，几乎各类中药成分都能利用它来测定相对分子质量和获得主要碎片离子的信息。由于快原子轰击是一种软电离技术，被分析样品不须经过气化而直接电离，在分析极性强、不易气化和热稳定性差的样品中凸显其优势。特别对于糖苷类化合物的研究，除得到分子离子峰外，还可得到糖和苷元的结构碎片峰。此外，由于配备了阴离子捕获器，还可以给出相应的阴离子质谱峰。缺点是碎片离子峰较少，所提供的结构方面的信息较少。

3. 电喷雾电离质谱

电喷雾电离质谱是目前使用较多的质谱测定方法之一。它使用强静电场的电离技术，既可分析大分子也可分析小分子。对于分子质量在 1000Da 以下的小分子，会产生 $[M+H]^+$、$[2M+H]^+$、$[M+Na]^+$、$[2M+Na]^+$、或 $[M-H]^-$、$[M+Cl]^-$ 等离子，选择相应的正离子或负离子模式进行检测，就可得到物质的相对分子质量。而分子质量高达 20 000Da 的大分子会生成一系列多电荷离子，通过数据处理系统能得到样品的相对分子质量。电喷雾电离是很软的电离方法，它通常很少或没有碎片离子峰，常与 HPLC 技术连用。例如，木犀草素 -8-*C*-*β*- 洋地黄毒糖基 -4′-*O*-*β*-D- 吡喃葡萄糖苷，它的 ESI-MS 谱图（图 2-12）中出现准分子离子峰和苷元的分子离子峰，测得 *m/z* 577 $[M-H]^-$，281 $[M-162-134-H]^-$，所以该化合物的相对分子质量为 578。

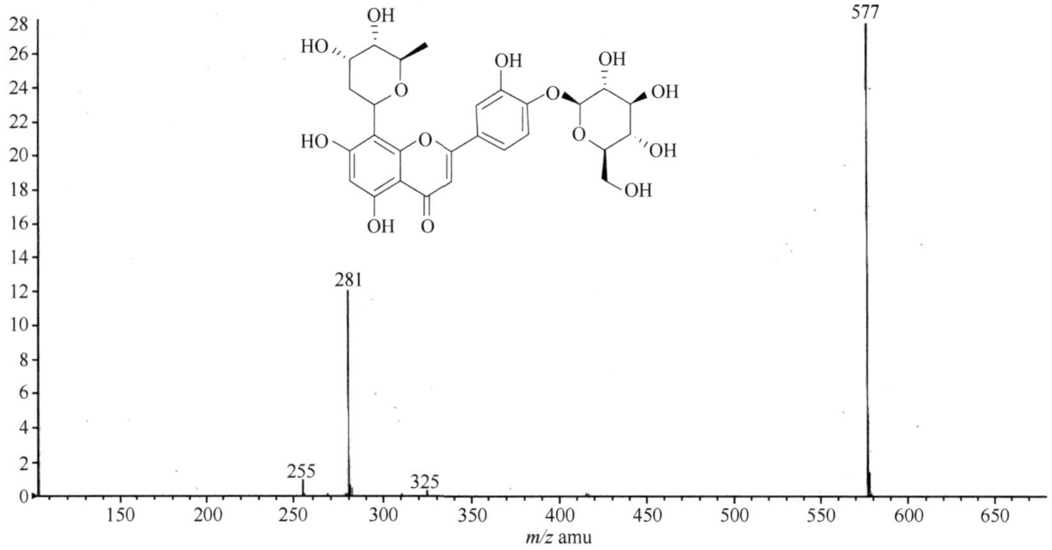

图 2-12 木犀草素 -8-*C*-*β*- 洋地黄毒糖基 -4′-*O*-*β*-D- 吡喃葡萄糖苷（－）ESI-MS 谱

4. 基质辅助激光解吸电离质谱

基质辅助激光解吸电离质谱是将样品溶解于在所用激光波长下有强吸收的基质中，利用激光脉冲辐射分散在基质中的样品使其解离成离子，并根据不同质荷比的离子在仪器无场区内飞行和到达检测器时间，即飞行时间的不同而形成质谱。此种质谱技术除可用于小分子化合物测定外，特别适用于结构较为复杂，不易气化的大分子如多肽、蛋白质、高分子材料及贵金属纳米团簇的研究。

三、旋光光谱

中药中许多化学成分具有光学活性，能使偏振光的平面发生旋转，这种现象称为旋光。用不同波长的偏振光（200 ～ 760nm）去照射一个有旋光的物质，将比旋度 $[\alpha]\times10^{-2}$ 或摩尔旋光度 $[\varphi]\times10^{-2}$ 对波长作图，所得的谱线即旋光光谱（optical rotary dispersion，ORD）。存在化合物不对称中心附近的发色团，能影响分子的旋光，并使在不同波长区域内的旋光性产生显著的变化。因此，ORD 是研究手性化合物分子结构和构象的一种重要手段。

旋光谱有三种谱线，如下所示。

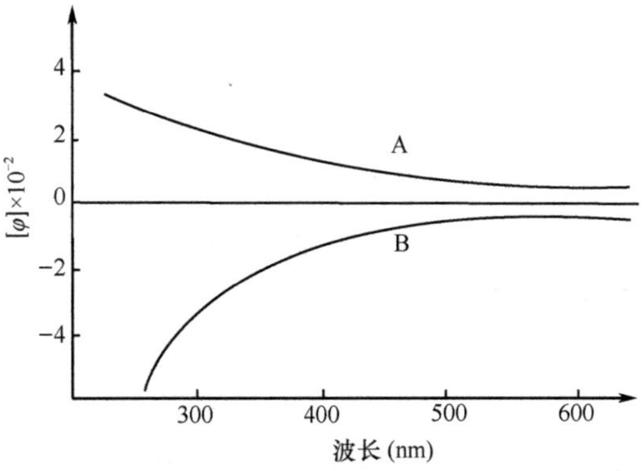

图 2-13　平坦谱线

1. 平坦谱线

没有发色团的光学活性分子，其旋光谱是平坦的，无峰、谷之分。谱线在短波处升起者是正性谱线（图 2-13A），降低者是负性谱线（图 2-13B）。谱线的正负性与旋光值的正负无关。

2. Cotton 效应谱线

如果分子中有一个简单发色团，在发色团吸收波长区域附近，旋光度发生显著变化，产生峰和谷的现象称为 Cotton 效应，所绘制的谱图称为 Cotton 效应谱线。谱线中只有一个峰和谷的称为单纯 Cotton 效应谱线。图 2-14 为胆甾酮（Δ^5- 胆甾酮）的 Cotton 效应谱线。波长短波方向为谷，长波方向为峰的为正性 Cotton 效应，相反则为负性 Cotton 效应。由图 2-14 可知 A、B 两个化合物结构式相同，但绝对构型不同。

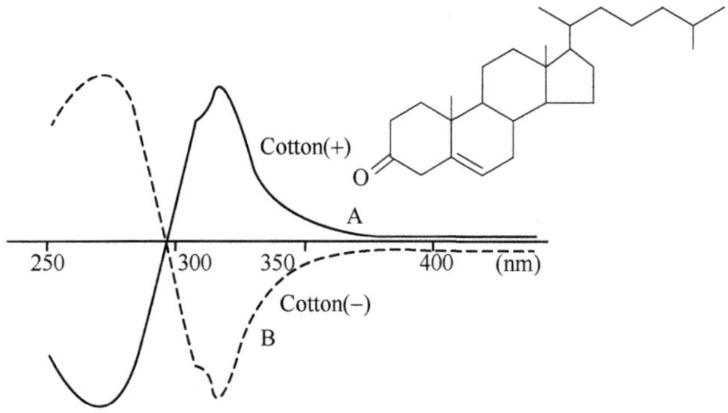

图 2-14　Δ^5- 胆甾酮的 Cotton 谱线

实线（A）为天然胆甾酮正性 Cotton；虚线（B）为绝对构型相反的胆甾酮负性 Cotton

3. 复合 Cotton 效应曲线

有些化合物同时含有两个以上不同的发色团，其 ORD 谱出现多个峰和谷，称复合 Cotton

效应曲线。每一个实际的 ORD 曲线是分子中各个发色团的平均效应，以及分子的每种取向和每种构象的贡献。因此 ORD 谱线常呈复杂的情况。

四、圆二色谱和计算圆二色谱

（一）圆二色谱

旋光性化合物对组成平面偏振光的左旋圆和右旋圆偏振光的摩尔吸光系数不同，而使得穿过手性介质后左旋圆和右旋圆的偏振光振幅发生不同的改变，这种现象称之为圆二色性。两种摩尔吸光系数之差 $\Delta\varepsilon = \varepsilon_L - \varepsilon_R$ 随入射偏振光的波长变化而变化。以 $\Delta\varepsilon$ 或有关量为纵坐标，波长为横坐标，得到的图谱称为圆二色谱图（circular dichroism，CD）。由于 $\Delta\varepsilon$ 绝对值很小，常用摩尔椭圆度［θ］来代替，它与摩尔吸光系数的关系是

$$[\theta] = 3300\,\Delta\varepsilon$$

因为［θ］= 3300$\Delta\varepsilon$，$\Delta\varepsilon$ 可为正值亦可为负值，所以圆二色性曲线也有正性谱线（向上）和负性谱线（向下）。运用 CD 谱研究有机化合物的构型或构象，得出的结论与 ORD 是一致的。

CD 法常用于：当优势构象和相对构型已知时，确定化合物的绝对构型；当绝对构型已知时，确定化合物的优势构象；除此以外，还可以通过测定不同溶液中不同温度下化合物的 CD 曲线来研究分子在溶液中的行为及电子跃迁的性质。

（二）计算圆二色谱

随着量子化学的快速发展，以及密度泛函数理论特别是基于时间依赖的密度函数理论（time dependent density functional theory，TDDFT）的发展，使得利用光学理论模拟 CD，从而确定化合物的绝对构型成为可能。

先对化合物进行优势构象及其分布系数分析并对各种优势构象进行几何优化，然后根据测定化合物的性质选择适当的量子力学计算方法计算各构象的激发态信息，并将这些信息带入根据 CD 理论推导的拟合公式，求解出该构象的 CD，最后将各个构象的谱图按其分布系数叠加，就得到此分子的计算圆二色谱（CD calculation，ECD）图。将 ECD 谱图与实测分子的 CD 进行比较分析，从而判断出化合物的绝对构型。计算得到的 CD 谱图与实测 CD 谱图进行比对，若吻合，说明假定的分子构型为绝对构型；反之，即两者镜像对称，那么假定构型的对映体的构型为绝对构型。

（*S*）-2，4，5，9-tetrahydroxy-9，10-dihydrophenanthrene 是一个从石斛属植物流苏石斛 *Dendrobium fimbriatum* Hook 茎中分离得到的含有 1 个手性中心的二氢菲类化合物，通过 ECD 可以确定其绝对构型（图 2-15）。首先初始假定 C-9 构型为 *S*，根据时间依赖的函数密度理论方法，采用 B3LYP/6-311++G（2d，2p）进行 DFT 构象优化，得到其预测的 ECD 曲线，发现该曲线与实测 ECD 曲线吻合良好，因此可以确定该化合物的绝对构型为 9*S*。

五、X- 射线单晶衍射法

X- 射线单晶衍射法（x-ray diffraction method）是一种很好的结构分析方法，可独立地完

成样品的结构、构型、构象、晶型等各类分析研究。它可以应用于中药化学成分和合成化合物、多肽类与蛋白质类、药物与受体靶点等分子的立体结构研究，其测定结构相对分子质量可达数百万，已成为现代天然化合物结构与功能研究领域中一种必备的物理分析方法与常用技术。

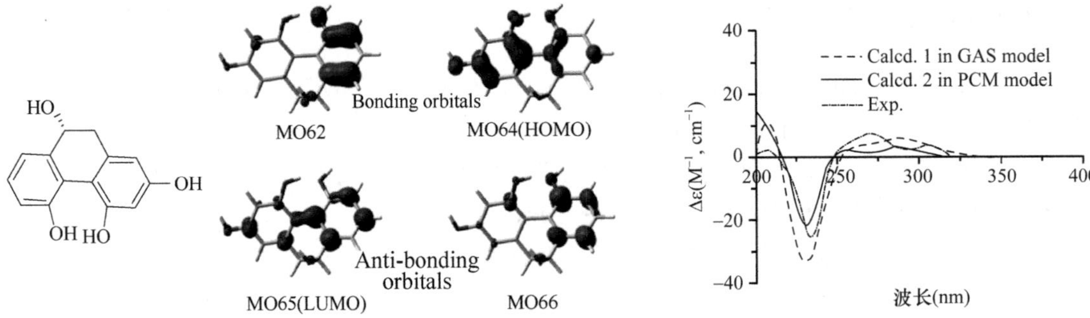

图 2-15　ECD 确定（*S*）-2，4，5，9-tetrahydroxy-9，10-dihydrophenanthrene 的绝对构型

在单晶分子中的原子是有序重复排列的，当 X- 射线照射单晶时，晶体中的原子会对 X- 射线产生衍射，由于单晶内原子的有序规则排列，使原子对 X- 射线产生的衍射波也必然有一定的规律性。利用计算机对衍射波按照一定的程序处理后，就可以得到各种原子在分子中的位置，并能够在计算机的显示屏上直接显示并打印出分子结构，同时提供分子的三维立体结构信息，包括原子坐标、原子间键长与键角、扭角（二面角）值、成环原子的平面性质、氢键、盐键、配位键等相关晶体学参数，同时也是确定手性药物分子绝对构型、分子立体结构中差向异构体的权威分析技术。

中药中的有效成分绝大多数都是光学活性化合物，涉及多个不对称碳原子，只有在确定了这些手性碳原子的绝对构型后，结构研究工作才算完成。

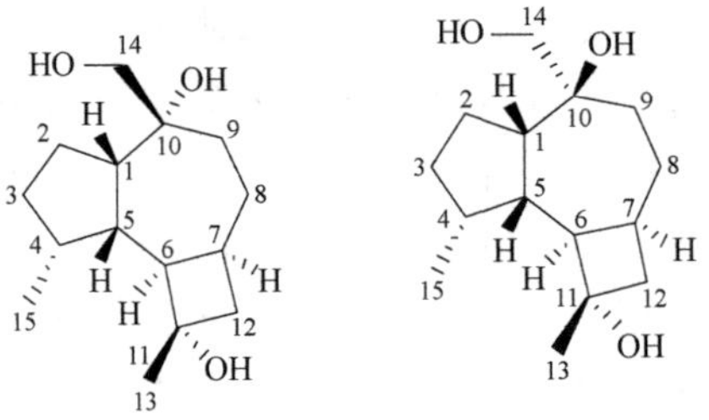

dendrowardol A　　dendrowardol B

例如，在石斛属植物大包鞘石斛 *Dendrobium wardianum* Warner 中分离得到的 dendrowardol A 和 dendrowardol B 两个倍半萜，根据核磁数据推测两者具有相同的平面结构，因分子中有 7 个手性中心，ROESY 不能确定化合物的立体结构。为了鉴定其结构，对 dendrowardol A 进行 X- 线单晶衍射分析（酮靶），根据晶体数据（图 2-16）该化合物中手性碳的绝对构型确定为 1*S*、4*R*、5*R*、6*R*、7*S*、10*R*、11*S*；对 dendrowardol B 采用钼靶晶体衍射分析得到其相对构型，根据晶体数据（图 2-16）该化合物中手性碳的构型确定为 1*S**、4*R**、5*R**、6*R**、7*S**、10*R**、11*S**。

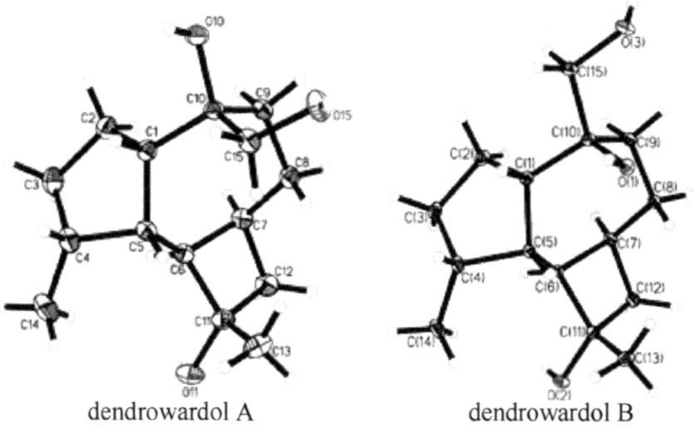

dendrowardol A　　　　dendrowardol B

图 2-16　dendrowardol A 和 dendrowardol B 的 X- 线单晶结构图

随着提取分离技术的不断提高，自然界中存在的许多新颖结构骨架化合物被不断发现。这些全新未知化合物的结构测定依赖于 X- 射线单晶衍射法，以阐明其准确的立体结构特征。目前，国际化学界对发现的具有新颖骨架类型的化合物结构，需要应用全合成方法或者 X- 射线单晶衍射法之一来证明其结构的存在，由此可见 X- 射线单晶衍射分析技术在天然化合物结构分析中的权威性。

本章参考资料请扫码

第三章 糖类和苷类化合物

第一节 糖类化合物

糖类化合物（saccharides）是多羟基醛或多羟基酮及其衍生物、聚合物的总称，因多数具有 $C_x(H_2O)_y$ 的通式，故习惯上又称为碳水化合物（carbohydrate）。

糖类化合物是绿色植物光合作用的主要产物，广泛存在于植物界，是植物体的主要组成物质，常常占植物干重的 80% ～ 90%。糖类化合物在人及动植物的生长发育及新陈代谢中占有重要地位，不仅是生物体所需能量的主要来源，还在生物体的生理和生化过程中发挥着重要作用，如由糖类化合物参与构成的糖蛋白、糖脂等具有细胞识别、免疫活性等多种生理功能。除了作为动植物的营养物质和骨架成分外，有些糖类化合物还具有独特的生物活性，如人参、黄芪、党参、枸杞子、刺五加、山药、茯苓、灵芝、香菇等都含有大量的糖类化合物，具有抗肿瘤、抗衰老、调节机体免疫力、治疗心血管疾病等多种作用。

一、糖类化合物的结构与分类

糖类化合物根据是否能水解和水解后生成单糖的数目分为单糖（monosaccharides）、低聚糖（oligosaccharides）、多糖（polysaccharides）三类。单糖是组成多糖及其衍生物的基本单元，是不能再水解的最简单的糖，如葡萄糖、果糖等；寡糖由 2 ～ 9 个单糖聚合而成，也称为低聚糖，如蔗糖、棉籽糖等；多糖是由 10 个以上单糖聚合而成的高分子化合物，通常由几百甚至几千个单糖组成，如淀粉、纤维素等。

（一）单糖

已发现的天然单糖有 200 多种，从三碳糖到八碳糖，其中以五碳、六碳糖为数最多。大多数单糖在生物体内呈结合状态，仅葡萄糖（glucose）和果糖（fructose）等少数单糖以游离状态存在。

1. 单糖的分类

根据分子中所含碳原子的数目可将单糖分为五碳糖、六碳糖等；根据羰基类型可将单糖分为醛糖和酮糖。中药中还含有多种糖的衍生物，如糖醛酸、糖醇、氨基糖等。

单糖可以有开链及环状两种存在形式，常用部分简化的 Fischer 投影式表示开链结构，Haworth 式表示环状结构。下面用 Haworth 式介绍中药中常见的单糖及其衍生物。

五碳醛糖：D- 木糖（D-xylose，xyl）、L- 阿拉伯糖（L-arabinose，ara）、D- 核糖（D-ribose，rib）。

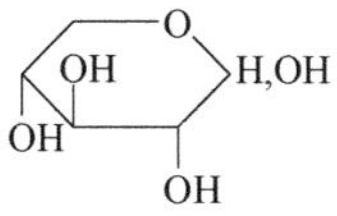

D-木糖

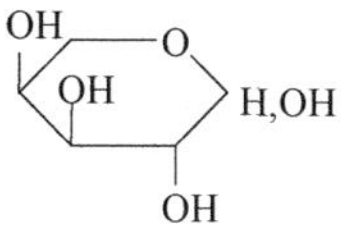

L-阿拉伯糖

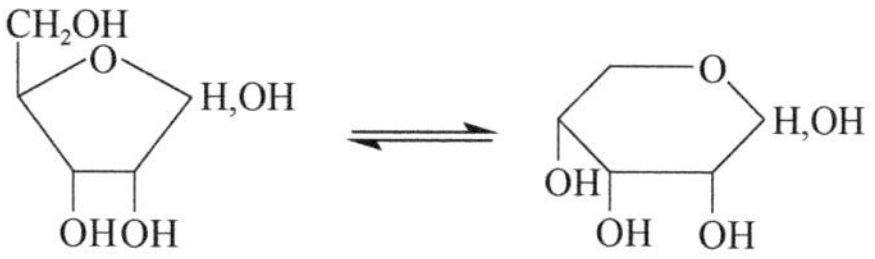

D-核糖

甲基五碳糖：L- 夫糖（L-fucose，fuc）、D- 鸡纳糖（D-quinovose）、L- 鼠李糖（L-rhamnose，rha）。

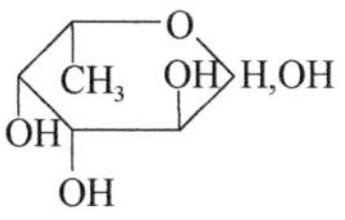

L-夫糖

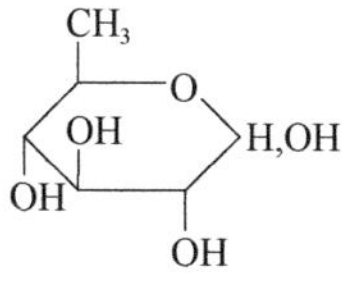

D-鸡纳糖

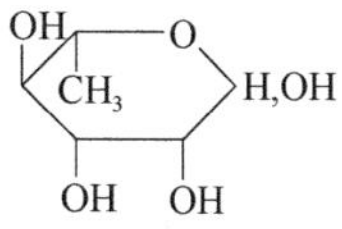

L-鼠李糖

六碳醛糖：D- 葡萄糖（D-glucose，glc）、D- 甘露糖（D-mannose，man）、D- 半乳糖（D-galactose，gal）。

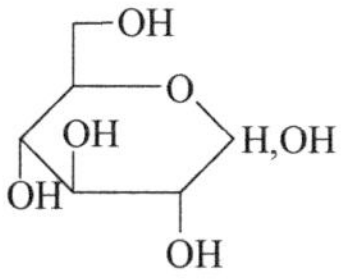

D-葡萄糖

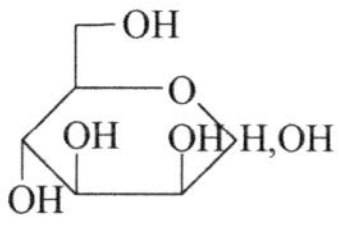

D-甘露糖

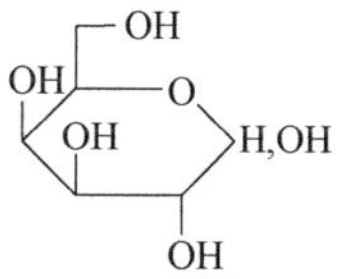

D-半乳糖

六碳酮糖：D- 果糖（D-fructose，fru）

D-果糖

糖醛酸：单糖中的伯醇基被氧化为羧基的化合物称为糖醛酸，主要存在于苷和糖类化合物中，常见的有 D- 葡萄糖醛酸（D-glucuronic acid）、D- 半乳糖醛酸（D-galacturonic acid）等。

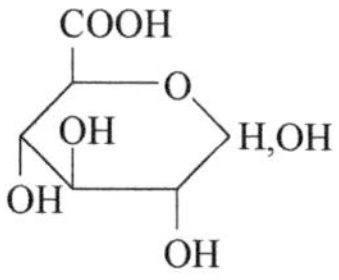

D-葡萄糖醛酸

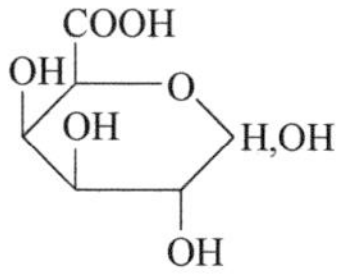

D-半乳糖醛酸

糖醇：单糖的醛基或酮基还原成羟基后得到的多元醇称为糖醇。糖醇在自然界分布很广，多有甜味，如 L- 卫矛醇（L-dulcitol）、D- 甘露醇（D-mannitol）、D- 山梨醇（D-sorbitol）等。

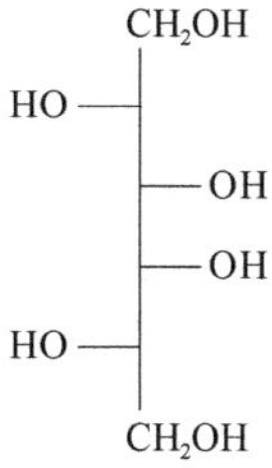

L-卫矛醇

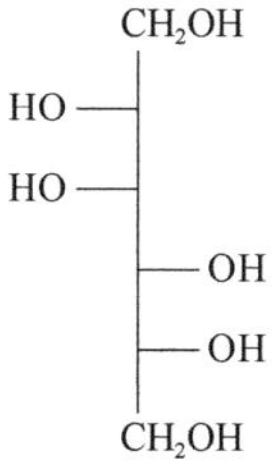

D-甘露醇

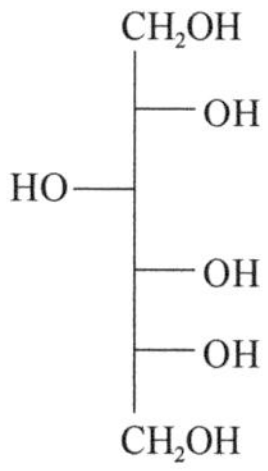

D-山梨醇

去氧糖：单糖分子中的一个或两个羟基被氢取代后的糖称为去氧糖，常见的有 6- 去氧糖、2，6- 二去氧糖等，主要存在于强心苷和微生物代谢产物中，如强心苷类化合物中常见的 D- 洋地黄毒糖（D-digitoxose）即为 2，6- 二去氧糖。

氨基糖：单糖上的一个或几个醇羟基被氨基取代后的糖称为氨基糖，主要存在于动物和微生物中。某些抗生素中含有氨基糖，如庆大霉素、卡那霉素、新霉素、链霉素等。

支碳链糖：有分支碳链的糖，如 D- 芹糖（D-apioseapi）等。

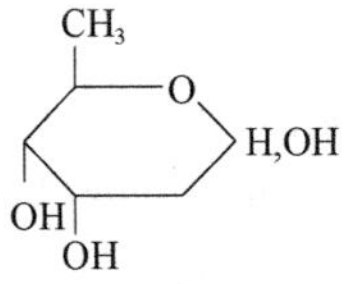
D-洋地黄毒糖

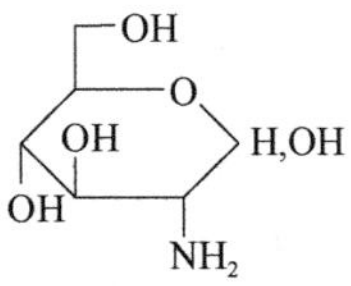
2-氨基-2-去氧-D-葡萄糖

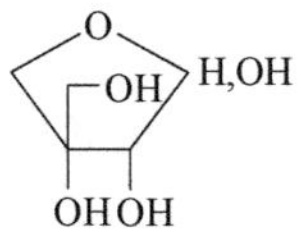
D-芹糖

2. 单糖的构型

因为单糖是组成低聚糖和多糖的基本单位，所以学习糖类化合物，首先必须掌握单糖的结构及构型。

多数单糖可以以开链及环状两种结构形式存在，如葡萄糖在固体状态时是环状结构，在溶液中则两种形式同时存在，并可以互相转变，但以环状形式为主。

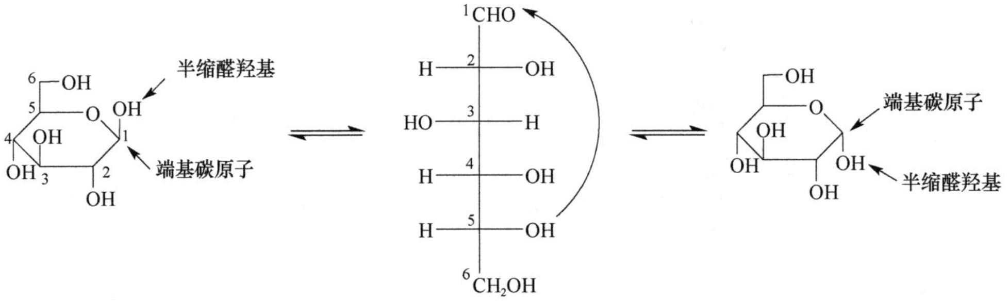

β-D-葡萄糖(Haworth式)　　D-葡萄糖(Fischer投影式)　　*α*-D-葡萄糖(Haworth式)

从理论上说，葡萄糖上 C-2、C-3、C-4、C-5 的羟基都可以与醛基发生加成反应形成氧环，但由于五元环、六元环的张力最小，所以自然界的糖以五元、六元氧环形式存在的最为多见。含五元氧环的糖称为呋喃型糖（furanose），含六元氧环的糖称为吡喃型糖（pyranose）。

（1）绝对构型：单糖的绝对构型习惯上以 D、L 表示。在 Fischer 投影式中看距离羰基最远的那个手性碳，如葡萄糖的 C-5，这个碳上的羟基在右侧的为 D 型糖，在左侧的为 L 型糖。

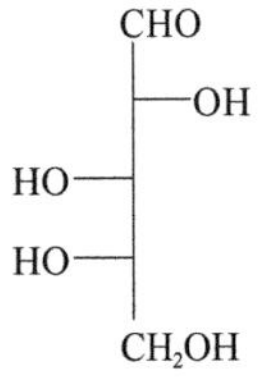
L-阿拉伯糖

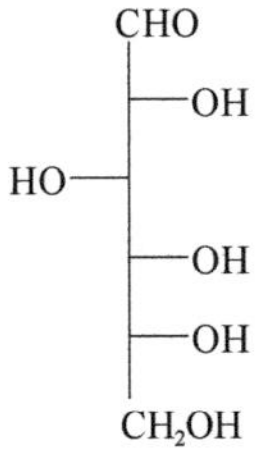
D-葡萄糖

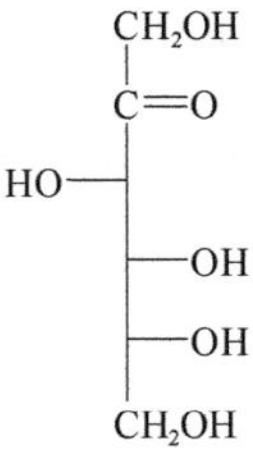
D-果糖

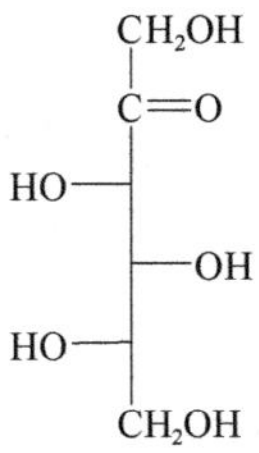
L-山梨糖

在 Haworth 式中因参与成环的羟基不同，判断方法不同。六碳吡喃醛糖及甲基五碳吡喃醛糖看 C-5，五碳呋喃糖看 C-4 上的取代基，即看编号最大的不对称碳原子上的取代基，向上的为 D 型，向下的为 L 型。

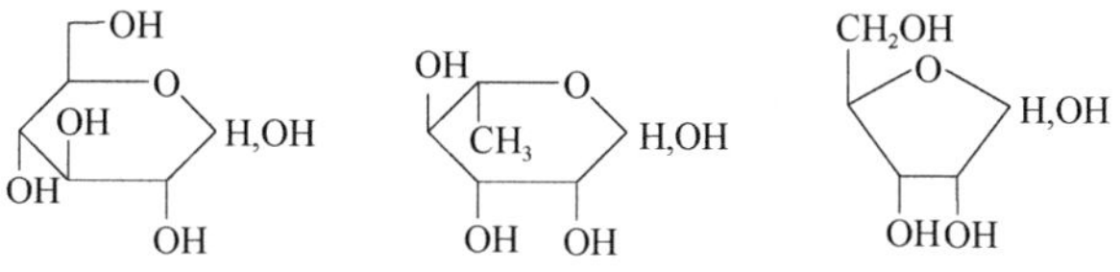

D-葡萄糖　L-鼠李糖　D-核糖

在 Haworth 式中，五碳吡喃型糖，C-4 位取代基向下的为 D 型糖，向上的为 L 型糖。

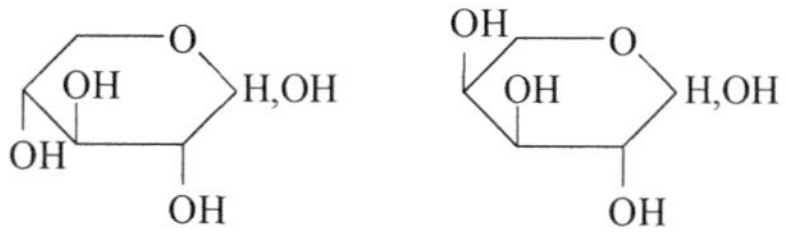

D-木糖　L-阿拉伯糖

（2）相对构型：糖的结构从开链式转化为环状半缩醛结构后，形成一个新的手性碳，如葡萄糖的 C-1，这个碳称为端基碳原子，这个碳上的羟基称为半缩醛羟基。因为羰基碳是 sp^2 杂化，为平面结构，C-5 上的羟基可以分别从平面的两侧进攻羰基，故成环后形成一对非对映异构体，这对异构体称为差向异构体（在含有多个手性碳原子的异构体中，只有一个手性碳原子的构型不同，其余的构型都相同的非对映体叫差向异构体），有 α、β 两种构型。在 Haworth 式中，六碳吡喃醛糖、甲基五碳吡喃醛糖及五碳呋喃糖上编号最大的不对称碳原子上的取代基与端基碳上羟基在环同侧的为 β 型，在环异侧的为 α 型。因为看的是取代基的相对位置，所以称相对构型。相对构型示意图如下，其中 R 不能为氢。

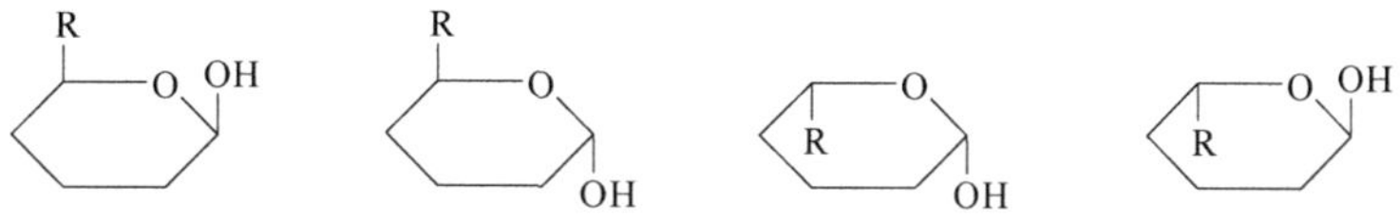

β-D-型　α-D-型　β-L型　α-L型

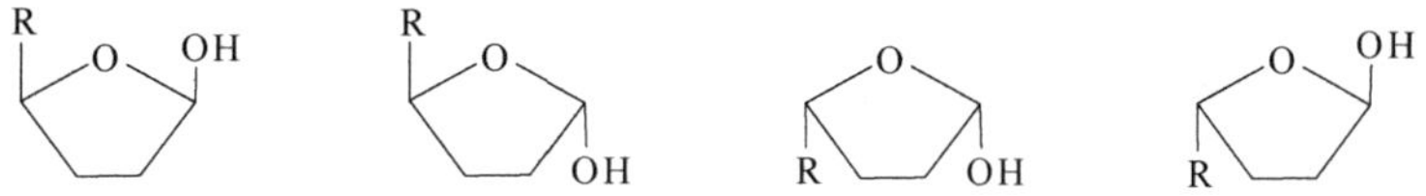

β-D-型　α-D-型　β-L型　α-L型

α、β 表示的仅是糖上端基碳的相对构型，β-D 和 α-L、β-L 和 α-D 型糖的端基碳的绝对构型是一样的。

在 Haworth 式中，五碳吡喃型糖，相对构型则是 C-4 上的羟基与端基碳上羟基在环异侧的为 β 型，在环同侧的为 α 型。

3. 单糖的构象

单糖结构式的另一种表示方法是优势构象式，这种方法更接近糖的真实结构。根据环的无张力学说，呋喃糖的五元氧环的优势构象是平面信封式，无明显构象变化。而吡喃糖环与环已烷类似，可以以各种构象异构体形式存在，实验证明吡喃糖六元环主要以椅式构象的 $^4C_1$ 式和 $^1C_4$ 式最为稳定。以 C-2，C-3，C-5，O 四个原子构成的平面为准，C-1 在平面下，C-4 在平面上的标为 $^4C_1$，简称 C1 式，反之 C-1 在上，C-4 在下的标为 $^1C_4$，简称 1C 式。

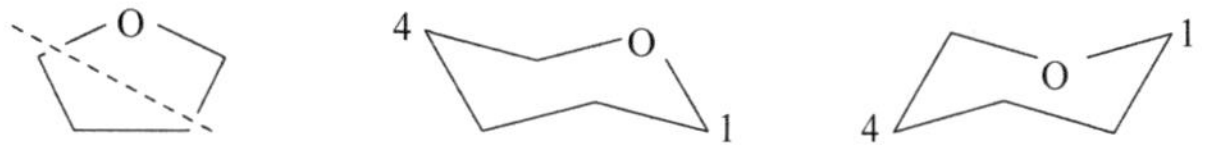

信封式　C1式　1C式

自然界存在的单糖，除鼠李糖等极少数外，大多数的优势构象是 C1 式。

大的取代基在平伏键（e 键）上其构象相对稳定，比较一下 *β*-D- 吡喃葡萄糖和 *α*-D- 吡喃葡萄糖，前者所有取代基均在平伏键（e 键）上，而后者 C-1 上羟基在直立键（a 键）上，所以 *β*-D- 吡喃葡萄糖比 *α*-D- 吡喃葡萄糖更稳定。

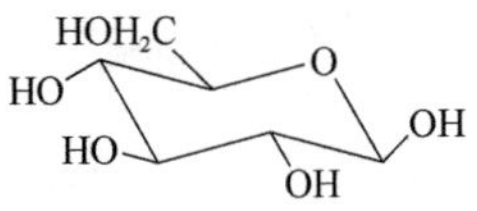

β-D-吡喃葡萄糖

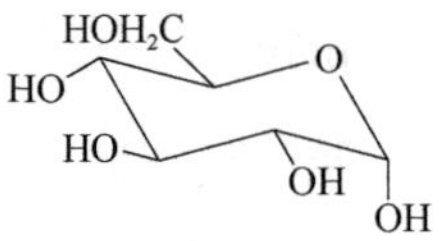

α-D-吡喃葡萄糖

（二）寡糖

由 2 ～ 9 个单糖通过苷键聚合而成的糖称为寡糖（oligosaccharides），又称低聚糖。按单糖基数目，低聚糖可分为二糖、三糖、四糖直至九糖，天然存在的低聚糖多由 2 ～ 4 个单糖组成。常见的二糖有芸香糖（rutinose）、龙胆二糖（gentiobiose）、蔗糖（sucrose）、槐糖（sophorose）、新橙皮糖（neohesperidose）、蚕豆糖（vicianose）等。

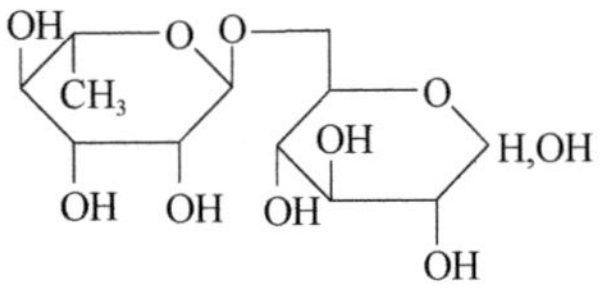

芸香糖

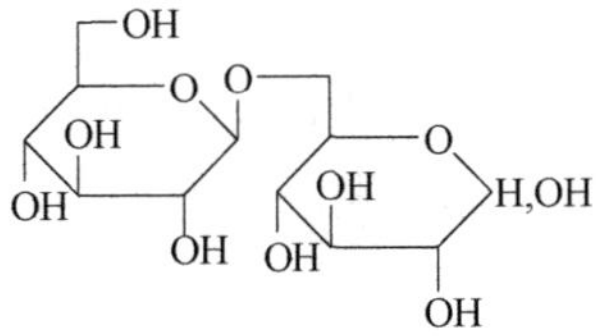

龙胆二糖

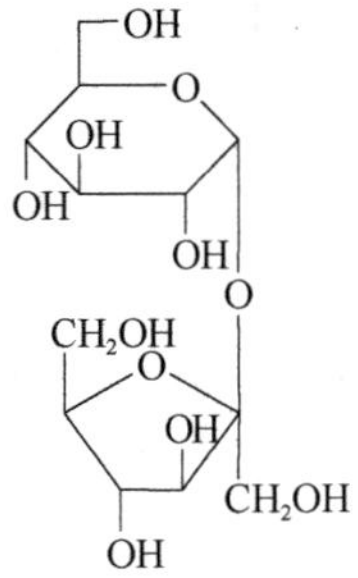

蔗糖

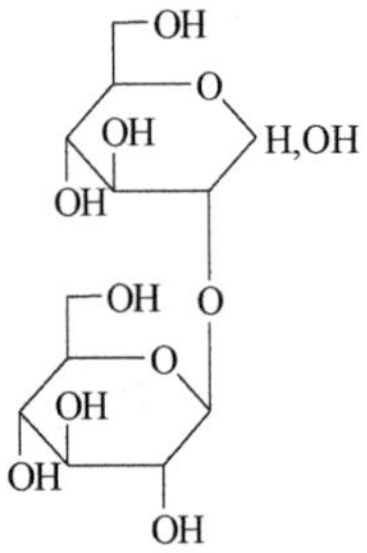

槐糖

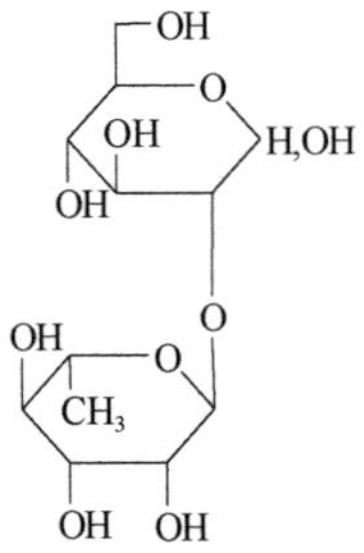

新橙皮糖

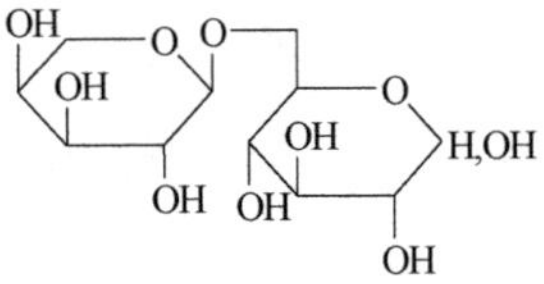

蚕豆糖

天然存在的三糖多是在蔗糖的基础上再连接一个单糖而成，如棉子糖（raffinose）。四糖、五糖又多是在棉子糖的结构上延长，如水苏糖（stachyose）。

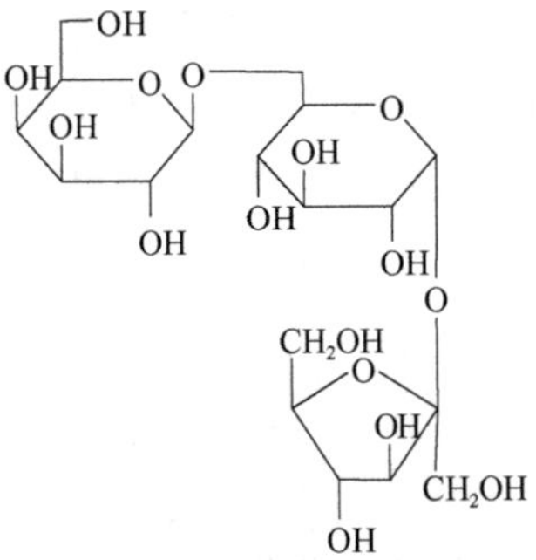

棉子糖

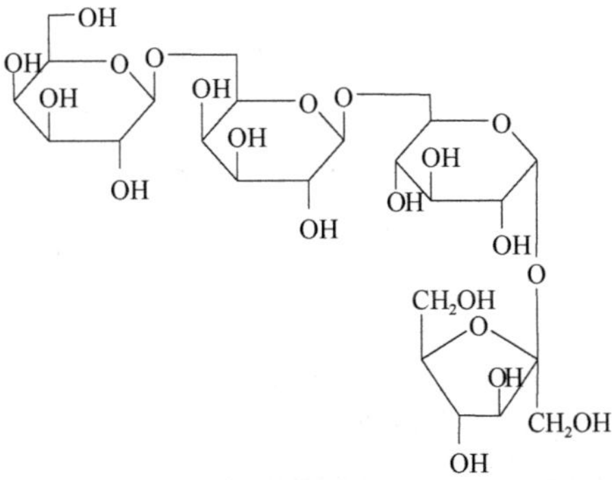

水苏糖

根据低聚糖中是否存在游离的醛基或酮基，又可将其分为还原糖和非还原糖。有游离的半缩醛或半缩酮羟基，可部分转化为开链结构的，即具有游离醛基或酮基的糖称为还原糖，如槐糖、芸香糖等，如果单糖都以半缩醛羟基或半缩酮羟基脱水缩合，分子中不再有游离的半缩醛或半缩酮羟基，形成的低聚糖就没有还原性，称为非还原糖，如蔗糖、棉子糖等。低聚糖的结构中除了常见的单糖外，还常插入糖的衍生物，如糖醛酸、糖醇、氨基糖等。

低聚糖的表示需标明糖与糖之间的连接位置、糖的成环方式及苷键构型等，为了简单明了，常用缩写符号，如棉子糖可以表示为：β-D-galp-（1-6）-α-D-glc（1-2）-β-D-fru，其中数字表示糖与糖之间的连接位置，单糖的缩写符号后面的字母代表单糖的成环方式，“p”表示吡喃型，“f”表示呋喃型。

（三）多糖

多糖（polysaccharides）是由 10 个以上的单糖基通过苷键连接而成的化合物。组成多糖的单糖基通常为 80 ～ 100 个，多的可达数千，甚至上万。因相对分子质量较大，多糖的性质已发生很大变化，一般无甜味，也无还原性。多糖类化合物种类繁多，分类方法也不相同。按其在生物体内的功能可以分为两类，一类是动植物的支持组织，如植物中的纤维素、动物甲壳中的甲壳素等，这类成分的分子呈直链型，不溶于水；另一类是动植物中储存的营养物质，如淀粉、肝糖原等，这类成分的分子多数呈支链型，可溶于热水成胶体溶液，经酶催化水解可释放出单糖为动植物提供能量。根据组成多糖的单糖种类数，又可将其分为均多糖（homo-polysaccharides）和杂多糖（hetero-polysaccharides）。由同种单糖组成的为均多糖，由两种以上单糖组成的为杂多糖。

过去人们普遍认为除少数几种外，多糖一般为无效成分，近年来，越来越多的研究发现除了储存能量和作为支持结构外，多糖还广泛参与了细胞的各种生命活动和生理调节过程，有着多方面的生物活性，如抗肿瘤、抗炎、抗病毒、降血糖、抗衰老、抗凝血、免疫调节等。目前研究较多的有人参多糖、党参多糖、灵芝多糖、香菇多糖、黄芪多糖、猪苓多糖、枸杞多糖等，有些已经开发为临床用药。因此，多糖作为一种重要的生物活性物质，具有广泛的研究价值。

1. 植物多糖

（1）纤维素（cellulose）：是自然界分布最广、存在最多的多糖，由 3000 ～ 5000 分子的 D- 葡萄糖通过 $\beta 1 \rightarrow 4$ 苷键聚合而成，分子呈直链型结构，具有一定的强度和刚性，是高等植物细胞壁的主要组成成分。纤维素不易被稀酸或稀碱水解，不溶于水，也不溶于乙醇、乙醚、苯等有机溶剂。人类及食肉动物不能消化纤维素，但食物中的纤维素可促进肠体蠕动，有防止便秘等作用。

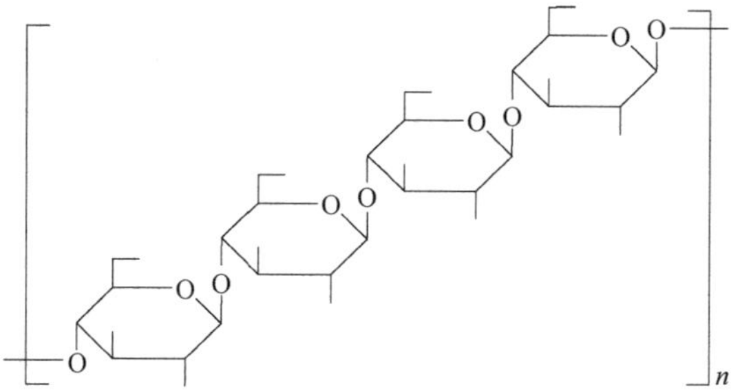

纤维素

（2）淀粉（starch）：广泛存在于植物体，尤以果实或根、茎及种子中含量较高，是植物体中储存的养分。淀粉通常为白色粉末，是葡萄糖的高聚物，约由27%以下的直链淀粉（糖淀粉）和73%以上的支链淀粉（胶淀粉）组成。糖淀粉为 $\alpha 1 \rightarrow 4$ 糖苷键连接的D-葡聚糖，聚合度一般为300～350，高的可达1000，为无分支的螺旋结构，可溶于热水得澄明溶液。胶淀粉由24～30个葡萄糖残基以 $\alpha 1 \rightarrow 4$ 糖苷键首尾相连而成，支链处为 $\alpha 1 \rightarrow 6$ 糖苷键，聚合度为3000左右，胶淀粉在热水中呈黏胶状，不溶于冷水。淀粉分子呈螺旋状结构，每一螺环有六个葡萄糖单位。碘分子或离子可以进入螺环通道形成有色包结复合物，故淀粉遇碘显色。具体颜色与聚合度有关，随着聚合度增高，颜色加深，聚合度4～6不显色，12～18显红色，50以上显蓝色。糖淀粉遇碘显蓝色，而胶淀粉聚合度虽高，但螺旋结构的通道在分支处中断，支链的平均聚合度只有20～25，所以遇碘仅显紫红色。

淀粉在制剂中常用作赋形剂，在工业上常用作生产葡萄糖的原料。

（3）黏液质（mucilage）：是植物种子、果实、根、茎和海藻中存在的一类多糖，在植物中主要起着保持水分的作用，是植物正常的生理产物。从化学结构上看黏液质属于杂多糖类，如从海洋药物昆布或海藻中提取的褐藻酸，是由L-古洛糖醛酸与D-甘露糖醛酸聚合而成的杂多糖。黏液质在医药上常做润滑剂、混悬剂及辅助乳化剂。黏液质有强烈的吸湿性，在水中能迅速膨胀，溶解形成黏稠的胶浆，不溶于有机溶剂。用水提取中药成分时，黏液质的存在会使其水溶液黏稠性较大，从而极难过滤，可在水溶液中加入乙醇使其沉淀，或利用分子中的游离羧基加入石灰水使成钙盐沉淀，过滤除去。

（4）树胶（gum）：是植物在受伤害或毒菌类侵袭后分泌的物质，干燥后呈半透明块状物，在乙醇及多数有机溶剂中均不溶解，遇水能膨胀或成黏稠状的胶体溶液。与黏液质类似，树胶也属于杂多糖类，如中药没药内含64%树胶，是由D-半乳糖、L-阿拉伯糖和4-甲基-D-葡萄糖醛酸组成的酸性杂多糖。

在医药上树胶常做乳化剂、混悬剂等。

2. 动物多糖

（1）糖原（glycogen）：又称为“动物淀粉”，是动物储藏能量的形式。糖原的结构类似于胶淀粉，但聚合度和分支程度都比胶淀粉高，支链平均12～18个葡萄糖单位，遇碘显红褐色。

（2）肝素（heparin）：是高度硫酸酯化的黏多糖。肝素能够连接并激活抗凝血酶Ⅲ，从而防止血液凝固，是一种天然抗凝剂，临床用肝素钠盐预防或治疗血栓。

（3）硫酸软骨素（chondroitin sulfate）：是从动物软骨组织中得到的酸性黏多糖，有A、B、C、D、E、F、H等多种，是动物组织的基础物质，用以保持动物体内组织的水分和弹性。硫酸软骨素具有降低血脂、改善动脉粥样硬化等作用，还具有抗凝血、抗血栓等活性。

（4）透明质酸（hyaluronic acid）：是一种酸性黏多糖，存在于眼球玻璃体、关节液、皮肤等组织中，主要功能是润滑和缓冲撞击并能阻滞入侵的微生物及毒性物质的扩散。临床上可用于视网膜脱离手术，并作为非甾体消炎药治疗关节炎。透明质酸可以形成透明的高黏稠的液体，是目前发现的自然界中保湿性最好的物质。其作为天然保湿因子，近年来广泛用于化妆品中。

（5）甲壳素（chitin）：为昆虫、蟹、龙虾等动物甲壳的主要有机成分，是参与构成甲壳类昆虫外壳的多糖，结构及稳定性与纤维素类似。甲壳素多不溶于水，对稀酸和稀碱稳定。

甲壳素经浓碱处理，可得脱乙酰甲壳素（chitosan）。甲壳素及脱乙酰甲壳素在医药上应用非常广泛，可制成透析膜、超滤膜，用作药物的载体则有缓释、持效的优点，还可用于人造皮肤、人造血管、手术缝合线等。

3. 菌类多糖

菌类多糖主要以$\beta 1 \rightarrow 3$连接的D-葡萄糖为主，少数含有$\beta 1 \rightarrow 6$、$\beta 1 \rightarrow 4$葡萄糖和其他杂糖。近年来的研究发现菌类多糖有多方面的生物活性，如抗肿瘤、免疫调节、抗衰老等，菌类多糖是多糖研究较早、进展较快的领域，关注较多的有猪苓多糖（polyporus polysaccharide）、灵芝多糖（ganoderma lucidum polysaccharide）、茯苓多糖（pachyman）等。例如，猪苓多糖能提高机体的细胞免疫功能，具有明显的抗肿瘤活性，临床上主要用于原发性肺癌、肝癌、子宫颈癌和白血病等放、化疗的辅助治疗，减轻化疗的某些不良反应，延长患者生存期。此外，猪苓多糖具有保肝作用，对慢性肝炎具有良好的疗效。

二、糖类化合物的理化性质

（一）糖类化合物的性状

单糖和相对分子质量较小的低聚糖（聚合度小于4）一般为无色或白色结晶，有甜味，相对分子质量大的糖较难结晶，多糖常为无定形粉末，无甜味。

（二）糖类化合物的溶解性

单糖和低聚糖易溶于水，尤其易溶于热水，可溶于稀乙醇，不溶于亲脂性有机溶剂。随着聚合度的增加，多糖的性质与单糖和低聚糖比较发生了很大变化，多糖不溶于冷水，有些可溶于热水成胶体溶液，不溶于乙醇等有机溶剂。

（三）糖类化合物的旋光性

单糖具有旋光性，且多为右旋。因单糖水溶液一般是环状及开链式结构共存的平衡体系，故单糖具有变旋现象；低聚糖和多糖有旋光性，有些低聚糖有变旋现象；而多糖一般无变旋现象。

（四）糖类化合物的化学性质

糖的化学性质在有机化学中已有详细论述，这里仅介绍与糖类化合物及苷类化合物检识分离等相关的反应。

1. 氧化反应

所有单糖均为还原糖，可以与氧化剂反应，低聚糖分为还原糖和非还原糖，多糖无还原性，不与氧化剂反应。还原糖分子中有醛（酮）基、醇羟基及邻二醇等结构单元，通常醛基最易被氧化，伯醇基次之。控制反应条件，不同的氧化剂可选择性地氧化某些特定基团，如Ag^+、Cu^{2+}及溴水可将醛基氧化成羧基，硝酸能将伯醇基氧化成羧基，过碘酸可氧化邻二醇羟基等。常用的有费林反应（Fehling reaction）、多伦反应（Tollen reaction）及过碘酸氧化反应。

费林试剂（碱性酒石酸铜试剂）可以将还原糖中游离的醛（酮）基氧化成羧基，同时费林试剂中的铜离子由二价还原成一价，生成氧化亚铜砖红色沉淀，称为费林反应。

$$R—CHO + Cu(OH)_2 + NaOH \longrightarrow R—COONa + Cu_2O\downarrow + H_2O$$

类似费林反应，还原糖中的醛（酮）基被多伦试剂（氨性硝酸银试剂）氧化成羧基，同时多伦试剂中的银离子被还原成金属银，生成银镜或黑褐色银沉淀，称为多伦反应或银镜反应。

$$R—CHO + 2[Ag(NH_3)_2]OH \longrightarrow R—COONH_4 + 2Ag\downarrow + 3NH_3 + H_2O$$

过碘酸不仅能选择性氧化裂解邻二醇，而且能够氧化 α- 氨基醇、α- 羟基醛（酮）、邻二酮、酮酸及某些活性亚甲基结构。过碘酸开裂邻二醇羟基的反应几乎是定量进行的，故可以依据消耗的过碘酸物质的量及氧化产物（甲酸、甲醛等）的结构和数量，推测糖分子中邻二醇羟基的数目、糖的种类等结构信息。

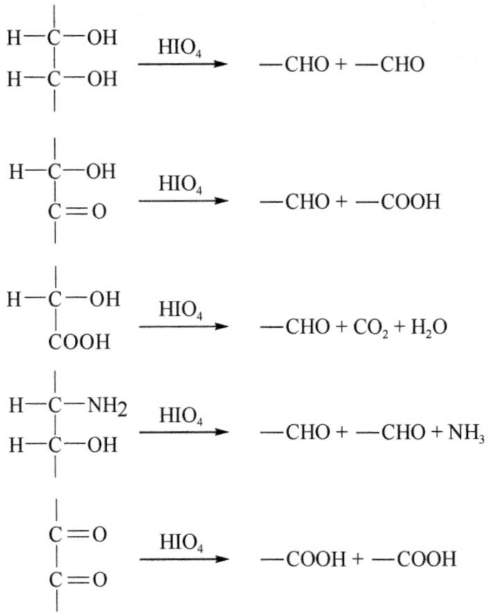

费林反应和多伦反应常被用于还原糖的定性定量分析，而过碘酸氧化反应在糖苷类化合物的结构研究中是一个常用的反应，详见本章第二节。

2. 糠醛形成反应

单糖在浓酸的作用下，加热脱去三分子水生成具有呋喃环结构的糠醛及其衍生物。

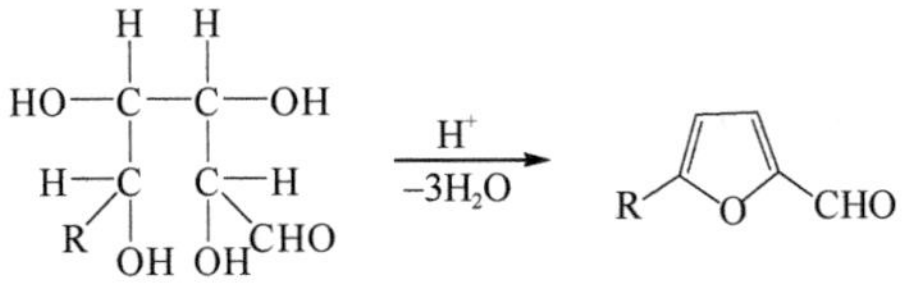

五碳糖	R═H	糠醛
甲基五碳糖	R═CH_3	5-甲基糠醛
六碳糖	R═CH_2OH	5-羟甲基糠醛
六碳糖醛酸	R═COOH	5-羧基糠醛

糠醛衍生物可以和许多芳胺、酚类及具有活性亚甲基的化合物缩合生成有色产物，许多糖的显色剂就是根据这一反应配制而成的。例如，纸色谱常用的显色剂是邻苯二甲酸和苯胺，而检测糖和苷类化合物常用的 Molish 试剂是 α- 萘酚和浓硫酸。这些试剂中常用的酸有无机酸，如硫酸、磷酸等，有机酸如三氯乙酸、邻苯二甲酸、草酸等；常用的酚如苯酚、间苯二酚、萘酚、间萘二酚；常用的胺有苯胺、二苯胺、氨基酚、联苯胺等；常用的活性

亚甲基化合物如蒽酮等。

由于不同类型的糖形成糠醛衍生物的难易不同、产物不同，与芳胺、酚类等形成的缩合物颜色也不尽相同，因此可以利用这一反应来区别不同类型的糖。

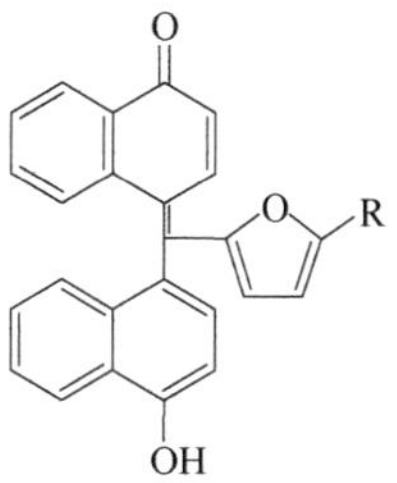

糠醛及衍生物与α-萘酚缩合物(紫色)

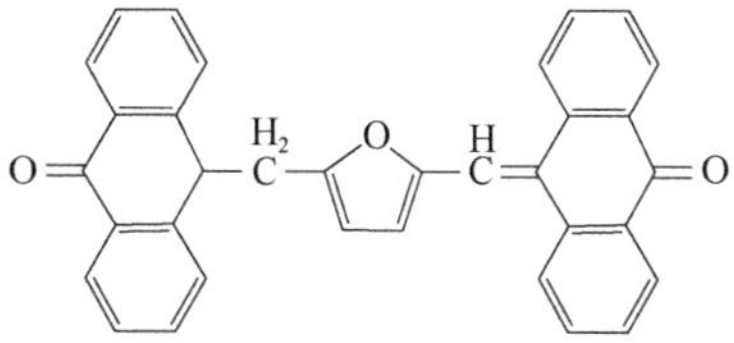

5-羟甲基糠醛与蒽酮的缩合物(蓝色)

Molish 反应一般是取少量样品溶于水中，加 5% 的 α- 萘酚乙醇液 3 滴，摇匀后沿试管壁慢慢加入 1ml 浓硫酸，两液面间产生紫色环即为阳性。低聚糖、多糖及苷类化合物对 Molish 等试剂呈现阳性，是因为在试剂中的无机酸作用下，这些物质先水解出单糖，然后脱水生成相应的糠醛衍生物，进而完成上述反应。

3. 成苷反应

糖分子中的半缩醛（酮）羟基比其他醇羟基活泼，在无水氯化氢作用下，可与含活泼氢的化合物（如含—OH、—SH、—NH_2 等）脱水生成糖苷。如下例：

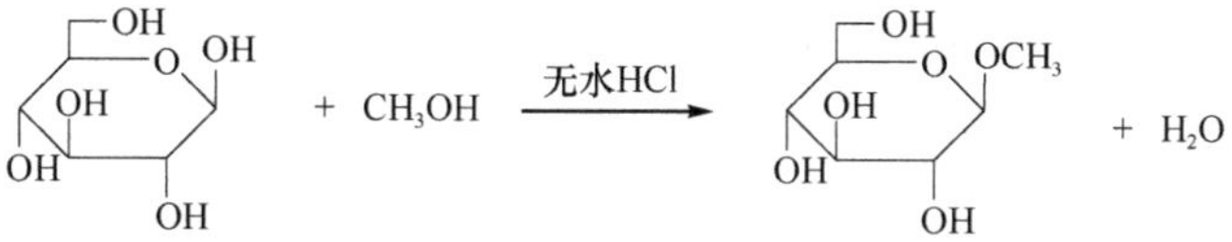

β- D-葡萄糖甲苷

糖苷也称为苷，是比较稳定的化合物，有类似缩醛（酮）的结构，因没有半缩醛羟基，也就不能转变成开链糖，所以没有还原性，也不再产生变旋现象。

自然界的糖很少有游离状态，多以糖苷的形式存在于动植物体内，与糖同时存在的各种类型天然成分都可能与糖结合成苷。

4. 羟基反应

糖上羟基的反应包括酯化、醚化、缩醛（酮）化及硼酸的络合反应等。其中反应活性最高的是半缩醛羟基，下面依次是伯醇基、仲醇基，主要是因为半缩醛羟基和伯醇基位于末端，空间位阻小；仲醇基中以 C-2 羟基较为活泼，因 C-2 羟基受 C-1 上氧的诱导效应，酸性较其他仲醇基强。在环状结构中，平伏键羟基较直立键羟基反应活性高。

（1）醚化反应：糖苷类最常用的醚化反应有甲基醚化、三甲基硅醚化和三苯甲醚化反应等。糖的甲基醚化反应有多种，目前常用的 Kuhn 法是以二甲基甲酰胺（DMF）为溶剂，用 CH_3I 和 Ag_2O 进行反应。用不同方法，控制试剂与反应物的摩尔比，可以得到糖的全甲醚化物，也可以得到糖的甲苷。

（2）酰化反应：糖苷类的酰化反应常用的是乙酰化和对甲苯磺酰化。乙酰化反应在糖类的分离和结构鉴定最常用。反应常以乙酸酐为试剂，以乙酸钠、氯化锌、吡啶为催化剂，通常室温下放置即可得全乙酰化的糖，必要时也可加热。

（3）硼酸络合反应：许多有邻二羟基的化合物可以与硼酸、钼酸、碱土金属等试剂发生反应生成络合物。常利用生成络合物的理化特性，进行糖的分离、鉴定和构型的确定。

硼酸是一种 Lewis 酸，在水溶液中与—OH 络合后，硼原子由原来的平面三叉体变为四面体结构。硼酸四面体结构不稳定，如果溶液中有 1，2 或 1，3 二羟基化合物，并且空间位置容许，硼酸将与其结合形成五元或六元环状络合物，络合物的形成使硼原子变为四面体结构，其酸性和导电性均增加。反应如下：

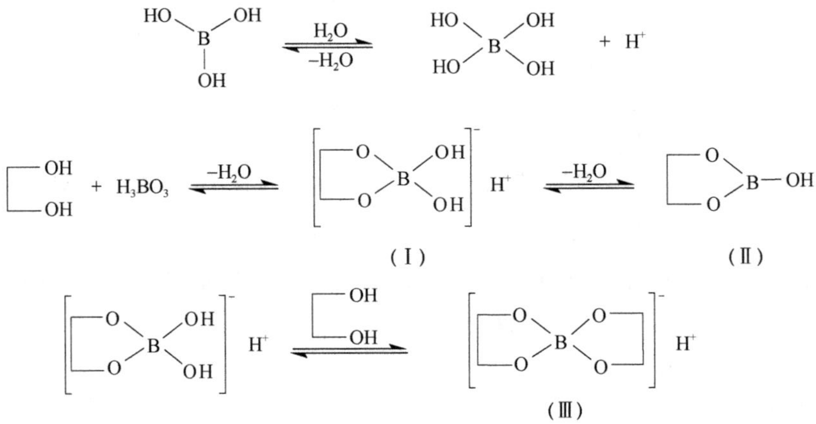

络合物Ⅰ可以进一步反应生成平面三叉体的中性酯Ⅱ及络合物Ⅲ。络合物Ⅲ具有稳定的四面体结构，在溶液中完全解离，呈强酸性。这三种物质在溶液中同时存在，彼此处于平衡状态。其比例受溶液 pH、糖和硼酸的比例、糖的结构等因素的影响。

糖类等多羟基化合物与硼酸络合后，性质变成酸性，可以利用酸碱中和滴定进行含量测定。硼酸络合反应对羟基的位置要求严格，只有处于同一平面上的羟基才能形成稳定的络合物，由于化合物中羟基的位置不同，空间结构不同，与硼酸形成络合物的反应活性必然不同，所以可以通过离子交换、电泳、混有硼砂缓冲液的硅胶等方法对糖类化合物进行分离和鉴定。糖自动分析仪（sugar analyzer）原理就是利用将糖制成硼酸络合物后进行离子交换色谱分离和分析。

三、糖类化合物的提取与分离

（一）提取

糖类化合物极性较强，常用的提取溶剂为水或稀醇。通常提取糖类成分之前，药材先用有机溶剂如乙醇、丙酮、乙醚、石油醚等脱脂。为了保持糖的原存在状态，需要注意植物体内的共存酶。可加入碳酸钙等无机盐，或采用加热回流等方法破坏酶的活性。

从中药中提取单糖及低聚糖的一般方法如图 3-1 所示。

多糖及较大的低聚糖可用水提取，根据欲提取物性质及存在环境的不同，也可以用稀碱、二甲基亚砜等。

除了一般的溶剂提取法外，糖类化合物的提取还可用超声提取法、微波提取法、超临界提取法等。利用微波技术辅助提取可以增加多糖的提取率，还能缩短提取时间。超声波辅助提取的提取率虽无提高，但可显著缩短提取时间。

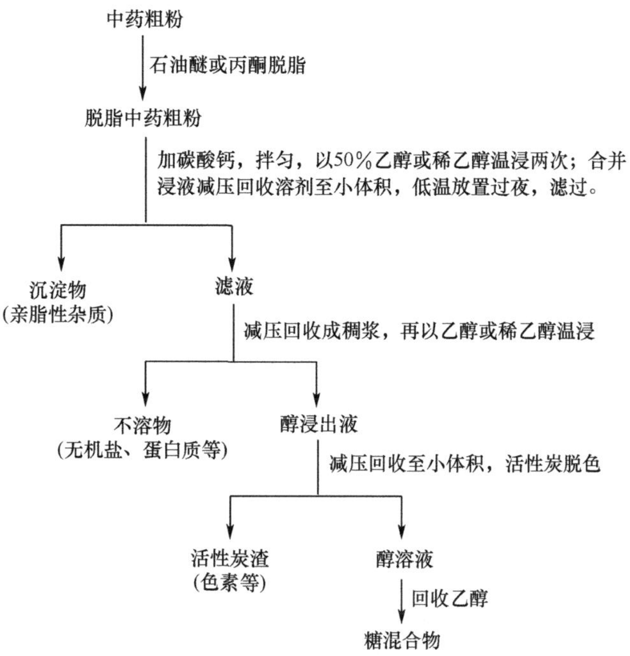

图 3-1　中药提取单糖及低聚糖示意图

（二）分离

糖类化合物极性大，结构复杂，提取液中亲水性杂质多，分离纯化难度较大，常需要综合利用多种方法对初提物除杂纯化后，再进行糖类化合物的分离。首先要去除蛋白质，因为蛋白质的溶解度与多糖类似，多糖提取液中常常含有蛋白质。但蛋白质在某些特定条件下可以发生变性反应，变性后的蛋白质会因溶解度降低而产生沉淀，利用这一特性可以从多糖提取物中除去大部分蛋白质。最常用的方法是 Sevag 法、三氟三氯乙烷法、三氯乙酸法，前两者多用于微生物多糖，后者多用于植物多糖。[Sevag 法：按多糖水溶液体积的 1/4 ～ 1/3 加入氯仿 - 戊醇或氯仿 - 正丁醇（4 ∶ 1），混合后剧烈振荡 20 ～ 30 分钟，离心，去除含有蛋白质的氯仿和正丁醇的混合液。三氟三氯乙烷法：按多糖溶液与三氟三氯乙烷 1 ∶ 1 比例混合，在低温下搅拌约 10 分钟，离心，过滤除去蛋白质沉淀。三氯乙酸法：在多糖水溶液中滴加 10% 三氯乙酸，直至到溶液不再混浊为止，5 ～ 10℃放置过夜，离心除去沉淀即可。] 除去蛋白质后的提取物可用下列方法分离。

1. 分级沉淀法

利用多糖不溶于有机溶剂的性质，将水提取液浓缩后加入等量或数倍量的乙醇或丙酮，使多糖从提取液中沉淀出来，得到粗多糖，若效果不佳，可重复此操作，即反复溶解、沉淀，可使得到的粗多糖进一步纯化。也可以在多糖的浓缩水提取液中，按比例由小到大逐次加入乙醇或丙酮，收集不同段的沉淀，可得到不同相对分子质量的多糖。

2. 透析法

一定大小孔径的半透膜可以截留大分子的多糖，而允许小分子、无机离子通过，即可除去多糖中的单糖、氨基酸、无机盐等小分子杂质。透析过程中，需经常更换清水使透析膜内外溶液的浓度差加大。

3. 色谱法

分离糖混合物一般需要使用色谱法，常用的有活性炭、大孔树脂等。若单糖或双糖在提取物中含量很高，可以用结晶法分出。

（1）活性炭柱色谱：活性炭属于非极性吸附剂，可用于极性较大成分的分离。用活性炭柱色谱分离糖混合物时，一般是先用水洗下无机盐和氨基酸，然后是单糖，接着用浓度递增的稀醇洗脱，随着醇浓度的增加，洗下的糖的相对分子质量增大，一般 35% ～ 45% 的稀醇即可洗下所有的单糖和低聚糖。

（2）大孔树脂色谱：大孔吸附树脂是通过物理吸附从溶液中有选择地吸附有机物质，从而达到分离提纯的目的。分离糖混合物一般选用非极性或中极性大孔树脂作吸附剂，洗脱剂的选择类似活性炭柱色谱，可用水和不同浓度的乙醇。

（3）凝胶色谱法：是根据分子大小和形状来分离混合物的一种色谱方法，设备简单、操作方便、分离迅速，广泛用于多糖的分离和纯化，尤其适合不同聚合度糖类的分离，洗脱时按照相对分子质量由大到小的顺序流出。常用的凝胶有葡聚糖凝胶（sephadex gel）、琼脂糖凝胶（sepharose gel）、聚丙烯酰胺凝胶（polyacrylamide gel）、二乙基氨乙基 - 交联葡聚糖凝胶（DEAE-sephadex gel）等。常用的洗脱剂是各种浓度的盐溶液及缓冲溶液。

（4）离子交换色谱法：糖类化合物在纸色谱上具有较好的分离效果，于是有人将纤维素改性，使离子交换和纤维素色谱结合起来制成一系列离子交换纤维素，用于多糖的分离效果良好。常用的阴离子交换纤维素有 DEAE-cellulose、ECTEOLA-cellulose、PAB-cellulose 和 TEAE-cellulose 等，适合于酸性多糖、黏多糖等的分离。

4. 其他方法

多糖的分离和纯化，还有超滤、超速离心、区带电泳、季铵盐沉淀法等方法。

四、糖类化合物的检识

糖类化合物的理化检识主要利用糖类化合物的显色及沉淀反应，色谱检识可利用纸色谱和薄层色谱。若样品为纯品，可直接检识；中药样品一般用冷水浸提，浸提液经初步纯化后再做检识。

（一）理化检识

样品 Molish 反应呈阳性，通常提示含糖类或苷类化合物。费林反应、多伦反应呈阳性，提示还原糖的存在。

（二）色谱检识

1. 纸色谱及纤维素薄层色谱

纤维素薄层色谱原理与纸色谱相同，属于分配色谱，条件也相似，但所需时间明显缩短。移动相一般选择水饱和的有机溶剂。因糖的水溶性很大，若展开剂含水太少，会使其 R_f 值过小，为加大 R_f 值，常在其中加入第三组分来增加展开剂的含水量，如乙酸、吡啶、乙醇等。常用溶剂系统有正丁醇 - 乙酸 - 水（4 ∶ 1 ∶ 5，上层）、乙酸乙酯 - 吡啶 - 水（2 ∶ 1 ∶ 2）及水饱和的苯酚等。

2. 硅胶薄层色谱

常用的展开剂是极性较大的含水溶剂，如正丁醇 - 乙酸 - 水（4 ： 1 ： 5，上层）、氯仿 - 甲醇 - 水（65 ： 35 ： 10，下层）等三元溶剂系统。反相硅胶薄层色谱常用不同比例的甲醇 - 水、乙腈 - 甲醇 - 水为展开剂。

3. 显色剂

糖的显色剂，主要是利用糖的还原性或形成糠醛后引起的显色反应。

常用的显色剂有苯胺 - 邻苯二甲酸试剂、三苯四氮盐试剂（TTC 试剂）、间苯二酚 - 盐酸试剂、蒽酮试剂、双甲酮 - 磷酸试剂等，这些试剂对不同的糖往往显不同的颜色，因此，有些显色剂不仅可以确定糖斑点的位置，还可帮助区分糖的类型。

有些显色剂中含有硫酸，如茴香醛 - 硫酸试剂、间苯二酚 - 硫酸试剂、*α*- 萘酚 - 硫酸试剂、酚 - 硫酸试剂等，可用于薄层色谱，不适用于纸色谱。

第二节 苷类化合物

苷类（glycosides）化合物是糖或糖的衍生物的半缩醛或半缩酮羟基与另一非糖物质脱水连接而成的一类化合物。苷类化合物又称为配糖体，苷中的非糖部分称为苷元（genin）或配基（aglycone）。几乎各种类型的天然成分都可以作为苷元，因此，苷类化合物数量多、分布广，是广泛存在的天然产物，尤以高等植物中更为普遍。苷类化合物可存在于植物的各个部位，但不同的植物、不同的成分，又有相对的分布重点。对多数中草药，根及根茎往往是苷类化合物分布的一个重要部位。

苷类化合物多具有广泛的生物活性，是很多中药的有效成分之一。例如，番泻叶中的番泻苷（sennoside）具有致泻作用；天麻中的天麻苷是天麻安神镇静的主要活性成分；毛花洋地黄中的强心苷具有强心作用；黄芩的主要活性成分黄芩苷具有抗病毒等多种药理作用等等。

一、苷类化合物的结构与分类

（一）苷类化合物的结构

苷类化合物是糖或糖的衍生物与苷元通过糖的半缩醛或半缩酮羟基脱水缩合而成。苷中苷元与糖之间的化学键称为苷键，苷元上与糖连接的原子称为苷键原子，也称苷原子。最常见的苷原子是氧原子，也有硫原子、氮原子、碳原子。

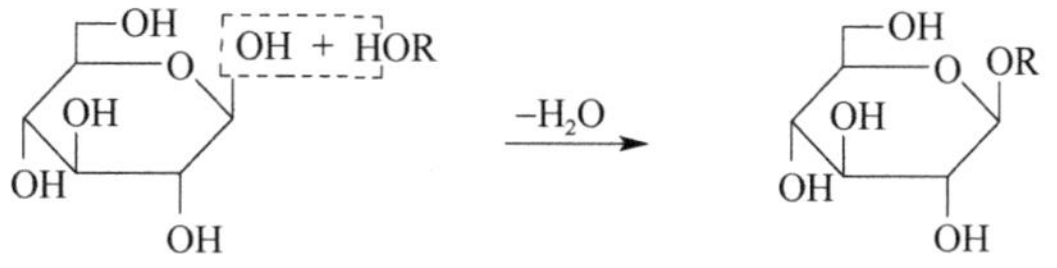

β-D-葡萄糖氧苷

单糖有 *α* 及 *β* 两种端基异构体，所以与苷元形成的苷也有两种构型。植物体中存在的苷，由 D- 型糖衍生而成的多为 *β*- 苷，由 L- 型糖衍生而成的多为 *α*- 苷。

成苷的糖可以是单糖，也可以是低聚糖。糖可以连接在苷元的一个位置上，即单链糖苷，也可以连接在苷元多个位置上，形成多链糖苷。

成苷的糖最常见的是 D- 葡萄糖，也有 L- 阿拉伯糖、D- 木糖、L- 鼠李糖、D- 甘露糖、D- 半乳糖、D- 果糖、D- 葡萄糖醛酸及 D- 半乳糖醛酸等，此外还有一些比较少见的糖，如强心苷中常见 2，6- 二去氧糖，在伞形科植物所含的黄酮苷或香豆素苷中还可能见到有分支碳链的糖，如芹糖等。

（二）苷类化合物的分类

苷类化合物的分类方法很多，可以：①按苷元的结构类型分为黄酮苷、蒽醌苷、香豆素苷等；②按苷类化合物在植物体内是原生的还是次生的分为原生苷和次生苷（从原生苷中脱掉一个以上单糖的苷称次生苷或次级苷）；③按组成苷的糖的名称或种类分为葡萄糖苷、去氧糖苷等；④按苷中单糖基的个数分为单糖苷、双糖苷等；⑤按苷元连接糖链的数目分为单糖链苷、双糖链苷等；⑥按苷的理化性质及生理活性分为皂苷、强心苷等；⑦ 按植物来源分为人参皂苷、柴胡皂苷等。

最常见的分类是根据苷原子不同，将苷分为氧苷、氮苷、硫苷、碳苷等，下面主要介绍这种分类方法。

1. 氧苷

苷元通过氧原子和糖相连接而成的苷称为氧苷。氧苷是数量最多、最常见的苷类。根据形成苷键的苷元羟基类型不同，又可将氧苷分为醇苷、酚苷、酯苷和氰苷等，其中以醇苷和酚苷居多。

（1）醇苷：苷元的醇羟基与糖的半缩醛或半缩酮羟基脱水缩合而成的苷。例如，毛茛 *Ranunculus japonicus* Thunb. 中具有杀虫抗菌作用的毛茛苷（ranunculin），红景天 *Rhodiola crenulata*（Hook. f. et Thoms.）H. Ohba 中具有强壮和增强适应能力的红景天苷（rhodioloside）等，三萜和甾体类化合物的苷常为醇苷，而醇苷的苷元也以这两类最多，如人参皂苷类、洋地黄毒苷（digitoxin）等。

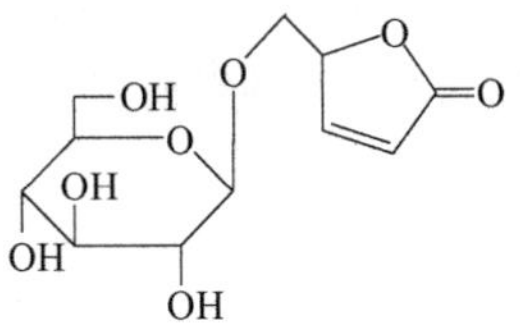

毛茛苷

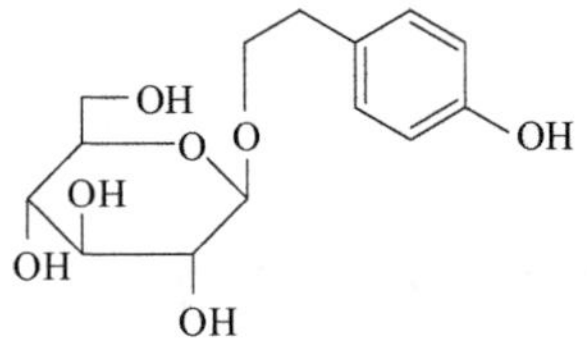

红景天苷

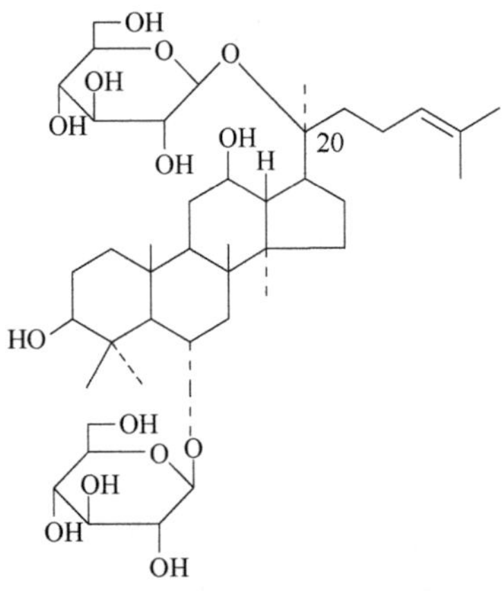

人参皂苷Rg1

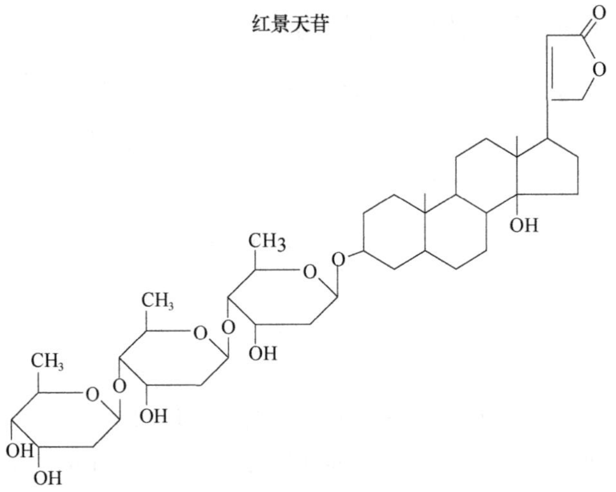

洋地黄毒苷

（2）酚苷：苷元分子中的酚性羟基与糖的半缩醛或半缩酮羟基脱水缩合而成的苷。中药中的有效成分很多为酚苷，如天麻 *Gastrodia elata* Bl. 中具有镇静作用的天麻苷（gastrodin），红花 *Carthamus tinctorius* L. 中能显著提高耐缺氧能力的红花苷（carthamin）等。从苷元的结构看，蒽醌苷、香豆素苷、黄酮苷等多属酚苷。

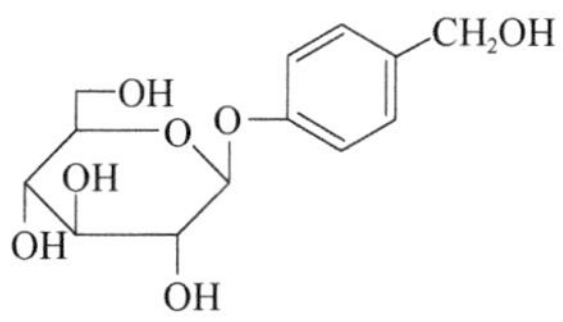

天麻苷

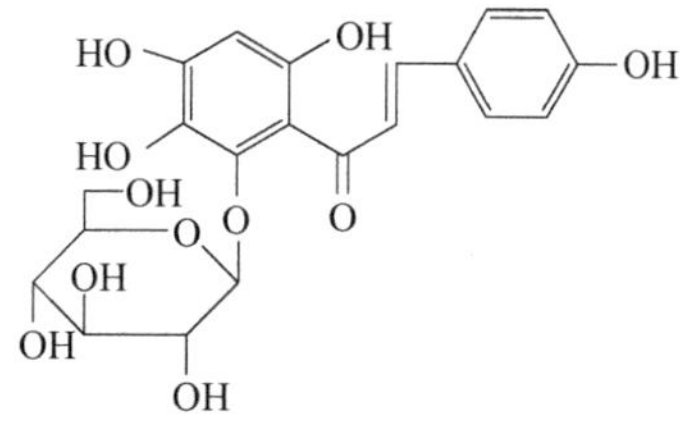

红花苷

（3）酯苷：苷元中的羧基与糖的半缩醛或半缩酮羟基脱水缩合而成的苷，其酯苷键既有缩醛性质又有酯的性质，易为稀酸和稀碱所水解。例如，山慈菇苷 A 和 B（tuliposide A，B），被水解后，苷元立即环合生成山慈菇内酯 A 和 B（tulipalin A，B）。酯苷在三萜皂苷中较为多见。

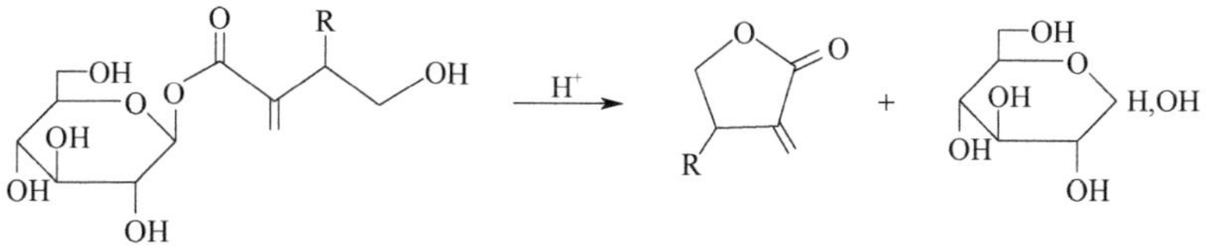

山慈菇苷A　　R＝H
山慈菇苷B　　R＝OH

山慈菇内酯A　　R＝H
山慈菇内酯B　　R＝OH

（4）氰苷：主要是指 *α*- 羟基腈的苷，现已发现五十多种，数目不多，但分布广泛。例如，存在于苦杏仁中的苦杏仁苷（amygdalin）及水解掉一个葡萄糖之后的野樱苷等均属于氰苷类（cyanogenic glycosides），垂盆草 *Sedum sarmentosum* Bunge 中能降低血清中谷丙转氨酶的有效成分垂盆草苷（sarmentosin）也是一种氰苷。

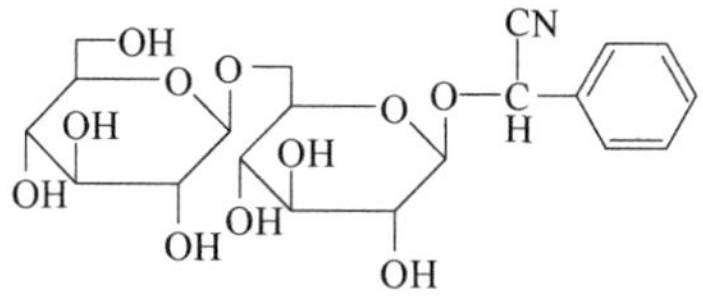

苦杏仁苷

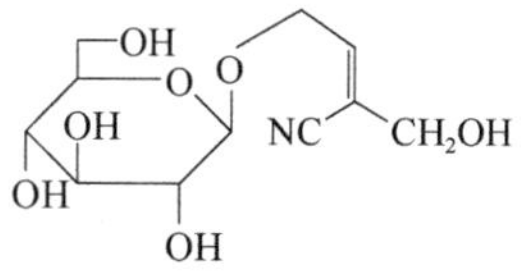

垂盆草苷

氰苷易水解，在有稀酸和酶催化时水解更快，生成的苷元 *α*- 羟腈很不稳定，立即分解为相应醛或酮和氢氰酸；在浓酸作用下，苷元中的—CN 基易氧化成—COOH 基，并产生 NH_4^+；在碱性条件下虽不易水解，但可异构化为羧酸类化合物。

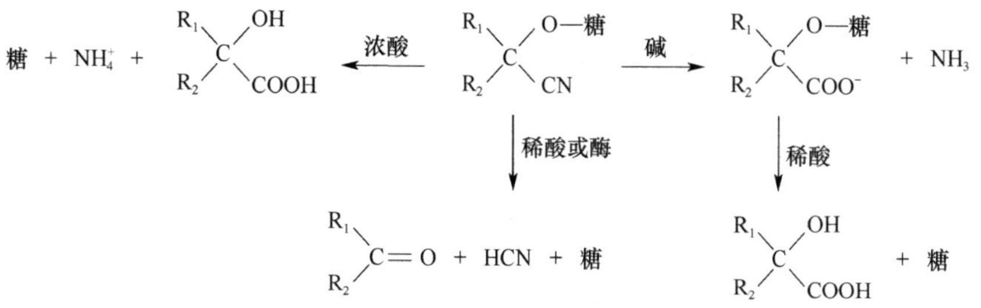

2. 硫苷

苷元上的巯基与糖的半缩醛或半缩酮羟基脱水缩合而成的苷称为硫苷。这类苷数目不多，主要分布在十字花科植物中。例如，萝卜 *Raphanus sativus* L. 中的萝卜苷（glucoraphenin）、黑芥子 *Brassica nigra* 中的黑芥子苷（sinigrin）和白芥子 *Brassica alba* 中的白芥子苷（sinalbin）等。这类苷的苷元均不稳定，水解后易进一步分解，所以一般水解后得到的苷元并不含巯基，而多为异硫氰酸酯类。

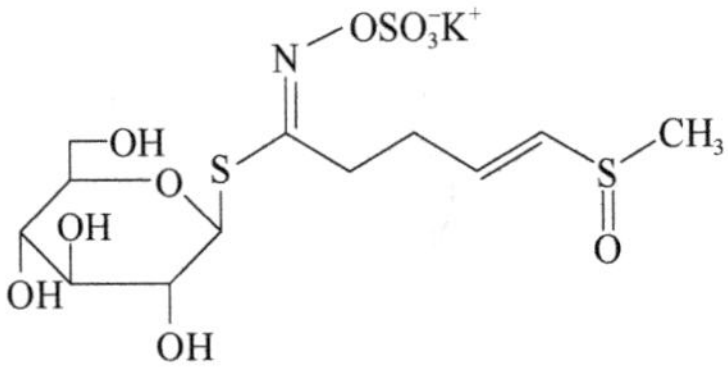

萝卜苷

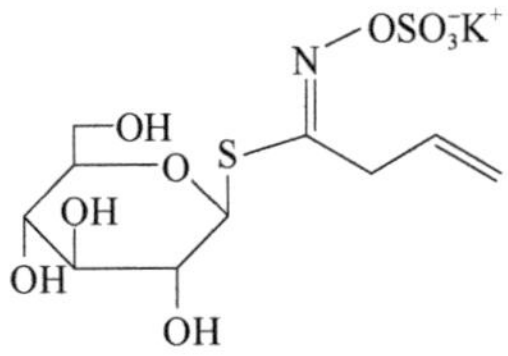

黑芥子苷

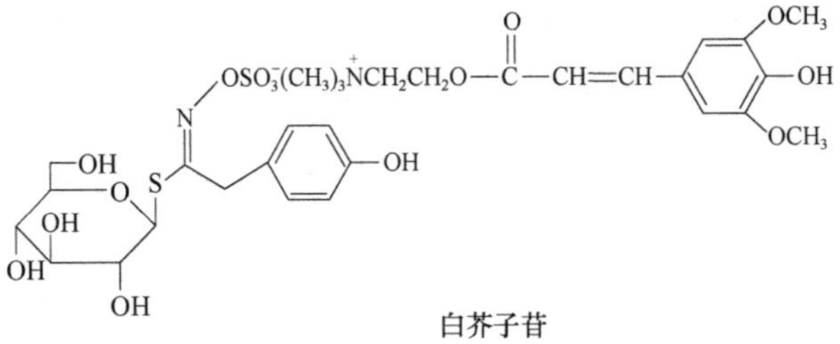

白芥子苷

3. 氮苷

氮苷可以看成苷元上的胺基与糖的半缩醛或半缩酮羟基脱水缩合而成的苷。氮苷是生物化学领域中十分重要的物质，如腺苷（adenosine）、鸟苷（guanosine）、胞苷（cytidine）、尿苷（uridine）等均属于氮苷。另外，从冬虫夏草 *Cordyceps sinensis*（BerK.）Sacc. 中得到的虫草素（cordycepin）、中药巴豆 *Croton tiglium* L. 中的巴豆苷（crotonoside），也为氮苷，其结构都与腺苷相似。

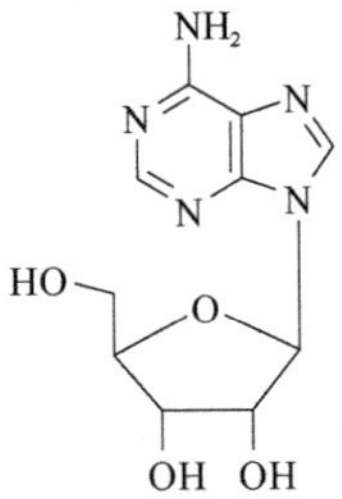

腺苷

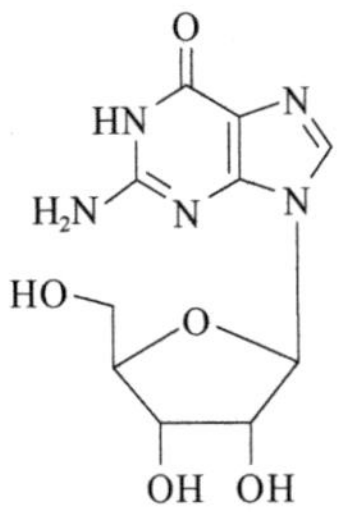

鸟苷

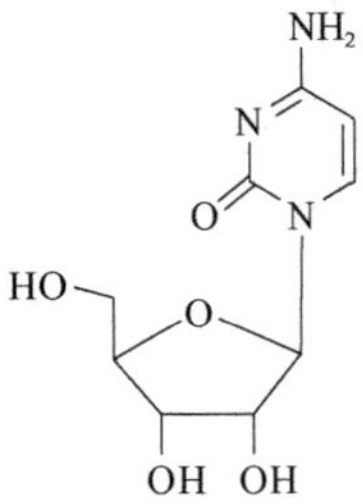

胞苷

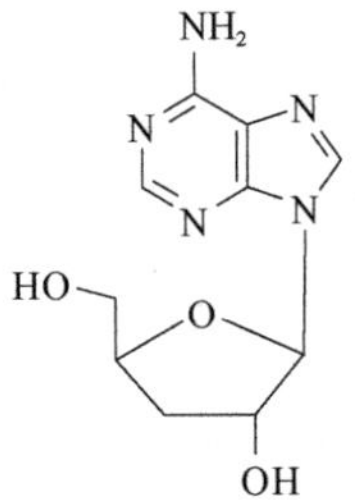

虫草素

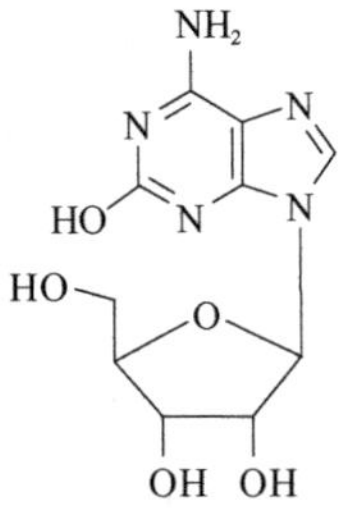

巴豆苷

4. 碳苷

碳苷是苷元碳上的氢与糖的半缩醛或半缩酮羟基脱水缩合而成的苷，在碳苷中糖的端基碳原子与苷元碳原子直接相连。碳苷中的糖多数连接在具有间二或间三酚羟基的芳环上，由酚羟基邻位或对位的活泼氢与糖的半缩醛或半缩酮羟基脱水成苷。碳苷类化合物在各类溶剂中溶解度均小，另外，碳苷难于水解获得原苷元。

碳苷的苷元主要为黄酮类、蒽醌类及酚类等，其中以黄酮碳苷最为多见。例如，存在于马鞭草科和桑科植物中的牡荆素（vitexin），在毛茛科金莲花属植物的花和茎叶中也有发现；金莲花中除牡荆素外，还有与其结构相近的荭草苷（orientin），也为黄酮碳苷类化合物。

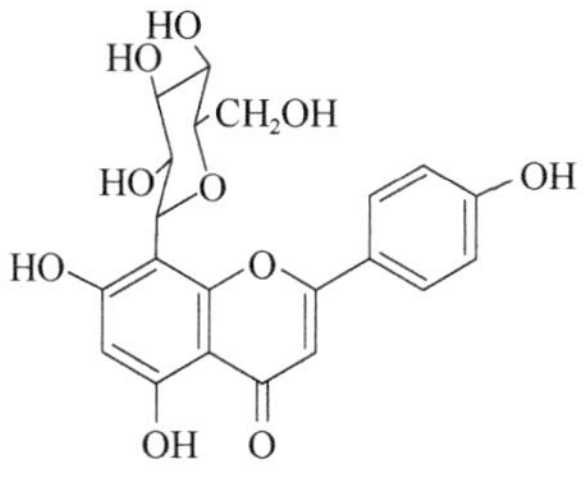

牡荆素

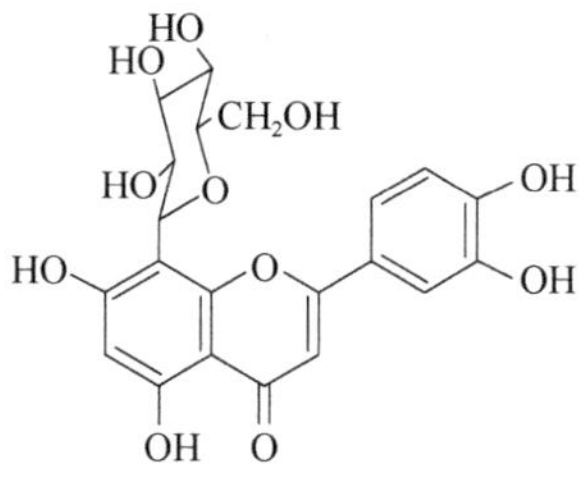

荭草苷

库拉索芦荟 *Aloe barbadensis* Miller 中的致泻有效成分之一芦荟苷（aloin）是最早从中药中得到的蒽醌碳苷。芦荟苷实际上是一对差向异构体，在一定的条件下可以相互转化。

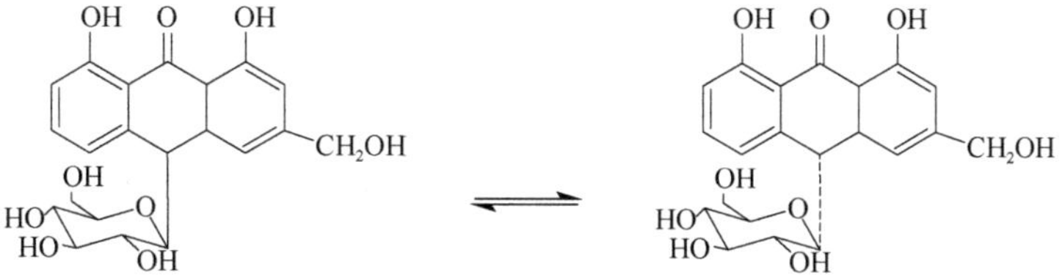

芦荟苷

二、苷类化合物的通性

（一）形态

苷类化合物一般为固体，糖基少的苷可形成结晶，糖基多的苷则为无定形粉末，并常有吸湿性。苷类化合物的颜色取决于苷元部分，苷元中若有发色团，并助色团较多则所成的苷有色。所以花色素苷、黄酮苷、蒽醌苷等有色，皂苷、强心苷等其他苷多无色。苷类化合物一般无味，但也有很苦或很甜的，苦的如龙胆苦苷，甜的如甜菊苷等。

（二）溶解度

因结构中含有糖基，所以多数苷类化合物属亲水性成分，可溶于甲醇、乙醇、含水正丁醇等亲水性有机溶剂，一般在水中也有一定的溶解度，具体溶解度要看苷元和糖的结构及两者的比例。一般说来，苷分子中糖基越多，亲水性越强，反之，苷元比例越大，亲脂性越强，在亲脂性有机溶剂中溶解度越大，有些大分子苷元（如强心苷）的单糖苷、去氧糖苷等甚至可以溶于氯仿等亲脂性有机溶剂。在用不同极性的溶剂顺次提取中药时，苷主要存在于极性大的部位，但由于苷的极性范围很广，所以除了石油醚等强亲脂性部分外，其余各部分中均有发现苷的可能。

碳苷的溶解行为较为特殊，在水及其他溶剂中的溶解度一般都比较小。

（三）旋光性

苷类化合物均有旋光性，多数为左旋，但苷类化合物水解后产生的混合物常呈右旋，因作为水解产物之一的糖多数是右旋的。所以比较水解前后旋光性的变化，可作为提示苷类化合物存在的线索之一，但最终确认苷的存在必须在水解产物中找到苷元。

（四）苷类化合物的显色反应和沉淀反应

苷类化合物结构的共同之处在于都含有糖基，因此，苷类化合物在水解出游离糖后，可发生与糖相同的显色反应和沉淀反应。苷元部分则因种类不同，结构不同，显色反应各异，具体参见以后各章内容。

三、苷键的裂解

苷键的裂解是研究苷和多糖结构的重要方法。通过苷键的裂解反应可以了解苷元及糖的种类、糖的数量、苷元与糖及糖与糖之间的连接方式、苷键的构型等多种信息。常用的苷键裂解方法有酸水解、酶水解、碱水解和氧化开裂等。

1. 酸催化水解

苷键属缩醛（缩酮）结构，易为稀酸催化水解，反应一般在水或稀醇溶液中进行。常用的酸有稀盐酸、稀硫酸、乙酸、甲酸等。

反应机制是苷原子先被质子化，然后苷键断裂形成苷元和糖基碳阳离子中间体，该中间体在水中溶剂化，再脱去氢离子形成糖分子。以葡萄糖氧苷为例，如下所示。

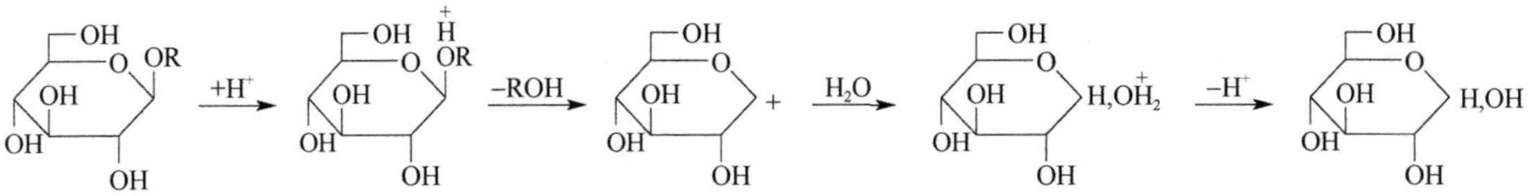

从上述反应机制可以看出，酸水解难易与苷键原子质子化及糖碳阳离子中间体的形成密切相关。这里起主要作用的是苷原子的碱度、苷原子周围的电子云密度及空间环境，凡利于苷原子的质子化及碳阳离子中间体形成的因素都利于苷键的酸水解，苷类化合物酸催化水解的难易有以下规律。

（1）按苷原子不同，酸催化水解的速率为：氮苷＞氧苷＞硫苷＞碳苷。N原子电子云丰富，碱性强，易接受质子，水解速度最快，C原子几乎无碱性，最难质子化，所以碳苷很难酸水解。

另外应注意，当N原子处于酰胺或嘧啶环上时，受 p-π 共轭及吸电子诱导效应的影响，N原子电子云密度降低，几乎无碱性，难于质子化，故这类氮苷的酸水解很困难。

（2）呋喃糖苷较吡喃糖苷易于酸水解，水解速率相差几十甚至上百倍。因为六元吡喃环处于椅式构象，比较稳定，而五元呋喃环是平面结构，各取代基处于重叠位置，相对拥挤，张力较大，酸水解形成的中间体使呋喃环的拥挤状态大大改善，环张力减小，所以呋喃糖苷水解速率大于吡喃糖苷。

例如，果糖常以呋喃糖形式存在，在多糖中，为水解其他苷键而加剧水解条件时，果糖苷键往往先被破坏。

（3）酮糖苷酸水解易于醛糖苷，因为酮糖常以呋喃糖形式存在。

（4）吡喃糖中C-5上取代基会对质子进攻苷键造成一定的空间位阻，所以，此取代基越大，酸水解越难。水解速率是：五碳糖苷＞甲基五碳糖苷＞六碳糖苷＞七碳糖苷＞糖醛酸苷。

（5）不同取代基的糖苷酸水解速率为：2-NH_2 糖苷＜2-OH 糖苷＜6-去氧糖苷＜2-去氧糖苷＜2，6-去氧糖苷。这是由于氨基和羟基都可与苷原子争夺质子，氨基或羟基质子化后，周围电子云密度降低，苷原子更难质子化，因氨基争夺质子能力强于羟基，故氨基糖苷的水解难于羟基糖苷，羟基糖苷的水解又难于去氧糖苷。氨基、羟基的位置距苷原子越近，对酸水解速度影响越大。

（6）按苷元的不同，酸水解速率为：芳香族苷＞脂肪族苷。因苷原子质子化时，芳环对苷原子有一定的供电作用，所以酚苷水解易于醇苷。某些酚苷如蒽醌苷、香豆素苷等甚至不用酸，只加热就有可能发生水解反应。而脂肪族苷如萜苷、甾苷等，往往需要加酸加温甚至加压才能水解。

有些苷元在酸性条件下不够稳定，可能会发生脱水等反应，为防止水解过程中发生结构变化，可用两相水解法，即在反应混合液中加入与水不相混溶的有机溶剂，如苯、氯仿等，苷元生成后立即溶于有机相，避免与酸长时间接触，发生结构变化，从而得到真正的苷元。

2. 碱催化水解

苷键是缩醛型的醚键，对碱试剂相当稳定，所以苷类化合物一般不易被碱催化水解，但酯苷、酚苷、烯醇苷及 *β*- 吸电子取代基的苷，遇碱可发生水解。

3. 酶催化水解

酶催化水解的特点是专属性高，条件温和（30 ～ 40℃），一般不会破坏苷元的结构，所以酶水解已成为苷键裂解的重要方法。

酶的专属性表现为 *α*- 苷酶只水解 *α*- 苷键，*β*- 苷酶只水解 *β*- 苷键。某些酶的专属性与糖和苷元的结构都有关系，如麦芽糖酶，是一种 *α*- 苷酶，只能水解 *α*- 葡萄糖苷键，苦杏仁苷酶可水解 *β*- 葡萄糖苷，但专属性较差，也可水解其他的 *β*- 六碳醛糖苷键。

另外，由于酶水解的渐进性，水解反应可以得到单糖、低聚糖及部分水解的次生苷等，因此，酶催化水解既可得到真正的苷元，又可获知苷键的构型、糖的种类、糖与糖之间的连接顺序等结构信息。

由于酶的分离纯化很困难，特定糖的水解酶很少，实际应用的多为混合酶，如粗橙皮苷酶、淀粉酶、纤维素酶等。

苷和水解该苷的酶往往共存于同一植物，因此，在中药提取分离过程中，应该特别注意酶的影响，根据不同的需要，控制或利用酶的活性。另外，酶解反应与 pH 有关，如芥子苷酶水解芥子苷时，产物随 pH 不同而异，在 pH 为 7 时，酶解生成异硫氰酸酯，在 pH 4 的酸性条件下，酶解则生成腈和硫磺。

4. 乙酰解反应

因为乙酰解反应的速度与糖苷键的位置有关，所以过去在多糖苷的结构研究中，为了确定糖与糖之间的连接位置，利用乙酰解反应开裂部分苷键，保留另一部分苷键，然后用薄层或气相色谱鉴定得到的乙酰化糖，进而推测苷中糖与糖之间的连接位置。

乙酰解所用试剂为乙酸酐和酸，常用的酸有硫酸、高氯酸或 Lewis 酸（如氯化锌、三氟化硼等）。反应机制与酸催化水解类似，只是进攻基团是 CH_3CO^+ 而不是质子。

如果在苷键的邻位有可乙酰化的羟基或氧环时，由于诱导效应可使乙酰解的速度减慢。以 *β*- 苷键的葡萄糖双糖为例，乙酰解反应速度为 $1\rightarrow6 \gg 1\rightarrow4 > 1\rightarrow3 > 1\rightarrow2$，即 $1\rightarrow6$ 苷键最易断裂，而 $1\rightarrow2$ 苷键最难开裂。

下面是一个五糖苷，糖的组成为 D- 木糖、D- 鸡纳糖、D- 葡萄糖和 D- 葡萄糖 -3- 甲醚，其中糖与糖之间的连接方式可以通过乙酰解反应确定。

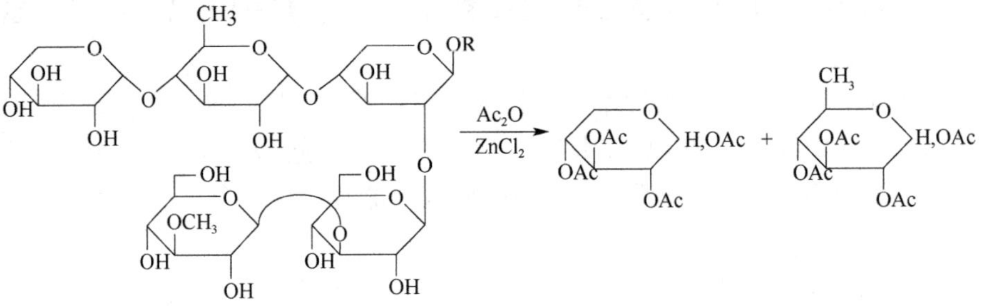

五糖苷(R=苷元基)　　　　四乙酰木糖　　　　四乙酰鸡纳糖

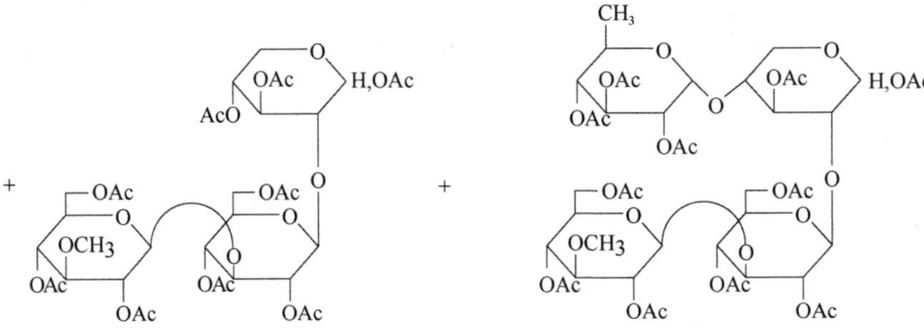

乙酰代三糖　　　　乙酰代四糖

5. 氧化开裂反应

这种方法又称 Smith 降解法，反应包括三步：过碘酸氧化、四氢硼钠还原和稀酸水解。首先用过碘酸氧化糖邻二醇结构，生成二元醛和甲酸，然后为防止醛与醇进一步发生缩合反应，用四氢硼钠将醛还原成相应的二元醇，这种醇具有简单缩醛结构，在酸性条件下很不稳定，比糖的环状缩醛更易酸水解，因此用稀酸在室温就可以将其水解成苷元、多元醇和羟基乙醛等产物。

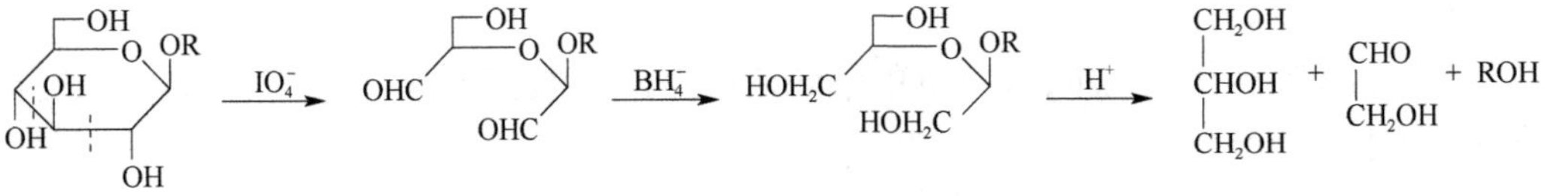

D-葡萄糖苷　　　　二元醛　　　　二元醇　　　　丙三醇　　羟基乙醛　苷元

Smith 降解反应的特点是反应条件温和，易得到原苷元，所以特别适用于那些苷元不稳定的苷，如人参皂苷 Rb_1 就是用 Smith 降解法才得到了真正的皂苷元 20（*S*）- 原人参二醇。

碳苷很难用酸水解，也可以用 Smith 降解法裂解苷键，得到的苷元上连有一个醛基。

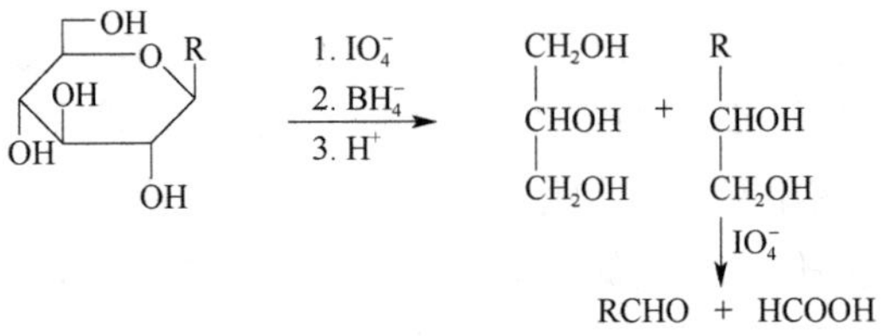

6. 酸性甲醇解反应

用甲醇代替水为溶剂，苷在酸性甲醇溶液中进行甲醇解，可得到糖的甲苷。若先将苷进行全甲基化，然后用含 6% ～ 9% 盐酸的甲醇进行甲醇解，则可从产物中得到糖与糖之间的连接位置和连接顺序的信息。

下面是一个双糖苷的全甲基化酸性甲醇解反应。

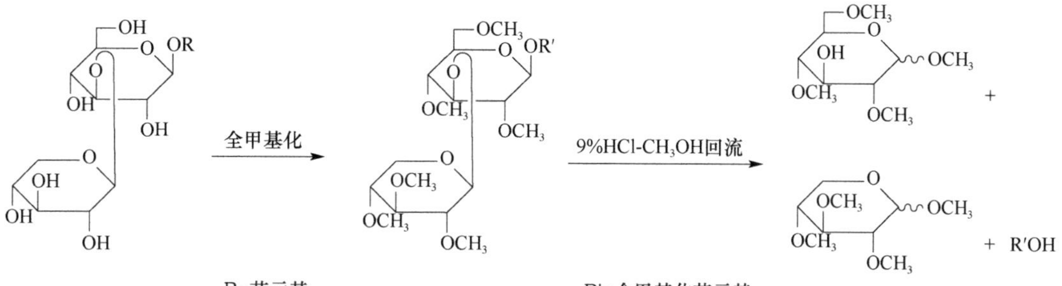

R=苷元基　　R'=全甲基化苷元基

此反应产物有 2，3，4- 三 -*O* 甲基吡喃木糖甲苷和 2，4，6- 三 -*O* 甲基吡喃葡萄糖甲苷，前者是全甲基化的木糖，可推知木糖处于糖链的末端，后者是未全甲基化的葡萄糖，其 C-3 位上留有一羟基，因此可推断它在 C-3 位上与木糖相连。

产物用薄层色谱法或气相色谱鉴定，并与标准品对照。近年也有用 GC-MS 联用仪对其进行鉴定的报道。在多糖苷的结构研究中，过去常用甲醇解反应判断糖与糖之间的连接位置和连接顺序。

四、苷类化合物的提取分离

（一）苷类化合物的提取

苷类化合物的种类多，性质差异大，提取时需考虑苷的性质及提取目的。在植物体内，苷类化合物常与其水解酶共存于同一植物的不同细胞中，因此，苷类化合物的提取必须首先考虑酶的活性。

提取原生苷，首先应尽可能选取新鲜药材，低温快速干燥，提取时则需“破酶保苷”，即破坏或抑制酶的活性，防止苷被水解。常用的方法有如下几种。①硫酸铵法：提取时加入硫酸铵或植物采集后马上与饱和的硫酸铵水液混合研磨，使酶变性。②碳酸钙法：提取前在药粉中加入一定量的碳酸钙拌匀使酶失活。③溶剂法：用乙醇、甲醇或沸水提取，可使酶变性或抑制酶活性。另外还应注意，提取过程中避免长时间与酸或碱接触，防止发生苷键裂解等反应。

提取次生苷，可根据产品需要，适当利用酶的活性。例如，在潮湿状态下，将原料 30 ～ 40℃保温数日，也可以控制酸或碱水解，使原生苷变为次生苷，再进行提取。

苷类化合物种类繁多，结构各异。通常用水、醇等作为提取溶剂。但由于分子中苷元不同、连接糖的种类和数目不同，因此不同苷类化合物的极性差异较大，很难有统一的提取方法，具体见各相关章节。对未知成分的中药，可以采用系统溶剂提取法（图 3-2）。

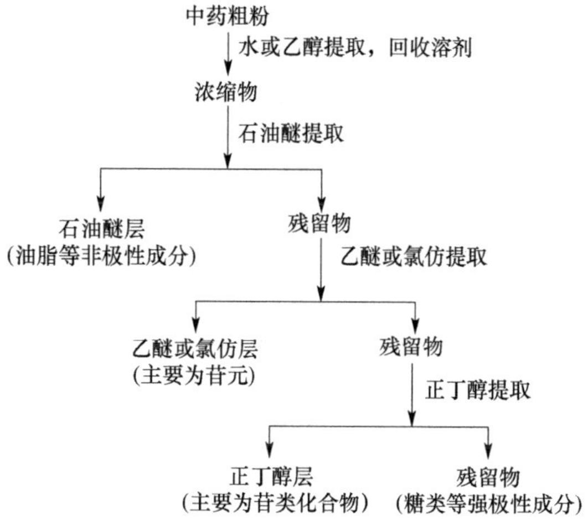

图 3-2　系统溶剂提取法

提取苷元时，为提高收率，应将苷彻底水解，除掉全部糖基。对于结构稳定的苷元，通常直接对中药进行酸水解，中和水解液后，用氯仿或乙醚等提取苷元；也可先提取总苷，再水解出苷元，进一步提取分离。如果苷元不够稳定，则可采用酶解、氧化开裂法等（图 3-3）。

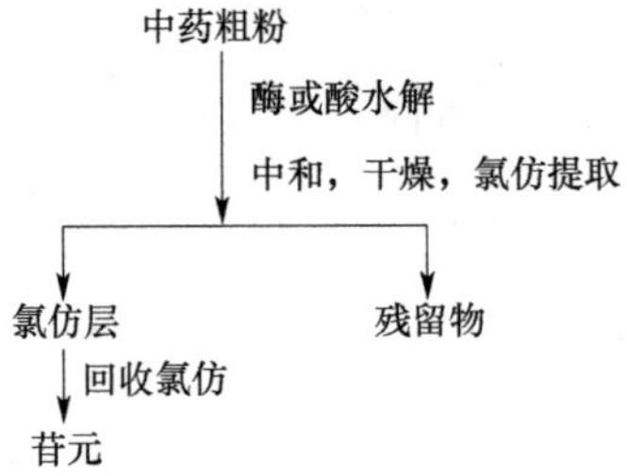

图 3-3　水解提取苷元

（二）苷类化合物的分离

多数苷类化合物亲水性较强，分离难度大，一般是初步除去大量杂质后，综合应用各种色谱法分离，用的较多的色谱法如大孔树脂色谱、正相硅胶色谱、反相硅胶色谱、凝胶色谱等。

初步除去杂质的常用方法如下所示。

1．溶剂法

溶剂法是将粗提物溶于少量水或甲醇，滴加丙酮或乙醚等，使苷沉淀析出的方法。

2．大孔树脂法

大孔树脂法指先用水洗去无机盐、糖、多肽等水溶性成分，再用浓度渐增的乙醇洗脱各种苷类化合物的方法。

从苷类混合物中分离单体一般要用色谱法。极性较低的苷常用硅胶或氧化铝吸附色谱；极性较大的苷用分配色谱效果更好，常用硅胶或纤维素作支持剂，以水饱和的有机溶剂作流动相；某些强极性的苷，如皂苷类化合物，选择反相色谱往往能达到较好的分离效果，反相色谱常用的固定相是键合硅胶，如 RP-18、RP-8 等，常用的流动相是含水甲醇、含水乙腈等。

五、苷类化合物的检识

苷类化合物共同的结构特征是都连有糖基，一般通过检识苷分子中的糖来进行苷类化合物的检识，苷元部分的检识则在相应章节中介绍。

（一）理化检识

苷的理化检识要注意排除游离糖的干扰，中药样品可用热水或醇提取制备供试液，作纯化处理后，再进行苷的检识。

1．Molish 反应

样品 Molish 反应呈阳性，提示糖类或苷类化合物的存在。为证实苷类化合物的存在，需根据提取溶剂的不同对样品做不同的净化处理。如果样品是用乙醇提取的，因单糖微溶于乙醇，所以其中可能有微量的单糖与苷共存，可以先进行费林反应，若产生氧化亚铜砖红色沉淀，证明单糖的存在，继续加费林试剂至不再产生沉淀为止，将反应液过滤，除去单糖，滤液再进行 Molish 反应，若仍呈阳性，则进一步提示苷类化合物的存在；如果样品是用水提取的，其中可能含有各种糖类化合物及苷，需要用正丁醇萃取，一般说来，糖类化合物不溶于正丁醇，因此，将正丁醇萃取液蒸出溶剂后再进行 Molish 反应，仍显阳性即表明含有苷类化合物。

但是应该注意的是，碳苷和糖醛酸苷与 Molish 试剂反应常呈阴性。

2. 费林反应和多伦反应

若样品的醇提取物与费林试剂（或多伦试剂）反应呈阴性，可以将样品酸水解，中和，然后进行费林反应，若为阳性，提示苷类化合物的存在；若样品醇提取物与费林试剂反应呈阳性，说明存在微量单糖，继续加入费林试剂至不再产生沉淀为止，过滤，将滤液酸水解，水解液中和后再进行费林反应，若仍为阳性，提示苷类化合物的存在。若样品是用水提的，需要用正丁醇萃取，正丁醇萃取液蒸出溶剂后，如上先进行水解反应，然后用费林试剂鉴定苷类化合物的存在。

3. 水解反应

将样品酸水解，若反应过程中澄清的反应液出现混浊，或反应完成后，将反应液冷却，出现沉淀，都提示苷类化合物的存在。因为苷水解后产生糖和苷元，糖溶于水，而苷元多为亲脂性，水溶性较差，在水中易析出沉淀。

上述为针对苷类化合物共性部分的理化检识，根据苷元化学结构不同，不同的苷类化合物都有一些特殊的检识方法，将在相应章节中分别介绍。

（二）色谱检识

苷类化合物的色谱检识主要有薄层色谱和纸色谱，薄层色谱常用的吸附剂是硅胶，也可用纤维素。

1. 薄层色谱

苷类化合物大多极性较强，硅胶薄层色谱常用含水溶剂系统为展开剂，如正丁醇 - 乙酸 - 水（4 ∶ 1 ∶ 5，上层）、氯仿 - 甲醇 - 水（65 ∶ 35 ∶ 10，下层）及乙酸乙酯 - 正丁醇 - 水（4 ∶ 5 ∶ 1，上层）等三元溶剂系统。对极性较弱的苷类化合物，常用一定比例的氯仿 - 甲醇、丙酮 - 甲醇等二元溶剂系统，反相硅胶薄层色谱常用的展开剂有乙腈 - 甲醇 - 水和甲醇 - 水等。

2. 纸色谱

一般以水饱和的有机溶剂为展开剂，如正丁醇 - 乙酸 - 水（4 ∶ 1 ∶ 5，上层）、正丁醇 - 乙醇 - 水（4 ∶ 2 ∶ 1）及水饱和的苯酚等。

3. 显色剂

针对苷中糖部分的显色与糖相似，常用的有苯胺 - 邻苯二甲酸试剂、对茴香胺 - 邻苯二甲酸试剂、蒽酮试剂等，针对苷元部分的显色见后续各章。

六、苷类化合物的结构测定

苷的结构，包括苷元和糖基两部分，因为苷元种类不同，结构各异，具体的结构测定将在后边相应章节中介绍。这里主要介绍的是糖链的测定，包括组成糖链的单糖种类、数目、糖与糖之间的连接顺序、糖与糖之间、糖与苷元之间的连接位置及苷键的构型等。

（一）苷类化合物的纯度和物理常数的测定

鉴别纯度的常用方法是测定熔点及各种色谱法；苷类化合物物理常数的测定，除熔点外，还应测定旋光度。

（二）分子式的测定

与其他有机化合物一样，经典的方法是进行元素的定性和定量分析，测定相对分子质量，写出分子式。

质谱分析法测定相对分子质量和分子式既快速又准确，近年来被广泛应用。多数苷极性大、无挥发性，遇热气化时易分解，采用电子轰击质谱（EI-MS）常常不能得到分子离子峰，目前测定苷相对分子质量的常用方法主要是快原子轰击质谱（FAB-MS）、场解吸质谱（FD-MS）等。

（三）组成苷的糖的种类测定

通常先将苷键水解，用纸色谱、薄层色谱、高效液相色谱等方法测定水解液中的单糖，用已知单糖做对照确定糖的种类。

现在更多地利用 NMR 鉴定苷中的糖。在 ^{1}H-NMR 中，可以根据苷中糖上的不同质子的化学位移及相邻质子间的耦合常数鉴定糖的种类，而在 ^{13}C-NMR 中，不同糖的碳信号也有比较明显的区别，可据此判断苷中糖的种类。

表 3-1 和表 3-2 分别列出部分常见单糖及单糖甲苷的 ^{1}H-NMR 化学位移和 ^{13}C-NMR 化学位移数据。

表 3-1　部分单糖及单糖甲苷的 ^{1}H-NMR 数据（δ）

糖（苷）	H-1	H-2	H-3	H-4	H-5	H-6
β-D- 葡萄糖	4.64	3.25	3.50	3.42	3.46	3.72 3.90
α-D- 葡萄糖	5.23	3.54	3.72	3.42	3.84	3.76 3.84
β-D- 半乳糖	4.53	3.45	3.59	3.89	3.65	3.64 3.72
α-D- 半乳糖	5.22	3.78	3.81	3.95	4.03	3.69 3.69
β-D- 甘露糖	4.89	3.95	3.66	3.60	3.38	3.75 3.91
α-D- 甘露糖	5.18	3.94	3.86	3.68	3.82	3.74 3.84
β-L- 鼠李糖	4.85	3.93	3.59	3.38	3.39	1.30
α-L- 鼠李糖	5.12	3.92	3.81	3.45	3.86	1.28
β-L- 夫糖	4.55	3.46	3.63	3.74	3.79	1.26
α-L- 夫糖	5.20	3.77	3.86	3.81	4.20	1.21
甲基 β-D- 葡萄糖苷	4.27	3.15	3.38	3.27	3.36	3.82 3.62
甲基 α-D- 葡萄糖苷	4.70	3.46	3.56	3.29	3.54	3.77 3.66
甲基 β-D- 半乳糖苷	4.20	3.39	3.53	3.81	3.57	3.69 3.74
甲基 α-D- 半乳糖苷	4.73	3.72	3.68	3.86	3.78	3.67 3.61

续表

糖（苷）	H-1	H-2	H-3	H-4	H-5	H-6
甲基 β-D- 甘露糖	4.47	3.88	3.53	3.46	3.27	3.83 3.63
甲基 α-D- 甘露糖	4.66	3.82	3.65	3.53	3.51	3.79 3.65
甲基 β-D- 鼠李糖	4.16	3.74	3.72	3.89	3.55 3.77	—
甲基 α-D- 鼠李糖	4.52	3.43	3.57	3.85	3.82 3.57	—
甲基 β-D- 木糖苷	4.21	3.14	3.33	3.51	3.88 3.21	—
甲基 α-D- 木糖苷	4.67	3.44	3.53	3.47	3.59 3.39	—

表 3-2　部分单糖及单糖甲苷的 ^{13}C-NMR 数据（δ）

糖（苷）	C-1	C -2	C -3	C -4	C -5	C -6
β-D- 葡萄糖	96.8	75.2	76.7	70.7	76.7	61.8
α-D- 葡萄糖	93.0	72.4	73.7	70.7	72.3	61.8
β-D- 半乳糖	97.4	72.9	73.8	69.7	75.9	61.8
α-D- 半乳糖	93.2	69.3	70.1	70.3	71.3	62.0
β-D- 甘露糖	94.5	72.1	74.0	67.7	77.0	62.0
α-D- 甘露糖	94.7	71.7	71.2	67.9	73.3	62.0
β-L- 鼠李糖	94.4	72.2	73.8	72.8	72.8	17.6
α-L- 鼠李糖	94.8	71.8	71.0	73.2	69.1	17.7
β-L- 夫糖	97.2	72.7	73.9	72.4	71.6	16.3
α-L- 夫糖	93.1	69.1	70.3	72.8	67.1	16.3
β-D- 阿拉伯糖	93.4	69.5	69.5	69.5	63.4	—
α-D- 阿拉伯糖	97.6	72.9	73.5	69.6	67.2	—
β-D- 木糖	97.5	75.1	76.8	70.2	66.1	—
α-D- 木糖	93.1	72.5	73.9	70.4	91.9	—
甲基 β-D- 葡萄糖苷	104.0	74.1	76.8	70.6	76.8	61.8
甲基 α-D- 葡萄糖苷	100.0	72.2	74.1	70.6	72.5	61.6
甲基 β-D- 半乳糖苷	104.5	71.7	73.8	69.7	76.0	62.0
甲基 α-D- 半乳糖苷	100.1	69.2	70.5	70.2	71.6	62.2
甲基 β-D- 甘露糖苷	102.3	71.7	74.5	68.4	77.6	62.6
甲基 α-D- 甘露糖苷	102.2	71.4	72.1	68.3	73.9	62.5
甲基 β-D- 鼠李糖苷	102.4	71.8	74.1	73.4	73.4	17.9
甲基 α-D- 鼠李糖苷	102.1	71.2	71.5	73.3	69.5	17.9
甲基 β-D- 夫糖苷	97.2	72.7	73.9	72.4	71.6	16.3
甲基 α-D- 夫糖苷	93.1	69.1	70.3	72.8	67.1	16.3

（四）组成苷类化合物的糖的数目测定

近年来苷类化合物中糖的数目测定多是利用光谱完成的。例如，NMR 谱，利用碳谱，根据出现的糖端基碳信号的数目来确定，或利用苷分子总的碳信号数与苷元碳信号数之差，推测糖的数目；利用氢谱，根据出现的糖端基质子信号的数目确定糖的数目。也可以用质谱测定，计算苷与苷元的相对分子质量差值，求得糖的数目。还可以用薄层扫描测定单糖斑点含量，计算各单糖的分子比，推测组成苷的单糖数目。

（五）苷分子中苷元和糖、糖和糖之间连接位置的确定

1. 苷元和糖之间连接位置的确定

现在确定苷元和糖之间的连接位置一般利用 NMR。碳谱是有效的方法。在 ^{13}C-NMR 中，糖与苷元成苷后，苷元上与苷原子直接相连的碳原子（称为 *α*- 碳原子）和与其相邻的碳原子（称为 *β*- 碳原子）的信号，即化学位移值均发生了变化，距离苷键较远的碳原子信号几乎不变，同时，成苷后苷分子中糖的端基碳原子信号也发生了变化，这种化学位移值的改变称为苷化位移（glycosylation shift，GS）。苷化位移的方向与发生苷化的羟基的种类有关，一般说来，醇羟基的苷化，可引起苷元 *α*- 碳原子向低场位移 4 ～ 10ppm，*β*- 碳原子向高场位移 0.9 ～ 4.6ppm；而酚羟基苷化时，则是苷元 *α*- 碳原子向高场位移，*β*- 碳原子向低场位移。利用苷化位移规律，通过比较苷和苷元的 ^{13}C-NMR，即可判断苷元中与糖相连接的碳原子位置。

近年来二维磁共振技术广泛应用于中药化学成分的结构鉴定中，其中 HMBC 谱常用于确定苷元与糖连接位置。

2. 糖和糖之间连接位置的确定

确定糖与糖之间连接位置可以用波谱法和化学法。

（1）波谱法：现在确定糖与糖之间的连接位置常用碳谱。将苷中糖的 ^{13}C-NMR 与成苷单糖的 ^{13}C-NMR 化学位移数据进行比较，即利用苷化位移规律确定糖与糖之间的连接位置。例如，一双糖苷，看其中糖的碳谱，与相应的游离单糖比较，若某一碳向低场位移 4 ～ 7ppm，相邻两碳向高场位移 1 ～ 4ppm，则此碳即为与下一糖的连接位置。利用此规律，可判断糖与糖之间的连接位置。同样的，HMBC 谱也可用于此目的。

（2）化学方法：一般使用全甲基化 - 酸性甲醇解反应。如前所述，先将分子中羟基全部甲基化，然后进行酸性甲醇解，鉴定产物，全部甲基化的单糖一定是糖链最末端的糖，而单糖上保留游离羟基的位置一定是与下一个糖的连接位。常用的甲基化方法有 Haworth 法、Purdie 法、Kuhn 法和 Kakomori 法等。但化学方法样品需要量大，反应过程中化学结构也可能遭到破坏。

（六）糖和糖之间连接顺序的确定

以前常用部分水解法确定糖和糖之间的连接顺序，即以缓和酸水解、酶水解、甲醇解、乙酰解等方法，将苷中的糖链裂解成各种寡糖或单糖，通过分析产物中糖的结构、连接顺序，推测整个糖链的结构。其中以缓和酸水解、酶水解最为常用，如以缓和酸水解法水解一双糖苷，开始的水解液中检测到双糖苷、单糖苷和木糖，则知木糖连接在末端。甲醇解、乙酰解的实例见前述苷键裂解反应。

质谱法近年也已用于糖链连接顺序的研究。因为苷是非挥发性的，在电子轰击质谱（EI-MS）中，通常先将其制备成全乙酰化物、全甲基化物或全三甲基硅醚化物等进行测定。在测得的质谱中，常出现各种特征性的糖基离子峰，或全乙酰化、全甲基化的单糖、寡糖的碎片离子峰，利用有关糖基的各种特征性的碎片离子峰或各种分子离子脱糖后的碎片离子峰，可

以判断单糖的连接顺序。

例如，人参皂苷 Rb_2 已经明确苷中单糖的组成为 3 个葡萄糖和 1 个阿拉伯糖。在其全乙酰化物的 EI-MS 中，发现归属于糖链部分的碎片离子峰有 *m/z* 619、*m/z* 547、*m/z* 331、*m/z* 259 等，对照数值，*m/z* 331 和 *m/z* 259 峰证明葡萄糖、阿拉伯糖分别位于一条糖链的末端，而 *m/z* 619 为乙酰化的葡萄糖基 - 葡萄糖基碎片离子峰，*m/z* 547 为乙酰化的葡萄糖基 - 阿拉伯糖基碎片离子峰，证明人参皂苷 Rb_2 有两个糖链，并由此可确定两个糖链中单糖的连接顺序。

下面是常见单糖及二糖的全乙酰化物的碎片离子峰。

末端葡萄糖基 *m/z* 331　　葡萄糖基 - 葡萄糖基 *m/z* 619
末端鼠李糖基 *m/z* 273　　葡萄糖基 - 鼠李糖基 *m/z* 561
末端木糖基 *m/z* 259　　葡萄糖基 - 木糖基 *m/z* 547
末端阿拉伯糖基 *m/z* 259　　葡萄糖基 - 阿拉伯糖基 *m/z* 547

确定糖和糖之间连接顺序还有其他方法，如常用的 2D-NMR 技术及 FD-MS、FAB-MS、ESI-MS 等质谱方法。

（七）苷键构型的确定

苷键构型的确定是苷类化合物结构测定的重要内容。方法有利用酶水解测定、利用 Klyne 经验公式计算及利用磁共振确定。酶水解法即利用酶的专属性，如一般能被麦芽糖酶水解的为 *α*- 苷键，能被苦杏仁苷酶水解的为 *β*- 苷键。Klyne 经验公式利用的是苷与苷元之间的分子旋光差值，与形成该苷的单糖的一对甲苷的分子比旋光度比较，其差值接近哪种甲苷，糖苷键就定为哪种构型。利用磁共振谱是确定糖苷键构型最常用的方法。

1. ^{1}H-NMR

利用 ^{1}H-NMR 中组成苷的糖端基质子的耦合常数判断苷键的构型，是常用且比较准确的方法。糖上端基质子化学位移值 *δ* 一般为 4 ～ 5ppm，与糖上其他质子比较，位于较低场，容易辨别。

以葡萄糖苷为例，从优势构象图可见，在 *β*-D- 葡萄糖苷中，H-1 和 H-2 均为直立键（a 键），互为反式，彼此间夹角为 180°，H-1 呈现一个二重峰，耦合常数一般为 6 ～ 9Hz，即 H-1 与 H-2 为 aa 键耦合系统，*J*aa=6 ～ 9Hz; 而在 *α*-D- 葡萄糖苷中，H-1 为平伏键（e 键），与 H-2 之间的夹角为 60°，此时 H-1 仍为二重峰，但耦合常数明显变小，一般为 2 ～ 4Hz，即 H-1 与 H-2 为 ae 键耦合系统，*J*ae=2 ～ 4Hz，故可通过端基质子的耦合常数判断苷键的构型。此法适合在吡喃糖的优势构象中，所有 H-2 为直立键（a 键）的糖苷，如木糖苷、葡萄糖苷、半乳糖苷等。

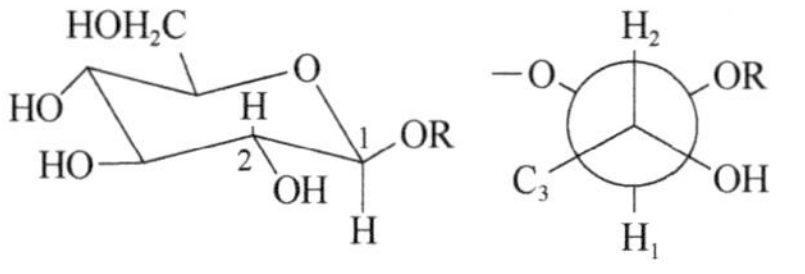

β-D-葡萄糖苷

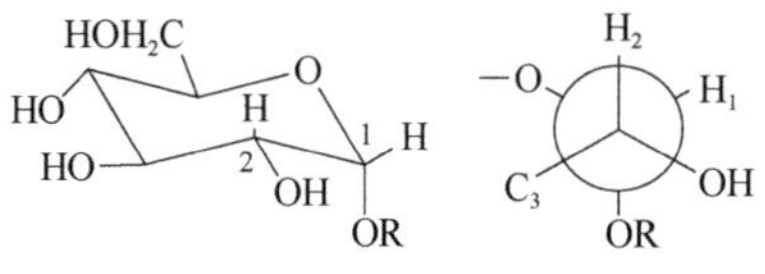

α-D-葡萄糖苷

应注意的是 H-2 为平伏键的糖，如鼠李糖、甘露糖等，*α*- 苷与 *β*- 苷中糖的 H-1 与 H-2 分别为 ee 键耦合与 ae 键耦合，两个 H 之间夹角均为 60°，*J* 值相近，故 ^{1}H-NMR 法不能判别 H-2 为 e 键的糖成苷后的苷键构型。

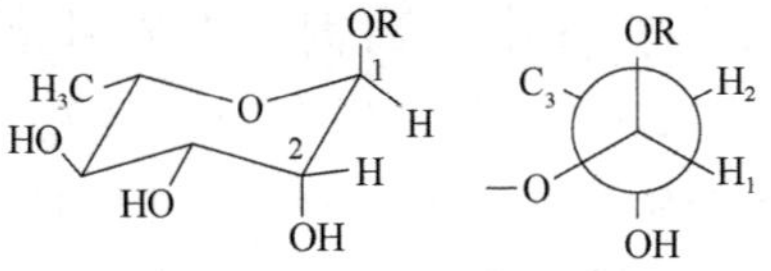

α-L-鼠李糖苷

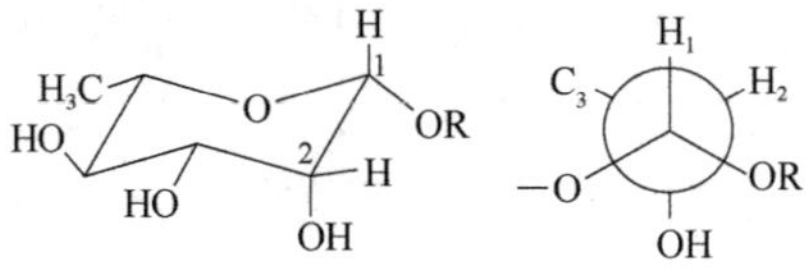

β-L-鼠李糖苷

2. ^{13}C-NMR

当糖与苷元连接后，糖中端基碳原子的化学位移值明显增加，而其他碳原子的化学位移值则变化不大。在许多糖苷中，*β*- 型苷与 *α*- 型苷其糖的端基碳化学位移值相差较大，可用于判断糖苷键的构型。部分单糖甲苷端基碳原子的化学位移值见表 3-3。

表 3-3　部分单糖甲苷端基碳原子的化学位移值（D_2O）

	D- 核糖	L- 阿拉伯糖	D- 葡萄糖	D- 半乳糖	D- 夫糖
β- 型	108.0	101.0	104.6	104.9	101.6
α- 型	103.1	105.1	100.6	100.5	105.8

另外，还可以利用 ^{13}C-NMR 中端基碳与端基氢之间的耦合常数判断糖苷键的构型。*β*- 型甲苷与 *α*- 型甲苷的 $J_{C_1-H_1}$ 值常常相差 10Hz，如 *α*- 型 D- 葡萄糖甲苷 $J_{C_1-H_1}$=170Hz，*β*- 型 D- 葡萄糖甲苷 $J_{C_1-H_1}$=159Hz。

第三节　含氰苷类化合物的中药实例

中药中最常见的苷为氧苷，其中醇苷、酚苷、酯苷在后续章节中均有实例介绍，此处仅简介含氰苷类化合物的中药实例。

一、苦杏仁

苦杏仁为蔷薇科植物山杏 *Prunus armeniaca* L. var. *ansu* Maxim.、西伯利亚杏 *Prunus sibirica* L.、东北杏 *Prunus mandshurica*（Maxim.）Koehne 或杏 *Prunus armeniaca* L. 的干燥成熟种子。在我国主要产于北方地区，资源十分丰富。苦杏仁是常用的传统中药，味苦，微温；有小毒；归肺、大肠经；能够降气止咳平喘、润肠通便，用于咳嗽气喘，胸满痰多，肠燥便秘。苦杏仁含有丰富的脂肪油、蛋白质、维生素、矿物质等营养成分，具有很高的经济价值和药用价值，主要活性成分为苦杏仁苷，2015 版《中华人民共和国药典》（以下简称《中国药典》）规定，苦杏仁中苦杏仁苷的含量不得少于 3.0 %。

苦杏仁苷（$C_{20}H_{27}NO_{11}$）是一种氰苷，易被酸或酶催化水解。小剂量口服苦杏仁时，在体内受到各种微生物产生的酶的作用，苦杏仁苷会缓慢分解，生成不稳定的 *α*- 羟基苯乙腈，进一步分解成苯甲醛及氢氰酸，少量氢氰酸对呼吸中枢产生抑制作用，使呼吸趋于平静而起到镇咳平喘的作用，但大剂量口服时则会引起中毒，严重者甚至导致死亡。

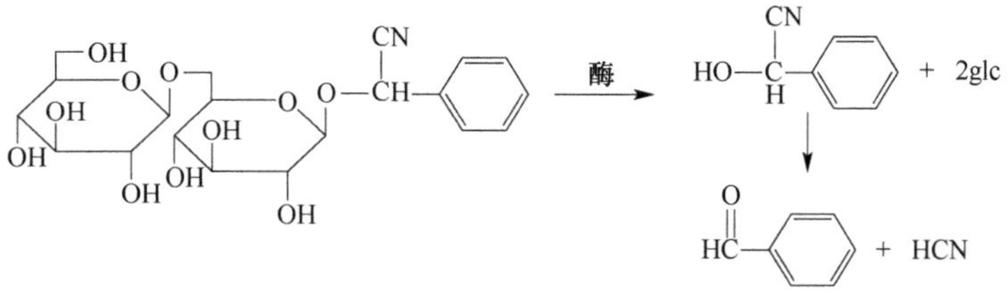

苦杏仁苷

苯甲醛具有苦杏仁特殊的香味，还可使三硝基苯酚试纸显砖红色，苯甲醛的这些特性均可用来鉴别苦杏仁苷的存在。

二、桃仁

桃仁为蔷薇科植物桃 *Prunus persica*（L.）Batsch 或山桃 *Prunus davidiana*（Carr.）Franch. 的干燥成熟种子，具有活血祛瘀、润肠通便、止咳平喘的功效，用于经闭痛经、癥瘕痞块、肺痈肠痈、跌打损伤、肠燥便秘、咳嗽气喘。桃仁含苦杏仁苷、挥发油、脂肪油等，2015 版《中国药典》规定，按桃仁干品计算，其中苦杏仁苷含量不得少于 2.0%。

三、郁李仁

郁李仁为蔷薇科植物欧李 *Prunus humilis* Bge.、郁李 *Prunus japonica* Thunb. 或长柄扁桃 *Prunus pedunculata* Maxim. 的干燥成熟种子。前两种习称“小李仁”，后一种习称“大李仁”。其有润肠通便、下气利水的功效，用于津枯肠燥、食积气滞、腹胀便秘、水肿、脚气、小便不利。郁李仁含苦杏仁苷、脂肪油、蛋白质、维生素及皂苷等，2015 版《中国药典》规定，以干燥的郁李仁计算，其中苦杏仁苷含量不得少于 2.0 %。

本章参考资料请扫码

第四章 醌类化合物

自然界中具有醌式结构（不饱和环己二烯二酮结构）的化合物统称为醌类化合物，是中药化学成分中一类比较重要的活性成分。根据结构的不同，醌类化合物主要分为四种类型，包括苯醌、萘醌、菲醌和蒽醌，其中以蒽醌及其衍生物的数量最多，在自然界分布最广，临床活性也最为显著。由于天然醌类化合物结构中具有共轭体系和多羟基，常显现出黄、红、紫等鲜艳颜色。

醌类在植物界的分布非常广泛。例如，蓼科的大黄、何首乌、虎杖；豆科的决明子、番泻叶；鼠李科的鼠李；百合科的芦荟；唇形科的丹参；茜草科的茜草；紫草科的紫草等均含有醌类化合物。在一些低等植物的代谢产物如地衣类和菌类中醌类化合物也有存在。醌类化合物大多存在于植物的根、叶、皮及心材中，也可存在于种子、果实和茎中。在植物体内，醌类化合物经由乙酸 - 丙二酸途径，由多酮环合形成（图 4-1）。

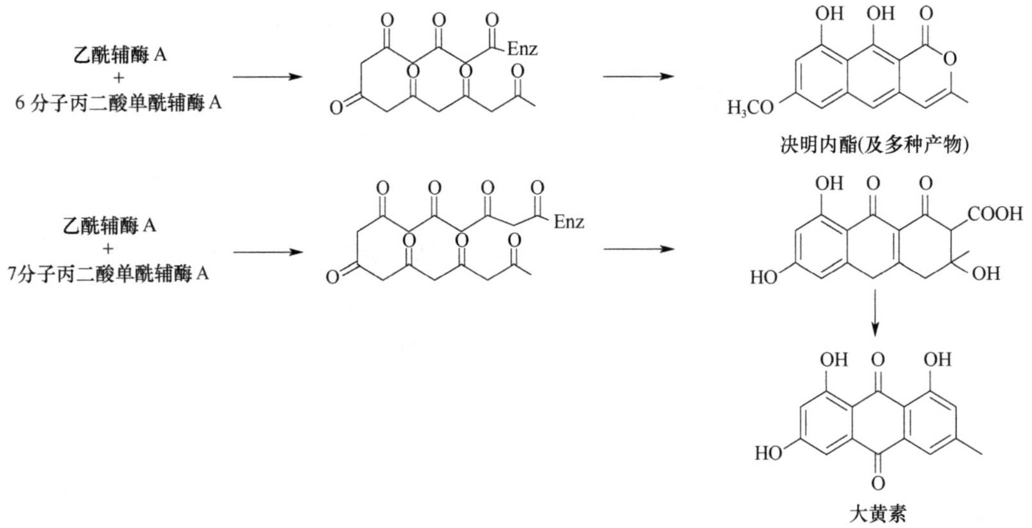

图 4-1 蒽醌类化合物的生物合成

醌类化合物具有多种生物活性，如大黄中泻下的有效成分为大黄蒽醌类，经过深入的研究发现此类成分还具有抗菌消炎、抗病毒、抗癌、保肝利胆、促智、延缓衰老等作用；活血化瘀类中药丹参中的活性成分丹参酮类具有抗肿瘤、抗氧化、抑菌等作用，其中心血管方面功效较为显著，用于治疗冠心病、心肌梗死等；维生素 K 类具有促进血液凝固的作用；番泻叶中的番泻苷类化合物具有较强的致泻作用等。此外，由于醌类化合物多具有鲜亮的颜色，国内外许多民族在日常生产、生活中还将其作为天然染料和食用色素等。

第一节　醌类化合物的结构、分类与生物活性

一、苯醌类化合物

苯醌类化合物（benzoquinones）是醌类化合物中最简单的一类，按酮基相对位置的不同又可分为邻苯醌和对苯醌两大类。由于邻苯醌结构中两个酮基的空间排斥，较为不稳定，天然存在的苯醌类化合物大多为对苯醌及其衍生物。该类物质多为黄色或橙色结晶，能随水蒸气蒸馏，对皮肤和黏膜有一定的刺激性。

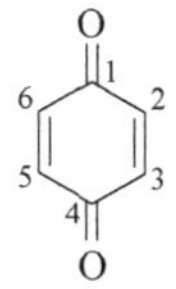
对苯醌

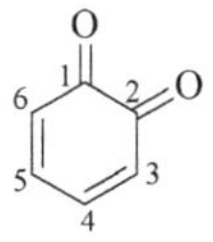
邻苯醌

天然苯醌类化合物主要分布于高等植物中，如中药凤眼草 *Ailanthus altissima*（Mill.）Swingle 果实中含有的抗菌有效成分 2，6- 二甲氧基对苯醌；白花酸藤果 *Embelia ribes* Burm 及矩叶酸藤果 *Embelia oblongifolia* Hemsl. 果实中分离得到的信筒子醌（embelin），是带有高级烃基侧链的对苯醌衍生物，具有驱虫作用。

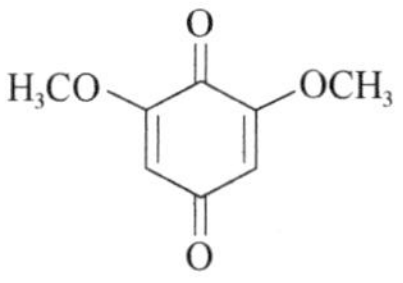
2,6-二甲氧基对苯醌

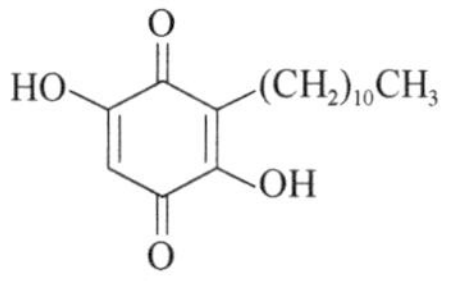
信筒子醌

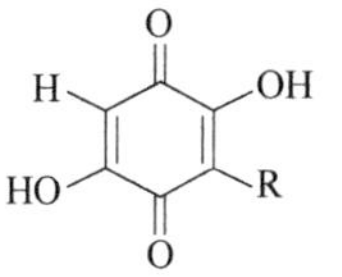
2,5-二羟基-3-R-1,4-苯醌

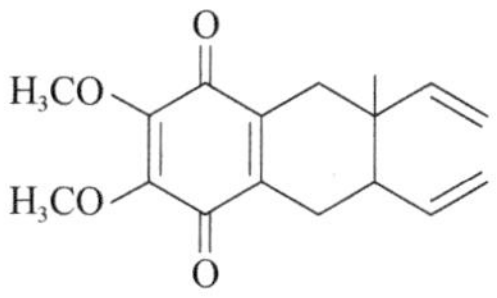
heliotropinone A

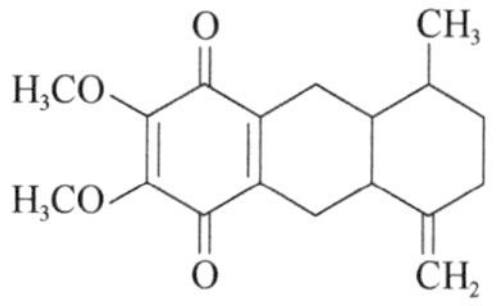
heliotropinone B

经研究发现，苯醌类化合物是酸藤子属植物的主要次级代谢产物，从该属中提取分离得到 20 余种苯醌类化合物，其中多以 2- 羟基对苯醌为母核，如从紫金牛科酸藤子属植物 *Embelia angustifolia* 中分离到的一系列 2，5- 二羟基 -3-R-1，4- 苯醌类化合物（R= 十七烯基、十五烷基、8- 十五烯基等），具有抑制血管紧张素转换酶活性及利尿等作用。此外，5，6- 二甲氧基 -2，3- 烷基 -1，4- 苯醌类化合物 heliotropinone A 和 B 主要存在于紫草科植物伏毛天芹菜 *Heliotropium ovalifolium* 中，具有较强的抗菌活性。

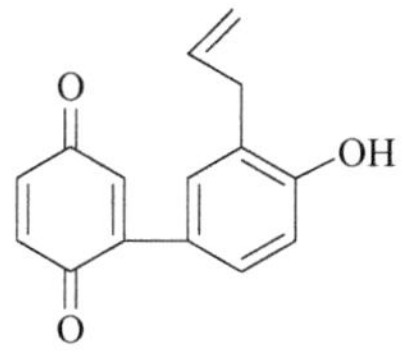
木兰醌

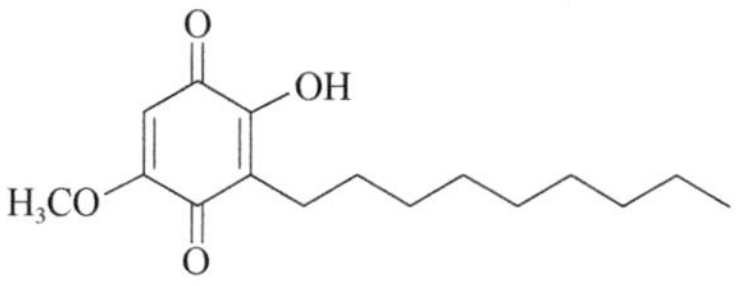
2-羟基-5-甲氧基-3-正壬基-1,4-苯醌

木兰醌（magnoquinone）存在于长缘厚朴 *Magnolia rostrata* W. W. Smith 的干树皮中，具有联烯丙基苯对苯醌母核。从紫金牛科 Myrsinaceae 蜡烛果亚科蜡烛果属植物桐花树 *Aegiceras corniculatum* 中发现一系列对苯醌类化合物，如 2- 羟基 -5- 甲氧基 -3- 正壬基 -1，4- 苯醌。

二、萘醌类化合物

根据两个酮基位置的不同，萘醌类（naphthoquinones）化合物可分为 *α*-（1，4）、*β*-（1，2）及 amphi-（2，6）三种类型，但迄今为止在自然界发现的萘醌类化合物绝大多数为 *α* 型及其衍生物或聚合体，并多呈橙色或橙红色结晶，个别呈紫色。

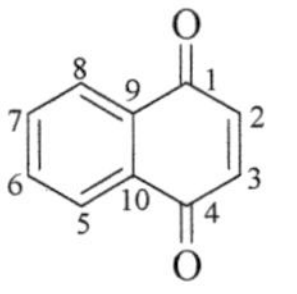
α-(1,4) 萘醌

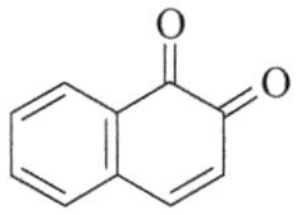
β-(1,2) 萘醌

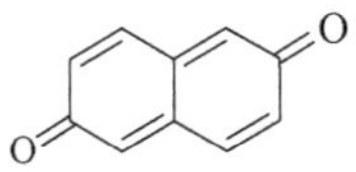
amphi-(2,6) 萘醌

天然萘醌类化合物多存在于高等植物类群中且多具有镇静、抗菌、抗癌等作用。例如，紫草、软紫草中含有的紫草素及异紫草素具有抗菌、抗病毒及止血作用；胡桃科植物核桃楸 *Juglans mandshurica* 中含有一系列萘醌类化合物如含量较高的胡桃醌（juglone，5- 羟基 -1，4- 萘醌）及 5，8- 二羟基 -1，4- 萘醌，具有抗菌、抗癌及中枢神经镇静作用。

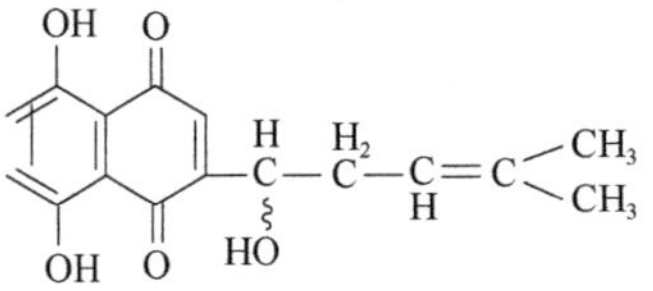
紫草素 ---OH、异紫草素—OH

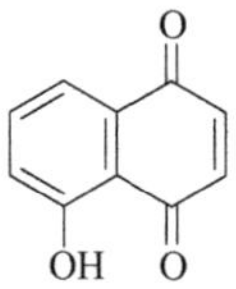
胡桃醌

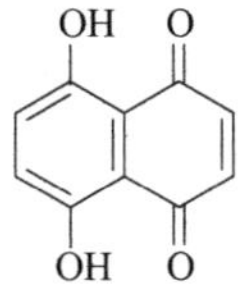
5,8-二羟基-1,4-萘醌

从滑桃树内生真菌 *Fusarium* sp. 1RGa-1b 中分离得到的 6 个萘醌类代谢产物（如 anhydrofusarubin）被证实具有良好的抗菌活性。

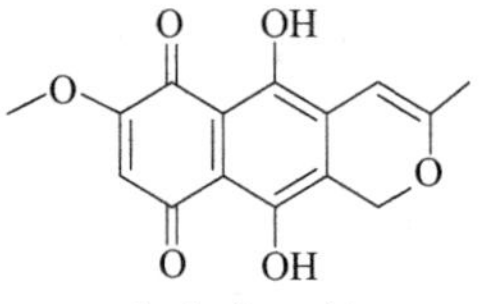
anhydrofusarubin

三、菲醌类化合物

天然菲醌（phenanthraquinones）衍生物从化学结构角度可分为邻菲醌及对菲醌，大多为橙色、红色或黑紫色。例如，从丹参 *Salvia miltiorrhiza* Bge. 根部分离得到的多种菲醌衍生物，均属于邻菲醌类和对菲醌类化合物。

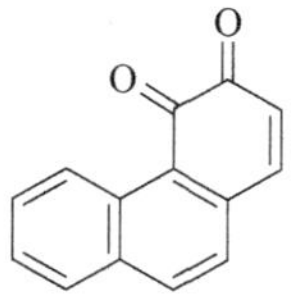

邻菲醌

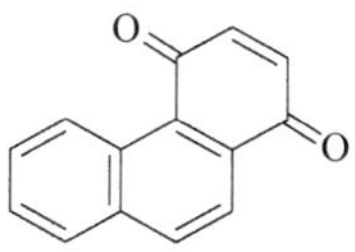

对菲醌

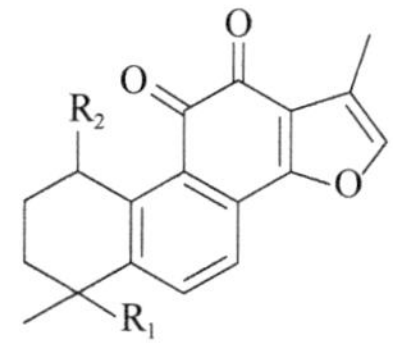

丹参酮Ⅱ$_A$	R_1 =CH_3	R_2=H
丹参酮Ⅱ$_B$	R_1=CH_2OH	R_2=H
羟基丹参酮Ⅱ$_A$	R_1 =CH_3	R_2=OH
丹参酸甲酯	R_1=$COOCH_3$	R_2=H

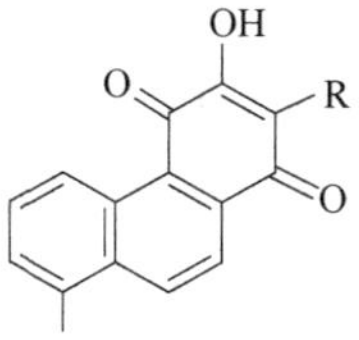

丹参新醌甲	R=$CH(CH_3)CH_2OH$
丹参新醌乙	R=$CH(CH_3)_2$
丹参新醌丙	R=CH_3

菲醌类化合物存在于兰科植物、唇形科鼠尾草属以及裸子植物的柏科、蕨类植物。目前自然界中已知的菲醌类化合物较少，其中对菲醌多于邻菲醌。中药丹参中含有的菲醌类成分（丹参酮Ⅱ$_A$、丹参酮Ⅱ$_B$等）是其活血化瘀的物质基础之一，具有扩张冠状动脉、抗菌的作用。

四、蒽醌类化合物

蒽醌类（anthraquinones）化合物在醌类化合物中数量最多，占据主导地位。蒽醌类化合物按母核结构可分为单蒽核和双蒽核两类。自然界存在的蒽醌类化合物还包括蒽醌及其还原产物蒽酚或蒽酮的衍生物。

天然蒽醌类化合物主要存在于高等植物中，如茜草科、鼠李科、豆科、蓼科、芸香科、紫葳科、马鞭草科、百合科及玄参科等植物类群。此外，在真菌（如曲霉属、青霉属）和地衣等低级植物及海洋生物中也发现蒽醌类化合物的存在，但动物中仅发现少数。

（一）单蒽核类化合物

1. 蒽醌及其苷类化合物

由于蒽醌分子整体形成一个稳定的共轭体系，C-9、C-10又处于最高氧化状态，因此天然蒽醌类化合物多数为稳定的9，10-蒽醌，1，4-蒽醌比较少见。9，10-蒽醌两侧苯环上的1、4、5、8位为α位，2、3、6、7位为β位，9、10位为*meso*位（中位）。

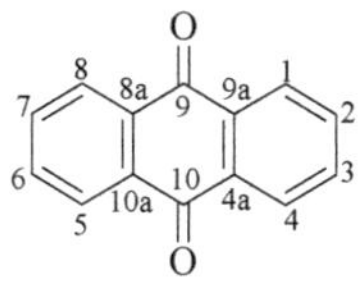

9,10-蒽醌

此外，蒽醌母核上常有羟基、羟甲基、甲氧基及羧基等取代基，其中以羟基为主。在植物体内蒽醌多以游离或苷的形式存在。蒽醌苷多为氧苷，也可能是碳苷（如芦荟中的芦荟苷）。

根据羟基在蒽醌母核上的分布情况，又可将羟基蒽醌类化合物分为两种类型。

（1）大黄素型：羟基取代基分布在两侧的苯环上，多数化合物呈黄色至棕色。常用中药大黄中的主要蒽醌类化合物多属于这一类型，而且多与葡萄糖、鼠李糖结合成单糖苷或多糖苷。豆科植物决明 *Cassia obtusifolia* 种子中也含有大黄酚等蒽醌，此外还含有橙纯叶决明素（aurantio-obtusin）、纯叶决明素（obtusin）及甲基纯叶决明素（chryso-obtusin），这些也属于大黄素型蒽醌。甲基纯叶决明素的 β- 葡萄糖苷称金决明苷（chryso-obtusin glucoside），能强烈抑制大鼠血小板凝集。

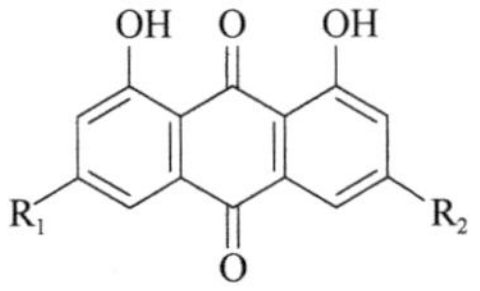

大黄酚	$R_1 = H$	$R_2 = CH_3$
大黄素	$R_1 = OH$	$R_2 = CH_3$
大黄素甲醚	$R_1 = OCH_3$	$R_2 = CH_3$
芦荟大黄素	$R_1 = H$	$R_2 = CH_2OH$
大黄酸	$R_1 = H$	$R_2 = COOH$

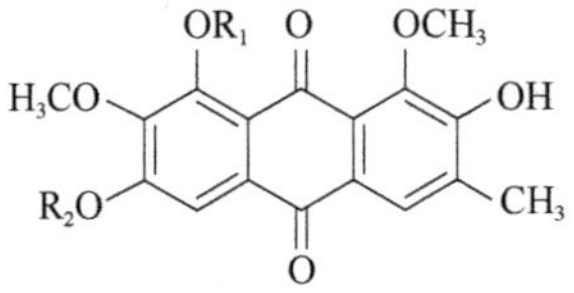

	R_1	R_2
橙纯叶决明素	H	H
纯叶决明素	H	CH_3
甲基纯叶决明素	CH_3	CH_3

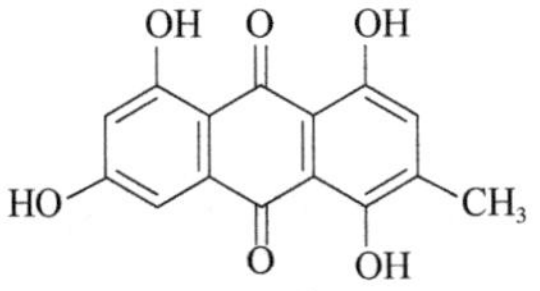

catenarin

在几种 *Helminthosporium* 霉菌中发现的 catenarin 也属于该类，其在 *H. catenarium* 中含量较高，超过菌丝体干重的 15%。

（2）茜草素型：羟基取代基分布在一侧的苯环上，颜色较深，大多为橙黄、橙红色。中药茜草中的茜草素（alizarin）、羟基茜草素（purpurin）等化合物属于这一类型，茜草素在体外具有显著的抗结核杆菌活性。羟基茜草素主要存在于茜草科西洋茜草、茜草及猪殃殃属（*Galium*）植物中。作为茜草中另一种重要的色素，羟基茜草素在幼嫩植物中存在较少，成熟植物及其干燥根中含量增高。在茜草科金鸡纳属植物的组织中发现的羟基茜草素 -1- 甲醚，具有抗毒素的作用。

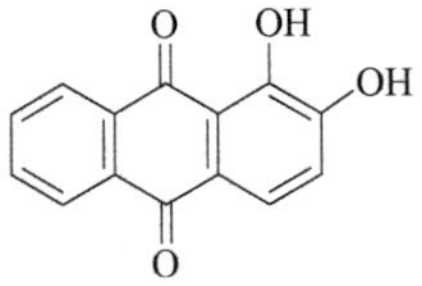

茜草素

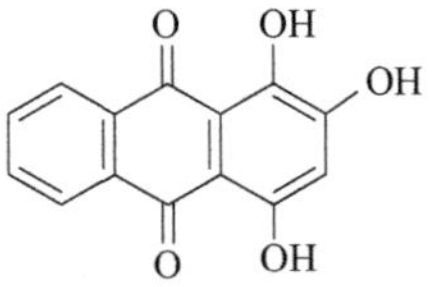

羟基茜草素

近年来，人们还发现在许多新的蒽醌化合物中多有不饱和的烃基取代基，如从白芝麻

Sesamum indicum 中发现的具有抗真菌活性的 anthrasesamone。

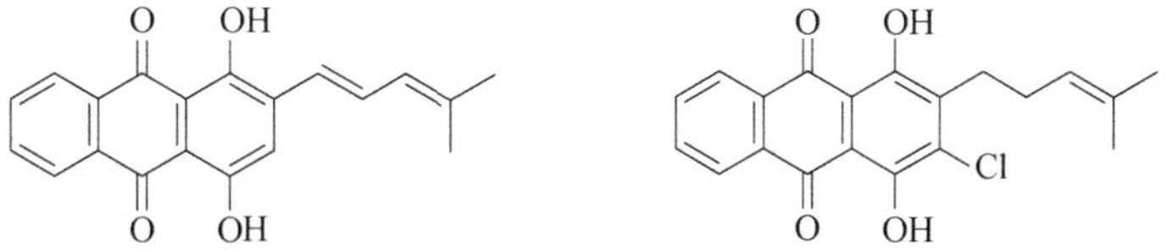

anthrasesamone A　　anthrasesamone B

2. 蒽酚或蒽酮衍生物

蒽醌在酸性环境中被还原，可生成还原蒽醌类即蒽酚及其互变异构体蒽酮。

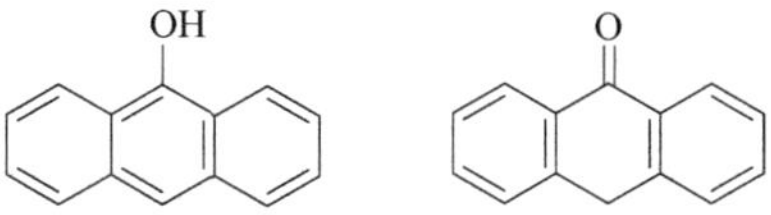

蒽酚　　蒽酮

蒽酚（或蒽酮）类成分可以慢慢被氧化成蒽醌类化合物，因此，蒽酚和蒽酮一般仅存在于新鲜植物中，一旦储存时间较长，则基本检识不到蒽酚和蒽酮。

蒽酚衍生物常以游离苷元或结合成苷的形式与相应的羟基蒽醌共存于植物体内，当 *meso* 位上的羟基与糖结合成苷后，不易被氧化，性质比较稳定。

羟基蒽酚类化合物具有显著的杀灭真菌的作用，主要用于治疗皮肤病，如柯桠素（chrysarobin）对于疥癣的治疗效果较好。新鲜大黄药材中含有的蒽酚类成分也有类似功效，可以外用治疗皮肤疾病；但大黄蒽酚内服对消化道黏膜有刺激性，故新鲜大黄药材需要储存两年以上，让大黄蒽酚彻底地氧化为蒽醌后，才能入药。

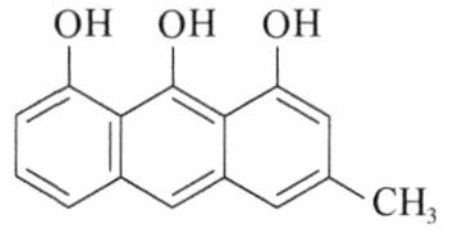

柯桠素

此外，自然界中还有少量蒽酮及其衍生物，如芦荟中含有的芦荟苷是蒽酮的 *meso* 位碳与葡萄糖的端基碳通过碳 - 碳键结合而成的碳苷化合物，经研究发现它能帮助排出体内污物、净化血液，具有软化血管、降低血压和血液黏度、促进血液循环、防止动脉硬化和脑溢血的发生等作用。

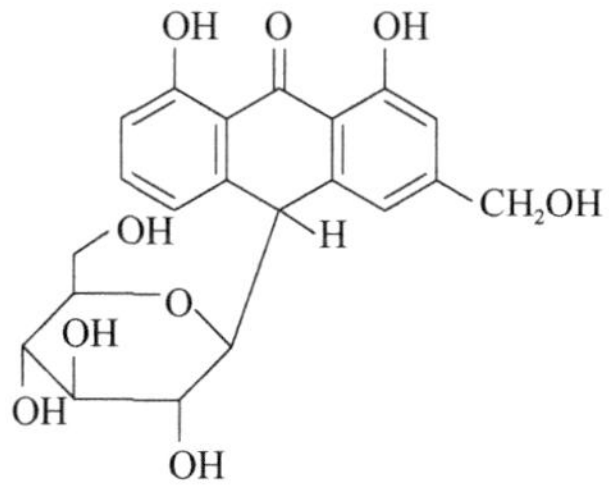

芦荟苷

（二）双蒽核类化合物

1. 二蒽酮类化合物

可以看成是两分子的蒽酮相互连接而成的二聚体，结合位点多为 *meso*（中位）连接，也可能是其他位置连接。例如，大黄和番泻叶中致泻的有效成分番泻苷 A、B、C、D 等均为二蒽酮衍生物。

番泻苷 A（sennoside A）是黄色片状结晶体，结构上，番泻苷元 A（sennidin A）是两分子的大黄酸蒽酮通过 C-10 与 C-10′ 反式连接成二蒽酮，再与两分子葡萄糖结合成双糖苷。番泻苷 B 是番泻苷 A 的异构体，其 C-10 与 C-10′ 为顺式连接。番泻苷 C 是一分子芦荟大黄素蒽酮与一分子大黄酸蒽酮通过 C-10 与 C-10′ 反式连接而形成的二蒽酮二葡萄糖苷。番泻苷 D 为番泻苷 C 的异构体，其 C-10 与 C-10′ 为顺式连接。

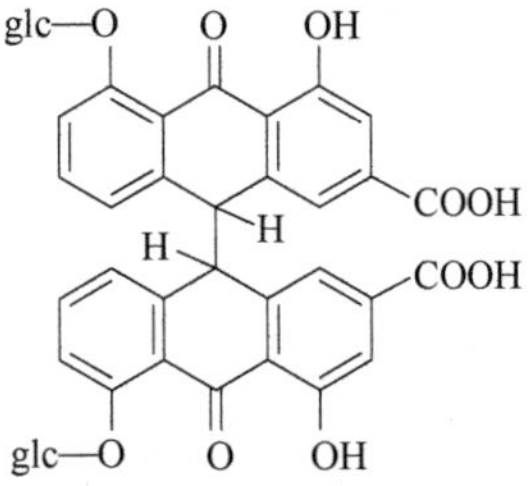

番泻苷A

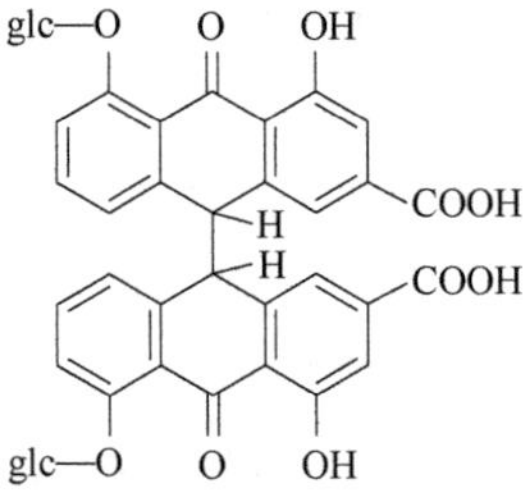

番泻苷B

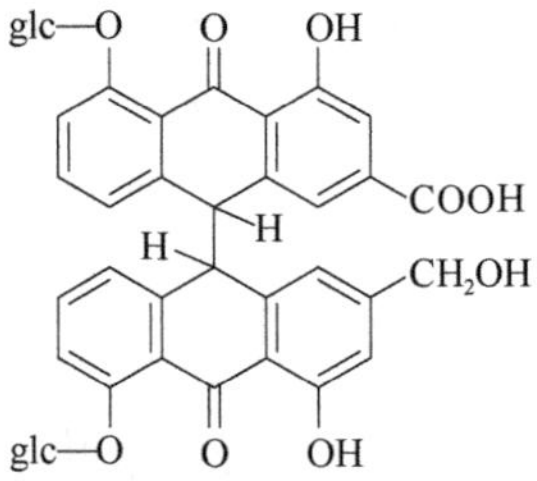

番泻苷C

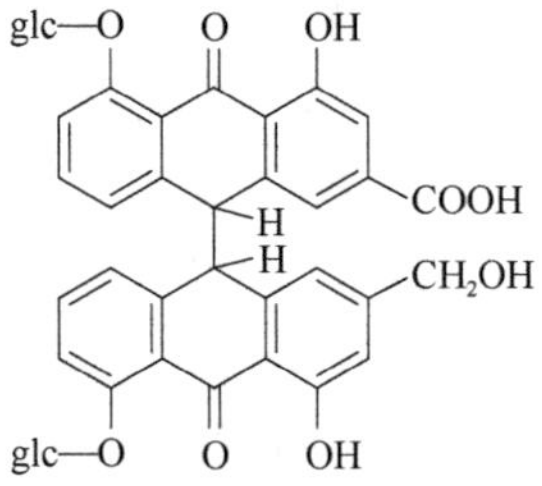

番泻苷D

二蒽酮类化合物的 10 位碳与 10′ 位碳之间的共价键与普通的碳 - 碳键不同，易于断裂，生成较为稳定的蒽酮类化合物，如大黄及番泻叶中的番泻苷 A 在肠内转变为大黄酸蒽酮后，才发挥致泻作用。

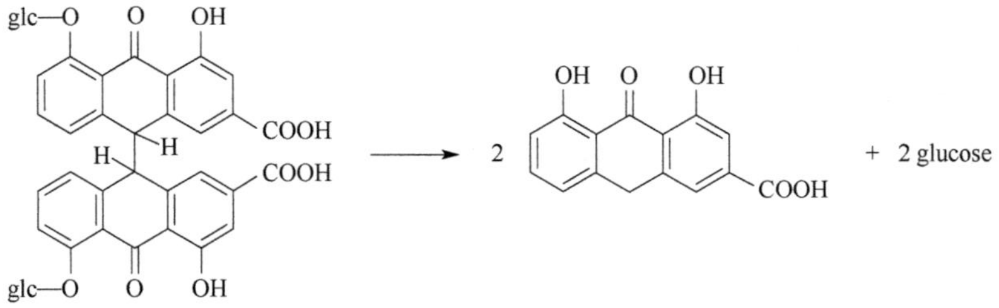

番泻苷A　　大黄酸蒽酮

此外，在哑铃孢衣属地衣 *Heterodermia obsurata* 中发现的 flavoobscurin A、B 属于氯取代的二蒽酮类衍生物，具有抗滤过性病原体的活性。

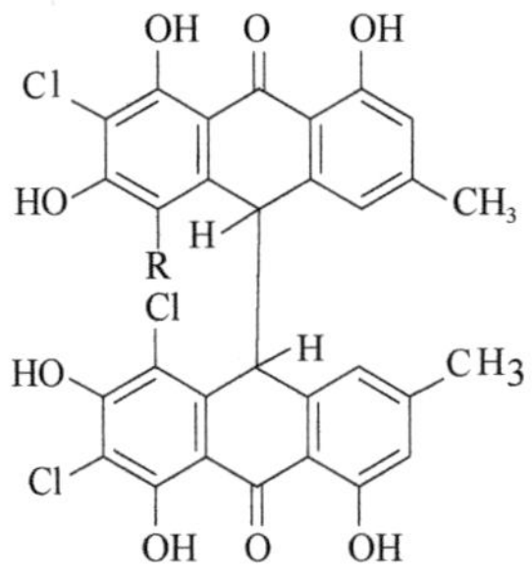

R=H　flavoobscurin A
R=Cl　flavoobscurin B

2．二蒽醌类化合物

二蒽醌类化合物一般通过蒽醌类化合物脱氢缩合或二蒽酮氧化形成。自然界存在的二蒽醌类化合物中，两个蒽醌环都是相同且对称的，因受空间位阻的排斥力，二蒽环以反向排列的形式存在，如天精（skyrin）和山扁豆双醌（cassiamine）。

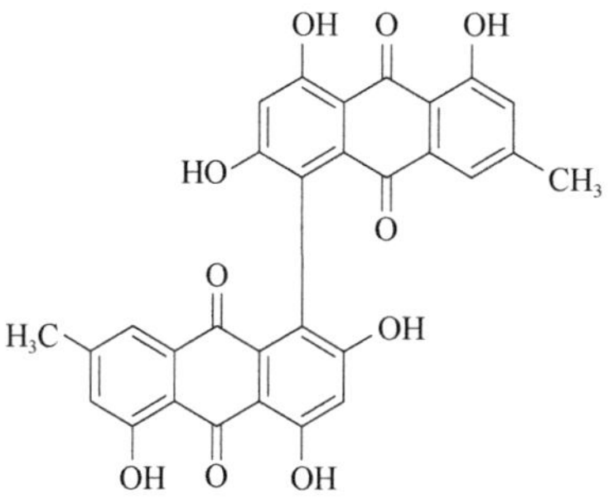

天精

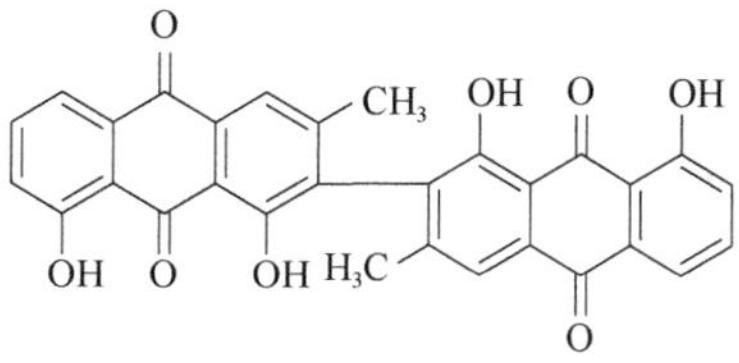

山扁豆双醌

3．去氢二蒽酮类化合物

中位二蒽酮类化合物经进一步氧化，即脱去 C-10 与 C-10′ 共价键处的一分子氢，两环之间以双键的形式连接的双蒽核类化合物称为去氢二蒽酮类化合物。

4．日照蒽酮类化合物

去氢二蒽酮进一步被氧化，α 与 α' 位相连组成一新的六元环，如金丝桃属植物中含有日照蒽酮的多羟基衍生物。

5．中位萘骈二蒽酮类化合物

在天然醌类化合物中，该类化合物具有最高氧化水平的结构形式，有 8 个环，属于天然产物中高度稠合的多元环系统，如具有抑制中枢神经及抗病毒作用的金丝桃素（hypericin）及具有抗滤过性病原体作用的 7，7′- 二氯金丝桃素（7，7′-dechlorohypericin）。

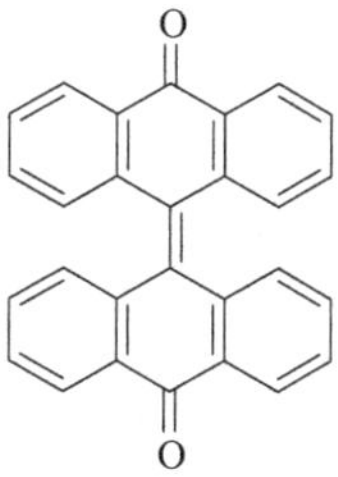

去氢二蒽酮

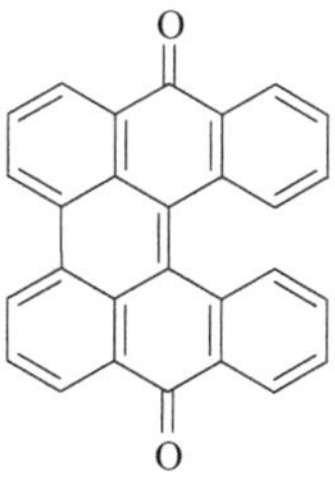

日照蒽酮

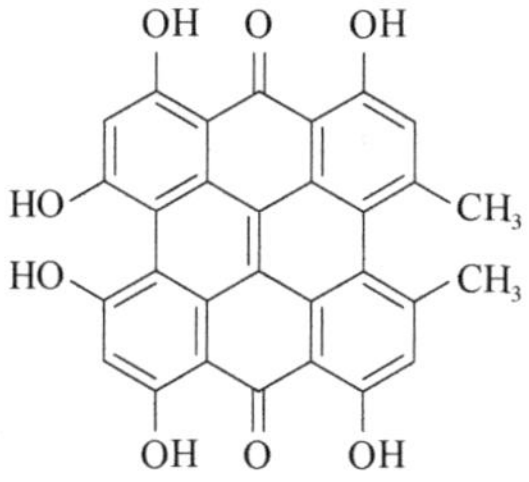

金丝桃素

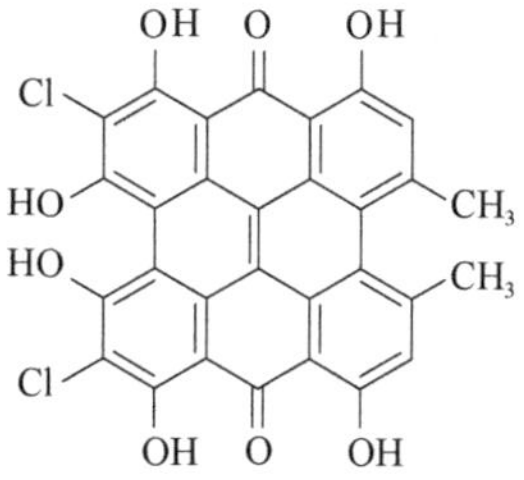

7,7′-二氯金丝桃素

第二节　醌类化合物的理化性质

一、物理性质

（一）性状

游离醌类化合物多为有色结晶，多具有荧光。分子结构中酚羟基的数目和取代位置可影响其颜色的深浅。总体来讲，酚羟基等助色团的引入可以加深化合物的颜色，呈现黄、橙、棕红色以至紫红色等。酚羟基数目越多，颜色越深；酚羟基分布在一侧苯环上对于颜色的加深效果要优于分布在两侧苯环上，如大黄素型蒽醌多呈现黄色，而茜草素型蒽醌多为橙色或橙红色。

苯醌、萘醌和菲醌多以游离态存在，结晶良好。而蒽醌一般以苷的形式存在于植物体中，因极性较大难以得到结晶，多为无定形粉末。

（二）溶解性

醌类化合物的溶解性总体符合一般苷元和苷的通性，即游离醌类化合物极性较小，可溶于醇和亲脂性有机溶剂如乙醇、丙酮、乙酸乙酯、氯仿、苯、乙醚等，不溶或难溶于水。与糖结合成苷后极性显著增大，易溶于甲醇、乙醇中，可溶于热水，不溶或难溶于亲脂性有机溶剂。蒽醌的碳苷难溶于水及常见的亲脂性有机溶剂，易溶于吡啶。

醌类化合物因多具有酚羟基，故显示酸性，可溶于碱性溶液中。

（三）升华性和挥发性

游离的醌类化合物一般具有升华性；小分子苯醌和萘醌还具有挥发性，能随水蒸气蒸馏；可利用这些特性进行提取分离。蒽醌苷一般无升华性。

二、化学性质

（一）酸性

醌类化合物的酸性与其取代基的种类、数目及位置有关。酸性基团（酚羟基和羧基）越多，酸性越强，酸性强弱与分子内是否存在羧基及酚羟基的数目和位置有关。

一般来说，带有羧基的醌类化合物酸性较强。*β*- 羟基酸性强于 *α*- 羟基，这是由于 *β*- 羟基处于羰基的对位，受 *p*-*π* 吸电子共轭的影响，*β*- 羟基上氧原子的电子云密度降低，从而使自身结合的质子易于解离，酸性较强。另外，*α*- 羟基上的氢可与相邻羰基的氧形成分子内氢键，使 *α*- 羟基上的质子难以解离，故酸性较弱。多数情况下，酚羟基数目越多酸性越强。

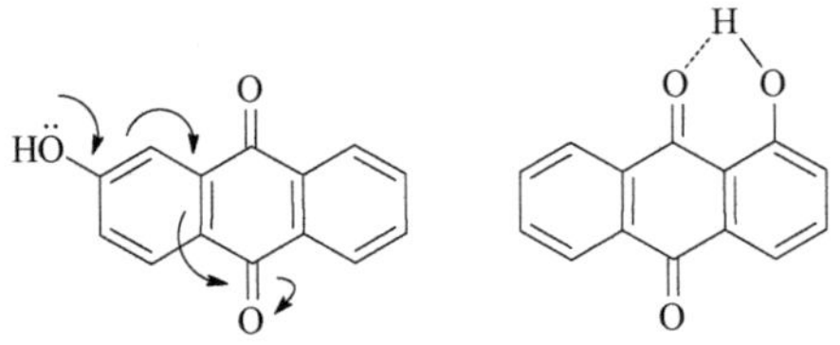

β-羟基蒽醌　　*α*-羟基蒽醌

游离蒽醌类化合物的酸性强弱按下列顺序排列：—COOH ＞ 2 个或 2 个以上 *β*-OH ＞ 1 个 *β*-OH ＞ 2 个或 2 个以上 *α*-OH ＞ 1 个 *α*-OH，依据酸性大小的差异，可用 pH 梯度萃取法进行混合物的分离。如从有机溶剂（乙醚等）中依次用 5% 碳酸氢钠、5% 碳酸钠、1% 氢氧化钠及 5% 氢氧化钠水溶液进行梯度萃取，以达到分离的目的（其中含—COOH 和 2 个或 2 个以上 *β*-OH 的蒽醌类化合物溶于 5% 碳酸氢钠水溶液，详见本章第三节）。

（二）碱性

蒽醌类化合物具有微弱的碱性，结构上源于蒽醌上羰基的氧原子，表现在可与强酸形成鉾盐，同时往往伴有颜色的变化。例如，大黄素原本呈橙红色，溶于浓硫酸后转变为红色，大黄酚则由暗黄色转变为红色，其他羟基蒽醌类化合物在浓硫酸中一般呈红至红紫色。

（三）颜色反应

醌类化合物发生颜色反应主要是基于醌类化合物氧化还原的性质及酚羟基的性质。

（1）Feigl 反应：醌类化合物在碱性条件下加热能迅速与醛类和邻二硝基苯发生反应，生成紫色化合物。在 Feigl 反应中，醌类化合物在反应起始和结束时结构和含量并无变化，只是在反应过程中起电子传递媒介的作用。实验时取醌类化合物的水或苯溶液 1 滴，加入 25% 碳酸钠水溶液、4% 甲醛及 5% 邻二硝基苯的苯溶液各 1 滴，混合后置水浴上加热，在 1 ～ 4 分钟内可观察到显著的紫色出现。

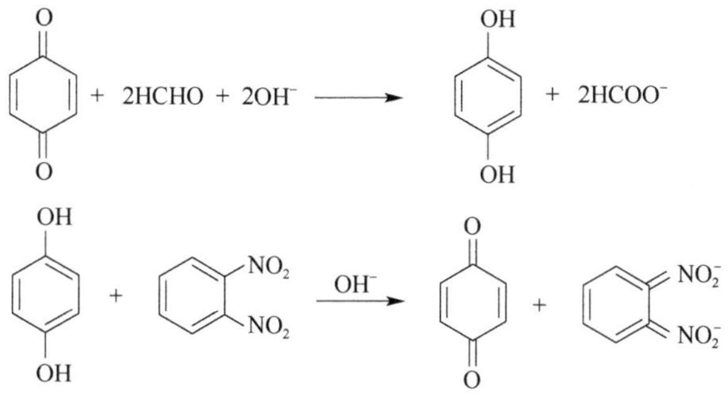

（2）无色亚甲蓝反应：无色亚甲蓝（leucomethylene blue）溶液属于苯醌及萘醌类化合物的专用显色剂。此反应可在纸色谱或薄层色谱上进行，不含有羟基且醌核上有未连接取代基位置的苯醌类、萘醌类化合物样品在白色背景上显蓝色斑点（阳性），含羟基的此两类衍生物或无反应或反应很慢，蒽醌类化合物反应呈阴性，因此该反应可用于区别苯醌、萘醌与蒽醌类化合物。

无色亚甲蓝溶液配制方法：将 100mg 亚甲蓝溶于 100ml 乙醇中，再加入 1ml 冰醋酸及 1 g 锌粉，缓缓振摇直至蓝色消失，备用。

（3）Bornträger 反应：由于酚羟基的存在，羟基蒽醌类化合物在碱性条件下可发生颜色变化，呈现橙、红、紫红或蓝色，该反应也称为碱液反应，是检测中药中是否含有羟基蒽醌最常用的方法，也可用于区分羟基蒽醌与蒽酚、蒽酮化合物。

该显色反应是由于在碱性条件下分子中的酚羟基与羰基形成新的共轭体系，引发颜色变化。单羟基蒽醌反应所呈颜色较浅，多为红到橙色；非相邻的双羟基蒽醌多呈红色；1，4- 二羟基蒽醌多呈紫色；邻二羟基蒽醌反应后呈蓝色；蒽酚、蒽酮、二蒽酮类化合物遇碱呈黄色，需在空气中放置一段时间或先氧化生成羟基蒽醌后，才能形成新共轭体系从而呈现对应羟基蒽醌的特征颜色。

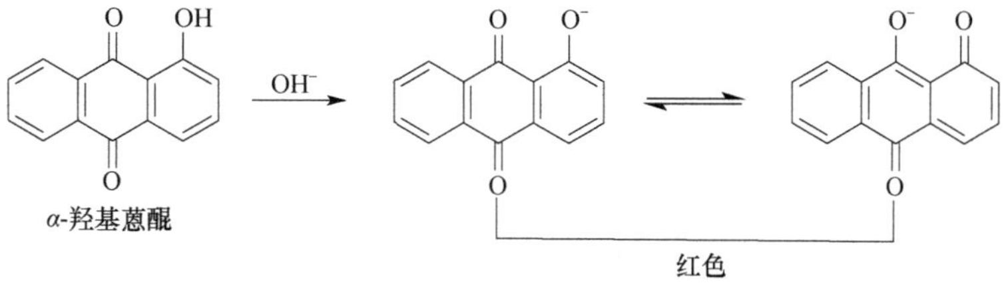

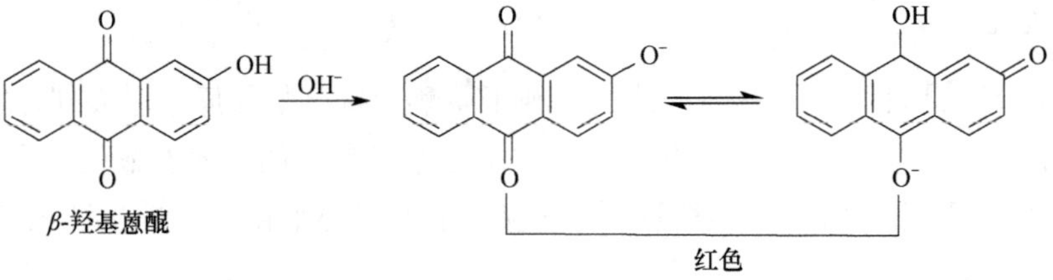

本反应的操作过程如下：取样品粉末约 0.1g，加入 10% 硫酸水溶液 5ml，水浴加热 2 ～ 10 分钟，趁热滤过，待滤液冷却后加乙醚 2ml，振摇，静置分层后分取醚层溶液，醚层呈黄色，加入 5% 氢氧化钠水溶液 1ml，振摇。如有羟基蒽醌或具有酚羟基的蒽醌苷存在，醚层则由原本的黄色褪为无色，而水层显红色。

（4）Kesting-Craven 反应：醌环上如有未被取代的位置，可在碱性条件下与一些活性亚甲基试剂（如丙二腈、乙酰乙酸酯、丙二酸酯等）的醇溶液反应，生成蓝绿色或蓝紫色的化合物。反应机制以萘醌与丙二酸酯为例，生成物①进一步经电子转位生成产物②而呈显色。苯醌及萘醌类化合物因其醌环上有未被取代的位置，此反应显阳性。如果结构中存在—OH，应会降低反应的灵敏度，使反应速度降低甚至不反应。对于萘醌，一般在 5 位或 8 位引入羟基反应较慢，2 位或 3 位引入羟基则不发生反应。蒽醌类化合物因醌环两侧有苯环，醌环上无未被取代的位置，不能发生该反应，故可加以区别。

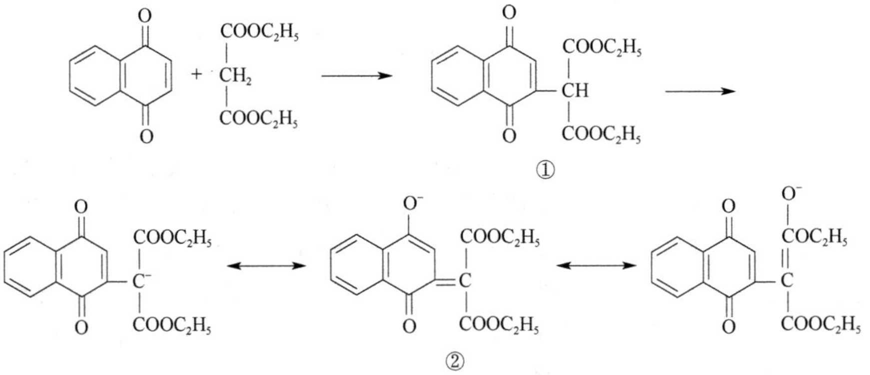

（5）与金属离子的反应：具有 α- 酚羟基或邻二酚羟基的蒽醌类化合物，可与金属离子如 Pb^{2+}、Mg^{2+} 形成络合物。以 Mg^{2+} 为例，具有上述结构的蒽醌类化合物可与 0.5% 乙酸镁甲醇溶液反应，生成的产物可能具有下列结构：

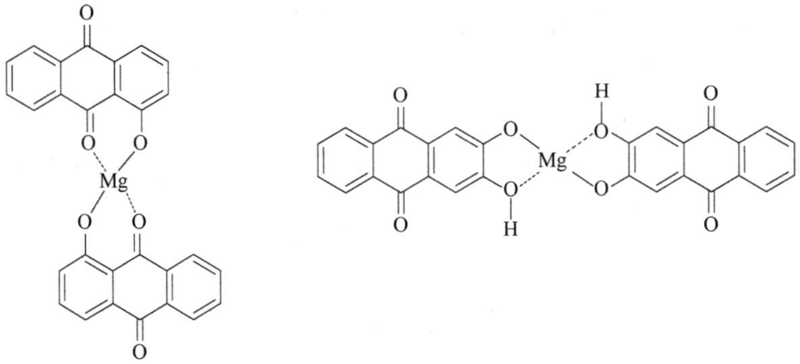

当蒽醌类化合物羟基取代位置不同时，与乙酸镁反应生成络合物的颜色也不同，据此可用于初步判断蒽醌羟基的位置。如蒽醌上只有一个 α-OH，生成橙黄至橙色络合物；有邻二

酚羟基时，生成蓝至蓝紫色络合物；有对二酚羟基时，生成紫红至紫色的络合物；每个苯环上各有一个 α-OH 或还有间位酚羟基时，生成橙红至红色络合物。

（6）对亚硝基二甲苯胺反应：当羟基蒽酮类的 9 位或 10 位未被取代时，其羰基对位的活性亚甲基上的氢，可与 0.1% 对亚硝基二甲苯胺的吡啶溶液发生缩合反应，随着蒽酮结构的不同而呈现紫色、绿色、蓝色及灰色等不同的颜色，其中 1，8- 二羟基蒽酮类化合物反应后均呈绿色。由于其他物质如蒽醌类、香豆素类、黄酮类、酚类及糖类化合物对本反应的干扰较小，故该反应可用于蒽酮类化合物的专属鉴别。

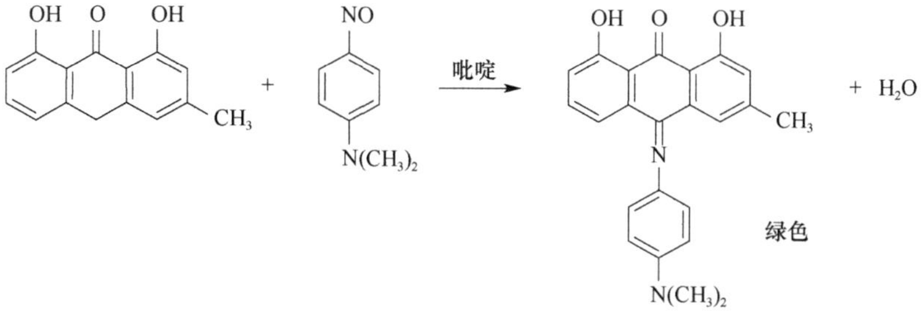

第三节　醌类化合物的提取与分离

醌类化合物常以苷元或苷的形式存在，可以利用其理化性质的特点，如极性和溶解度的差异等，制订不同的提取分离方案。

一、醌类化合物的提取

1. 溶剂提取法

游离醌类极性较小，可用氯仿、乙酸乙酯等亲脂性有机溶剂提取，提取液有时在浓缩过程中即可析出结晶。蒽醌苷极性较大，可用甲醇、乙醇及水提取。但在实际工作中，一般采用对蒽醌苷及苷元溶解度均较好的甲醇或乙醇等有机溶剂提取总蒽醌类化合物，因甲醇和乙醇对植物细胞壁的穿透力强，提取效率高。如为种子类等含脂溶性杂质较多的药材，可在提取前先用石油醚进行脱脂处理。由于在植物体内，含羟基的蒽醌或羧基的醌类化合物多以盐的形式存在，提取前可先用酸水将其转化为游离状态，再用醇提取。提取蒽醌原生苷时要避免酸、碱和酶对结构的破坏。

2. 碱溶酸沉法

碱溶酸沉法用于含游离酚羟基或羧基且对酸、碱性质较稳定的游离醌类化合物的提取。游离醌类化合物溶于亲脂性溶剂，由于酚羟基或羧基与碱反应成盐后，溶解性发生改变，溶于碱水溶液中，分取出碱水层后，经酸化醌类化合物转化为游离态而以沉淀的形式析出。

3. 超声萃取法

由于超声能产生空化效应，具粉碎、搅拌、乳化等特殊作用，使植物组织在溶剂中瞬时产生的空化泡迅速崩溃，组织细胞破裂，有利于溶剂渗透到植物细胞内部，使醌类成分进入溶剂中，加速互相渗透溶解；同时，超声提取法可以避免煎煮或回流提取法时的受热破坏而使部分活性物质分解的弊端，所以近年来超声提取法越来越广泛地应用于醌类物质的提取。

4. 超临界流体萃取法

超临界流体萃取法在醌类成分的提取中也有应用，此法提出率高，避免了醌类成分的破坏，属于对环境无害的绿色提取技术；但是对设备要求较高，萃取效率也有待进一步提高。目前，超声强化超临界萃取技术集超临界流体萃取与超声萃取法的优点于一身，避免了各自的缺点，在醌类化合物乃至中药有效成分的提取分离方面展现了良好的应用前景。

5. 水蒸气蒸馏法

该法适用于提取具有挥发性、相对分子质量小的苯醌及萘醌类化合物。

二、醌类化合物的分离

醌类化合物主要根据其酸性、极性及相对分子质量大小等差异进行分离纯化。

1. 蒽醌苷类化合物与游离蒽醌的分离

利用两者极性及溶解度的差别，苷极性较大在亲脂性有机溶剂中不溶，而游离蒽醌极性较小易溶于亲脂性有机溶剂，所以可根据此差异用溶剂法进行分离（图 4-2）。

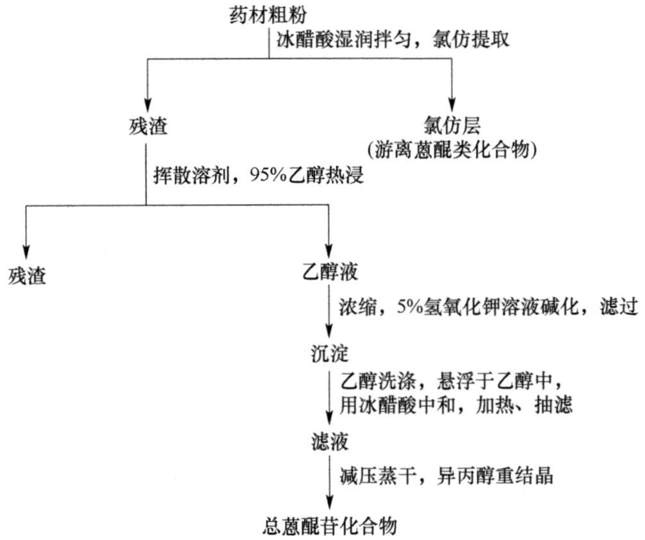

图 4-2　蒽醌苷类与游离蒽醌化合物分离示意图

2. 游离蒽醌的分离

多采用 pH 梯度萃取法和色谱法分离游离蒽醌类化合物。

游离蒽醌类成分 pH 梯度萃取法分离的模式是将蒽醌类化合物的醇提取液浓缩后，用上述溶剂法分离得到蒽醌苷类化合物和游离蒽醌两部分。再取游离蒽醌部分溶于适量的氯仿或乙醚等有机溶剂中，用 pH 由低到高的碱性水溶液依次萃取，分取出各碱水溶液层，再各自酸化即可依次得到酸性由高到低的羟基蒽醌类化合物（图 4-3）。

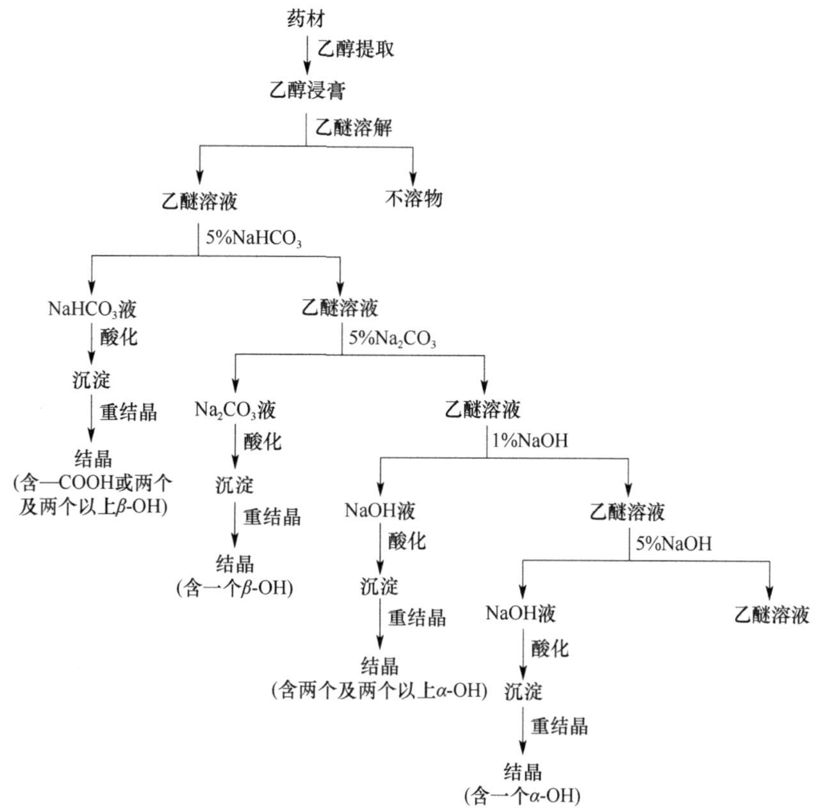

图 4-3　pH 梯度萃取法分离游离蒽醌类化合物

对于结构相近的蒽醌衍生物，难以用系统溶剂法或 pH 梯度萃取法等分离时，一般采用色谱法。色谱法分离游离蒽醌类化合物常用的吸附剂包括硅胶、聚酰胺等。因为蒽醌类化合物多有酚羟基显示酸性，可与显示弱碱性的氧化铝发生化学性吸附，难以洗脱，所以一般不用氧化铝，尤其是不用碱性氧化铝。色谱法分离时常需要使用不同吸附剂或洗脱溶剂进行反复多次色谱分离才能取得较好的效果。

3. 蒽醌苷类化合物的分离

蒽醌苷类化合物因连有糖基，因此极性比蒽醌苷元大，水溶性相应增大，这给分离和纯化造成较大困难，一般多用色谱法进行分离。但在色谱分离之前，往往采用溶剂法预处理粗提物，尽可能除去其他杂质，得到较纯的总苷类化合物后再进行分离。一般利用极性较大的亲脂性溶剂正丁醇或乙酸乙酯等，将蒽醌苷从水溶液中萃取出来，适当浓缩后得总蒽醌苷，再用色谱法进一步分离。分离蒽醌苷类化合物常用的柱色谱载体有硅胶、反相硅胶、纤维素、葡聚糖凝胶及聚酰胺等。

第四节　醌类化合物的检识

一、理化检识

苯醌、萘醌的理化检识一般采用 Feigl 反应、无色亚甲蓝显色反应及 Kesting-Craven 反应；羟基蒽醌类化合物可利用 Bornträger 反应、蒽酮类化合物用对亚硝基二甲苯胺显色反应进行检识。

二、色谱检识

（一）薄层色谱

吸附剂常用硅胶、聚酰胺，一般不用氧化铝，特别是碱性氧化铝。展开剂多采用混合溶剂如苯-乙酸乙酯（3 ∶ 1）、苯-甲醇（9 ∶ 1）、庚烷-苯-氯仿（1 ∶ 1 ∶ 1）、石油醚-甲酸乙酯-甲酸（15 ∶ 5 ∶ 1，上层）等，对蒽醌苷则采用极性较大的溶剂系统如氯仿-甲醇（3 ∶ 1）等。

蒽醌及其苷多本身具有颜色和荧光，一般展开后可直接观察。如果色浅不易判断，常用氨熏或喷显色剂显色（如 10% 氢氧化钾甲醇溶液、3% 氢氧化钠或碳酸钠溶液、0.5% 乙酸镁甲醇溶液）。

（二）纸色谱

羟基蒽醌类化合物的纸色谱，一般常用的溶剂系统如甲醇饱和的石油醚、浓氨水饱和的正丁醇、水饱和的苯等，显色剂与薄层色谱相同。蒽醌苷类具有较强亲水性，应采用含水量较大的溶剂系统作展开剂。常用展开剂为氯仿-甲醇-水（2 ∶ 1 ∶ 1 下层）、苯-丙酮-水（4 ∶ 1 ∶ 2）、苯-吡啶-水（5 ∶ 1 ∶ 10）等。

（三）高效液相色谱

高效液相色谱适用于结构相近的已知化合物的检识。例如，《中国药典》应用此法测定大黄中大黄素、大黄酸、芦荟大黄素、大黄素甲醚和大黄酚的含量，即是以十八烷基硅烷键合硅胶为填充剂，甲醇-0.1% 磷酸溶液（85 ∶ 15）为流动相，检测波长为 254nm，各组分能得到良好的分离与测定。

第五节　醌类化合物的结构测定

一、紫外光谱

（一）苯醌类化合物的紫外光谱特征

醌类化合物由于存在较长的共轭体系，在紫外区域均可出现较强的紫外吸收。苯醌类化合物的主要吸收峰有三个：①～ 240nm，强峰；②～ 285nm，中强峰；③～ 400nm，弱峰。当分子中具有羟基、甲氧基等助色团时，可使相应吸收峰发生红移。例如，heliotropinone A 有两个甲氧基取代加之有长的共轭体系存在，其在甲醇中的紫外吸收 λ_{max}（lg ε）为 222 nm（5.64）、279nm（5.54）和 406nm（3.94）。

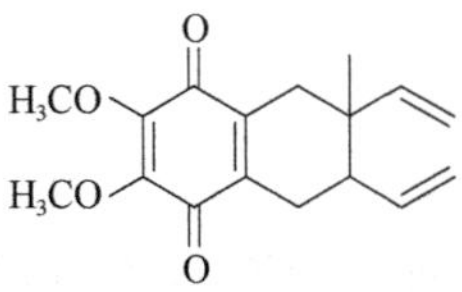

heliotropinone A

（二）萘醌类化合物的紫外光谱特征

萘醌由苯环和醌环生色体系组成，主要有四个吸收峰，其与结构的大致关系如下所示。

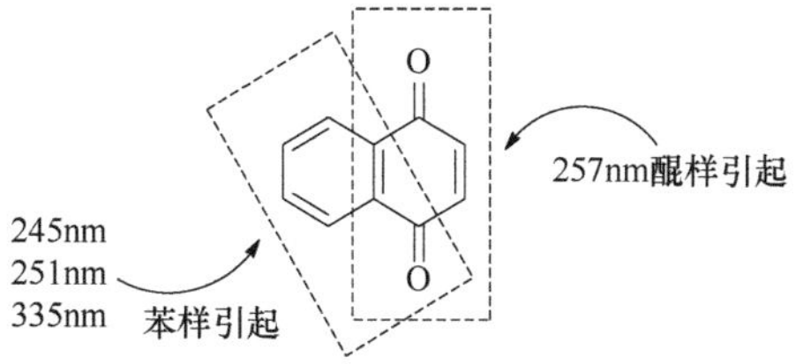

其中，最大吸收波长（λ_{max}）245nm、251nm、257nm 吸收峰属于苯环和醌环电子跃迁带，常以一组峰的形式存在（S，带Ⅰ）。λ_{max} 335nm 属于一中等强度的苯环的电子跃迁带（M，带Ⅱ）。

当分子中具有羟基、甲氧基等助色团时，也可使相应吸收峰发生红移。例如，1，4- 萘醌，当醌环上引入具有供电子诱导或共轭效应的取代基时，只影响 257nm 峰红移，而不影响苯环引起的三个吸收峰的吸收。但当苯环上引入上述取代基时，如 *α*- 羟基，将使 335nm 的吸收峰红移至 427nm。以 5 位具有酚羟基的胡桃醌为例，其紫外吸收光谱具有三组吸收带，带Ⅰ 240 ～ 320nm，高强度，属于苯环和醌环电子跃迁带；带Ⅱ 425nm，向长波方向红移 100nm，为 5- 羟基萘醌的特征峰。

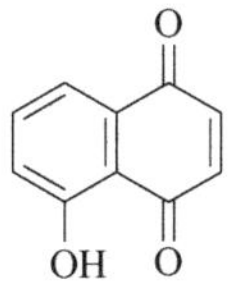

胡桃醌

（三）蒽醌类化合物的紫外光谱特征

蒽醌类化合物具有更长的不饱和共轭结构，因而具有更多的吸收峰，主要由苯样结构及醌样结构引起四个吸收峰，如下所示：

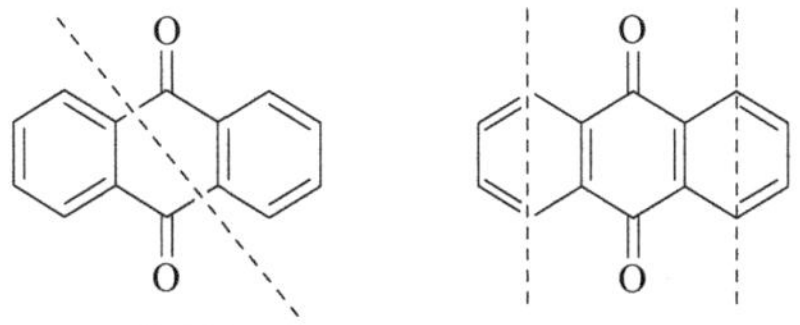

羟基蒽醌衍生物的紫外光谱与蒽醌母核类似，且多数在 230nm 附近还有一强峰，故羟基蒽醌类化合物主要有五个吸收峰。吸收峰的具体峰位置和吸收强度受蒽醌母核上取代基的性质、数目及取代位置影响。

第Ⅰ峰：230nm 左右，与酚羟基有关，可用于推断蒽醌母核上的酚羟基数目。一般而言，酚羟基越多，吸收峰红移越多，具体关系如表 4-1 所示。

第Ⅱ峰：240 ～ 260nm，由苯样结构引起。

第Ⅲ峰：262 ～ 295nm，由醌样结构引起，受 *β*- 酚羟基的影响显著，*β*- 酚羟基的存在最显著的影响是吸收强度增加。若第Ⅲ峰的 $\lg\varepsilon > 4.1$，则表示蒽醌母核上有 *β*- 酚羟基；若 $\lg\varepsilon < 4.1$，则表示蒽醌母核上无 *β*- 酚羟基。

第Ⅳ峰：305～389nm，由苯样结构引起，受苯环上供电基的影响。一般规律是 α 位有 —CH_3、—OH、—OCH_3 时，峰位发生红移，强度降低；而当 β 位引入上述取代基时，峰Ⅳ吸收强度增大。

第Ⅴ峰：＞400nm，由醌样结构中的羰基引起，主要受 α- 羟基的影响，α- 羟基数目越多，峰带Ⅴ红移值也越大，如表 4-2 所示。

表 4-1 羟基蒽醌类化合物的紫外吸收光谱（第Ⅰ峰）

OH 数	OH 位置	λ_{max}（nm）
1	1-；2-	222.5
2	1，2-；1，4-；1，5-	225
3	1，2，8-；1，4，8-	230 ± 2.5
	1，2，6-；1，2，7-	
4	1，4，5，8-；1，2，5，8-	236

表 4-2 羟基蒽醌类化合物的紫外吸收光谱（第Ⅴ峰）

α-OH 数	—OH 位置	λ_{max}（nm）（lgε）
无		356～362.5（3.30～3.88）
1		400～420
2	1，5- 二羟基	418～440（两个峰）
	1，8- 二羟基	430～450
	1，4- 二羟基	470～500（靠 500nm 处有一肩峰）
3		485～530（两至多个吸收）
4		540～560（多个重峰）

二、红外光谱

醌类化合物红外光谱的主要特征是羰基、双键及苯环的吸收峰。羟基蒽醌类化合物的红外光谱中，主要有 υ_{OH}（3600～3130cm^{-1}）、$\upsilon_{C=O}$（1675～1653cm^{-1}）及 $\upsilon_{芳环}$（1600～1480cm^{-1}）的吸收峰。

羟基蒽醌的羟基吸收峰，α- 酚羟基因与相邻的羰基缔合，吸收频率移至 3150cm^{-1} 以下；β- 酚羟基不与羰基发生缔合，具有游离羟基的特征峰（3600～3150cm^{-1}），具体频率与 β- 酚羟基数目有关，仅一个 β- 酚羟基的吸收峰出现在 3300～3900cm^{-1}，两个及以上的吸收峰在 3600～3150cm^{-1}。

$\upsilon_{C=O}$ 吸收峰位主要受分子中 α- 酚羟基的数目及位置的影响，对分析推测结构中 α- 酚羟基的取代情况有重要的参考价值。当 9，10- 蒽醌母核上无取代基时，因两个 C═O 的化学环境相同，只出现一个 C═O 吸收峰，在石蜡糊中测定的峰位为 1675cm^{-1}；当芳环引入一个 α- 酚羟基时，因一个 C═O 与该 α- 酚羟基发生缔合，引起该 C═O 的吸收显著降低，峰位在 1637～1621cm^{-1}，另一个未缔合的 C═O 变化较小；当两个 α- 酚羟基和同一个羰基发生缔合时，使得此羰基向更低波段移动，峰位在 1626 ～ 1616cm^{-1}，另一未缔合羰基受影响较小；当两个羰基分别与一个 *α*- 酚羟基缔合时，它们的化学环境相同，只出现一个 C═O 吸收峰，峰位为 1645 ～ 1608cm^{-1}。*α*- 酚羟基的数目及位置对 $\upsilon_{C=O}$ 峰位的影响具体如表 4-3 所示。

表 4-3　*α*- 羟基的数目及位置对 $\upsilon_{C=O}$ 吸收的影响

α-OH 数	蒽醌类型	游离 $\upsilon_{C=O}$（cm^{-1}）	缔合 $\upsilon_{C=O}$（cm^{-1}）	$\Delta\upsilon_{C=O}$（cm^{-1}）
0	无 *α*- 羟基	1678 ～ 1653	—	—
1	1- 羟基	1675 ～ 1647	1637 ～ 1621	24 ～ 38
2	1，4- 或 1，5- 二羟基	—	1645 ～ 1608	—
2	1，8- 二羟基	1678 ～ 1661	1626 ～ 1616	40 ～ 57
3	1，4，5- 三羟基	—	1616 ～ 1592	—
4	1，4，5，8- 四羟基	—	1592 ～ 1572	—

三、磁共振谱

（一）^{1}H-NMR

1. 醌环上的质子

在醌类化合物中，只有苯醌及萘醌在醌环上可能有质子，它们在无取代时化学位移分别为 *δ* 6.72（s）（对苯醌）及 6.95（s）（1，4- 萘醌）。

醌环质子因取代基而引起的位移基本与顺式乙烯中的情况相类似。对于对苯醌及 1，4- 萘醌，当醌环上引入一个供电取代基时，将使醌环上其他质子向高场移动。在 1，4- 萘醌中，不同取代基引起位移变化的顺序是—OCH_3 ＞—OH ＞—$OCOCH_3$ ＞—CH_3。

2. 芳环质子

在四类醌类化合物中，具有芳氢的只有萘醌（最多 4 个芳氢）及蒽醌（最多 8 个芳氢），可分为 *α*-H 及 *β*-H 两组。其中 *α*-H 由于处于 C═O 的负屏蔽区，受影响较明显，共振出现在低场，化学位移值较大，峰中心出现在 *δ* 8.06 左右；*β*-H 则受 C═O 的影响较小，共振信号出现在较高场，化学位移值较小，峰中心出现在 *δ* 7.70 左右，具体数值如表 4-4。取代蒽醌的芳香环孤立氢的信号表现为单峰，相邻两氢应出现相互邻偶的双重峰（$J_{邻}$=6.0 ～ 9.4Hz），当中间碳上有—OR、—OH、—COOH 取代时，间位芳烃有两个二重峰 $J_{间}$=0.8 ～ 3.1Hz。

表 4-4　萘醌和蒽醌芳环质子的 ^{1}H-NMR 化学位移（ppm）

	δ α-H	*δ β*-H
1，4- 萘醌	8.06	7.73
蒽醌	8.07	7.67

3. 取代基质子

（1）酚羟基：*α*- 酚羟基受 C═O 影响较大，出现在较低场，*δ* 值为 11 ～ 12，*β*- 酚羟基的化学位移在较高场，*δ* 值多小于 11。

（2）甲氧基（—OCH_3）：一般 *δ* 为 3.7 ～ 4.5，呈现单峰。甲氧基可向芳环供电，致使邻位及对位芳氢向高场移动约 0.45。

（3）甲基（—CH_3）：芳环或醌环上的甲基一般出现在 δ 2.0 ～ 2.9，为单峰或宽单峰，具体的峰位置和峰形受甲基在蒽醌母核上的取代位置（α 或 β）及其他取代基影响。α- 甲基可出现在更低场（δ 2.7 ～ 2.9），均为单峰。若甲基邻位有质子，则由于远程耦合而表现为宽单峰。

（4）羟甲基（—CH_2OH）：与芳环相连的—CH_2OH，其—CH_2—质子为 δ 4.5 ～ 4.8，单峰，但有时因与羟基质子耦合而呈现双峰。羟基上的质子一般在 δ 4.0 ～ 6.0。

（5）乙氧甲基（—CH_2—O—CH_2—CH_3）：与芳环相连的—CH_2—一般在 δ 4.4 ～ 5.0，单峰。乙基中的—CH_2—则在 δ 3.6 ～ 3.8，四重峰。甲基在 δ 1.3 ～ 1.4，三重峰。

（6）羧基（—COOH）：—COOH 质子的 δ 值和酚羟基类似，也为 11 ～ 12。

（二）^{13}C-NMR

^{13}C-NMR 现已广泛用于醌类化合物的结构研究。

1. 1，4- 萘醌类化合物

1，4- 萘醌母核的 ^{13}C-NMR 化学位移值（δ）如下所示：

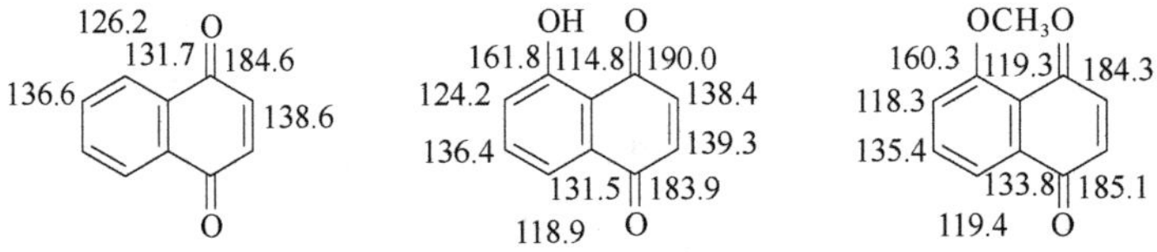

醌环和苯环碳引入取代基时，母核的化学位移值会随之改变，变化规律与简单烯烃的情况相类似。一般情况下，大多数取代基使与之直接相连的碳向低场位移。供电子取代基使邻位碳向高场位移，吸电子取代基使邻位碳向低场移动。例如，C-3 有—OH 或—OR 基取代时，向低场位移约 20ppm，并使相邻的 C-2 向高场位移约 30ppm。如果 C-2 有烃基取代时，可向低场位移约 10ppm，C-3 向高场位移约 8ppm；且随着烃基的增大，C-2 向低场位移的幅度也随之增加，但 C-3 则不受影响。但当取代基增多时，对 ^{13}C-NMR 信号的归属则比较困难，一般须借助 DEPT 技术及 2D-NMR 技术，特别是 HMBC 谱才能得出可靠结论。

2. 蒽醌类化合物

蒽醌母核的碳原子可分为四类：α- 碳、β- 碳、羰基碳、季碳。无取代的蒽醌这四类碳的化学位移如下：α- 碳 δ 126.6、β- 碳 δ 134.3、羰基碳 δ 182.5、季碳 δ 132.9。

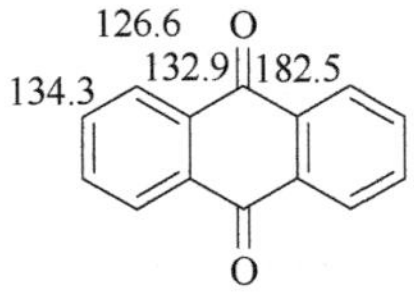

当蒽醌母核上仅有一个苯环有取代基，另一苯环无取代基时，无取代基的苯环上各碳原子的信号化学位移变化很小，即取代基的跨环影响不大。

当蒽醌母核的每一个苯环上只有一个取代基时，母核各碳信号的化学位移规律性较强，如表 4-5 所示。

表 4-5 蒽醌 ^{13}C-NMR 的取代基位移值（Δδ，ppm）

C	C_1—OH	C_2—OH	C_1—OCH_3	C_2—OCH_3	C_1—CH_3	C_2—CH_3	C_1—$OCOCH_3$	C_2—$OCOCH_3$
C-1	+34.73	−14.37	+33.15	−17.13	+14.0	−0.1	+23.59	−6.53
C-2	−0.63	+28.76	−16.12	+30.34	+4.1	+10.1	−4.84	+20.55
C-3	+2.53	−12.84	+0.84	−12.94	−1.0	−1.5	+0.26	−6.92
C-4	−7.80	+3.18	−7.44	+2.47	−0.6	−0.1	−1.11	+1.82
C-5	−0.01	−0.07	−0.71	−0.13	+0.5	−0.3	+0.26	+0.46
C-6	+0.46	+0.02	−0.91	−0.59	−0.3	−1.2	+0.68	−0.32
C-7	−0.06	−0.49	+0.10	−1.10	+0.2	−0.3	−0.25	−0.48
C-8	−0.26	−0.07	0.00	−0.13	0.0	−0.1	+0.42	+0.61
C-9	+5.36	+0.00	−0.68	+0.04	+2.0	−0.7	−0.86	−0.77
C-10	−1.04	−1.50	+0.26	−1.30	0.0	−0.3	−0.37	−1.13
C-10a	−0.03	+0.02	−1.07	+0.30	0.0	−0.1	−0.27	−0.25
C-8a	+0.99	+0.16	+2.21	+0.19	0.0	−0.1	+2.03	+0.50
C-9a	−17.09	+2.17	−11.96	+2.14	+2.0	−0.2	−7.89	+5.37
C-4a	−0.33	−7.84	+1.36	−6.24	−2.0	−2.3	+1.63	−1.58

四、质谱

在所有游离醌类化合物的质谱中，其共同特征是分子离子峰多为基峰，且通常可见丢失 1 ～ 2 个分子 CO 的碎片离子峰。

苯醌及萘醌易从醌环上脱去 1 个 CH≡CH 碎片，如果醌环上有羟基，则断裂的同时将伴随有特征的 H 重排。

（一）对－苯醌类化合物

质谱特征如下所示。

（1）通常分子离子峰为基峰。

（2）无取代的苯醌经过 A、B、C 三种开裂方式，分别得到 *m/z* 82、80 及 54 三种碎片离子。

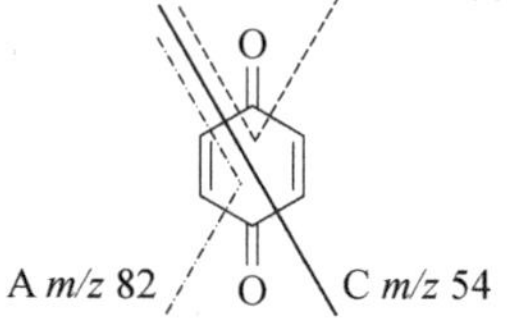

（3）无取代的苯醌也可以连续脱去两个分子的 CO，得到重要的 *m/z* 52 碎片离子峰（环丁烯离子）。

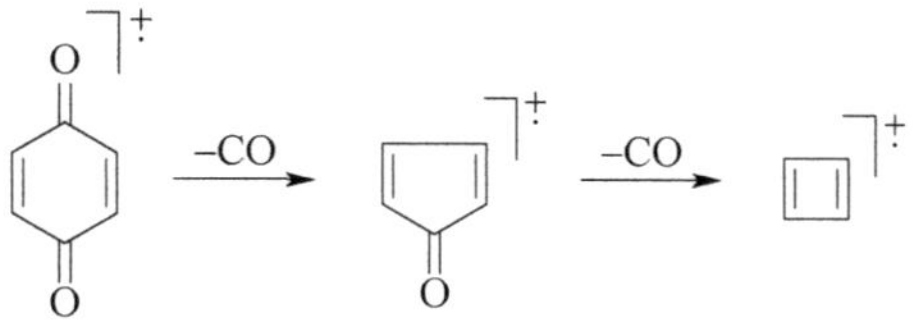

（二）1，4- 萘醌类化合物

质谱特征：①分子离子峰为基峰；②当苯环上无取代时，将出现 *m/z* 104 的特征碎片离子及其分解产物 *m/z* 76、50 的离子；③当苯环上有取代时，上述各峰将相应移至较高 *m/z* 处。例如，2，3- 二甲基萘醌的开裂方式如下所示。

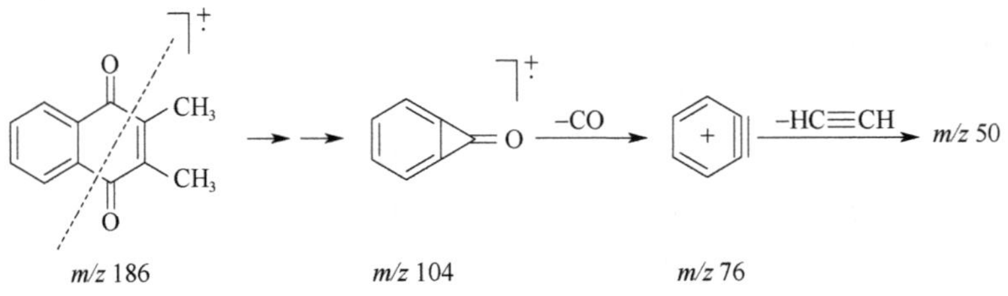

（三）9，10- 蒽醌类化合物

游离蒽醌：①分子离子峰通常也为基峰；②依次脱去两个分子 CO 后，得到 *m/z* 180（M−CO）和 152（M−2CO）的强吸收峰及它们的双电荷峰 *m/z* 90、76。

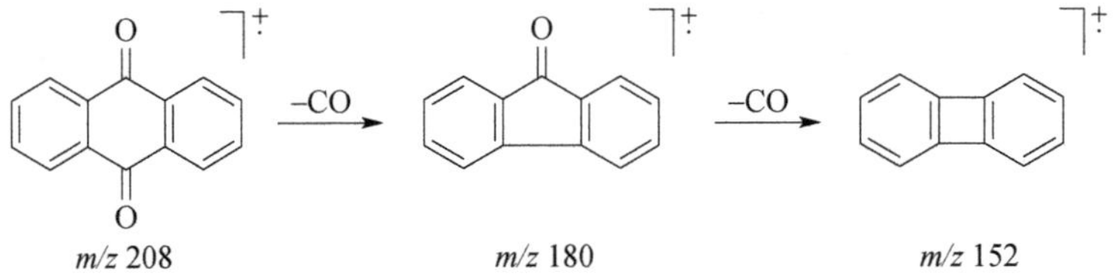

蒽醌苷：常规电子轰击质谱，出现的基峰常为苷元离子，不易得到分子离子峰。而采用场解吸质谱（FD-MS）或快原子轰击质谱（FAB-MS）可获得苷的准分子离子峰。

五、结构研究实例

竹黄菌中蒽醌类色素的结构分析：竹黄菌是一种药用真菌，主要寄生于箭竹属和短穗竹属植物。将竹黄菌深层培养后得到的发酵液，经过有机溶剂萃取、硅胶和反相 C_{18} 柱色谱等方法进行分离纯化，得到色素纯品为红棕色粉末状固体，分子式为 $C_{16}H_{15}O_5$，Bornträger 反应呈红色，乙酸镁反应呈橙红色，显示为蒽醌类物质。UV 在 225nm、250nm、287nm、433nm 下有吸收。IRν^{KBr}cm^{-1}：3441、2962、2920、2855、1626。^{1}H-NMR（CD_3OD）δ：2.38（s，3H）、3.82（s，3H）、6.42（d，J=2.35Hz，1H）、7.05（d，J=2.35Hz，1H）、6.98（d，J=1.46Hz，1H）、7.45（d，J=1.17Hz，1H）。^{13}C-NMR（CD_3OD）δ：166.9、108.0、179.9、109.1、163.9、120.4、147.2、125.4、187.3、186.6、138.6、117.2、115.7、56.5、22.2。

依据以上信息，推断该蒽醌苷的结构过程如下所示。① IRν^{KBr} cm^{-1}：3441 显示有羟基，2962、2855 则显示有甲氧基的存在，为 υ_{as}（C—H）和 υ_s（C—H）所引起，2855 为 Ar—OCH_3 的特征峰，2920 则显示有甲基存在，1626 为 $\upsilon_{C=O}$ 的吸收峰，该吸收峰的波数比游离羰基的波数低很多，因此推测 2 个羰基均与 α- 羟基发生缔合，故羟基的取代位置应为 1，4 或 1，5。② ^{1}H-NMR（CD_3OD）δ：2.38 为 1 个甲基化学位移信号（s，3H，—CH_3），3.82

为 1 个甲氧基的化学位移信号（s，3H，$—OCH_3$），6.42（d，J=2.35Hz，1H），7.05（d，J=2.35Hz，1H），6.98（d，J=1.46Hz，1H），7.45（d，J=1.17Hz，1H）的质子峰也存在裂分，由于 2 个芳氢之间甲基取代基的影响，表现为宽峰，为丙烯型耦合，4 个芳氢中，两对芳氢都表现为间位耦合，因此 2 个 α- 羟基的取代位置只能为 1，5 位。③ ^{13}C-NMR（CD_3OD）分析，δ 22.2 和 56.5 应为$—CH_3$ 和$—OCH_3$ 的信号，δ186.6 和 187.3 为醌结构中 2 个羰基的信号，由于 δ 值基本接近，因此 2 个 α- 羟基的取代位置不可能为 1，8 位置，而是 1，4 或 1，5 位置，再结合 ^{1}H-NMR 进一步证实 2 个 α- 羟基的取代位置为 1，5 位置。

综合以上数据，确定化合物为 1，5- 二羟基 -3- 甲氧基 -7- 甲基蒽醌。

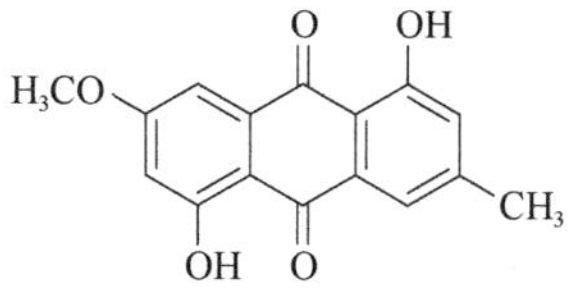

第六节　含醌类化合物的中药实例

一、番泻叶

番泻叶是豆科植物狭叶番泻 *Cassia angustifolia* Vahl 或尖叶番泻 *Cassia acutifolia* Delile 的干燥小叶，具有泻热导滞、通便利水的功效，可刺激肠黏膜和神经丛从而加速肠蠕动，目前主要用于治疗消化系统、泌尿系统疾病及术前肠道清洁和术后肠道功能恢复。

已知番泻叶中的化学成分主要包括蒽醌、多糖、挥发油、黄酮等化合物，其中蒽醌类成分——番泻苷类化合物是番泻叶泻下作用的主要活性物质，结构式见本章第一节。

其中，番泻苷 A 为黄色片状结晶（稀丙酮），可溶于碳酸氢钠水溶液，难溶于水、苯、乙醚和氯仿，微溶于甲醇、丙酮和二氧六环。番泻苷 B 为亮黄色柱状结晶（稀丙酮），针状结晶（水），可溶于碳酸氢钠水溶液，难溶于水、苯和氯仿，微溶于甲醇、丙酮。

番泻苷的提取分离主要利用醌类可溶于乙醇等有机溶剂的性质进行提取，再根据提取物的溶解性和酸性不同，选用相应的溶剂进行萃取、碱化以达到分离的目的。首先，将番泻叶粗粉用 50% 乙醇浸渍 12 小时，用 10 倍量 50% 乙醇渗漉提取；渗漉液减压浓缩后，用乙酸乙酯萃取，弃去有机溶剂层；水层里加入适量石灰水搅拌，过滤，沉淀用适量乙醚洗涤，得番泻苷钙盐。

二、大黄

大黄为历代医家本草和历版《中国药典》收载的常用中药，是传统泻下类中药的代表，来源于蓼科植物掌叶大黄 *Rheum palmatum* L.、唐古特大黄 *Rheum tanguticum* Maxim. ex Balf. 或药用大黄 *Rheum officinale* Baill. 的干燥根及根茎。味苦、性寒，归脾、胃、大肠、肝、心包经。具有泻下攻积、清热泻火、凉血解毒、逐瘀通络等功效。其药理作用主要有调节胃肠功能、抗病原微生物、抗肿瘤、保护心脑血管、抗炎、保肝及抗衰老等。

大黄中研究最多的活性成分是蒽醌类成分，含量为 3% ～ 5%。不同来源药材及不同饮片中蒽醌类的含量有所不同，但均包括游离型与结合型。游离型蒽醌类化合物主要有大黄酸、大黄素、大黄酚、大黄素甲醚、芦荟大黄素、异大黄素、*ω*- 羟基大黄素、牛膝酸 D 等。结合型蒽醌类化合物包括蒽醌苷和双蒽酮苷，蒽醌苷类中主要有大黄素甲醚葡萄糖苷、芦荟大黄素葡萄糖苷、大黄素葡萄糖苷、大黄酚葡萄糖苷、大黄酸葡萄糖苷、大黄酸苷 A ～ D 等；双蒽酮苷主要有大黄二蒽酮 A、B、C，掌叶二蒽酮 A、B、C 及番泻苷 A ～ F 等。其结构式见本章第一节。此外，大黄中还含有鞣质、苯丁酮、色原酮类及脂肪酸等。

大黄酸为咖啡色结晶，升华后得黄色针状结晶，可溶于碱液、吡啶，几乎不溶于水，略溶于乙醇、氯仿、乙醚、苯等。大黄素为橙色针状结晶（乙醇），几乎不溶于水，溶于碳酸钠水溶液、氨水、氢氧化钠水溶液、乙醇、甲醇、丙酮。大黄酚为长方形或单斜形结晶（乙醚或苯），能升华，几乎不溶于水，难溶于石油醚，略溶于冷乙醇，溶于苯、氯仿、乙醚、冰醋酸及丙酮中，易溶于沸乙醇、氢氧化钠水溶液。大黄素甲醚为金黄色针晶，几乎不溶于水、碳酸钠水溶液，微溶于乙酸乙酯、甲醇、乙醚，溶于苯、吡啶、氯仿、氢氧化钠水溶液。芦荟大黄素为橙色针状结晶（甲苯），略溶于乙醇、苯、氯仿、乙醚和石油醚，溶于碱水溶液和吡啶，易溶于热乙醇、丙酮、甲醇、稀氢氧化钠水溶液。2015 版《中国药典》规定，大黄中含芦荟大黄素、大黄酸、大黄素、大黄酚和大黄素甲醚的总量不得少于 1.5%。

近年来，由于大黄的市场需求量日益剧增，而药材资源有限，商品大黄中常发生同属其他种植物的根冒充大黄药用的现象，最常见的是以蓼科大黄属植物华北大黄、河套大黄等植物的根冒充。两者从未作为药品收入国家或地方药品标准，它们的泻下作用微弱，作为大黄药用，非但难以达到治疗目的，反会引起不良反应，因此被视为大黄的伪品，统称“大黄伪品”，必须与正品大黄严格区分，防止假冒。土大黄苷属二苯乙烯苷类成分，为大黄伪品的特征性成分，《中国药典》自 1990 版起就将其收录在大黄检查项下，规定大黄中不得检出土大黄苷。

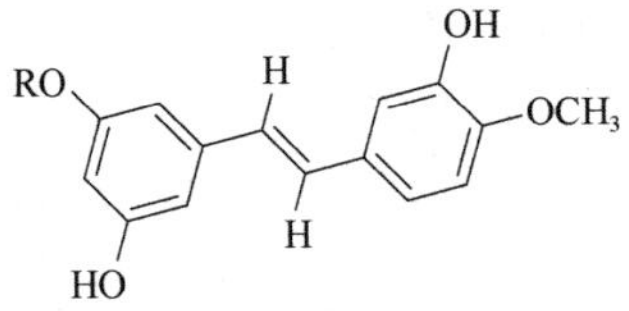

土大黄苷元 R=H
土大黄苷 R=glc

对大黄药材中羟基蒽醌类成分进行提取分离时，由于这些成分主要以苷的形式存在，故首先要采用两相水解法将蒽醌苷类成分水解，生成的蒽醌苷元转移到有机相中，然后利用蒽醌苷元酸性大小的不同，用 pH 梯度萃取法进行分离（图 4-4）。

上述流程中用硅胶柱色谱分离大黄酚和大黄素甲醚时，也可以使用石油醚 - 乙酸乙酯作为洗脱剂进行分离，或将大黄酚和大黄素甲醚的混合物上纤维素柱，用水饱和的石油醚作洗脱剂，也可以得到较好的分离效果。再者，上述 pH 梯度萃取法虽然简便，但常会因萃取次数过多而造成彼此混杂。例如，用 5% 碳酸钠溶液萃取大黄素时，若萃取次数过多，则芦荟大黄素会混入，但如果萃取次数过少，则可能提取不完全。此外，大黄中一部分蒽醌衍生物以酯的形式存在于树脂状物质中，酸水解无法将其水解，因此对于酸水解后的残渣，加碱液至碱性，加热水解，得到红色溶液，用盐酸酸化后可得土黄色沉淀，水洗、干燥后用氯仿回流提取数次，氯仿液经 pH 梯度萃取法也可系统地分离出各种蒽醌衍生物。

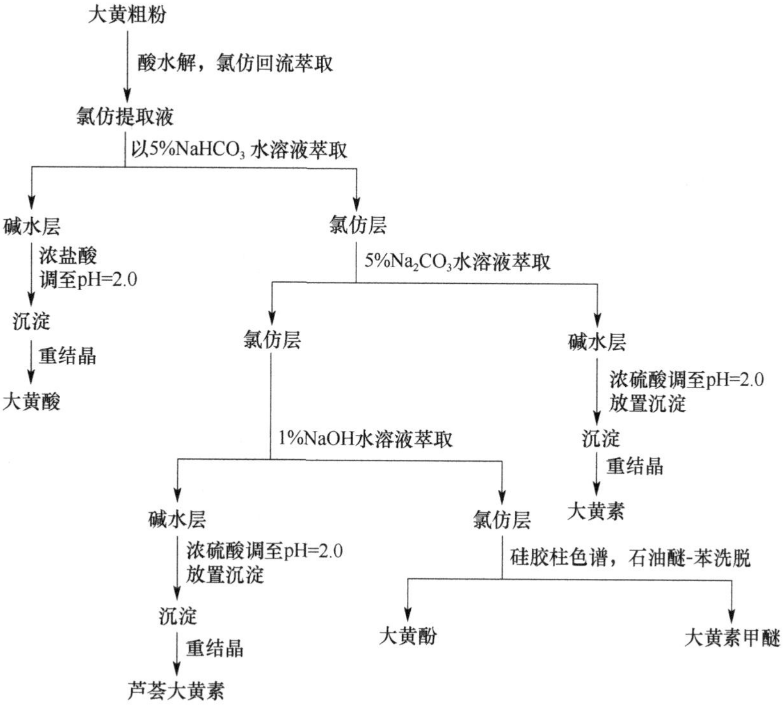

图 4-4　pH 梯度萃取法分离大黄药材中成分

三、丹参

丹参为唇形科多年生植物丹参 *Salvia miltiorrhiza* Bge. 的干燥根及根茎，又名赤参、紫丹参、红根等。性微寒、味苦，归心、心包、肝经，是最常用的活血化瘀中药之一，首载于《神农本草经》，具有祛瘀止痛、养血安神的功效。中医有“一味丹参饮，功同四物汤”之说，其功效可见一斑。现代药理研究表明，丹参具有保护血管内皮细胞，抗心律失常，抗动脉粥样硬化，改善微循环，保护心肌，扩张冠状动脉，增加冠状动脉流量，提高机体耐缺氧能力，抑制和解除血小板聚集，抑制胶原纤维的产生，促进纤维蛋白的降解，抗炎，抗脂质过氧化和清除自由基，以及保护肝细胞，抗肺纤维化等诸多作用。主要用于治疗冠心病、高血压、脑卒中、动脉粥样硬化等心脑血管疾病，还用于肝纤维化、癌症、消化道溃疡、艾滋病等的治疗。

丹参中主要化学成分包含脂溶性醌类成分和水溶性酚酸类成分，脂溶性醌类包括邻菲醌型和对菲醌型。邻菲醌型化合物在丹参中的量较高，有较强的生理活性，是丹参主要有效部位之一。该类化合物主要有：丹参酮Ⅰ、丹参酮$Ⅱ_A$、丹参酮$Ⅱ_B$、隐丹参酮、丹参甲酯、丹参新酮、二氢丹参酮Ⅰ、次甲丹参酮、准丹参酮、红根草邻醌、丹参二醇、紫丹参甲素～己素等，其中最主要的为丹参酮$Ⅱ_A$（结构式见本章第一节），其量为药材的 0.1% ～ 0.9%。对菲醌型化合物在丹参中的量很低，主要有异丹参酮Ⅰ、异丹参酮$Ⅱ_A$、异丹参酮$Ⅱ_B$、异隐丹参酮、异二氢丹参酮Ⅰ、7*α*- 乙氧基罗列酮、丹参新醌甲～丁等。水溶性酚酸类成分主要为丹参素、丹酚酸 B、原儿茶醛、原儿茶酸、丹酚酸 A ～ J、迷迭香酸、紫草酸、咖啡酸、四甲基丹酚酸 F、异丹酚酸 C 等。2015 版《中国药典》规定，丹参中含丹参酮 $Ⅱ_A$、隐丹参酮、丹参酮 Ⅰ 的总量不得少于 0.25%，含丹酚酸 B 不得少于 3.0%。

丹参酮 $Ⅱ_A$ 为红色小片状结晶，隐丹参酮为橙色针状结晶，丹参酮 Ⅰ 为棕红色结晶，丹参酮 $Ⅱ_B$ 为紫色针状结晶，丹参新醌甲为橙黄色粉末，丹参新醌乙为橙红色针状结晶，丹参新醌丙为红色针状结晶。丹参醌类化合物不溶于水，溶于亲脂性有机溶剂如氯仿、丙酮。此类化合物多数呈中性，但丹参新醌甲、乙、丙因其醌环上含有羟基，显示较强的酸性，可溶于碳酸氢钠水溶液。

丹参中丹参酮 $Ⅱ_A$ 的提取分离可用乙醚冷浸丹参药材粗粉，乙醚液用 5% 碳酸钠水溶液萃取后，上硅胶柱色谱，石油醚 - 乙酸乙酯 [（99 ∶ 1）～（90 ∶ 10）] 进行梯度洗脱，薄层色谱（$V_{石油醚}$ ∶ $V_{乙酸乙酯}$ ∶ $V_{冰醋酸}$=8 ∶ 3 ∶ 1）检识，合并 R_f 值相同的洗脱部分，即得丹参酮 $Ⅱ_A$。

本章参考资料请扫码

第五章　苯丙素类化合物

第一节　概　　述

苯丙素类化合物（phenylpropanoids）是由一个苯环与三个直链碳连接，构成 C_6-C_3 基本结构单元的一类化合物，苯环上常有羟基、烷氧基等基团取代。此类成分按照结构中所含 C_6-C_3 的单元数和三碳链氧化程度，可分为简单苯丙素、香豆素和木脂素等类型。

从生源看，苯丙素类化合物大多由莽草酸，经苯丙氨酸或酪氨酸脱氨生成桂皮酸衍生物，再经羟基化、环合等步骤形成各类最终产物。也就是说，苯丙素类化合物由桂皮酸途径（cinnamic acid pathway）衍生而来（图 5-1）。

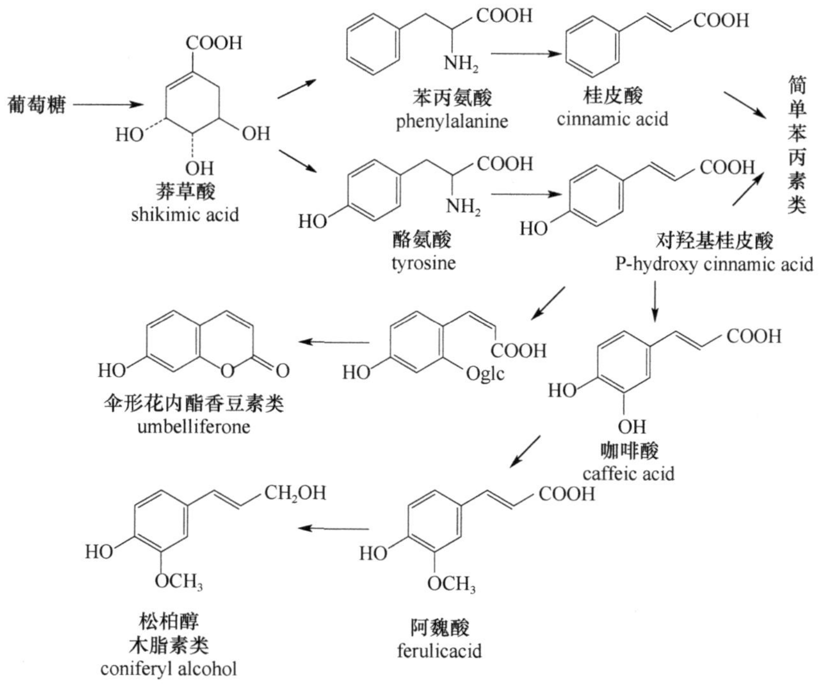

图 5-1　苯丙素类化合物生物合成的基本途径

第二节　简单苯丙素类化合物

根据三碳侧链的氧化程度不同，简单苯丙素类化合物可分为苯丙烯（phenglpropene）、苯丙醇（phenylpropanol）、苯丙醛（phenglpropanal）、苯丙酸（phenylpropanoic ocid）等，其结构特征是仅分子中含有一个 C_6-C_3 单元。

一、简单苯丙素类化合物的分类

（一）苯丙烯类化合物

苯丙烯类化合物三碳侧链未被氧化，是简单苯丙素化合物中结构最简单的化合物。常见的为两种异构体丙烯基苯（propenylbenzene）和烯丙基苯（allylbenzene），往往共存于同一植物中，如从肉豆蔻 *Myristica fragrans* Houtt. 的干燥种仁中制得的丁香酚（eugenol）和异丁香酚（isoeugenol），同时得到的黄樟醚（safrole）和肉豆蔻醚（myristicin）也均属苯丙烯类。

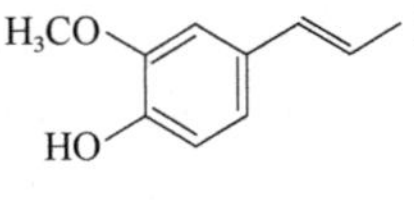

异丁香酚

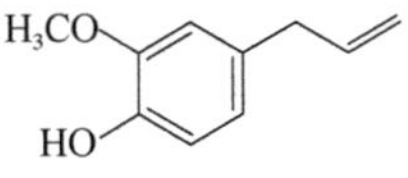

丁香酚

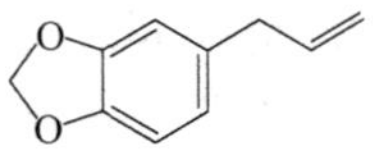
黄樟醚

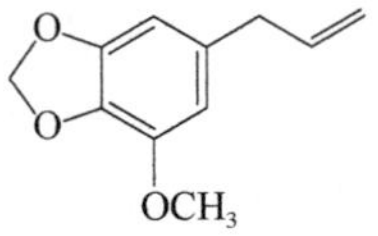

肉豆蔻醚

（二）苯丙醇类化合物

苯丙醇类化合物是苯丙烯氧化或苯丙醛还原而得。从桂皮中分得的桂皮醇（cinnamyl alcohol）是苯丙醇类化合物的典型代表。松柏醇（coniferyl alcohol）和二氢松柏醇（dihydroconiferyl alcohol）也是常见的苯丙醇类化合物，其中松柏醇是重要的前体成分，在植物体中缩合后生成木脂素。

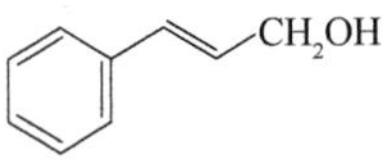

桂皮醇

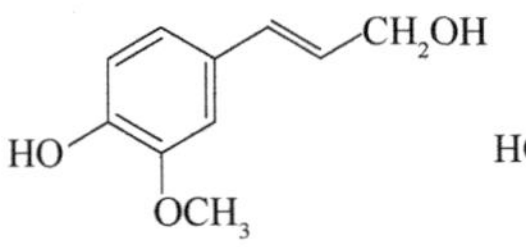

松柏醇

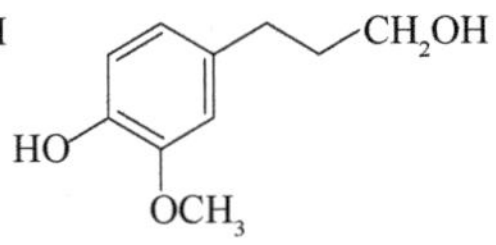

二氢松柏醇

（三）苯丙醛类化合物

苯丙醛类化合物经苯丙醇氧化或苯丙酸还原而得，典型代表化合物有桂皮醛（cinnamic aldehyde）。从马尾松 *Pinus massoniana* Lamb. 中分得的松柏醛（coniferaldehyde）也属于苯丙醛类化合物。

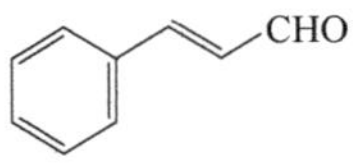

桂皮醛

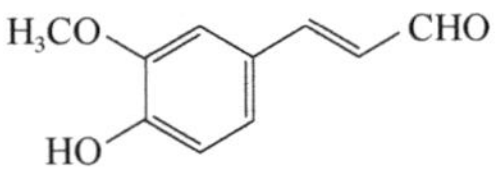

coniferaldehyde

（四）苯丙酸类化合物

苯丙酸类化合物指具 C_6-C_3 结构中 C_3 侧链含羧基的芳香羧酸，是苯丙醛的氧化产物。天然苯丙酸类成分主要是桂皮酸的衍生物。植物中常见的苯丙酸类成分有桂皮酸（cinnamic acid）、咖啡酸（caffeic acid）、阿魏酸（ferulic acid）和芥子酸（sinapic acid）等。除了这些结构简单的苯丙酸类化合物外，中药中还存在一些结构稍复杂的苯丙酸衍生物，如丹参素（danshensu）是丹参 *Salvia miltiorrhiza* Bge. 根中提取出来的发挥活血化瘀作用的水溶性有效成分，芸香 *Ruta graveolens* L. 中的芸香酸（graveolenic acid）也属苯丙酸类化合物。

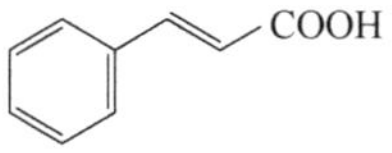

桂皮酸

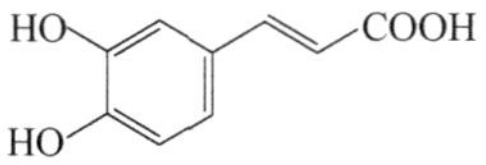

咖啡酸

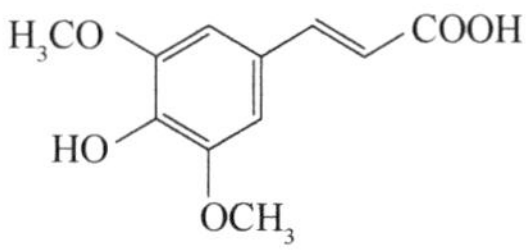

芥子酸

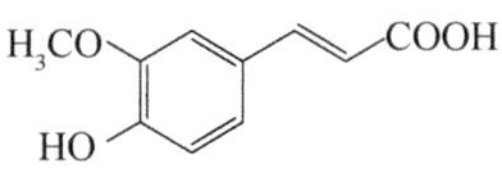

阿魏酸

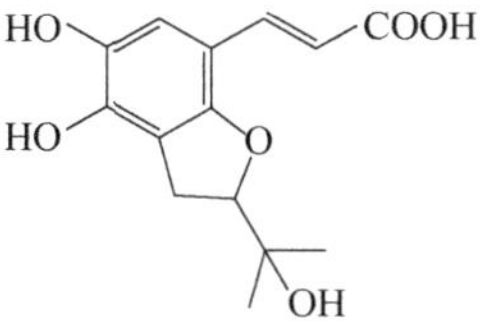

芸香酸

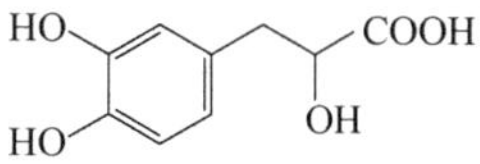

丹参素

苯丙酸类衍生物常与不同的醇、糖、有机酸等结合，以苷或酯的形式存在于植物中。例如，具有抗菌功效的绿原酸（chlorogenic acid）存在于茵陈 *Artemisiae capillarise* herba、苍耳子 *Xanthii fructus*、金银花 *Lonicerae japonicae* flos.、天山雪莲 *Saussureae involucratae* 等中药中，其酯配基是奎宁酸（quinic acid）；从中华抱茎蓼 *Polygonum amplexicaule* D. Don var. *sinense* Forb. 的干燥根茎中分离得到的 6-*O*-*β*-D- 咖啡酰基葡萄糖苷也是以酯的形式与葡萄糖基结合。

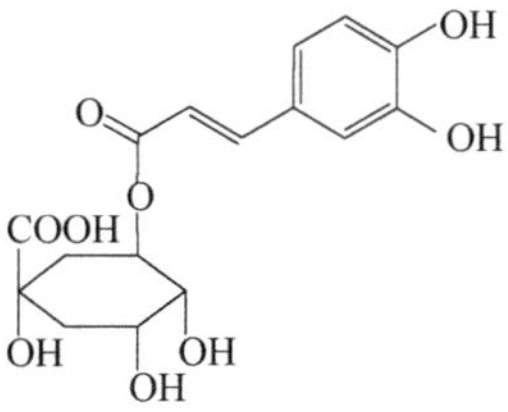

绿原酸

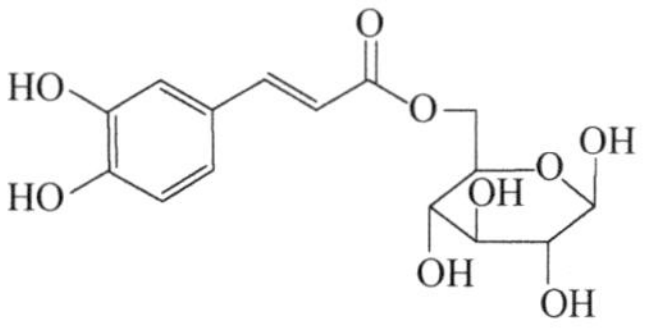

6-*O*-*β*-D-咖啡酰基葡萄糖苷

此外，苯丙酸衍生物还可经过分子间缩合形成多聚体，形成分子结构中包含多个苯丙酸结构单元的聚合苯丙酸酯，如丹参中含有的丹参酸丙（salvianic acid C），紫苏 *Perilla frutescens*（L.）Britt. 叶中含有的迷迭香酸（rosmarinic acid）。

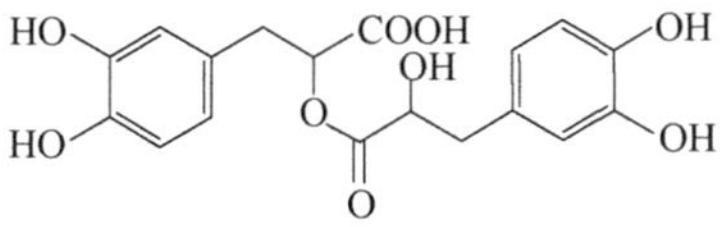

丹参酸丙

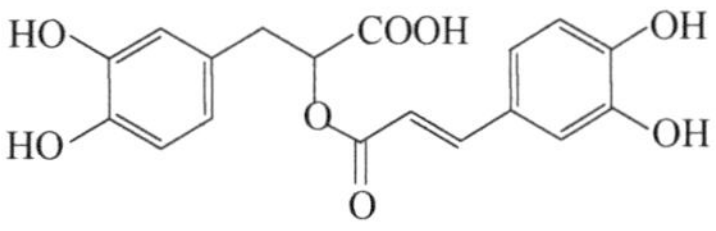

迷迭香酸

二、简单苯丙素类化合物的提取与分离

除苯丙酸类成分外，多数游离的简单苯丙素及其衍生物具有挥发性，常与其他挥发油共存而被蒸馏出。游离的简单苯丙素脂溶性较强，成苷后水溶性增大。可据此进行提取和分离。

（一）提取

利用苯丙烯、苯丙醇、苯丙醛及其衍生物多具有挥发性的特点，可用水蒸气蒸馏法提取。

游离的简单苯丙素类成分多用甲醇、乙醇或其他有机溶剂进行提取。苯丙素苷类化合物除用甲醇、乙醇外，还可用水或含醇水溶液提取。苯丙酸及其衍生物由于具有酸性，还可用酸性成分的常规方法提取。

（二）分离

由于苯丙烯、苯丙醇及苯丙醛常与其他挥发油混溶，且极性较低，多采用正相硅胶柱色谱分离。苯丙酸成分常与其他一些酚酸、游离鞣质、黄酮苷共存，分离、精制有一定的难度，一般需经大孔吸附树脂、聚酰胺、纤维素、硅胶、葡聚糖凝胶等反复多次分离精制才能达到纯化的目的。

三、简单苯丙素类化合物研究实例

川芎为伞形科植物川芎 *Ligusticum chuanxiong* Hort. 的干燥根茎，辛温香燥，具有活血行气、祛风止痛的功效，常用于瘀血阻滞的各种病症。川芎的根部含有咖啡酸、阿魏酸等苯丙酸类成分，提取分离方法如图 5-2 所示。

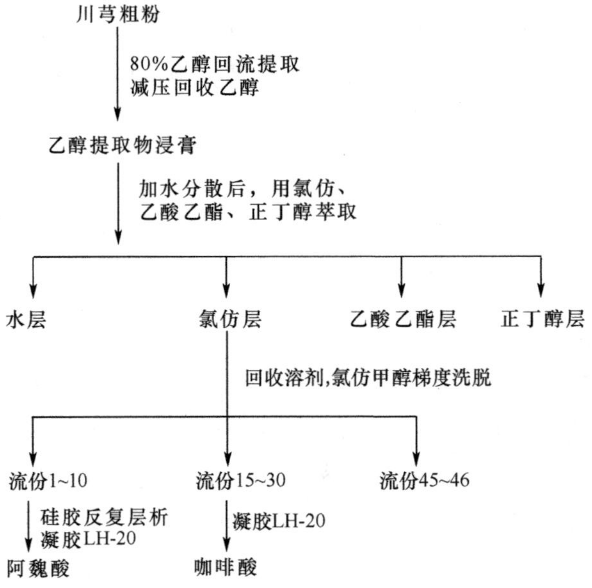

图 5-2　川芎有效成分提取流程图

第三节　香豆素类化合物

香豆素类化合物（coumarins）是顺邻羟基桂皮酸失水所得的内酯，具有苯骈 α- 吡喃酮（2H-1-benzopyran-2-one）母核的基本骨架。多数香豆素类化合物均在 7 位连有含氧官能团（羟基或醚基），因此，7- 羟基香豆素（伞形花内酯，umbelliferone）被认为是香豆素类化合物的基本母核。

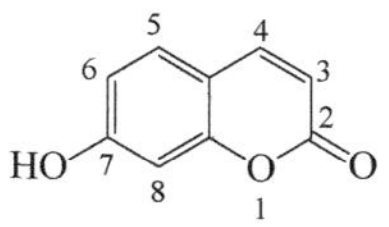

伞形花内酯

目前从自然界分离得到的香豆素类化合物已经逾千种，它们多数广泛分布于高等植物的根、茎、叶、花、果实、皮和种子等各个部位中，芸香科、兰科、伞形科、木犀科、菊科、豆科、瑞香科、茄科、五加科等植物中普遍存在，在动物和微生物中也有存在，如从发光真菌 *Armillarialla tabescens* 中获得亮菌甲素（armillarisin A）等。

一、香豆素类化合物的结构类型及其生物活性

（一）香豆素类化合物的生物活性

香豆素类化合物是自然界重要的一类天然药物，具有抗凝血、抗肿瘤、抗癌、降压、抗心律失常、抗骨质疏松、松弛平滑肌及抗菌等生物活性。例如，秦皮中的七叶内酯及七叶苷是治疗细菌性痢疾的有效成分；草海桐 *Scaevola sericea* 叶中的 4，6- 二甲基 -7- 乙基氨基香豆素对普通变形杆菌有抑制作用；紫苜蓿 *Medicago sativa* L. 腐败后产生的双香豆素紫苜蓿酚（dicoumarol）可通过抑制维生素 K 发挥抗凝血作用，在此基础上合成的华法林是目前临床上常用于血栓治疗的抗凝血药物；从瑞香狼毒 *Stellera chamaejasme* L. 中分离得到的瑞香素（daphnetin）可抑制小鼠移植瘤 H22 的活性；补骨脂内酯及其衍生物（8- 甲氧基补骨脂内酯或 5- 甲氧基补骨脂内酯）的光敏作用被用于治疗白斑病等。但是，香豆素类衍生物——黄曲霉毒素（aflatoxins）对人及动物肝脏组织有破坏作用，严重时可导致肝癌甚至死亡。在天然污染的食品中以黄曲霉毒素 B1 最为多见，其毒性和致癌性也最强。

（二）香豆素类化合物的结构类型

香豆素类化合物的苯骈α-吡喃酮母核上常有羟基、烷氧基、糖基、苯基和异戊烯基等取代，且异戊烯基中的双键可与邻位酚羟基环合成呋喃环或吡喃环。因此，根据结构中取代基类型、位置和苯环情况，香豆素类化合物分为简单香豆素类化合物、呋喃香豆素类化合物、吡喃香豆素类化合物和其他香豆素类化合物四类。

1. 简单香豆素类化合物

简单香豆素类化合物（simple coumarins）是所有取代均在苯环上，且 7- 羟基与 6- 或者 8- 没有形成呋喃环和吡喃环的香豆素类化合物，常有羟基、甲氧基、亚甲二氧基和异戊烯氧基等取代在 C-5、C-6 和 C-8，如秦皮 *Fraxini cortex* 中的七叶内酯（esculetin）和七叶苷（aesculin）、宁夏枸杞 *Lycium barbarum* L. 果实中含有的东莨菪素（scopoletin）、当归 *Angelica sinensis*（Oliv.）Diels 根中分得的当归内酯（angelica lactone）等。

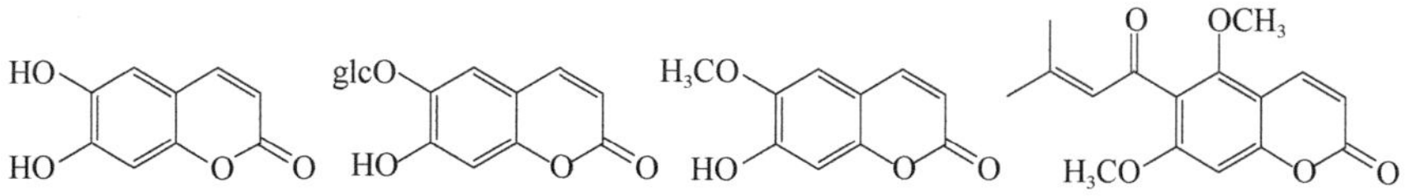

七叶内酯　　七叶苷　　东莨菪素　　当归内酯

2. 呋喃香豆素类化合物（furanocoumarins）

该类香豆素母核上的异戊烯基与邻位酚羟基环合成五元呋喃氧环。成环过程中或伴有降解，丢失异戊烯基的三个碳原子。根据新形成的呋喃环与香豆素母核中苯环骈合的位置可以分为线型呋喃香豆素与角型呋喃香豆素。

（1）线型呋喃香豆素（linear furanocoumarins）：当C-6异戊烯基与C-7羟基成环，呋喃环、苯环和*α*-吡喃酮环三环处在一条直线上，称为线型呋喃香豆素，也称为6，7-呋喃骈香豆素型，如补骨脂*Psoralea corylifolia* L.中的补骨脂素（psoralen）、伊犁贝母*Fritillaria pallidiflora* Schrenk中的佛手柑内酯（bergapten）和花椒毒内酯（xanthotoxin）均属于线型呋喃香豆素。羌活*Notopterygium incisum* Ting ex H. T. Chang中的紫花前胡内酯（nodakenetin）中的异戊烯基未降解，属于线型二氢呋喃香豆素。

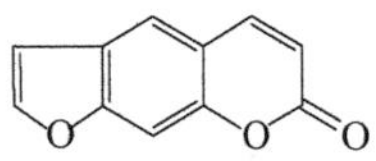

补骨脂素

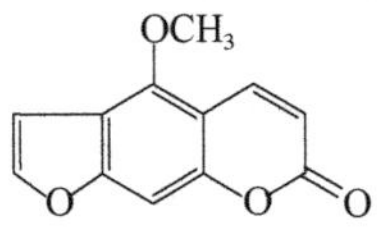

佛手柑内酯

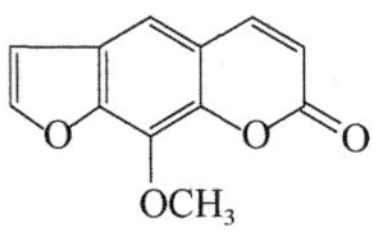

花椒毒内酯

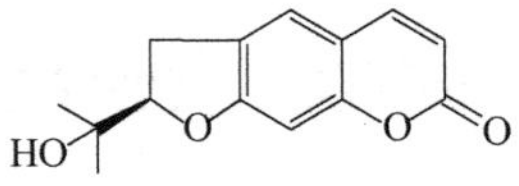

紫花前胡内酯

（2）角型呋喃香豆素（angular furanocoumarins）：当C-8异戊烯基与C-7羟基成环，呋喃环、苯环和*α*-吡喃酮环三环处在一条折线上，称为角型呋喃香豆素，也称为7，8-呋喃骈香豆素型化合物，如存在于当归中*Angelica sinensis*（Oliv.）Diels的当归素（angelcin）、紫花前胡*Peucedanum decursivum*（Miq.）Maxim.中的茴芹内酯（pimpinellin）和异佛手柑内酯（isobergapten）属于角型呋喃香豆素。中药独活*Angelicae pubescentis* radix中含有的川白芷素（angenomalin）中异戊烯基未降解，属于角型二氢呋喃香豆素。

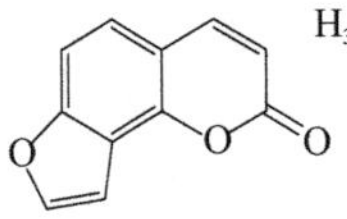

当归素

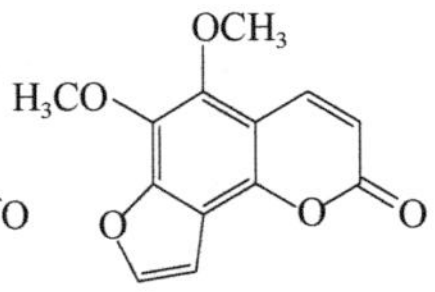

茴芹内酯

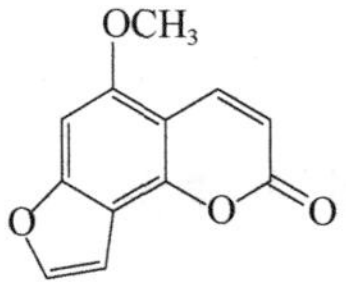

异佛手柑内酯

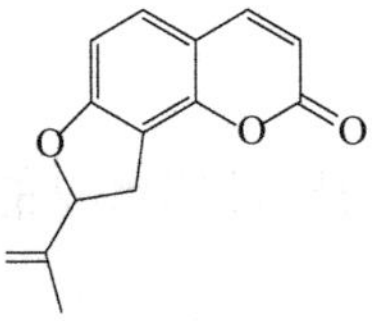

川白芷素

3. 吡喃香豆素类化合物（pyranocoumarins）

该类香豆素母核上的异戊烯基与邻位酚羟基环合成六元吡喃氧环。与呋喃香豆素相同的是，吡喃香豆素也分为线型与角型。不同的是，吡喃香豆素成环过程中异戊烯基常不伴有丢失三个碳原子的降解。

（1）线型吡喃香豆素（linear pyranocoumarins）：当C-6异戊烯基与C-7羟基成环，吡喃环、苯环和*α*-吡喃酮环三环处在一条直线上，称为线型吡喃香豆素，也称为6，7-吡喃骈香豆素型化合物，如从刺异叶花椒*Zanthoxylum dimorphophyllum* Hemsl. var *spinifolum* Rhed. et Wils中获得的美花椒内酯（xanthoxyletin）、防风*Saposhnikoviae divaricate*（Turcz.）Schischk.中含有的紫花前胡素（decursitin）、中药枳实*Aurantii fructus* immaturus中获得的枳内酯（poncitrin）等。

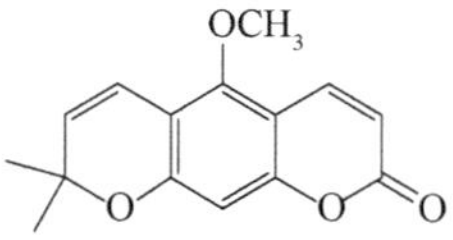

美花椒内酯

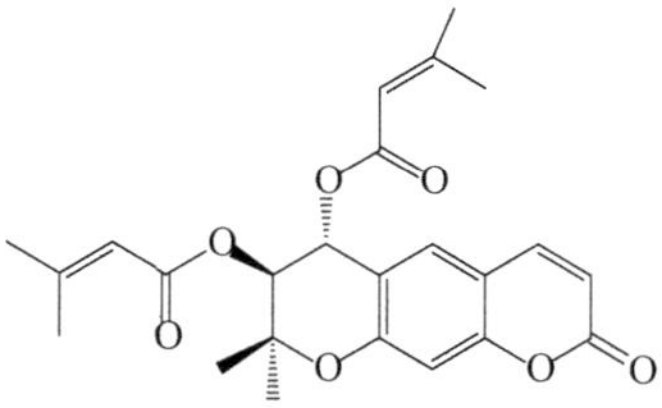

紫花前胡素

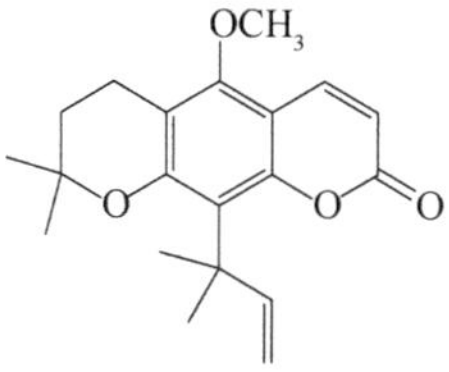

枳内酯

（2）角型吡喃香豆素（angular pyranocoumarins）：是结构中吡喃环、苯环和 α- 吡喃酮环三环处在一条折线上的香豆素，包括 7，8- 吡喃骈香豆素型和 5，6- 吡喃骈香豆素型，自然界中存在的多数为前者，如白花前胡 *Peucedanum praeruptorum* Dunn 中的白花前胡苷Ⅱ（praeroside Ⅱ）、防风 *Saposhnikovia divaricate*（Turcz.）Schischk. 中含有的川白芷内酯（anomalin）、氧化川白芷内酯（oxyanomalin）。

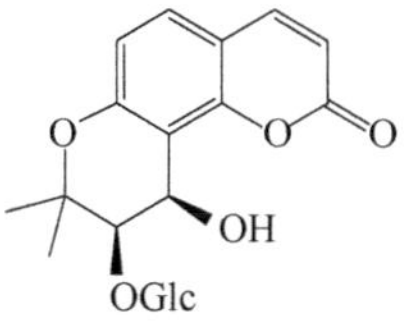

白花前胡苷Ⅲ

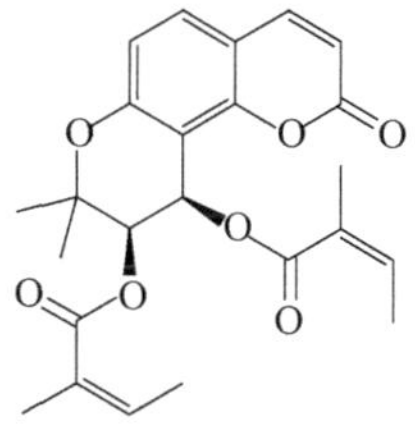

川白芷内酯

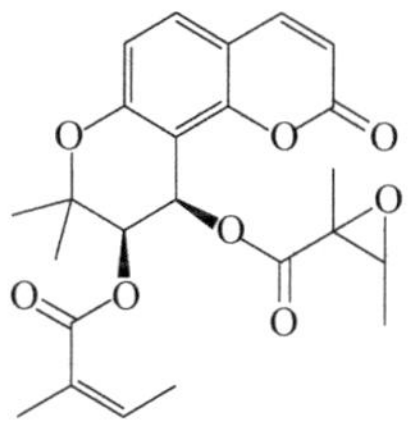

氧化川白芷内酯

4. 其他香豆素类化合物（other coumarins）

不能归属于上述三个类型的香豆素都属于其他香豆素类，主要包括 α- 吡喃酮环上有取代基的香豆素类化合物，香豆素的二聚体及三聚体等。例如，亮菌甲素 α- 吡喃酮环的 C-3 位上有取代基，续随子 *Euphorbia lathyris* L. 种子中含有的双七叶内酯（bisaesculetin）为二聚体香豆素，而从欧瑞香 *Thymelaea passerina*（Linn.）Cosson et Germ. 中分得的 triumbelletin 为三聚体香豆素。

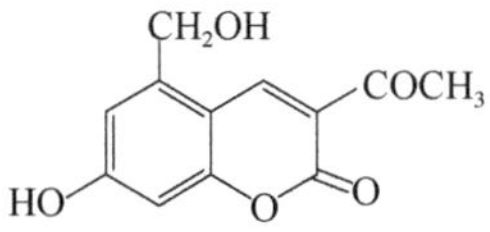

亮菌甲素

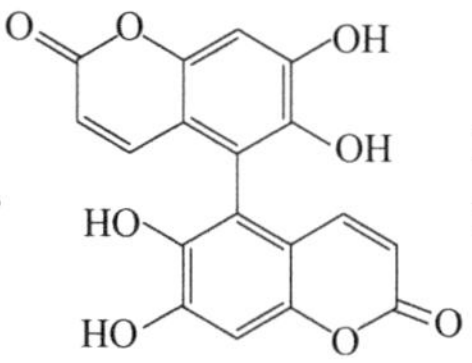

双七叶内酯

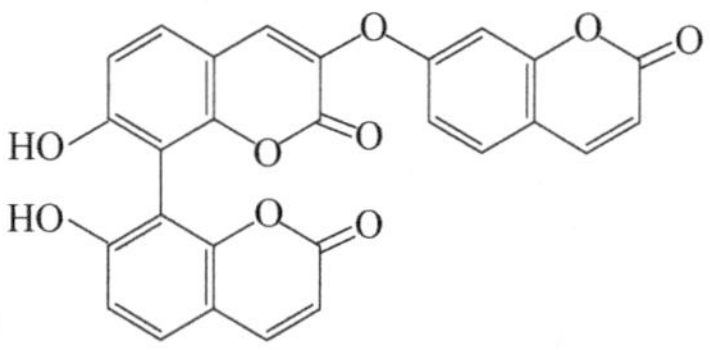

triumbelletin

另外，具有 1H-2-benzopyran-1-one 基本结构的香豆素异构体为异香豆素类化合物，在自然界分布极少。例如，小叶云实 *Caesalpinia millettii* Hook.Et Arn 的地上部分含有的岩白菜素（bergenin），茵陈蒿 *Artemisia capillaris* Thunb. 中分得的茵陈素（capillarin）等均为异香豆素类化合物。

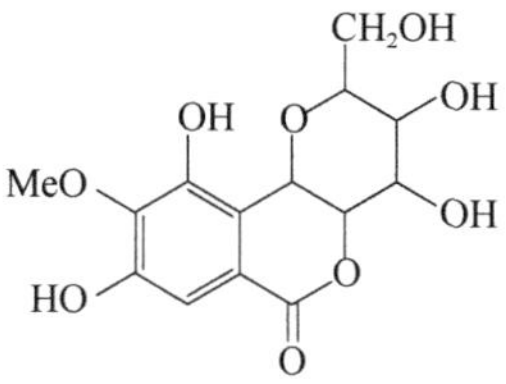

岩白菜素

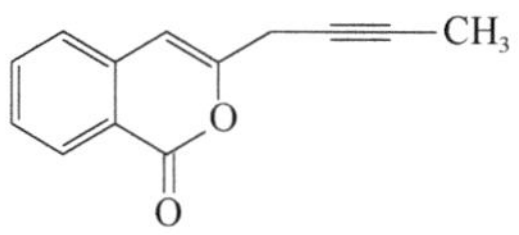

茵陈素

二、香豆素类化合物的理化性质

（一）性状

游离的香豆素类化合物多数为无色或淡黄色的结晶，且有香味。相对分子质量小的游离香豆素类化合物具有挥发性和升华性。香豆素成苷后一般呈粉末状，不具香味、挥发性和升华性。香豆素类成分在紫外光照射下可呈现蓝色或紫色荧光，在碱液中荧光增强。

（二）溶解性

部分游离香豆素类化合物可溶于沸水，但难溶或不溶于冷水；易溶于二甲基亚砜、苯、氯仿、乙醚、丙酮和乙醇等有机溶剂，可溶于石油醚；香豆素苷类化合物能溶于水、甲醇和乙醇，难溶于苯、氯仿等小极性有机溶剂。

（三）与碱的作用及其应用

香豆素类化合物中的内酯环在碱溶液中短时间加热时，可开环生成能溶于水的顺式邻羟基桂皮酸盐，再经酸化后又可闭环恢复成不溶于水的内酯结构而析出。但香豆素类化合物长时间碱处理或紫外线照射时，则可转变为稳定的反式邻羟基桂皮酸盐，再加酸也无法环合成内酯。

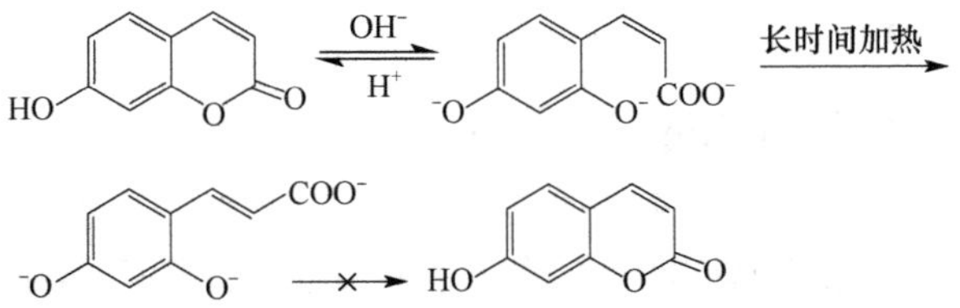

需注意当 C-8 上有羰基、双键或环氧结构时，香豆素类化合物可与水解后新生成的酚羟基形成分子内氢键或发生加成反应，此时也不能经酸恢复内酯结构。此外，香豆素类化合物结构中还含有其他酯基时，在热碱条件下其他酯基也会发生水解，尤其酯基处在苄基碳上时极易水解。

（四）显色反应

1．异羟肟酸铁反应

香豆素类化合物在碱性条件下加热，可使内酯结构开环，与盐酸羟胺缩合生成异羟肟酸，再在酸性条件下与 Fe^{3+} 络合生成红色的异羟肟酸铁。

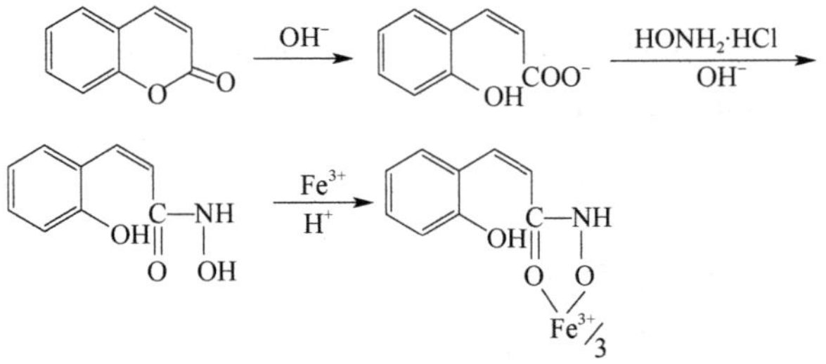

2．三氯化铁反应

具有酚羟基的香豆素类化合物可与三氯化铁试剂反应产生绿色至墨绿色的络合物而沉淀。

3. Gibb's 反应

Gibb's 试剂 [2，6- 二氯（溴）苯醌氯亚胺] 在弱碱性条件（pH 9 ～ 10）下可与酚羟基对位的活泼氢缩合成蓝色化合物，以此可判断香豆素类化合物母核中苯环上酚羟基对位是否有取代。Gibb's 反应的另外一个重要应用就是判断香豆素类化合物 C-6 位是否有取代：香豆素类化合物在碱性的条件下内酯结构水解开环产生游离的酚羟基，若新产生的游离酚羟基对位（C-6 位）无取代，则能呈现阳性反应而显蓝色。

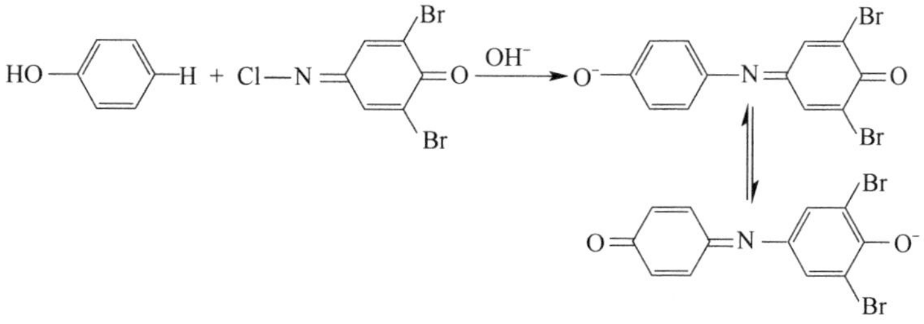

4. Emerson 反应

Emerson 试剂（4- 氨基安替比林和铁氰化钾）与酚羟基对位的活泼氢缩合成红色缩合物。与 Gibb's 反应相似，可用于判断酚羟基对位有无取代基。

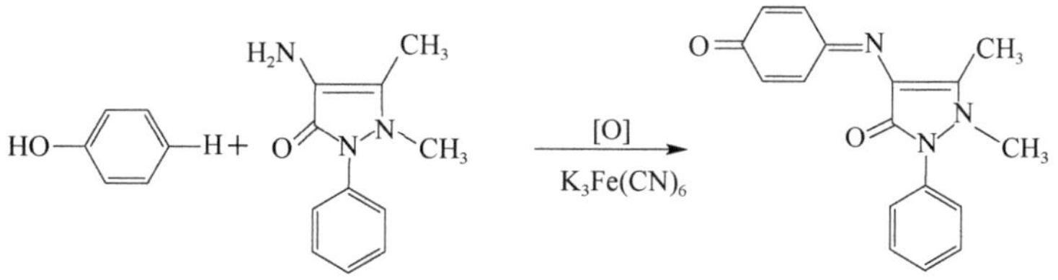

三、香豆素类化合物的提取分离方法

香豆素类化合物的提取分离，需要依据其溶解性、挥发性、升华性、内酯环结构的性质等特性来选择适宜的方法。

（一）系统溶剂法

香豆素类化合物极性随结构不同差异较大，可被各种溶剂溶出，因此较适合采用系统溶剂法。例如，用石油醚（或环己烷）、氯仿（或乙醚）、乙酸乙酯、丙酮、甲醇顺次提取，各提取液浓缩析晶或用其他方法进一步分离纯化。也可先经石油醚或乙醚等溶剂使药材脱脂，再用甲醇、乙醇或水提取浓缩后，依次用不同溶剂进行萃取。

（二）水蒸气蒸馏法或升华法

可利用某些香豆素类化合物具有升华的性质，与不能升华的成分分开。采用水蒸气蒸馏的方法可将具有挥发性的小分子香豆素类化合物与不挥发成分分开，虽然提取方法简单，但由于高温可能使某些香豆素类化合物发生降解而改变结构，因此应用较少。

（三）碱溶酸沉法

香豆素类化合物具有内酯结构，能溶于热的稀碱液而和其他成分或杂质分离，碱液酸化后内酯环合，香豆素类成分即可游离析出，或用乙醚等有机溶剂萃取得到。运用碱溶酸沉法时需注意采用较温和的反应条件，避免香豆素类化合物在碱液中长时间加热产生异构化的反式邻羟基桂皮酸而无法酸化环合恢复内酯环结构。另外，对酸碱敏感的香豆素类成分不适宜用碱溶酸沉法提取。

（四）色谱方法

经过上述溶剂法、升华法或水蒸气蒸馏法得到的香豆素类成分通常是混合物，要得到纯度较高的香豆素类单体化合物往往需要进一步用色谱方法纯化精制。尤其对于结构相近的香豆素类化合物，多数情况下需借助色谱方法才能有效分离纯化。除常规柱色谱之外，制备薄层色谱、高效液相色谱、逆流分溶法及气相色谱都可应用于香豆素类成分的分离、制备。

柱色谱是香豆素类化合物最常用的分离方法，硅胶为首选吸附剂，氧化铝则较少使用。洗脱剂应先在薄层色谱预试验中进行分离条件的筛选和优化。香豆素及其苷类化合物的柱层析分离也可用反相硅胶、葡聚糖凝胶 Sephadex LH-20 或 Sephadex G-25 等填料。与其他各类型化合物相同，色谱法分离香豆素类化合物常用的溶剂，对于正相色谱多用石油醚、环己烷、乙酸乙酯、氯仿、丙酮、甲醇等，而反相色谱则多用乙腈、甲醇、乙醇等溶剂与水按照不同比例混合。（制备型）高效液相色谱由于对香豆素苷类化合物分离效果较好，其应用逐渐增多。

四、香豆素类化合物的检识

（一）理化检识

1. 荧光

香豆素类化合物母核本身并无荧光，而引入羟基后，多数香豆素类化合物可以在紫外光（365nm）照射下显蓝色或紫色的荧光，在碱液中尤为显著。荧光的有无、强弱及颜色与取代基的种类和位置有一定关系，如在 C-7 位引入羟基，香豆素类化合物呈现较强的蓝色荧光，加碱液变为绿色荧光，而 C-8 位引入羟基，荧光则减弱或消失。香豆素类化合物羟基醚化或导入非羟基取代基会使荧光颜色转紫且强度减弱；多烷氧基取代的呋喃香豆素一般呈黄绿色或褐色荧光，香豆素类化合物的荧光性质可为化合物结构推断与药材鉴别提供有用信息，如可借助观察荧光快速鉴别药材秦皮。

2. 显色反应

香豆素类化合物中某些基团的颜色反应可用来鉴别香豆素类成分或提供结构相关信息。例如，香豆素类成分的内酯环结构常用异羟肟酸铁反应检识，酚羟基存在与否常用三氯化铁溶液检识，香豆素母核 C-6 位是否有取代基可用 Gibb's 试剂（或 Emerson 试剂）判断。

（二）色谱检识

香豆素类化合物的检识可用纸色谱法、聚酰胺色谱法和薄层色谱法等。其中薄层色谱较为常用，多用硅胶作为吸附剂。游离的香豆素类化合物可选用石油醚（环己烷）- 乙酸乙酯、氯仿 - 乙酸乙酯、氯仿 - 丙酮等溶剂系统展开，香豆素苷类化合物则多选用不同比例的氯仿 -

甲醇作为展开剂。展开后的薄层除在紫外灯下观察荧光斑点外，还可喷异羟肟酸铁试剂显色。

五、香豆素类化合物的波谱学特征

（一）紫外光谱

香豆素类化合物的紫外吸收是由苯环、α- 吡喃酮和含氧取代基等官能团所产生。无任何取代的香豆素类成分，分别由苯环、α- 吡喃酮环结构引起两个强度不等的吸收带，Ⅰ：274nm（lgε 4.03）和Ⅱ：311nm（lgε 3.72）。香豆素母核上引入烷基取代时对最大吸收值的改变影响极小；但母核上有含氧基取代（如羟基、甲氧基等）时，特别是 C-6 和 C-7 位含氧基团的引入皆使主要吸收峰红移，并有合并成一单峰的趋势。若 7 位引入含氧取代（羟基、甲氧基等），则在 217nm 及 315 ~ 325nm 处有强吸收峰，240nm 和 255nm 处有弱吸收峰。多数含有酚羟基的香豆素类化合物加入碱性溶液后紫外光谱有显著的红移现象，如 4，5 或 7- 羟基香豆素溶液加入乙酸钠后，可观察到吸收峰红移且吸收度增大。

（二）红外光谱

与紫外光谱相同，香豆素类成分的红外光谱也由内酯环和苯环结构引起。香豆素类化合物除 1660 ~ 1600cm^{-1} 出现的苯环吸收带外，内酯环结构还在 1750 ~ 1700cm^{-1} 出现一个强吸收峰。若有羟基取代，则可观察到羟基相应吸收峰 3600 ~ 3200cm^{-1}。根据以上特征吸收峰可帮助判别化合物是否为香豆素类。

（三）质谱

香豆素类化合物主要裂解方式是失去功能基和连续失去—CO，由于香豆素分子常具有羟基、甲氧基等取代，所以其质谱经常出现一系列连续失去—CO、H_2O、甲基或甲氧基的碎片离子峰。无取代的香豆素分子离子峰较强，基峰是失去—CO 的离子峰（苯骈呋喃离子）。裂解方式如下图所示。

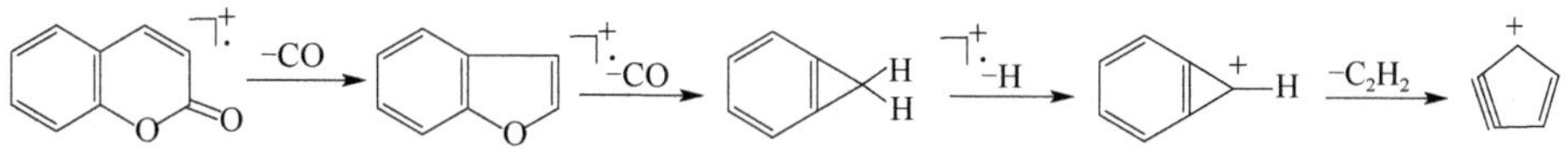

[M]$^+$：m/z 146　　m/z118 (100)　　m/z 90　　m/z 89　　m/z 63

取代香豆素除失去—CO 外，还会失去取代基团，如下图所示。

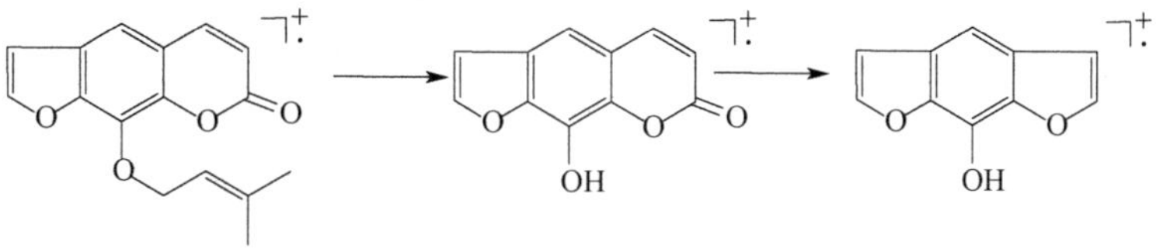

[M]$^+$：m/z 270　　m/z 202　　m/z 174

（四）核磁共振谱

1. ^{1}H-NMR

在 ^{1}H-NMR 中，香豆素质子受内酯环羰基吸电子共轭效应的影响，H-3、H-6 和 H-8 信号在较高场，H-4、H-5和H-7信号在较低场。香豆素类化合物H-3、H-4分别出现在δ 6.10 ~ 6.50和δ 7.50 ~ 8.20区域，为dd峰（J=ca.9.5Hz）。苯环上的5、6、8位质子的信号和普通芳环质子信号相似，化学位移范围δ 6.0 ~ 8.0。若7位有含氧取代基引入，则质子裂分更加简化：H-5因和H-6耦合，呈现为d峰（J=ca.8.0Hz）；H-6与H-5、H-8分别耦合，为dd峰（J=ca.8.0 Hz，2.0 Hz）；若为5、7位取代香豆素类化合物，仅有H-6和H-8两个间位耦合质子信号；若为6、7取代香豆素类化合物（7-含氧取代、6-烷基取代），则H-5和H-8分别呈现单峰信号或分别为d峰（J < 1.0Hz），线型呋喃或吡喃香豆素类化合物属此类取代模式；若为7、8位取代（7-含氧取代、8-烷基取代），则H-5和H-6二个邻位耦合质子信号皆为d峰（$J \approx$ 8.5Hz），角型呋喃或吡喃香豆素类化合物属于此类取代模式。

香豆素类化合物母核H-8和H-4为较弱的远程耦合（J=ca.0.6 ~ 1.0Hz）。呋喃香豆素类化合物的呋喃环质子是AB系统，其吸收各以d峰分别出现在δ 7.5 ~ 7.7和δ 6.7 ~ 7.2处（J=ca.2.0 ~ 2.5Hz）。芳环上若有甲氧基取代，一般以单峰出现在δ 3.8 ~ 4.0处。此外，香豆素类分子结构中常见的一些取代基团结构片段，如乙酰氧基、异戊烯基、千里光酰氧基、当归酰氧基等，有相应的^{1}H-NMR特征可供确定。表5-1列出伞形花内酯、东莨菪素（7-羟基-6-甲氧基香豆素）、花椒毒内酯、川白芷内酯4个化合物的^{1}H-NMR数据供参考。

表5-1　部分香豆素类化合物的^{1}H-NMR数据（δ，ppm）

H	Ⅰ（DMSO-d_6）	Ⅱ（$CDCl_3$）	Ⅲ（$CDCl_3$）	Ⅳ（$CDCl_3$）
3	6.27（d）（9.6Hz）	6.16（d）（9.5Hz）	6.36（d）（9.7Hz）	6.21（d，9.5）
4	7.63（d）（9.6Hz）	7.60（d）（9.5Hz）	7.75（d）（9.7Hz）	7.60（d，9.5）
5	7.35（d）（8.2Hz）	6.91（s）	7.34（s）	7.36（d，8.5）
6	6.80（dd）（8.2，2.5Hz）			6.81（d，8.5）
8	6.69（d）（2.5Hz）	6.84（s）		
2′			7.68（d）（2.2Hz）	
3′			6.82（d）（2.2Hz）	5.45（d，4.9）
4′				6.70（d，4.9）
偕二甲基				1.49（s），1.45（s）

注：Ⅰ.伞形花内酯；Ⅱ.东莨菪素[甲氧基信号为δ 3.95（s）]；Ⅲ.花椒毒内酯[甲氧基信号为δ 4.30（s）]；Ⅳ.川白芷内酯[3′-当归酰基信号为δ 6.13（br.q，J=7.0Hz）、1.96（br.d，J=7.0Hz、1.86（br.s），4′-当归酰基信号为δ 6.03（br.q，J=7.0Hz）、1.96（br.d，J=7.0Hz、1.86（br.s）]

2. ^{13}C-NMR

在^{13}C-NMR中，香豆素类成分母核骨架9个碳原子处在不同的化学环境中，在$CDCl_3$溶液中测定所得9个碳原子信号化学位移如下：δ 160.4（C-2）、116.4（C-3）、143.6（C-4）、128.1（C-5）、124.4（C-6）、131.8（C-7）、116.4（C-8）、153.9（C-9）、118.8（C-10）。母核骨架上引入不同取代基（如羟基、苯基、烷基和甲氧基等）时，对各碳原子化学位移的影响程度不同。

C-2为羰基碳，在简单香豆素中处于最低场（δ 160左右），C-7若有羟基或者其他含氧基团取代，加上羰基共轭的影响，信号向低场移动（δ 150.0 ~ 160.0左右）。一般情况下，香豆素苯环上若引入吸电子基团（如羟基），α-C低场位移$\Delta\delta$ 30左右；β-C高场位移$\Delta\delta$ 11 ~ 16；γ-C位移影响很小可忽略。香豆素苯环上若引入烷基取代（如甲基），α-C低场位

移 $\Delta\delta$ 5 ~ 12 左右；β-C 和 γ-C 位移影响极小。

表 5-2 列出伞形花内酯、东莨菪素、花椒毒内酯、川白芷内酯 4 个化合物的 ^{13}C -NMR 数据供参考。

表 5-2 部分香豆素类化合物的 ^{13}C-NMR 数据（δ，ppm）

C	Ⅰ（DMSO-d_6）	Ⅱ（$CDCl_3$）	Ⅲ（$CDCl_3$）	Ⅳ（$CDCl_3$）
2	161.3	160.7	160.4	159.6
3	111.5	111.8	114.5	113.0
4	144.6	144.4	144.3	143.0
5	130.0	109.9	112.8	129.0
6	113.2	145.4	126.1	114.2
7	160.5	151.3	147.7	156.5
8	102.3	102.9	132.9	107.5
9	155.7	149.6	143.0	153.9
10	111.4	110.6	116.5	112.4
2′			146.6	25.4
3′			106.7	70.2
4′				60.2
偕二甲基				25.5，22.6

注：Ⅰ. 伞形花内酯；Ⅱ. 东莨菪素（甲氧基信号为 δ 56.2）；Ⅲ. 花椒毒内酯（甲氧基信号为 δ 61.4）；Ⅳ. 川白芷内酯（3′- 当归酰基信号为 δ 166.2，139.6，127.2，20.5，15.9 ppm，4′- 当归酰基信号为 δ 166.0，138.2，126.9，20.5，15.7）

六、含香豆素类化合物中药实例

补骨脂中香豆素成分的研究

补骨脂为豆科植物补骨脂 *Psoralea corylifolia* L. 的成熟果实，具有补肾助阳、温中止泻的作用，可治疗肾虚阳痿、腰膝冷痛等症；外用可治疗白癜风。补骨脂中含有多种香豆素和黄酮类成分，如补骨脂素（psoralen）、异补骨脂素（angelicin）、补骨脂甲素（bavachin）和补骨脂乙素（corylifolinin）等。药理研究证实，补骨脂中的香豆素类成分是治疗白癜风的有效成分，如补骨脂素和异补骨脂素有光敏作用，常用来结合光照治疗白癜风，是补骨脂注射液和复方补骨脂酊等制剂的主要成分。

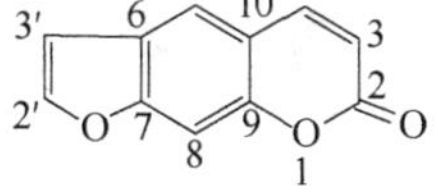

补骨脂素

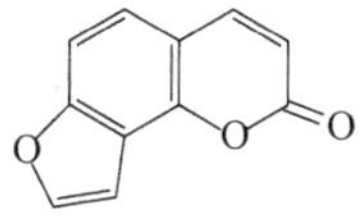

异补骨脂素

从补骨脂中提取分离补骨脂素和异补骨脂素的一般方法如图 5-3 所示。

补骨脂中香豆素的结构解析以补骨脂素为例介绍如下。

补骨脂素为无色针晶（石油醚 - 乙酸乙酯），可溶于氯仿，紫外光 365nm 照射显绿色荧光，mp 189 ~ 190℃；UV λ_{max}^{MeOH} nm：242，247，291，330。IR $_{(KBr)}$ cm^{-1}：1720，1710，

1630，1575。ESI-MS *m/z*：187[M+H]$^+$，示其相对分子质量为 186，分子式 $C_{11}H_6O_3$（计算值：186.1635）。由 ^{1}H-NMR 数据可知该化合物 6 个氢信号全部在低场区，δ 6.39 和 δ 7.80 处的质子信号从耦合常数和裂分情况可以看出这两个质子处于邻位，为香豆素类化合物的特征峰，判断为 3 位和 4 位质子信号；δ 8.11 和 δ 7.10 处的质子信号，其耦合常数较小，为杂环上的相邻质子，判断为 2′ 位和 3′ 位质子信号；δ 8.01（1H，s），δ 7.73（1H，s）为苯环上两个孤立芳氢质子信号，提示此香豆素的苯环有邻二双取代，以上两个质子信号可分别归属为 5 位和 8 位质子。由 ^{13}C-NMR 数据可知 C-7 有氧取代（δ 156.4），结合 ^{1}H-NMR 及不饱和度计算，C-6，C-7 间形成氧环合理，因此可能为 6，7- 呋喃香豆素。^{1}H-NMR 和 ^{13}C-NMR 数据及归属见表 5-3，由以上数据推断该化合物为补骨脂素（psoralen）。

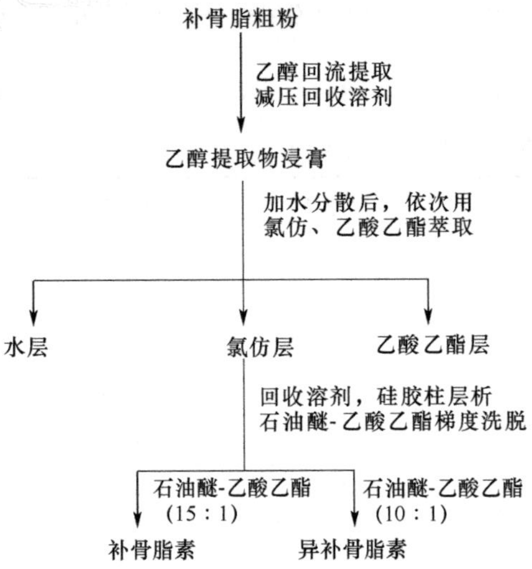

图 5-3　补骨脂中补骨脂素和异补骨脂素提取分离流程图

表 5-3　补骨脂素的 ^{13}C-NMR 和 ^{1}H-NMR 数据（$CDCl_3$，δ，ppm）

No.	^{13}C-NMR	^{1}H-NMR
2	161.0	
3	114.7	6.39（1H，d，*J*=9.5 Hz）
4	144.1	7.80（1H，d，*J*=9.5 Hz）
5	119.8	8.01（1H，s）
6	124.9	
7	156.4	
8	99.9	7.73（1H，s）
9	152.0	
10	115.4	
2′	146.9	8.11（1H，d，*J*=2.0Hz）
3′	106.4	7.10（1H，d，*J*=2.0Hz）

第四节　木　脂　素

木脂素（lignans）是一类由苯丙素（C_6-C_3）衍生物氧化聚合而成的天然化合物，由于其主要存在于植物的木质部和树脂中而得名。通常木脂素多指苯丙素的二聚体，少数为三聚体（倍半木脂素）和四聚体（二聚木脂素）。大多呈游离状态，少数与糖结合成苷。苯丙素的多聚物则称木质素（lignin），广泛分布在植物木化组织中，在树木生长过程中起到增强和稳定细胞壁的作用。

一、木脂素的结构类型与生物活性

（一）木脂素的生物活性

木脂素是自然界中分布较广的一类化合物，具有抗肿瘤、抗病毒、保肝、抗氧化等多种生物活性。例如，小檗科鬼臼亚科的八角莲属 *Dysosma* Woodson、桃儿七属 *Sinopodophyllum*Ying、山荷叶属 *Diphylleia* Michx 及足叶草属 *Podophyllum* 植物中多有分布的鬼臼毒素类木脂素具有较强的抗肿瘤作用，其中典型的代表成分为鬼臼毒脂素，但需注意其毒性及剂量，当鬼臼毒脂素达到毒性剂量时会产生恶心、呕吐、腹泻、昏迷等不良反应；五味子种仁中以五味子酯甲、乙、丙及丁（schisantherin A、B、C、D）为代表的大量联苯环辛烯类木脂素具有抗肝细胞损伤及降低血清谷丙转氨酶（GPT）水平的作用；海风藤、樟叶胡椒等药材中的木脂素成分，如海风藤酮可抑制血小板活化因子受体结合，发挥抗凝血作用而治疗血栓；五味子中的木脂素成分、厚朴中的厚朴酚与和厚朴酚均具有中枢神经镇静和肌肉松弛作用；透骨草中所含的双环氧型木脂素乙酰透骨草脂素可用于灭蝇；两面针和细辛中含有的芝麻素、细辛脂素本身虽无杀虫作用，但对杀虫具有增效作用；爵床中富含的苯代萘型环木脂内酯如爵床素 A、B 均有毒鱼作用。

（二）木脂素的结构类型

组成木脂素的 C_6-C_3 单元主要有五种：桂皮酸（cinnamic acid），桂皮醛（cinnamic aldehyde）和桂皮醇（cinnamyl alcohol）；丙烯苯（propenyl benzene）和烯丙苯（allyl benzene）。前三种单体的侧链 γ- 碳原子是氧化型的，后两种单体的 γ- 碳原子是非氧化型的，人们划分前者衍生的木脂素为木脂素类，后者衍生的木脂素为新木脂素类。也有划分方法是依据 C_6-C_3 单元通过侧链 β- 碳聚合而成的化合物称为木脂素类，由其他位置连接生成的化合物称为新木脂素（neolignan）。

按照基本结构和缩合情况将木脂素分成下列几类。

1. 简单木脂素

简单木脂素（simple lignans）由两分子苯丙素通过 β 位碳原子（C_8-$C_{8'}$）连接，是其他类型木脂素的生源前体。从毛杭子稍 *Campylotropis hirtella*（Franch.）Schindl. 中分得的开环异落叶松脂素（secoisolariciresinol）与珠子草 *Phyllanthus niruri* Linn. 中分离得到的 linnanthin 均属于简单木脂素。

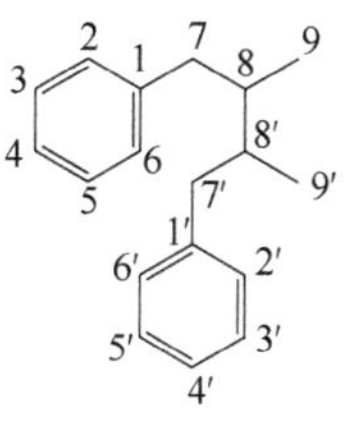

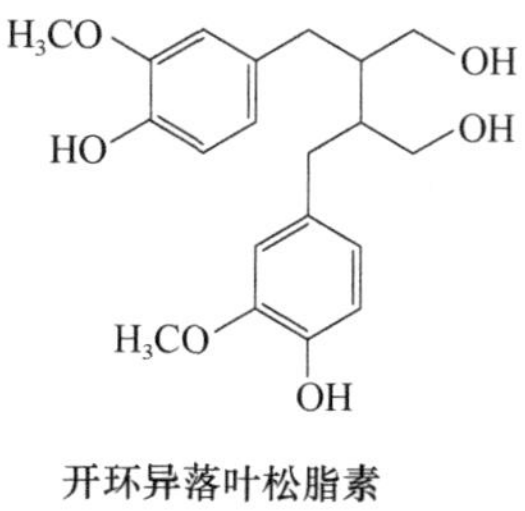

开环异落叶松脂素

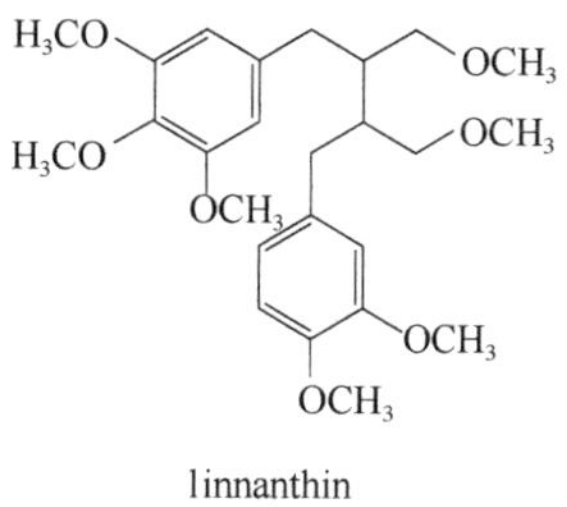

linnanthin

2. 单环氧木脂素

单环氧木脂素（monoepoxylignans）是在简单木脂素基础上，与 7-*O*-7′ 或 9-*O*-9′ 或 7-*O*-9′ 等相连形成呋喃或四氢呋喃结构的化合物。

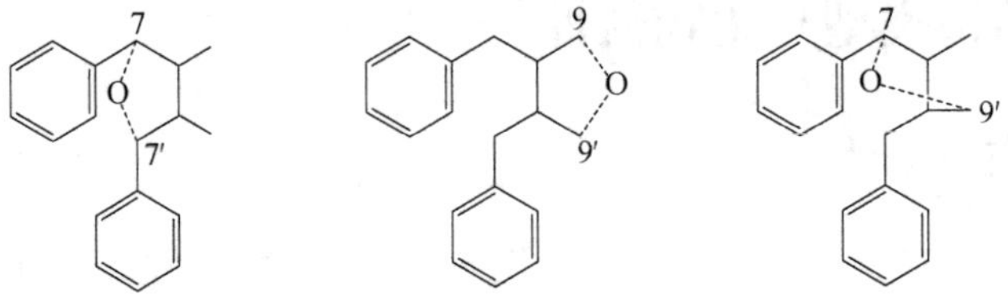

7-*O*-7′-环合　　9-*O*-9′-环合　　7-*O*-9′-环合

例如，从华中五味子 *Schisandra sphenanthera* Rehd. et Wils. 中分离得到的襄五脂素（chicanine）是7，7′位环氧；从荜澄茄 *Piper cubeba* 果实中分得的荜澄茄脂素（cubebin）是9，9′位环氧；而中药祖师麻的原植物之一唐古特瑞香 *Daphne tangutica* Maxim. 中的二氢芝麻素（dihydrosesamin）则为7，9′位环氧的单环氧木脂素。

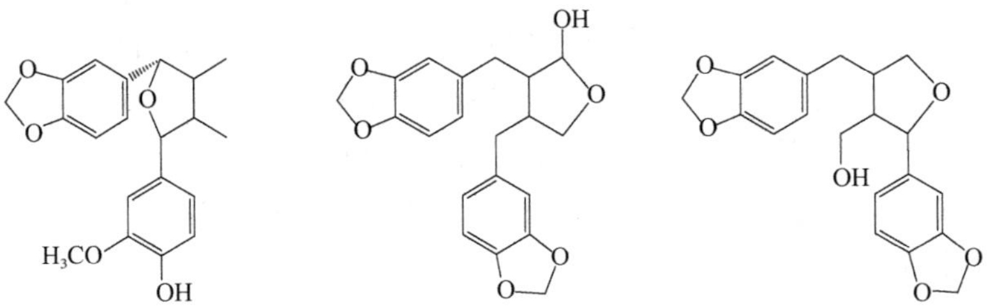

chicanine　　荜澄茄脂素　　二氢芝麻素

3. 木脂内酯

木脂内酯（lignanolides）是单环氧木脂素中的四氢呋喃环氧化成内酯环而形成的。木脂内酯常与其不同程度去氢的一系列化合物共存于同一植物中。

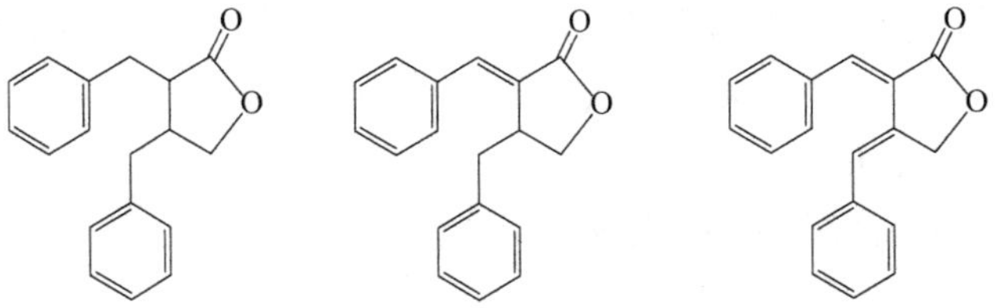

在牛蒡 *Arctium lappa* L. 的种子、根、茎、叶中均有分布的牛蒡子苷（arctiin）和牛蒡子苷元（arctigenin）、拉帕酚A、F（lappaol A、F）分别为不同数量苯丙素聚合而成的木脂内酯。拉帕酚A由3分子 C_6-C_3 单体缩合而成，为三聚体，可称为倍半木脂素（sesquilignans）；拉帕酚F为四聚体，可称为二聚木脂素（dilignans）。桧柏 *Juniperus chinensis* 心材中分得的台湾脂素A（taiwanin A）和台湾脂素B（taiwanin B）则均为侧链去氢的木脂内酯。

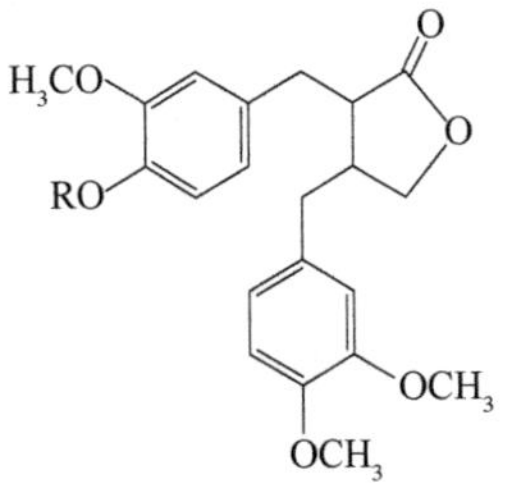

牛蒡子苷元　R=H
牛蒡子苷 R=glc

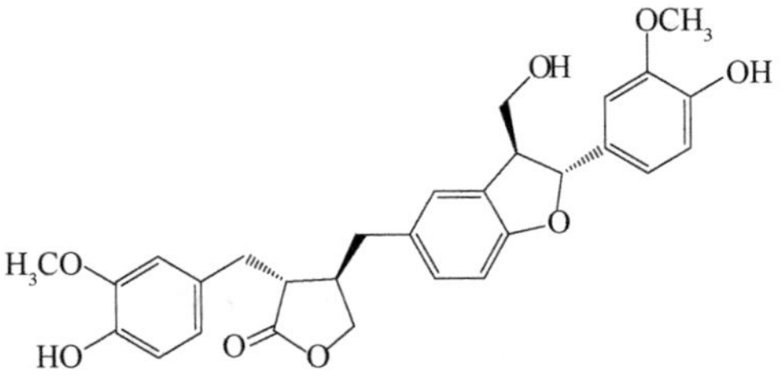

拉帕酚A

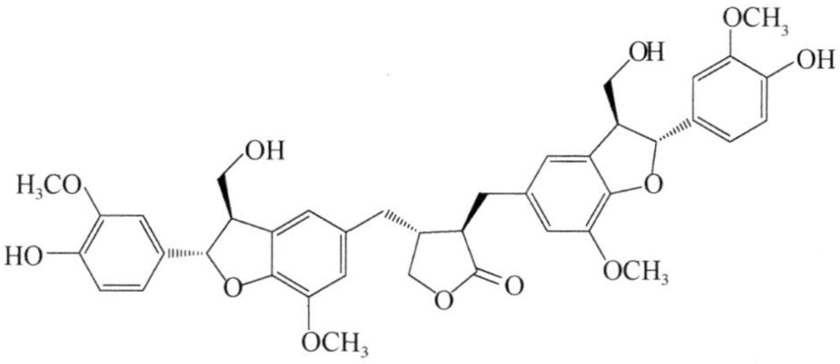

拉帕酚F

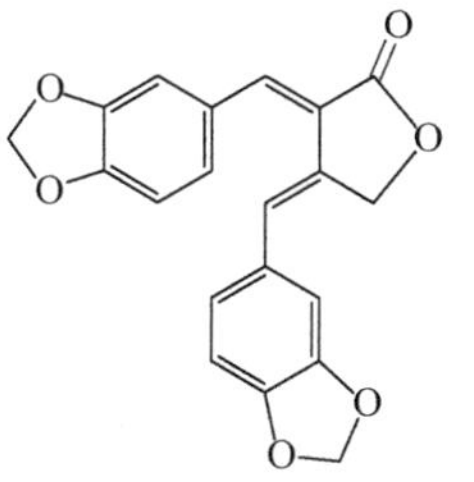

台湾脂素A

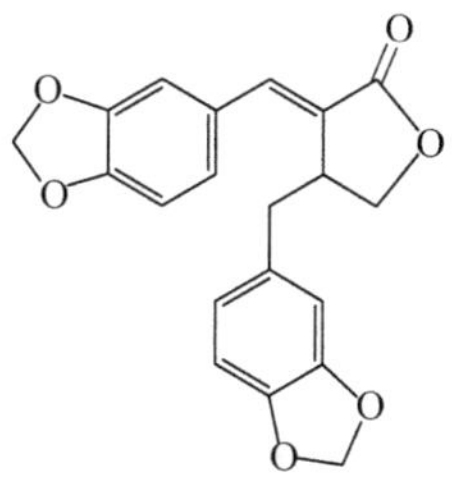

台湾脂素B

4. 环木脂素

环木脂素（cyclolignans）由简单木脂素环合而成，有苯代四氢萘、苯代二氢萘及苯代萘三种类型，天然产物中以苯代四氢萘型居多。

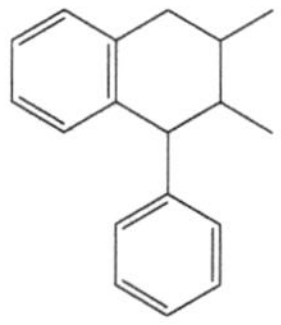

苯代四氢萘型

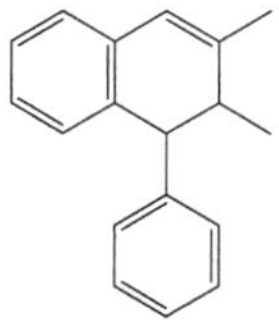

苯代二氢萘型

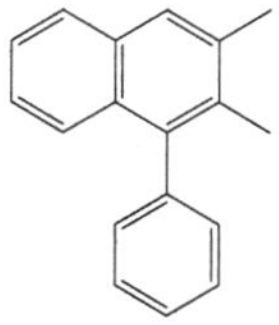

苯代萘型

从目前作为紫杉醇提取来源之一的东北红豆杉 *Taxus cuspidata* Sieb.et Zucc 中分得的异紫杉脂素（isotaxiresinol）和长叶榧醇（torreyinol）均具有苯代四氢萘结构。来自黄荆 *Vitex negundo* L. 果实中的 vitedoin A 和 vitexdoin A 均具有苯代二氢萘结构。

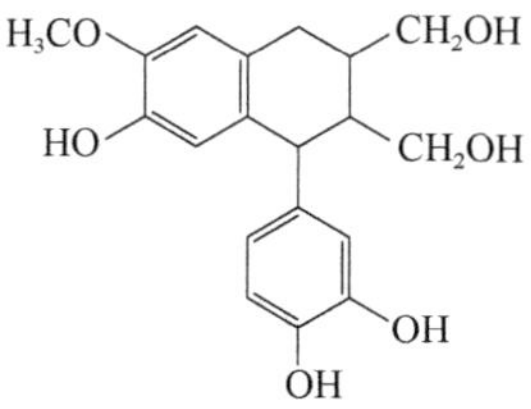

异紫杉脂素

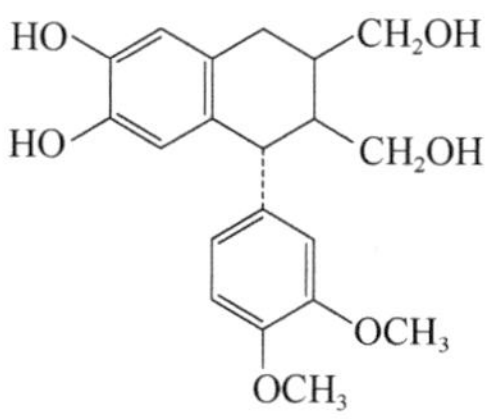

长叶榧醇

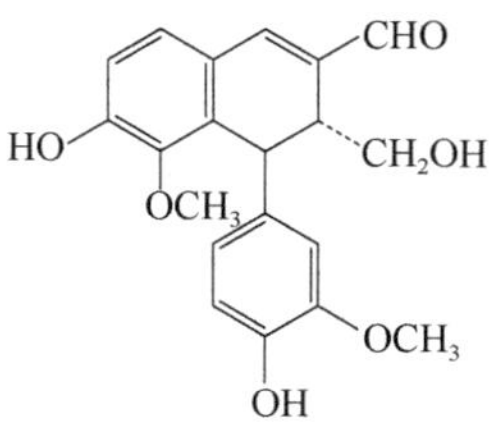

vitedoin A

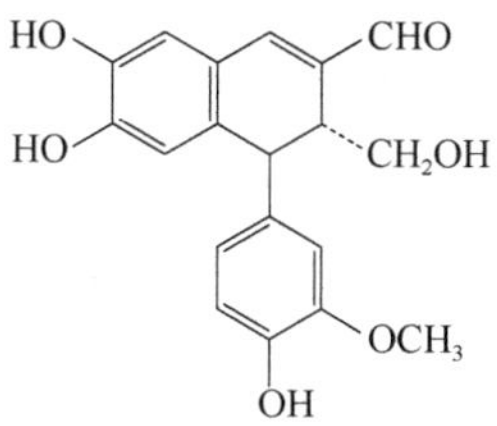

vitexdoin A

5. 环木脂内酯

环木脂内酯（cyclolignolides）是由环木脂素以 γ- 碳原子（或 C_9-$C_{9'}$）缩合成内酯环而成。按其环合后内酯环上羰基的取向可分为上向和下向两种类型，并有苯代四氢萘、苯代二氢萘和苯代萘三种类型。上向的称 4- 苯代 -2，3- 萘内酯，下向的称为 1- 苯代 -2，3- 萘内酯。例如，从东北红豆杉 *Taxus cuspidata* Sieb.et Zucc 中提取得到的铁杉内酯（conidendrin）属 4- 苯代 -2，3- 萘内酯；鬼臼毒脂素（podophyllotoxin）、7，7′- 二氢台湾脂素 C（7，7′-dihydrotaiwanin C）和台湾脂素 E（taiwanin E）属 1- 苯代 -2，3- 萘内酯，且分别具有苯代四氢萘、苯代二氢萘和苯代萘结构。

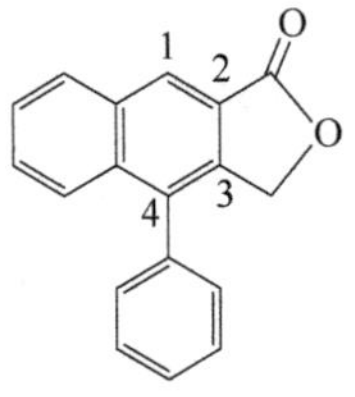

上向（4-苯代-2,3-萘内酯）

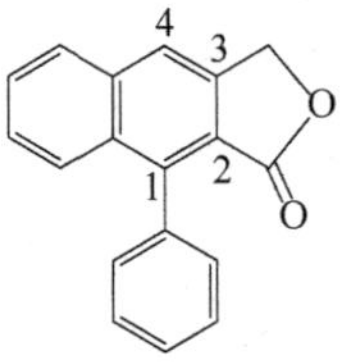

下向（1-苯代-2,3-萘内酯）

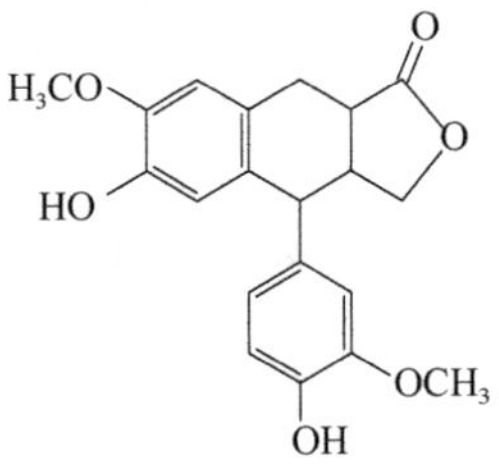

铁杉内酯

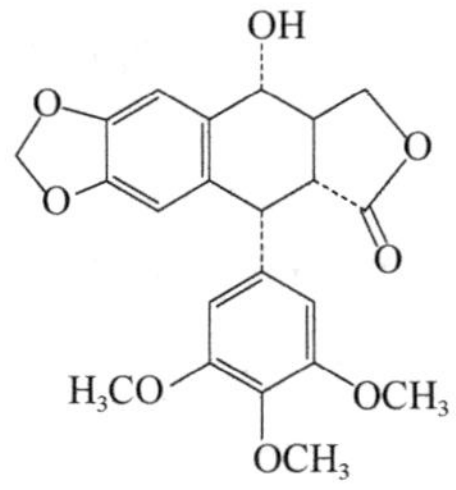

鬼臼毒脂素

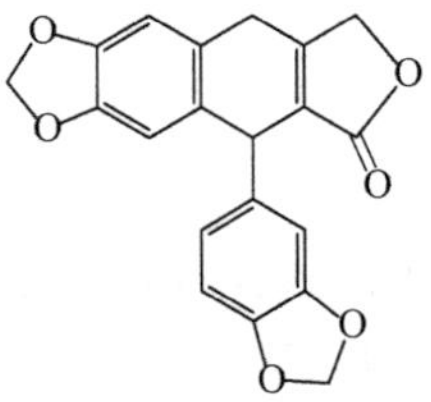

7,7′-二氢台湾脂素C

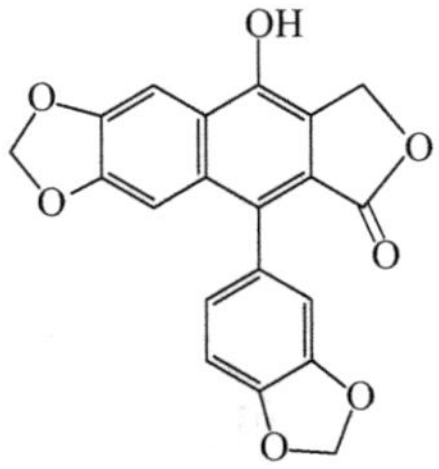

台湾脂素E

6. 双环氧木脂素

双环氧木脂素（bisepoxylignans）又称双四氢呋喃类，是由两分子苯丙素侧链相互连接形成两个环氧（即具有双骈四氢呋喃环）结构的一类木脂素，存在许多光学异构体，常见的有以下 4 种。

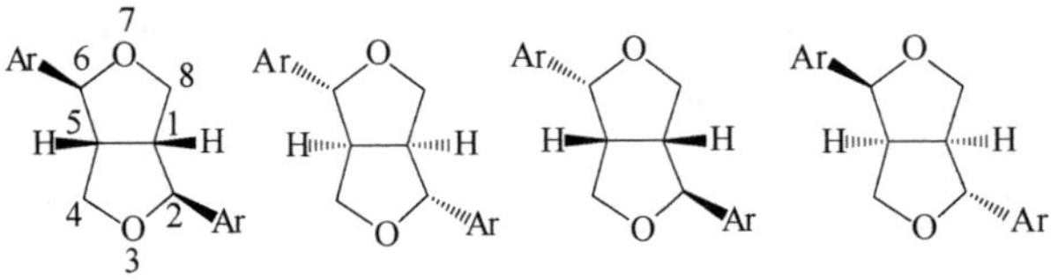

对映体　　对映体

Ar为芳基

连翘中的连翘脂素（phillygenol）及连翘苷（phillyrin），黑水缬草 *Valeriana amurensis*

Smir.ex Kom. 中的 8- 羟基 - 松脂素（8-hydroxypinoresinol），细辛中的 l- 细辛脂素（l-asarinin）均为双环氧木脂素。

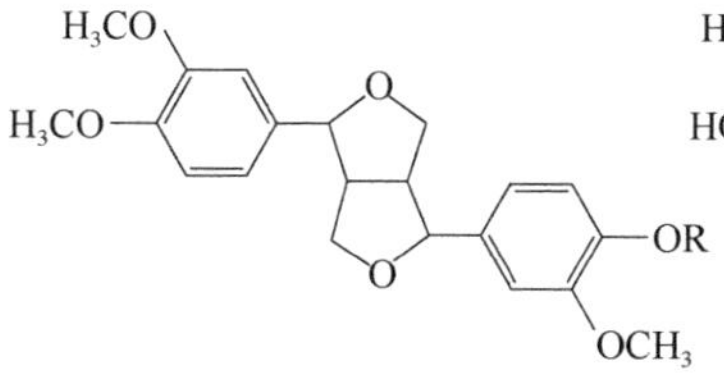

连翘脂素 R=H　连翘苷 R=glc

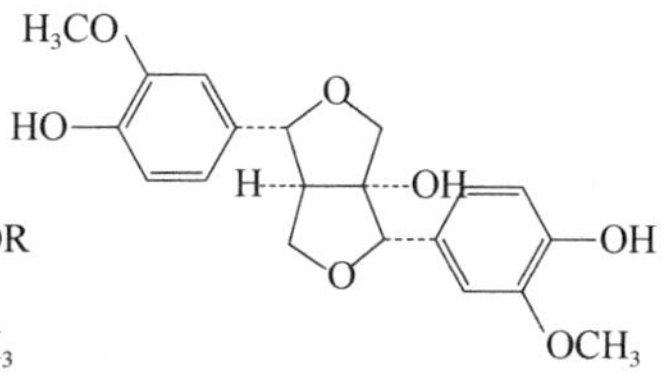

8-羟基-松脂素

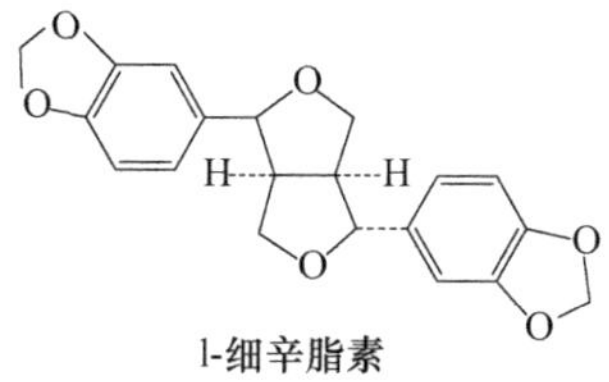

l-细辛脂素

7. 联苯环辛烯类化合物（dibenzocyclooctene）

此类木脂素除如简单木脂素中 C_8-$C_{8'}$ 相连外，同时两个苯基的 C_2-$C_{2'}$ 相连而具有联苯环辛二烯结构，多发现于五味子属植物，如五味子甲素（deoxyschizandrin）和五味子醇甲（schisandrin）。

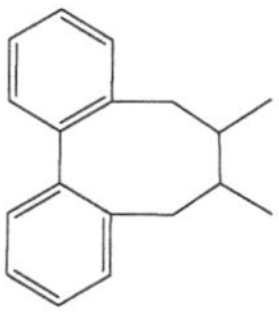

联苯环辛烯型

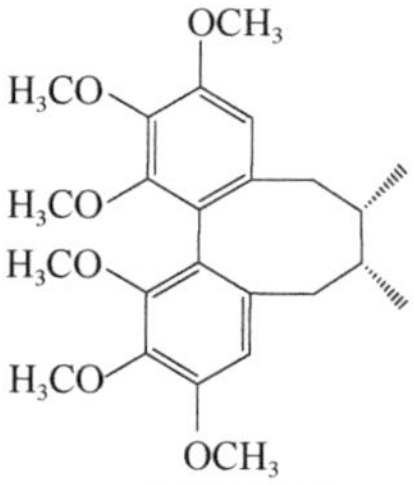

五味子甲素

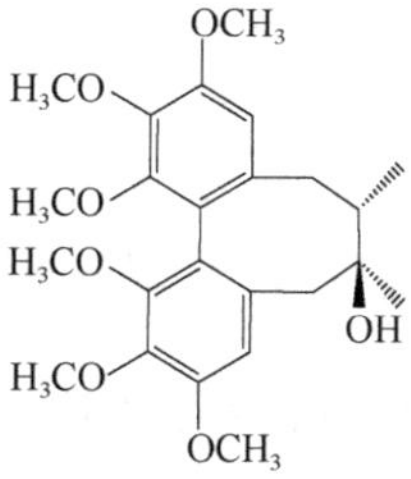

五味子醇甲

8. 联苯类化合物（biphenylene）

该类木脂素中两个苯环通过 3-3′ 直接相连而成。从中药厚朴中得到的厚朴酚（magnolol）、和厚朴酚（honokiol）、台湾檫木醛（randainal）和厚朴醛 B（magnaldehyde B）等化合物是典型的联苯类木脂素。

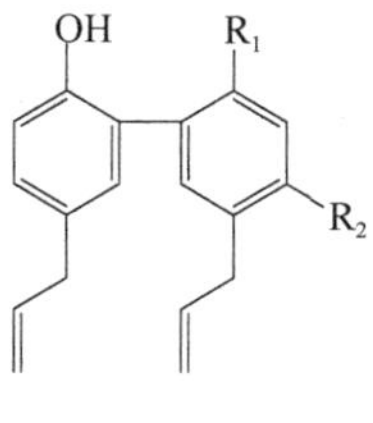

厚朴酚　R_1=OH，R_2=H
和厚朴酚 R_1=H，R_2=OH

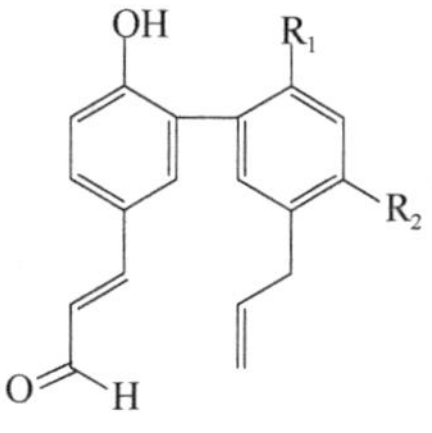

台湾檫木醛 R_1=OH，R_2=H
厚朴醛B　R_1=H，R_2=OH

9. 苯骈呋喃类化合物（benzofurans）

此类木脂素结构中一分子苯丙素的苯环与另一分子苯丙素的侧链连接形成呋喃氧环。例如，海风藤 *Piper kadsura*（Choisy）Ohwi 中的海风藤酮（kadsurenone）和山蒟 *Piper hancei*

中的山蒟素（hancinone）均可通过抑制血小板活化因子（PAF）发挥抗凝血作用。

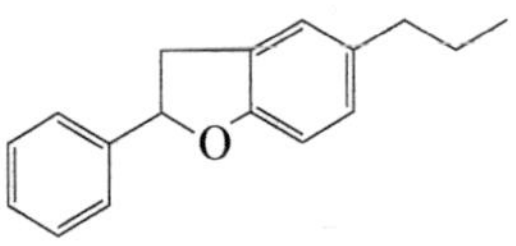

苯骈呋喃结构骨架

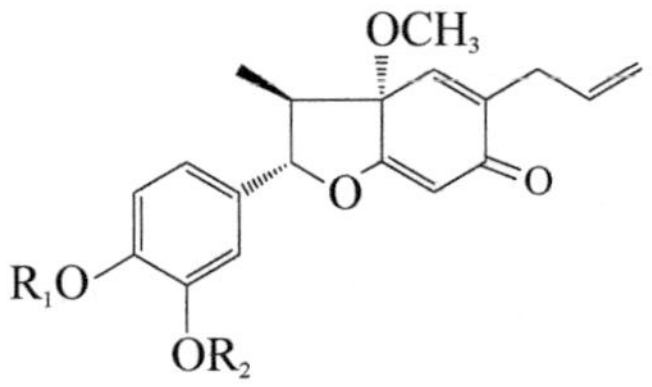

海风藤酮 $R_1 = R_2 = CH_3$ 山蒟素 $R_1 + R_2 = CH_2$

另有一些复杂结构的木脂素，如具有保肝作用的水飞蓟素（silymarin），复合了木脂素和黄酮的基本结构。

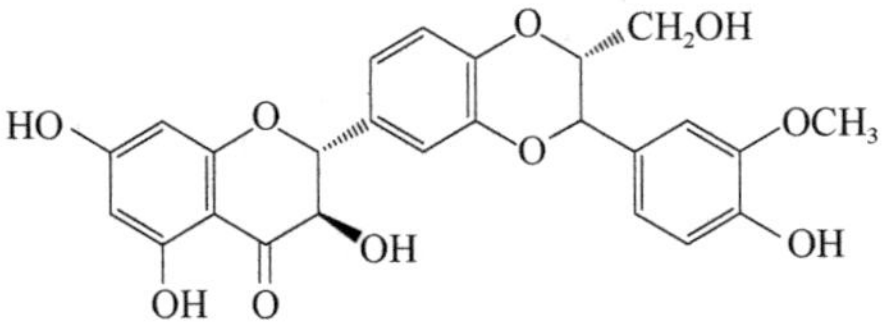

水飞蓟素

二、木脂素的理化性质

（一）性状及溶解度

多数木脂素化合物为无色结晶或白色粉末，一般无挥发性，少数可升华。游离型木脂素脂溶性强，可溶于苯、乙酸乙酯、乙醚、乙醇及氯仿等有机溶剂，少数木脂素与糖结合成苷，水溶性增强。具有内酯环或酚羟基的木脂素类可溶于碱性水溶液中。

（二）光学活性与异构化作用

多数木脂素类化合物具有光学活性，这是因为分子结构中具有手性碳原子，或空间位阻造成了取代的苯环不能自由旋转，形成了光学活性异构体。大部分木脂素遇酸或碱易异构化，表现在物理性质上即为分子光学活性发生改变。

中药小叶莲为小檗科桃儿七 *Sinopodophyllum hexandrum*（Royle）Ying 的干燥成熟果实，其中富含具有抗癌活性的木脂素——鬼臼毒素类化合物，该类化合物为苯代四氢萘型木脂内酯，具有四氢萘环和 2α，3β 反式构型的内酯环结构，分子中 C_1-C_2 顺式和 C_2-C_3 反式的构型是其具有抗癌活性的必要结构要求。但此类成分遇碱溶液易使内酯环异构为 2β，3β 的顺式结构，如鬼臼毒脂素（podophyllotoxin）在光学活性上为左旋性 $[\alpha]_D$−133°，遇碱液所得异构体苦鬼臼脂素（picropodophyllin）的旋光性转变为右旋性 $[\alpha]_D$+9° 的同时，失去抗癌活性。

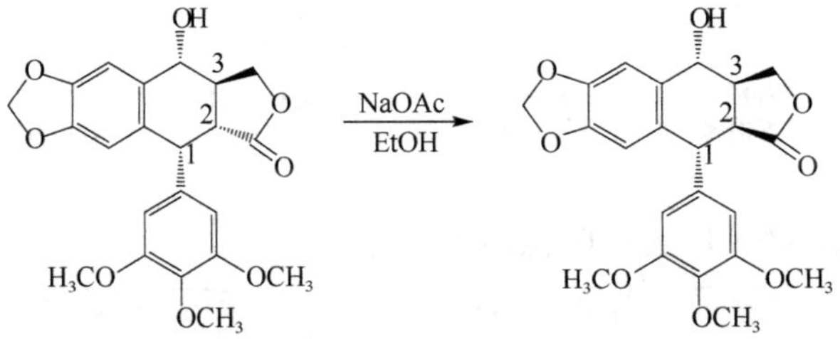

鬼臼毒脂素　　　　苦鬼臼脂素

除遇碱异构化的情况外，由于双环氧木脂素类在酸的作用下，呋喃环上的氧原子与苄基碳原子之间的键开裂，在重新闭环时该键构型发生变化。例如，D-芝麻脂素（D-sesamin）系从麻油的非皂化物中获得的右旋体，在盐酸乙醇中加热后，部分转变为其立体异构体 D-细辛脂素（D-asarinin），又称 D-表芝麻脂素（D-episesamin）。同样，中药细辛和两面针中都含有的左旋 L-细辛脂素（又称 L-表芝麻脂素），在盐酸乙醇中加热，部分转变为 L-芝麻脂素。

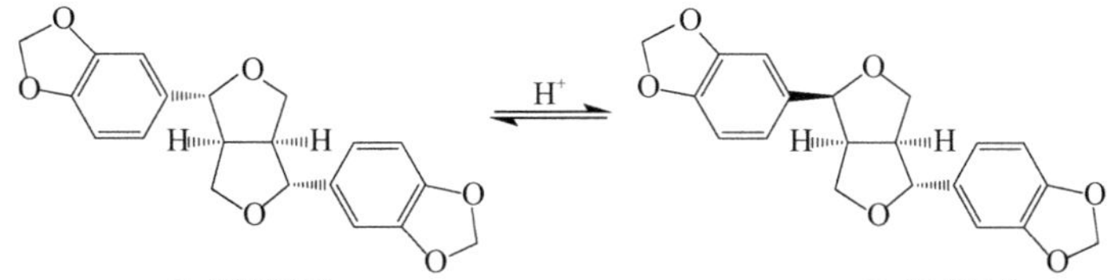

D-芝麻脂素　　　　D-细辛脂素

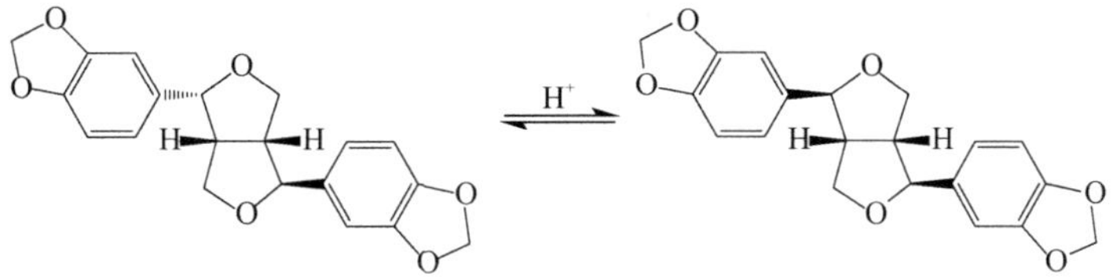

L-细辛脂素　　　　L-芝麻脂素

不仅酸碱可使木脂素异构化，光照也可使某些木脂素发生氧化环合等反应或直接导致构型改变。由于木脂素类化合物生理活性常与手性碳的构型有关，因此木脂素类成分在提取分离过程中需要严格控制操作条件，避免遇酸碱异构化而活性减弱或丧失。

（三）官能团反应

由于木脂素类母核类型较多，因此并无共同的特征反应。但当木脂素结构中存在特殊的功能基团（如酚羟基、亚甲二氧基及内酯环等）时，可利用这些功能基的性质和鉴别反应进行检识，如三氯化铁试剂可用于酚羟基的检查；用 Labat 反应或 Ecgrine 试剂检查亚甲二氧基的存在。

三、木脂素的提取分离

（一）溶剂法

木脂素类化合物多数以游离状态存在于植物体内，其亲脂性较强，易溶于氯仿、乙醚和乙酸乙酯等极性不大的有机溶剂，可用于提取；虽然游离木脂素在石油醚和苯中溶解度较小，但纯化（如醇提物浸膏以石油醚或苯多次溶解）时易得到纯度较好的化合物。

少数木脂素与糖结合成苷，较苷元亲水性更强，可依照苷类通法进行提取。

目前多用系统溶剂萃取法对木脂素及其苷类进行提取分离，通常用乙醇或丙酮提取，提取液浓缩成浸膏后，用石油醚、氯仿（或乙醚）、乙酸乙酯、正丁醇等依次抽提，可得到极性大小不同的部位。游离木脂素多集中在氯仿（或乙醚）部位，木脂素苷多集中在正丁醇部位。

木脂素类成分在植物体内常与大量树脂状物共存，在用溶剂处理的过程中容易树脂化，需要在提取分离过程中注意。

（二）碱溶酸沉法

具有内酯环或酚羟基结构的木脂素可用碱水使其成盐而与其他亲脂性成分分离，碱水液酸化后，木脂素游离又沉淀析出而与其他组分分离。由于碱液可能使木脂素类化合物异构化而失去生物活性，所以此法不适用于具有旋光活性的木脂素成分的分离。

（三）色谱法

木脂素的进一步纯化分离主要依靠色谱分离法。吸附色谱和分配色谱广泛应用于木脂素的分离，常用的吸附剂为硅胶和中性氧化铝，可根据被分离物质的极性选用洗脱剂，如石油醚 - 乙醚、氯仿 - 甲醇、苯 - 乙酸乙酯等，其中含氯仿的洗脱剂分离效果较好；分配色谱中常用柱色谱分离木脂素苷类成分，如常压柱色谱、低压柱色谱和高效液相柱色谱等。

超临界流体萃取法（多以超临界 CO_2 为溶剂）正逐渐应用于游离木脂素成分的提取分离中，如海风藤和五味子中木脂素成分的提取。与传统的提取分离法相比，超临界 CO_2 萃取法没有有机溶剂残留；而且提取与溶剂回收一步完成，简化了工艺；适量使用夹带剂调节超临界流体的溶解度，可使超临界流体萃取出的成分不局限于较小极性的成分。

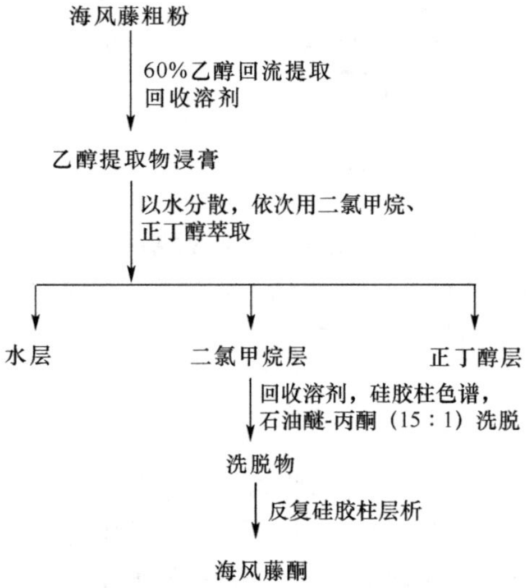

图 5-4　海风藤酮提取分离流程图

（四）提取分离实例

海风藤为胡椒科植物风藤 *Piper kadsura*（Choisy.）Ohwi. 的干燥藤茎。海风藤性微温，味辛、苦。归肝经。具有祛风湿，通经络，止痹痛之功效。用于风寒湿痹，筋脉拘挛，肢节疼痛，屈伸不利等症。药理研究证明海风藤中以海风藤酮为代表的木脂素类成分可显著抗氧化，对脑干缺血和肝脏局部缺血损伤具有保护作用。海风藤酮的提取分离流程如图 5-4 所示。

四、木脂素的结构鉴定

（一）紫外光谱

木脂素的立体构型对其紫外光谱无影响。多数木脂素的两个取代芳环是两个孤立的发色团，其紫外吸收峰位置接近且吸收强度可加和。简单木脂素、环木脂素、环木脂素内酯、双环氧木脂素均有两个典型吸收带 λ_{max} 220 ~ 240nm 和 280 ~ 290nm，联苯环辛烯类木脂素通常有三个特征吸收带 λ_{max} 210 ~ 220nm、240 ~ 260nm 和 280 ~ 290nm。4- 苯基萘类化合物通常在 225 ~ 230nm、260 ~ 265nm、320 ~ 325nm 和 355 ~ 360nm 处显示四组较强吸收峰，为苯代萘类化合物的显著特征。根据此特点，可将待测化合物脱氢生成苯代萘类，再根据后者的紫外吸收确定其骨架类型，用以区别苯代四氢萘、苯代二氢萘和苯代萘型木脂素。

（二）红外光谱

木脂素在红外光谱中可识别的结构常有亚甲二氧基、甲氧基、羟基、芳环及内酯环等基团。

（三）核磁共振谱

木脂素的结构类型多，因此核磁共振光谱特征差异较大。本书简单介绍木脂素中几个常见类型化合物的 ^{1}H-NMR 和 ^{13}C-NMR 光谱规律。

1. ^{1}H-NMR

（1）简单木脂素：由两分子苯丙素通过 β 位碳原子（C_8-$C_{8'}$）连接而成，常具有对称结构，需注意此时 ^{1}H-NMR 信号仅代表一半结构。当 9 位碳和 9′ 位碳被氧化为羟甲基时，由于 8 位碳和 8′ 位碳为手性碳原子，羟甲基上的两个氢质子磁不等价，于 δ 3.5 ~ 3.7 处裂分为 dd 峰。

（2）单环氧木脂素：当该类化合物由 7-*O*-7′ 或 9-*O*-9′ 环合而成时，分子常具有对称结构，其 ^{1}H-NMR 信号仅代表一半结构；7-*O*-9′ 环合时分子不具有对称性。

例如，石菖蒲 *Acorus tatarinowii* Schott 中的成分 galgravin，为具有对称结构的单环氧木脂素，其结构和 ^{1}H-NMR（300MHz，$CDCl_3$）谱数据归属见表 5-4：

表 5-4　Galgravin 的 ^{1}H-NMR 数据及归属（δ，ppm）

δH	归属
1.05（6H，d）	H-9 和 H-9′
2.34（2H，m）	H-8 和 H-8′
4.52（2H，d）	H-7 和 H-7′
3.88（12H，s）	OCH_3
6.86 ~ 6.99	Ar-H

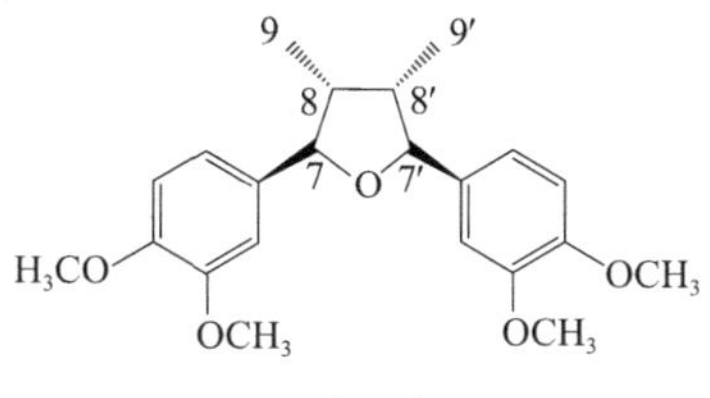

galgravin

（3）环木脂内酯：在环木脂内酯结构中，苯（C）环平面与萘（A、B）环平面相互垂直，通过 ^{1}H-NMR H-1、H-4 及内酯环亚甲基质子数据可以区分内酯环上向和下向两种类型：

1）若内酯环上向，环内亚甲基恰好与苯（C）环共平面，受苯环屏蔽效应的影响而于较高磁场处产生信号。H-1 受到羰基的去屏蔽作用于较低场产生信号。

2）若内酯环下向，不受以上影响。相关数据见表 5-5。

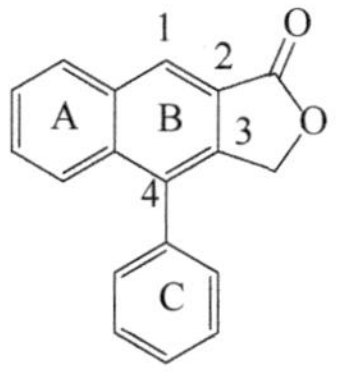

内酯环上向

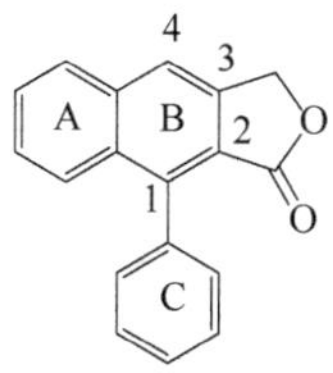

内酯环下向

表 5-5　苯代萘型环木脂内酯部分 ^{1}H-NMR 数据（δ，ppm）

δ值	H-1	H-4	内酯环亚甲基
内酯环上向	8.25		5.08 ～ 5.23
内酯环下向		7.6 ～ 7.7	5.32 ～ 5.52

（4）双环氧木脂素：在双环氧木脂素结构中，可根据 ^{1}H-NMR 中 H-2 和 H-6 的 *J* 值，判断两个芳香基是位于同侧还是异侧。

1）若位于同侧，则 H-2 与 H-1 及 H-6 与 H-5 为反式构型，且 *J* 值相同（*J*=4 ～ 5Hz）。

2）若位于异侧，则 H-2 与 H-1 为反式构型（*J*=4 ～ 5Hz），而 H-6 与 H-5 则为顺式构型（*J*=7Hz）。

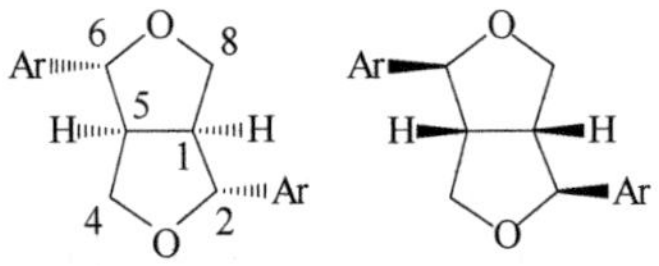

同侧

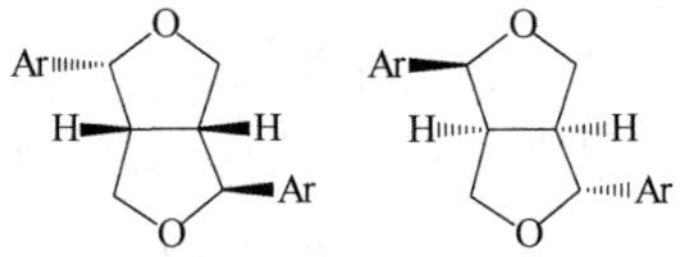

异侧

例如，铁皮石斛 *Dendrobium officinale* Kimura et Migo、刺五加 *Acanthopanax senticosus*（Rupr. et Maxim.）Harms、丁香 *Eugenia caryophyllata* Thunb. 中都含有的成分丁香脂素（syringaresinol），为具有对称结构的双环氧木脂素，其结构和 ^{1}H-NMR（500MHz，CD_3OD）谱数据归属见表 5-6。

表 5-6　丁香脂素的 ^{1}H-NMR 数据及归属（δ，ppm）

δ值	归属
4.28（2H，dd，*J*=9.0，6.8Hz）	H-9a 和 H-9a′
3.92（2H，s）	H-9b 和 H-9b′
3.09（2H，m）	H-8 和 H-8′
4.74（2H，d，*J*=4.0Hz）	H-7 和 H-7′
6.59（4H，s）	H-2，6 和 H-2′，6′
3.84（12H，s）	OCH_3
5.51（2H，s）	OH

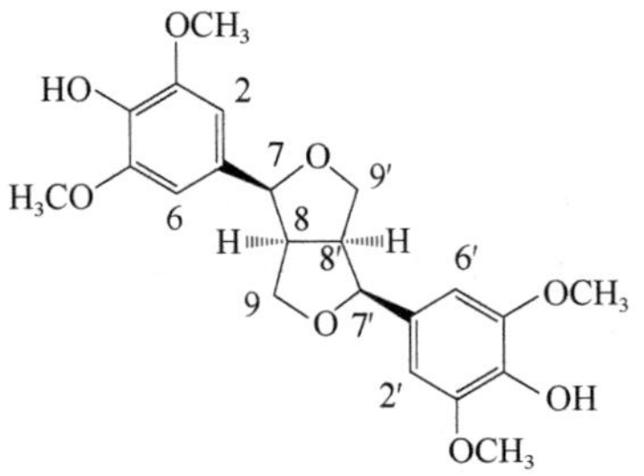

丁香脂素

2. ^{13}C-NMR

化合物Ⅰ、Ⅱ、Ⅲ分别属简单木脂素、木脂内酯和环木脂素，三个化合物的 ^{13}C-NMR 信号如表 5-7 所示。

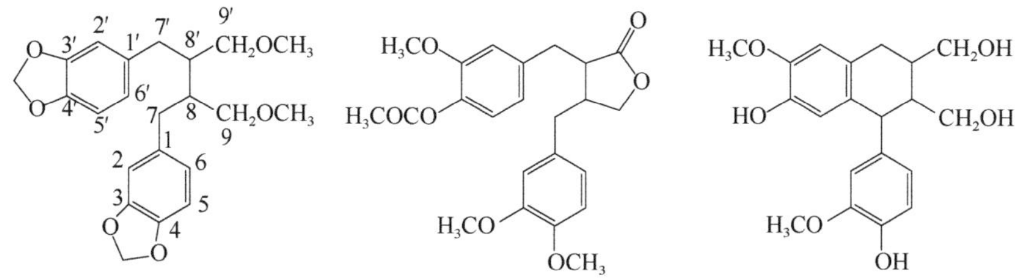

（Ⅰ）　　（Ⅱ）　　（Ⅲ）

表 5-7　三种木脂素的 ^{13}C-NMR 数据（δ，ppm）

化合物	Ⅰ	Ⅱ	Ⅲ
C-1	135.2	130.9	132.6
C-2	108.2	111.5	112.0
C-3	145.9	147.9	145.2
C-4	149.6	149.2	143.5
C-5	114.3	112.8	114.5
C-6	122.2	120.9	121.9
C-7	34.9	32.7	47.4
C-8	41.4	40.0	47.5
C-9	72.7	69.5	62.1
C-1′	135.2	138.5	127.2
C-2′	108.2	112.0	110.6
C-3′	145.9	151.3	147.1
C-4′	149.6	137.7	144.1
C-5′	114.3	120.4	115.8
C-6′	122.2	122.9	136.8
C-7′	34.9	30.8	32.8
C-8′	41.4	45.4	39.5
C-9′	72.7	177.8	65.7
OCH_3	58.8	55.9	55.6
OCH_2O	100.9		
$OCOCH_3$		169.1	
		20.7	

从表 5-7 中数据可得出以下规律。

（1）化合物Ⅰ由两分子相同结构的苯丙素于 β 位碳原子（C_8-$C_{8'}$）连接，具有对称结构，因此 C-1 ~ C-9 位碳的 δ 值和 C-1′ ~ C-9′ 位碳的 δ 值一致，化合物Ⅱ和Ⅲ则不完全对称。另外化合物Ⅰ中亚甲二氧基中的碳由于同时与两个氧相连，因而 δ 值 100.9，较一般含氧基团中的碳更加低场（一般亚甲二氧基碳的 δ 值范围为 100 ~ 110）。

（2）化合物Ⅰ、Ⅱ和Ⅲ的 3，4 位和 3′，4′ 位由于与含氧基团相连（羟基、乙酰基、亚甲二氧基或甲氧基），因此 δ 值均较芳香环上其他位置上碳更加低场。

（3）化合物Ⅱ的 9′ 位碳为内酯环羰基，δ 值为 177.8，位于最低场（一般酯中羰基碳的 δ 值范围为 160 ~ 180）。

（4）化合物Ⅰ的 9、9′ 位碳上连有甲氧基，化合物Ⅲ的 9、9′ 位碳上连有醇羟基，而化合物Ⅱ的 9 位碳上连有氧，因此其 δ 值较 7、8、7′ 和 8′ 位碳更加低场。

（四）质谱

游离木脂素多用 EI-MS 谱测定，多数木脂素由于具有环状结构而易得到分子离子峰。木脂素结构中含有苄基，因此可发生苄基裂解。尤其是简单木脂素类化合物的质谱峰中，主要离子通常来源于分子离子的两个苄基裂解或重排，丰度较强，如

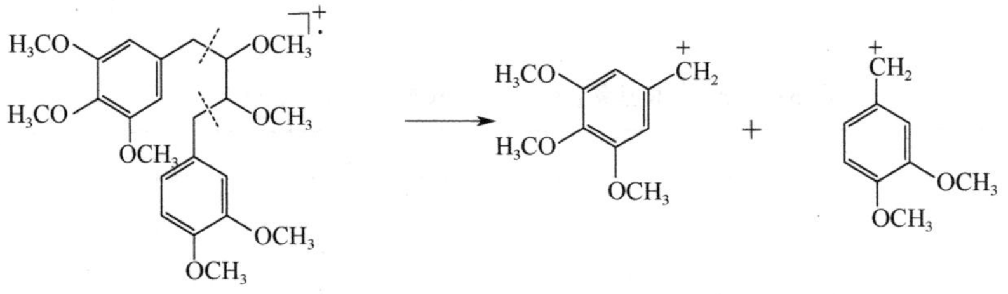

M^+448　　*m*/*z* 181　　*m*/*z* 151

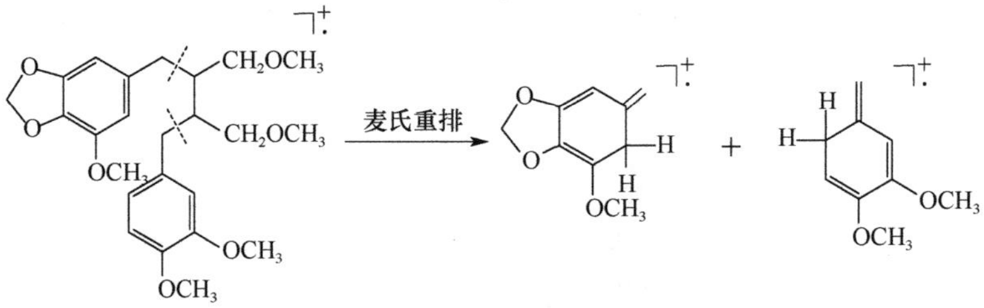

M^+432　　*m*/*z* 166　　*m*/*z* 152

珠子草素（niranthin）

木脂素苷类化合物的质谱分析采用 CI、FAB、ESI 离子源均可适用，通常能得到强度较高的脱糖基离子峰，如 8，8′- 双氢丁香宁葡萄糖苷（8，8′-bidibydrosiringenin glucoside）：

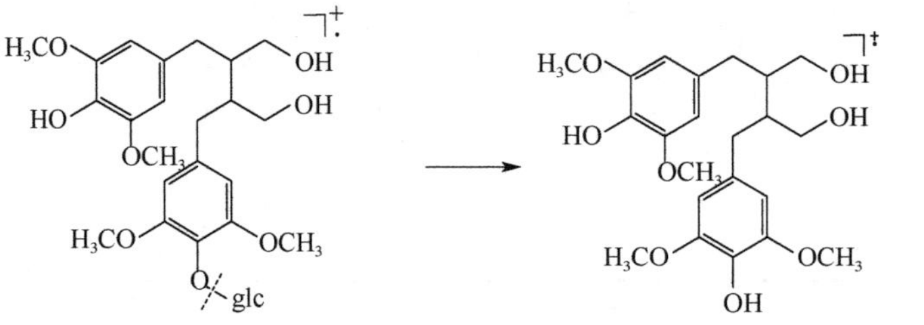

M^+584　　*m*/*z* 422（M^+−162）

8,8′-双氢丁香宁葡萄糖苷

五、木脂素的研究实例

厚朴中木脂素的研究

常用中药厚朴系木兰科植物厚朴 *Magnolia officinalis* Rehd.et Wils. 或凹叶厚朴（温朴）*M.officinalis* Rehd.et Wils.var.*biloba* Rehd.et Wils. 的干燥干皮、根皮和枝皮。厚朴作为国家二类保护野生中药材和二类保护植物，在树龄 20 ~ 30 年间采收为佳。但大量厚朴由于资源匮乏在树龄不足时被提前砍伐，其中活性次生代谢产物积累不足，质量下降。2015 版《中国药典》

规定厚朴所含有效成分厚朴酚与和厚朴酚的总量下限为 2%。市面流通的代用品主要源自木兰科木兰属和木莲属植物，其厚朴酚和厚朴酚含量非常低。

厚朴中酚类物质母核多属于木脂素类（含量约为 5%），主要包括厚朴酚、和厚朴酚、异厚朴酚、厚朴醛等（结构见本章第四节），另外厚朴还含有挥发油及生物碱类成分。厚朴中的木脂素类成分可抗菌和抗龋齿，同时还具有中枢神经抑制、肌肉松弛和对应激性溃疡的预防作用。为拓展用药资源，厚朴叶已被用做厚朴酚、和厚朴酚的提取原料（厚朴叶中厚朴酚、和厚朴酚含量为厚朴皮的 16% ~ 17%）。

厚朴中以上几种木脂素类成分的分离流程如图 5-5 所示。

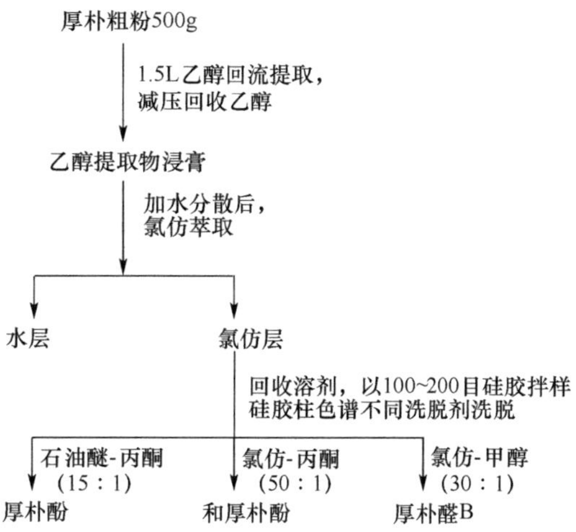

图 5-5　厚朴中木脂素类成分分离流程图

该类联苯型木脂素的结构解析以厚朴酚为例介绍如下。

白色针状结晶（丙酮），可溶于氯仿。mp 87.5℃; $[\alpha]_D \pm 0°$; UV λ_{max}^{MeOH} nm: 213, 291。IR$_{(KBr)}$ cm^{-1}：3325，1637，1602，1541，1490，1418，1230。EI-MS *m/z*：266[M]$^+$，示其相对分子质量为 266，分子式 $C_{18}H_{18}O_2$（计算值：266.3343）。硅胶薄层板上 10% 硫酸乙醇溶液加热显紫褐色。^{13}C-NMR 显示有 8 个 sp^2 碳信号，包括 6 个芳香碳信号（δ 116.6、123.3、130.1、131.1、133.2、151.2）和一对末端双键碳信号（δ 137.4，115.8），此外，还有 1 个 sp^3 杂化碳信号（δ 39.3），提示该化合物可能是一个 C6-C3 的苯丙素类化合物；^{1}H-NMR 显示分子内有 3 组芳环质子 [δ 7.15（1H，dd，*J*=8.4，2.1Hz），δ 7.08（1H，d，*J*=2.1Hz），δ 6.98（1H，d，*J*=8.4Hz）]，由耦合裂分情况可以确定芳环为 1，3，4 三取代，每个信号处的积分为 2 倍，结合 ^{13}C-NMR 可知该化合物是一个完全对称的联苯型木脂素，两个苯环通过 C—C 键相连，一个取代基为—OH，一个取代基为丙烯基，由 δ 5.96（1H，ddt，*J*=17.0，10.0，6.7Hz），δ 5.10（1H，br.d，*J*=17.0Hz），δ 5.06（1H，br.d，*J*=10.0Hz）佐证结构中末端双键的存在，并通过—CH_2—结合在 1 位。^{1}H-NMR 和 ^{13}C-NMR 数据及归属见表 5-8，由以上数据推断该化合物为厚朴酚。

表 5-8　厚朴酚的 ^{13}C-NMR 和 ^{1}H-NMR 数据（$CDCl_3$，δ）

No.	^{13}C-NMR	^{1}H-NMR
1	123.3	
2	133.2	7.08（1H，d，*J*=2.1Hz）
3	131.1	
4	151.2	
5	116.6	6.98（1H，d，*J*=8.4Hz）
6	130.1	7.15（1H，dd，*J*=8.4，2.1Hz）
7	39.3	3.37（2H，br.d，*J*=6.7Hz）
8	115.8	5.96（1H，ddt，*J*=17.0，10.0，6.7Hz）

续表

No.	^{13}C-NMR	^{1}H-NMR
9a	137.5	5.06（1H，br.d，*J*=10.0Hz）
9b		5.10（1H，br.d，*J*=17.0Hz）
1′	123.3	
2′	133.2	7.08（1H，d，*J*=2.1Hz）
3′	131.1	
4′	151.2	
5′	116.6	6.98（1H，d，*J*=8.4Hz）
6′	130.1	7.15（1H，dd，*J*=8.4，2.1Hz）
7′	39.3	3.37（2H，br.d，*J*=6.7Hz）
8′	115.8	5.96（1H，ddt，*J*=17.0，10.0，6.7Hz）
9a′	137.5	5.06（1H，br.d，*J*=10.0Hz）
9b′		5.10（1H，br.d，*J*=17.0Hz）

本章参考资料请扫码

第六章　黄酮类化合物

黄酮类化合物（flavonoids）泛指两个苯环（A环与B环）通过三个碳原子相互连接而成的一系列化合物，具有 C_6-C_3-C_6 的基本骨架。由于这类化合物大多呈黄色且分子中多含酮基，即具有2-苯基色原酮（2-phenylchromone）的基本母核，因此被称作黄酮。

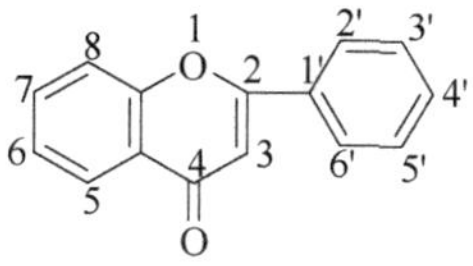

2-苯基色原酮

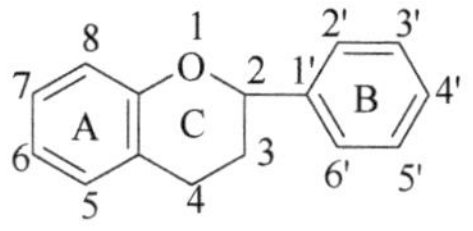

C_6-C_3-C_6

黄酮类化合物是广泛存在于自然界的一类重要的天然有机化合物，也是天然色素家族的重要成员。黄酮类化合物广泛分布在高等植物和羊齿类植物中，较少见于菌类、藻类、地衣类等低等植物中。其在植物的花、叶、果实等组织中多以与糖结合成苷的形式存在，而在木质部坚硬的组织中以游离苷元的形式存在。

黄酮类化合物在植物体内的生物合成途径是复合途径，即由莽草酸途径和乙酸-丙二酸途径共同衍生而成。经同位素标记实验证明，黄酮类化合物骨架的A环由3个丙二酰辅酶A通过环化作用生成；B环则是来自于桂皮酰辅酶A。3个丙二酰辅酶A和1个桂皮酰辅酶A先经查耳酮合成酶的作用生成查耳酮，再经查耳酮异构酶的作用合成二氢黄酮，二氢黄酮在各种酶的作用下可进一步生物合成大多数其他黄酮类成分，黄酮类化合物生物合成的基本途径见图6-1。

黄酮类化合物是中药中重要的有效成分之一，具有广泛的生物活性。主要表现在如下方面。

（一）对心血管系统的作用

黄酮类化合物可治疗心脑血管系统的一些疾病，具有降血脂、降胆固醇、抑制血栓形成、扩张冠状动脉及降低心肌耗氧量等作用，可用于治疗高血压、动脉硬化、心肌缺血等疾病。最早发现的降压药是芦丁，以后又陆续发现黄芩苷、海棠素、刺槐苷、木犀草素-7-葡萄糖苷均具有降压作用；金丝桃苷、木犀草素和沙棘总黄酮有抗心肌缺血的作用；银杏叶总黄酮、葛根素等能显著降低心脑血管阻力和心肌耗氧量及乳酸的生成，对心肌缺氧损伤有明显保护作用。

（二）保肝作用

水飞蓟宾、异水飞蓟宾及次水飞蓟宾等有肝保护作用，临床用于治疗急、慢性肝炎，肝硬化及多种中毒性肝损伤等疾病；淫羊藿黄酮、黄芪素、黄芪苷能抑制肝组织脂质过氧化，提高小鼠肝脏SOD活性，减少肝组织脂褐素形成，对肝脏有保护作用。田基黄总黄酮有降酶、改善肝功能的作用，黄芩苷对多柔比星引起的肝脂质过氧化有保护作用。

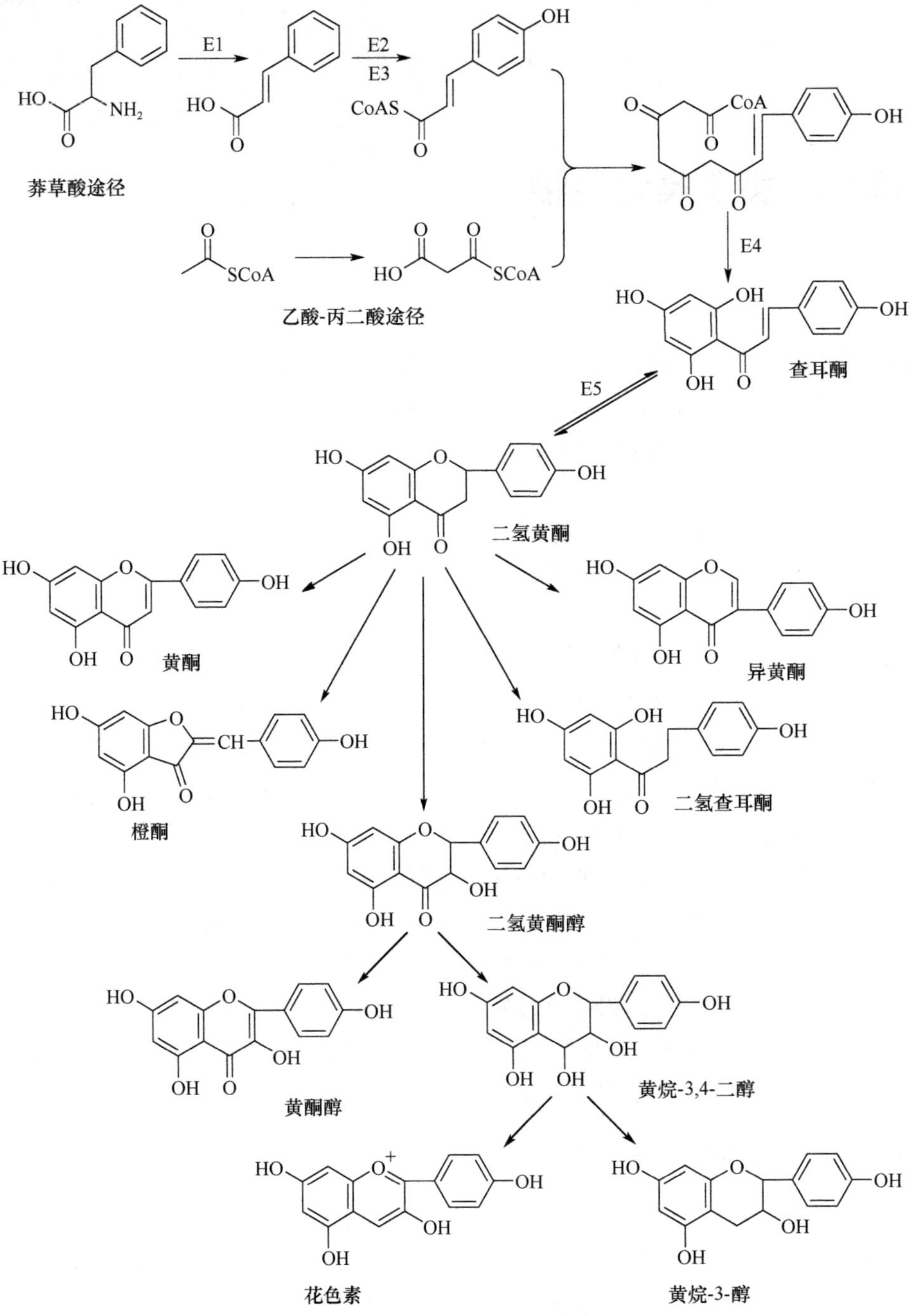

图 6-1　黄酮类化合物生物合成的基本途径

注：E1. 苯丙氨酸脱氨酶；E2. 桂皮酸 -4- 羟化酶；E3. CoA 连接酶；E4. 查耳酮合成酶；E5. 查耳酮异构化酶

（三）抗菌、抗病毒作用

黄芩素是黄芩中抗菌的有效成分，其对多种革兰阳性菌、革兰阴性菌及螺旋体等均有抑制作用，黄芩素也具有抗真菌活性，对多种致病性真菌，如白色念珠菌、许兰毛癣菌等有一定抑制作用。研究表明黄酮类化合物是中成药银翘散抗流感病毒的主要物质基础。另外银杏黄酮、槲皮素、桑色素、山奈酚、木犀草素等均有抗病原微生物和抗病毒的作用。

（四）抗肿瘤作用

对黄酮类化合物抗癌、抗肿瘤作用的研究由来已久，发现了许多具有抗癌抗肿瘤作用的黄酮类化合物，如槲皮素、黄芩素、芦丁、金雀异黄素等。槲皮素能通过抑制促进肿瘤细胞生长的蛋白质活性而抑制肿瘤的生长，黄芩素通过抑制 DNA 拓扑异构酶的活性来抑制肝癌细胞的增殖反应，诱导 KIM-1 细胞发生凋亡，通过抑制脑肿瘤黄嘌呤氧化酶的活性从而抑制脑瘤的生长。金雀异黄素可抑制动物肿瘤生长，对人体皮肤癌、乳腺癌生长也有抑制作用，其机制可能与提高机体免疫能力、抗氧化和抑制血管增生有关。

（五）抗炎作用

大量文献报道，黄酮类化合物如槲皮素、芹菜素、原花色素、山奈酚、甘草素、柚皮素、华中枸骨黄烷、异甘草素、木犀草素等均对炎症因子白细胞介素 1β（IL-1β）、白细胞介素 6（IL-6）、白细胞介素 8（IL-8）、肿瘤坏死因子（TNF-α）有抑制能力，从而发挥抗炎作用。棠茶总黄酮对巴豆油和角叉菜胶引起的急性炎症和纸片埋藏引起的慢性肉芽肿均有明显的抑制作用。穿心草中分离得到的穿心草屾酮对二甲苯所致的小鼠耳肿胀、乙酸所致的小鼠腹腔毛细血管通透性增加和鸡蛋清所致大鼠足肿胀三种急性炎症都有明显的抑制作用。

（六）雌激素样作用

黄酮类化合物的雌激素样作用具有兴奋和抑制的双重效应，通过与雌激素受体结合而发挥作用。淫羊藿总黄酮对妇女缺乏雌激素所导致的骨质疏松症有防治作用，可用于妇女绝经后所发生的骨质疏松症的预防和治疗。大豆异黄酮能缓解更年期因雌激素分泌减少而引起的更年期障碍和骨质疏松症。葛根总黄酮可恢复去势大鼠的雌激素水平，对由于雌激素水平下降所致的鼻黏膜萎缩有较好的治疗作用。

（七）抗氧化作用

黄酮类化合物有较强的抗自由基作用，芦丁、槲皮素、异槲皮苷、银杏黄酮、甘草黄酮、沙棘总黄酮及大豆异黄酮等可有效清除超氧阴离子和羟自由基，有较强的抗氧化作用。

（八）其他作用

杜鹃素、川陈皮素、槲皮素及异芒果素具有止咳祛痰作用；异甘草素及大豆素等具有与罂粟碱类似的解除平滑肌痉挛的作用；大豆苷、葛根黄素等葛根黄酮类成分可以缓解高血压患者的头痛症状；中药营实中的营实苷 A 有致泻作用；此外，有研究表明黄酮化合物对糖尿病及其并发症均有一定的预防或治疗效果；有些黄酮类化合物有良好的中枢神经保护和抗辐射的作用。

第一节　黄酮类化合物的结构与分类

根据黄酮类化合物 A 环和 B 环中间三碳链的氧化程度、B 环连接位置及三碳链是否成环等特点，可对天然黄酮类化合物进行分类，如表 6-1 所示。

表 6-1　黄酮类化合物的主要结构类型

类型	基本结构	类型	基本结构
黄酮类 （flavones）	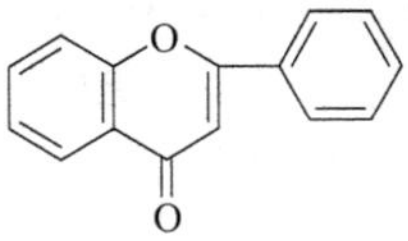	二氢黄酮类 （flavanones）	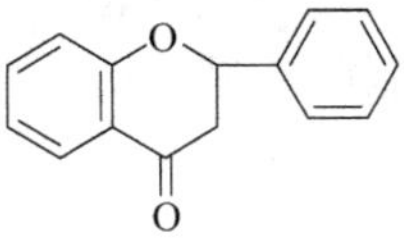
黄酮醇类 （flavonols）	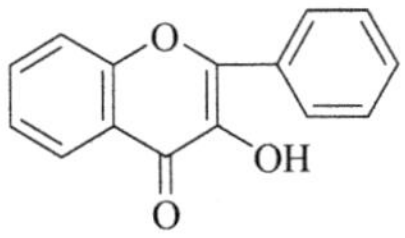	二氢黄酮醇类 （flavanonols）	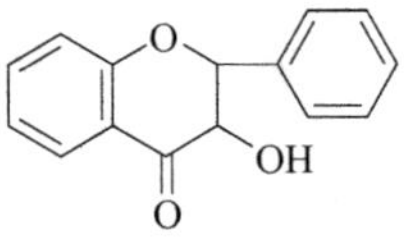
查耳酮类 （chalcones）	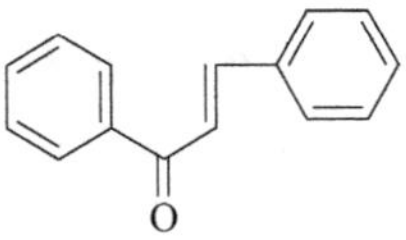	二氢查耳酮类 （dihydrochalcones）	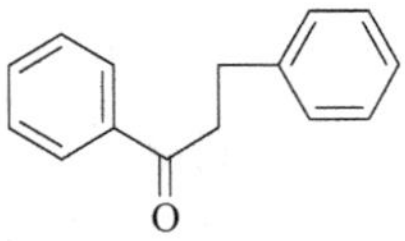
异黄酮类 （isoflavones）	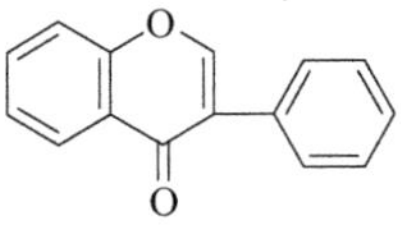	二氢异黄酮类 （isoflavanones）	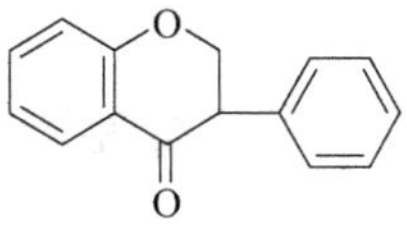
花色素类 （anthocyanidins）	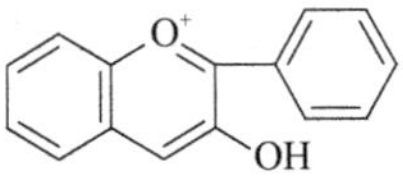	黄烷类 （flavans）	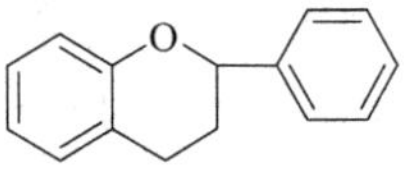
黄烷 -3- 醇类 （flavan-3-ols）	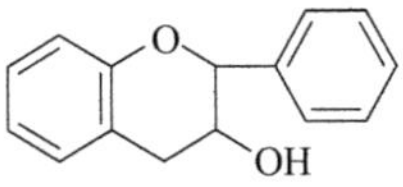	黄烷 -3，4- 二醇类 （flavan-3，4-diols）	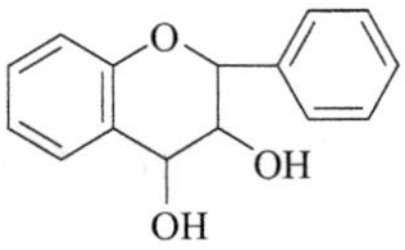
𠮿酮类 （xanthones）	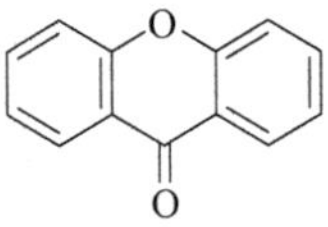	橙酮类 （aurones）	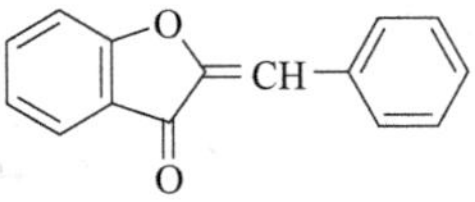

也有学者根据苯环在苯骈吡喃环上的连接位置不同，将黄酮类化合物分成三类，即苯环连接在苯骈吡喃环的 2 位称为黄酮类（flavonoids），连接在 3 位称为异黄酮类（isoflavonoids），而连接在 4 位则称为新黄酮类（neoflavonoids）。

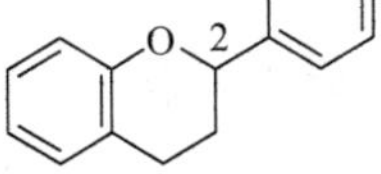

黄酮类

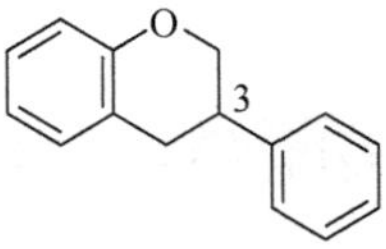

异黄酮类

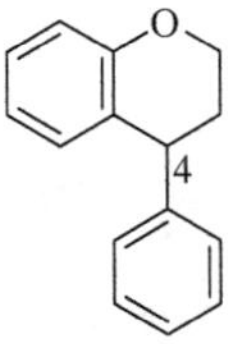

新黄酮类

黄酮类成分的结构中，常有羟基、甲氧基、异戊烯基及甲基等基团取代。羟基取代的位置通常在 C 环的 3 位，A 环的 5 位、7 位及 B 环的 3′、4′ 位。

植物中的黄酮类化合物多以苷的形式存在，由于苷元结构不同，加之糖的种类、数量、连接位置和连接方式的差异，形成了结构各异、数目众多的黄酮苷类化合物。组成黄酮苷的糖类主要有如下几种。

单糖类：D- 葡萄糖、L- 鼠李糖、D- 半乳糖、D- 木糖、L- 阿拉伯糖及 D- 葡萄糖醛酸等。

双糖类：芸香糖（rhaα1 → 6glc）、槐糖（glcβ1 → 2glc）、龙胆二糖（glcβ1 → 6glc）、新橙皮糖（rhaα1 → 2glc）、刺槐二糖（rhaα1 → 6gal，robinobiose）等。

三糖类：龙胆三糖（glcβ1 → 6glcβ1 → 2fru，gentianose）、槐三糖（glcβ1 → 2glcβ1 → 2glc，sophorotriose）等。

酰化糖类：2- 乙酰基葡萄糖（2-acetylglucose）、咖啡酰基葡萄糖（caffeoylglucose）等。

在黄酮氧苷中，糖的连接位置与苷元结构类型有关。例如，黄酮、二氢黄酮和异黄酮苷类，多在 7-OH 上形成单糖链苷；黄酮醇和二氢黄酮醇苷类则多在 3-，7-，3′-，4′-OH 上形成单糖链苷或在 3，7-、3′，4′- 及 7，4′- 二 OH 上形成双糖链苷。花色苷类多在 3-OH 上连接一个糖或在 3，5- 二 OH 上形成二葡萄糖苷。

除常见的氧苷外，自然界还有黄酮碳苷的存在，其成苷位置多在 6 位或 8 位或 6 位和 8 位，如葛根素、lucenin Ⅱ等。

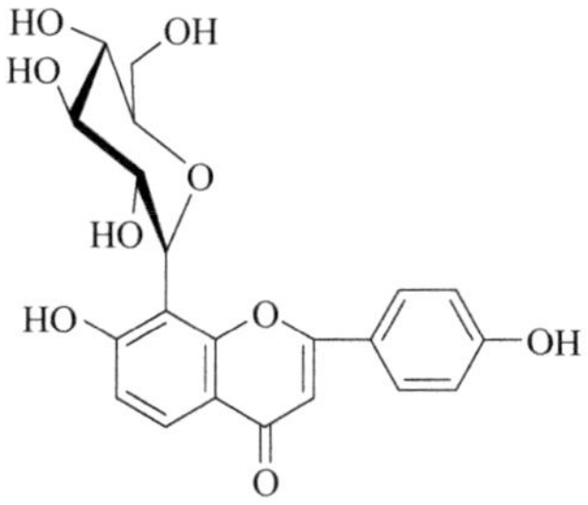

葛根素

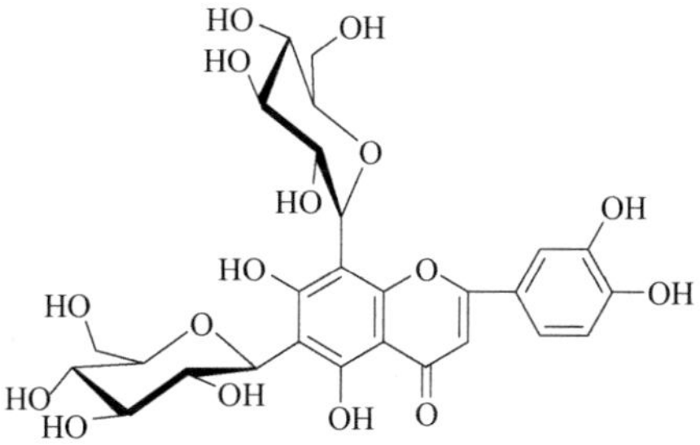

lucenin Ⅱ

（一）黄酮

黄酮是黄酮类化合物中结构最简单的一类，其母核为 2- 苯基色原酮。常见的黄酮及其苷类有芹菜素（apigenin）和芹菜苷、汉黄芩素（wogonin）和汉黄芩苷（wogonoside）、木犀草素（luteolin）和忍冬苷、黄芩素（baicalein）和黄芩苷（baicalin）等。

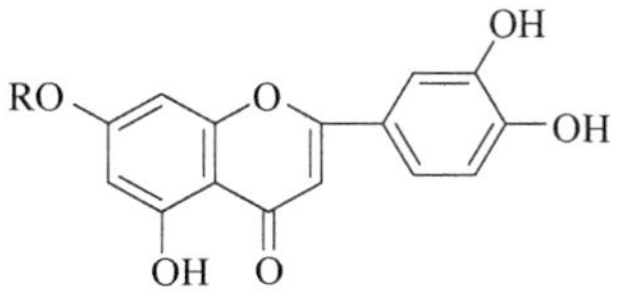

黄芩素 R=H

黄芩苷 R=葡萄糖醛酸

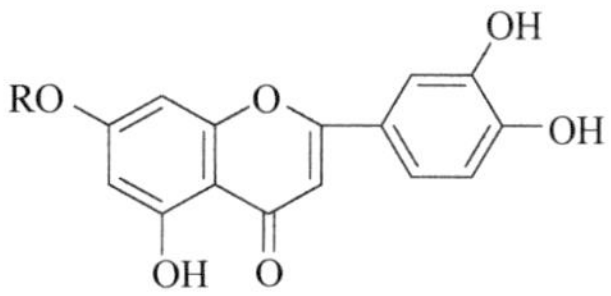

汉黄芩素 R=H

汉黄芩苷 R=葡萄糖醛酸

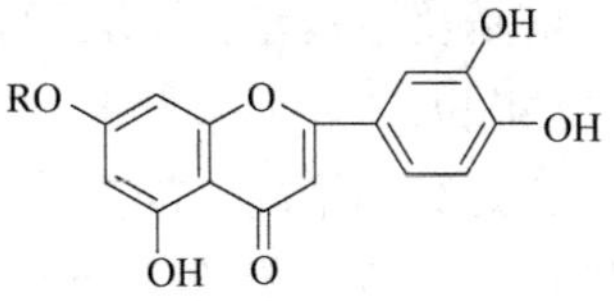

芹菜素　R=H

芹菜苷　R=芹糖

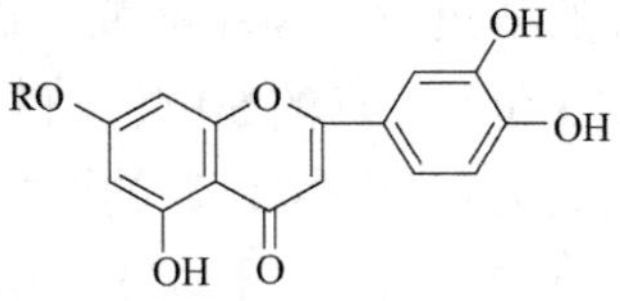

木犀草素　R=H

忍冬苷　R=新陈皮糖

（二）黄酮醇类化合物

黄酮醇类化合物是 2- 苯基色原酮的 3 位有含氧取代的一类化合物。常见的黄酮醇及其苷类有鼠李素（rhamnocitrin）、杜鹃黄素（azaleatin）、杨梅素（myricetin）槲皮素（quercetin）和芦丁（rutin）、山奈酚（kaempferol）和山奈酚 -3，7- 二葡萄糖苷等。

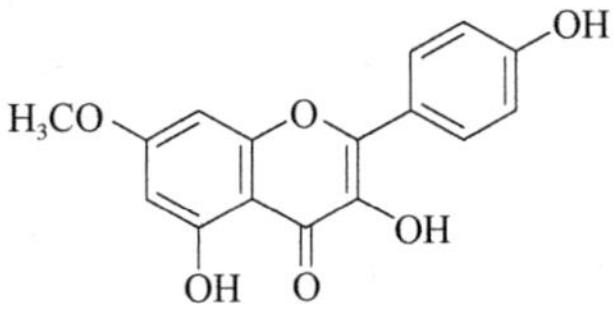

鼠李素

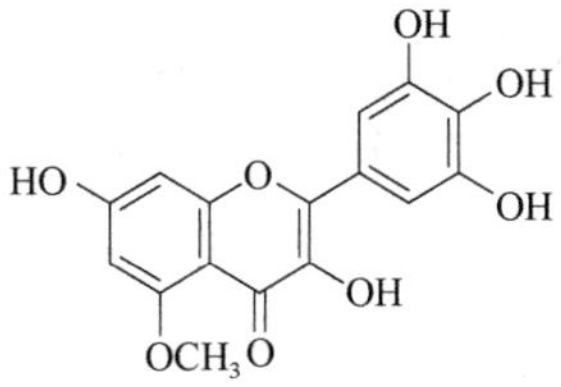

杜鹃黄素

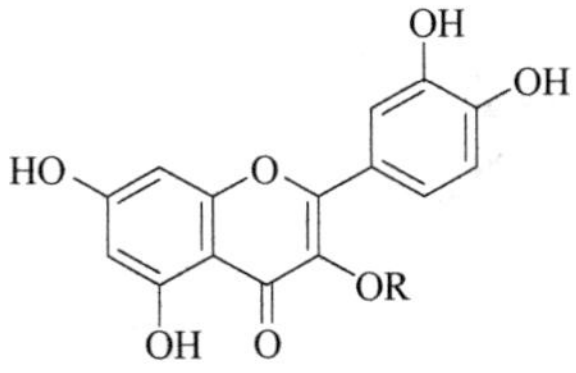

槲皮素　R=H

芦丁　R=芸香糖基

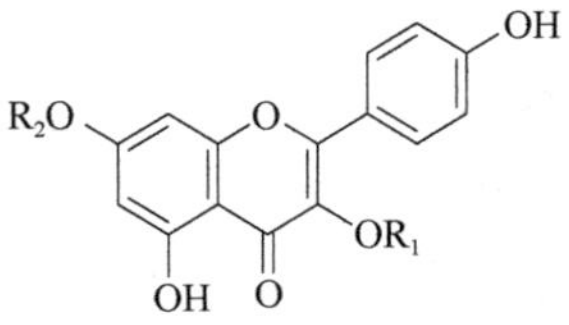

山奈酚　$R_1=R_2=H$

山奈酚-3，7-二葡萄糖苷　$R_1=R_2=$葡萄糖

（三）二氢黄酮类化合物

2- 苯基色原酮 2、3 位的双键被氢化即为二氢黄酮，如松属素（pinocembrin）和山姜素（alpinetin）。陈皮中橙皮苷（hesperidin）为二氢黄酮类化合物，具有降低血管脆性、缩短出血时间，维持血管正常渗透压等作用，临床可用于止血和治疗高血压的辅助药。甘草 *Glycyrrhiza uralensis* 中对消化性溃疡有抑制作用的甘草素（liquiritigenin）和甘草苷（liquiritin）均为二氢黄酮类成分。

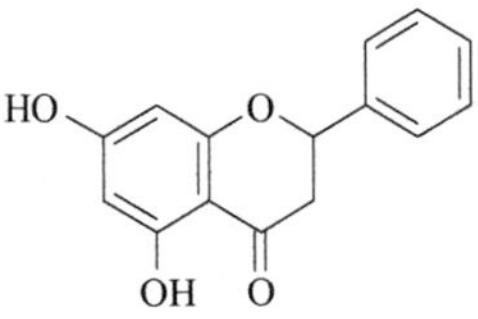

松属素

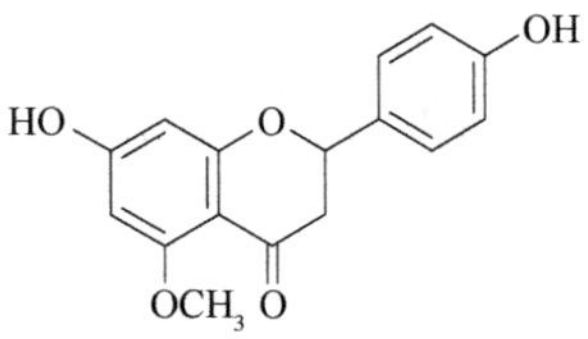

山姜素

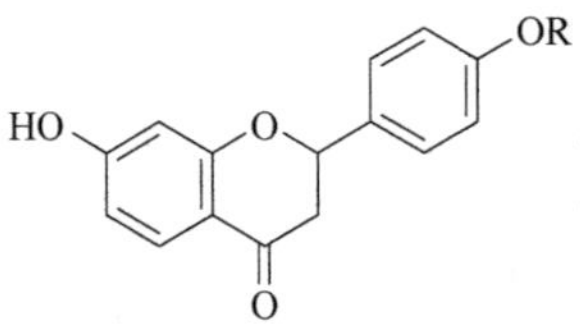

甘草素　R=H

甘草苷　R= glc

（四）二氢黄酮醇类化合物

二氢黄酮醇是在二氢黄酮结构上 3 位有含氧取代的一类化合物。二氢黄酮与二氢黄酮醇常在同一植物体中共存，如满山红 *Rhododendron dauricum* 叶中的二氢槲皮素（dihydroquercetin）和槲皮素共存，桑 *Morus multicaulis* 枝中的二氢桑色素（dihydromorin）和桑色素（morin）共存。

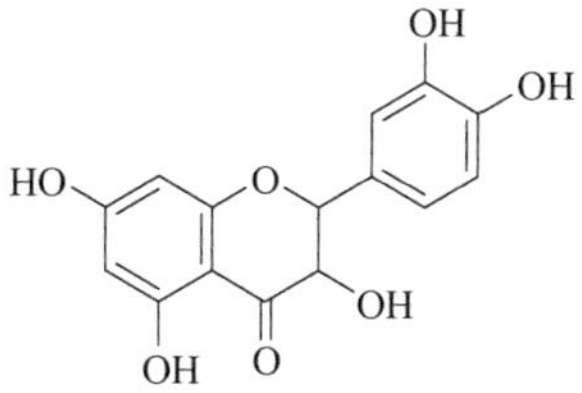

二氢槲皮素

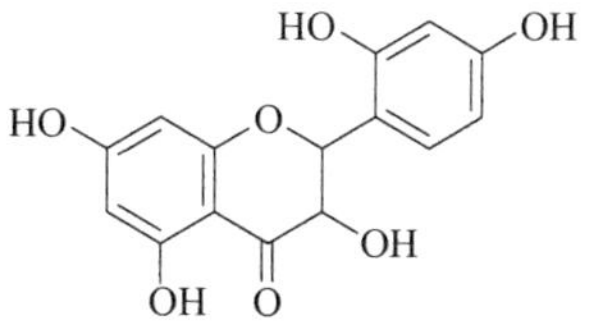

二氢桑色素

黄柏 *Phellodendron chinense* 中分离到的黄柏素 -7-*O*- 葡萄糖苷（phellamurin）具有一定的抗癌活性。葡萄科蛇葡萄属植物藤茶 *Ampelopsis grossedentata* 中含有的二氢杨梅素（dihydromyricetin）具有抗肿瘤、抗炎、抗氧化、解酒护肝、抗病原微生物、降血糖、抗疲劳和调血脂等方面的作用。

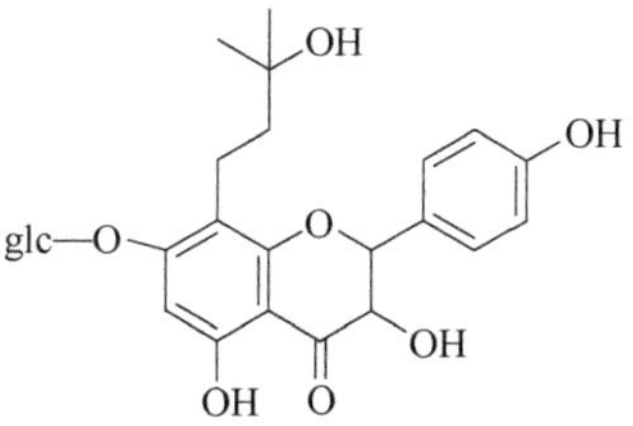

黄柏素 -7-*O*-葡萄糖苷

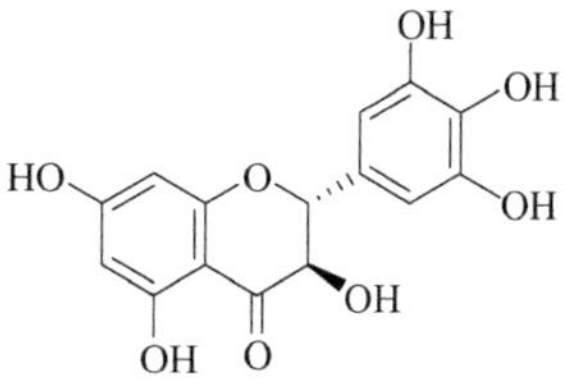

二氢杨梅素

（五）查耳酮类化合物

与其他黄酮类化合物不同，查耳酮类化合物是其他黄酮类化合物生物合成过程中的前体，其结构特点是三碳链为开环结构。查耳酮类化合物的母核结构编号从 B 环开始。2′-OH 查耳酮类化合物和二氢黄酮类化合物是互变异构体，在酸性条件下，2′-OH 查耳酮（深黄色）可转化为二氢黄酮（无色），碱化后又可还原。

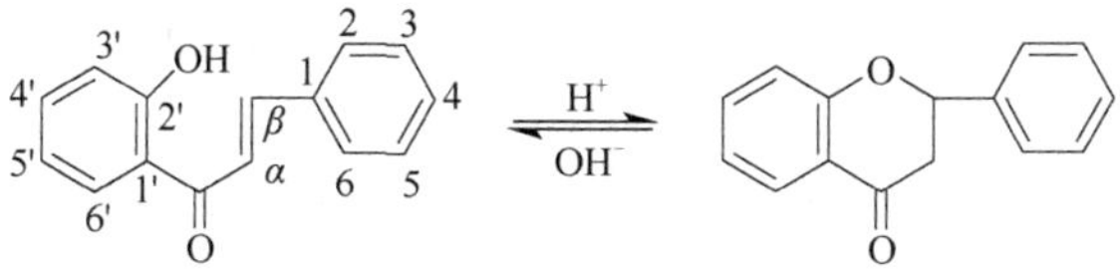

2′-羟基查耳酮　　　　二氢黄酮

红花为菊科植物红花 *Carthamus tinctorius* 的干燥花，可活血通经、散瘀止痛。其花冠在开花不同时期显示出不同的颜色，这是由于其次生代谢产物随着时间的变化而变化引起的。开花初期，花中主要含有无色的新红花苷（neocarthamin）及微量黄色的红花苷（carthamin），花冠呈淡黄色；开花中期花中主要含有红花苷，花冠呈深黄色；到开花后期因红花苷受氧化酶的作用被氧化成红色的醌式红花苷（carthamone），因而花冠显红色。

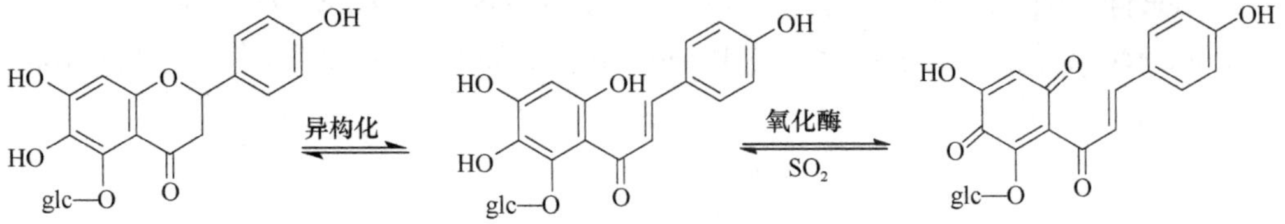

新红花苷(无色)　　红花苷(黄色)　　醌式红花苷(红色)

（六）二氢查耳酮类化合物

查耳酮的 α、β 位双键被氢化即为二氢查耳酮，是黄酮类化合物中数量较少的一类。例如，蔷薇科梨属植物根皮和苹果种仁中含有的根皮苷（phloridzin）及其苷元根皮素（phloretin）为此类结构，根皮素体外能够抑制 Molt-4 人白血病细胞的生长，体内可以抑制 Fisher 膀胱癌细胞的生长。从云南血竭中分离到的龙血素 A（loureirin A）也为二氢查耳酮类成分，对枝孢嗜果仓霉、禾谷镰刀菌龙血树变种、禾谷镰刀菌云南变种和出芽短梗霉 4 种真菌均具有抑制作用。

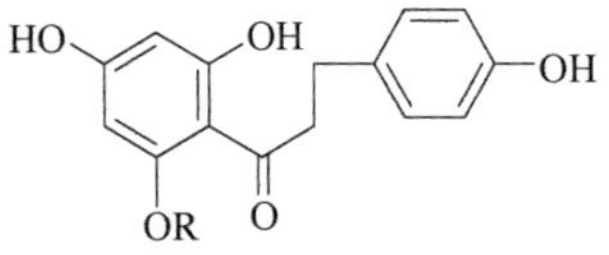

根皮苷　R=glc
根皮素　R=H

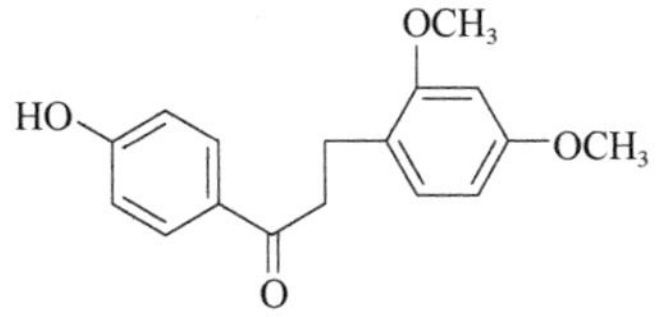

龙血素A

（七）异黄酮类化合物

异黄酮的基本结构是 3- 苯基色原酮。大豆异黄酮是植物雌激素的重要来源，能缓解更年期因雌激素分泌减少而引起的更年期障碍和骨质疏松症，其中大豆苷（daidzin）还具有降低血压、改善脑循环、扩张冠脉、改善心肌功能、解热和松弛平滑肌的作用。

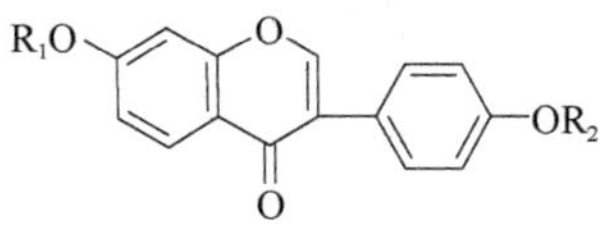

大豆素	R_1=R_2=H
大豆苷	R_1=glc　R_2=H
大豆素-7，4′-二葡萄糖苷	R_1=R_2=glc

蒙古黄芪 *Astragalus membranaceus* var.*mongholicus* 根中分离到的芒柄花素（formononetin）、芒柄花苷（ononin）、毛蕊异黄酮（calycosin）、毛蕊异黄酮 -7-*O*-*β*-D- 葡萄糖苷（calycosin-7-*O*-*β*-D-glucopyranoside）等均属于异黄酮的衍生物，结构式如下所示。

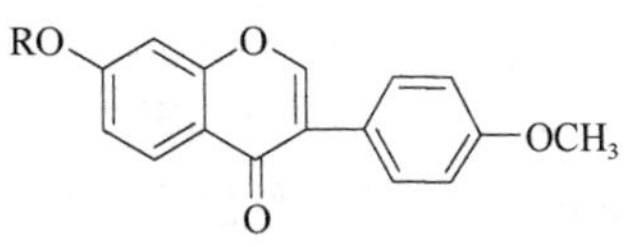

芒柄花素　R=H
芒柄花苷　R=glc

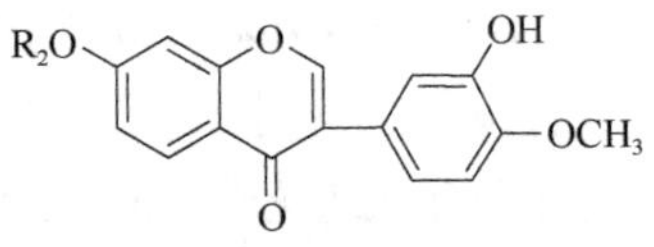

毛蕊异黄酮　R=H
毛蕊异黄酮-7-*O*-*β*-D-葡萄糖苷　R=glc

（八）二氢异黄酮类化合物

异黄酮的 2、3 位双键被氢化即为二氢异黄酮类化合物。毛鱼藤 *Derris elliptica* 中分离到的二氢异黄酮类成分鱼藤酮（rotenone）是一种广谱杀虫剂，对害虫高效且不易产生耐药性，但对人畜无害。补骨脂 *Psoralea corylifolia* 中分离到的补骨脂异黄酮 A（corylisoflavone A）也具有二氢异黄酮的结构。

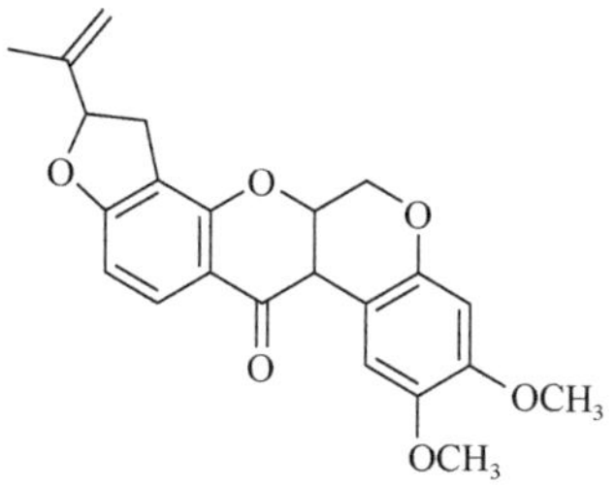

鱼藤酮

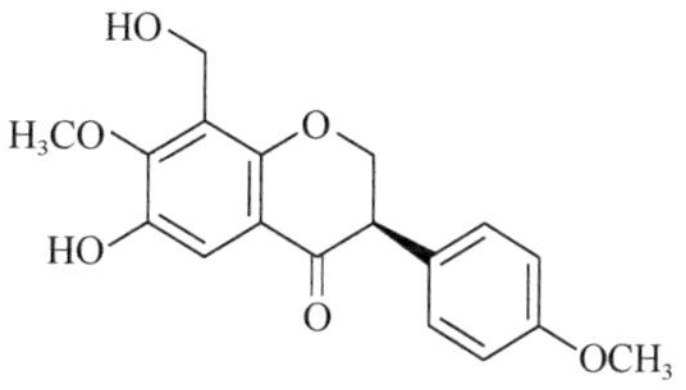

补骨脂异黄酮 A

（九）橙酮类化合物

橙酮类化合物又称噢哢类化合物，与上述黄酮类化合物最大的不同是其 C 环为含氧五元环。此类化合物较少见。黄花波斯菊中分离到的硫磺菊素（sulphuretin）属于橙酮类成分；兴安藜芦 *Veratrum dahuricum* 中分离到的（Z）-7，4′- 二甲氧基 -6- 羟基 - 橙酮 -4-*O*-*β*- 吡喃葡萄糖苷为橙酮苷。

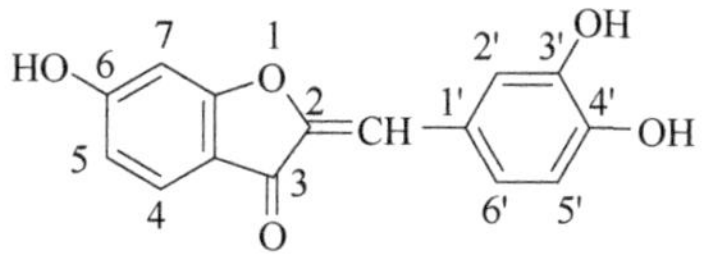

硫磺菊素

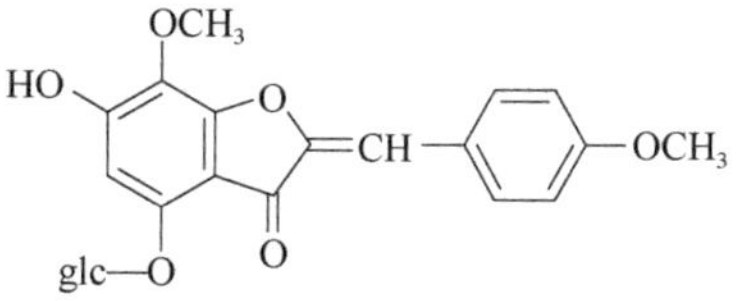

(Z)-7, 4'-二甲氧基-6-羟基-橙酮-4-*O*-*β*-吡喃葡萄糖苷

（十）黄烷类化合物

黄烷类化合物可分为：黄烷、黄烷 -3- 醇（flavan-3-ol）、黄烷 -3，4- 二醇（flavan-3，4-diol）和异黄烷四种类型。

1. 黄烷类化合物

其结构特点为 B 环连接在苯骈吡喃环的 2- 位，且 3 位无含氧基团取代。从青江藤 *Celastrus hindsii* 茎枝中分离到四个黄烷类成分：（2*S*）-7，3′- 二甲氧基 -6，4′- 二羟基黄烷、（2*S*）-7，3′- 二甲氧基 -4′- 羟基黄烷、6，7，3′- 三甲氧基 -4′- 羟基黄烷、6，7- 二甲氧基 -3′，4′- 二羟基黄烷。

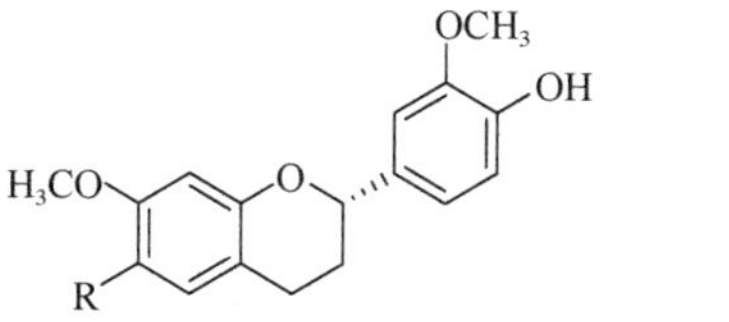

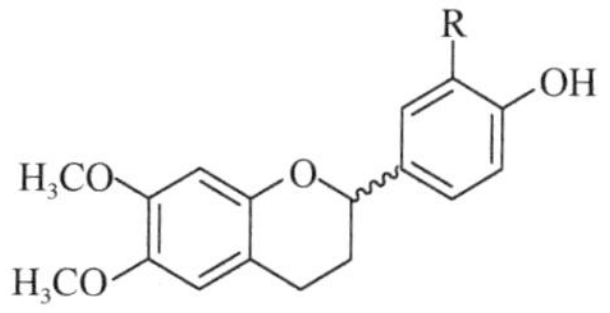

(2*S*)-7，3′-二甲氧基-6，4′-二羟基黄烷　R=OH
(2*S*)-7，3′-二甲氧基-4′-羟基黄烷　R=H

6，7，3′-三甲氧基-4′-羟基黄烷　R=OCH_3
6，7-二甲氧基-3′，4′-二羟基黄烷

2. 黄烷-3-醇类化合物

黄烷-3-醇类化合物又称为儿茶素类化合物，主要存在于含鞣质的木本植物中。儿茶素为中药儿茶 *Acacia catechu* 的主要成分，也是茶多酚的重要组成成分，其C-2、C-3为手性碳，具有4个光学异构体，即（+）-儿茶素（catechin）、（-）-儿茶素、（+）-表儿茶素（epicatechin）和（-）-表儿茶素。但（+）-儿茶素和（-）-表儿茶素在植物中分布最广泛。

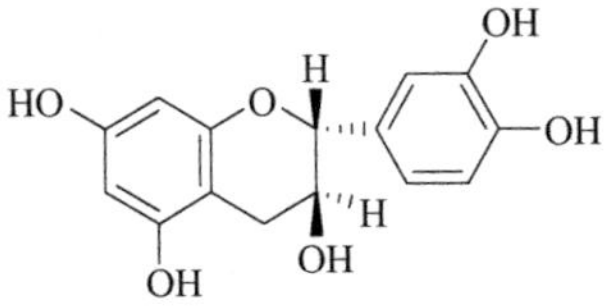

(+) -儿茶素

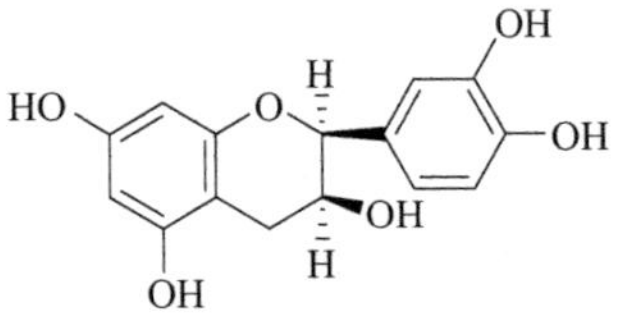

(+) -儿茶素

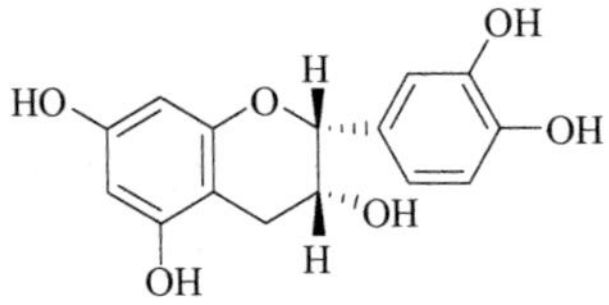

(+) -表儿茶素

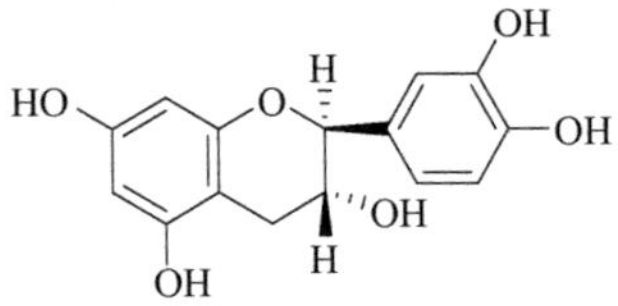

(-) -表儿茶素

3. 黄烷-3，4-二醇类化合物

黄烷-3，4-二醇类化合物又称无色花色素类化合物，如无色矢车菊素（leucocyanidin）、无色飞燕草素（leucodelphindin）和无色天竺葵素（leucopelargonidin）等，是花色素生物合成中的中间体，能在无机酸作用下稳定地转化为花色素。这类成分在植物界分布很广，尤以含鞣质的木本植物和蕨类植物中较为多见。

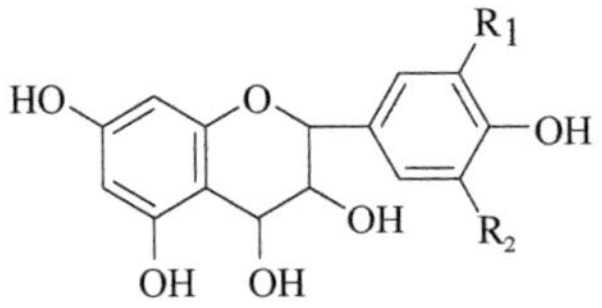

无色矢车菊素 R_1=OH R_2=H

无色飞燕草素 R_1=R_2=OH

无色天竺葵素 R_1=R_2=H

4. 异黄烷类化合物

其结构特点为苯环连接在苯骈吡喃环的3位，此类化合物数量较少。从膜荚黄芪 *Astragalus membranaceus*（Fisch.）Bunge中分离的具有抗菌活性的8，2′-二羟基-7，4′-二甲氧基异黄烷和7，2′，3′-三羟基-4′-甲氧基异黄烷即为此类结构。

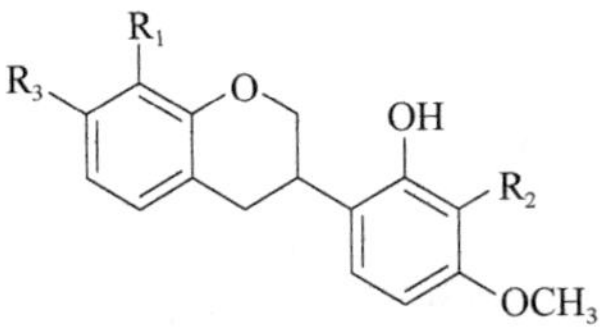

8，2′-二羟基-7，4′-二甲氧基异黄烷 R_1=OH R_2=H R_3=OCH_3

7，2′，3′-三羟基-4′-甲氧基异黄烷 R_1=H R_2=OH R_3=OH

（十一）花色素类化合物

花色素又称花青素，是一类以离子形式存在的色原烯衍生物。花色素是使植物的花、果、叶及茎呈现红色、蓝色或紫色的色素，广泛分布在被子植物中。自然状态下，花色素常与各种单糖成苷，其结构和颜色随 pH 的不同而变化。目前常见的花色素类化合物有以下六种。

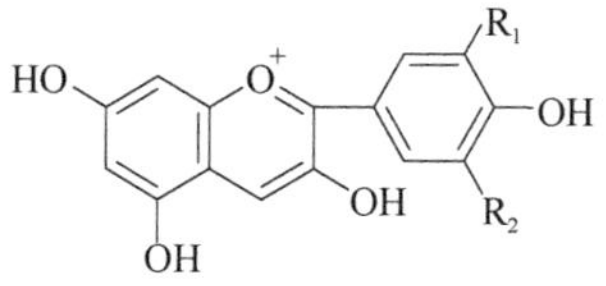

名称	R_1	R_2	颜色
天竺葵素	H	H	红~黄色
矢车菊素	OH	H	红色
飞燕草素	OH	OH	紫色
芍药色素	OCH_3	H	红~紫色
牵牛花色素	OCH_3	OH	紫色
锦葵色素	OCH_3	OCH_3	紫色

（十二）双黄酮类化合物

双黄酮类化合物由两分子黄酮或其衍生物聚合而成，常见的黄酮单体包括黄酮、二氢黄酮、异黄酮和查耳酮等，天然双黄酮类化合物由两分子芹菜素或其甲醚衍生物构成。根据分子间的连接方式可分为四种类型：C—C 连接、C—O—C 连接、C—C—C 连接和 C—C 或 C—O—C 在两个位置形成环状等其他连接。

1. 通过 C—C 连接的双黄酮类化合物

此类连接方式最为常见，有如下 3 型。① 3′，8″- 双芹菜素型：如从银杏 *Ginkgo biloba* 的叶中分离出的银杏双黄酮（银杏素，ginkgetin）、异银杏双黄酮（异银杏素，isoginkgetin）和去甲基银杏双黄酮（白果素，bilobetin）。② 6，8″- 双芹菜素型：如野漆 *Rhus succedanea* 核果中的贝壳杉黄酮（agathisflavone）。③ 8，8″- 双芹菜素型：如柏黄酮（cupresuflavone）。

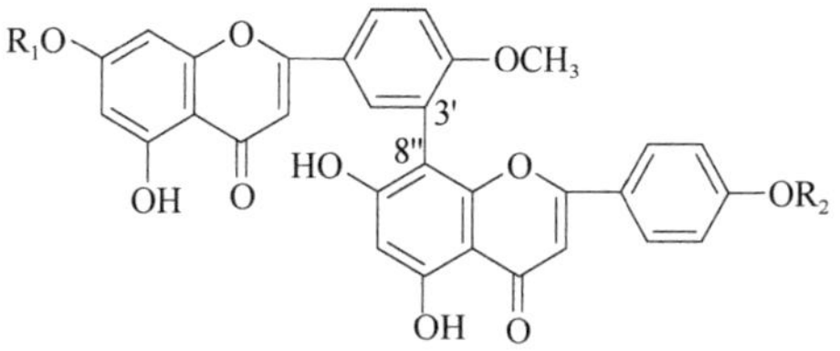

名称	R_1	R_2
银杏双黄酮	R_1=CH_3	R_2=H
异银杏双黄酮	R_1=H	R_2=CH_3
去甲基银杏双黄酮	R_1=H	R_2=H

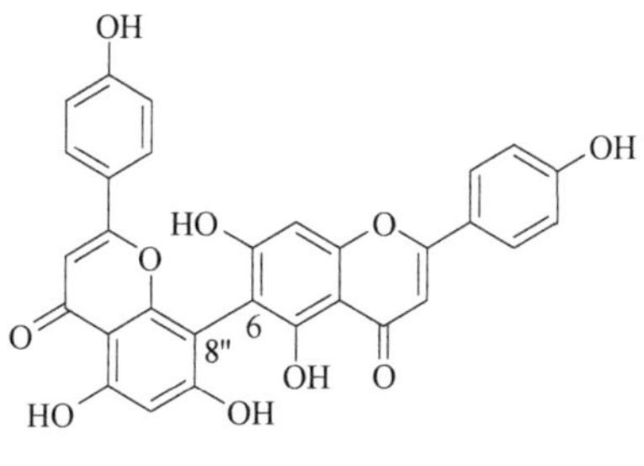

贝壳杉黄酮

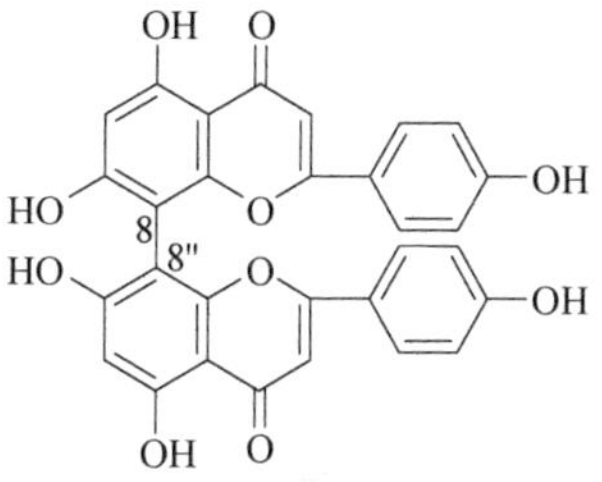

柏黄酮

2. 通过 C—O—C 连接的双黄酮类化合物

此类又称为双苯醚型，如扁柏双黄酮（hinokiflavone）由两分子芹菜素通过 $C_{4'}$—O—$C_{6''}$ 醚键连接而成，化合物 delicaflavone 则是通过 C_3—O—$C_{4'''}$ 醚键连接而成。

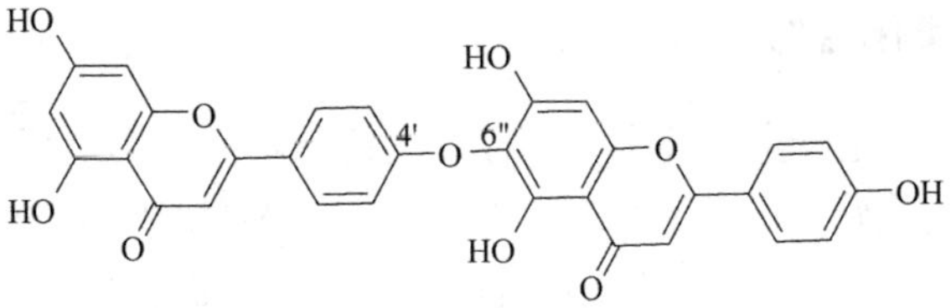

扁柏双黄酮

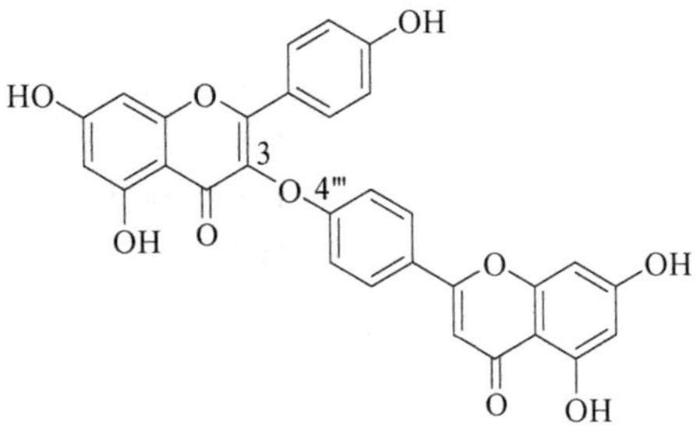

delicaflavone

3. 通过 C—C—C 连接的双黄酮类化合物

此类双黄酮数目较少，如化合物 pentagrametin 和 trianguletin 为通过亚甲基连接的双黄酮类化合物。

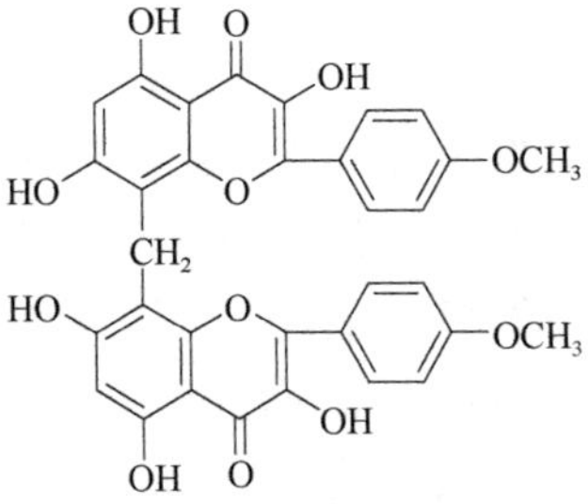

pentagrametin

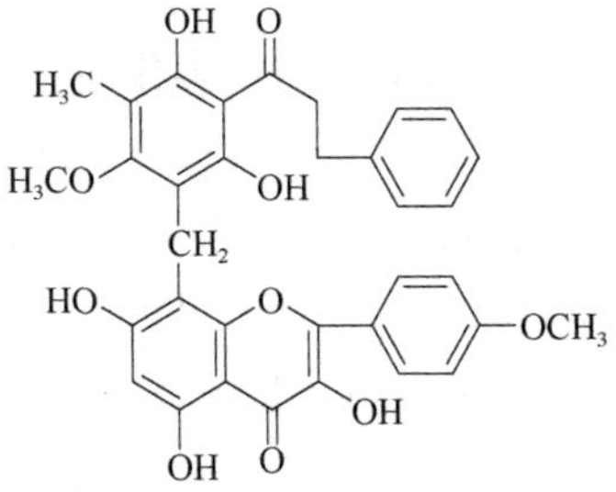

trianguletin

4. 其他连接的双黄酮类化合物

此类双黄酮数量少且结构较复杂，如 lophirone F。

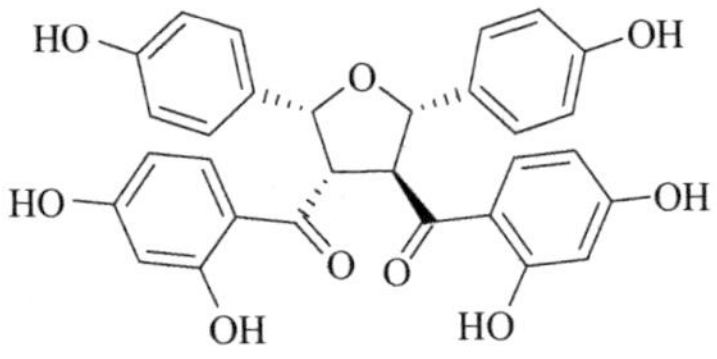

lophirone F

（十三）其他黄酮类化合物

除了上述类型的黄酮类化合物外，自然界中还存在许多其他特殊结构类型的黄酮类化合物，如呫酮类化合物、呋喃色原酮类化合物、高异黄酮类化合物和新黄酮类化合物等。

呫酮类化合物又称苯骈色原酮或双苯吡酮，其结构比较特殊，母核由色原酮的 2，3 位与苯环骈合而成，具有 C_6-C_1-C_6 骨架。此类化合物常存在于龙胆科、藤黄科和百合科植物中。

例如，芒果叶、石韦叶和知母叶中含有的具有止咳祛痰作用的芒果苷（mengiferin）和异芒果苷（isomengiferin），为屾酮类化合物。

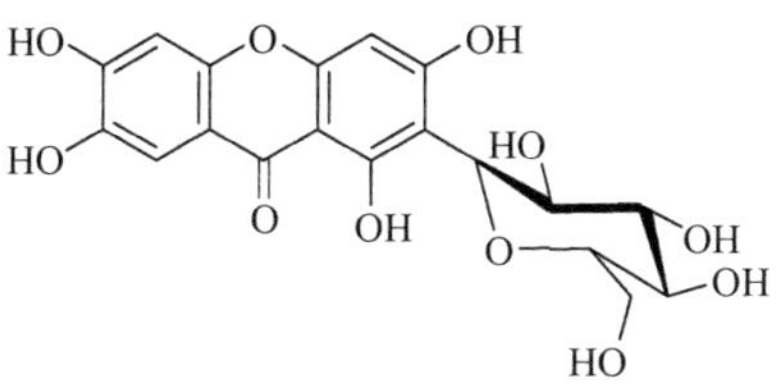

芒果苷

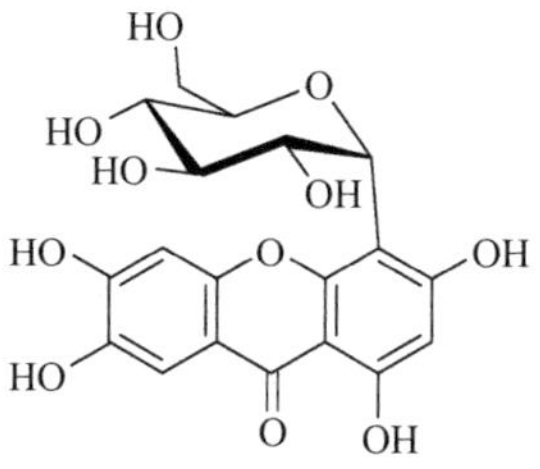

异芒果苷

高异黄酮的基本母核为 2- 苄基色原酮，具有 $C_6—C_4—C_6$ 的骨架，如麦冬中的甲基麦冬黄酮 A（methylophiopogonone A）和麦冬二氢高异黄酮 A。

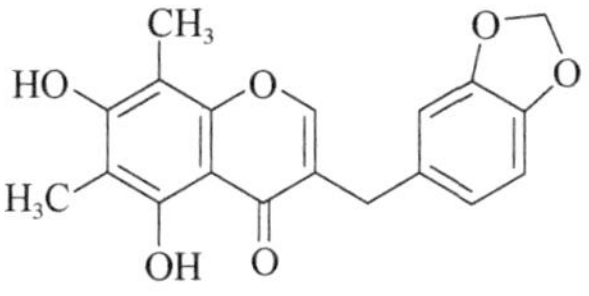

甲基麦冬黄酮A

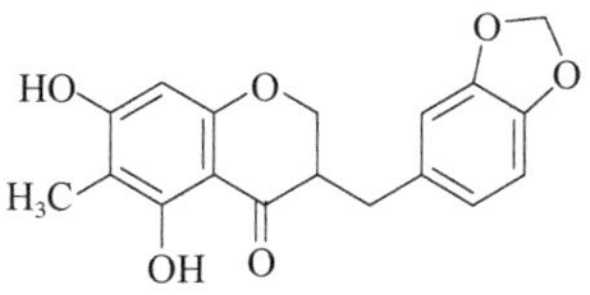

麦冬二氢高异黄酮A

另有少数黄酮类化合物结构较为复杂，可与苯丙素、香豆素、倍半萜和生物碱等其他类型化合物形成复合物。例如，水飞蓟宾（silybin）为黄酮木脂素类化合物，由二氢黄酮醇类与苯丙素衍生物缩合而成。榕碱（ficine）和异榕碱（isoficine）在结构上为黄酮生物碱。

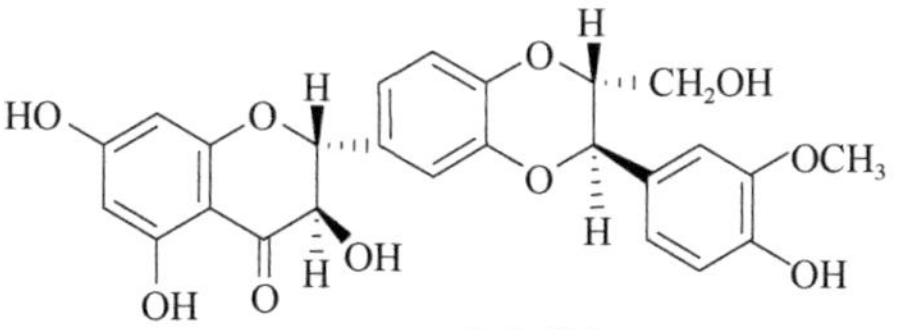

水飞蓟宾

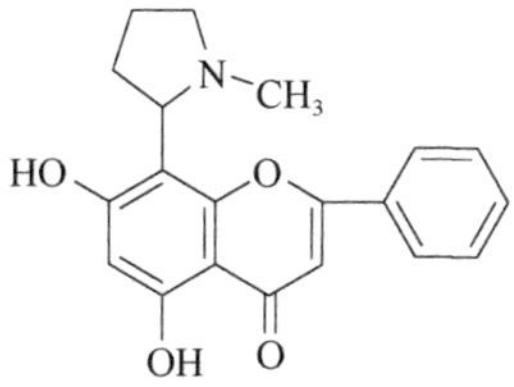

榕碱

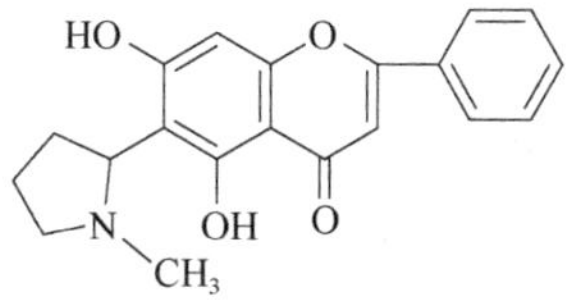

异榕碱

第二节　黄酮类化合物的理化性质及显色反应

一、性状

（一）形态

游离黄酮类和含糖较少的黄酮苷类化合物多为结晶形固体，含糖较多的黄酮苷类化合物多为无定形粉末。

（二）颜色

黄酮类化合物多数呈黄色，其颜色与分子结构中交叉共轭体系存在与否及所含的助色团（—OH、—OCH_3 等）的种类、数目及取代位置有关。

交叉共轭体系是黄酮类化合物呈色的关键因素。黄酮母核中色原酮部分共轭系统较短不显色，但当 2 位取代苯环后，形成了交叉共轭体系，通过电子转移和重排，使共轭体系延长而显现出颜色。通常黄酮、黄酮醇及其苷类化合物多呈灰黄色～黄色，查耳酮为黄色～橙黄色；二氢黄酮、二氢黄酮醇及黄烷因 2，3 位为单键，交叉共轭体系中断，故不显色；异黄酮类化合物因 B 环连接在 3 位，缺少完整的交叉共轭体系仅显微黄色。

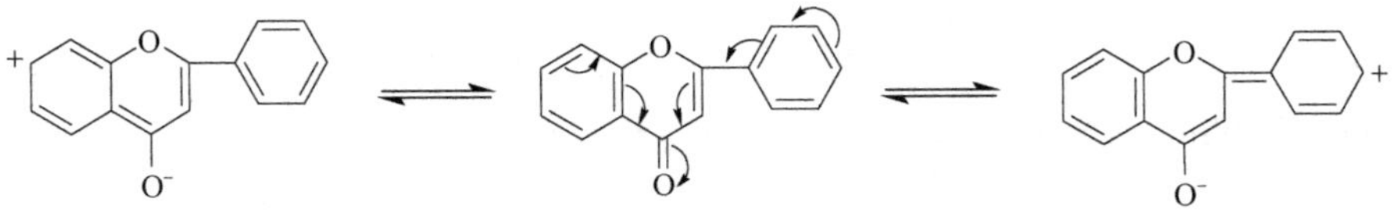

花色素及其苷具有较长的共轭系统，颜色较深，其颜色还随 pH 的不同而改变，一般 pH＜7 时显红色，pH = 8.5 时显紫色，pH＞8.5 时显蓝色，如矢车菊苷（cyanin）。

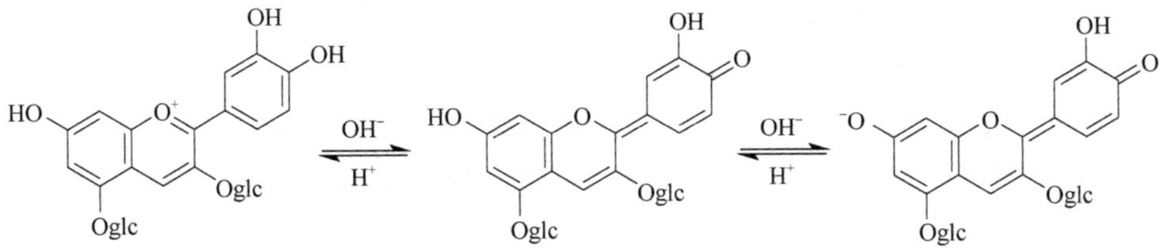

红色　　紫色　　蓝色

助色团的种类、数目及取代位置是影响黄酮类化合物颜色的另一重要因素，在黄酮、黄酮醇结构中的 7 位或 4′ 位引入—OH 或—OCH_3 等助色团后，因产生 *p-π* 共轭促进电子转移和重排，共轭体系延长而使化合物的颜色加深。但其他位置引入—OH 或—OCH_3 等助色团则影响较小。

黄酮类化合物在紫外光下产生的荧光也与分子结构密切相关，黄酮类化合物荧光呈暗淡的棕色，黄酮醇类化合物大多呈亮黄色或黄绿色荧光，当 3-OH 被糖苷化或甲基化后荧光与黄酮类化合物相似。查耳酮和橙酮类化合物显深黄棕色或亮黄色的荧光。异黄酮类化合物呈紫色荧光，花色苷类化合物呈棕色荧光。二氢黄酮、二氢黄酮醇和黄烷类化合物及均不显荧光。

二、旋光性

游离黄酮类化合物如二氢黄酮、二氢黄酮醇、二氢异黄酮及黄烷醇结构中含有手性碳原子（C-2、C-3 或 C-4），因此具有旋光性，其余类型的游离黄酮类化合物则无旋光性。

黄酮苷类化合物因结构中含有糖基，均有旋光性，且多为左旋。

三、溶解性

因分子结构类型及存在状态（如苷或苷元）的不同，黄酮类化合物表现出不同的溶解性。

（一）游离黄酮类化合物

游离黄酮类化合物一般难溶或不溶于水，易溶于甲醇、乙醇、丙酮、乙酸乙酯、乙醚等有机溶剂。其在各种溶剂中的溶解度与取代基团有关，羟基取代的黄酮类化合物在水中的溶解度增加，亦可溶于稀碱水溶液中；甲氧基或酰基取代的黄酮类化合物则极性降低，在有机溶剂中的溶解度增加，如川陈皮素（5，6，7，8，3′，4′- 六甲氧基黄酮）可溶于石油醚。

黄酮类化合物在水中的溶解度与立体结构关系密切。结构中存在交叉共轭体系的黄酮、黄酮醇、查耳酮等，为平面型分子，分子排列紧密，分子间引力较大，难溶于水；分子中无交叉共轭体系的二氢黄酮及二氢黄酮醇等，C 环呈近似于半椅式结构，异黄酮因 B 环受 4 位羰基的立体障碍，均为非平面型分子，分子排列不紧密，分子间引力降低，在水中溶解度稍大；花色素虽为平面型结构，但其以离子形式存在，具有盐的通性，水中溶解度较大。

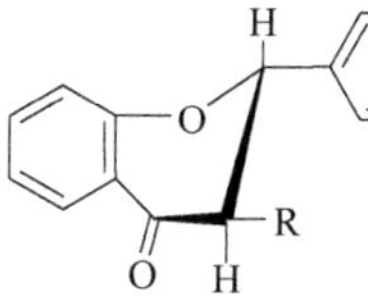

二氢黄酮　R=H
二氢黄酮醇　R=OH

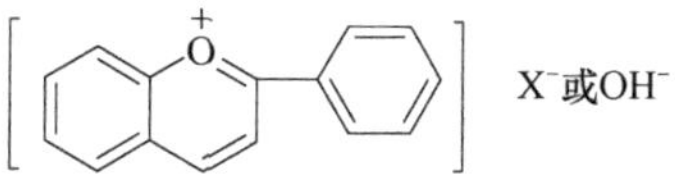

花色素

（二）黄酮苷类化合物

黄酮苷通常易溶于水、甲醇、乙醇等强极性溶剂中，但难溶或不溶于氯仿、乙醚、苯、石油醚等低极性有机溶剂中。

黄酮苷分子中糖的种类、数目和连接位置不同，其水溶性也有差异。通常多糖苷水溶性大于单糖苷，3- 羟基苷水溶性大于相应的 7- 羟基苷。例如，槲皮素 -3-*O*- 葡萄糖苷在水中的溶解度比槲皮素 -7-*O*- 葡萄糖苷大，其原因主要是 4- 羰基与 3- 糖基的立体障碍导致分子的平面性减弱所致。

四、酸性与碱性

（一）酸性

大多数黄酮类结构中有酚羟基取代，故显酸性，可溶于碱性溶剂中，如碱性水溶液、吡啶、甲酰胺、二甲基甲酰胺等，其酸性强弱与酚羟基数目和连接位置有关。以黄酮为例，7 位或 4′

位同时取代有酚羟基者，因 p-π 共轭效应的影响酸性增强；3- 或 5- 羟基者，因其可与 4- 羰基形成分子内氢键而酸性较弱。因此取代酚羟基的酸性由强到弱的顺序为：7，4′- 二 OH>7- 或 4′-OH> 一般酚羟基 >3- 或 5-OH。此性质可用于提取、分离及鉴定工作，如前述的各种类型羟基取代黄酮，可分别溶于 5%$NaHCO_3$ 水溶液、5%Na_2CO_3 水溶液、0.2%NaOH 水溶液和 4%NaOH 水溶液。但需要特别注意的是二氢黄酮类和异黄酮类分子中的 4′- 羟基，其酸性与普通酚羟基类似，弱于黄酮类中的 4′- 羟基。

（二）碱性

黄酮类化合物具有微弱的碱性，这是因其分子中 γ- 吡喃环上的 1- 位氧原子具有未共用电子对所致。黄酮类化合物可与浓硫酸、浓盐酸等强无机酸生成锌盐，该锌盐极不稳定，遇水即分解，其转化过程如下所示。

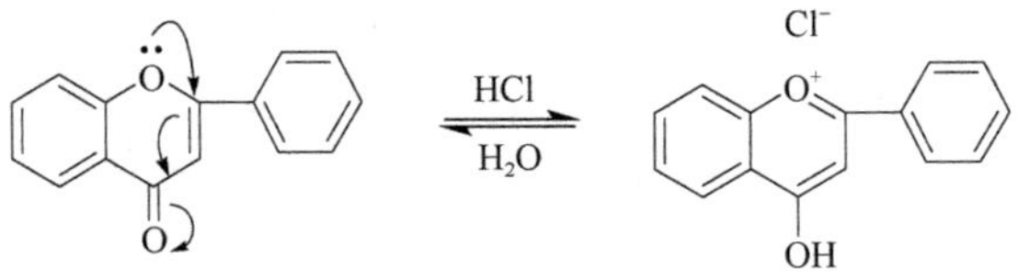

不同结构的黄酮类化合物与浓硫酸生成的锌盐颜色亦不同。例如，黄酮、黄酮醇类化合物呈黄色～橙色并有荧光；查耳酮类化合物显橙红色～洋红色；橙酮类化合物显红色～洋红色；二氢黄酮类化合物显橙色（冷时）～紫红色（加热）；异黄酮、二氢异黄酮类化合物显黄色。

五、显色反应

黄酮类化合物的显色反应主要基于分子中的 γ- 吡喃酮环和酚羟基的性质。

（一）还原反应

1. 盐酸－镁粉（锌粉）反应

其为鉴别黄酮类化合物最常用的颜色反应。方法是取样品甲醇或乙醇溶液 1ml 加入少许镁粉（锌粉）振摇，再加浓盐酸几滴，1 ~ 2 分钟内（必要时微热）即可显色。黄酮、黄酮醇、二氢黄酮和二氢黄酮醇大多显红色～紫红色，少数显绿色～蓝色。当分子中 B 环有羟基或甲氧基取代时，颜色会加深。而查耳酮、橙酮、儿茶素类化合物该反应为阴性，异黄酮除少数例外，也不显色。

花色素、部分查耳酮、橙酮等只需加浓盐酸就能产生颜色变化，为假阳性反应。为了获得可靠的实验结果，应作空白对照实验，即在供试液中仅加入浓盐酸进行观察。另外，中草药粗提液颜色较深，会干扰到颜色的判断，实验时应注意观察加入镁粉（锌粉）后升起的泡沫颜色，如泡沫为红色，即为阳性反应。盐酸 - 镁粉（锌粉）反应的机制现在一般认为是由于生成阳碳离子的缘故。

2. 四氢硼钠（$NaBH_4$）反应

$NaBH_4$ 可选择性还原二氢黄酮和二氢黄酮醇类化合物，与二氢黄酮、二氢黄酮醇类化合物反应产生红色～紫红色，其他黄酮类化合物反应为阴性，可与之区别。具体方法是：取样品甲醇溶液适量，加入等量的2% $NaBH_4$的甲醇溶液，1分钟后加浓盐酸或浓硫酸数滴，观察颜色变化；或将样品的甲醇溶液点在滤纸上，再喷上2% $NaBH_4$的甲醇溶液，1分钟后熏浓盐酸蒸气，二氢黄酮和二氢黄酮醇类化合物斑点被还原而显色。

（二）与金属盐类试剂的络合反应

具有3-羟基、4-羰基，或5-羟基、4-羰基，或邻二酚羟基结构（如下所示）的黄酮类化合物，可与铝盐、镁盐、锆盐、锶盐和铁盐等金属盐类试剂反应，生成有色的络合物或沉淀，或产生荧光，可用于鉴别。

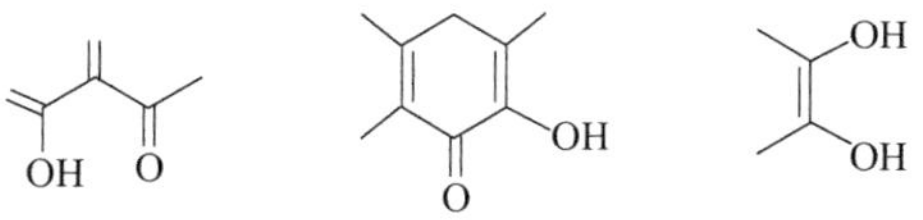

1. 三氯化铝反应

样品的乙醇溶液中加入1%三氯化铝（或硝酸铝）乙醇溶液反应后，多数生成黄色（λ_{max}=415nm）络合物，并在紫外灯下显鲜黄色或黄绿色荧光，可用于定性和定量分析。但4′-羟基黄酮醇或7，4′-二羟基黄酮醇类化合物显天蓝色荧光。此反应还可在滤纸或薄层板上进行。

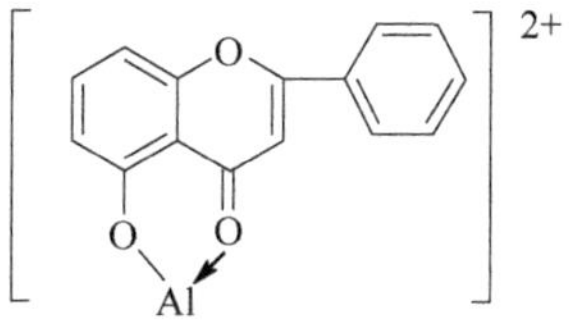

5-羟基黄酮铝盐络合物

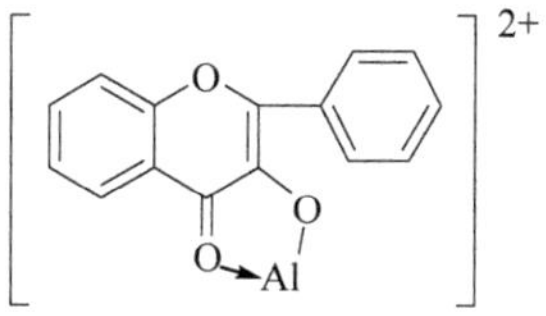

黄酮醇铝盐络合物

2. 乙酸镁反应

乙酸镁与二氢黄酮、二氢黄酮醇类化合物反应可显天蓝色荧光，有5-羟基者，色泽更明显；而黄酮、黄酮醇及异黄酮类化合物等则显黄色～橙黄色～褐色。具体方法是：样品的乙醇溶液点于滤纸上，喷以1%乙酸镁的甲醇溶液，加热干燥后在紫外灯下观察。

3. 锆盐－柠檬酸反应

此反应可用区别黄酮类结构中3-羟基或5-羟基存在与否。取样品的甲醇溶液，加入2%二氯氧锆（$ZrOCl_2$）甲醇溶液，若显黄色，提示分子中具有3-羟基和（或）5-羟基。继而加入2%柠檬酸甲醇溶液，如黄色显著减退，示有5-羟基，无3-羟基；如溶液不褪色，则示有3-羟基或3，5-二羟基。其原因是5-羟基、4-羰基黄酮与锆盐的络合物不如3-羟基、4-羰基的络合物性质稳定，易被柠檬酸分解。但要注意二氢黄酮醇的3-羟基与4-羰基的锆络合物性质也不稳定。此反应也可做纸斑反应，生成的锆盐络合物多呈黄色并带荧光。黄酮醇与二氯氧锆生成的络合物结构如下所示。

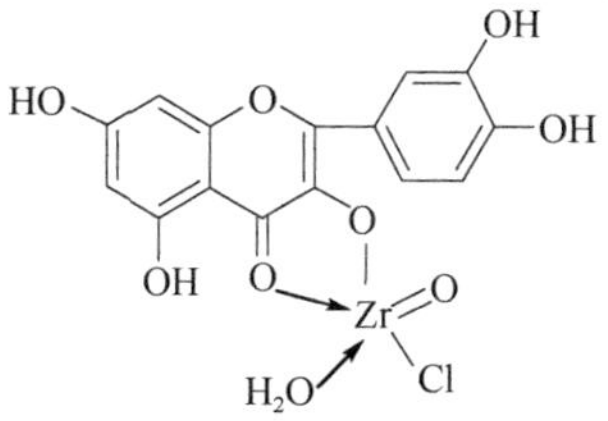

黄酮醇锆盐络合物

4. 氨性氯化锶反应

氨性氯化锶（$SrCl_2$）试剂可与具有邻二酚羟基的黄酮类化合物生成绿色～棕色～黑色沉淀。具体方法是取 1ml 供试品甲醇溶液，加 3 滴 0.01mol/L 氯化锶的甲醇溶液和 3 滴被氨气饱和的甲醇溶液，如产生绿色～棕色～黑色沉淀，示有邻二酚羟基。

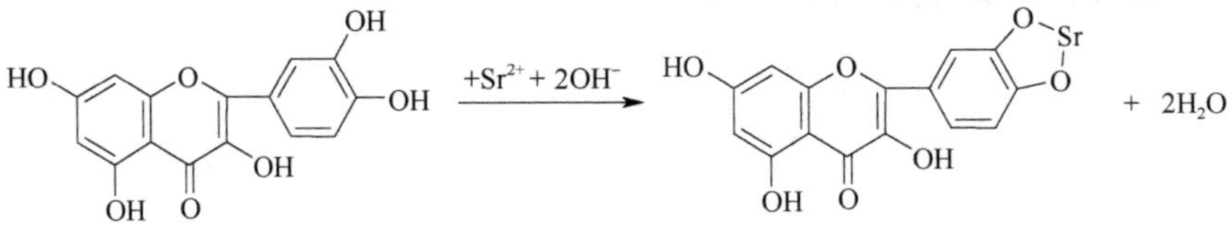

5. 三氯化铁反应

三氯化铁水溶液或醇溶液是酚类化合物常用的显色剂，黄酮类化合物因分子中多具酚羟基，故可与之反应而显色。

（三）硼酸显色反应

硼酸可用于鉴别分子中具有以下结构的黄酮类化合物，显然 5- 羟基黄酮及 2′- 羟基查耳酮类结构满足上述要求，在酸性条件下可与硼酸反应，产生亮黄色。通常在草酸中显黄色并具有绿色荧光，但在柠檬酸丙酮溶液中则显亮黄色而无荧光。

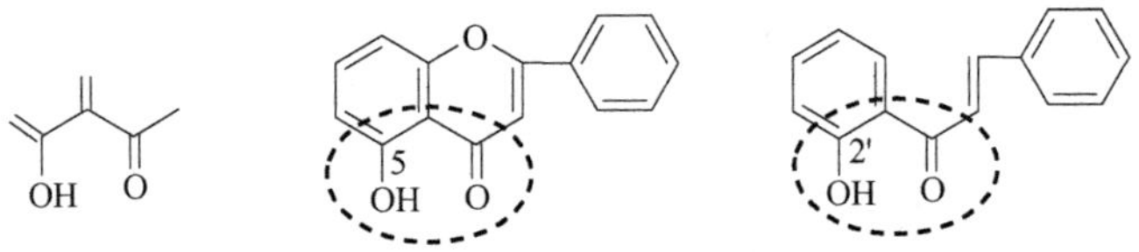

基本结构　　5-羟基黄酮　　2′-羟基查耳酮

（四）碱性试剂反应

不同结构类型的黄酮类化合物与碱性溶液反应可呈现出黄色、橙色或红色等不同的颜色，该反应不仅能鉴别黄酮类化合物类型，还有助于鉴别分子中某些结构特征。

黄酮类化合物在冷或热的氢氧化钠水溶液中能产生黄色～橙红色。黄酮醇类与碱液反应先呈黄色，溶液中通入空气，3- 羟基被氧化后溶液显棕色。具有邻二酚羟基结构的黄酮在碱液中不稳定，易氧化产生黄色～深红色～绿棕色絮状沉淀；当分子中有邻三酚羟基时，在稀氢氧化钠溶液中能产生暗绿色或蓝绿色纤维状沉淀。查耳酮类或橙酮类化合物与碱液反应很快产生红色或紫红色。二氢黄酮类化合物在冷碱中开环变成查耳酮类化合物，呈黄色～橙色，放置一段时间或加热后则呈深红色～紫红色。

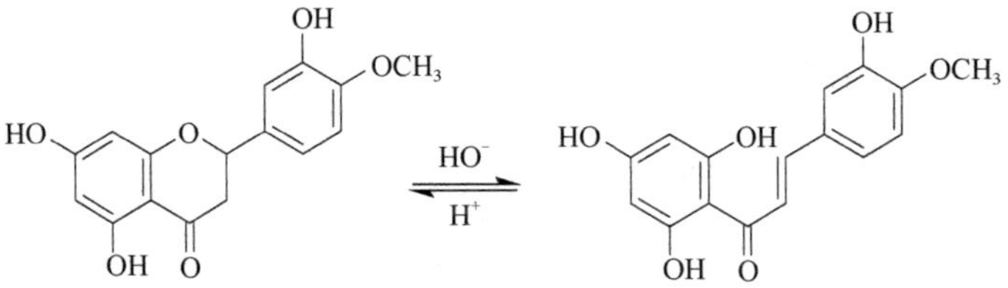

二氢黄酮　　2′-羟基查耳酮

碱性试剂反应可做纸斑反应，将供试液滴于滤纸上，挥干溶剂后暴露于氨蒸气中或喷碳酸钠溶液，即可呈色，氨蒸气易挥发，显色后易褪色，碳酸钠溶液的显色则较稳定。

（五）与五氯化锑反应

查耳酮类化合物的无水四氯化碳溶液与2% 五氯化锑的四氯化碳溶液反应生成红色或紫红色沉淀，而黄酮、二氢黄酮及黄酮醇类化合物则与之反应呈黄色～橙色，据此可区别查耳酮与其他黄酮类化合物。因反应产物的颜色在湿空气及含水溶液中不稳定，故反应需在无水条件下进行。

（六）Gibbs 反应

5-OH 对位未被取代的黄酮类化合物可用 Gibbs 反应鉴别。将样品溶于吡啶中，加入 Gibbs 试剂即显蓝色或蓝绿色。

第三节　黄酮类化合物的提取与分离

一、黄酮类化合物的提取

黄酮类化合物种类繁多，由于其结构和存在状态的不同使其溶解性存在着很大的差异，根据其不同的性质，黄酮类化合物常见的提取方法如下。

（一）亲水性有机溶剂提取法

甲醇、乙醇、丙酮或它们与水的混合溶液适用于苷类化合物和极性较大的苷元的提取。甲醇和乙醇是最常用的黄酮类化合物的提取溶剂，提取方法可采用浸渍法、渗漉法和回流法等。醇的浓度在60% 左右适用于提取黄酮苷类化合物，高浓度的醇（90% ～ 95%）适用于提取黄酮苷元。例如，银杏叶中既含有黄酮苷也含有黄酮苷元，用70% 乙醇回流提取，收率大大高于水煎煮法。

（二）热水提取法

热水可用于提取多糖苷，为了避免黄酮苷类化合物在提取过程中发生水解，应先破坏或抑制酶的活性。

黄酮苷类成分含量高的药材，可以采用水提取法，浸渍法、煎煮法均可使用。本法成本低、环保安全、设备简单，适合于工业化大生产，但药材中的水溶性杂质如蛋白质和糖类化合物等也同时被提取出来，使后续分离变得困难。

（三）碱水提取法

黄酮类化合物多具有酚羟基，显弱酸性，因此碱性溶液可适用于黄酮苷和苷元的提取。常用的碱包括氢氧化钠、氢氧化钙和碳酸钠的水或稀醇溶液。碱提取液经酸化后，黄酮类化合物被游离不溶于水，可沉淀析出，也可用亲脂性有机溶剂萃取。稀氢氧化钠水溶液浸出能力强，但浸出液中杂质也较多，酸化沉淀时，需采取分步沉淀的方式，先沉淀出酸性杂质，再沉淀得到较纯的黄酮类成分。$Ca(OH)_2$水溶液（石灰水）可沉淀鞣质、含羧基的果胶、黏液质等水溶性杂质，有利于浸出液的纯化，但石灰水的浸出效果不如氢氧化钠水溶液，并且钙盐可与有些黄酮类化合物生成不溶性沉淀而不被溶出。5%氢氧化钠稀醇溶液浸出效果好，但浸出液酸化后，游离出的黄酮类化合物可部分溶于稀醇溶液中，导致产品的收率降低。

碱性溶剂提取时，应避免使用浓度过高的碱，因强碱性条件下加热提取会破坏黄酮的母核。在加酸酸化时，酸性也不宜过强，以免沉淀析出的黄酮类化合物生成𬭩盐重新溶解，降低产品收率。

溶剂提取法提取黄酮类化合物时，除了常用的浸渍法、渗漉法和煎煮法外，还可以采用微波提取法和超声波提取法，既可缩短提取时间，又可提高提取效率。

（四）超临界流体萃取法

二氧化碳超临界流体为超临界流体萃取法最常用的溶剂，因其极性小，适用于提取亲脂性成分，但在其中加入少量夹带剂，则可大大提高混合溶剂的溶解能力，拓宽使用范围。例如，用超临界流体萃取甘草中的黄酮类化合物，如仅用二氧化碳流体作为提取溶剂，只能提取出甘草查耳酮A，但加入夹带剂后的二氧化碳-水-乙醇溶剂系统，则可提取甘草素、异甘草素、甘草查耳酮A和甘草查耳酮B四种黄酮类化合物，适当增加乙醇浓度，萃取率也相应提高。

二、黄酮类化合物的分离

黄酮类化合物的分离主要依据其极性差异、酸性强弱和相对分子质量的差异及有无特殊结构等性质选用合适的方法。目前常用的分离方法有如下几种。

（一）溶剂萃取法

用水或醇提取得到的粗提物成分复杂，不能直接析出黄酮类化合物，需进一步纯化，通常回收溶剂使其成浓的水溶液，再用极性由小到大的有机溶剂依次萃取，将黄酮类成分按极性大小进行初步分离。例如，先用乙醚可自水溶液中萃取出极性较小的游离黄酮，再用乙酸乙酯或正丁醇萃取得到黄酮苷类成分，萃取得到的组分，可进一步用结晶法或色谱法分离。

（二）pH梯度萃取法

pH梯度萃取法适合分离酸性强弱不同的游离黄酮类化合物。根据游离黄酮化合物酸性强弱不同的性质，将混合物溶于有机溶剂（如乙醚），继而用5%碳酸氢钠水溶液、5%碳酸钠水溶液、0.2%氢氧化钠水溶液和4%氢氧化钠水溶液依次萃取出7，4′-二羟基黄酮、7-羟基黄酮或4′-羟基黄酮、一般酚羟基黄酮和5-羟基黄酮，从而使其分离。

（三）色谱法

分离黄酮类化合物常用的填料有硅胶、聚酰胺、葡聚糖凝胶、大孔吸附树脂和反相硅胶等，其中以硅胶、聚酰胺最为常用。

1. 硅胶柱色谱

此法应用范围较广，可分离各种类型的黄酮。但其主要适用于分离极性较小的游离黄酮，如异黄酮、二氢黄酮、二氢黄酮醇及高度甲基化（或乙酰化）的黄酮、黄酮醇类化合物，一般选择有机溶剂为洗脱剂，如不同比例的氯仿 - 甲醇混合溶剂等；硅胶加水去活后可用于分离极性较大的黄酮类化合物，如多羟基黄酮及其苷类化合物，常用含水溶剂系统进行洗脱，如氯仿 - 甲醇 - 水（90 ∶ 10 ∶ 1 或 60 ∶ 40 ∶ 10）、乙酸乙酯 - 丙酮 - 水（25 ∶ 5 ∶ 1）等。

2. 氧化铝柱色谱

氧化铝对黄酮类化合物吸附力强，特别是具有 3- 羟基、4- 羰基或 5- 羟基、4- 羰基或邻二酚羟基结构的黄酮类化合物与铝离子络合而被牢固地吸附在氧化铝柱上，难以洗脱，所以很少应用。但是当黄酮类化合物分子中没有上述结构，或虽然有上述结构但羟基已被甲基化或苷化时，可以用氧化铝柱分离。

3. 聚酰胺柱色谱

聚酰胺是分离黄酮类化合物非常常用的吸附剂，其分离效果好、吸附容量高，适用于各种类型黄酮类化合物的制备分离。聚酰胺分离黄酮类化合物的原理是氢键吸附原理，其吸附强度主要取决于黄酮类化合物结构中羟基的数目和位置，以及黄酮类化合物与聚酰胺或与溶剂之间形成氢键缔合能力的大小。黄酮类化合物从聚酰胺柱上洗脱时大体有以下规律。

（1）结构上酚羟基数目越多，吸附就越强，在色谱柱上越难洗脱。例如，对桑色素的吸附力大于芹菜素。

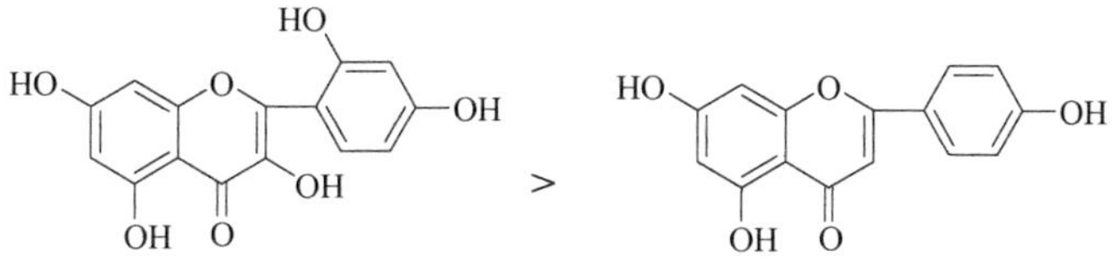

桑色素　　芹菜素

（2）结构中酚羟基数目相同时，其取代位置也会影响吸附。酚羟基易形成分子内氢键的化合物与聚酰胺的吸附减弱，易被洗脱。因此黄酮类化合物中 3- 羟基或 5- 羟基与聚酰胺的吸附力弱于其他位置的羟基；邻二酚羟基黄酮吸附力弱于单个酚羟基、对二或间二酚羟基黄酮。例如，对山奈酚吸附力大于槲皮素。

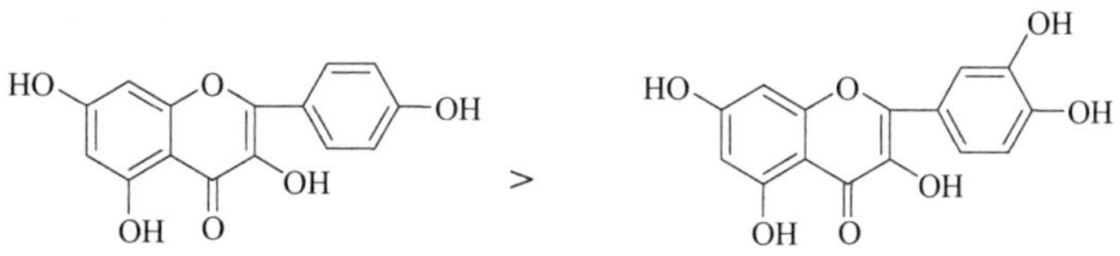

山奈酚　　槲皮素

（3）化合物结构中共轭双键越多，芳香化程度越高则吸附越强。因此查耳酮往往比相应的二氢黄酮难洗脱。例如，其对橙皮查耳酮的吸附力大于橙皮素。

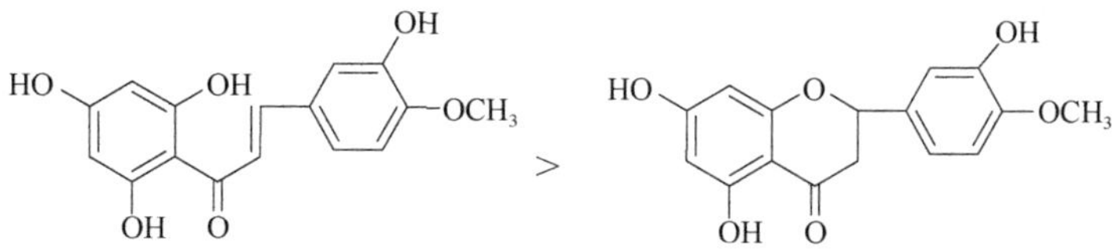

橙皮查耳酮　　橙皮素

（4）不同类型黄酮化合物，依照聚酰胺的氢键吸附原理，流出先后顺序一般为：异黄酮>二氢黄酮醇>黄酮>黄酮醇。

（5）洗脱溶剂的影响：黄酮类化合物与聚酰胺在水中形成氢键的能力最强，在有机溶剂中次之，在碱性溶剂中最弱，故不同溶剂对聚酰胺柱上吸附的黄酮类化合物的洗脱能力由弱到强的顺序为：水<甲醇或乙醇（浓度由低到高）<丙酮<稀氨水或稀氢氧化钠溶液<甲酰胺<二甲基酰甲胺<尿素水溶液。

黄酮苷与苷元的分离时，若以含水溶剂作洗脱剂（如甲醇-水），黄酮苷比其苷元先洗脱下来，洗脱的先后顺序一般是：三糖苷>双糖苷>单糖苷>苷元；若以有机溶剂作洗脱剂（如氯仿-甲醇），苷元比黄酮苷先洗脱下来，洗脱的先后顺序一般是：苷元>单糖苷>双糖苷>三糖苷。后者的洗脱是不符合氢键吸附规律的，有解释认为这与聚酰胺的“双重吸附”性能有关，即聚酰胺分子中既有非极性的脂肪链，又有极性的酰胺基团，当洗脱剂的极性较大时（含水溶剂系统），聚酰胺作为非极性固定相，色谱行为类似反相分配色谱；当洗脱剂的极性较小时（有机溶剂系统），聚酰胺作为极性固定相，色谱行为类似正相分配色谱。

4. 葡聚糖凝胶（Sephadex gel）柱色谱

Sephadex G型及Sephadex LH-20型凝胶常用于黄酮类化合物的分离。其分离原理是：分离黄酮苷时，分子筛的性质起主导作用，相对分子质量越大，越容易洗脱；分离黄酮苷元时，主要靠吸附作用，吸附程度与游离酚羟基的数目相关，游离酚羟基越多，越难洗脱。见表6-2。

表6-2　黄酮类化合物在Sephadex LH-20（甲醇）上的 V_e/V_0

黄酮类化合物	取代基	V_e/V_0
芹菜素	5，7，4′-三羟基	5.3
木犀草素	5，7，3′，4′-四羟基	6.3
槲皮素	3，5，7，3′，4′-五羟基	8.3
杨梅素	3，5，7，3′，4′，5′-六羟基	9.2
山柰酚-3-半乳糖基鼠李糖-7-鼠李糖苷	三糖苷	3.3
槲皮素-3-芸香糖苷	双糖苷	4.0
槲皮素-3-鼠李糖苷	单糖苷	4.9

表6-2中 V_e 为洗脱样品时需要的溶剂总量或洗脱体积；V_0 为柱子的空体积。V_e/V_0 数值越小说明化合物越易被洗脱。表中数据表明：黄酮苷连接糖的数目越多，相对分子质量越大，则 V_e/V_0 越小，越容易洗脱；游离黄酮的羟基数越多，V_e/V_0 越大，越难洗脱。

葡聚糖凝胶柱色谱中常用的洗脱剂有：①醇及含水醇，如甲醇、甲醇-水（不同比例）等；②碱性水溶液（如0.1mol/L NH_4OH）、含盐水溶液（0.5mol/L NaCl）等；③其他溶剂，如含水丙酮、甲醇-氯仿等。

5. 大孔吸附树脂法

大孔吸附树脂法效率较高、成本低，适合工业化生产，目前已较多地应用于黄酮类化合物的分离富集。分离过程中大孔树脂的种类、样品液浓度、pH、流速、洗脱剂的种类和用量等因素均对分离效果有影响，使用时应优化分离条件。利用大孔吸附树脂分离黄酮类化合物的一般方法是：药材的水或稀醇提取液上大孔吸附树脂，依次用水洗脱下多糖和蛋白质等水溶性成分、用浓度由低到高的乙醇洗脱下黄酮苷和苷元、最后用高浓度乙醇或丙酮洗脱下亲脂性成分。

6. 高效液相色谱法

高效液相色谱法（HPLC）已广泛应用于中药化学成分的分离，对于极性较大的黄酮类化合物，如含有多个羟基的黄酮、黄酮苷类化合物及花色素类化合物，常采用反相高效液相色谱分离，常用洗脱剂为含一定比例的甲酸或乙酸的甲醇 - 水或乙腈 - 水溶剂系统。例如，用 Waters XBridge C_{18} 柱，甲醇 -0.05% 冰醋酸（35 ∶ 65）做流动相，成功分离淡竹叶中的四种黄酮碳苷：异荭草素、荭草素、牡荆素和异牡荆素。

7. 超临界流体色谱法

超临界流体色谱法（supercrifical fluid chromatography，SFC）是一种新型的分离技术，它综合了高效液相色谱和气相色谱的优点。超临界流体色谱法多采用超临界二氧化碳流体为流动相，适用于非极性化合物的分离；分离中等极性的化合物则需加入极性夹带剂（如甲醇、异丙醇等）以增加洗脱能力；分离强极性的化合物，除了要加入夹带剂还需加入另一种极性更强的溶剂。

在实际分离工作中，常将色谱法与各种经典方法相互配合应用，从而达到较好的分离效果。

第四节　黄酮类化合物的检识

黄酮类化合物检识方法包括物理检识、化学检识和色谱检识，其中色谱检识为最常用的检识方法。

一、理化检识

物理检识主要是依据黄酮类化合物的颜色、形态等进行。化学检识主要是利用各种显色反应，如盐酸 - 镁粉反应、四氢硼钠反应、碱试剂反应和五氯化锑反应等来检识黄酮类化合物的母核；而锆盐 - 柠檬酸反应、氨性氯化锶反应等则是取代基的检识反应。

二、色谱检识

（一）薄层色谱

薄层色谱广泛应用于黄酮类化合物的检识，吸附薄层色谱最为常用，常用的吸附剂有硅胶和聚酰胺。

1. 硅胶薄层色谱

硅胶薄层色谱常用于检识弱极性的黄酮苷元类化合物，展开剂有甲苯 - 甲酸甲酯 - 甲酸（5 ∶ 4 ∶ 1）、苯 - 甲醇 - 乙酸（35 ∶ 5 ∶ 5）、苯 - 甲醇（95 ∶ 5）、氯仿 - 甲醇（8.5 ∶ 1.5）等。检识极性较大的苷元或黄酮苷有氯仿 - 甲醇 - 水（80 ∶ 20 ∶ 2.5）、氯仿 - 乙酸乙酯 - 丙酮（5 ∶ 1 ∶ 4）及正丁醇 - 乙酸 - 水（3 ∶ 1 ∶ 1）等为展开剂。实际工作中可根据待分离成分的极性大小调整各溶剂间的比例。

2. 聚酰胺薄层色谱

聚酰胺薄层色谱适用范围广，特别适合于分离检识含游离酚羟基的黄酮及其苷类化合物。因聚酰胺对黄酮类化合物吸附能力较强，因而常用极性较大的展开剂。检识黄酮苷元常用的展开剂有氯仿 - 甲醇（94 ∶ 6）、氯仿 - 甲醇 - 丁酮（12 ∶ 2 ∶ 1）等。检识黄酮苷类化合物常用含水有机溶剂作为展开剂，如甲醇 - 水（1 ∶ 1）、丙酮 - 水（1 ∶ 1）、丙酮 -95% 乙醇 - 水（2 ∶ 1 ∶ 2）和水 - 正丁醇 - 丙酮 - 乙酸（16 ∶ 2 ∶ 2 ∶ 1）等。

（二）纸色谱

纸色谱适用于检识各种黄酮类化合物的苷元和苷。检识黄酮苷元时，常用极性相对较小的“醇性”展开系统，如正丁醇 - 乙酸 - 水（4 ∶ 1 ∶ 5 上层，BAW）、叔丁醇 - 乙酸 - 水（3 ∶ 1 ∶ 1，TBA）或水饱和的正丁醇等，其原理是正相分配色谱；检识黄酮苷类化合物时，宜用极性相对较大的“水性”展开剂，如含 3% ~ 5% 乙酸的水溶液、乙酸 - 浓盐酸 - 水（30 ∶ 3 ∶ 10）等，其原理类似反相分配色谱。

黄酮苷和苷元混合物的分离与检识常用双向纸色谱法，一般第一向通常用“醇性”展开剂展开，第二向选用极性大的“水性”展开剂展开。不同的黄酮苷元用“水性”展开剂（如 3% ~ 5% 乙酸）展开时，黄酮、黄酮醇和查耳酮等平面性分子几乎停留在原点不动（$R_f < 0.02$），而二氢黄酮、二氢黄酮醇和二氢查耳酮等非平面性分子 R_f 值较大（0.10 ~ 0.30）。在醇性展开剂中黄酮苷的 R_f 值比其苷元小，通常 R_f 值大小顺序为：苷元＞单糖苷＞双糖苷。不同类型的黄酮类化合物在双向纸色谱展开时往往会出现在特定区域，据此可推断其结构类型及是否成苷。

黄酮类化合物色谱检识的显色方法较多，有颜色的黄酮类化合物可直接观察颜色，也可在紫外光下观察色斑或荧光，或氨蒸气处理后观察颜色变化。另外，还可用 2% 三氯化铝甲醇液、10% 碳酸钠水溶液等喷雾显色后于可见光或紫外灯下观察斑点或荧光。

第五节　黄酮类化合物的结构研究

一、紫外光谱

紫外光谱是黄酮类化合物结构研究的重要手段之一，结构类型不同的黄酮类化合物的紫外光谱具有较好的区分度，另外，一些诊断试剂的加入可提供更多的结构信息。

（一）黄酮类化合物在甲醇溶液中的紫外光谱特征

多数黄酮类化合物结构中存在苯甲酰基与桂皮酰基构成的交叉共轭体系，故其甲醇溶液在 200 ~ 400nm 的区域内有两个主要的紫外吸收带，由桂皮酰基系统电子跃迁所产生吸收带称为带Ⅰ，出现在 300 ~ 400nm；由苯甲酰基系统电子跃迁产生的吸收带称为带Ⅱ，出现在 240 ~ 280nm，如下所示。

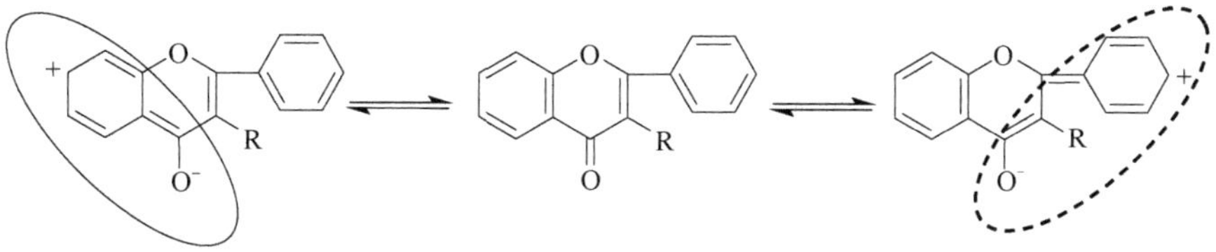

苯甲酰系统（带Ⅱ，240~280nm）　黄酮 R=H　黄酮醇 R=OH　桂皮酰基系统（带Ⅰ，300~400nm）

不同类型黄酮化合物的带Ⅰ或带Ⅱ的峰位、峰形和强度均有所差别（图 6-2，表 6-3），因此根据它们的紫外光谱特征可以大致推测黄酮类化合物的结构类型。

表 6-3　黄酮类化合物在甲醇溶液中的紫外吸收光谱主要特征

结构类型	带Ⅱ（nm）	带Ⅰ（nm）	谱带峰形
黄酮	250 ~ 280	310 ~ 350	带Ⅱ、带Ⅰ强度相近
黄酮醇（3-OH 游离）	250 ~ 280	358 ~ 385	带Ⅱ、带Ⅰ强度相近
黄酮醇（3-OH 被取代）	250 ~ 280	328 ~ 357	
异黄酮	245 ~ 270	310 ~ 330	带Ⅱ强、带Ⅰ弱（肩峰）
二氢黄酮、二氢黄酮醇	270 ~ 295	300 ~ 330	
查耳酮	230 ~ 270	340 ~ 390	带Ⅱ弱、带Ⅰ强
橙酮	230 ~ 270	370 ~ 430	

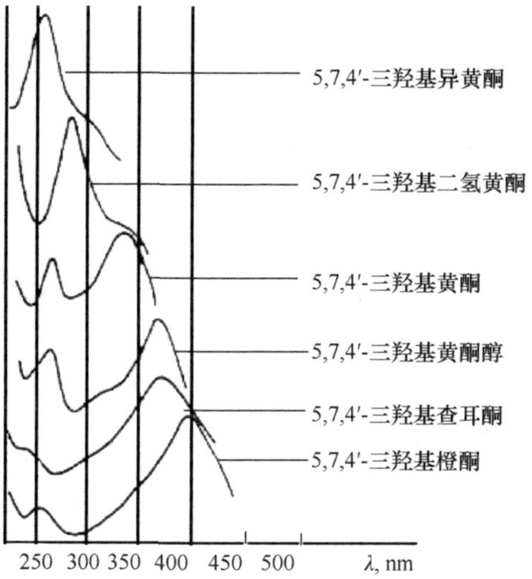

图 6-2　不同类型黄酮类化合物的紫外光谱

1. 黄酮及黄酮醇类化合物

两者紫外光谱图形相似，强度相近，但带Ⅰ位置不同，黄酮类带Ⅰ位于 310 ~ 350nm，黄酮醇类带Ⅰ位于 358 ~ 385nm（表 6-3），可据此进行区分。黄酮及黄酮醇的 7- 和 4′- 位有羟基、甲氧基等供电子基团取代时，带Ⅰ红移；3- 或 5- 位有羟基取代时，可与 4- 羰基形成氢键缔合，3- 羟基可使带Ⅰ红移，5- 羟基使带Ⅰ、带Ⅱ均红移。

B 环上的含氧取代基增加，带Ⅰ红移值也相应增加，带Ⅱ的峰位不受影响，但有时可改变带Ⅱ的峰形（表 6-4）。

表 6-4　黄酮类化合物 B 环上引入不同数目羟基对其紫外光谱中带Ⅰ的影响

化合物	B 环羟基	带Ⅰ（nm）	
3，5，7- 三羟基黄酮（高良姜素）	—	359	
3，5，7，4′- 四羟基黄酮（山柰酚）	4′	367	红移↓
3，5，7，3′，4′- 五羟基黄酮（槲皮素）	3′，4′	370	
3，5，7，3′，4′，5′- 六羟基黄酮（杨梅素）	3′，4′，5′	374	

A 环上的含氧取代基增加时，使带Ⅱ红移，而对带Ⅰ影响甚微（除 5- 羟基外）（表 6-5）。

表 6-5　黄酮类化合物 A 环上引入不同数目羟基对其紫外光谱中带Ⅱ的影响

化合物	A 环上羟基位置	带Ⅱ（nm）	
黄酮	—	250	
7- 羟基黄酮	7	252	红移↓
5，7- 二羟基黄酮	5，7	268	
5，6，7- 三羟基黄酮（黄芩素）	5，6，7	274	
5，7，8- 三羟基黄酮（去甲汉黄芩素）	5，7，8	281	

通常母核上氧取代越多，则相应吸收带红移越大。但当黄酮、黄酮醇结构中 3-，5- 羟基或 4′- 羟基被甲基化或苷化后，带Ⅰ紫移，其他位置上的羟基取代对甲醇中的紫外光谱几乎没有影响。黄酮（醇）的酚羟基被乙酰化后，原来的酚羟基对紫外吸收光谱的影响将基本消除。例如，槲皮素五乙酰化产物的紫外光谱与无羟基取代黄酮的非常相似。

2. 异黄酮、二氢黄酮及二氢黄酮醇类化合物

三者结构中均存在苯甲酰系统而无桂皮酰系统，其紫外光谱的共同特征是带Ⅱ为主峰，吸收强，带Ⅰ仅以肩峰或弱吸收峰出现。异黄酮的带Ⅱ通常在 245 ~ 270nm 范围，二氢黄酮和二氢黄酮醇的带Ⅱ都出现在 270 ~ 295nm 范围（表 6-3），据此可相互区分。这三类化合物的 A 环含氧取代基增加，则带Ⅱ红移；B、C 环上含氧取代基增加，带Ⅱ一般不受影响。

3. 查耳酮及橙酮类化合物

两者紫外光谱的带Ⅰ强度很高，为主峰，而带Ⅱ较弱，为次强峰，可与其他黄酮类化合物区分。查耳酮类化合物带Ⅰ通常出现在 340 ~ 390nm，而橙酮类化合物的带Ⅰ一般出现在 370 ~ 430nm（表 6-3）。当 B 环含氧取代基增加时，会使带Ⅰ红移。

（二）黄酮类化合物甲醇溶液中加入诊断试剂的紫外光谱在结构研究中的应用

在实际工作中，为了获得更多、更准确的结构信息，除了测定样品在甲醇溶液中的紫外吸收光谱，还测定其加入各种诊断试剂后的紫外光谱，这些试剂能使结构中的酚羟基解离或形成络合物等，导致紫外光谱发生变化，根据变化可以判断化合物的结构。常用的诊断试剂有甲醇钠（NaOMe）、乙酸钠（NaOAc）、乙酸钠 - 硼酸（$NaOAc\text{-}H_3BO_3$）、三氯化铝（$AlCl_3$）

及三氯化铝 - 盐酸（$AlCl_3$-HCl）等。

不同类型的黄酮类化合物均可通过加入诊断试剂获得更多的结构信息，且加入诊断试剂后，其紫外光谱的变化呈现各自的规律性。本书以黄酮、黄酮醇为例，介绍其甲醇溶液中加入诊断试剂后紫外光谱变化的一般规律（表 6-6）。

表 6-6　黄酮、黄酮醇加入诊断试剂的紫外光谱图位移及结构特征归属

诊断试剂	带Ⅱ和带Ⅰ的变化	结构特征
NaOMe	带Ⅰ红移 40 ～ 60nm，强度不降	有 4′-OH
	带Ⅰ红移 50 ～ 60nm，强度下降	有 3-OH，但无 4′-OH
	吸收带随测定时间延长而衰退	有对碱敏感的取代模式，如 3，4′-OH；3，3′，4′-OH；5，6，7-OH；5，7，8-OH 或 5，3′，4′-OH
NaOAc	带Ⅱ红移 5 ～ 20nm	有 7-OH
	带Ⅰ在长波侧有明显肩峰	有 4′-OH，但无 3-OH 及 / 或 7-OH
	光谱图随时间延长而衰退	有对 NaOAc 敏感取代模式，如 5，6，7-OH 或 5，7，8-OH 或 3，3′，4′-三羟基或 3，4′- 二羟基 -3′- 甲氧基等
NaOAc/H_3BO_3	带Ⅰ红移 12 ～ 30nm	B 环有邻二酚羟基
	带Ⅱ红移 5 ～ 10nm	A 环有邻二酚羟基（5，6- 二羟基除外）
$AlCl_3$	$AlCl_3$ 谱图 = $AlCl_3$/HCl 谱图	无邻二酚羟基
	$AlCl_3$ 谱图≠ $AlCl_3$/HCl 谱图	有邻二酚羟基
	后者较前者带Ⅰ紫移 30 ～ 40nm	B 环上有邻二酚羟基
	后者较前者带Ⅰ紫移 50 ～ 60nm	A、B 环均可能有邻二酚羟基
$AlCl_3$/HCl	$AlCl_3$/HCl 谱图 =MeOH 谱图	无 3-OH 及 5-OH
	$AlCl_3$/HCl 谱图≠ MeOH 谱图	可能有 3-OH 及（或）5-OH
	带Ⅰ红移 35 ～ 55nm	有 5-OH，无 3-OH
	带Ⅰ红移 17 ～ 20nm	有 3-OH 及 6- 含氧取代
	带Ⅰ红移 50 ～ 60nm	有 3-OH 或 3，5- 二 OH

根据表 6-6 所示的规律，能够判断出黄酮类化合物的基本母核和取代情况，尤其是羟基的取代模式。但在实际研究中，为了更准确地鉴定被测样品的结构，仍需结合其他波谱技术尤其是 NMR 技术进行综合分析。

二、黄酮类化合物的磁共振谱

（一）^{1}H-NMR

^{1}H-NMR 是黄酮类化合物结构研究的一种重要手段。游离黄酮类化合物 ^{1}H-NMR 的质子信号大多集中在低场芳香质子信号区，A、B 和 C 环质子信号各成自旋体系，容易区分和解析。

黄酮类化合物测定氢谱时，常用的溶剂有氘代氯仿（$CDCl_3$）、氘代二甲基亚砜（DMSO-d_6）、氘代吡啶（pyridine-d_5）等，具体根据样品的溶解性选择。无水 DMSO-d_6 为最常用的溶剂，它不仅溶解范围广，而且对各种质子信号的分辨率高，有利于鉴别黄酮类母核上的酚羟基，是一种十分理想的溶剂。也可将黄酮类化合物制成相应的三甲基硅醚衍生物，以四氯化碳为溶剂进行测定。

下面对黄酮类化合物的 ^{1}H-NMR 规律作简要介绍。

1. C 环质子

各种黄酮类化合物结构的主要区别在 C 环，且在 ^{1}H-NMR 中其 C 环质子也表现出各自的特征，故 C 环质子信号是判断黄酮类化合物结构类型的主要依据。

（1）黄酮和黄酮醇类化合物：黄酮类化合物 H-3 的化学位移在 δ6.30，常以一个尖锐的单峰出现。5，6，7- 或 5，7，8- 三氧取代黄酮类中 H-8 或 H-6 信号易与其混淆，应加以区别。黄酮醇 3 位被含氧基团取代，氢谱上无信号。

（2）异黄酮类化合物：H-2 受到 1- 位氧原子和 4- 位羰基影响，其信号较一般的芳香质子处于较低场，出现在 δ 7.60 ~ 7.80，为一个尖锐的单峰。如以 DMSO-d_6 作溶剂测定时，该质子信号可向低场位移至 δ 8.50 ~ 8.70。

（3）二氢黄酮类化合物：H-2 与两个不等价的 H-3 耦合，裂分成一个双二重峰，中心约在 δ 5.2（$J_{反}$≈ 11.0Hz，$J_{顺}$≈ 5.0Hz）。两个 H-3 化学不等价，形成两组双二重峰（dd，J=17.0Hz，$J_{顺}$≈ 5.0Hz）和（dd，J=17.0Hz，$J_{反}$≈ 11.0Hz），化学位移中心位置在 δ 2.80 处，往往会相互重叠（表 6-7）。

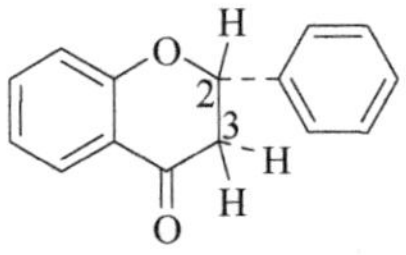

二氢黄酮类化合物

（4）二氢黄酮醇类化合物：天然存在的二氢黄酮醇中，H-2 和 H-3 多为反式二直立键，H-2 位于 δ 4.80 ~ 5.00 处，H-3 位于 δ 4.10 ~ 4.30 处，均为二重峰（J_{aa} ≈ 11.0 Hz），当 3- 羟基成苷后，H-2 和 H-3 信号均向低场位移约 0.5（表 6-7），据此有助于判断二氢黄酮醇成苷的位置。

表 6-7　二氢黄酮、二氢黄酮醇类化合物 ^{1}H-NMR 中 C 环质子信息

化合物	δH-2	δH-3
二氢黄酮	5.00 ~ 5.50，dd	~ 2.80，dd
二氢黄酮醇	4.80 ~ 5.00，d	4.10 ~ 4.30，d
二氢黄酮醇 -3-*O*- 苷	5.00 ~ 5.60，d	4.30 ~ 4.60，d

（5）查耳酮类化合物：H-α 和 H-β 化学位移分别为 δ6.70 ~ 7.40 和 7.00 ~ 7.70，均为二重峰（J ≈ 17.0Hz）。

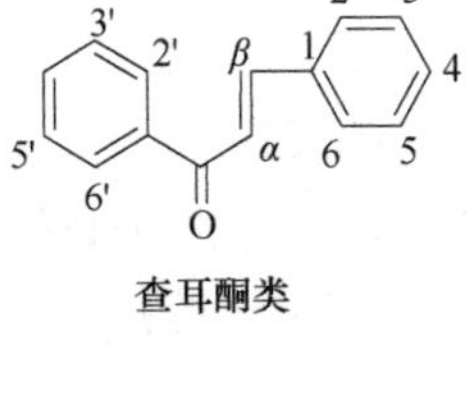

查耳酮类

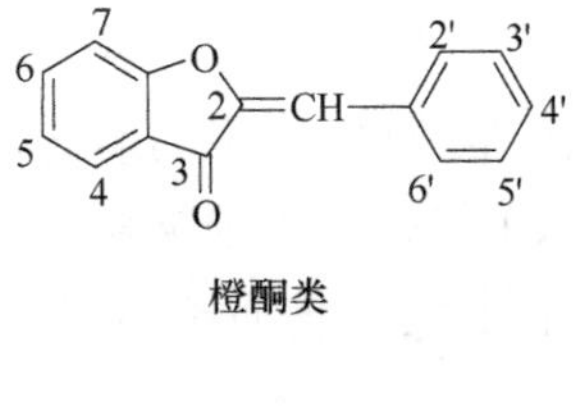

橙酮类

（6）橙酮类化合物：苄基质子常以单峰出现在 δ 6.50 ~ 6.70，如以 DMSO-d_6 作溶剂测定时，该信号向低场位移至 δ 6.37 ~ 6.94，其具体峰位与 A 环和 B 环上羟基取代情况有关。

2. A 环质子

（1）5，7- 二羟基黄酮类化合物：A 环的 H-6 及 H-8 分别以间位耦合的二重峰（J=2.5Hz）出现在 δ 5.70 ~ 6.90，且 H-6 信号总是比 H-8 信号位于较高的磁场区。当 7- 羟基被苷化后，两者信号均向低场方向位移（表 6-8）。

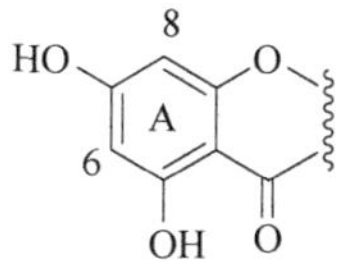

5，7-二羟基黄酮类化合物

表 6-8　5，7- 二羟基黄酮类化合物 ^{1}H-NMR 中 A 环质子信息

化合物	δ H-6	δ H-8
黄酮、黄酮醇、异黄酮类	6.00 ~ 6.20，d	6.30 ~ 6.50，d
上述化合物的 7-*O*- 葡萄糖苷	6.20 ~ 6.40，d	6.50 ~ 6.90，d
二氢黄酮、二氢黄酮醇类	5.75 ~ 5.95，d	5.90 ~ 6.10，d
上述化合物的 7-*O*- 葡萄糖苷	5.90 ~ 6.10，d	6.10 ~ 6.40，d

（2）7- 羟基黄酮类化合物：A 环 H-5、H-6 和 H-8 组成 ABX 自旋体系，H-5 与 H-6 邻位耦合，以二重峰（$J \approx$ 9.0Hz）出现在 δ 8.0 左右，因受到 4 位羰基强烈的去屏蔽效应的影响比其他芳香质子位于较低的磁场。H-6 与 H-5 邻位耦合，与 H-8 间位耦和，表现为一个双二重峰（$J \approx$ 9.0，2.5Hz）。H-8 与 H-6 间位耦合，表现为一裂距较小的二重峰（J=2.5Hz）。与 5，7- 二羟基黄酮类化合物相比，7- 羟基黄酮类化合物中 H-6 及 H-8 化学位移值均较大，大小的顺序可能颠倒（表 6-9）。

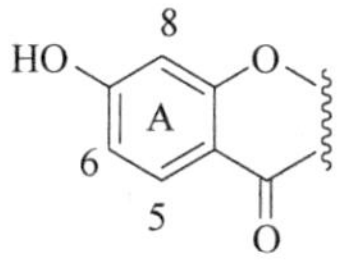

7-羟基黄酮类化合物

表 6-9　7- 羟基黄酮类化合物 ^{1}H-NMR 中 A 环质子信息

化合物	δ H-5	δ H-6	δ H-8
黄酮、黄酮醇、异黄酮类	7.90 ~ 8.20，d	6.70 ~ 7.10，dd	6.70 ~ 7.00，d
二氢黄酮、二氢黄酮醇类	7.70 ~ 7.90，d	6.40 ~ 6.50，dd	6.30 ~ 6.40，d

3. B 环质子

（1）4′- 氧取代黄酮类化合物：4′- 氧取代黄酮类化合物 B 环的四个质子组成 AA′XX′ 自旋体系，表现为两组双重峰（2H，J=8.0Hz），化学位移位于 δ 6.50 ~ 7.90，比 A 环质子处于稍低的磁场，由于 C 环对 H-2′、H-6′ 的去屏蔽效应及 4′-OR 对 H-3′、H-5′ 的供电子 p-π 共轭效应的影响，H-2′、H-6′ 总是比 H-3′、H-5′ 位于稍低磁场。H-2′、H-6′ 的具体峰位取决于 C 环的氧化水平（表 6-10）。

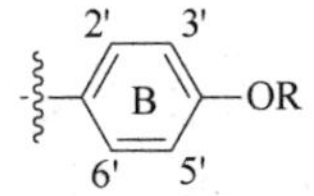

4'-氧取代黄酮类化合物

表 6-10　4′- 氧取代黄酮类化合物 ^{1}H-NMR 中 B 环质子信息

化合物	δ H-2′、H-6′	δ H-3′、H-5′
二氢黄酮类	7.10 ~ 7.30，d	6.50 ~ 7.10，d
二氢黄酮醇类	7.20 ~ 7.40，d	6.50 ~ 7.10，d
异黄酮类	7.20 ~ 7.50，d	6.50 ~ 7.10，d
查耳酮（H-2、6 和 H-3、5）类	7.40 ~ 7.60，d	6.50 ~ 7.10，d
橙酮类	7.60 ~ 7.80，d	6.50 ~ 7.10，d
黄酮类	7.70 ~ 7.90，d	6.50 ~ 7.10，d
黄酮醇类	7.90 ~ 8.10，d	6.50 ~ 7.10，d

（2）3′，4′- 二氧取代黄酮类化合物：该类化合物结构中 B 环 H-2′、H-5′ 和 H-6′ 组成 ABX 自旋体系。H-5′ 与 H-6′ 邻位耦合，其双重峰出现在 δ 6.70 ~ 7.10（d，*J*=8.0Hz）。H-2′ 与 H-6′ 间位耦合，亦为双重峰，出现在约 δ 7.20（d，*J*=2.0Hz）。H-6′ 分别与 H-2′ 和 H-5′ 耦合，以双二重峰出现在 δ 7.90（dd，*J*=2.0，8.0Hz）左右。有时 H-2′ 和 H-6′ 信号重叠或部分重叠，难以辨认（表 6-11）。

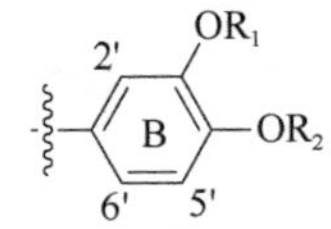

3′，4′-二氧取代黄酮类化合物

表 6-11　3′，4′- 二氧取代黄酮类化合物 ^{1}H-NMR 中 B 环质子信息

化合物	δ H-2′	δ H-6′	δ H-5′
黄酮（3′，4′-OH 及 3′-OH，4′-OCH_3）	7.20 ~ 7.30，d	7.30 ~ 7.50，dd	6.70 ~ 7.10，d
黄酮醇（3′，4′-OH 及 3′-OH，4′-OCH_3）	7.50 ~ 7.70，d	7.60 ~ 7.90，dd	
黄酮醇（3′-OCH_3，4′-OH）	7.60 ~ 7.80，d	7.40 ~ 7.60，dd	
黄酮醇（3′，4′-OH，3-*O*- 苷）	7.20 ~ 7.50，d	7.30 ~ 7.70，dd	

黄酮和黄酮醇 B 环氧取代是 3′-OH，4′-OCH_3 还是 3′-OCH_3，4′-OH，可从 H-2′ 和 H-6′ 的化学位移进行区分，当黄酮和黄酮醇为 4′-OCH_3，3′-OH 取代时，H-2′ 通常比 H-6′ 出现在高场区，而为 3′-OCH_3，4′-OH 取代时，H-2′ 和 H-6′ 的位置则相反。

3′，4′- 二氧取代异黄酮、二氢黄酮及二氢黄酮醇中，H-2′、H-5′ 及 H-6′ 常以复杂多重峰（常常组成两组峰）出现在 δ 6.70 ~ 7.10，C 环对其影响极小，每个质子的化学位移主要与其相对于含氧取代基的位置有关。

（3）3′，4′，5′- 三氧取代黄酮类化合物：若 3′-，4′-，5′- 均为羟基取代，则 H-2′ 和 H-6′ 为等价质子，以两个质子的单峰出现在 δ 6.50 ~ 7.50；当 3′-，5′- 取代基团不同或者 3′-OH 或 5′-OH 成苷或被甲基化后，H-2′ 和 H-6′ 相互耦合均为双重峰（J=2.0Hz）。

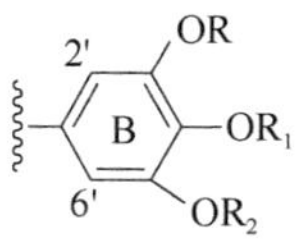

3′，4′，5′-三氧取代黄酮类化合物

4. 糖基上的质子

（1）单糖苷类化合物：糖上的质子化学位移一般为 δ 3.00 ~ 6.00，糖的端基质子（以 H-1″ 表示）较糖上其他质子位于较低磁场，其具体的峰位取决于成苷的位置及糖的种类等（表 6-12）。

表 6-12　黄酮类化合物单糖苷 ^{1}H-NMR 中端基质子信息

化合物	δ H-1″
黄酮醇 -3-*O*- 葡萄糖苷	5.70 ~ 6.00
黄酮醇 -3-*O*- 鼠李糖苷	5.00 ~ 5.10
黄酮醇 -7-*O*- 鼠李糖苷	5.10 ~ 5.30
黄酮 -7-*O*- 葡萄糖苷	4.80 ~ 5.20
黄酮 -4′-*O*- 葡萄糖苷	4.80 ~ 5.20
黄酮 -5-*O*- 葡萄糖苷	4.80 ~ 5.20
黄酮 -6- 及 8-*C*- 糖苷	4.80 ~ 5.20
二氢黄酮醇 -3-*O*- 葡萄糖苷	4.10 ~ 4.30
二氢黄酮醇 -3-*O*- 鼠李糖苷	4.00 ~ 4.20

从表 6-12 的数据可以看出，对黄酮类化合物葡萄糖苷而言，3- 羟基成苷时葡萄糖端基质子的化学位移明显不同于 4′- 或 5- 或 7- 羟基成苷时的化学位移；而黄酮醇 -3-*O*- 葡萄糖苷和黄酮醇 -3-*O*- 鼠李糖苷的端基质子化学位移值也有明显区别；但二氢黄酮醇 -3-*O*- 葡萄糖苷和 3-*O*- 鼠李糖苷的端基质子化学位移值很接近，但对于单鼠李糖苷，鼠李糖上的 C_5—CH_3 以一个二重峰（J=6.5Hz）或多重峰出现在 δ 0.80 ~ 1.20，易于识别。

黄酮苷类化合物的端基质子信号的耦合常数，可用于判断其苷键构型，具体内容详见糖有关部分。

（2）双糖苷类化合物：末端糖的端基质子（以 H-1‴ 表示）信号较 H-1″ 位于较高磁场，因其离黄酮母核较远，受去屏蔽影响较小，其具体化学位移值与末端糖的连接位置有关。例如，由葡萄糖和鼠李糖构成的黄酮 3-*O*- 或 7-*O*- 双糖苷中，常见连接有：苷元 - 芸香糖基［即苷元 -*O*-β-D- 葡萄糖（6 → 1）-α-L- 鼠李糖］和苷元 - 新橙皮糖基［即苷元 -*O*-β-D- 葡萄糖（2 → 1）-α-L- 鼠李糖］两种类型。这两种连接方式除了可用二维磁共振技术确定外，还可以通过比较鼠李糖上端基质子或 C_5—CH_3 质子（H-6‴）的化学位移来区别（表 6-13）。

表 6-13　双糖黄酮苷 ^{1}H-NMR 中鼠李糖 H-1‴ 和 H-6‴ 信息

化合物	δ H-1‴	δ H-6‴
芸香糖基	4.20 ~ 4.40（d，J=2.0Hz）	0.70 ~ 1.00（d）
新橙皮糖基	4.90 ~ 5.00（d，J=2.0Hz）	1.10 ~ 1.30（d）

5. 其他质子

（1）酚羟基质子：测定黄酮类化合物酚羟基质子时，需用 DMSO- d_6 作为测定溶剂。7、3′-、4′- 和 5′- 位的羟基质子信号一般出现在 δ 9.00 ~ 10.50 附近；5- 位羟基质子信号则出现在较低场 δ 12.00 ~ 13.00 附近，这是由于其与 4- 羰基形成分子内氢键所造成。向被测定的样品溶液中加入 D_2O，则羟基质子信号消失。

（2）C-6 和 C-8 的甲基质子：前者比后者出现在稍高磁场处（Δδ0.2），以异黄酮为例，6- 甲基信号出现在 δ2.04 ~ 2.27，8- 甲基信号出现在 δ 2.14 ~ 2.45。

（3）甲氧基质子：一般以单峰出现在 δ 3.50 ~ 4.10（少数例外），其在母核上的具体取代位置可通过 2D-NMR 技术如 HMBC 和 NOESY 等谱确定。

（4）乙酰氧基上的质子：黄酮类化合物有时会制备成乙酰化物后进行结构测定。通常糖基上的乙酰氧基质子化学位移在 δ 1.65 ~ 2.10（s），而苷元上酚羟基形成的乙酰氧基质子化学位移则出现在 2.30 ~ 2.50（s），两者易于辨认。乙酰氧基上质子信号的数目，还有助于判断黄酮苷中连接糖的数目和苷元上酚羟基的数目。

（二）^{13}C-NMR 谱

除 ^{1}H-NMR 外，黄酮类化合物的 ^{13}C-NMR 信号规律性也较强，在黄酮类化合物的结构鉴定中具有重要的作用。在各种不同类型的黄酮类化合物的 ^{13}C-NMR 中，由低场区到高场区依次出现的碳信号为：羰基碳、氧取代的芳香碳或烯碳、无氧取代的芳香碳或烯碳、氧取代的脂肪碳和无氧取代的脂肪碳。

1. 黄酮类化合物骨架类型的判断

黄酮类化合物三链碳的 ^{13}C-NMR 信号是确定各类黄酮骨架类型的重要依据，通过比较其化学位移、DEPT 谱信号或在偏共振去偶谱中的裂分情况，可区分各类黄酮的骨架（表 6-14）。

表 6-14　^{13}C-NMR 中黄酮类化合物中央三个碳原子的信号特征

化合物	δ C-2（或 C-β）	δ C-3（或 C-α）	δ C=O
黄酮类	160.0 ~ 165.0，s	103.0 ~ 111.8，d	176.3 ~ 184.0，s
黄酮醇类	145.0 ~ 150.0，s	136.0 ~ 139.0，s	172.0 ~ 177.0，s
异黄酮类	149.8 ~ 155.4，d	122.3 ~ 125.9，s	174.5 ~ 181.0，s
二氢黄酮类	75.0 ~ 80.3，d	42.8 ~ 44.6，t	189.5 ~ 195.5，s
二氢黄酮醇类	82.7，d	71.2，d	188.0 ~ 197.0，s
查耳酮类	136.9 ~ 145.4，d	116.6 ~ 128.1，d	188.6 ~ 194.6，s
橙酮类	146.1 ~ 147.7，s	111.6 ~ 111.9，d（=CH-）	182.5 ~ 182.7，s

2. 黄酮类化合物取代模式的确定

黄酮类化合物中芳香碳原子的信号特征可用来确定母核上取代基的取代模式。无取代基的黄酮的 ^{13}C-NMR 信号归属如下：

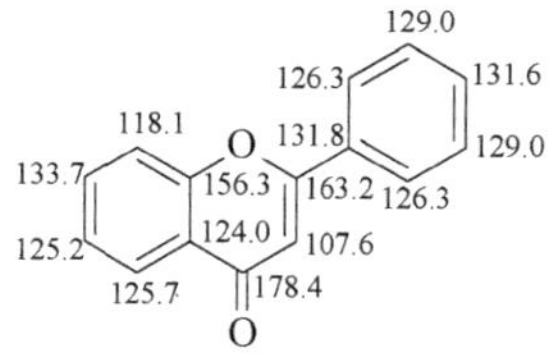

无取代代黄酮的^{13}C-NMR数据

（1）取代基的影响：黄酮类化合物 B 环有取代基时引起的位移效应与简单苯衍生物基本一致。羟基及甲氧基的取代可使同碳原子（α- 碳）化学位移大幅度移向低场，邻位碳（β- 碳）及对位碳化学位移则向高场移动，间位碳信号亦向低场位移，但幅度较小（表 6-15）。

表 6-15　^{13}C-NMR 中黄酮类化合物 B 环上的取代基位移效应

取代基	Z_i（连接碳）	Z_o（邻位碳）	Z_m（间位碳）	Z_p（对位碳）
OH	26.6	−12.8	1.6	−7.1
OCH_3	31.4	−14.4	1.0	−7.8

当 A 环或 B 环有取代基时，其取代效应通常仅限于被取代的环，如同一个环上有几个取代基，则其对位移的影响具有加和性。但黄酮类母核上引入 5- 羟基时，不但会影响 A 环，还会影响到 C 环碳的化学位移，C-4 和 C-2 信号分别向低场位移 4.5 和 0.9，而 C-3 信号则向高场位移 1.99，这是由于 5- 羟基与羰基形成氢键缔合，减少 C-4、C-2 位的电子密度所致。但 5- 羟基被甲基化或苷化，就不能形成氢键缔合，上述信号会分别向相反方向位移。

（2）5，7- 二羟基黄酮中的 C-6 及 C-8 信号特征：A 环上 C-6 及 C-8 因位于酚羟基邻位，其化学位移一般出现在 δ 90 ～ 100，且 C-6 化学位移总是大于 C-8。在二氢黄酮醇中两者化学位移相差较小，$\Delta\delta$ 约为 0.9；而在黄酮及黄酮醇中两者差别较大，$\Delta\delta$ 约为 4.8。

^{13}C-NMR 中 C-6 及 C-8 信号位移与否，可用于判断 C-6 或 C-8 取代情况。当 C-6 或 C-8 位有烷基或碳糖苷取代时，其信号将向低场位移较大，如 C-6 位有甲基或异戊烯基取代时，其碳信号向低场位移 6.0 ～ 9.0，当 C-6 位有碳糖基取代时，其碳信号向低场位移约 10.0（表 6-16）。

表 6-16　几种 5，7- 二羟基黄酮类化合物中 C-6 及 C-8 的化学位移

化合物	δ C-6	δ C-8
松属素（5，7- 二羟基二氢黄酮）	96.1	95.1
6-C- 甲基 - 松属素	102.1	94.7
8-C- 甲基 - 松属素	95.7	101.9
木犀草素（5，7，3′，4′- 四羟基黄酮）	99.2	94.2
8-C- 苯基 - 木犀草素	98.6	103.8
6- 羟基 - 木犀草素	140.4	93.6
芹菜素（5，7，4′- 三羟基黄酮）	98.8	94.0
芹菜素 6-C- 葡萄糖 -7-*O*- 葡萄糖苷	110.6	93.8
芹菜素 -6，8-C- 二葡萄糖苷	108.0	104.0

（3）黄酮类化合物 -*O*- 苷中糖的连接位置：黄酮类化合物成苷后，糖基和苷元上相关的碳原子信号均会发生相应的位移，位移值的大小因成苷位置及糖基的种类不同而有差别。因此，苷元的苷化位移规律可用于判断黄酮类化合物氧苷中糖的连接位置。

糖的苷化位移：酚苷中，糖的端基碳（C-1″）信号因成苷向低场位移 4.0 ~ 6.0，其位移的具体数值取决于酚羟基周围的环境。当黄酮苷元的 7-、2′-、3′-、4′- 位成苷时，C-1″ 信号位于 δ 100.0 ~ 102.5，但 5-*O*- 葡萄糖苷和 7-*O*- 鼠李糖苷例外，它们的 C-1″ 信号分别位于约 δ 104.3 和 99.0。

苷元的苷化位移：成苷后苷元上与糖直接相连的碳原子信号向高场位移，其邻位及对位碳原子则向低场位移，且对位碳原子的位移幅度最大。对比成苷前后苷元的碳谱数据，利用苷化位移规律可判断黄酮类化合物氧苷中糖的连接位置。

表 6-17 列出芹菜素、槲皮素、甘草素、二氢槲皮素、大豆素、高丽槐素、补骨脂异黄酮 A 和（+）- 儿茶素 8 个化合物的 ^{13}C -NMR 数据供参考。

表 6-17　几种黄酮类化合物的 ^{13}C-NMR 数据

NO.	1	2	3	4	5	6	7	8
2	164.3	146.7	81.1	85.1	152.0	71.5	73.1	82.7
3	102.6	135.7	45.0	73.6	122.6	45.3	47.3	68.4
4	181.5	175.8	193.5	198.4	174.7	83.8	196.2	28.8
5	161.7	160.7	129.9	164.5	127.3	123.3	117.2	157.2
6	98.8	98.2	111.8	97.3	115.1	110.0	142.5	96.2
7	164.3	163.9	167.0	168.7	162.5	163.5	155.8	157.7
8	94.2	93.3	103.8	96.3	102.1	108.6	124.5	95.5
9	157.3	156.1	165.6	165.3	157.2	161.7	149.0	156.9
10	103.5	102.9	114.9	101.8	116.6	115.1	119.2	100.6
1′	120.9	121.9	131.4	129.9	123.5	116.8	129.7	132.2
2′	128.2	115.3	129.0	120.9	130.1	109.9	131.1	115.2
3′	116.2	145.0	116.3	146.5	115.0	137.0	115.2	145.6
4′	160.8	147.7	114.9	147.2	157.4	146.8	161.6	145.7
5′	116.2	115.6	131.4	115.9	115.0	98.7	115.2	115.7
6′	128.2	119.9	129.0	116.1	130.1	159.4	131.1	120.0

注：1. 芹菜素（DMSO-d_6）；2. 槲皮素（CD_3OD）；3. 甘草素（CD_3OD）；4. 二氢槲皮素（CD_3OD）；5. 大豆素（DMSO-d_6）；6. 高丽槐素 [acetone-d_6，δ_C106.4 为（—O—CH_2—O—）的化学位移]；7. 补骨脂异黄酮 A（pyridine-d_5，δ_C 54.0，61.6，56.0 分别为 8-CH_2OH，3-OCH_3，4′-OCH_3 的化学位移）；8.（+）儿茶素（CD_3OD）

三、质谱

游离黄酮类化合物在电子轰击质谱（EI-MS）中可出现较强的分子离子峰 [M^+]，且常为基峰，所以 EI-MS 常用于极性较小的黄酮苷元的质谱分析。黄酮苷类化合物由于极性大、难以气化及对热不稳定的性质，在 EI-MS 中常常得不到分子离子峰，需预先制成甲基化、乙酰化或三甲基硅烷化等衍生物再进行测定。现在黄酮苷类化合物更多情况是直接用 FD-MS、FAB-MS 和 ESI-MS（电喷雾电离质谱）等软电离方法进行分析。FD-MS 可形成强的分子离

子峰 $[M]^{+\cdot}$及 $[M+H]^+$ 峰，可直接测得相对分子质量；还可通过调节发射丝电流强度，得到碎片离子峰，为黄酮苷类结构研究提供更多的信息。FAB-MS 主要形成很强的准分子离子峰，如 $[M+1]^+$、$[M+Na]^+$、$[M+K]^+$ 等，容易测到相对分子质量；ESI-MS 可提供 $[M+H]^+$ 或 $[M-H]^+$ 离子从而获得样品的相对分子质量，常用于相对分子质量大的黄酮苷类结构分析；通过高分辨质谱（HR-MS），还可以测到精确的相对分子质量，由此推断分子式。

游离黄酮类化合物 EI-MS 在高质量区，除分子离子峰 $[M]^{+\cdot}$外，常可见 $[M-H]^+$、$[M-CO]^+$、$[M-CH_3]^+$ 等碎片离子峰出现。

对黄酮类化合物而言，主要有以下两种基本裂解途径（方式Ⅰ和方式Ⅱ），其裂解产生的碎片离子如 $A_1^{+\cdot}$、$A_2^{+\cdot}$…和 $B_1^{+\cdot}$、$B_2^{+\cdot}$…等。因这些离子保留了 A 环和 B 环的基本骨架，尤其是碎片 $A_1^{+\cdot}$与相应的碎片 $B_1^{+\cdot}$的质荷比之和等于分子离子 $[M]^{+\cdot}$的质荷比，因此在结构鉴定工作中具有重要的价值。

裂解方式Ⅰ（RDA 裂解）：

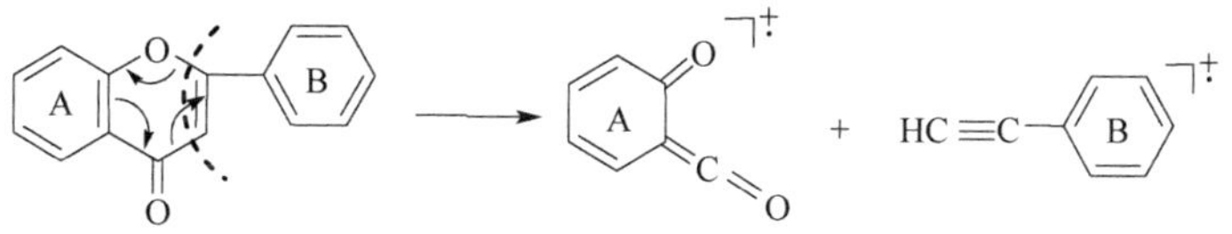

$M^{+\cdot}$ $A_1^{+\cdot}$ $B_1^{+\cdot}$

m/z 222 *m/z* 120 *m/z* 102

裂解方式Ⅱ：

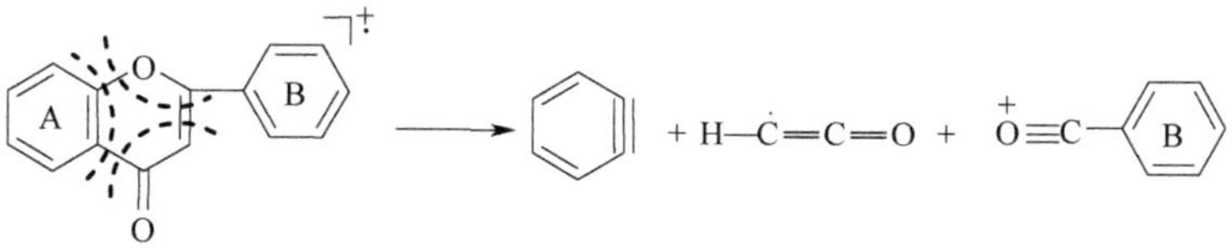

$M^{+\cdot}$ B_2^+

m/z 222 *m/z* 105

这两种裂解方式是相互竞争、相互制约的，B_2^+、$[B_2-CO]^+$ 离子丰度几乎与 $A_1^{+\cdot}$、$B_1^{+\cdot}$离子以及由 $A_1^{+\cdot}$、$B_1^{+\cdot}$进一步裂解产生的一系列离子（如 $[A_1-CO]^+$）等的总丰度成反比。

本书以游离黄酮类和黄酮醇类化合物的 EI-MS 为例分析其质谱裂解规律。

1. 黄酮类

基本裂解方式如图 6-3 所示。

多数游离黄酮的分子离子峰 $[M]^{+\cdot}$为基峰，其他丰度较大的峰有 $[M-H]^+$、$[M-CO]^+$ 等，此外由裂解方式Ⅰ产生的碎片 $A_1^{+\cdot}$、$[A_1-CO]^{+\cdot}$和 $B_1^{+\cdot}$峰的丰度也很高。

A 环和 B 环上的取代情况可根据 $A_1^{+\cdot}$和 $B_1^{+\cdot}$碎片的质荷比来确定。例如，5，7- 二羟基黄酮的质谱中 $B_1^{+\cdot}$碎片（*m/z* 102）与未取代黄酮是相同的，但它的 $A_1^{+\cdot}$比后者高 32 个质量单位，据此可推测其 A 环有两个羟基取代。又如，刺槐素（5，7- 二羟基 -4′- 甲氧基黄酮）和芹菜素（5，7，4′- 三羟基黄酮）的碎片离子 $A_1^{+\cdot}$质荷比相同（*m/z* 152），但是前者 $B_1^{+\cdot}$（*m/z* 132）比后者 $B_1^{+\cdot}$（*m/z* 118）高 14 个质量单位，说明刺槐素在 B 环上有一个甲氧基（表 6-18）。

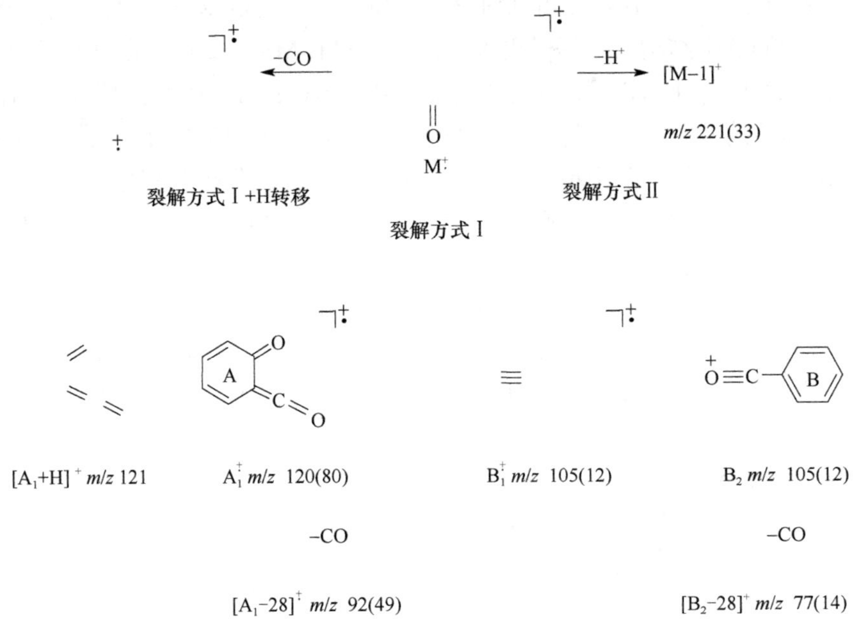

图 6-3　黄酮类化合物的基本裂解途径

表 6-18　一些黄酮类化合物的质谱数据

化合物	A_1^+	B_1^+
黄酮	120	102
5，7- 二羟基黄酮	152	102
5，7，4′- 二羟基黄酮	152	118
5，7，- 二羟基 4′- 甲氧基黄酮	152	132
5，7，- 二羟基 3′，4′- 甲氧基黄酮	152	162

黄酮类有 4 个或 4 个以上含氧取代基时，在方式Ⅰ中裂解产生中等强度的 A_1^+和 B_1^+碎片，具有诊断价值；而黄酮醇类有 4 个或 4 个以上含氧取代基时产生的 A_1^+和 B_1^+碎片离子丰度就较弱。

异戊烯基取代在 C-3、C-6 及 C-8 的黄酮类化合物，除了可通过上述方法比较 A_1^+碎片的质荷比来确定，其侧链还将产生一些新碎片离子，可用于结构鉴定。例如，化合物Ⅰ在 EI-MS 中过程中脱去 C_4H_7·后，经重排产生较稳定的䓬鎓离子（Ⅱ）（*m*/z 357），可推断异戊烯基连接在 A 环上（图 6-4）。

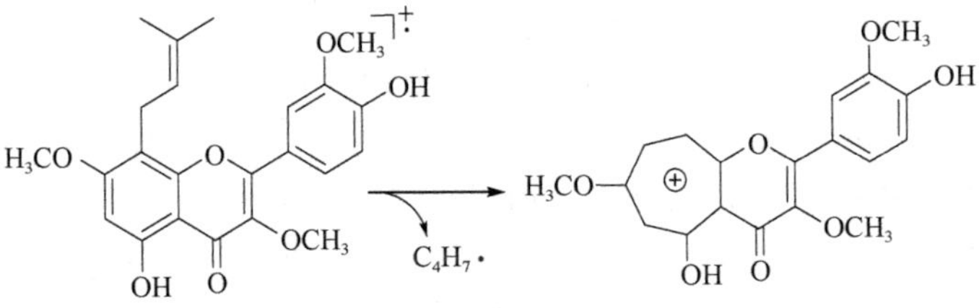

Ⅰ　　　Ⅱ *m/z* 357

图 6-4　A 环具有异戊烯基的黄酮化合物质谱裂解方式

C-6 或 C-8 有甲氧基取代的黄酮类，可裂解失去甲基，产生一个强的 $[M-CH_3]^+$ 离子峰，随后再失去 CO，产生 $[M-43]^+$ 碎片离子（图 6-4）。

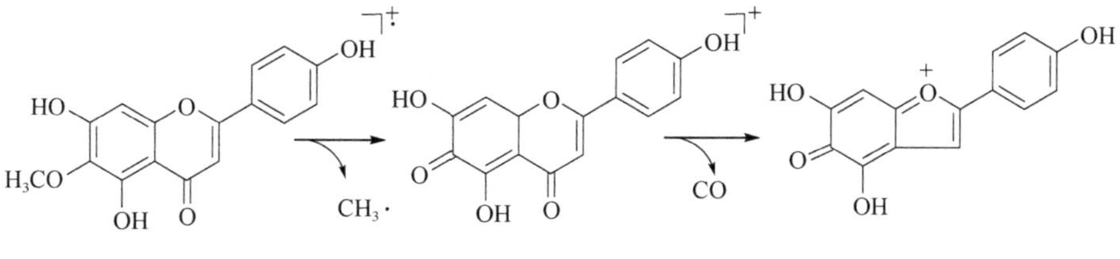

$M^{+\cdot}$ m/z 300(100)　　$[M-15]^+$ m/z 285(60)　　$[M-43]^+$ m/z 257(43)

2. 黄酮醇类化合物

基本裂解方式如图 6-5。

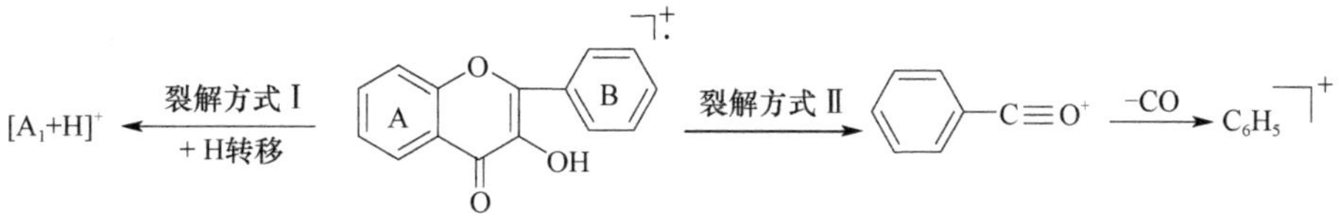

$M^{+\cdot}$　　B_2^+　　$[B_2-28]^+$

图 6-5　黄酮醇类化合物质谱裂解途径

游离黄酮醇类的分子离子峰多为基峰，裂解时主要按方式Ⅱ进行，产生碎片离子峰 B_2^+ 及由其继续失去 CO 而形成的 $[B_2-28]^+$，对结构鉴定有重要意义。

由于 B_2^+ 和 $[B_2-28]^+$ 总丰度几乎与 $A_1^{+\cdot}$、$B_1^{+\cdot}$及由 $A_1^{+\cdot}$、$B_1^{+\cdot}$衍生的一系列碎片离子的总丰度成反比，因而如在一个黄酮或黄酮醇质谱中观察不到适当强度的由裂解方式 I 产生的碎片离子时，则应当检查 B_2^+ 离子。

游离黄酮醇类的质谱图中除了 $M^{+\cdot}$、$B_2^{+\cdot}$、$A_1^{+\cdot}$、$[A_1+H]^+$ 等离子外，还可观察到 $[M-1]^+$（M−H）、$[M-15]^+$（$M-CH_3$）、$[M-43]^+$（$M-COCH_3$）等碎片离子，都可提供一定的结构信息。

2′- 羟基或 2′- 甲氧基取代的黄酮醇类化合物裂解方式较独特，其容易失去 2′- 羟基或甲氧基形成新的稳定的五元杂环（图 6-6）。

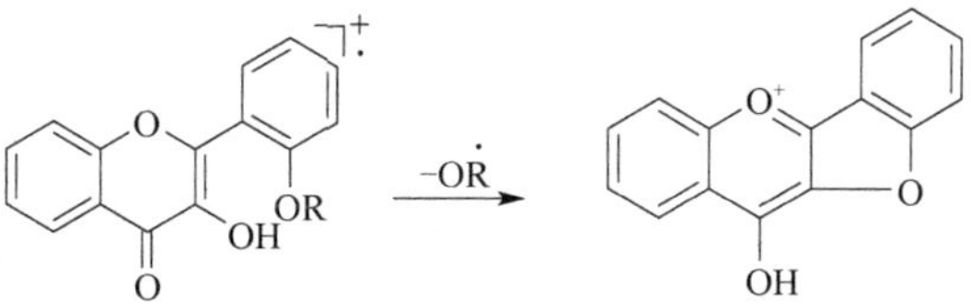

$M^{+\cdot}$（R=H或CH_3）　　$[M-17]^+$（R=H）$[M-31]^+$（$R=CH_3$）

图 6-6　具有 2′- 羟基或 2′- 甲氧基的黄酮醇类 MS 裂解方式

四、黄酮类化合物的立体结构

黄酮类化合物的立体结构问题主要是二氢黄酮、二氢黄酮醇及其衍生物中 C-2 和 C-3 的立体结构和取代基侧链的立体结构。二氢黄酮、二氢黄酮醇及其衍生物中 C-2 和 C-3 的立体结构的测定可使用以下方法。

1. 化学法

该法用不改变 C-2 构型的化学降解法使二氢黄酮降解成相对分子质量小的化合物，然后，将降解产物与已知构型的化合物的比旋光度进行比较，从而确定其绝对构型。

2. X- 线单晶衍射法

该法是确定有机化合物绝对构型的常用方法之一，其检测结果可信度高。但该法要求待测化合物为单晶，有时还需引入重原子，且操作方法及数据处理比较复杂，所以应用受限。

3. 磁共振法

二氢黄酮和二氢黄酮醇的 C-2 和 C-3 的相对构型可根据 ^{1}H-NMR 中 H-2 和 H-3 的耦合常数确定；绝对构型的确定可通过加入手性氘代溶剂，使对映异构体同一位置的质子或碳核因构型不同引起化学位移的差异进行判断。

4. 圆二色谱法（circular dichroic spectroscopy）及 CD 激子手性法（CD excition chirality method）

这两种方法是目前测定有机化合物绝对构型时最常用的方法。例如，（2*R*，3*R*）-（+）- 花旗松素的 CD 谱在 295nm 处为负 Cotton 效应，328nm 处为正 Cotton 效应，可确定 C-2 和 C-3 的绝对构型为 *R*，*R*；而（2*S*，3*S*）-（−）- 花旗松素的 CD 谱在 295nm 处为正 Cotton 效应，328nm 处为负 Cotton 效应，所以可以区别两者。

五、结构研究实例

从漆树科盐肤木属植物盐肤木 *Rhus chinensis* M. 中分离得到一化合物，为黄色针晶（MeOH），盐酸 - 镁粉反应阳性，Molish 反应阴性。其 ^{1}H-NMR、^{13}C-NMR 和质谱数据如下所示。

^{13}C-NMR（101MHz，CD_3OD）δ_C：148.1，137.2，177.4，162.5，99.3，165.6，94.5，160.6，104.6，123.7，130.7，116.3，158.3。

^{1}H-NMR（400MHz，CD_3OD）δ_H：6.17（1H，d，*J*=2.5Hz），6.39（1H，d，*J*=2.5Hz），6.90（2H，d，*J*=8.0Hz），8.08（2H，d，*J*=8.0Hz）。

EI-MS *m/z*：286$[M]^+$，258$[M-CO]^+$

结构解析：盐酸 - 镁粉反应阳性、Molish 反应阴性提示为游离黄酮类化合物。EI-MS *m/z*：286$[M]^+$，258$[M-CO]^+$，结合 ^{1}H-NMR 和 ^{13}C-NMR 数据，推断其分子式为 $C_{15}H_{10}O_6$，结构中取代有四个羟基。

碳谱数据中，羰基碳信号 δ_C 177.4，C-2 和 C-3 分别为 δ_C 148.1 和 137.2，符合黄酮醇类化合物骨架类型的化学位移数据，初步推断可能为黄酮醇类化合物。碳谱数据中 δ_C 99.3 和 94.5，结合氢谱中 δ_H 6.17（1H，d，*J*=2.5Hz，H-6），6.39（1H，d，*J*=2.5Hz，H-8）可以推测 A 环为 5，7 位的二取代。氢谱 δ_H 6.90（2H，d，*J*=8.0Hz，H-3′，5′），8.08（2H，d，*J*=8.0Hz，H-2′，6′）可以推测 B 环为 4′ 位的含氧取代黄酮。根据以上数据推断并与文献报道对照基本一致，故鉴定化合物为 3，5，7，4′- 四羟基黄酮，即山奈酚。

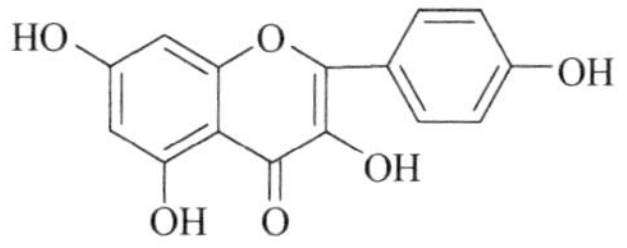

山奈酚

从土家族药物血筒中（五味子属植物异形南五味子 *Kadsura heteroclita* 的藤茎）分离出一化合物，为黄色针晶，盐酸 - 镁粉反应阳性，三氯化铁反应阴性。HREI-MS 显示其相对分子质量为 402.1312，其 ^{1}H-NMR、^{13}C-NMR 数据如下所示。

^{13}C-NMR（126MHz，$CDCl_3$）δ_C：177.3，161.0，151.9，151.4，149.3，148.4，147.7，144.1，138.0，124.0，119.6，114.8，111.2，108.6，106.9，62.2，61.9，61.8，61.6，56.1，56.0。

^{1}H-NMR（500MHz，$CDCl_3$）δ_H：7.56（1H，dd，J=8.5，2.1Hz），7.40（1H，d，J=2.1Hz），6.98（1H，d，J=8.5Hz），6.60（1H，s），4.09（3H，s），4.01（3H，s），3.96（3H，s），3.95（3H，s），3.94（6H，s）。

结构推测如下：根据显色反应可以推测化合物为黄酮类化合物，但分子中没有酚羟基。高分辨质谱提示其分子式为 $C_{21}H_{22}O_8$，结合碳谱数据，可以推知该黄酮分子中有 6 个甲氧基取代，^{1}H-NMR 中 δ_H 4.09（3H，s），4.01（3H，s），3.96（3H，s），3.95（3H，s），3.94（6H，s）也证实了 6 个甲氧基的存在。

^{1}H-NMR 中，δ_H 7.40（1H，d，J=2.1Hz），7.56（1H，dd，J=8.5，2.1Hz），6.98 1H，d，J=8.5 Hz）提示分子中有 ABX 耦合系统的芳香氢，即 2′，5′，6′-H，6.60（1H，s）归属为 H-3，甲氧基的连接位置由 2D-NMR 谱确定，以上数据与文献报道对照基本一致，故鉴定该化合物为 5，6，7，8，3′，4′- 六甲氧基黄酮，即川陈皮素。

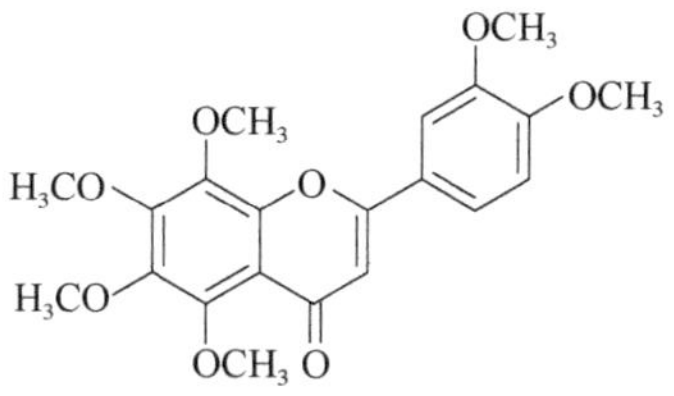

川陈皮素

雷公藤为卫矛科植物雷公藤 *Tripterygium wilfordii* 的根和根茎。雷公藤药材用 95% 乙醇提取，乙醇浸膏加用水分散后依次用石油醚、乙酸乙酯和正丁醇萃取，从乙酸乙酯部位分离到两个黄色化合物。

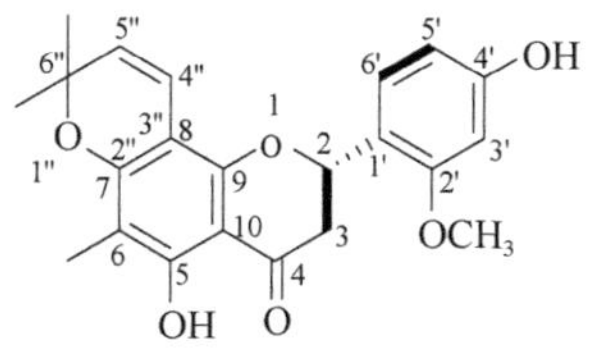

1

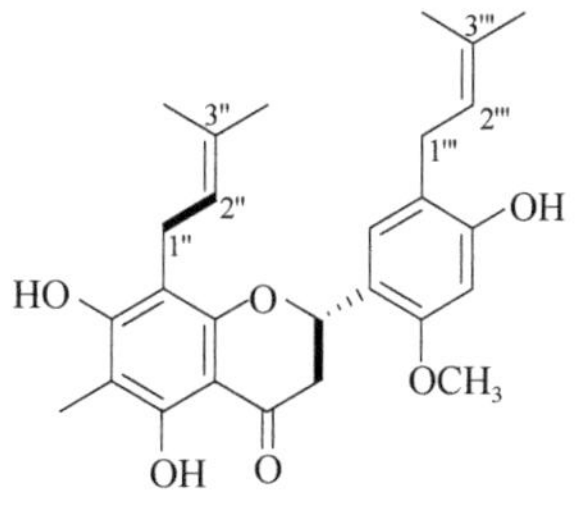

2

化合物 1 为黄色针状结晶，旋光值 $[\alpha]_D^{20}=0$（c 0.3，MeOH），表明化合物 1 可能为一对消旋体，后经 X- 线单晶衍射分析进一步证明了该化合物为一对消旋体。HRESIMS 给出准分子离子峰 $[M-H]^-$ 质荷比为 381.1335，推测其分子式为 $C_{22}H_{22}O_6$，不饱和度为 12。其红外吸收光谱在 3387cm^{-1} 和 1643cm^{-1} 处分别有吸收峰，表明化合物结构中含羟基和羰基。化合物 1 的 ^{1}H-NMR 谱和 ^{13}C-NMR 上则呈现二氢黄酮类的典型特征（表 6-19）：δ_H 5.89（d，J=13.2Hz，H-2）、2.97（d，J=13.2Hz，H-3a） 和 3.26（dd，J=17.2，13.2Hz，H-3b）；δ_C 43.0（C-3），75.2（C-2）和 198.0（C-4）。^{1}H-^{1}H COSY 谱呈现的 H-2 与 H-3 相关信号，以及 HMBC 谱上的 H-3 与 C-2、C-1′、C-4、C-5 的相关及 H-2 与 C-2′、C-6′、C-4、C-9 的相关都表明 1 具有二氢黄酮的骨架。苯并吡喃环的存在可由 δ_H 1.44（3H，s），1.44（3H，s），5.51（d，J=10.0Hz，H-5″），6.73（d，J=10.0Hz，H-4″）及相应的 HMBC 信号验证。HMBC 谱中 H-5″ 与 C-9（δ_C156.2）、H-4″ 与 C-7（δ_C160.2）、C-8（δ_C102.2）及 C-9（δ_C156.2）的相关表明二甲基吡喃环位于 A 环的 C-7 和 C-8 位。C- 甲基、羟基和甲氧基的连接位置可经由 HMBC 谱相关确证，以上对氢谱和碳谱信号的解析与 X- 线单晶衍射结果一致，见图 6-7。故化合物 1 鉴定为(±)-5, 4′-dihydroxy-2′-methoxy-6″, 6″- dimethypyrano(2″, 3″: 7, 8)-6-methyflavanone。

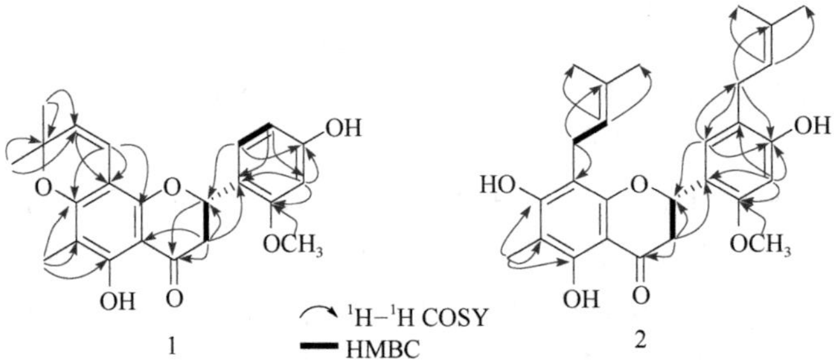

图 6-7 化合物 1 和 2 的 ^{1}H-^{1}H COSY 相关及关键的 HMBC 相关

表 6-19 化合物 1 和 2 的 ^{1}H NMR 和 ^{13}C NMR 谱数据

No.	1		2	
	δ_H（mult.，J in Hz）	δ_C（mult.）	δ_H（mult.，J in Hz）	δ_C（mult.）
2	5.89（1H，d，J=13.2）	75.2（d）	5.91（1H，br d，J= 12.6）	75.0（d）
3	2.97（1H，d，J=17.2）	43.0（t）	3.00（1H，br d，J=16.8）	43.2（t）
	3.26（1H，dd，J=17.2，13.2）		3.26（1H，dd，J=16.8，12.6）	
4		198.0（s）		198.1（s）
5		162.2（s）		160.6（s）
6		105.6（s）		104.7（s）
7		160.2（s）		164.1（s）
8		102.2（s）		108.8（s）
9		156.2（s）		159.2（s）
10		103.2（s）		103.3（s）
1′		118.4（s）		118.7（s）
2′		158.7（s）		156.3（s）
3′	6.88（1H，s）	100.5（d）	6.82（1H，s）	99.9（d）

续表

No.	1		2	
	δ_H（mult.，J in Hz）	δ_C（mult.）	δ_H（mult.，J in Hz）	δ_C（mult.）
4′		161.1（s）		157.7（s）
5′	6.93（1H，d，J = 8.0）	108.6（d）		121.2（s）
6′	7.63（1H，d，J = 8.0）	128.7（d）	7.70（1H，s）	128.7（d）
1″			3.70（2H，br s）[a]	23.2（t）
2″			5.68（1H，br s）[b]	124.4（d）
3″				131.2（s）[d]
4″	6.73（1H，d，J = 10.0）	116.8（d）		
5″	5.51（1H，d，J = 10.0）	126.6（d）		
6″		78.5（s）	1.70（3H，s）	26.2（q）
3″-CH_3			1.70（3H，s）	26.2（q）
6″-CH_{33}	1.44（3H，s）	28.5（q）	1.80（3H，s）	18.2（q）
	1.44（3H，s）	28.7（q）		
1‴			3.70（2H，br s）[a]	29.0（t）
2‴			5.68（1H，br s）[b]	124.6（d）[c]
3‴				132.0（s）[d]
3‴-CH_3			1.76（3H，s）	26.2（q）
			1.80（3H，s）	18.4（q）
6-CH_3	2.20（3H，s）	7.5（q）	2.44（3H，s）	8.9（q）
4′-OCH_3	3.70（3H，s）	55.7（q）	3.66（3H，s）	55.7（q）

a，b 信号重叠，c，d 信号归属可能相反

化合物 2 为黄色粉末，旋光值测定为 $[\alpha]_D^{20}$ =−5.9（c 0.8，MeOH），HRESIMS 给出准分子离子峰 $[M-H]^-$ 质荷比为 451.2129（计算值 $C_{27}H_{31}O_6$：451.2121）表明化合物 2 的相对分子质量为 452，分子式为 $C_{27}H_{32}O_6$。其红外光谱 IR 在 3199cm^{-1} 和 1631cm^{-1} 处分别有吸收峰，显示化合物结构中有羟基和羰基。与化合物 1 的氢谱和碳谱类似，化合物 2 的氢谱和碳谱信号 δ_H 5.91（1H，br d，J=12.6Hz，H-2），3.26（1H，dd，J=16.8，12.6Hz，H-3b）和 3.00（1H，br d，J=16.8Hz，H-3a）同样表明化合物 2 为二氢黄酮类化合物。同时，其 ^{1}H-NMR 谱图可鉴别出两个异戊烯基的信号：δ_H 3.70（4H，br s，H-1″ and H-1‴），δ_H 5.68（2H，br s，H-2″ 和 H-2‴）δ_H 1.70、1.76、1.80 × 2（4 ×Me）。HMBC 谱信号：H-1″ 与 C-7、C-8 和 C-9 相关、H-1‴ 与 C-4′ 和 C-6′ 相关，表明两个异戊烯基分别连接在 C-8 和 C-5′ 位。与化合物 1 类似，6-CH_3、5-，7-，4′-OH 及 2′-OCH_3 都可通过 HMBC 谱得到确证。化合物 2 的 CD 谱上 λ298nm 为负吸收峰，通过与已知化合物数据对照，表明化合物 2 的 2 位的绝对构型为 S，化合物 2 鉴定为：（2*S*）-5，7，4′-trihydroxy-2′-methoxy-8，5′- di（3-methyl-2-butenyl）-6-methyflavanone。

第六节　含黄酮类化合物的中药实例

一、槐花、槐米

槐米为豆科植物槐 *Sophora japonica* L. 的干燥花及花蕾，前者习称“槐花”，后者习称“槐

米”。槐花，味苦，性微寒，功能凉血止血、清肝泻火，主治便血、痔血、血痢、崩漏、吐血、衄血、肝热目赤、头痛眩晕。槐米主要成分为芦丁，复方芦丁片临床用于治疗毛细血管脆性增加引起的出血症，也用于高血压脑病、脑出血、视网膜出血等疾病的辅助治疗；芦丁还可以作为制备槲皮素、羟乙基槲皮素、羟乙基芦丁、二乙胺基乙基芦丁等的原料，其衍生物羟乙基芦丁可用于治疗静脉曲张、静脉炎等疾病。

槐花中含有黄酮类、皂苷类、脂肪酸类、鞣质等多种成分，主要有效成分为黄酮类化合物，其中黄酮苷有芦丁（又名芸香苷）；黄酮苷元有槲皮素、山柰酚、异鼠李素等。槐米与槐花的化学成分基本相同，但其芦丁的含量可高达 20% 以上。2015 版《中国药典》中规定，含总黄酮以芦丁计，槐花不得少于 8.0%，槐米不得少于 20.0%；芦丁含量，槐花不得少于 6.0%，槐米不得少于 15.0%。

槐米中所含主要化学成分的结构及性质：

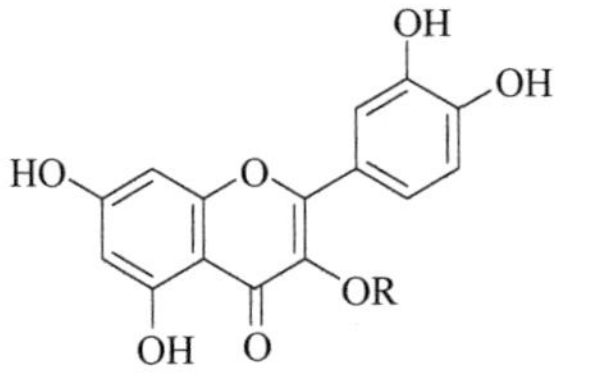

槲皮素 R=H　芦丁 R=芸香糖基

芦丁（$C_{27}H_{30}O_{16}\cdot 3H_2O$）：浅黄色小针状结晶，m.p.174 ~ 178℃（含 3 分子结晶水），m.p.188℃（无水物），无水物极易吸潮且熔点不恒定，加热到 214 ~ 215℃分解。芦丁难溶于冷水（1 ∶ 8000），溶于热水（1 ∶ 200）及醇类溶剂，如热甲醇（1 ∶ 7）、冷甲醇（1 ∶ 100）、热乙醇（1 ∶ 60）、冷乙醇（1 ∶ 650）、不溶于乙醚、氯仿、石油醚、乙酸乙酯、丙酮等，易溶于碱液中显黄色，酸化后又析出，可溶于浓硫酸、浓盐酸，加水稀释后析出，全水解得槲皮素和葡萄糖及鼠李糖。

槲皮素（$C_{15}H_{10}O_7\cdot 2H_2O$）：黄色晶体，m.p.313 ~ 314℃（含 2 分子结晶水）。溶解度：可溶于甲醇、乙醇、冰醋酸、乙酸乙酯、丙酮、吡啶，不溶于石油醚、乙醚、氯仿和水中。

芦丁提取分离常用的方法有热水提取法和碱提酸沉法。热水提取法是利用其可溶于热水，在冷水中溶解度减小，可沉淀析出的性质进行提取。提取分离流程如下图 6-8 所示。碱提酸沉法利用芦丁中具有多个酚羟基，显酸性，可溶于碱水，加酸又重新析出的性质进行提取分离。提取分离流程如图 6-9 所示。

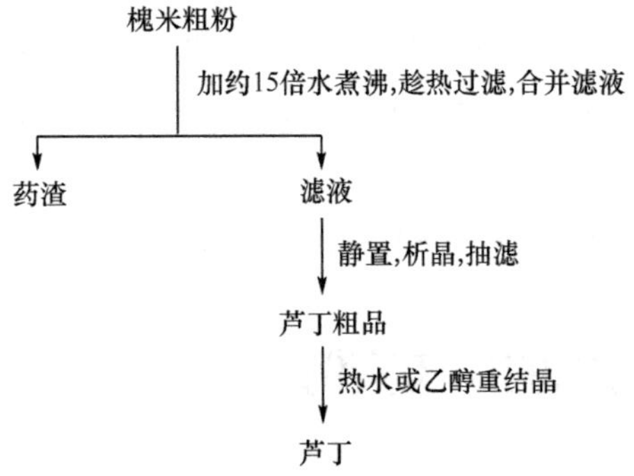

图 6-8　热水提取法提取芦丁流程图

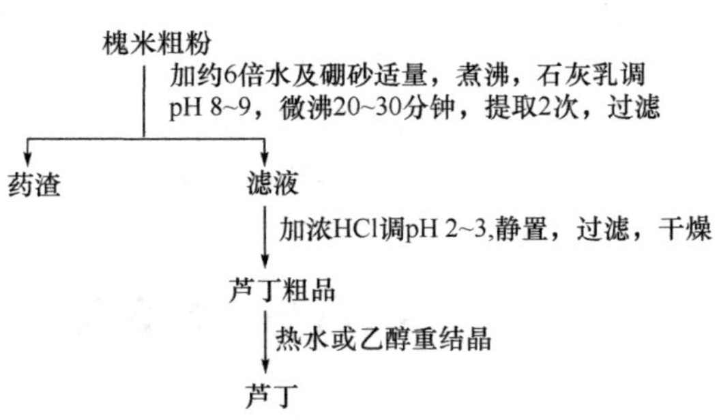

图 6-9　碱提酸沉法提取芦丁流程图

芦丁结构中有邻二酚羟基，性质不太稳定，暴露在空气中能缓慢氧化变为暗褐色，在碱性条件下更易被氧化分解。在碱性溶液中加热提取芦丁时，往往加入少量硼砂，使其与邻二酚羟基结合，达到保护邻二酚羟基的目的。

二、黄芩

黄芩为唇形科植物黄芩 *Scutellaria baicalensis* 的干燥根，性寒，味苦，具有清热燥湿、凉血安胎、解毒等功效。主治温热病、上呼吸道感染、肺热咳嗽、湿热黄胆、肺炎、痢疾、咳血、目赤、胎动不安、高血压、痈肿疖疮等症。从黄芩中分离到黄芩苷、黄芩素、汉黄芩苷、汉黄芩素、汉黄芩苷 -5-β-D- 葡萄糖苷（wogonoside-5-β-D-glucoside）、木蝴蝶素 A（oroxylin A）、黄芩黄酮Ⅰ（skullcapflavone Ⅰ）、黄芩黄酮Ⅱ（skullcapflavone Ⅱ）、白杨素（chrysin）等 20 种黄酮类成分，其中黄芩苷是解热、镇静和利尿作用的主要有效成分，也是中成药“注射用双黄连（冻干）”的主要成分。

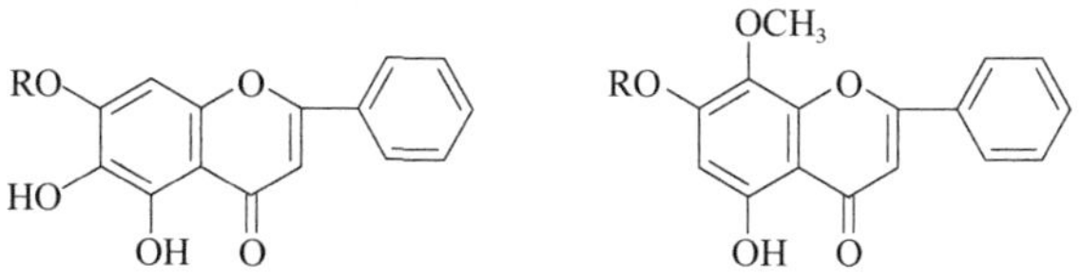

黄芩素 R=H

黄芩苷 R=葡萄糖醛酸

汉黄芩素 R=H

汉黄芩苷 R=葡萄糖醛酸

黄芩苷为淡黄色细针晶（甲醇），熔点 231 ~ 233℃，易溶于二甲基甲酰胺、吡啶中，可溶于碳酸氢钠、碳酸钠、氢氧化钠等碱性溶液，但在碱液中不稳定，渐变暗棕色。微溶于热乙酸，难溶于甲醇、乙醇、丙酮，几乎不溶于水、乙醚、苯、氯仿等。2015 版《中国药典》中规定，以干燥品计，黄芩中黄芩苷含量不得低于 9.0%。

黄芩苷的提取分离方法如图 6-10 所示。

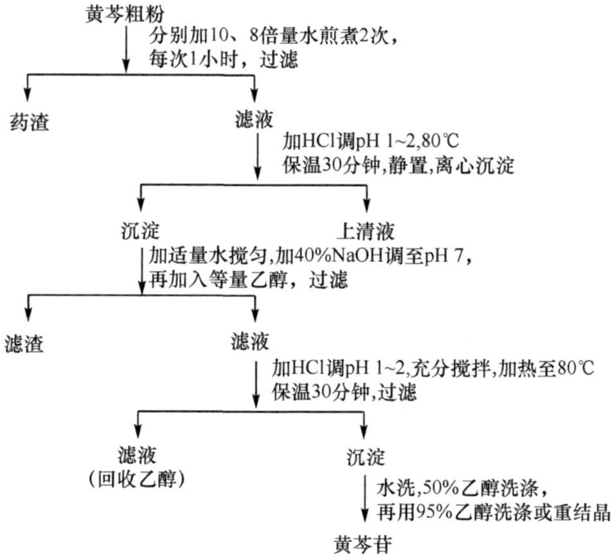

图 6-10　黄芩中黄芩苷的提取流程图

在提取过程中要注意防止酶解和氧化，因黄芩苷水解后生成黄芩素，其分子中具有邻三酚羟基，易被氧化转为醌类衍生物而显绿色，这是保存或炮制不当的黄芩变成绿色的原因。黄芩变绿后，有效成分被破坏，质量随之下降。

三、葛根

中药葛根为豆科植物野葛 *Pueraria lobata* 的干燥根，味甘、辛，性凉，具有解肌退热，透疹，生津止渴，升阳止泻之功。常用于表证发热，项背强痛，麻疹不透，热病口渴，阴虚消渴，热泻热痢，脾虚泄泻。葛根中分离到的异黄酮类化合物有：大豆素（daidzein）、大豆苷（daidzin）、大豆素 -7，4′- 二葡萄糖苷（daidzein-7，4′-diglucoside）、葛根素（puerarin）和葛根素 -7- 木糖苷（puerarin-7-xyloside）等。葛根总异黄酮具有增加冠状动脉血流量及降低心肌耗氧量等作用，大豆苷具有降低血压、改善脑循环、扩张冠脉、改善心肌功能、解热和松弛平滑肌的作用。2015 版《中国药典》中规定，以干燥品计，葛根中葛根素含量不得低于 2.4%。

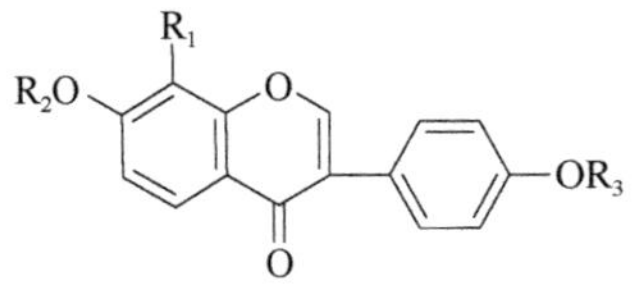

大豆素 $R_1=R_2=R_3=H$

大豆苷 $R_1=R_3=H$ $R_2=glc$

大豆素-7,4′-二葡萄糖苷 $R_1=H$ $R_2=R_3=glc$

葛根素 $R_2=R_3=H$ $R_1=glc$

葛根素-7-木糖苷 $R_1=glc$ $R_2=xyl$ $R_3=H$

葛根中的各种异黄酮不具 5- 羟基，故可以用氧化铝柱色谱法分离，以水饱和的正丁醇洗脱，可以依次洗脱下大豆素、大豆苷和葛根素，其提取分离方法如图 6-11 所示。

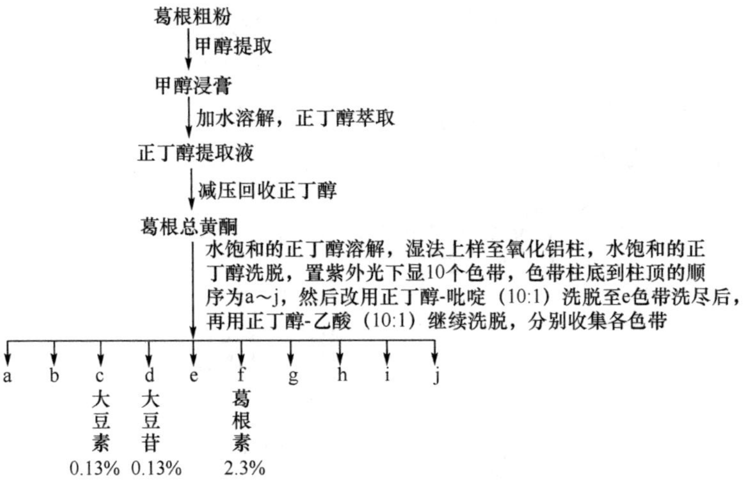

图 6-11　葛根异黄酮类有效成分提取流程图

四、银杏叶

银杏叶为银杏科植物银杏 *Ginkgo biloba* L. 的干燥叶，具有敛肺平喘、活血化瘀、止痛的功效，主治肺虚咳喘、冠心病、心绞痛和高血脂症。

银杏叶中含有黄酮类、萜类内酯、有机酸类、多糖类等多种成分。黄酮类化合物包括单黄酮类化合物（如山柰酚、槲皮素、异鼠李素及其苷等），双黄酮类化合物（如银杏双黄酮、去甲银杏双黄酮、异银杏双黄酮、金松双黄酮及穗花杉双黄酮等），另外还包括儿茶素类化合物，如儿茶素、表儿茶素等。银杏黄酮类化合物能够增加脑血管流量、改善脑血管循环功能、保护脑细胞、扩张冠状动脉、防止心绞痛及心肌梗死、防止血栓形成、提高机体免疫能力，对冠心病、心绞痛、脑动脉硬化、老年性痴呆、高血压的治疗十分有益。2015 版《中国药典》中规定，以干燥品计，银杏叶含总黄酮醇苷（以槲皮素、山奈酚和异鼠李素的总含量的 2.5 倍换算）不得低于 0.40%，总萜类内酯含量（银杏内酯 A、银杏内酯 B、银杏内酯 C 和白果内酯的总量）不得少于 0.25%。

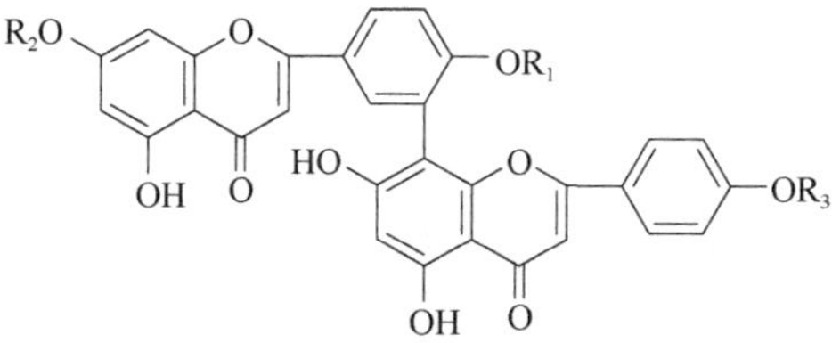

穗花杉双黄酮	$R_1=R_2=R_3=H$
去甲银杏双黄酮	$R_1=CH_3$, $R_2=R_3=H$
银杏双黄酮	$R_1=R_2=CH_3$, $R_3=H$
异银杏双黄酮	$R_1=R_3=CH_3$, $R_2=H$
金松双黄酮	$R_1=R_2=R_3=CH_3$

银杏叶中总黄酮的提取分离流程如图 6-12 所示。

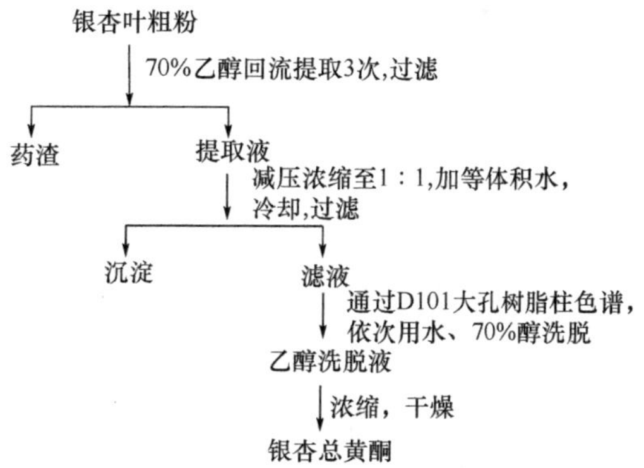

图 6-12　银杏叶中总黄酮提取分离流程图

五、陈皮

中药陈皮为芸香科植物橘 *Citrus reticulata* Blanco. 及其同属植物的果皮。陈皮中除了含有挥发油外，还含有多种黄酮类化合物，其中橙皮苷为二氢黄酮苷，具有和芦丁相同的用途，具有维生素P样作用，多制成甲基橙皮苷供药用，是治疗冠心病药物“脉通”的重要原料之一。

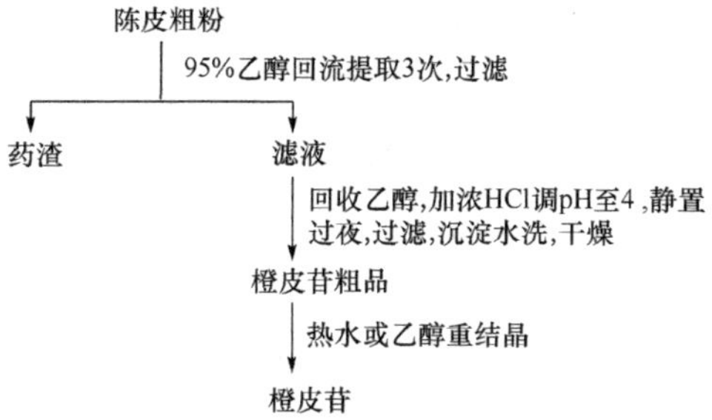

图 6-13　陈皮中橙皮苷提取分离流程图

橙皮苷为无色粉末或细针状结晶，几乎不溶于冷水，在热的乙醇或热水中溶解度较大，可溶于吡啶、甘油、乙酸或稀碱液中，不溶于稀的无机酸、氯仿、丙酮、乙醚或苯中。2015 版《中国药典》中规定，以干燥品计，陈皮中橙皮苷含量不得低于 3.5%。

陈皮中橙皮苷的提取分离流程如图 6-13 所示。

橙皮苷在碱性水溶液中其 γ- 吡喃酮环容易开裂，生成黄色的橙皮查耳酮苷，酸化后又环合成原来的橙皮苷沉淀析出（图 6-14）。

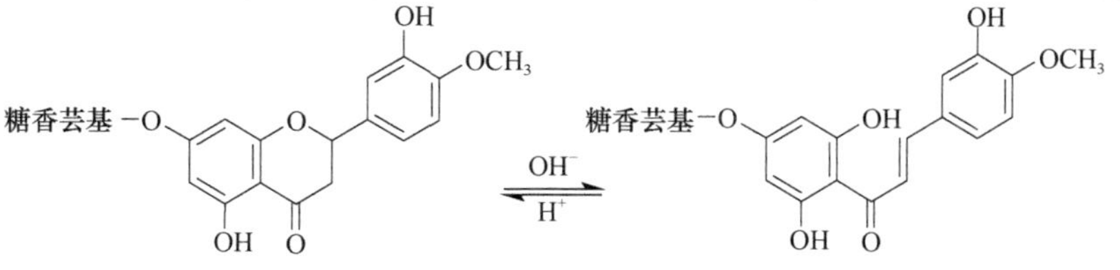

橙皮苷　　**橙皮查耳酮苷**

图 6-14　橙皮苷与橙皮查耳酮苷的结构互变

本章参考资料请扫码

第七章　萜类化合物和挥发油

第一节　萜类化合物

一、概述

（一）萜类化合物的含义及分类

萜类化合物（terpenoids）是一类通过甲戊二羟酸（mevalonic acid，MVA）途径衍生而成的，基本碳架或母核多具有 2 个或 2 个以上类异戊二烯结构单元的化合物。

萜类化合物广泛分布于自然界中，从低等生物到高等生物均发现萜类化合物的存在，如藻类、菌类、地衣类、苔藓类、蕨类、裸子植物、被子植物、动物。单萜和倍半萜是构成植物中挥发油（volatile oil）的主要成分，是日用化工和医药工业的重要原料，单萜大量存在于唇形科、伞形科、樟科及松科等植物的腺体、油室及树脂道内。倍半萜集中分布于芸香科、木兰科、山茱萸科及菊科等植物中。二萜主要分布于菊科、豆科、五加科、大戟科、马兜铃科、杜鹃花科、唇形科和茜草科等植物中。二倍半萜数量较少，主要分布于菌类、地衣类、海洋生物及昆虫的分泌物中，尤其是近年来在海洋生物中发现了一些结构新颖的二倍半萜类成分。三萜是构成植物皂苷、树脂等的重要物质，广泛存在于自然界中，在菌类、蕨类、单（双）子叶植物、动物及海洋生物中均有分布，尤以双子叶植物中分布最多。四萜则主要是一些脂溶性色素，广泛分布于植物中，易氧化而生成树脂化物，一般为红色、橙色或黄色结晶。

目前对该类化合物的分类，仍沿用经典的 Wallach 的异戊二烯法则（isoprene rule），按异戊二烯单位的多少进行分类，具体分类见表 7-1。

表 7-1　萜类化合物的分类及存在部位

类别	碳原子数	异戊二烯单位数 $(C_5H_8)_n$	存在部位
半萜	5	1	叶子
单萜	10	2	挥发油
倍半萜	15	3	挥发油
二萜	20	4	树脂
二倍半萜	25	5	低等动植物（海绵、植物病菌）
三萜	30	6	植物根、叶子（总皂苷）
四萜	40	8	植物根、叶子（胡萝卜素类）
多萜	$7.5\times10^3 \sim 3\times10^5$	>8	树胶（橡胶、硬橡胶）

本章主要介绍单萜、倍半萜、二萜及二倍半萜类化合物，三萜类化合物见本书第八章。四萜类化合物主要为胡萝卜烃类（carotenoids）色素，多萜类化合物主要为橡胶（caoutchouc）及硬橡胶，这些内容在有机化学中已简要介绍，本章不再赘述。

（二）萜类化合物的生源学说

在萜类化合物生物合成途径研究的过程中，曾有过多种假说，而 Ruzicka 提出的生源异戊二烯法则（biogenetic isoprene rule）逐渐占据主导地位。此假说由 Lynen 实验证明焦磷酸异戊烯酯（Δ^3-isopentenyl pyrophosphate，IPP）的存在而得到初步确证，1956 年 Folkers 又证明衍生 IPP 的关键前体是 3（*R*）- 甲戊二羟酸（3*R*-mevalonic acid，MVA），从而最后确证了生源异戊二烯法则的合理性，并补充完整了萜类化合物的主要生物合成途径。在此途径中，IPP 及焦磷酸 γ，γ'- 二甲基烯丙酯（DMAPP）起延长碳链作用，可视作“活性异戊二烯”，甲戊二羟酸则是各种类型萜类化合物生物合成的最关键前体。萜类化合物主要生物合成途径如图 7-1 所示。

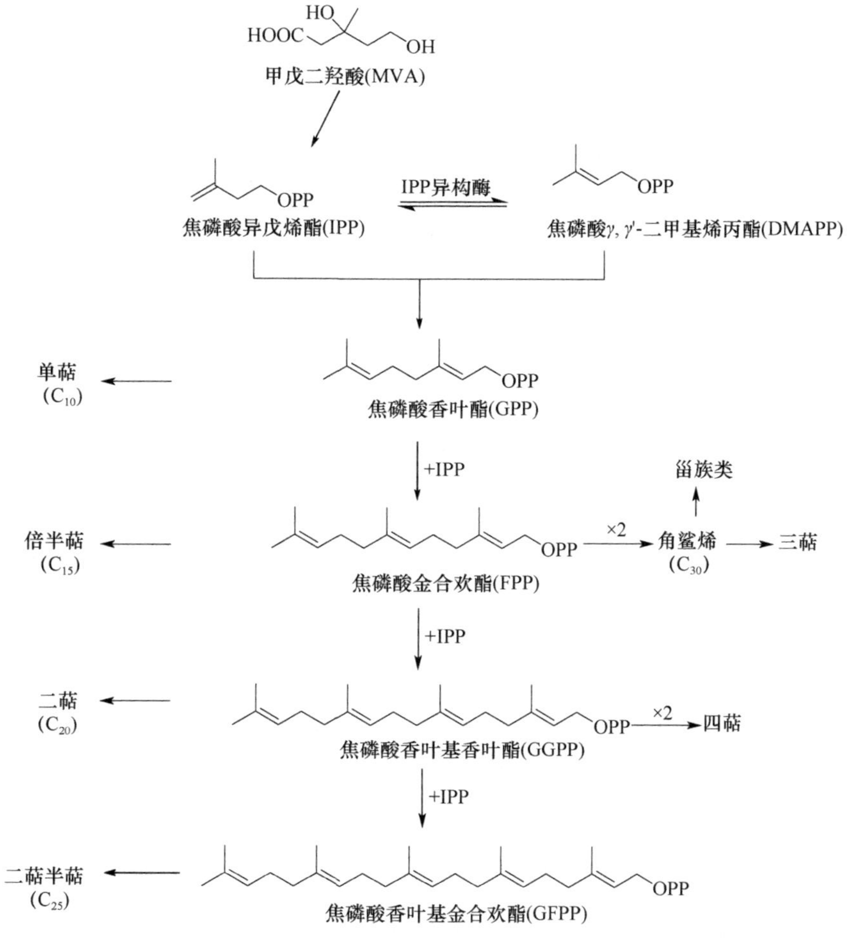

图 7-1　萜类化合物主要的生物合成途径

另外，有些萜类化合物的基本碳架不符合异戊二烯法则或其基本碳架的碳原子数不是 5

的倍数，则是因为其在生物合成过程中产生异构化或产生脱羧降解反应所致。

在萜类生物合成研究的过程中，曾发现一些 C_5 酸或醛，目前多被认为与聚异戊二烯或氨基酸的合成代谢有关，中药中也存在一些半萜以支链形式连接于非萜类化合物结构母核上而形成一类混杂萜化合物，如香豆素、黄酮及嘌呤类化合物等。

二、萜类化合物的结构类型及重要化合物

（一）单萜

单萜（monoterpenoids）是一类基本碳架或母核含有 2 个类异戊二烯单位的 10 碳骨架化合物。单萜多具有挥发性（单萜苷除外），是挥发油低沸程（140 ~ 180℃）的重要组成成分，常存在于高等植物的腺体、油室及树脂道等分泌组织内，昆虫和微生物的代谢产物及海洋生物中也有发现。单萜多具有较强的香气和生物活性，是食品、医药及日用化工的重要原料。

根据所含碳环数，单萜类化合物可分为无环（开链）、单环、双环及三环等结构类型，以单环和双环单萜所包含的化合物数量最多。碳环大多为六元环，也有三元环、四元环、五元环及七元环。

1. 无环单萜

无环单萜（acyclic monoterpenoids）结构类型比较少，常见的有月桂烷型（mycrane）、薰衣草烷型（lavandulane）和艾蒿烷型（artemisane），其代表性化合物有月桂烯（myrcene）、薰衣草醇（lavandulol）和蒿酮（artemisia ketone）。

月桂烷型

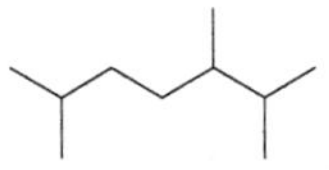

薰衣草烷型

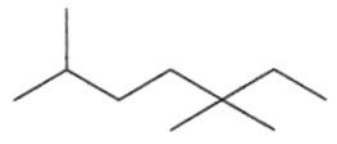

艾蒿烷型

月桂烯

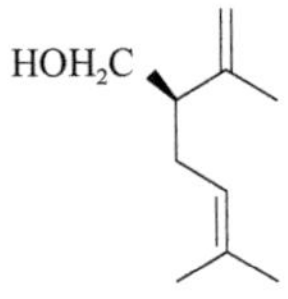

薰衣草醇

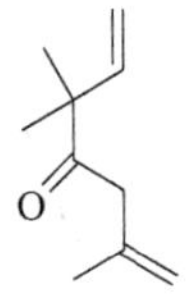

蒿酮

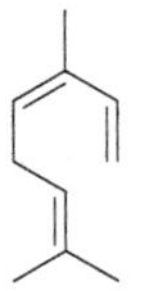

罗勒烯

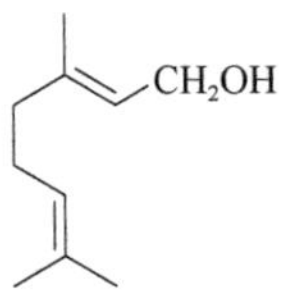

香叶醇

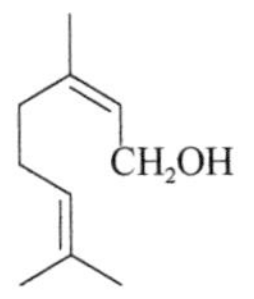

香橙醇

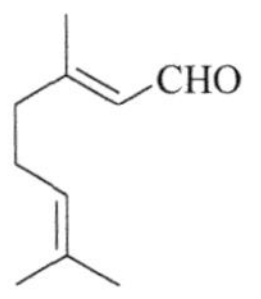

香叶醛

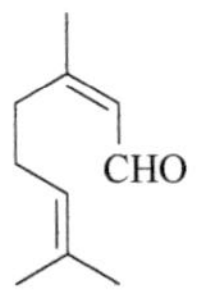

橙花醛

月桂烯（也称香叶烯，myrcene）和罗勒烯（ocimene）互为同分异构体。月桂烯存在于桂叶、蛇麻、马鞭草的挥发油中，罗勒烯存在于罗勒叶、吴茱萸果实等的挥发油中。这两个化合物是典型的链状单萜烯，均为油状液体，有特殊香味，主要作为香料工业的原料。

薰衣草醇（lavandulol）存在于薰衣草油、杂薰衣草油、穗薰衣草油和一些天然精油中，

是薰衣草油的一项指标性成分。但其在植物中含量较低，目前多以合成为主。

蒿酮（artemisia ketone）存在于黄花蒿 *Artemisia annua* 挥发油中。蒿酮虽由 2 个异戊二烯单位组成，但不是头 - 尾或尾 - 尾相联缩合而成，因而是一种不规则的单萜。

香叶醇(geraniol)习称牻牛儿醇，玫瑰油、香叶天竺葵油及柠檬草 *Cymbopogon citratus.* (D. C.) Stapf. 叶的挥发油中均含有此成分，是玫瑰系香料必含的成分，亦是香料工业不可缺少的原料。玫瑰花中含有香叶醇葡萄糖苷（geranyl-β-D-glucoside），此苷可缓慢水解，使花的芳香保持长久。

香橙醇（nerol）是香叶醇的顺式几何异构体，在香橙油及香柠檬 *Citrus bergamia* 果皮挥发油中存在，也是香料工业不可缺少的原料。

柠檬醛（citral）又称枸橼醛，有顺反异构体，反式为 α- 柠檬醛，又称香叶醛（geranial），顺式柠檬醛又称橙花醛（neral）。它们通常混合共存，但以反式柠檬醛为主，具有柠檬香气，为重要的香料。在香茅油中含量可达 70% ~ 85%，山鸡椒 *Litsea cubeba*、橘子油中均有大量存在。

2. 单环单萜

单环单萜（monocyclic monoterpenoids）结构类型主要有薄荷烷型、环香叶烷型和 草 酚酮型。

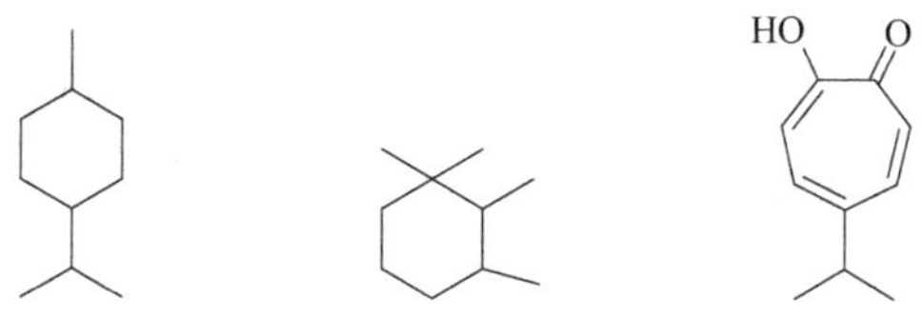

薄荷烷型　　环香叶烷型　　草酚酮

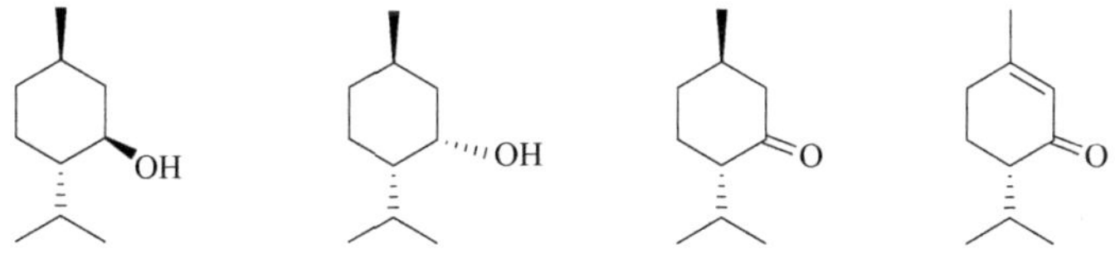

(−)-薄荷醇　　(+)-新薄荷醇　　薄荷酮　　胡椒酮

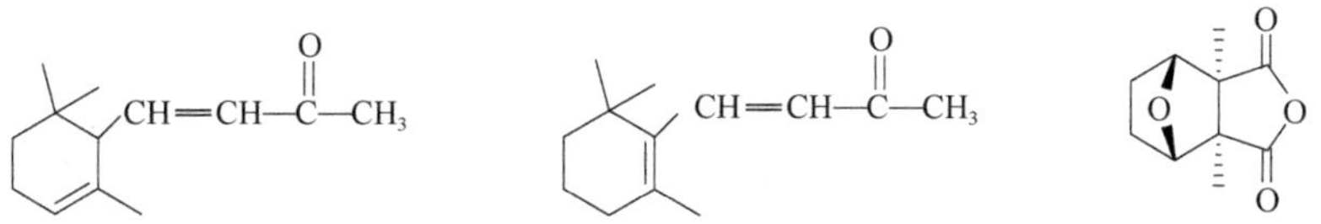

α-紫罗兰酮　　β-紫罗兰酮　　斑蝥素

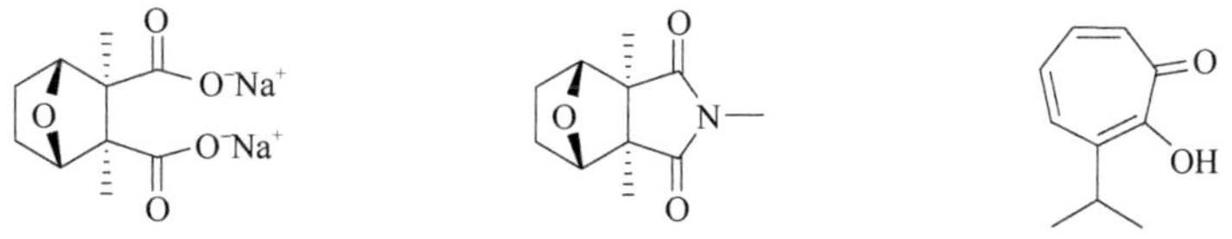

斑蝥酸钠　　甲基斑蝥胺　　α-崖柏素

薄荷醇（menthol）是薄荷 *Mentha haplocalyx* Briq. 和欧薄荷 *Mentha longifolia*（Linn.）Hudson 等挥发油中的主要组成成分。薄荷醇有 3 个手性碳原子，应有 8 个立体异构体，但在薄荷油中只存在（−）- 薄荷醇和（+）- 新薄荷醇，前者习称“薄荷脑”，为白色块状或针状结晶，具有弱的镇痛、止痒和局部麻醉作用，亦有防腐、杀菌和清凉作用，可用作牙膏和食品的香料。

薄荷酮（menthone）常与薄荷醇共存于薄荷油中，也有浓郁的薄荷香气，广泛用于医药和食品工业。

胡椒酮（piperitone）习称辣薄荷酮、洋薄荷酮。其存在于芸香草 [*Cymbopogon distans*（Nees）Wats.]，含量可达 35% 以上等多种中药的挥发油中，有松弛平滑肌作用，是治疗支气管哮喘的有效成分。

紫罗兰酮（ionone）存在于千屈菜科散沫花 *Lawsonia inermis* 挥发油中，工业上由柠檬醛与丙酮缩合制备。紫罗兰酮往往是 *α*- 紫罗兰酮和 *β*- 紫罗兰酮的混合物，*α*- 紫罗兰酮可作香料，*β*- 紫罗兰酮可用作合成维生素 A 的原料。二氢 *α*- 紫罗兰酮存在于龙涎香中，有较佳的香气。

斑蝥素（cantharidin）存在南方大斑蝥 *Mylabris phalerata* Pallas 或黄黑小斑蝥 *Mylabris cichorii* Linnaeus 干燥虫体中，含量不得少于 0.35%，可作为皮肤发赤、发泡或生毛剂。通过结构改造制备成的斑蝥酸钠（sodium cantharidinate）和甲基斑蝥胺（*N*-methylcantharidimede），临床上已用于治疗原发性肝癌。

䓬酚酮类化合物（troponoides）是一类变形的单萜，它们的碳架不符合经典异戊二烯规则。䓬酚酮结构中都有一个七元芳环，具有芳香化合物的性质，环上的羟基具有酚的通性，显酸性，其酸性介于酚类和羧酸之间。分子中的酚羟基易于烷基化，但不易酰化。分子中的羰基类似羧酸中羰基的性质，但不能和一般羰基试剂反应。能与多种金属离子形成络合物结晶体，并显示不同颜色，可用于鉴别。例如，铜络合物为绿色结晶，铁络合物为红色结晶。

较简单的䓬酚酮类化合物是一些真菌的代谢产物，在柏科植物的心材中也含有䓬酚酮类化合物，如在欧洲产崖柏 *Thuja plicata*，北美香柏 *T. occidentalis* 及罗汉柏 *Thujopsis dolabrata* 的心材中含有的 *α*- 崖柏素（*α*-thujaplicin）。䓬酚酮类化合物多具有抗癌活性，但同时多有毒性。

3. 双环单萜

双环单萜（bicyclic monoterpenoids）结构类型比较多，常见的有 6 种类型，其中以蒎烷型和莰烷型最稳定，相应所形成的衍生物数量也较多。

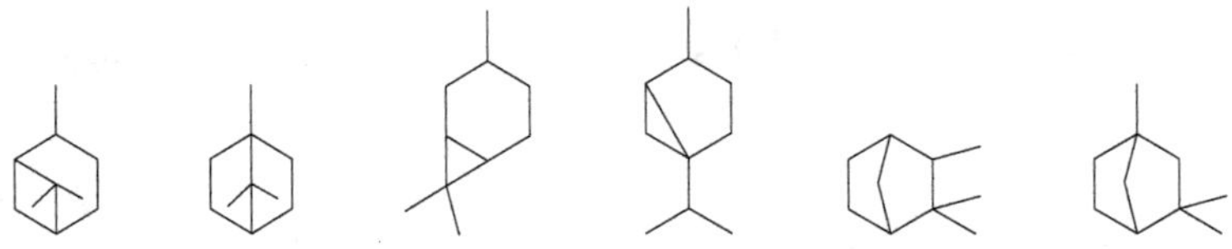

蒎烷型　　莰烷型　　蒈烷型　　侧柏烷型　　异莰烷型　　葑烷型

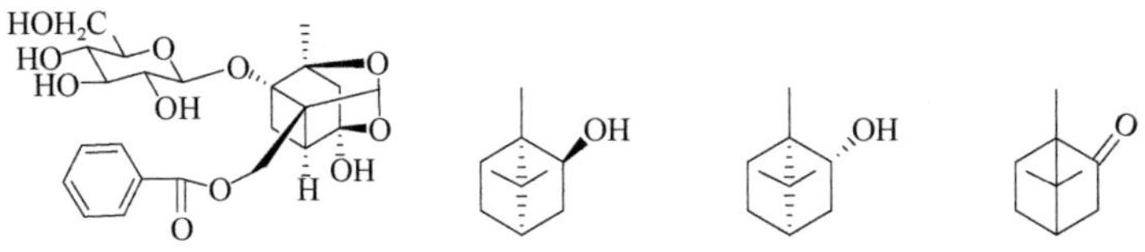

芍药苷　　(−)-龙脑　　(+)-龙脑　　樟脑

芍药苷（paeoniflorin）是芍药 *Paeonia lactiflora* Pall. 根中的蒎烷单萜苷。在芍药中还有白芍药苷（albiflorin）、氧芍药苷（oxypaeoniflorin）、苯甲酰芍药苷（benzylpaeoniflorin）等结构类似的单萜苷，具有扩张血管、镇痛镇静、抗炎抗溃疡、解热解痉等作用。近年报道芍药苷具有抗肿瘤、防治老年性痴呆的生物活性。

龙脑（borneol）即中药冰片。龙脑的右旋体 $[\alpha]_D^{20}+37.7°$（乙醇），得自龙脑香树 *Dryobalanops camphora* 的树干空洞内的渗出物。左旋龙脑 $[\alpha]_D^{20}$ −37.7°（乙醇），在海南省

产的艾纳香 *Blumea balsamifera* 全草中含有。合成品是消旋龙脑。三种来源的龙脑均可用于香料、清凉剂及中成药，临床上治疗冠心病的丹参滴丸和苏冰滴丸都含有冰片。

樟脑（camphor）为白色结晶性固体，易升华，有特殊香味，主要存在于樟树 *Cinnamomum camphora*（L.）Presl. 的挥发油中。樟脑有局部刺激作用和驱虫防腐作用，可用于神经痛、炎症及跌打损伤。我国天然樟脑的产量占世界第一，是重要的医药化工原料。

（二）环烯醚萜类化合物

环烯醚萜类化合物（iridoids）是臭蚁二醛（iridodial）的缩醛衍生物，即多具有半缩醛吡喃环骈合环戊烷结构的单萜及其衍生物。环烯醚萜及其苷类在植物界分布较广，尤以玄参科、茜草科、唇形科、鹿蹄草科、水晶兰科、龙胆科和木犀科等植物中分布最为普遍。环烯醚萜类在植物体内可以游离形式存在，但绝大多数以结合成苷的形式存在。此类化合物具有多种生物活性，一直以来受到研究人员的极大关注，发展迅速。据报道，1969 年仅发现 42 种，1980 年增至 258 余种，到 1990 年底，累计达 827 种，至 2011 年，被分离出的此类化合物已近 2000 种。

环烯醚萜苷易被水解，生成的苷元由于具有半缩醛结构，性质活泼，容易进一步分解或聚合，不容易得到结晶性的苷元。苷元遇酸、碱、羰基化合物和氨基酸等都能变色，如遇到氨基酸类并加热，即显深红色至蓝色，最后生成蓝色沉淀。与皮肤接触将皮肤染成蓝色。在冰醋酸中加少量铜离子加热也会显蓝色。中药玄参、地黄等炮制后变黑，就是源于其中的环烯醚萜苷水解聚合所致。

环烯醚萜类化合物多具有半缩醛吡喃环及环戊烷环的结构特点，其半缩醛吡喃环 C.1-OH 性质不稳定，故环烯醚萜类化合物主要以 C.1-OH 与糖成苷的形式存在于植物体内。根据其环戊烷环是否裂环，可将环烯醚萜类化合物分为环烯醚萜苷及裂环环烯醚萜苷两大类。随着研究的不断深入，一些结构比较新颖的环烯醚萜苷元衍生物和二聚环烯醚萜苷也被发现报道。

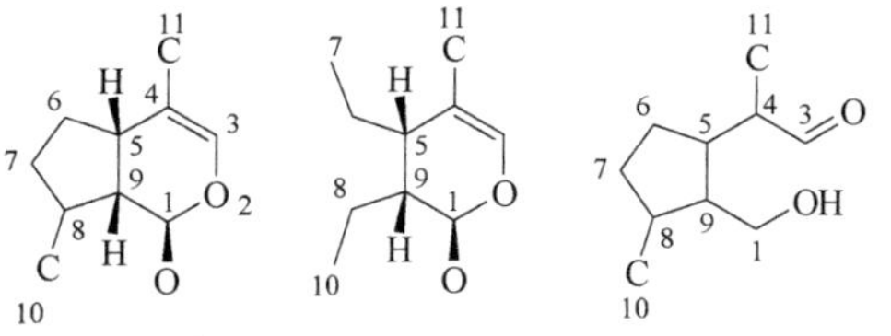

新型结构骨架的环烯醚萜苷元

1. 环烯醚萜苷

此类化合物至 1997 年发现约 600 余种，其苷元结构特点为 C-1 多连羟基且成苷或酯，并多为 *β*-D- 葡萄糖苷；常有双键存在，一般为 $\Delta^{3(4)}$，也有 $\Delta^{6(7)}$ 或 $\Delta^{7(8)}$ 或 $\Delta^{5(6)}$，C-5C-6C-7 有时连羟基，C-8 多连甲基或羟甲基或羟基，C-6 或 C-7 可形成环酮结构，C-7 和 C-8 之间有时具有环氧醚结构，C-1、C-5、C-8、C-9 多为手性碳原子。根据碳原子数目，此类化合物可进一步分为八碳骨架、九碳骨架、十碳骨架环烯醚萜苷三种类型。

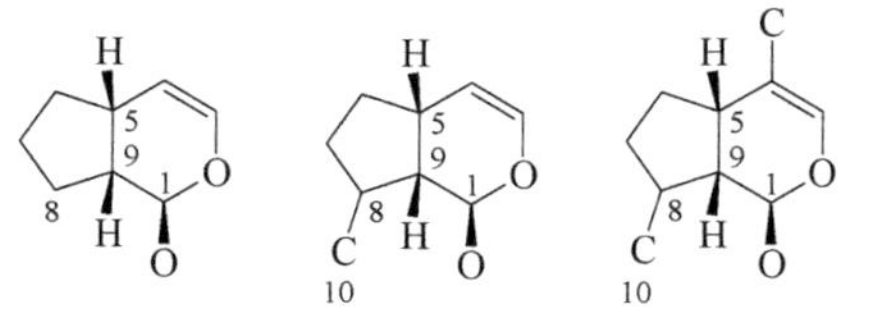

八碳骨架　　九碳骨架　　十碳骨架

（1）八碳骨架环烯醚萜苷：此类环烯醚萜苷 C-4 和 C-8 位的碳链均被降解，在自然界中存在较少，多见于爵床科植物。1989 年，Jensen 等从翼叶山牵牛 *Thunbergia alata* 的新鲜叶中分得到 stilbericoside 和 6-*epi*-stilbericoside。

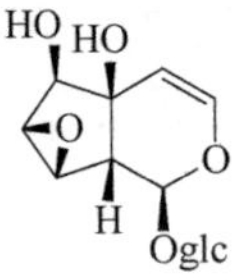
Stilbericoside

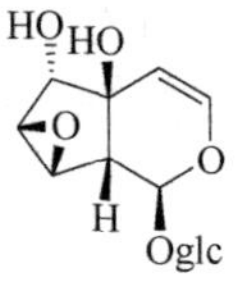
6-*epi*-stilbericoside

（2）九碳骨架环烯醚萜苷：也是环烯醚萜的降解苷，其中 4- 去甲九碳骨架环烯醚萜苷较为常见，分布在地黄 *Rehmannia glutinosa* Libosch.、玄参 *Scrophularia ningpoensis* Hemsl.、车前 *Plantago asiatica* L. 等中草药中，且是其中主要成分。存在于玄参中的哈帕酯苷和哈帕苷，属于环戊烷型。存在于车前草中的桃叶珊瑚苷属于环戊烯型，它是车前草清湿热、利小便作用的有效成分，有抑制革兰阳性菌和革兰阴性菌的作用，且经药理实验证明桃叶珊瑚苷的苷元及其多聚体均具有抗菌活性。治疗哮喘及胃肠道疾病的中药牡荆 *Vitex negundo* L.var. *cannabifolia*（Sieb. et Zucc.）Hand. -Mazz.，其有效成分为阿格努苷；梓醇属于 7，8- 环氧型，是中药地黄中降血糖作用的有效成分，并有很好的利尿作用和迟发性缓下功效，这些都与地黄的药效相一致。梓苷存在于中药梓实中，梓实别名臭梧桐角，为紫葳科植物梓 *Catalpa ovata* G. Don 的果实，用于治疗肾炎水肿等疾病。梓苷的药理作用与梓醇类似。

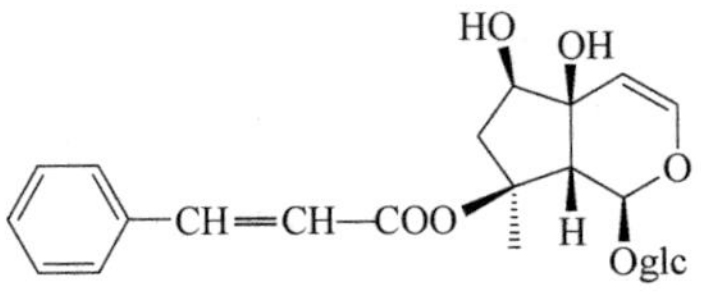
哈帕酯苷

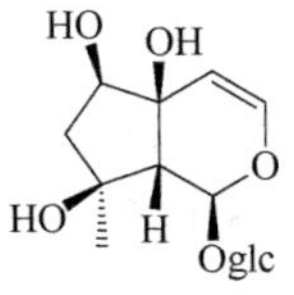
哈帕苷

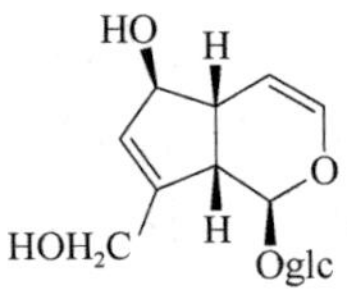
桃叶珊瑚苷

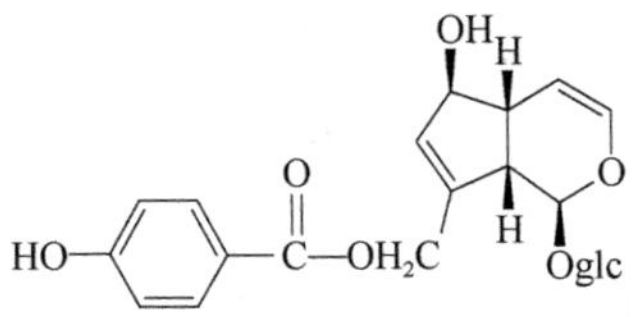
阿格努苷

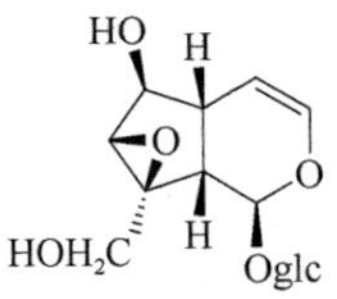
梓醇

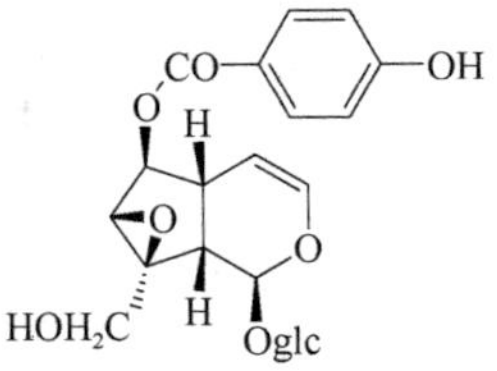
梓苷

8- 去甲九碳骨架环烯醚萜苷在植物中分布较少，目前主要见于刺莲花科（Loasaceae）。*Mentzelia cordifolia* 地上部分的煎剂在秘鲁被广泛用于胃溃疡的治疗，同时也具有利胆和驱虫的功效，Catalano 等从该植物的地上部分分离得到 7-chlorodeutziol、mentzefoliol 和 glucosylmentzefoliol。

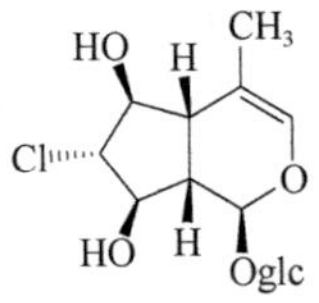
7-chlorodeutziol

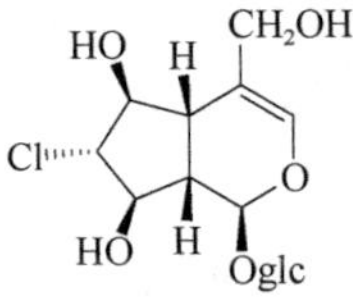
mentzefoliol

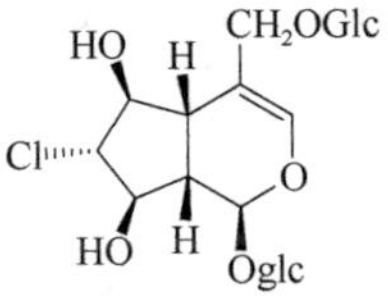
glucosylmentzefoliol

（3）十碳骨架环烯醚萜苷：该类环烯醚萜苷 C-4 位多连甲基或羧基、羧酸甲酯、羟甲基，故又称为 C-4 位有取代基的环烯醚萜苷。这类环烯醚萜苷存在于栀子、鸡矢藤、马钱子、金银花、肉苁蓉等中草药中，在植物界中分布较为广泛。栀子苷（gardenoside）、京尼平苷（geniposide）及京尼平 -1-*O*- 龙胆双糖苷（genipin-1-*O*-gentiobioside）存在于栀子 *Gardenia jasminoides* Ellis 中，其中栀子苷为主成分，有一定泻下作用，京尼平苷具有泻下和利胆作用，京尼平苷的苷元京尼平（genipin）具有显著的促进胆汁分泌和泻下作用。

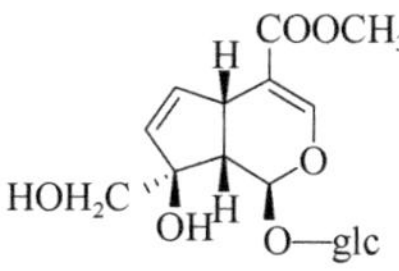

栀子苷

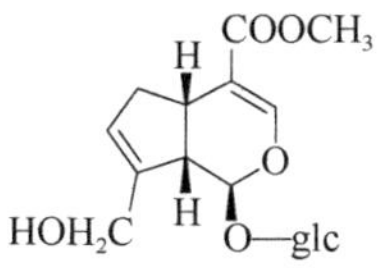

京尼平苷

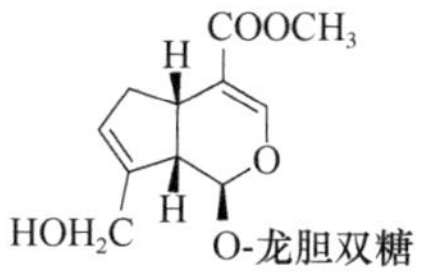

京尼平-1-*O*-龙胆双糖苷

白花败酱 *Patrinia villosa* Juss. 全草，民间用于治疗流行性腮腺炎。从中曾分离得到番木鳖苷、白花败酱苷；又从其乙醇提取物分离得到白花败酱醇及白花败酱醇苷。

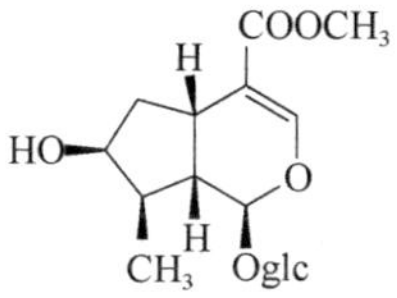

番木鳖苷

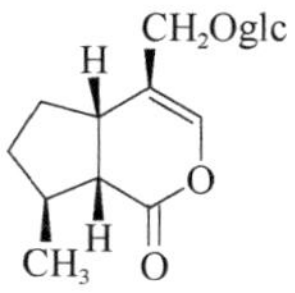

白花败酱苷

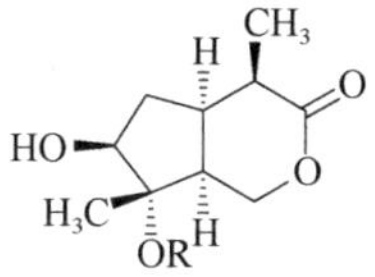

	R
白花败酱醇	H
白花败酱醇苷	glc

2. 裂环环烯醚萜苷

此类化合物苷元的结构特点为 C-7 和 C-8 处断键成裂环状态，C-7 断裂后有时还可与 C-11 形成六元内酯结构。裂环环烯醚萜化合物在龙胆科（gentianaceae）植物中发现最多，尤其是龙胆属 *Gentiana* 和獐牙菜属 *Swertia* 植物中更为普遍存在，龙胆苦味素类可作为裂环环烯醚萜苷类的代表，如龙胆苦苷（gentiopicroside 或 gentiopicrin）、獐牙菜苷（sweroside）、獐牙菜苦苷（swertiamarin）、苦龙胆苷（amarogentin）、苦獐苷（amaroswerin）等。

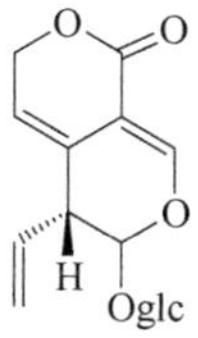

龙胆苦苷

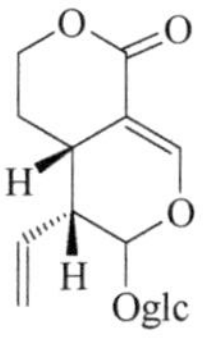

獐牙菜苷

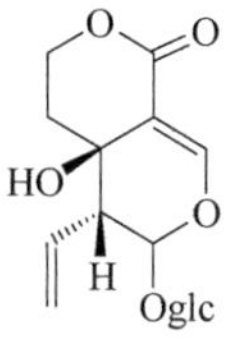

獐牙菜苦苷

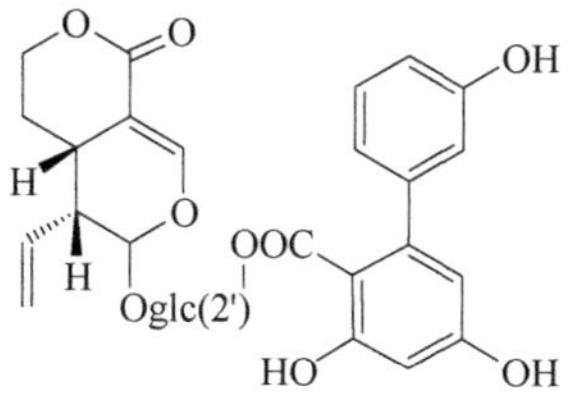

苦龙胆苷

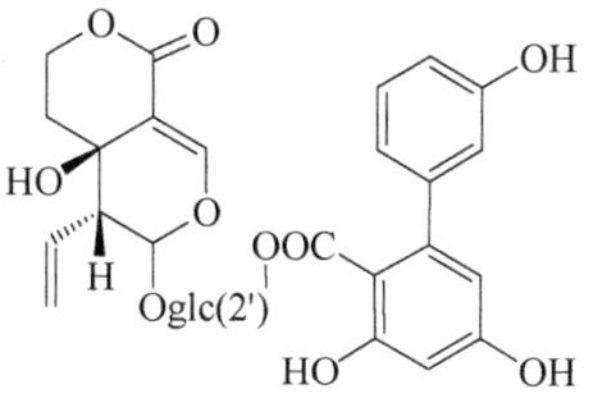

苦獐苷

滇木樨榄 *Olea yunnanensis* Hand.-Mazz. 是一种野生油料植物，民间用其茎叶入药，有消炎生肌的作用。自滇木樨榄鲜茎中分得 10- 羟基女贞苷（10-hydroxyligstroside）、10- 羟基欧木樨榄素（10-hydroxyoleuropein）和滇木樨榄苷（oleayunnanoside）。

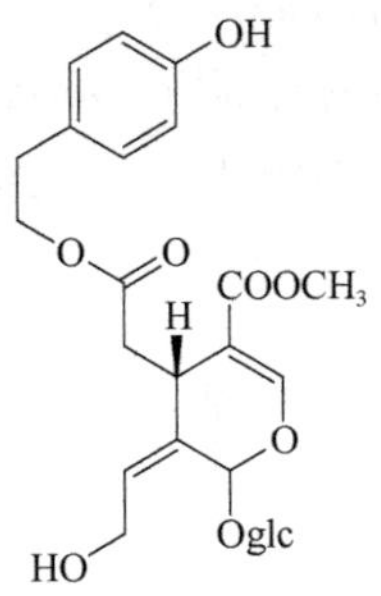

10-羟基女贞苷

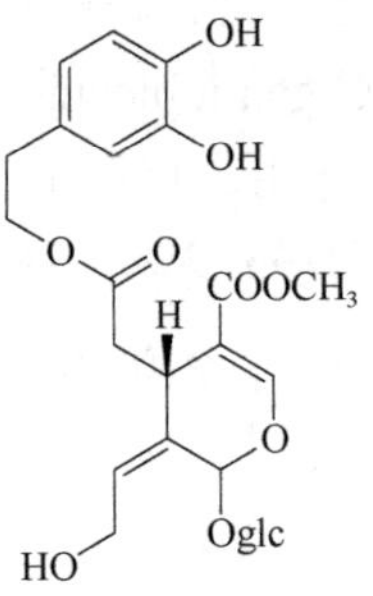

10-羟基欧木樨榄素

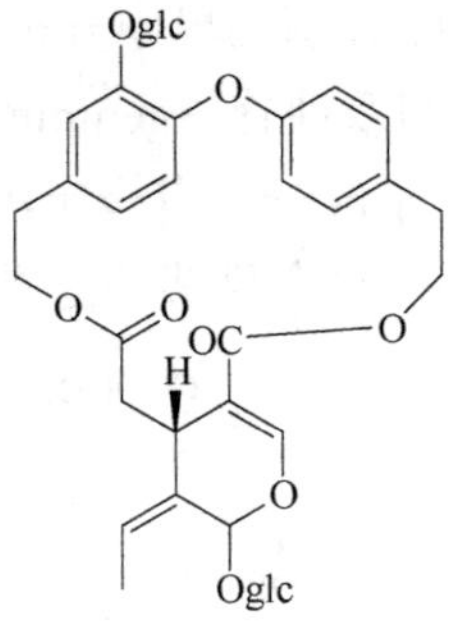

滇木樨榄苷

3. 聚合环烯醚萜苷

环烯醚萜苷可聚合形成二聚体和多聚体，其聚合往往通过 C-10 与 C-11′ 或 C-10 与 C-10′ 或 C-7 与 C-11′ 形成。杜仲科植物杜仲 *Eucommia ulmoides* Oliver 的树皮，有强壮补身，抗高血压的功效。自杜仲的种子分离得到杜仲苷 A ～ D（ulmoidosides A ～ D）等 4 种聚合环烯醚萜苷，它们在碱性条件下水解得到京尼平苷酸（geniposidic acid），杜仲苷 A 为京尼平苷酸三聚物，杜仲苷 C 为四聚物，杜仲苷 B 和 D 分别为杜仲苷 A 和 C 的 10-*O*- 单乙酸酯（10-*O*-monoacetates）。

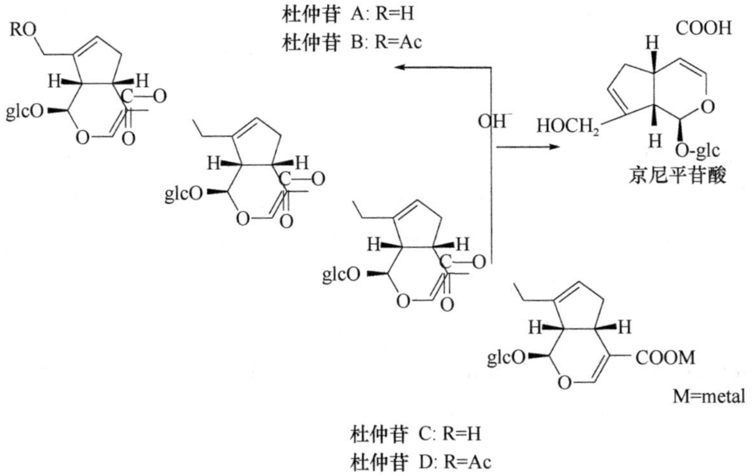

4. 特殊型环烯醚萜苷

Tomassini 等从皱叶荚蒾 *Viburnum rhytidophyllum* 中分得新 Valeriana 型环烯醚萜苷，7，10，2′- 三乙酰基败酱皂苷（triacetylpatrinoside）。Sang 等从海巴戟 *Morinda citrifolia* 的叶中分得一个新的 Plumeria 型化合物，citrifolinoside A。近年发现的荆芥内酯（nepetalactone）型合物有 nepetaracemosides A 和 B，purpureoside。

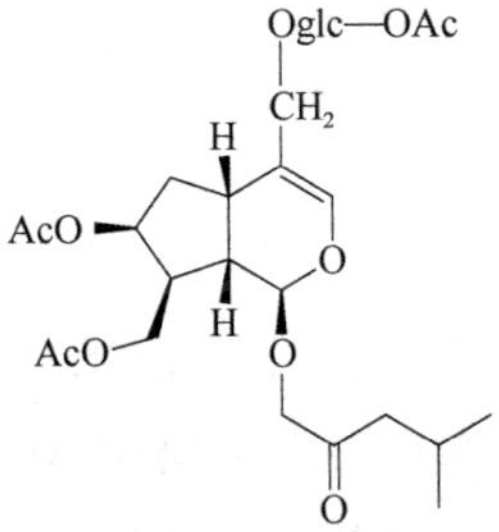

7, 10, 2′-三乙酰基败酱皂苷

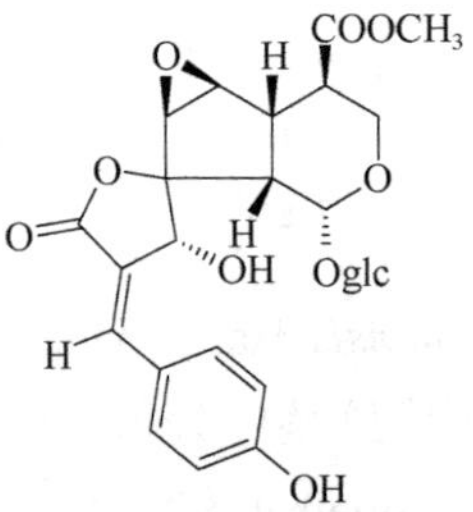

citrifolinoside A

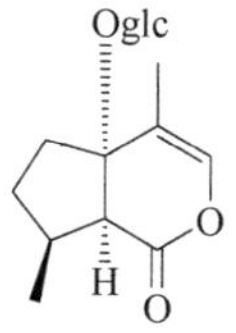

nepetaracemoside A

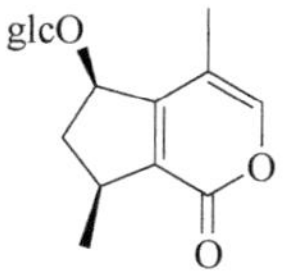

nepetaracemoside B

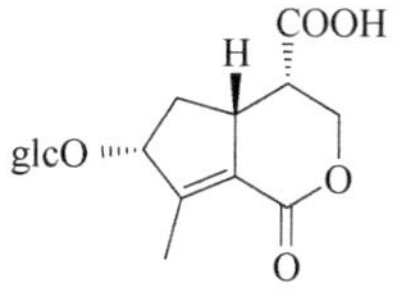

purpureoside

5. 环烯醚萜苷元衍生物

由于半缩醛 Cl-OH 性质不稳定，当其不与糖成苷时，易开裂形成二醛结构，进而形成含环戊烷的多种变异环烯醚萜类成分，如从炮弹果 *Crescentia cujete* 的果实中分得的 crescentins Ⅰ ~ Ⅳ。近五年来分离得到的非苷环烯醚萜除常见类型外还有 dunnisinin，macrophyllide，viteoid Ⅰ和Ⅱ。此外，还从北玄参 *Scrophularia buergeriana* Miq. 的块根中分得 buergerinins B ~ G。

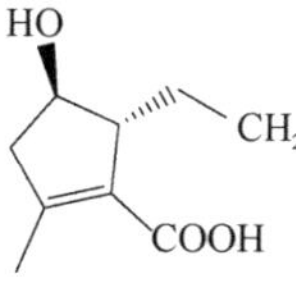

crescentins Ⅰ

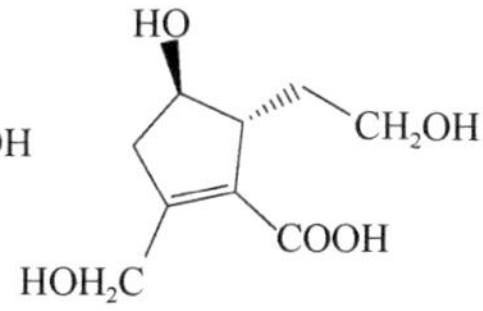

crescentins Ⅱ

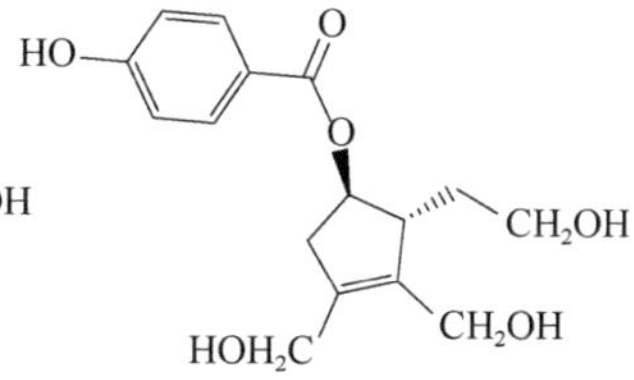

crescentins Ⅲ

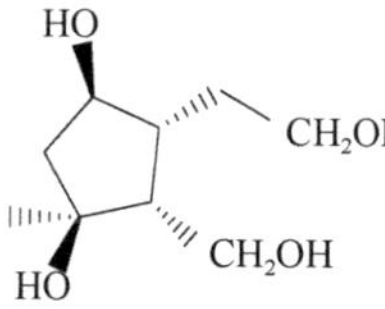

crescentins Ⅳ

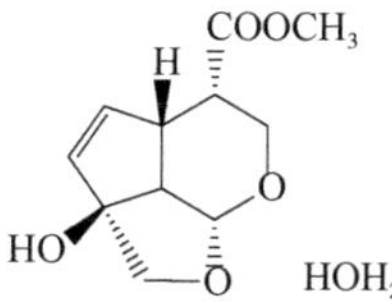

dunnisinin

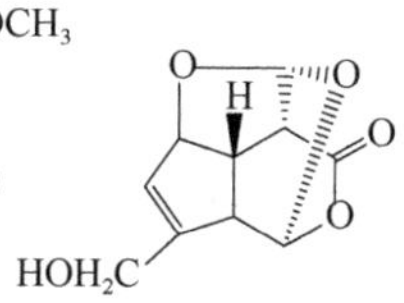

macrophyllide

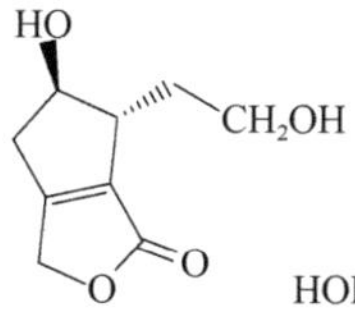

viteoid Ⅰ

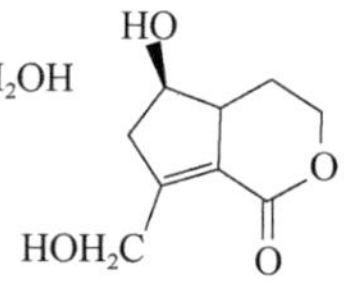

viteoid Ⅱ

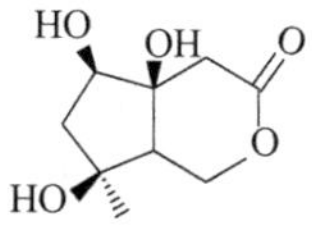

buergerinins B

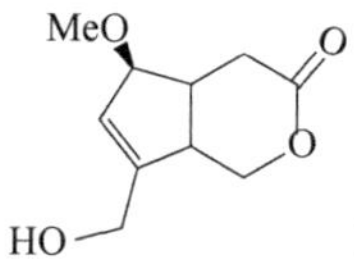

buergerinins C

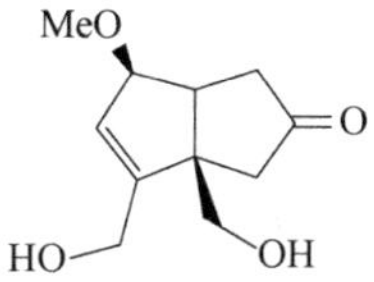

buergerinins D

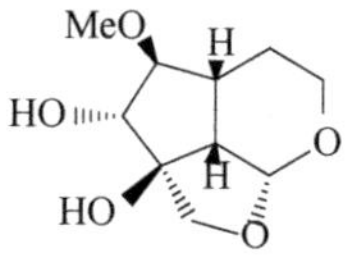

buergerinins E

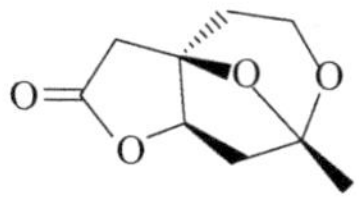

buergerinins F

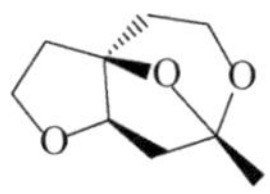

buergerinins G

（三）倍半萜

倍半萜（sesquiterpenoids）是一类基本碳架或母核含有3个类异戊二烯单位的15碳骨架化合物。多与单萜共存于植物挥发油中，是挥发油高沸程（250 ~ 280℃）的主要组分，也有低熔点的固体。倍半萜的含氧衍生物多有较强的香气和生物活性，是医药、食品、化妆品工业的重要原料。

倍半萜可分为无环、单环、双环、三环及四环等结构种类，以单环和双环多见。倍半萜的结构类型、部分基本碳架及主要代表化合物如下所示。

1. 无环倍半萜（acyclic sesquiterpenoids）

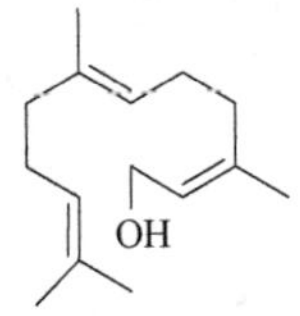

金合欢醇

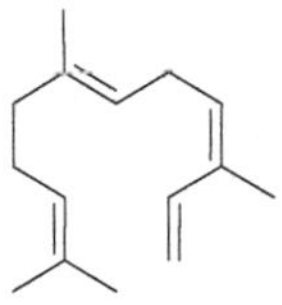
α-金合欢烯

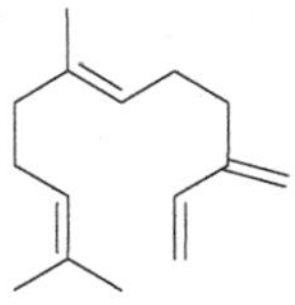
β-金合欢烯

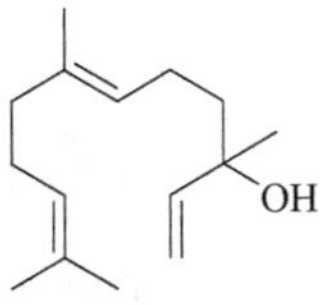

橙花叔醇

金合欢醇（farnesol）在金合欢 *Acacia farnesiana* 花油、橙花油、香茅油中含量较多，为重要的高级香料原料。金合欢烯（farnesene）存在于枇杷、生姜等挥发油中，有 α，β 两种构型，其中 β 构型多见于啤酒花、藿香和生姜挥发油中。

橙花叔醇（nerolidol），具有苹果香，是橙花油中主要成分之一。

2. 单环倍半萜（monocyclic sesquiterpenoids）

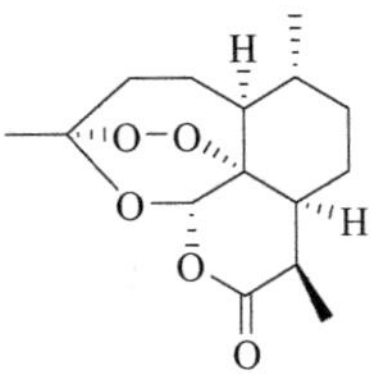

青蒿素

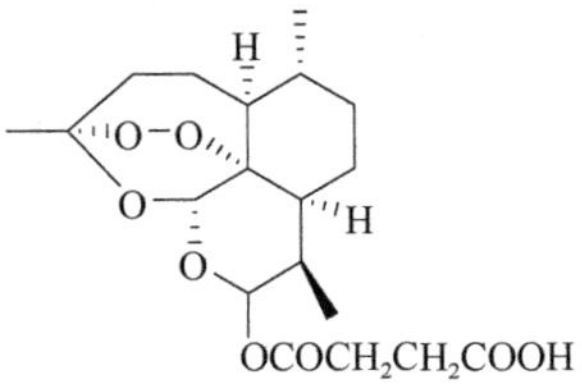

青蒿琥珀酸单酯

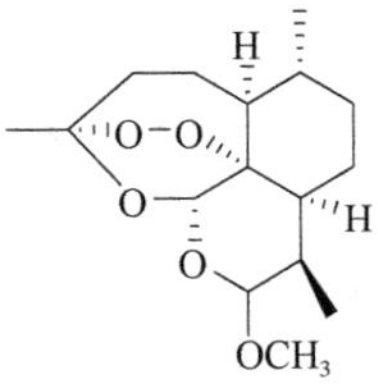

蒿甲醚

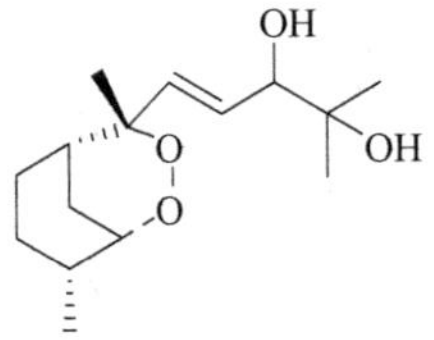

鹰爪甲素

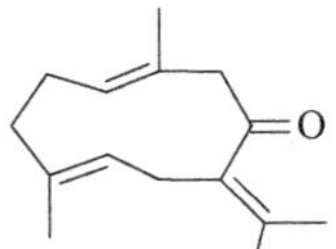

吉马酮

青蒿素（arteannuin，artemisinin）是从中药青蒿中分离到的具有过氧桥结构的倍半萜内酯，有极好的抗恶性疟疾活性。构效关系研究表明，过氧基是青蒿素分子中的抗疟主要有效基团。由于青蒿素溶解性很差，在水及油中均难溶解，影响了其治疗效果和临床应用。通过对其结构的化学修饰，得到了抗疟效价更高的水溶性青蒿琥珀酸单酯（artesunate）及油溶性的蒿甲醚（artemether）。2015 年 10 月 8 日，中国科学家屠呦呦由于她在青蒿素研究中的重大贡献而荣获诺贝尔生理学或医学奖，成为第一位获得诺贝尔科学奖项的中国本土科学家、第一位获得诺贝尔生理医学奖的华人科学家，是中国医学界迄今为止获得的最高奖项，也是中医药成果获得的最高奖项。

鹰爪甲素（yingzhaosu）是从民间治疗疟疾的有效草药鹰爪 *Artabotrys uncinatus*（L.）Merr. 根中分离得到的过氧化物倍半萜，对鼠疟原虫的生长有强的抑制作用。

吉马酮（germacrone，又称杜鹃酮）存在于牻牛儿苗科植物大根老鹳草 *Geranium macrorrhizum*、杜鹃花科植物兴安杜鹃 *Rhododendron dauricum* 叶的挥发油中，具有平喘、镇咳的功效。

3. 双环倍半萜（bicyclic sesquiterpenoids）

其主要结构类型有杜松烷（cadinane）、桉叶烷（eudesmane）、β- 檀香烷（β-santalane）、愈创木烷（guaiane）。

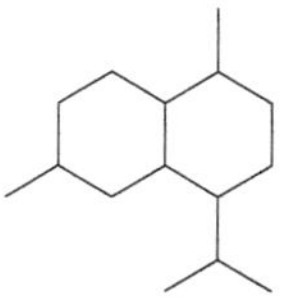

杜松烷

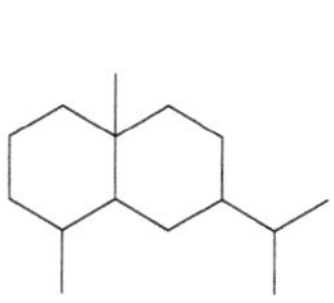

桉叶烷

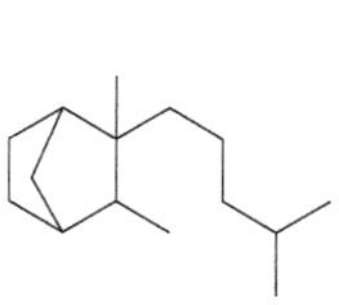

β-檀香烷

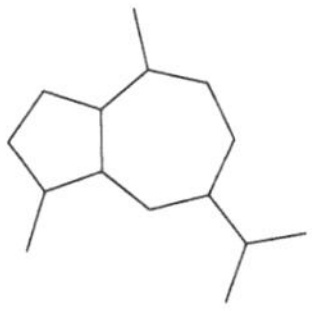

愈创木烷

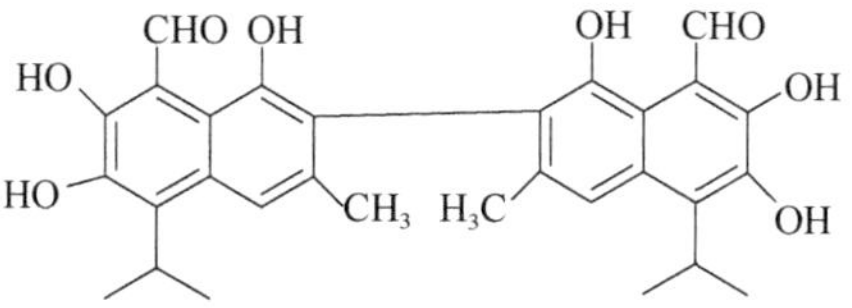

棉酚

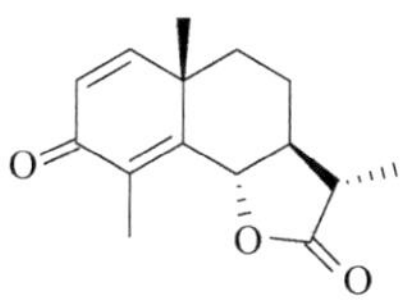

α-山道年

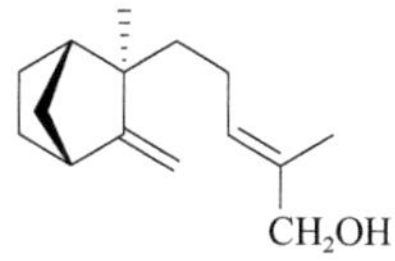

β-白檀醇

棉酚（gossypol）为杜松烯型的双分子衍生物，结构中不含手性碳原子，但由于两个苯环折叠障碍而有光学活性，在棉籽中为消旋体。棉籽中约含 0.5%，在棉的茎、叶中亦含有。棉酚是有毒的黄色色素，有杀精子作用，曾试用作男性计划生育药，但不良反应大而未应用于临床，此外棉酚还有抗菌、杀虫活性。

α- 山道年（*α*-santonin）是蛔蒿 *Artemisia cina* Berg. 未开放的头状花絮和全草中的主要成分。蛔蒿具有强力的驱蛔作用，曾作为驱蛔剂，但服药量过大可产生黄视症毒性，现已被效力更强、毒性更低的药物所代替。

β- 白檀醇（*β*-santalol）为白檀油中沸点较高的组分，用作香料的固香剂，并有较强的抗菌作用。

4. 薁类化合物（azulenoids）

其为由五元环与七元环骈合而成的具有芳烃特性的一类特殊倍半萜，这类化合物可看成是由环戊二烯负离子和环庚三烯正离子骈合而成，所以薁是一种非苯型的芳烃类化合物，具有芳香性。在挥发油分级蒸馏时，高沸点馏分中有时可看见蓝色或绿色的馏分，这显示可能有薁类成分存在。

薁类分子具有高度共轭体系的双键，在可见吸收光谱（360 ～ 700nm）中有强吸收峰。其与苦味酸或三硝基苯试剂产生 π 络合物结晶，此结晶具有敏锐的熔点可借以鉴定。

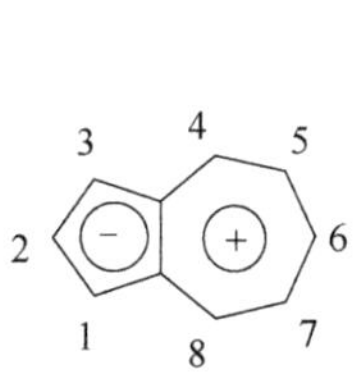

薁

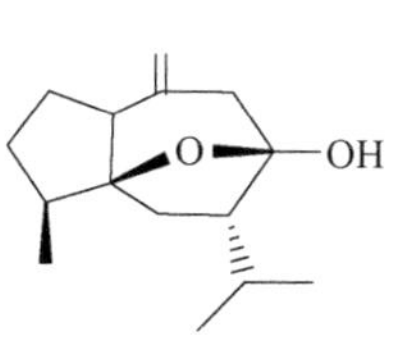

莪术醇

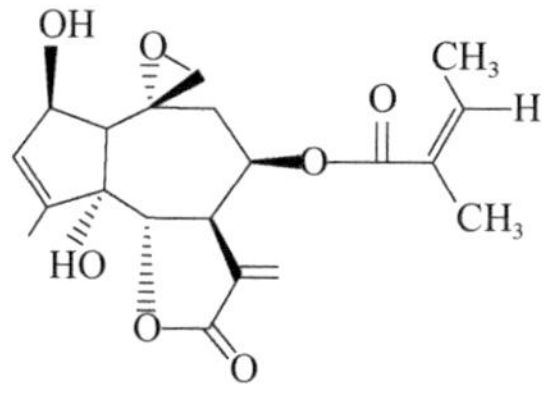

泽兰苦内酯

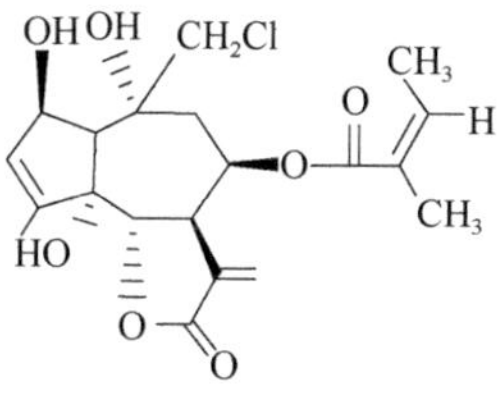

泽兰氯内酯

薁类化合物多具有抑菌、抗肿瘤、杀虫等活性。例如，莪术醇（curcumol）存在于莪术根茎的挥发油内，具有抗肿瘤活性。泽兰苦内酯（euparotin）和泽兰氯内酯（eupachlorin）是圆叶泽兰 *Eupatorium rotundifolium* 中的抗癌活性成分。

（四）二萜

二萜（diterpenoids）是一类基本碳架或母核含有4个类异戊二烯单位的20碳骨架化合物，绝大多数不能随水蒸气蒸馏。二萜在自然界分布很广，属二萜类的植物醇为叶绿素的组成部分，凡绿色植物均含有之，植物的乳汁及树脂多以二萜类化合物为主成分，在松科中分布尤为普遍。此外，在菌类的代谢物及海洋生物中也发现不少二萜类化合物。

二萜的结构分为无环、单环、双环、三环、四环、五环等类型，天然无环及单环二萜较少，双环及三环二萜数量较多。二萜的结构类型，部分基本碳架及主要代表化合物介绍如下。

1. 无环二萜（acyclic diterpenoids）

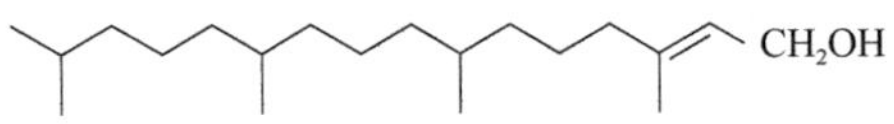

植物醇

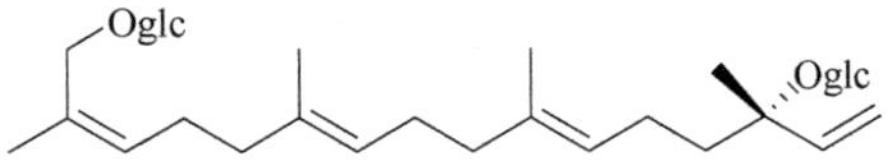

枸杞萜苷 I

植物醇（phytol）是植物体内叶绿素的组成成分，也是维生素E和K_1的合成原料。从茄科枸杞属植物枸杞 *Lycium chinense* 和烟草属植物烟草 *Nicotinana tabacum* 中均分离得到一些无环二萜苷，如枸杞萜苷 I 。

2. 单环二萜（monocyclic diterpenoids）

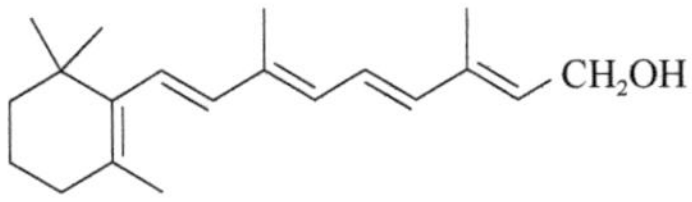

维生素A

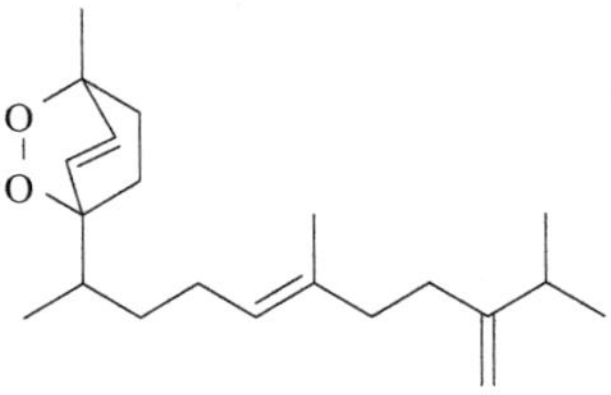

苦艾新萜

维生素A（vitamin A）又称视黄醇，存在于动物肝脏中，特别是鱼肝中含量更丰富，往往以酯的形式存在。维生素A可促进视觉细胞内感光色素的形成，是保持正常夜间视力的必需物质，而且维生素A也是哺乳动物生长必不可少的物质。从新鲜苦艾 *Artemisia absinthium* 中可分离得到具有过氧桥结构的抗疟活性物质单环二萜苦艾新萜。

3. 双环二萜（bicyclic diterpenoids）

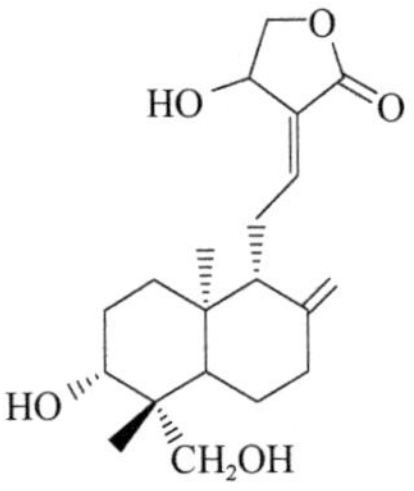

穿心莲内酯

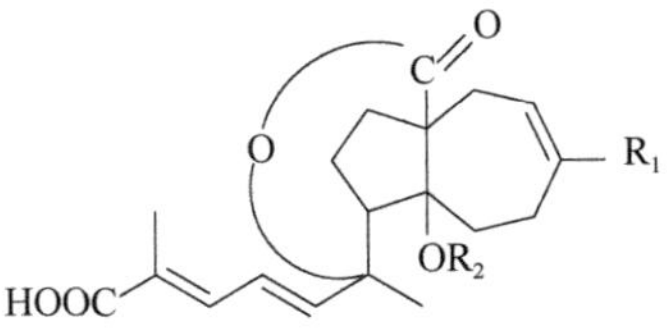

	R_1	R_2
土荆酸甲	CH_3	$COCH_3$
土荆酸乙	$COOCH_3$	$COCH_3$
土荆酸丙	$COOCH_3$	H
土荆酸丙2	COOH	$COCH_3$

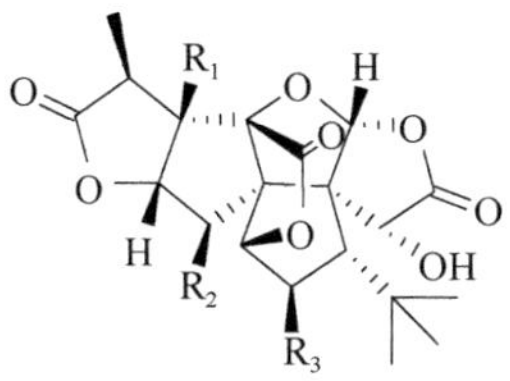

		R_1	R_2	R_3
银杏内酯	A	OH	H	H
银杏内酯	B	OH	OH	H
银杏内酯	C	OH	OH	OH
银杏内酯	J	OH	H	OH
银杏内酯	M	H	OH	OH

目前从穿心莲 *Andrographis paniculata* 中已发现 30 余个半日花烷型二萜及其苷，其中穿心莲内酯（andrographolide）为抗炎作用的主要活性成分，临床用于治疗急性菌痢、胃肠炎、咽喉炎、感冒发热等，疗效确切。近年来又发现该化合物具有诱导细胞分化活性、抗中毒性肝损伤活性和抗白血病 HL-60 细胞增殖作用。

土荆（槿）酸甲、乙、丙、丙 2（pseudolaric acid A、B、C、C2）是由金钱松 *Pseudolarix kaempfer* 树皮中分离出的抗真菌成分。其中土荆酸乙为主成分，并有抗生育活性，可减少早孕大鼠子宫内膜及肌层血管血流量，是造成胚胎死亡的重要原因。

银杏内酯（ginkgolides）是银杏 *Ginkgo biloba* 根皮及叶的独有成分，已分离出银杏内酯 A、B、C、J 和 M 等（ginkgolide A、B、C、J 和 M），是一类具有特殊 C_{20} 结构的天然二萜化合物。它们的基本结构包括一个螺壬烷、一个四氢呋喃环和三个内酯环，但碳环只有两个。含有银杏内酯及银杏总黄酮的银杏叶标准提取物用于治疗脑血管疾病及老年性痴呆，具有改善周边及脑血管循环之功效。

4. 三环二萜（tricyclic diterpenoids）

常见的三环二萜基本母核有松香烷型（abietane）、海松烷型（pimarane）、紫杉烷型（taxane）、瑞香烷型（daphane）等。

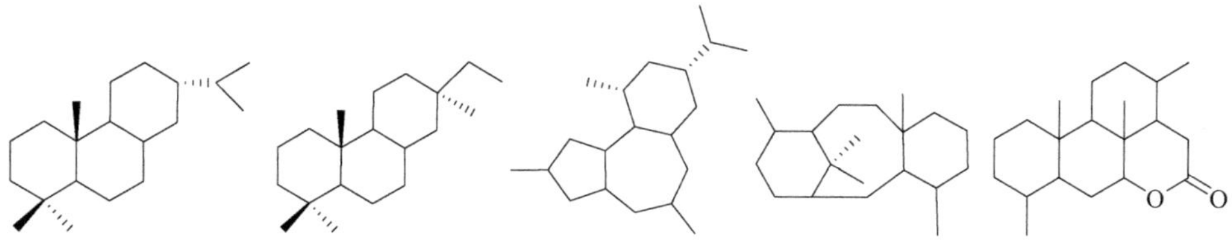

松香烷　　海松烷　　瑞香烷　　紫杉烷　　苦木内酯

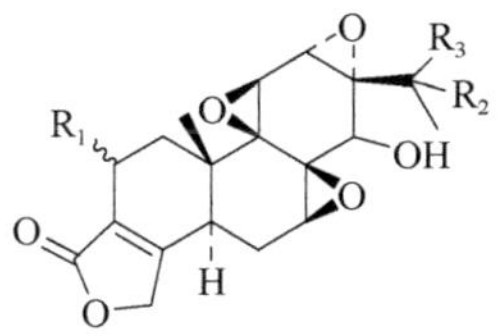

	R_1	R_2	R_3
雷公藤甲素	H	H	CH_3
雷公藤乙素	OH	H	CH_3
雷公藤内酯	H	OH	CH_3
16-羟基雷公藤内酯醇	H	H	CH_2OH

雷公藤甲素（triptolide）、雷公藤乙素（tripdiolide）、雷公藤内酯（triptolidenol）及 16-羟基雷公藤内酯醇（16-hydroxytriptolide）是从雷公藤 *Tripterygium wilfordii* 中分离出的抗癌活性物质。雷公藤甲素对乳腺癌和胃癌细胞系集落形成有抑制作用，16- 羟基雷公藤内酯醇具有较强的抗炎、免疫抑制和雄性抗生育作用。

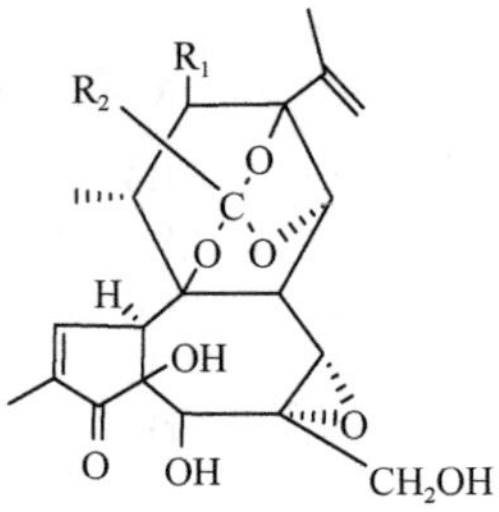

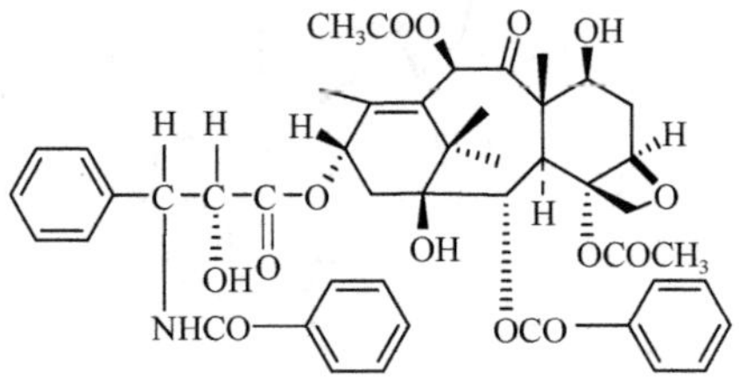

紫杉醇

	R_1	R_2
瑞香毒素	H	C_6H_5
芫花酯甲	$OCOC_6H_5$	$(CH{=}CH)_2(CH_2)_4CH_3$
芫花酯乙	$OCOCH_3$	$(CH{=}CH)_2(CH_2)_4CH_3$

瑞香毒素（daphnetoxin）为欧亚瑞香 *Daphne mezerum* 中的有毒成分。芫花根中含有芫花酯甲（yuanhuacin）及芫花酯乙（yuanhuadin），具有中期妊娠引产作用，现已被用于临床。此类二萜酯均具有刺激皮肤发赤、发泡作用及毒鱼活性。

紫杉醇（taxol）又称红豆杉醇，是存在于红豆杉科红豆杉属多种植物中的具有抗癌作用的二萜生物碱类化合物，是第一个被发现通过促进 α- 和 β- 微管蛋白聚合生成微管，从而干扰细胞的有丝分裂达到抑制肿瘤细胞生长的化合物。临床上用于治疗卵巢癌、乳腺癌和肺癌等，有较好疗效。目前紫杉醇和多烯紫杉醇已成为三十多年来发现的最有效的抗癌药物之一。

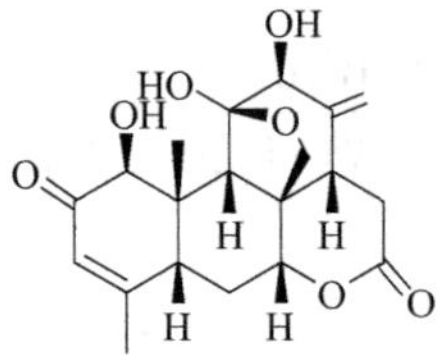

臭椿酮

苦木内酯（枯木苦味素）是苦木科植物的特征性化学成分，臭椿酮是中药苦木科植物臭椿 *Ailanthus altissima*（Mill.）Swingle 树皮的有效成分，研究表明臭椿酮（ailanthone）对雄激素受体（AR）表达的前列腺癌细胞株具有更高的敏感性，还能抑制 AR 突变的前列腺癌细胞增殖，有望开发成新一代的抗前列腺癌新药。

5. 四环二萜（tetracyclic diterpenoids）

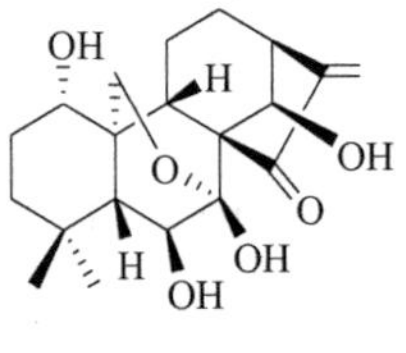

冬凌草甲素

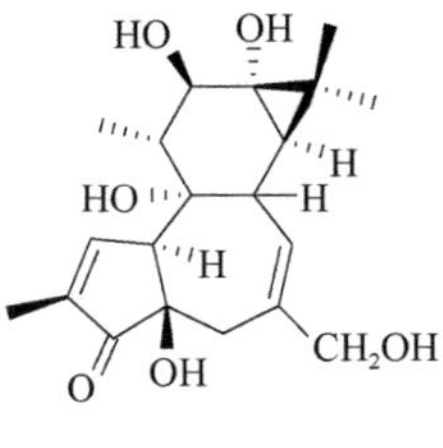

大戟醇(巴豆醇)

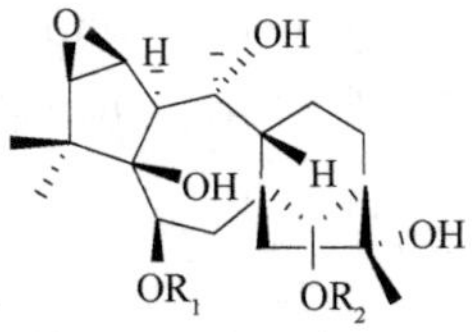

	R_1	R_2
闹羊花毒素Ⅰ	$COCH_3$	$COCH_3$
闹羊花毒素Ⅱ	$COCH_3$	H
闹羊花毒素Ⅲ	H	H
马醉木毒素Ⅲ	H	$COCH(OH)CH_3$

冬凌草甲素（oridonin）是由冬凌草 *Rabdosia rubescens* Hara 中得到的四环二萜类抗癌有效成分，此成分曾由延命草 *Isodon japonicus* Hara 中提取分离鉴定，研究表明其抗癌活性是由于分子中 α- 亚甲基环戊酮结构导致生物体内蛋白的活性巯基失活。

大戟醇（euphol）是存在于大戟科和瑞香科的许多植物中的大戟二萜醇型成分，属于辅致癌剂。现代研究表明大戟属植物既具有抗病毒、抗菌、抗炎、抗肿瘤及神经生长因子促进作用等生理活性，又表现出对皮肤、口腔及胃肠道黏膜强烈的刺激性和致炎、致突变等毒性作用的双重生理活性。这种双重生理活性与所含有的大戟二萜醇酯类成分密切相关。

闹羊花毒素Ⅰ～Ⅲ（rhodojaponin Ⅰ～Ⅲ）从日本闹羊花 *Rhododendron japonicum* 分离得到，而与闹羊花毒素Ⅲ为同一物质的八厘麻毒素（rhomotoxin）是从中药六轴子（即羊踯躅 *R.molle* 的果实）中得到的有效成分，八厘麻毒素具有降压和减慢心率作用，适用于高血压患者的快速降压和终止阵发性室性心动过速的治疗。

（五）二倍半萜

二倍半萜（sesterterpenoids）是一类基本碳架或母核含有 5 个类异戊二烯单位的 25 碳骨架化合物。此类化合物发现较晚，1965 年才有第一个二倍半萜被发现的报道。其后在羊齿植物、菌类、地衣类、海洋生物及昆虫分泌物中陆续发现此类成分。目前此类化合物的数量不多，是萜类家族中最少的一员，共有无环、单环、二环、三环、四环及五环 6 种类型，如

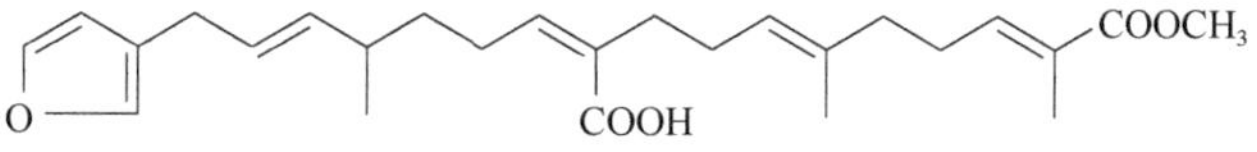

呋喃海绵素-3

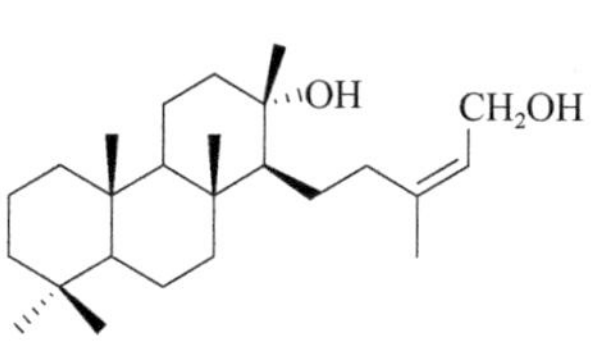

粉背蕨二醇

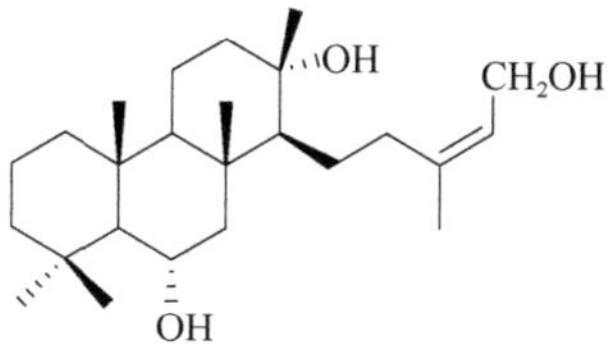

粉背蕨三醇

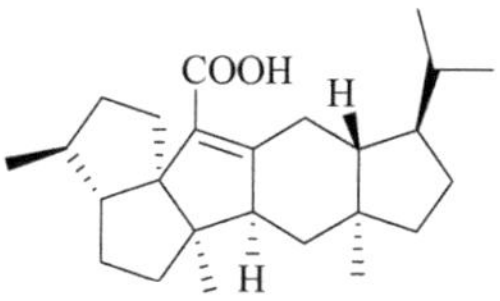

网肺衣酸

呋喃海绵素 -3（furanspongin-3）是从海绵中分得的链状二倍半萜化合物。

粉背蕨二醇（cheilanthenediol）和粉背蕨三醇（cheilanthenetriol）是从中国蕨科粉背蕨属植物华北粉背蕨 *Aleuritopteris kuhnii*（Milde）Ching 叶中分离得到的三环二倍半萜类成分。

网肺衣酸（retigeranic acid）是存在于中药网肺衣 *Lobaria retigera*（Bory）Trev. 及其地衣的近缘种中的具有五环骨架的二倍半萜。

三、萜类化合物的理化性质

（一）物理性质

1. 性状

单萜及倍半萜在常温下多为油状液体，少数为固体结晶，具挥发性及特异性香气。二萜

及二倍半萜多为固体结晶。萜苷多为固体结晶或粉末，无挥发性。

萜类化合物多具苦味，早年习称的苦味素（bitter principles）成分实际多为萜类化合物，如龙胆苦苷、穿心莲内酯等。也有少数萜类具有较强甜味，如甜菊苷。

单萜及倍半萜（萜苷除外）可随水蒸气蒸馏，其沸点随其结构中的类异戊烯基单位数、双键数、含氧基团数的升高而规律性地升高。在提取分离单萜及倍半萜时可利用这些性质。

2. 旋光性

大多数萜类化合物都具手性碳原子，有光学活性。

3. 溶解度

萜类化合物难溶于水，溶于甲醇、乙醇，易溶于乙醚、氯仿、乙酸乙酯、苯等亲脂性有机溶剂。具羧基、酚羟基及内酯结构的萜还可分别溶于碳酸氢钠或氢氧化钠水液，加酸使之游离或环合后，又可自水中析出或转溶于亲脂性有机溶剂，此性质常用于提取分离此类结构的萜类化合物。

萜苷类化合物随分子中糖基数目的增加，水溶性增强，脂溶性降低，一般能溶于热水，易溶于甲醇及乙醇，不溶或难溶于亲脂性有机溶剂。

萜类化合物对热、光、酸及碱较敏感，长时间接触，常会引起其氧化、重排及聚合反应，导致结构变化，因此在提取、分离及储存萜类化合物时，应注意尽量避免这些因素的影响。

（二）化学性质

1. 加成反应

多数萜烯、萜醛和萜酮可与相应的试剂产生加成反应，加成产物常因改变其溶解性而析出结晶，故可用加成反应分离和纯化这些类型的萜类化合物，了解其不饱和程度，还可制备所需溶解性的衍生物。

（1）双键加成反应

1）卤化氢加成反应：氯化氢及溴化氢等卤化氢类试剂在冰乙酸为溶剂时，可对萜类双键进行加成，其加成产物可于冰水中析出结晶。例如，*β*- 毕澄茄烯（*β*-cadinene）的冰醋酸溶液中加入氯化氢饱和的冰醋酸，反应完后，倒入冰水中，即析出加成物结晶。不饱和萜的氢卤化物与苯胺或 *N*，*N*– 二乙基苯胺等进行分解反应又可得到原不饱和萜。

2）溴加成反应：在冰浴条件下，于不饱和萜的冰醋酸或乙醚 - 乙醇混合溶液中滴加溴，可生成其溴加成物的结晶。

3）亚硝酰氯反应：亚硝酰氯（Tilden 试剂）能与很多不饱和萜的双键加成，生成亚硝基氯化物。反应时将不饱和萜或其冰醋酸溶液与亚硝酸戊酯（或亚硝酸乙酯）混合，冷却下加入浓盐酸，振摇，即可析出亚硝基氯化物结晶（必要时可用乙醇及丙酮重结晶），其结晶多为蓝色或蓝绿色，可用于不饱和萜的分离及鉴别（此亚硝基氯化物也可用不饱和萜卤化氢加成物的复原方法分解出原萜烯）。萜烯的亚硝基衍生物还可与伯胺或仲胺（常用六氢吡啶）缩合成亚硝基胺类，此缩合物具有较好的结晶及一定的物理常数，颇具鉴定价值。

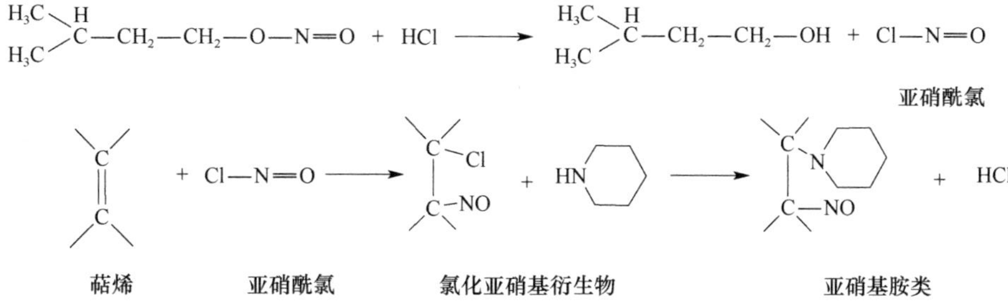

需要注意的是，非四取代萜烯的氯化亚硝基衍生物结晶多为无色的二聚体，可加热至熔融或做成溶液解聚而呈蓝或蓝绿色。

4）Diels-Alder 反应：共轭二烯结构的萜类化合物能与顺丁烯二酸酐产生 Diels-Alder 反应，生成物为结晶，可由此初步证明共轭双键的存在。

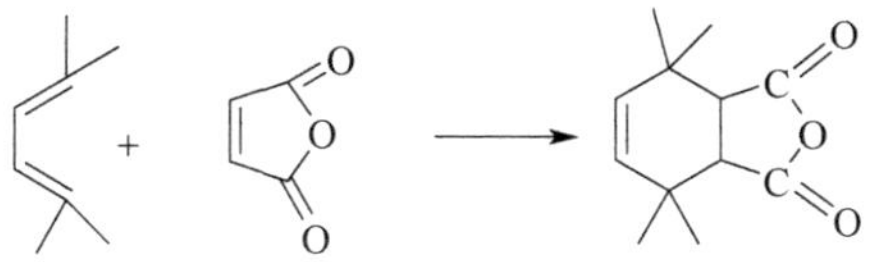

顺丁烯二酸酐

有些具两个非共轭双键的萜类也可与顺丁烯二酸酐生成加成物（是其双键移位至共轭所至），故用此反应判定共轭双键结构时，应结合紫外光谱等其他数据综合分析。

（2）羰基加成反应

1）亚硫酸氢钠加成：具羰基的萜类化合物可与亚硫酸氢钠加成，生成结晶性的加成物而与非醛酮类的萜分离，其加成物用酸或碱（多用草酸、硫酸或碳酸钠）处理，可分解复原成原萜醛或萜酮。用此法处理具有双键的萜醛或萜酮时要注意控制反应条件，因反应时间过长或温度过高，会使双键发生不可逆的加成。例如，柠檬醛的加成，不同条件下得到的加成物不同。

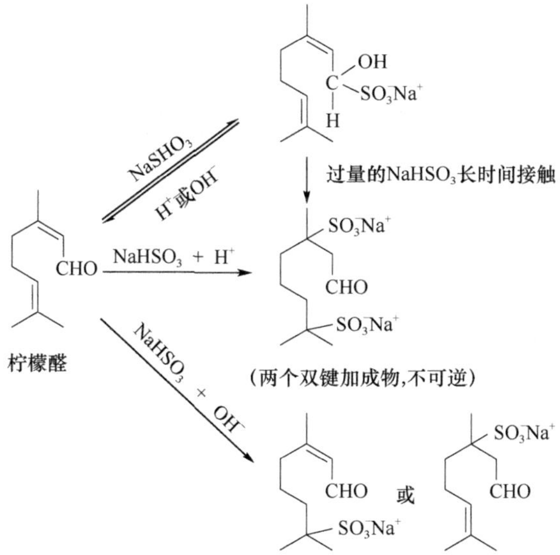

2）吉拉德（Girard）试剂加成：吉拉德试剂是一类带季铵基团的酰肼，可与具羰基的萜类生成水溶性加成物而与脂溶性非羰基萜类分离，常用的试剂为吉拉德 T 及 P 试剂（Girard T、

Girard P）两种。

吉拉德试剂T　　　　　　吉拉德试剂P

反应时在萜酮及萜醛的乙酸－无水乙醇（1 ∶ 10，重量比）溶液中加入吉拉德试剂（加乙酸为促进反应），加热回流，反应完毕后水稀释，用乙醚萃取非羰基类化合物后，分取水层用硫酸或盐酸酸化，再用乙醚萃取，乙醚萃取液蒸去溶剂即得原萜酮或萜醛。

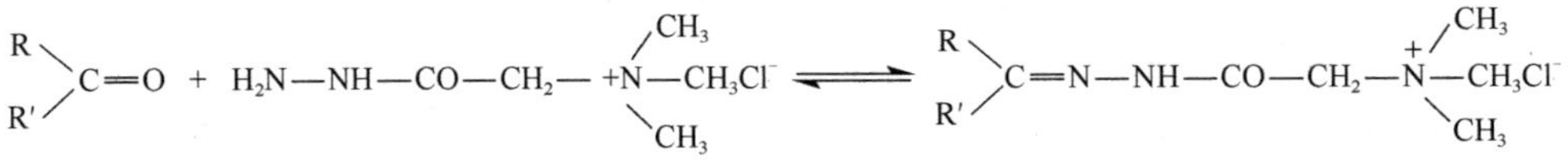

吉拉德试剂T

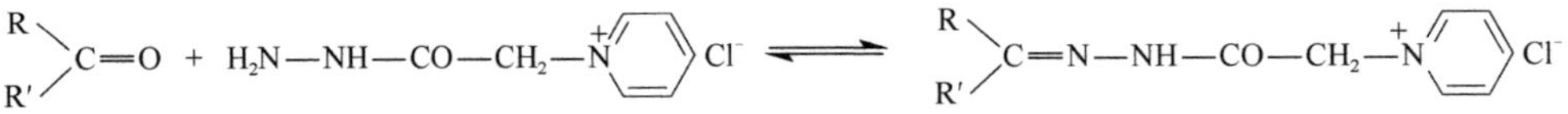

吉拉德试剂P

2. 分子重排反应

萜类化合物在发生加成、消除或亲核取代反应时，常发生 Wagner-Meerwein 重排，使碳架发生改变。目前工业上由 *α*– 蒎烯合成樟脑，就是经 Wagner-Meerwein 重排后，再进行氧化制得。

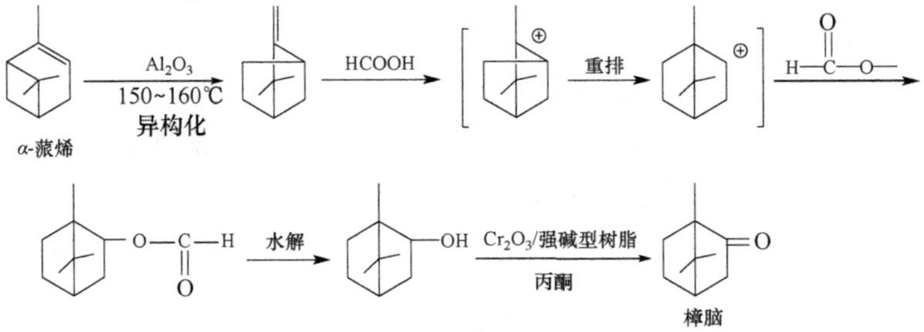

萜类化合物除具有上述加成和分子重排反应外，氧化和脱氢等反应在萜类化合物的结构测定中也曾有过重要的应用，但目前主要用波谱法测定萜类化合物结构。

四、萜类化合物的检识

由于萜类化合物多为不饱和的环烃结构，其碳架类型多而繁，因此绝大多数的单萜、倍半萜、二萜及二倍半萜缺乏专属性强的检识反应，目前对绝大多数萜类化合物主要是用硫酸－乙醇等通用显色剂或羰基类显色剂，在薄层色谱上进行检识。仅有 革 酚酮类、环烯醚萜类及薁类等碳骨架结构相对固定的特殊萜类化合物具有一定专属性的检识反应。

（一）理化检识

1. 革酚酮类的检识反应

革酚酮具有一般酚类的性质，能与铁、铜等重金属离子生成具有一定颜色的络盐，可供检识。①三氯化铁反应：1% 的三氯化铁溶液可与 革 酚酮生成红色络合物。②硫酸铜反应：

稀硫酸铜溶液可与革酚酮生成稳定的绿色结晶。此结晶可用氯仿重结晶，并具有高熔点。许多其他酚类也可与三氯化铁及硫酸铜生成相似颜色的沉淀或结晶，因此根据这些检识反应下结论时，要结合革酚酮的挥发性及其羰基（1600 ~ 1650cm^{-1}）和羟基（3100 ~ 3200cm^{-1}）的红外光谱吸收峰综合分析。

2. 环烯醚萜类的检识反应

（1）Weiggering 法：取新鲜药材 1g，适当切碎，加入 1% 盐酸 5ml，浸渍 3 ~ 6 小时，取此浸渍液（上清液）0.1ml 转移至装有 Trim-Hill 试剂（乙酸 10ml、0.2% 硫酸铜水溶液 1ml、浓硫酸 0.5ml 的混合溶液）的试管内，混匀，加热至产生颜色。许多环烯醚萜苷类化合物可产生不同颜色，如车叶草苷（asperuloside）、桃叶珊瑚苷、水晶兰苷（monotropein）为蓝色，哈帕苷（harpagide）为紫红色，有些环烯醚萜为阴性反应，如番木鳖苷（loganin）、梓苷等。

（2）Shear 反应：Shear 试剂（浓盐酸 1 体积与苯胺 15 体积混合液）多能与吡喃衍生物产生特有的颜色。例如，车叶草苷与 Shear 试剂反应，能产生黄色，继变为棕色，最后转为深绿色。

（3）其他显色反应：环烯醚萜类化合物对酸碱试剂敏感，多发生分解、聚合、缩合、氧化等反应，形成不同颜色的产物。例如，京尼平（genipin）与氨基酸（甘氨酸、亮氨酸、谷氨酸）共热，即显红色至蓝色。有的与冰醋酸及少量铜离子共热也能产生蓝色。分子中有环戊酮结构，可与 2，4- 二硝基苯肼反应产生黄色。上述检识反应并不是对每种环烯醚萜类化合物都为阳性反应，故检识时应多做几种反应，并佐以苷的一般检识反应进行补充检识。

3. 薁类化合物的检识

（1）Sabety 反应：取挥发油 1 滴溶于 1ml 氯仿中，加入 5% 溴的氯仿溶液数滴，若产生蓝、紫或绿色，表示含有薁类衍生物。

（2）Ehrlich 试剂反应：取挥发油适量与 Ehrlich 试剂（对 - 二甲氨基苯甲醛 - 浓硫酸试剂）反应，若产生紫色或红色，表明有薁类衍生物存在。

（3）对 - 二甲氨基苯甲醛显色反应：此反应是挥发油经薄层色谱展开分离后，再喷以由对 - 二甲氨基苯甲醛 0.25g、乙酸 50g、85% 磷酸 5g 和水 20ml 混匀后组成的显色剂（避光可保存数月），室温显蓝色，示有薁类衍生物，氢化薁在 80℃加热 10 分钟显蓝色。蓝色会随后减弱转为绿色，最后转为黄色，将薄层放在水蒸气上则蓝色可再现。

（二）色谱检识

除前述革酚酮、环烯醚萜及薁类等特殊萜类化合物外，其他萜类化合物经薄层展开后，用通用显色剂或醛酮类显色剂反应方可显色。分离萜类化合物的薄层吸附剂多用硅胶 G、氧化铝 G 及此两种吸附剂与硝酸银组成的络合吸附剂，展开剂多为石油醚、乙烷、苯，分别加入不同比例的乙酸乙酯或乙醚，极性大的萜醇或萜酸类化合物可加入丙酮或甲酸、乙酸展开分离。常用的通用显色剂及醛酮显色剂反应如下所示。

1. 通用显色剂

通用显色剂有如下几种。①硫酸：喷洒试剂后在空气中干燥 15 分钟，随后在 110℃加热至出现颜色或荧光。②香兰素 - 浓硫酸：在室温喷洒后放置，颜色有浅棕、紫蓝或紫红色，但在 120℃加热后均转为蓝色。1，8- 桉树脑喷洒后显桃红色。③茴香醛 - 浓硫酸：喷洒后在 100 ~ 105℃加热至颜色深度最大。薄层在水蒸气上熏后可消除其桃红色背景。对萜醇类化合物的灵敏度比氯化锑试剂更灵敏，不同的化合物可出现紫蓝、紫红、蓝、灰或绿色。酯类的颜色和其母体醇相同。④五氯化锑：喷洒后在 120℃加热直到颜色出现。在加热前、后要在日光下检查，萜醇可出现由灰到紫蓝色，加热后转为棕色，而其他醇类则只在加热后才能转为棕色。亦可置紫外灯（365nm）下检查，显出棕色荧光。薄层在喷 2，4- 二硝基苯肼后仍可使用此试剂。⑤三氯化锑：喷洒后在 100℃加热 10 分钟。其现象与五氯化锑相同。⑥碘蒸气：将已展开的薄层板放入装有碘结晶的密闭玻璃缸中，5 分钟后，很多有机物都会呈棕色。如欲保持斑点则将显色后的薄层取出，在空气中使多余的碘挥发掉，其后喷洒 1% 淀粉水溶液，斑点便转为蓝色。要注意，如果碘留在薄层上太多，则薄层的背景也会转为蓝色，故在喷淀粉溶液之前先在薄层的边角上预检。⑦磷钼酸：喷洒后在 120℃加热至颜色出现（蓝灰色）。对醇类的灵敏度可达 0.05 ~ 1μg，但并不是醇的专一试剂。在氨蒸气上熏后可消除黄色背景。

2. 专属性试剂

专属性试剂有如下几种。① 2，4- 二硝基苯肼：用于检识醛和酮类化合物。喷洒后，无环的醛和酮现黄色，环状的羰基化合物则现橙红色。②邻联茴香胺：用于检识醛和酮类化合物。在室温中喷洒后，醛类显黄至棕色，加热后颜色变深而背景颜色亦变深。

用上述显色反应检识萜类化合物时，因显色剂通用范围广，故应尽量使用相应的对照品、同系物或对照药材作对照检识。

五、萜类化合物的提取与分离

萜类化合物种类繁杂、数量庞大，理化性质差异较大，而且同分异构体多，结构稳定性差，所以提取分离难度相对较大。一般多根据此类成分挥发性、亲脂亲水性、特殊官能团的专属反应性及极性等差异进行提取分离。如前所述，提取分离萜类化合物要注意减少或避免光、热、酸及碱对其结构的影响。

（一）萜类化合物的提取

除可用提取挥发油的方法提取挥发性萜外，还可用甲醇或乙醇提取，醇提取液根据需要，浓缩至一定体积，调整适当的醇浓度，再用不同极性的亲脂性有机溶剂按极性由小到大的递增顺序依次萃取，得到不同脂溶性的萜类提取物。

对从富含油脂及叶绿素的中药材中提取的醇提液，可将醇浓缩液的含醇量调至 70% ~ 80%，石油醚萃取去除强亲脂性杂质后，再选用一定的亲脂性有机溶剂萃取总萜；若药材含极性较大的萜类（如多羟基萜内酯），则可先用石油醚对药材脱脂后，再用醇提取。

萜内酯的提取可结合其结构特点进行。先用提取萜的方法提取出含萜内酯的粗总萜，然后利用内酯在热碱溶液中易开环成盐溶于水，酸化环合又可析出原内酯的特性，用碱水提取酸化沉淀的方法处理粗总萜，可得到较纯的总萜内酯（倍半萜内酯用此法较多）。但某些对酸碱易引起结构发生不可逆变化的萜内酯，不可用碱溶酸沉法纯化。

萜内酯的纯化也可用硅胶或氧化铝柱色谱法进行，一般多采用硅胶作固定相，以石油醚及石油醚混合不同比例的乙醚洗脱。据报道，萜内酯多集中在石油醚 - 乙醚（1 ∶ 1）的洗脱流分中。

提取萜苷类化合物多用甲醇或乙醇作溶剂，也可用水、稀丙酮及乙酸乙酯，提取液经减压浓缩后加水溶解，滤去水不溶性杂质，用乙醚、氯仿或石油醚萃取去除脂溶性杂质，脱脂后的萜苷水溶液可采用下述方法去除水溶性杂质。①正丁醇萃取法：萜苷水液以正丁醇萃取，正丁醇萃取液经减压浓缩，可得到粗总萜苷。②活性炭、大孔树脂吸附法：用活性炭或大孔树脂吸附水溶液中萜苷后，先用水及稀乙醇依次洗脱除去水溶性杂质，再用合适浓度的乙醇洗脱萜苷，如桃叶珊瑚苷及甜叶菊苷可分别用活性炭及大孔树脂纯化获得。

在萜苷的提取纯化过程中，要防止酶及酸对苷键的裂解，尤其是环烯醚萜苷水解后苷元稳定性差，更需注意。

（二）萜类化合物的分离

1. 利用特殊官能团分离

萜类化合物中常见的官能团为双键、羰基、内酯环、羧基、碱性氮原子（萜类生物碱）及羟基等，可有针对性地用加成、碱开环酸环合、酸碱成盐及形成酸性酯等反应，使具有相应官能团萜的溶解性发生改变，以固体析出或液体转溶的形式从总萜中分离（具体方法在挥发油的分离中介绍）。双键是萜类多具有的官能团，其加成物可使液态单萜烯以结晶形式析出，具有一定的分离精制意义。

2. 结晶法分离

有些萜类化合物的粗提物，用其他溶剂浸提或萃取法纯化处理后，其纯度会明显升高，若将其提取液适当浓缩，常会析出粗晶（有的提取物不经浓缩即可析晶），滤取此结晶，再用适当溶剂或方法重结晶，有时可得到纯度很高的结晶，如薄荷醇、樟脑、野菊花内酯（yejuhua lactone）及古纶宾（columbin）可用结晶法分离。

3. 柱色谱法分离

柱色谱法是分离萜类化合物的主要方法，许多用其他方法难以分离的萜类异构体都可用吸附柱色谱法分离。常用的吸附剂为硅胶、中性氧化铝（非中性氧化铝易引起萜类化合物结构变化）及硅酸，其中硅胶应用最广。常用的洗脱剂多以石油醚、正己烷、环己烷及苯单一溶剂分离萜烯，或混以不同比例的乙酸乙酯或乙醚分离含氧萜，对于多羟基的萜醇及萜酸还要加入甲醇或用氯仿 - 乙醇洗脱。

对于单纯以硅胶或氧化铝为吸附剂难以分离的萜类化合物，可用硝酸银络合柱色谱分离。一般多以硝酸银 - 硅胶或硝酸银 - 氧化铝作吸附剂进行络合吸附。其分离机制主要是利用硝酸银可与双键形成 π 络合物，而双键数目、位置及立体构型不同的萜在络合程度及络合物稳定性方面有一定的差异，利用此差异可进行色谱分离。硝酸银络合色谱分离萜类化合物的洗脱剂与上述硅胶及氧化铝色谱相同。

六、萜类化合物的结构研究

萜类化合物的碳骨架种类纷繁，一般难以总结其共同的波谱规律，但甲基、亚甲基、偕碳二甲基、双键、共轭双键、羰基及内酯等都是萜类化合物常见的结构特征，因此萜类的波谱也往往会出现相应的特征。

与其他萜类化合物相比，环烯醚萜类化合物的半缩醛吡喃环母核较为固定，主要有九碳骨架和十碳骨架环烯醚萜苷及裂环环烯醚萜苷三种结构类型，其波谱特征规律性较强，各种波谱法方法的综合使用，可对环烯醚萜这种特殊萜类化合物的结构进行确定。下面主要介绍环醚萜类化合物的磁共振波谱规律。

（一）^{1}H-NMR

^{1}H-NMR 对环烯醚萜类化合物的结构测定有极为重要的作用，它可用于判定环烯醚萜的结构类型，并能确定许多立体化学（构型、构象）结构，其中 H-1 与 H-3 的 NMR 信号最具有鉴别意义。

1. H-1

由于 C-1 原子与两个 O 原子相连，故 H-1 共振发生在较低磁场，化学位移为 δ 4.5 ~ 6.2。H-1 与 H-9 相互耦合，其耦合常数 $J_{1,9}$ 是判断二氢吡喃环构型和构象的重要依据。$J_{1,9}$ 很小（0 ~ 3Hz），表明 H-1 处于平伏键，而 C-1 的—OH（或 O—glc）则处于直立键，此时 C-1 折向平面上方。$J_{1,9}$ 很大（7 ~ 10 Hz），表明 H-1 处于直立键，而 C_1—OH（或 C_1—O—glc）处于平伏键，二氢吡喃环几乎处于同一平面，但 C-1 折向下方。

2. H-3 和 H-4

H-3 的 NMR 信号可用以区别环烯醚萜的 C-4 上有无取代基，以及 C-4 上取代基种类，如 C-4—COOR、C-4—CH_3 或—CH_2OR。当 C-4 有 COOR 取代基（包括裂环环烯醚萜类）时，H-3 因受 COOR 基影响处于更低的磁场区，一般 δ 值多为 7.3 ~ 7.7（个别可为 7.1 ~ 8.1），因与 H-5 为远程耦合，故 $J_{3,5}$ 很小，为 0 ~ 2 Hz。该峰为 C-4 有 COOR 取代基的特征峰。当 C-4 取代基为—CH_3 时，H-3 化学位移在 δ 6.0 ~ 6.2，为多重峰。当取代基为 CH_2OR 时其化学位移在 δ 6.28 ~ 6.6，也为多重峰。

当 C-4 无取代基时，H-3 的化学位移与 C-4 取代基为—CH_3 或 CH_2OR 相近（也在 δ 6.5 左右），但峰的多重度及 J 值有明显区别。3，4 位间形成双键时，若 4 位无取代，H-3、H-4 均多为 dd 峰，H-3 的 δ 为 6.20 ~ 6.53，H-4 的 δ 为 4.77 ~ 5.49，$J_{3,4}$ = 6.0 ~ 6.5 Hz，$J_{3,5}$ = 1.0 ~ 2.0 Hz，$J_{4,5}$ = 2.9 ~ 5.0 Hz。

3. H-5

3，4 位间形成双键时，若 4 位无取代，H-5 信号峰因与 H-9、H-6、H-3、H-4 耦合情况不同而体现出各种峰形，多为 tdd、dddd 或 m 峰，δ 为 2.26 ~ 3.03。4 位有取代时，多为 dd、ddd 或 m 峰，δ 为 2.79 ~ 3.20。若 6 位 C 不饱和或与 4 位之间形成内酯环，H-5 化学位移会相应向低场移动。

4. H-6

6 位被含氧取代基取代时，H-6 多与 H-7 耦合呈 d 或 dd 峰，有时还与 H-5 耦合，δ 值一般为 3.66 ~ 4.80。若 6 位取代基含有共轭系统［如苯偶酰（benzil），*p*- 香豆酰（coumaroyl），肉桂酰（cinnamoyl）等］，H-6 信号受影响，δ 低移至 5.08 ~ 5.55。6 位上有两个氢时，若 7 位上有取代，H-6 多呈 m 峰或两个 dd 峰，δ 为 1.63 ~ 2.47。当 7 位取代基含有共轭系统（如 benzil，*p*-coumaroyl，cinnamoyl 等），7，8 位环氧取代或 7，8 位形成双键时，H-6 信号均向低场移动。

5. H-7

7 位无取代时，H-7 多为两个 dd 峰，化学位移 δ 一般为 1.25 ~ 2.27。当 C-6 被氧化成羰基或被含有共轭系统的基团取代时，两个 H-7 信号分别向低场移动。7 位被吸电子基取代时，H-7

多为 d 或 dd 峰，δ 为 3.34 ~ 4.55。但若取代基为 C-1，或者 6 位被含有共轭系统的基团取代，δ 低移至 4.04 ~ 5.76。7，8 位形成双键时，H-7 的 δ 为 5.52 ~ 6.10；7，8 位环氧取代代时，H-7 的 δ 为 3.28 ~ 3.87，多为 brs 峰。

6. H-9

一般为 β 构型，极少数为 α 构型。可能与 H-5，H-1，H-10 耦合，化学位移 δ 值一般为 2.09 ~ 3.62，若 7，8 位均无含氧取代基，δ 值还在此范围以下。

7. H-10

10 位为—CH_3 时，H-10 多为 s 峰，δ 值为 1.07 ~ 1.80。10 位为—CH_2OR 时，H-10 多为两个 d 峰，δ 为 3.42 ~ 4.82。若 R 为含共轭系统的基团，H-10 相对向低场移动至 δ 为 3.80 ~ 5.86。

8. 其他质子信号

C-8 上常连有 10 位—CH_3。若 C-8 为叔 C，则 10 位—CH_3 为二重峰，$J = 6.0$ Hz，化学位移多为 1.1 ~ 1.2。若 C-7，8 之间有双键，则该甲基变成单峰或宽单峰，化学位移移至 2 左右。分子中如有—COOMe 取代基，其 OCH_3 信号为单峰，一般出现在 δ 3.7 ~ 3.9。

（二）^{13}C-NMR

^{13}C-NMR 中最特征信号为 C-1、C-3、C-4、C-10 等。

1. C-1

C-1 为次甲基，化学位移值 δ 为 93.3 ~ 97.5，当 6 位有 α 构型的连氧取代或者 H-1 为 β 构型时，δ 低移至 101 左右。

2. C-3 和 C-4

3，4 位间一般形成双键。当 4 位无取代时，C-3 为 δ 140.3 ~ 145.3，C-4 为 δ 104.6 ~ 108.3。4 位羧基或—COOMe 取代时，C-3 为 δ 148.5 ~ 155.9，C-4 为 δ 104.7 ~ 116.6。4 位醛基取代时，C-3 为 δ 161.4 ~ 166.2，C-4 为 δ 122.2 ~ 126.6。3，4 位间若无双键，且 3 位又无取代时，C-3 化学位移 δ 为 56 左右。

3. C-5

C-5 无取代时，为 δ 27.1 ~ 44.2。连氧取代时，在 δ 68.0 ~ 75.4。

4. C-6

5，6 位均无取代时，C-6 为 δ 31.5 ~ 42.4。5 位羟基取代时，C-6 为 δ 0.7 ~ 49.0。6 位连氧取代后，C-6 低移至 δ 74.9 ~ 83.4。6 位若被氧化成酮，C-6 为 δ 211.3 ~ 216.7。

5. C-7

7 位无取代时，C-7 δ 为 33.0 ~ 47.8，7，8 环氧取代时，δ 低移至 64 左右。7 位被吸电子基取代时，δ 为 72.6 ~ 78.9。7，8 位若形成双键，C-7 δ 为 128.3 ~ 129.8。

6. C-8

C-8 单取代时，δ 为 31.3 ~ 42.4，7，8 环氧取代时 δ 低移至 65 左右。除甲基外还有一吸电子取代基时，为 78.9 ~ 87.0。8 位若与 7 位或与 10，9 位之间形成双键，则 C-8 δ 为 140.1 ~ 151.6。

7. C-9

C-9 上一般无取代。若 5 位有羟基取代，则 C-9 δ 为 49.6 ~ 57.6；5 位无取代，则 C-9 δ 为 38.7 ~ 51.6。7，8 环氧取代时，C-9 δ 为 45.0 左右。8，9 位之间形成双键时，δ 为

130.2 ~ 139.3。

8. C-10

C-10 因多为甲基，一般化学位移 δ 为 13.9 ~ 27.5。当 10 位有取代基团或与 8 位之间形成双键时，化学位移会相应有所变化。

七、结构研究实例

哈帕酯苷的结构确定

从玄参科玄参属植物玄参 *Scrophularia ningpoensis* Hemsl. 的块根中分离得到一种环烯醚萜苷类化合物 **1**，白色粉末（MeOH），Molish 反应阳性，酸水解后糖部分仅检出 D- 葡萄糖。紫外光谱（MeOH）在 280.0 nm 处有最大吸收峰，提示分子中可能存在 α，β 不饱和羰基结构。红外光谱在 3600 cm^{-1} 处有宽强吸收峰，表明有游离羟基存在；1705 cm^{-1} 处有强吸收峰，提示可能存在 α，β- 不饱和羰基。

在 ESI-MS（neg.）谱中，*m/z* 553 处可见 $[M+CH_3COO^-]^-$ 离子峰，在 ESI-MS（pos.）谱中，*m/z* 517 处可见 $[M+Na]^+$ 离子峰，提示其相对分子质量为 494；结合化合物 **1** 的 ^1H NMR、^{13}C NMR 和 DEPT 谱数据，推测其分子式为 $C_{24}H_{30}O_{11}$，计算其不饱和度为 10。

在 ^1H-NMR 谱（表 7-2）中，能够观察到如下归属于各结构片段的主要质子信号：δ 7.59（2H，m）和 7.40（3H，m）信号可推断含有单取代苯环片段，δ 7.67（1H，d，*J* = 16 Hz）和 6.51（1H，d，*J* = 16 Hz）信号可推断含有吸电子共轭的反式双键片段，δ 6.18（1H，d，*J* = 0.8 Hz）为环烯醚萜类半缩醛结构特征的 H-1 信号；δ 6.42（1H，d，*J* = 6.4Hz）和 4.94（1H，dd，*J* = 6.4，1.5 Hz）属于九碳骨架环烯醚萜类化合物的顺式 H-3，4 烯质子信号，δ 1.54（3H，s）处可见苷元 10 位甲基的质子信号；δ 2.02（1H，dt，*J* = 4.0，15.2 Hz），δ 2.27（1H，d，*J* = 15.2 Hz）为亚甲基同碳氢信号；δ 4.63（1H，d，*J* = 7.9 Hz）为葡萄糖端基氢信号，根据其耦合常数（*J* = 7.9 Hz）推断葡萄糖为 β 构型。

在 ^{13}C-NMR 谱中，共出现 24 个碳信号，除一组归属于 β-D- 葡萄糖基的 6 个碳信号（δ 100.2，74.7，77.8，71.9，78.3，63.2）外，还能观察到 18 个苷元的碳信号，其中低场 δ 168.9，135.9 处的 2 个季碳信号和 δ 146.3，131.7，130.2（2 × C），129.4（2 × C），120.3 处的 7 个烯碳信号应归属于肉桂酰基片段，δ 94.8 应归属为苷元半缩醛结构 C-1 的信号；δ 144.1，107.0 处的次甲基碳信号属于九碳骨架环烯醚萜类化合物的 C-3，4；δ 73.6，88.9 处的碳信号由于化学位移处于较低场，推断为苷元的含氧季碳信号；δ 77.9 应为苷元的含氧次甲基碳信号。以上这些结构信息表明化合物 1 为 C-4 无取代九碳骨架环烯醚萜苷类化合物。

在 ^1H-^1H COSY 谱中，δ 3.77（1H，d，*J* = 4.0 Hz）处的氧代次甲基质子（H-6）与 δ 2.02（1H，dd，*J* = 15.2，4.0 Hz）处的亚甲基质子（H-7）相关，表明化合物 1 有—CH_2—CH（O）结构片段；δ 6.18（1H，d，*J* = 0.8 Hz）的次甲基质子与 δ 2.94（1H）处的次甲基质子（H-9）相关，表明化合物 **1** 有—CH—CH—O—结构片段。

在 HMBC 谱中，δ 4.63 处的葡萄糖端基质子信号与 δ 94.8 处归属于苷元 C-1 的碳信号相关，苷元质子信号与 δ 168.9 处的肉桂酰羰基信号没有相关，这表明该肉桂酰基是与季碳的羟基成酯的，同时根据酰化位移可知，肉桂酰基是连接在苷元的 C-8 上。

将化合物 **1** 的 ^{13}C-NMR 和 ^{1}H-NMR 谱数据（表 7-2）与哈帕酯苷相比较，两者基本一致。综合以上数据，鉴定化合物 **1** 的结构为哈帕酯苷（harpagoside）。

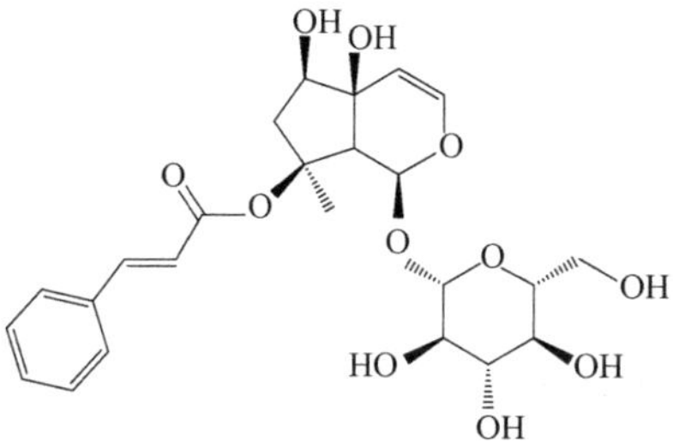

表 7-2　哈帕酯苷的 ^{1}H-NMR（400MHz）和 ^{13}C-NMR（100MHz）数据（CD_3OD，δ，J in Hz）

No.	δ_C	δ_H（J in Hz）	No.	δ_C	δ_H（J in Hz）
1	94.8，d	6.18（d，0.8）	1′	100.2，d	4.63（d，7.9）
2			2′	74.7，d	3.23（dd，8.0/9.0）
3	144.1，d	6.42（d，6.4）	3′	77.8，d	3.41（m）$^{a)}$
4	107.0，d	4.94（dd，1.5/6.4）	4′	71.9，d	3.31（m）$^{a)}$
5	73.6，s		5′	78.3，d	3.36（dd，2.3/5.9）
6	77.9，d	3.77（brd，4.0）	6′	63.2，t	3.73（dd，5.9/12.1）
7	46.4，t	2.02（dd，4.0/15.2）			3.94（dd，2.1/12.1）
		2.27（dd，15.2）	1″	135.9，s	
8	88.9，s		2″	130.2，d	7.59（m）$^{a)}$
9	55.8，d	2.94（brs）	3″	129.4，d	7.40（m）$^{a)}$
10	22.8，q	1.54（s）	4″	131.7，d	7.40（m）$^{a)}$
			5″	129.4，d	7.40（m）$^{a)}$
			6″	130.2，d	7.59（m）$^{a)}$
			7″	120.3，d	7.67（d，16.0）
			8″	146.3，d	6.51（d，16.0）
			9″	168.9，s	

a）信号部分遮蔽

八、含萜类化合物的中药实例

（一）青蒿

青蒿为菊科植物黄花蒿 *Artemisia annua* L. 的干燥地上部分，性寒味苦辛，具有清虚热、除骨蒸、解暑热、截疟退黄之功效。青蒿所含萜类化合物有蒿酮、异蒿酮（isoartemisia ketone）、桉油精（cineole）、樟脑等单萜，青蒿素、青蒿甲素（qinghaosu A）、乙素（qinghaosu B）、丙素（qinghaosu C）及青蒿酸等倍半萜，以及 *β*- 香树脂乙酸酯等三萜化合物，其中倍半萜内酯化合物研究得最为深入。

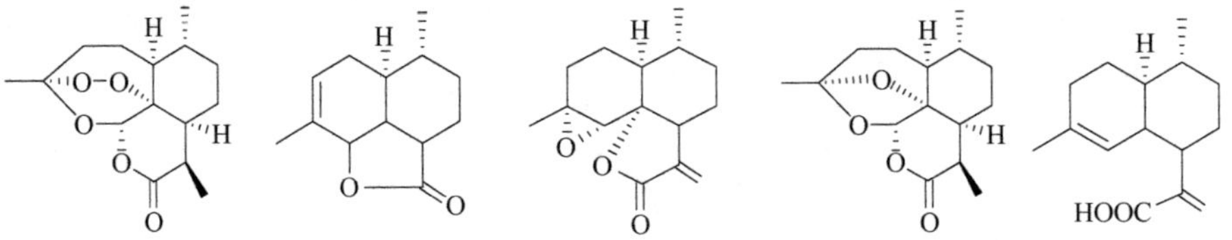

青蒿素　青蒿甲素　青蒿乙素　青蒿丙素　青蒿酸

在青蒿所含化学成分中，青蒿素是主要抗疟有效成分。中国中医研究院中药研究所屠呦呦课题组于 1971 年 10 月首次发现中药黄花蒿的提取物对鼠疟有显著的抗疟作用，并成功从中分离得到此类具有过氧基的新型倍半萜内酯。这一全新结构抗疟药物的问世，对解决恶性疟疾对氯喹产生抗药性而急需替代药物的问题具有重大意义。

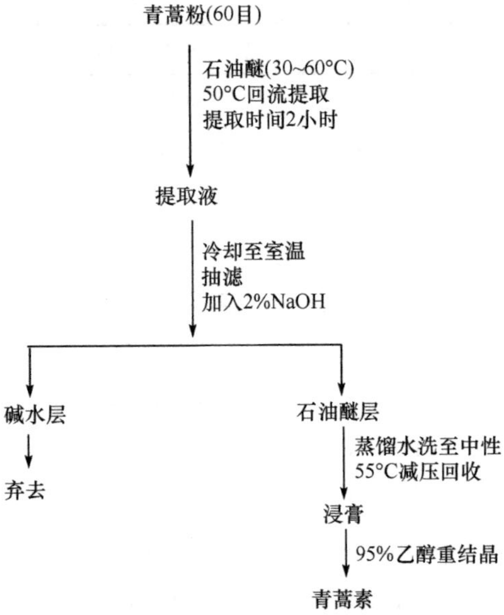

图 7-2　青蒿中青蒿素提取分离的流程图

构效关系研究表明，过氧基是青蒿素分子中的抗疟主要有效基团。通过结构修饰，得到了抗疟效价更高的水溶性青蒿琥酯钠及油溶性好的蒿甲醚。青蒿琥酯钠可供静脉注射以抢救血栓型恶性疟疾，蒿甲醚不仅是一种高效的抗疟药，还对急性上感高热有较好的退热作用，在 1986 ~ 1987 年，我国已先后批准青蒿素、青蒿素栓、蒿甲醚、蒿甲醚注射液、青蒿琥酯、注射用青蒿琥酯钠为一类中药，青蒿琥酯片为 1988 年批准的四类新药。

提取分离青蒿素的工艺流程如图 7-2 所示。

（二）穿心莲

穿心莲 *Andrographis paniculata* 是爵床科穿心莲属植物，又名榄核莲、一见喜，为一年生草本植物。其性寒味苦，具有清热解毒、凉血、消肿的功效，用于治疗急性菌痢、胃肠炎、感冒发热、扁桃体炎、咽喉炎、疮疖肿毒及外伤感染等，是很好的抗菌消炎药，已在临床广泛使用。

穿心莲中含有多种二萜内酯类化合物。目前已从穿心莲中分离出的二萜内酯类化合物主要有穿心莲内酯 [穿心莲乙素（andrographolide），1.5% 以上]、去氧穿心莲内酯 [穿心莲甲素（deoxyandrographolide），0.1% 以上]、新穿心莲内酯 [穿心莲丙素（neoandrographolide），0.2% 以上] 和脱水穿心莲内酯 [穿心莲丁素（dehydroandrographolide）] 等，均为二环二萜类化合物。

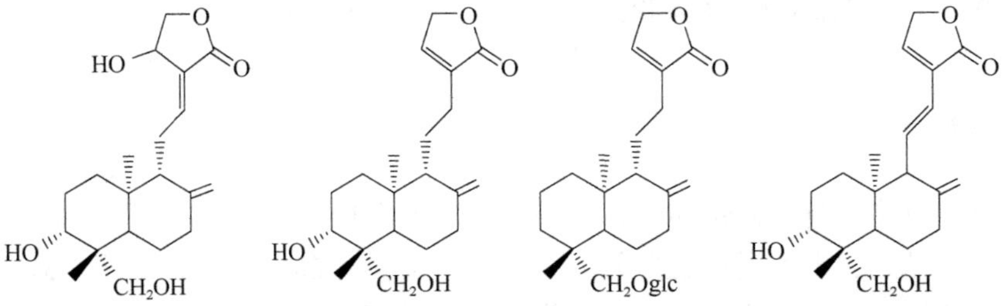

穿心莲内酯　去氧穿心莲内酯　新穿心莲内酯　脱水穿心莲内酯

穿心莲中主要成分的提取与分离流程如图 7-3 所示。

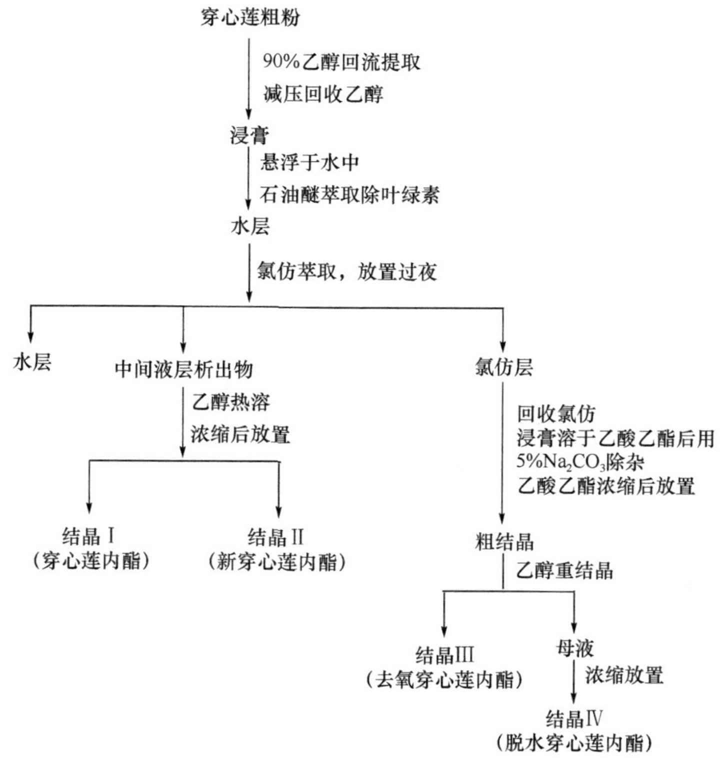

图 7-3　穿心莲主要成分的提取分离流程图

因穿心莲内酯难溶于水，不易制成注射剂，临床应用受到限制，故常将其与亚硫酸钠在酸性条件下制成穿心莲内酯磺酸钠，或与丁二酸酐在无水吡啶中作用制成丁二酸半酯的钾盐而成为水溶性化合物，用于配制较高浓度的注射剂。

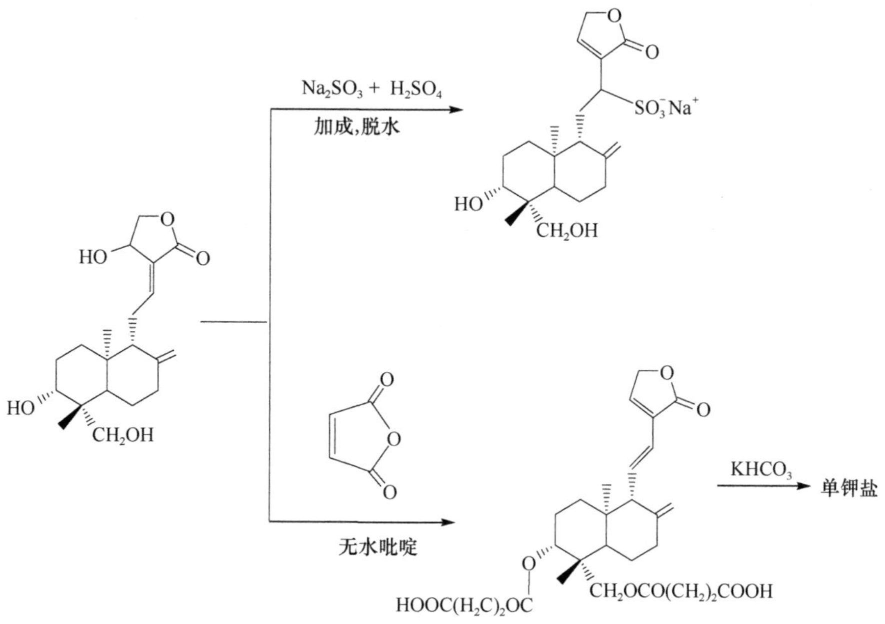

第二节 挥 发 油

一、概述

挥发油（volatile oil）俗称精油（essential oil），是植物体内一类具有挥发性、可随水蒸气蒸馏、与水不相混溶的油性成分的总称。挥发油大多有独特香味，具有杀菌、刺激、松弛等效应，能使人适度兴奋、减缓疲劳及产生松弛感等，日益受到食品、医药、化妆品等领域专家学者的关注。

挥发油在植物来源的中药中分布非常广泛，含挥发油的中草药非常多，亦多具芳香气，尤以唇形科（薄荷、紫苏、藿香等）、伞形科（茴香、当归、芫荽、白芷、川芎等）、菊科（艾叶、茵陈蒿、苍术、白术、木香等）、芸香科（橙、桔、花椒等）、樟科（樟、肉桂等）、姜科（生姜、姜黄、郁金等）等科更为丰富。

挥发油存在于植物的腺毛、油室、油管、分泌细胞或树脂道等各种组织和器官中，如薄荷油存在于薄荷叶的腺鳞中，桉叶油在桉叶的油腔中，茴香油在小茴香果实的油管中，玫瑰油在玫瑰花瓣表皮的分泌细胞中，姜油在生姜根茎的油细胞中，松节油在松树的树脂道中等。大多数成油滴存在，也有与树脂、黏液质共存者，还有少数以苷的形式存在，如冬绿苷。

挥发油在植物体存在的部位常随品种的不同而各异，有的全株植物中都含有，有的则集中于根或根茎、叶、花、果的某一器官。植物中含挥发油的量也常随品种不同，差异较大，一般在 1% 以下，也有少数含量高达 10% 以上，如丁香含挥发油达 14% 以上。同一品种植物因药用部位、生长环境或采收季节不同，挥发油的含量和品质（包括成分、香气等）均可能有显著的差别。全草类药材一般以开花前期或含苞待放时含油量最高，而根茎类药材则以秋天成熟后采集为宜。同一植物的不同部位，挥发油的含量也不相同，如薄荷和紫苏的叶、荆芥的全草、檀香的树干、桂树的皮、当归的根、茴香的果实、柠檬的果皮、丁香的花、白豆蔻的种子等部位的含油量都较高。采集提取挥发油的植物原料时，应注意上述因素对挥发油含量的影响。

挥发油多具有止咳、平喘、祛痰、消炎、祛风、健胃、解热、镇痛、解痉、杀虫、抗癌、利尿、降压和强心等作用。例如，莪术油具有抗癌活性；小茴香油、豆蔻油、木香油有祛风健胃功效；当归油、川芎油有活血镇静作用；芸香油、满山红油和从小叶枇杷中提得的挥发油都在止咳、平喘、祛痰、消炎等方面有显著疗效；檀香油、松节油有利尿降压作用；樟脑油有强心作用；桂皮油、藁本油有抑制真菌作用；土荆芥油具有驱蛔虫、钩虫等活性；柴胡挥发油有较好的退热效果；丁香油有局部麻醉止痛作用等。

二、挥发油的组成

挥发油作为混合物，化学成分比较复杂，一种挥发油常常由数十种甚至数百种化合物组成，如吴茱萸油已初步检出 30 余种化合物，保加利亚玫瑰油中已检出 27 种化合物。挥发油虽然组成复杂，但往往以一种或几种化合物占较大比例，为主成分，从而使不同的挥发油具有相对固定的理化性质及生物活性。组成挥发油的成分可分为如下四类。

1. 萜类化合物

萜类在挥发油的组成成分中所占比例最大，且主要是单萜、倍半萜及其含氧衍生物。含氧衍生物作为其中的主要成分多具有较强的生物活性和芳香嗅味，如薄荷油含薄荷醇 80% 左右，山苍子油含柠檬醛 80% 等。

2. 芳香族化合物

该类化合物在挥发油中多为小分子的芳香成分，所占比例次于萜类化合物。有些是苯丙素类衍生物，如桂皮醛（cinnamaldehyde）、丁香酚（eugenol）、茴香脑（anethole）、*α*- 细辛醚（*α*-asarone）和 *β*- 细辛醚（*β*-asarone）；有些是萜源化合物，如百里香酚（thymol）、*α*，*β*- 姜黄烯（*α*，*β*-curcumene）；还有一些具有 C_6-C_2 或 C_6-C_1 骨架的化合物，如花椒油素（xanthoxylin）、茴香醛（anisaldehyde）、牡丹酚（paeonol）等。

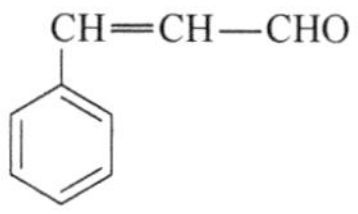

桂皮醛

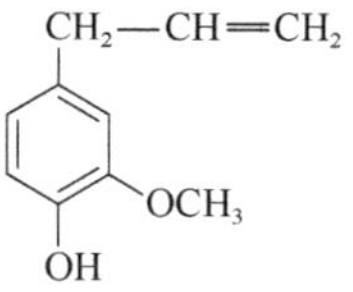

丁香酚

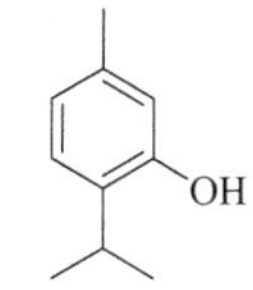

百里香酚

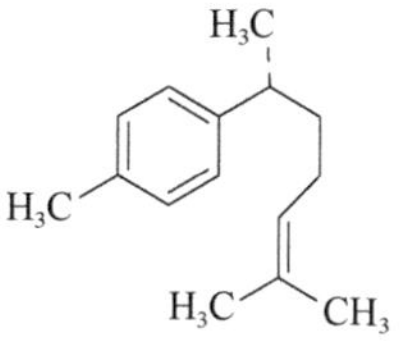

α-姜黄烯

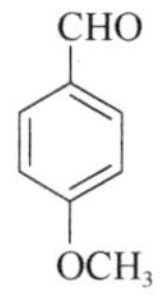

茴香醛

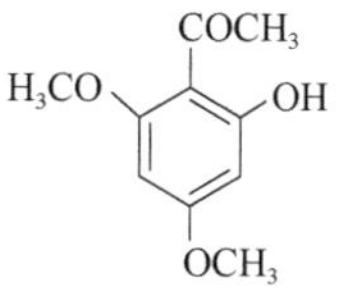

花椒油素

3. 脂肪族化合物

一些小分子的脂肪族化合物在挥发油中也广泛存在，但含量和作用一般不如萜类和芳香族化合物。例如，陈皮中的正壬醇（n-nonyl alcohol），鱼腥草挥发油中的癸酰乙醛（decanoylacetaldehyde）即鱼腥草素及人参挥发油中的人参炔醇（paxynol）等都属挥发油中的脂肪族化合物。

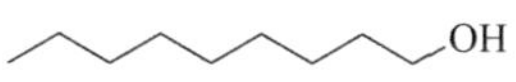

正壬醇

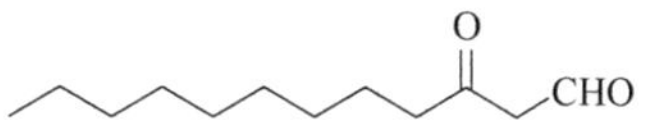

癸酰乙醛

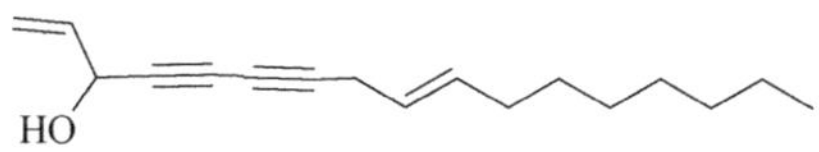

人参炔醇

4. 其他类化合物

除以上三类化合物外，有些中药中的苷类成分，经酶解所得的苷元同样具有挥发油的特性。例如，黑芥子油是芥子苷经芥子酶水解后产生的异硫氰酸烯丙酯；原白头翁素是毛茛苷水解后产生的化合物；大蒜油则是大蒜中大蒜氨酸经酶水解后产生含大蒜辣素等的挥发性油状物。

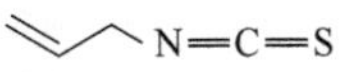

异硫氰酸烯丙酯

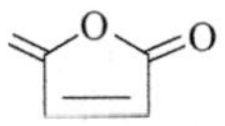

原白头翁素

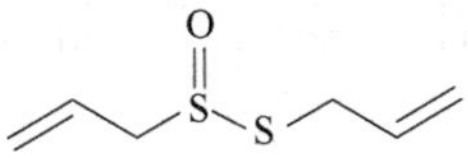

大蒜辣素

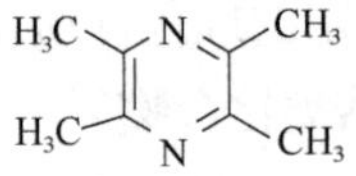

川芎嗪

此外，如川芎中的川芎嗪（tetramethylpyrazine）及麻黄中的（伪）麻黄碱等也有挥发性，但这些成分往往不被称为挥发油类成分，而是将其归类于生物碱。

三、挥发油的理化性质

1. 性状

常温下挥发油大多为无色或淡黄色的透明液体，冷却条件下挥发油主要成分常可析出结晶，称“析脑”，这种析出物习称为“脑”，如薄荷脑、樟脑等。挥发油多具浓烈的特异性嗅味（其嗅味常是其品质优劣的重要标志），有辛辣灼烧感。少数挥发油具有其他颜色如薁类多显蓝色，佛手油显绿色，桂皮油显红棕色。

2. 挥发性

挥发油常温下可自然挥发，如将挥发油涂在纸片上，较长时间放置后，挥发油因挥发而不留油迹，脂肪油则留下永久性油迹，借此可区别两者。

3. 溶解性

挥发油易溶于各种有机溶剂，如石油醚、乙醚、氯仿、油脂等亲脂性溶剂，而不溶于水。同时在高浓度的乙醇中能全部溶解，而在低浓度乙醇中只能部分溶解。

4. 物理常数

挥发油的相对密度通常比水小，也有的比水大（如丁香油、桂皮油等），相对密度一般为 0.850 ~ 1.065。挥发油的沸点一般为 70 ~ 300℃。含有萜类的挥发油几乎均有光学活性，比旋度在 +97° ~ 117° 范围内。多具有强的折光性，折光率为 1.43 ~ 1.61。

5. 化学性质

挥发油组成成分常含有双键、醇羟基、醛、酮、酸性基团、内酯等结构，故相应地能与溴及亚硫酸氢钠发生加成反应、与肼类产生缩合反应，并有银镜反应、异羟肟酸铁反应、皂化反应及遇碱成盐反应等。

另外，挥发油长时间与空气、光线接触会逐渐氧化变质，使挥发油的相对密度增加，颜色变深，失去原有香味，形成树脂样聚合物而不能随水蒸气蒸馏。因此，挥发油要装入棕色瓶内密塞并低温保存。

四、挥发油的提取与分离

（一）挥发油的提取

1. 蒸馏法

该法是提取挥发油最常用的经典方法，一般将中药适当切碎后，加水浸泡，然后用共水蒸馏、隔水蒸馏或水蒸气蒸馏法提取。前两种方法虽简单，但提取过程中受热温度较高，易引起药材焦化及某些成分的变化；后一种方法提取挥发油，温度相对较低，但设备较前两种方法略复杂。馏出液若油水不分层，可采用盐析法促使挥发油自水中析出，或将初次蒸馏液重新蒸馏，再盐析后用低沸点有机溶剂如乙醚、石油醚萃取挥发油。

蒸馏法虽具有设备简单、容易操作、成本低、得油率高等优点，但总体来说，挥发油与水接触时间较长，温度较高，其中某些对热不稳定的成分容易产生分解或聚合而影响挥发油的品质，因此对热不稳定的挥发油不能用此法提取。

2. 溶剂提取法

溶剂提取法指含挥发油的药材用低沸点有机溶剂连续回流提取或冷浸，常用的有机溶剂有戊烷、石油醚（30 ~ 60℃）、二硫化碳、四氯化碳等。提取液经蒸馏或减压蒸馏除去溶剂，即可得到粗制挥发油。此法得到的挥发油含杂质较多，如树脂、油脂、蜡、叶绿素等，故必须进一步精制纯化。一般是将挥发油粗品加适量的浓乙醇溶解，放置冷冻（一般在 -20℃左右），滤除析出物后，再蒸馏除去乙醇，便可获得较纯的挥发油。

3. 吸收法

油脂类与挥发油相似相溶，往往利用此性质提取贵重的挥发油，如玫瑰油、茉莉花油常采用吸收法进行。通常用无臭味的猪油 3 份与牛油 2 份的混合物，均匀地涂在面积为 50cm × 100cm 的玻璃板两面，然后将此玻璃板嵌入高 5 ~ 10cm 的木制框架中，在玻璃板上面铺放金属网，网上放一层新鲜花瓣，这样一个个的木框玻璃板重叠起来，花瓣被包围在两层脂肪的中间，挥发油逐渐被油脂所吸收，待脂肪充分吸收芳香成分后，刮下脂肪，即为“香脂”，谓之冷吸收法。或者将花等原料浸泡于油脂中，于 50 ~ 60℃条件下低温加热，让芳香成分溶于油脂中，此则为温浸吸收法。吸收挥发油后的油脂可直接供香料工业用，也可加入无水乙醇共同搅拌，醇溶液减压蒸去乙醇即得精油。

4. 压榨法

此法适用于含挥发油较多的新鲜原料，如鲜橘、柑、柠檬的果皮等，一般药材经撕裂粉碎压榨（最好是在冷却条件下），将挥发油从植物组织中挤压出来，然后静置分层或用离心机分出油，即得粗品。此品可能含有水分、叶绿素、黏液质及细胞组织等杂质而呈浑浊状态，同时挥发油的损失也较多，但压榨法所得的挥发油可保持植物本身原有的新鲜香味。

5. 二氧化碳超临界流体提取法（SFE-CO_2）

二氧化碳超临界流体应用于挥发油提取，具有萃取率高、防氧化热解及没有溶剂残留等突出优点。例如，紫苏中特有香味成分紫苏醛、紫丁香花的独特香味成分，均不稳定易受热分解，用水蒸气蒸馏法提取时受到破坏，香味大减，采用二氧化碳超临界流体提取所得的芳香挥发油气味和原料相同，明显优于其他方法。在橘皮油、柠檬油、桂花油、香兰素的提取上，应用此法提取均获得较好效果。

（二）挥发油的分离

用前述方法从植物中提取出来的挥发油往往为混合物，需经分离精制后，方可获得单体化合物，常用分离方法如下。

1. 冷冻析晶法

将挥发油放置于 0℃以下可析出结晶，若无结晶析出可将温度降至 -20℃，继续放置至结晶析出，再经重结晶可得单体结晶。例如，薄荷油冷至 -10℃，经 12 小时析出第一批粗脑，油再在-20℃冷冻24小时可析出第二批粗脑，粗脑加热熔融，在0℃冷冻即可得较纯薄荷脑。本法操作简单，但对某些挥发性单体分离不够完全，而且大部分挥发油冷冻后仍不能析出结晶。

2. 分馏法

挥发油的组成化合物由于种类不同，沸点也有差别，如萜类成分的碳原子一般相差5个，还有双键的数目、位置和含氧官能团的不同，它们的沸点有一定的差距，但是有一定的规律性，在单萜中沸点随着双键数目的增多而升高，即三烯＞二烯＞单烯。含氧单萜的沸点随着官能团的极性增大而升高，即醚＜酮＜醛＜醇＜酸，且酯比对应的醇沸点高（表7-3）。

表7-3　萜类的沸程

萜类	常压沸程（℃）	萜类	常压沸程（℃）
半萜类	~ 130	单萜烯烃无环三个双键	180 ~ 200
单萜烯烃双环一个双键	150 ~ 170	含氧单萜	200 ~ 230
单萜烯烃单环两个双键	170 ~ 180	倍半萜及其含氧衍生物	230 ~ 300

挥发油中的某些成分在接近其沸点温度时，往往被破坏，故通常都采用减压分馏。一般在35 ~ 70℃ /1333.22Pa被蒸馏出来的是单萜烯类化合物；在70 ~ 100℃ / 1333.22Pa被蒸馏出来的是单萜含氧化合物；而在80 ~ 110℃ /1333.22Pa被蒸馏出来的则是倍半萜烯及含氧化合物，有时倍半萜含氧物沸点很高。实际上所得的各馏分中的组成成分常呈交叉情况，因此经过分馏所得的每一馏分仍可能是混合物，所以需再进一步精馏或结合冷冻、重结晶、色谱等方法，可得到单一成分。

3. 化学分离法

（1）碱性成分的分离：分离挥发油中的碱性成分时，可将挥发油溶于乙醚，加1%硫酸或盐酸萃取，分取的酸水层碱化，用乙醚萃取，蒸去乙醚即可得到碱性成分。

（2）酸性成分的分离：先用5%的碳酸氢钠溶液直接进行萃取，分出碱水层后加稀酸酸化，乙醚萃取，蒸去乙醚可得羧酸性成分。提取酸性成分后的挥发油再用2%氢氧化钠萃取，分取碱水层，酸化，乙醚萃取，蒸去乙醚可得酚类或其他弱酸性成分。

（3）醇类成分的分离：将挥发油与丙二酸单酰氯或邻苯二甲酸酐或丙二酸反应生成酸性单酯，将生成物转溶于碳酸氢钠溶液中，用乙醚洗去未反应的挥发油，再将碱液酸化，用乙醚萃取所生成的单酯，蒸去乙醚，残留物经皂化，分解得原有的醇类成分。伯醇容易形成酯，仲醇反应较慢，而叔醇则较难作用。

（4）醛、酮成分的分离：除去酚、酸类成分的挥发油母液，经水洗至中性，以无水硫酸钠干燥后，加亚硫酸氢钠饱和液振摇，分出水层或加成物结晶，加酸或碱液处理，使加成物分解，以乙醚萃取，可得醛或酮类化合物。也可将挥发油与吉拉德试剂T或P回流1小时，

使其生成水溶性的缩合物，用乙醚除去不具羰基的组分，再加酸处理，便可获得羰基化合物。

（5）其他成分的分离：萜醚成分在挥发油中不常见，可利用醚类与浓酸形成锌盐易于结晶的性质从挥发油中分离出来，如桉叶油中的桉油精属于萜醚成分，它与浓磷酸可形成白色的磷酸盐结晶。或利用溴、氯化氢、溴化氢、亚硝酰氯等试剂与萜类的双键加成，这种加成产物常为结晶状态，可借以分离和纯化。

挥发油的系统分离流程如图 7-4 所示。

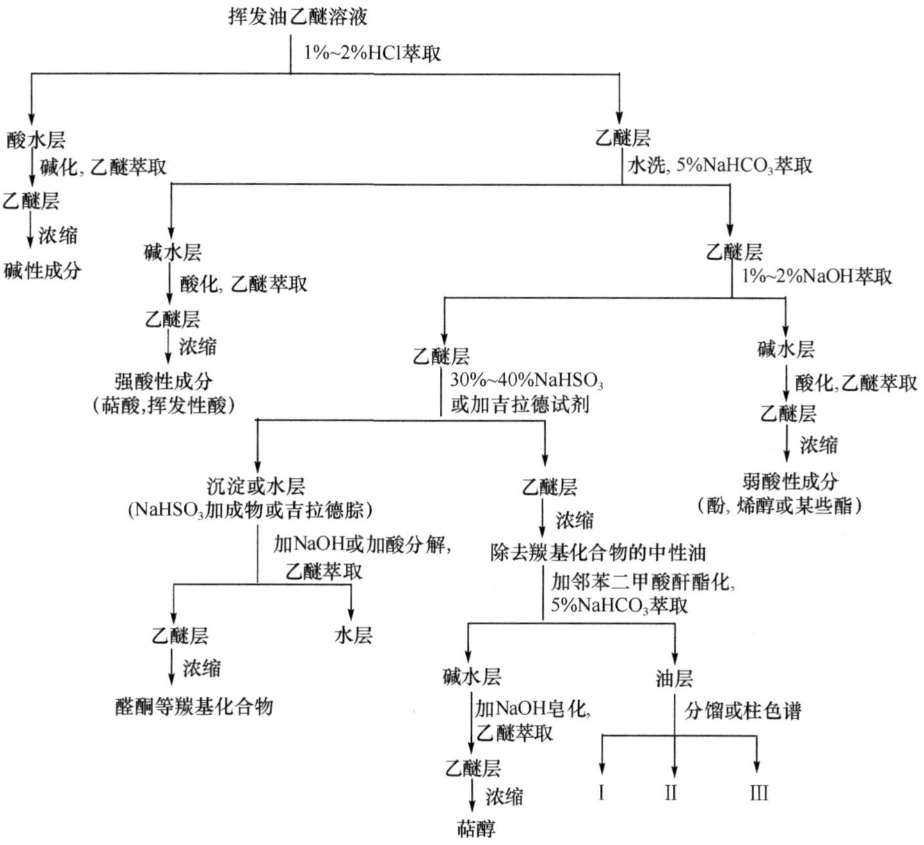

图 7-4　挥发油系统分离流程图

4. 色谱分离法

挥发油经前述方法分离，多数难以得到单体化合物，故需将分馏法或化学法与色谱法相结合才能获得较好的分离效果。其中应用最广泛的极性吸附柱色谱以硅胶和氧化铝为主，洗脱剂多由石油醚或己烷混以不同比例的乙酸乙酯组成，将粗分处理后的挥发油，以石油醚或己烷等溶剂溶解后上柱，一般即可分离得到单体化合物。例如，香叶醇和柠檬烯常常共存于许多植物的挥发油中，通过上述的硅胶柱色谱，极性小的柠檬烯先被石油醚洗脱下来，再在石油醚中加入少量乙醇洗脱，极性较大的香叶醇才被洗脱下来。

对采用上述色谱条件难以分离的挥发油成分，可用硝酸银 - 硅胶或硝酸银 - 氧化铝柱色谱及薄层色谱分离，一般硝酸银的加入量为硅胶的 2% ~ 25%。这是因为挥发油成分中双键的数目和位置不同，与银离子形成 π- 络合物的难易程度和稳定性不同，一般有如下规律：①双键越多，吸附力越强，即三烯 > 双烯 > 单烯 > 饱和烃；②顺式较反式吸附力强；③相同数目的双键，末端的吸附力强。

例如，细辛挥发油，通过20% 硝酸银处理的硅胶柱，用苯 - 乙醚（5 ∶ 1）洗脱，α- 细辛醚（α–asarone）首先被洗脱，其次是β- 细辛醚（β–asarone），欧细辛醚（eduasarone）最后被洗脱下来。

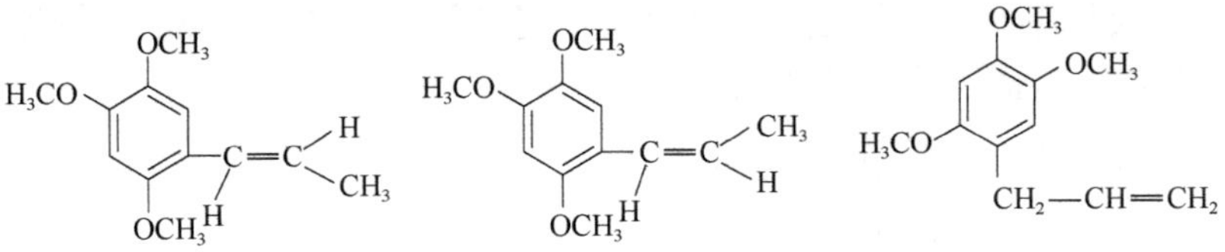

α-细辛醚　　β-细辛醚　　欧细辛醚

对于特别难分离的挥发油成分可制备薄层色谱进行分离，其展开方式可用连续两次展层及不同展开剂单向两次展层，以获得较好的分离效果。气相色谱是研究挥发油组成成分非常有效的方法，近年来，应用制备型气 - 液色谱，成功地将挥发油中许多成分分开并加以鉴定。

五、挥发油的检识

（一）理化检识

1. 物理常数的测定

相对密度、比旋度及折光率等是鉴定挥发油常测的物理常数。

2. 化学常数的测定

酸值、皂化值、酯值是不同来源挥发油所具有的重要化学常数，也是衡量其质量的重要指标。

（1）酸值：是代表挥发油中游离羧酸和酚类成分含量的指标。以中和 1g 挥发油中游离酸性成分所消耗氢氧化钾的毫克数表示。

（2）酯值：是代表挥发油中酯类成分含量的指标。用水解 1g 挥发油中所含酯所需要的氢氧化钾毫克数表示。

（3）皂化值：是代表挥发油中所含游离羧酸、酚类成分和结合态酯总量的指标，以中和并皂化 1g 挥发油含有的游离酸性成分与酯类所需氢氧化钾的毫克数表示。实际上皂化值是酸值与酯值之和。

（4）酸碱性：测定挥发油的 pH，如呈酸性表示挥发油中含有游离酸或酚类化合物，如呈碱性，则表示挥发油中含有碱性化合物，如挥发性碱类等。

3. 官能团的鉴定

（1）酚类化合物：将挥发油少许溶于乙醇中，加入三氯化铁的乙醇溶液，如产生蓝、蓝紫或绿色，表示挥发油中有酚类成分存在。

（2）羰基化合物：用硝酸银的氨溶液检查挥发油，如发生银镜反应，表示有醛类等还原性成分存在，挥发油的乙醇溶液加入 2，4- 二硝基苯肼、氨基脲、羟胺等试剂，如产生结晶衍生物沉淀，表明有羰基类化合物存在。

（3）不饱和化合物和薁类衍生物：于挥发油的氯仿溶液中滴加溴的氯仿溶液，如红色褪去表示油中含有不饱和化合物，继续滴加溴的氯仿溶液，如产生蓝色、紫色或绿色，则表明油中含有薁类化合物。此外，在挥发油的无水甲醇溶液中加入浓硫酸时，如有薁类衍生物应产生蓝色或紫色。

（二）色谱检识

薄层色谱鉴定挥发油成分是建立在分离的基础上的，显色干扰较少，有利于分析判断结果，故应用较为普遍。

1. 吸附剂和展开剂

常用硅胶或中性氧化铝作吸附剂。以石油醚或正己烷做展开剂，可使不含氧的烃类成分展开，而含氧化合物一般留在原点；以石油醚 - 乙酸乙酯（85 ∶ 15）为展开剂，则不含氧的烃类成分到达前沿，而含氧化合物可较好的展开。实际操作中两种展开剂的薄层色谱都要做。

2. 显色剂

常用显色剂及可显示的目标成分如下所示。

（1）1% 香草醛浓硫酸溶液：与挥发油可产生多种颜色反应。

（2）2% 高锰酸钾水溶液：在粉色的背景上产生黄色斑点时表明含有不饱和的化合物。

（3）2，4- 二硝基苯肼试剂：喷试剂后如产生黄色斑点表明含有醛或酮类化合物。

（4）0.05% 荧光素水溶液：喷后用溴蒸气薰，在紫外灯下观察，如产生蓝或红色荧光斑点表明含有乙烯基化合物。

（5）0.3% 邻联二茴香胺的冰醋酸溶液：产生黄色斑点表明含有醛的化合物。

（6）重氮化试剂：喷试剂后如产生黄色斑点表明含有酚类或内酯类化合物。

（7）异羟肟酸铁试剂：喷此试剂后产生淡红色斑点表明含有内酯类化合物。

（8）0.05% 溴酚蓝乙醇溶液：喷此试剂后如产生黄色斑点表明含有机酸类化合物。

（9）硝酸铈铵试剂：在黄色的背景上显棕色斑点表明含有醇类化合物。

（10）对二甲氨基苯甲醛试剂：薁类化合物在室温显深蓝色，薁前体（proazulene）在 80℃烘 105 分钟才显色。

（11）碘化钾 - 冰醋酸 - 淀粉试剂：斑点显蓝色表示含有过氧化物。

3. 气相色谱法

气相色谱法现已广泛用于挥发油的定性定量分析。用于定性分析主要解决挥发油中已知成分的鉴定，即利用已知成分的对照品与挥发油在同一色谱条件下，进行相对保留值对照测定，以初步确定挥发油中的相应成分。

4. 气相色谱 - 质谱（GC-MS）联用法

对于挥发油中许多未知成分，同时又无对照品作对照时，则应选用气相色谱 - 质谱联用技术进行分析鉴定，可大大提高挥发油分析鉴定的速度和研究水平。分析时，首先将样品注入气相色谱仪内，经分离后得到的各个组分依次进入质谱仪。质谱仪对每个组分进行检测和结构分析，得到每个组分的质谱，通过计算机与数据库的标准谱对照，可给出该化合物的可能结构，同时也可参考有关文献数据加以确认。

六、含挥发油的中药实例

（一）薄荷

薄荷为唇形科植物薄荷 *Mentha haplocalyx* Briq. 的干燥地上部分，性凉味辛，具疏散风热、清利头目、利咽透疹、疏肝行气的功效。2015 版《中国药典》规定本品含挥发油不得少于 0.80%（ml/g）。薄荷素油为薄荷的新鲜茎和叶经水蒸气蒸馏、冷冻、部分脱脑加工提取的挥发油，和薄荷挥发油的脑（薄荷醇）均为芳香药、调味品及祛风药，并广泛用于日用化工和食品工业。

薄荷挥发油中主要成分是单萜类及其含氧衍生物，如薄荷醇（menthol）、薄荷酮（menthone）、新薄荷醇（neomenthol）、乙酸薄荷酯（menthyl acetate）、胡椒酮（piperitone）、芳樟醇（linalool）、乙酸芳樟酯（linalyl acetate）、桉树素（1，8-cineole）、香芹酮（carvone）、柠檬烯（limonene）和辛醇 -3（octanol-3）。其中含量最高的是薄荷醇，含量一般超过 50%，最高可达 85%。另外还有几十种非萜类芳香族、脂肪族化合物。

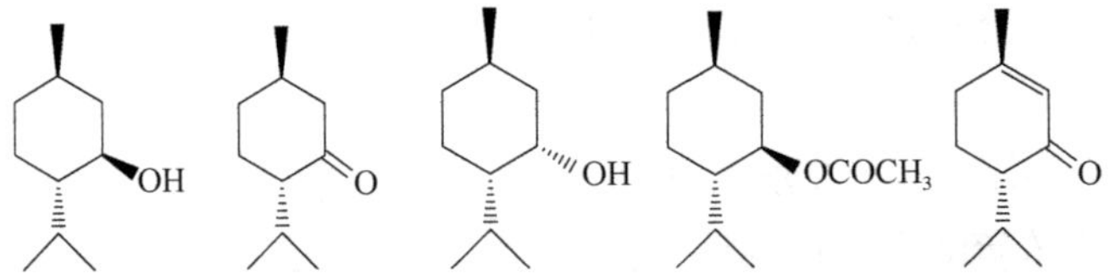

薄荷醇　薄荷酮　新薄荷醇　乙酸薄荷醇酯　胡椒酮

薄荷油的质量优劣主要依据其中薄荷醇含量的高低而定，薄荷醇为无色针状或棱柱状结晶，或白色结晶状粉末，mp 42 ~ 44℃，$[\alpha]_D^{25}$ −49° ~ −50°，微溶于水，易溶于乙醇、氯仿、乙醚和液体石蜡等。2015 版《中国药典》以薄荷脑为指标成分对薄荷药材进行定性鉴别，同时规定薄荷素油指纹图谱采用薄荷脑、（−）-薄荷酮和桉油精作为参照物，供试品指纹图谱与对照指纹图谱的相似度不得低于 0.90；以薄荷脑作为指标成分采用气相色谱法进行含量测定，薄荷素油含薄荷醇应为 28.0% ~ 40.0%

薄荷中薄荷醇的分离精制，多采用冷冻分离法，其流程如图 7-5 所示。

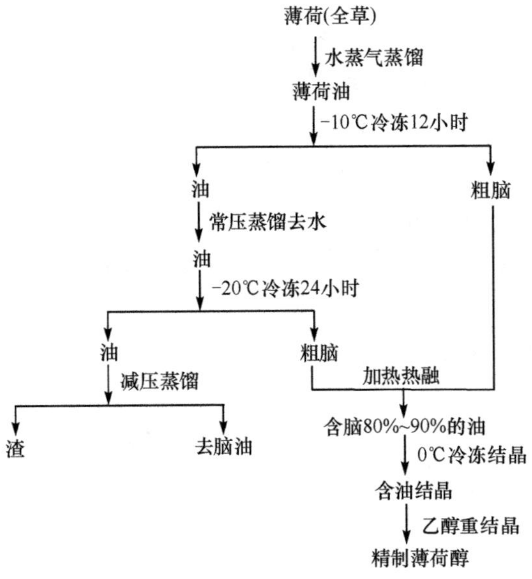

图 7-5　薄荷醇的分离精制流程

（二）莪术

莪术是姜科植物蓬莪术 *Curcuma phaeocaulis* Val.、广西莪术 *C. kwangsinensis* S.G.Lee et C. F. Liang 和温郁金 *C. wenyujin* Y. H. Chen et C. Ling 的干燥根茎，后者习称“温莪术”，性温，味苦辛，具有行气破血、消积止痛之功效，产于广西、四川、浙江、江西、广东、云南等省。

现代药理研究表明，莪术挥发油具有一定的抗菌、抗肿瘤、抗腹泻、抗早孕等药理活性。“莪术油注射液”和“莪术油乳注射液”为抗癌药，“莪术油葡萄糖注射液”用于小儿病毒性肺炎。2015 版《中国药典》规定本品含挥发油不得少于 1.5%（ml/g）。

莪术挥发油中含有多种单萜、倍半萜类化合物。其中含量较高的有莪术醇（姜黄环氧薁醇，curcumol）和莪术烯酮（蓬莪术烯酮，curzerenone）。此外，还有莪术烯（蓬莪术烯，curzerene）、去氢莪术二酮（去氢姜黄二酮，dehydrocurdione）、呋喃二烯酮（蓬莪术环二烯酮，furanodienone）、莪术二酮（姜黄二酮，curdione）、*β*- 榄香烯（*β*-elemene）、丁香烯（caryophyllene）、*α*- 蒎烯（*α*-pinene）、*β*- 蒎烯（*β*-pinene）、樟脑（camphor）、龙脑（borneol）等成分。

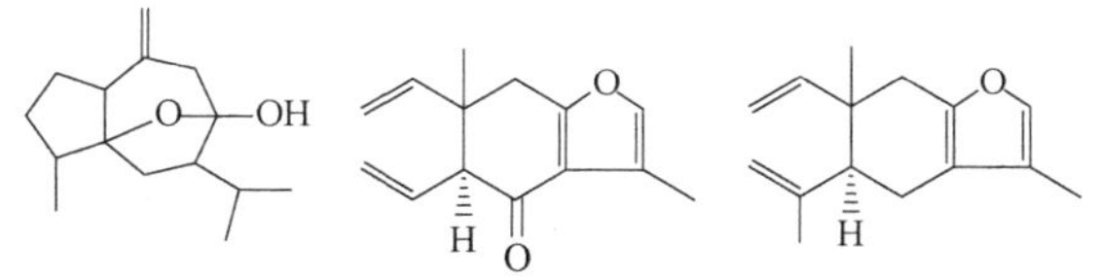

莪术醇　　莪术烯酮　　莪术烯

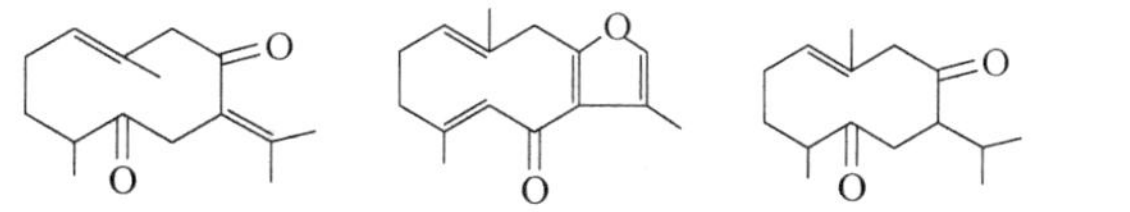

去氢莪术二酮　　呋喃二烯酮　　莪术二酮

莪术挥发油呈淡棕色，气味特异，味微苦而辛，难溶于水，能与石油醚、甲醇、乙醇、丙酮、乙酸乙酯及氯仿等任意混溶。相对密度为 0.60 ～ 0.99，折光率为 1.50 ～ 1.51。

莪术醇分子式 $C_{15}H_{24}O_2$，mp 143 ～ 144℃，$[\alpha]_D^{25}$ −40.5（乙醇），无色针状结晶，易溶于乙醚、氯仿，可溶于乙醇，微溶于石油醚，几乎不溶于水。

以温莪术为例，提取分离其挥发油中莪术醇及莪术二酮的工艺流程如图 7-6 所示。

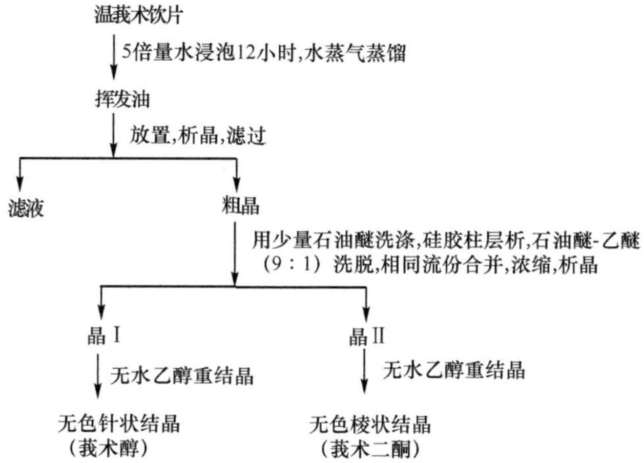

图 7-6　莪术有效成分的提取分离流程

本章参考资料请扫码

第八章　三萜类化合物

第一节　概　述

三萜类（triterpenes）化合物是由甲戊二羟酸衍生而成的，基本碳架具有 6 个类异戊二烯结构单元的化合物。

作为一类重要的中药化学成分，三萜类化合物广泛存在于自然界，菌类、蕨类、单子叶植物、双子叶植物、动物及海洋生物中，尤其以双子叶植物分布最多。一些常见的中药如人参、三七、甘草、桔梗、柴胡、茯苓、黄芪等中均含有三萜类成分。

三萜类化合物在生物体内以游离形式或以与糖结合形成苷或成酯的形式存在。其苷类化合物因水溶液振摇后能产生大量持久性肥皂样且不因加热而消失的泡沫，被称为三萜皂苷。多数三萜皂苷具有羧基，所以又被称为酸性皂苷。

三萜类化合物在生源上可看作由鲨烯（squalene）通过不同方式环合而成，而鲨烯则是由金合欢醇（farnesol）的焦磷酸酯尾 - 尾缩合而成，从而也说明了三萜与其他萜类化合物的生源关系。自然界中少数三萜类化合物分子中的碳原子多于或少于 30 个，如齿孔酸（eburicoic acid，$C_{31}H_{50}O_3$）和五味子茎叶中分离得到的 schicagenins A ～ C 等虽只含 29 个碳原子，但从生源途径探索，明确将它们划入三萜类化合物的范畴。

三萜皂苷由三萜皂苷元（triterpene sapogenins）和糖组成。三萜皂苷元多是四环三萜和五环三萜。组成三萜皂苷的糖种类多样，常见有 D- 葡萄糖、D- 半乳糖、L- 阿拉伯糖、L- 鼠李糖、D- 葡萄糖醛酸和 D- 半乳糖醛酸，另外还有夫糖、鸡纳糖、甘露糖、果糖、氨基糖、乙酰氨基糖等。根据糖的数目不同，将皂苷分为单糖皂苷、双糖皂苷、三糖皂苷等；根据皂苷分子中形成的糖链数目不同，也可将皂苷分为单糖链皂苷、双糖链皂苷、三糖链皂苷等；根据苷元成苷官能团的不同，可将皂苷分为醇苷和酯苷，前者是皂苷的主要存在形式，后者往往也称为酯皂苷；若原生皂苷在酸、碱或酶的作用下，仅是部分糖被降解，所生成的苷称为次皂苷（次生皂苷）。

三萜类化合物因具有抗肿瘤、抗病毒、降血糖等广泛的生理活性，成为中药化学研究的热点。近年来，随着色谱等现代分离手段的应用，其研究有了突破性进展，越来越多的新化合物被分离和鉴定。

第二节　三萜类化合物的结构与分类

三萜类化合物可视为由 6 分子类异戊二烯聚合而成。根据化合物是否成环以及成环的数目，可分为链状三萜、单环三萜、双环三萜、三环三萜、四环三萜和五环三萜等，其中四环三萜和五环三萜在自然界分布较多，且多数以与糖形成皂苷的形式存在。

一、无环三萜

无环三萜，也称为链状三萜，多见于海洋生物中，如截尾海兔 *Dolabella auricularia* Lightfoot 中发现的氧化角鲨烯类化合物 aulilol 和从红藻中分离出的具有细胞毒活性的多醚鲨烯类化合物。鲨烯（或称角鲨烯）是无环三萜中代表的化合物，主要存在鲨鱼肝油和其他鱼类肝油中的非皂化部分，也存在于一些植物油（如茶籽油、橄榄油等）的非皂化部分。

鲨烯在鲨烯环氧酶作用下，生成 2，3- 环氧鲨烯，进而在环化酶作用下，转变成三环、四环和五环三萜化合物，因此 2，3- 环氧鲨烯是其他三萜化合物的生源中间体。

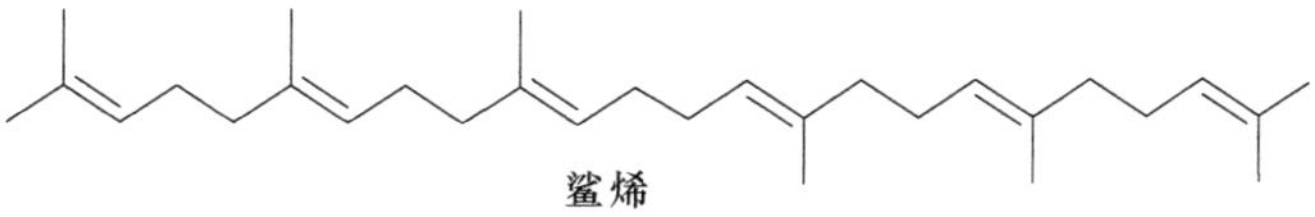

鲨烯

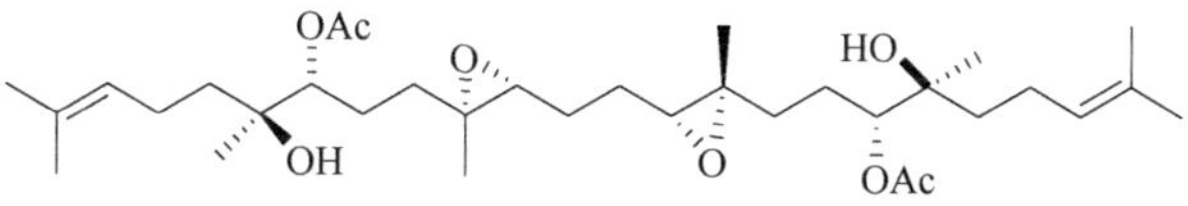

Aulilol

二、单环三萜

对单环三萜类化合物的研究报道很少。第一个单环三萜化合物 achilleol A，是从菊科蓍属植物高山蓍草 *Achillea odorata* L. 中分离得到的。后又从山茶科茶梅 *Camellia sasanqua* Thunb. 中分离得到该种类型的化合物 camelliol C。另外，从柴胡属植物中分离到 achilleol A 的酯。

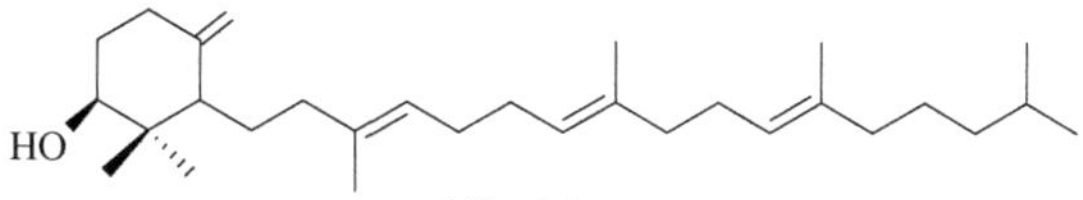

achilleol A

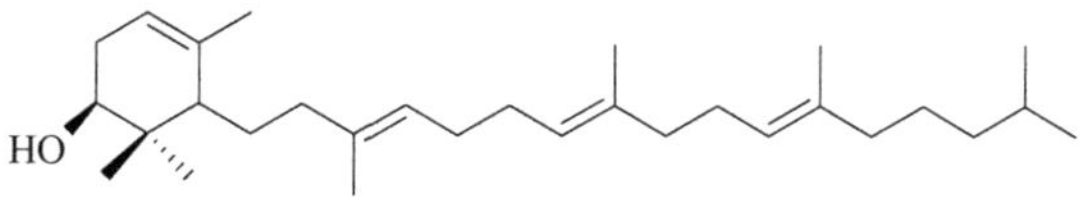

camelliol C

三、双环三萜

从海洋生物海绵 *Lipastrotethya sp.* 和 *Asteropus sp.* 中分离到多种的双环三萜类化合物 pouosides 和 pouogenins，其中 pouoside A 具有细胞毒作用；从蕨类植物伏石蕨（原变种）*Lemmaphyllum microphyllum* C. Presl. var. microphyllum 和卵鳞耳蕨 *Polystichum ovatopaleaceum*（kodama）kurata 的新鲜叶中分离到 α-polypodatetraene 和 γ-polypodatetraene；陆生植物如楝科植物龙贡 *Lansium domesticum* Correa 中分离到 lansic acid，这些化合物也都属于双环三萜类。

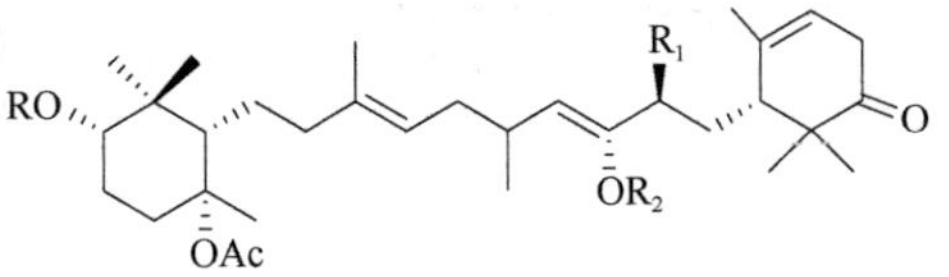

	R	R_1	R_2
pouoside A	X	OAc	Ac
pouoside B	Y	OAc	H
pouoside C	X	H	Ac
pouoside D	Y	OAc	Ac
pouoside E	Z	OAc	Ac
pouoside F	X	OAc	H
pouogenin A	H	H	H
pouogenin B	H	OAc	Ac
pouogenin C	H	OAc	H

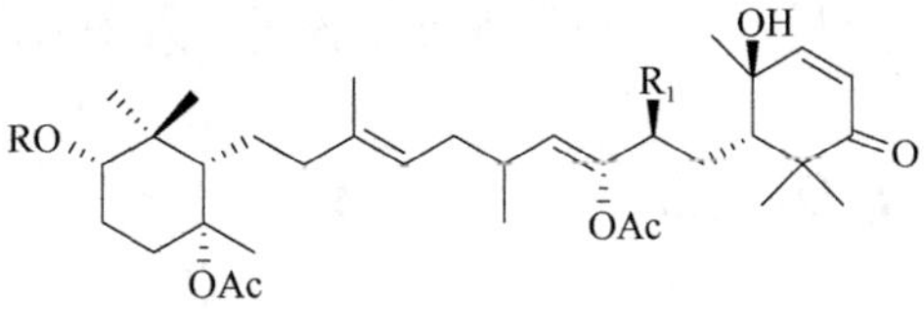

	R	R_1
pouoside G	X	OAc
pouoside H	X	=O
pouogenin D	H	OAc
pouogenin E	H	=O

X = 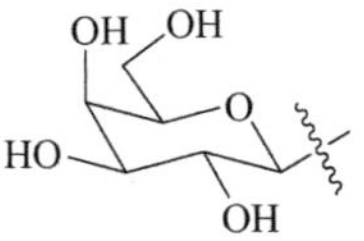 gal

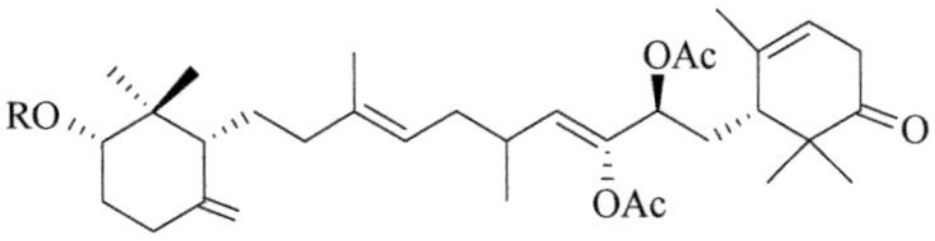

	R
pouoside I	X

Y = 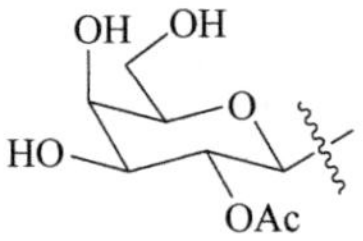

Z = 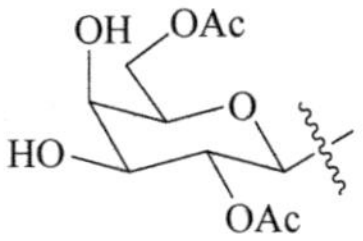

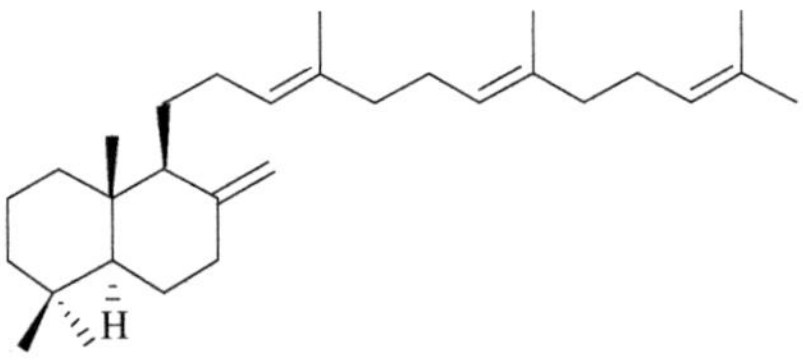

α-polypodatetraene

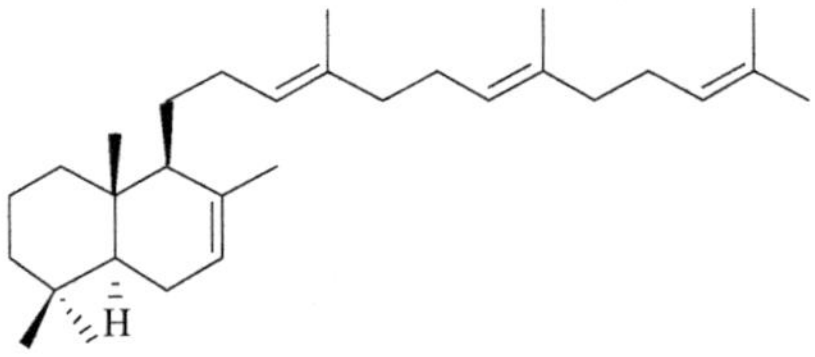

γ-polypodatetraene

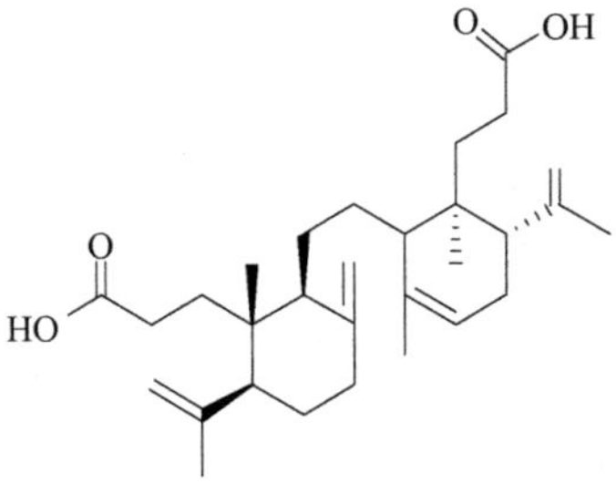

lansic acid

四、三环三萜

报道的三环三萜类化合物从生源上都与双环三萜类化合物有关，如五味子科黑老虎 *Kadsura coccinea* 的茎叶中分离的 13*β*H-malabaricatriene 和 13*α*H-malabaricatriene，在生源上可以看成是由 *α*-polypodatetraene 和 *γ*-polypodatetraene 环合而成。另外，从该植物茎中分离得到的 kadcotriones B 显示微弱的抗 HIV-1 病毒的活性。

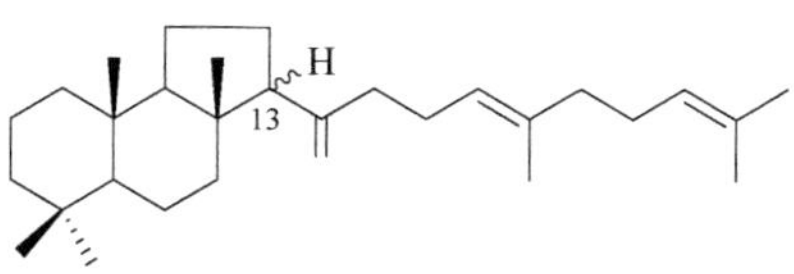

malabaricatriene 1 C_{13}- βH
malabaricatriene 2 C_{13}- αH

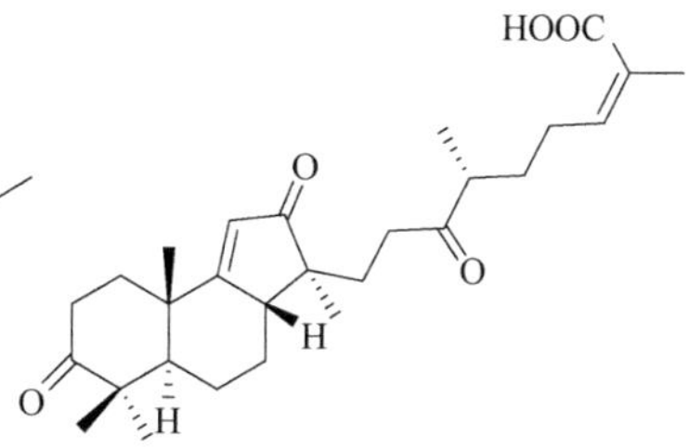

kadcotriones B

五、四环三萜

四环三萜类化合物（tetracyclic triterpenoids）在自然界分布较广，一般以游离型或以与糖结合形成皂苷的形式存在生物体内，许多高等植物和低等菌类、藻类植物及某些动物中都可能含有此类成分。分子结构中多具有环戊烷骈多氢菲的基本母核，17 位上连接由 8 个碳原子组成的侧链，母核上一般有 5 个甲基。根据母核上取代基位置和构型不同，四环三萜主要分为羊毛脂甾烷（lanostane）型、大戟烷型（euphane）、达玛烷（dammarance）型、葫芦烷（cucurbitane）型、环菠萝蜜烷（cycloartance）型、原萜烷（protostane）型及楝烷（meliacane）型等（表 8-1）。

表 8-1　不同类型四环三萜类化合物的结构特征

类型	CH_3 取代	C_{17} 侧链取代	C_{20} 构型	代表化合物
羊毛脂甾烷	10*β*，13*β*，14*α*	*β* 型，8 个碳	*R*	茯苓酸
大戟烷	10*β*，13*α*，14*β*	*α* 型，8 个碳	*S*	大戟醇
达玛烷	10*β*，8*β*，14*α*	*β* 型，8 个碳	*S*，*R*	人参皂苷
环菠萝蜜烷	10-CH_2-9，13*β*，14*α*	*β* 型，8 个碳	*R*	环黄芪醇
原萜烷	10*β*，8*α*，14*β*	*β* 型，8 个碳	*S*	泽泻萜醇
葫芦烷	9*β*，13*β*，14*α*	*β* 型，8 个碳	*R*	葫芦素
楝烷	10*β*，13*α*，8*β*	*α* 型，4 个碳	*S*	川楝素

1. 羊毛脂甾烷（lanostane）型

羊毛脂甾烷型也有称羊毛脂烷，其母核上 10 位和 13 位的甲基取代及 17 位的侧链取代，与甾体母核的含碳取代基位置一样，所以冠名“甾”字，称之为羊毛脂甾烷。但有别于甾体母核的结构在于羊毛脂甾烷母核在 4 位和 14 位还分别有偕二甲基取代及 *α* 构型的甲基取代。它的另一结构特点是 A/B 环、B/C 环和 C/D 环均为反式。羊毛脂甾烷的 3 位被羟基取代后称为羊毛脂甾烷醇，或称为羊毛脂烷醇，其中羊毛脂醇为羊毛脂的主要成分，在大戟属植物艾纳香大戟 *Euphorbia balsamifera* 的乳液中也含有。

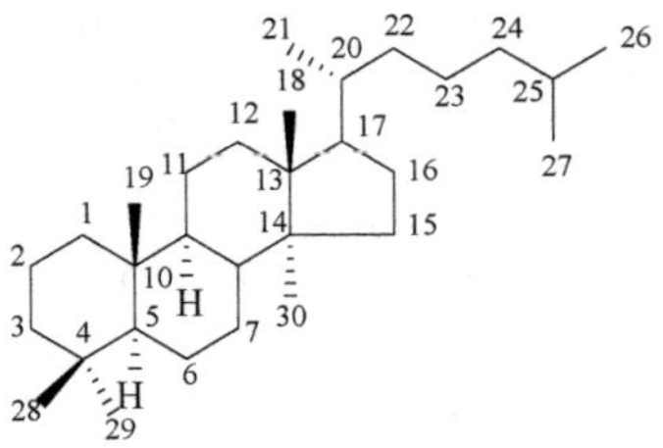

羊毛脂甾烷

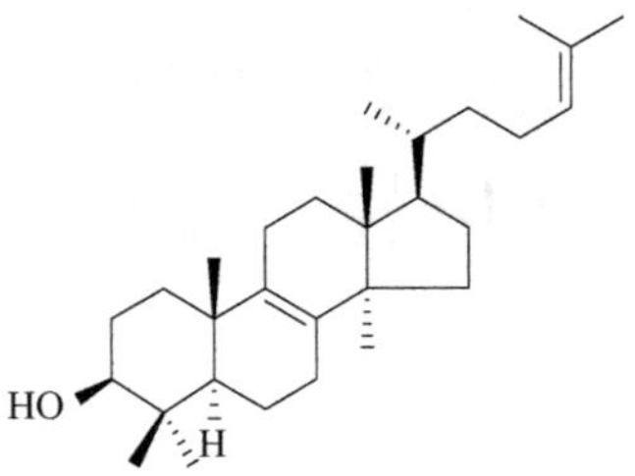

羊毛脂醇

灵芝是多孔菌科真菌赤芝 *Ganoderma lucidum* 或紫芝 *G. sinense* 的干燥子实体，从中分离得到 100 多个四环三萜化合物，且属于高度氧化的羊毛脂甾烷衍生物。根据母核碳数不同，分为 30 个碳（如 ganoderic acid，C）、27 个碳（如 lucidenic acid A）和 24 个碳（如 lucidone A）的四环三萜，后两种为第一种的降解产物，这些羊毛脂甾烷衍生物因多数母核结构中有羧基取代，表现出酸性，习称为灵芝三萜酸。

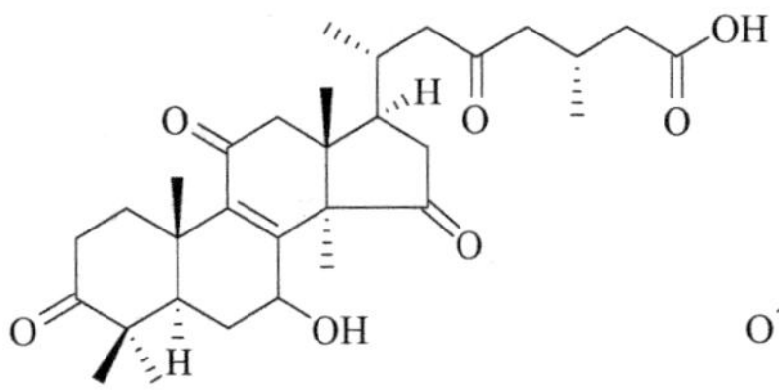

ganoderic acid C

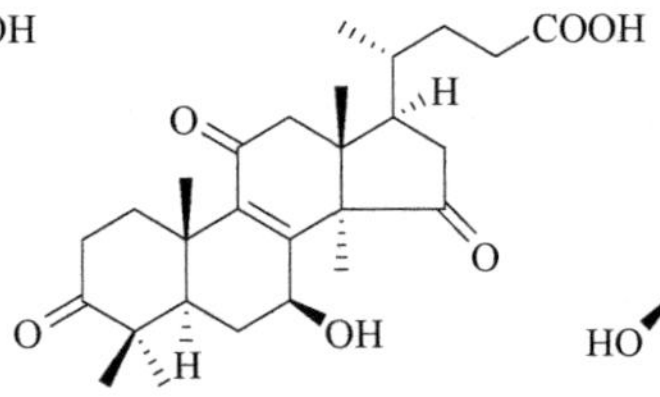

lucidenic acid A

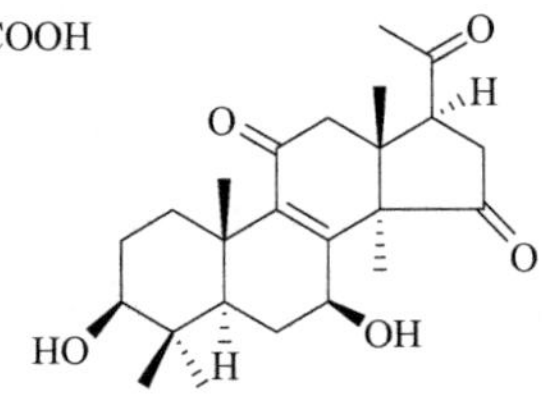

lucidone A

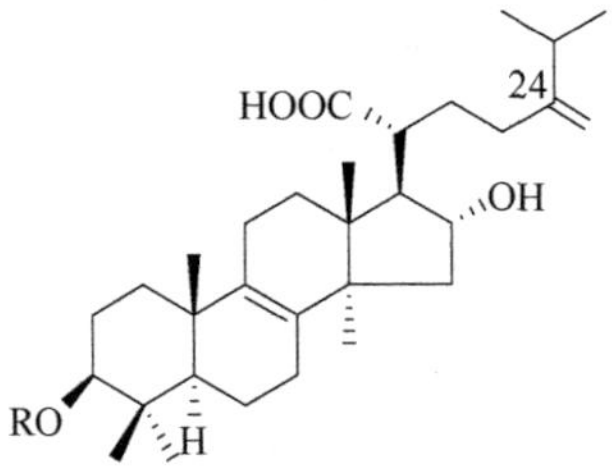

茯苓酸　R = Ac
块苓酸　R = H

中药茯苓 *Poria cocos*（Schw.）Wolf 中含有茯苓酸和块苓酸，母核结构也属于羊毛脂甾烷，但在第 24 位上有一个额外的碳原子，属于含 31 个碳原子的三萜酸。

2. 大戟烷（euphane）型

大戟烷型是羊毛脂甾烷的立体异构体，基本碳架相同，只是 C-13、C-14 和 C-17 位上的取代基构型不同，即 13*α*、14*β*、17*α*- 取代且 20 位为 *S* 构型。

大戟属植物乳液中常含有大戟烷衍生物，如中药甘遂、狼毒和千金子中均含有大戟醇（euphol），中药乳香中含有乳香二烯酮酸（masticadienonic acid）和异乳香二烯酮酸（isomasticadienonic acid）。

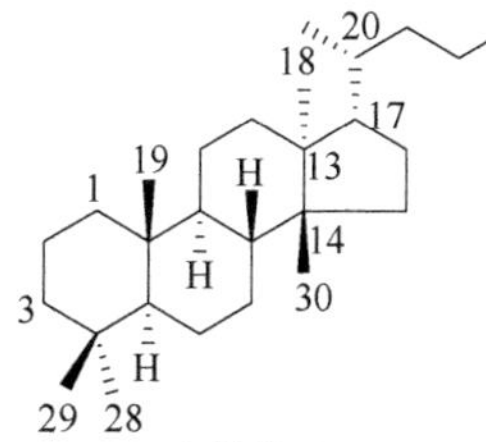

大戟烷

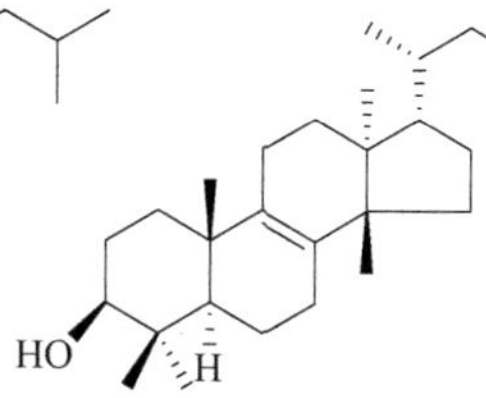

大戟醇

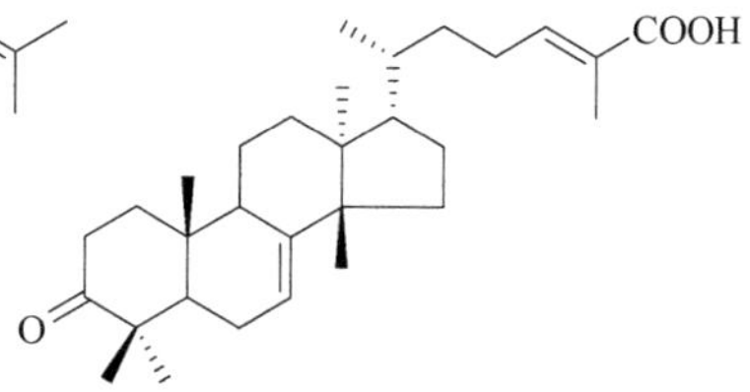

乳香二烯酮酸

3. 达玛烷（dammarane）型

达玛烷型可以看成羊毛脂甾烷型C-13位甲基转移到C-8位，且为*β*-构型，C-20构型为*R*-或*S*-型。

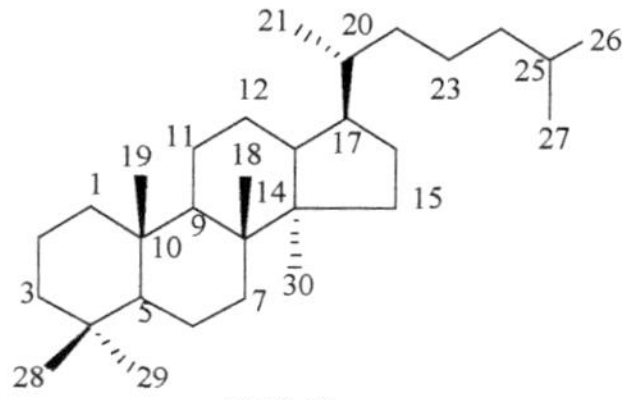

达玛烷

达玛烷型四环三萜化合物在自然界分布较为广泛，如五加科人参属人参 *Panax ginseng*、西洋参 *P. quinquefolius* L.、三七 *P. notoginseng* 等植物的根、茎、叶、花、果实中含有多种该结构类型的化合物，如人参皂苷（ginsenoside）Rb_1 的苷元是人参皂苷元20（*S*）- 原人参二醇、人参皂苷Re和 Rg_1 的苷元是20（*S*）- 原人参三醇。

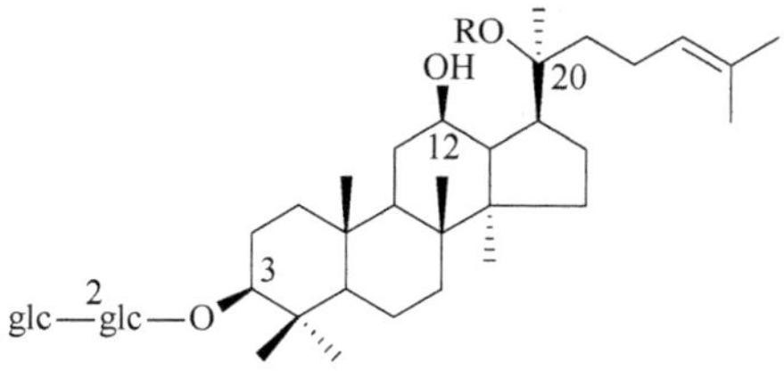

20(*S*)-原人参二醇型人参皂苷

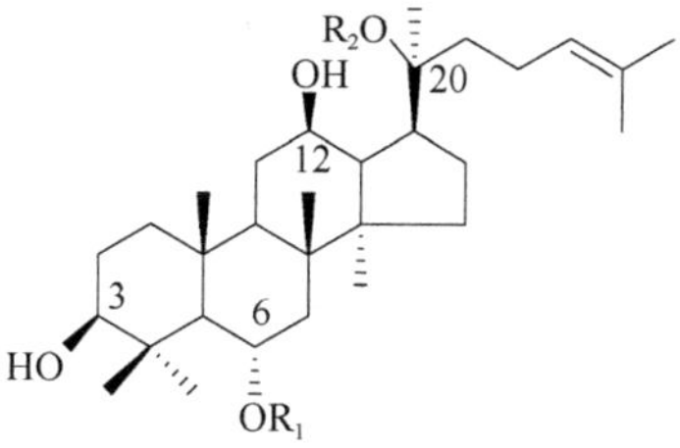

20(*S*)-原人参三醇型人参皂苷

ginsenoside	R
Ra_1	glc $\overset{R}{—}$ ara(p) $\overset{4}{—}$ xyl
Ra_2	glc $\overset{6}{—}$ ara(f) $\overset{2}{—}$ xyl
Rb_1	glc $\overset{6}{—}$ glc
Rb_2	glc $\overset{6}{—}$ ara(p)
Rc	glc $\overset{6}{—}$ ara(f)
Rd	glc
Rg_3	H(20R)

ginsenoside	R_1	R_2
Re	glc $\overset{2}{—}$ rha	glc
Rf	glc $\overset{2}{—}$ glc	H(20R)
Rg_1	glc	glc

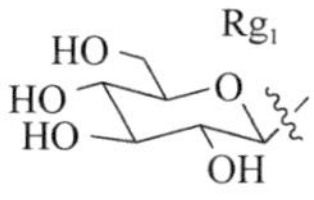

= glc

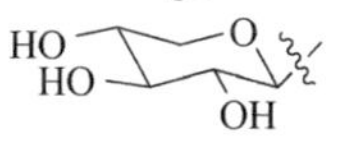

= xyl

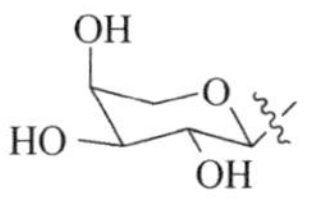

= ara

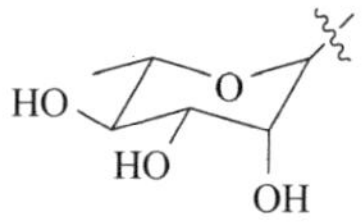

= rha

达玛烷型四环三萜类人参皂苷在酸性稀醇溶液中加热水解时，其皂苷元20（*S*）- 原人参二醇或20（*S*）- 原人参三醇20位上的甲基和羟基容易首先发生差向异构化，生成20（*R*）- 原人参二醇或20（*R*）- 原人参三醇，而后环合形成人参二醇和人参三醇。

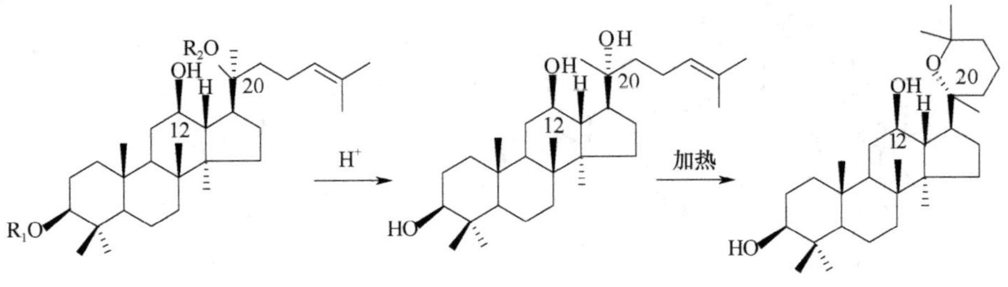

20(*S*)-原人参二醇　R_1、R_2=糖基　　20(*R*)-原人参二醇　　人参二醇

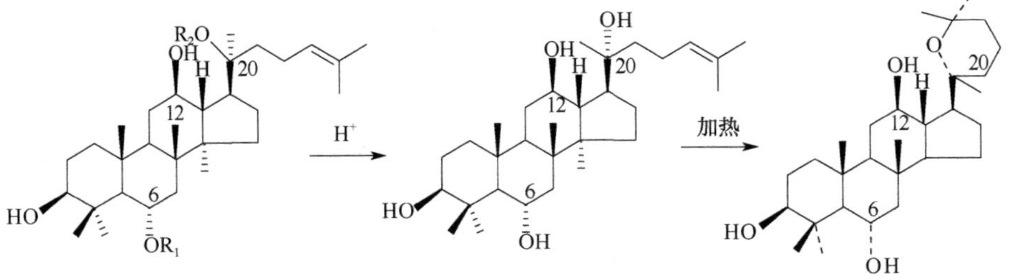

20(*S*)-原人参三醇　R_1、R_2=糖基　　20(*R*)-原人参三醇　　人参三醇

由达玛烷衍生的人参皂苷类成分，彼此在生物活性上有显著的差异。例如，由 20（*S*）-原人参三醇型衍生的皂苷有溶血性质，而由 20（*S*）- 原人参二醇型衍生的皂苷则具有抗溶血的性质，因此，人参总皂苷不表现出溶血性质。又如人参皂苷 Rg_1 有轻度中枢神经兴奋和抗疲劳的作用，而人参皂苷 Rb_1 则有中枢神经抑制和安定作用。另外人参皂苷 Rb_1 有增强核糖核酸聚合酶的活性，而人参皂苷 Rc 对核糖核酸聚合酶则表现出抑制活性。

另外从棒锤瓜 *Neoalsomitra integrifoliola* 茎皮中分离得到的棒锤三萜 A（neoalsamitin A），鼠李科植物酸枣 *Zizyphus jujuba* Mill. var. *spinosa*（Bunge）中得到的酸枣仁皂苷 A 和 B（jujuboside A 和 B）等也属于该类型化合物。

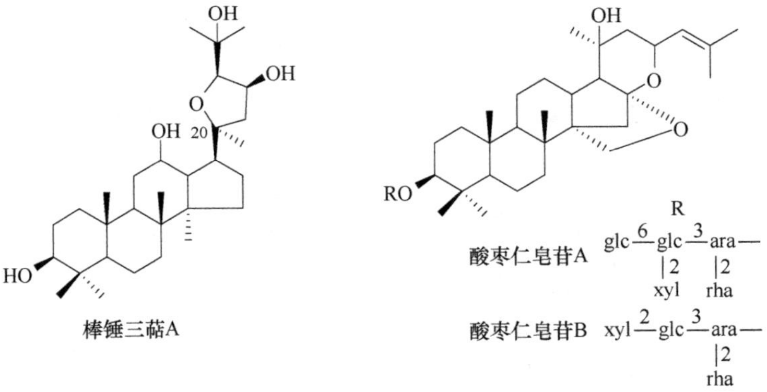

4. 环菠萝蜜烷（cycloartane）型

环菠萝蜜烷型又称为环阿屯烷或环阿尔廷烷。结构与羊毛脂甾烷相似，只是环菠萝蜜烷 19 位甲基与 9 位脱氢形成三元环。这类化合物虽然有五个碳环，但因生源与羊毛脂甾烷关系密切，所以仍将该类化合物视为四环三萜。

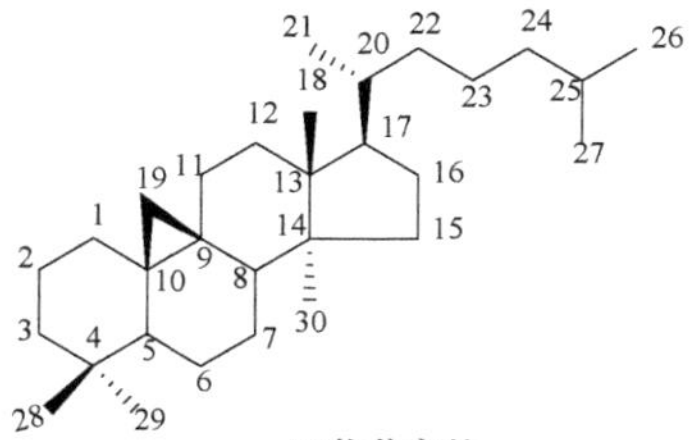

环菠萝蜜烷

豆科植物膜荚黄芪 *Astragalus membranaceus* 含有 20 多个环菠萝蜜烷型的三萜皂苷，如黄芪苷Ⅰ、黄芪苷Ⅳ（即黄芪甲苷）、黄芪苷Ⅴ、黄芪苷Ⅶ等，它们的皂苷元均为环黄芪醇（cycloastragenol）。黄芪皂苷在酸性条件下水解时，环黄芪醇结构中的三元环极易开裂，同时 9 位和 11 位脱氢形成双键，生成黄芪醇。近年来从毛茛科植物升麻 *Cimicifuga foetida* L. 中也分离得到多个环菠萝蜜烷型三萜及其苷类化学成分，如 12*β*-hydrocimigenol、cimifoetidanol A 和 B 等。

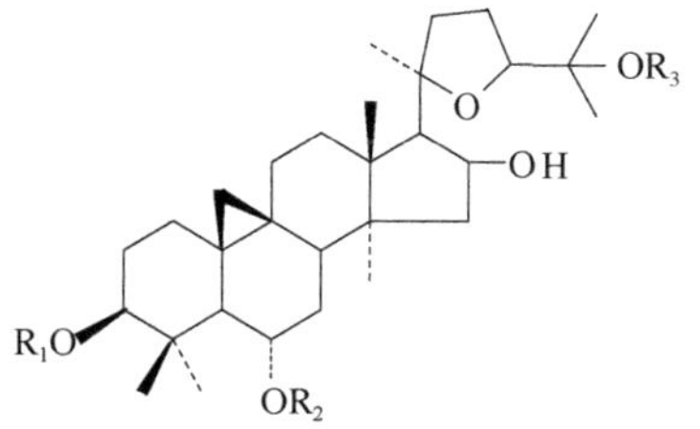

	R_1	R_2	R_3
黄芪苷Ⅰ	xyl（2,3-diAc）	glc	H
黄芪苷Ⅳ	xyl	glc	H
黄芪苷Ⅴ	glc（1-2）xyl	H	glc
黄芪苷Ⅶ	xyl	glc	glc

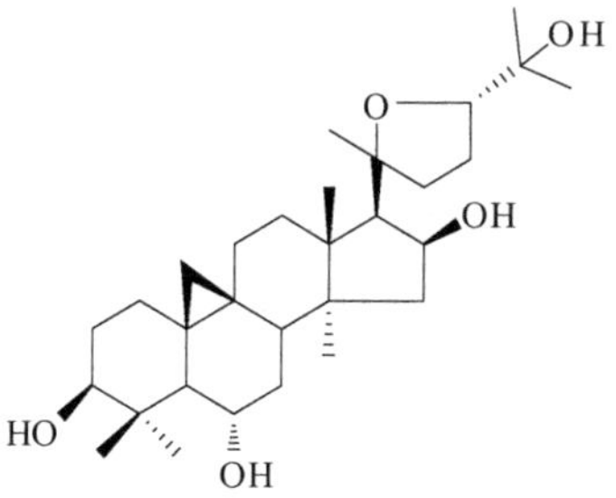

环黄芪醇

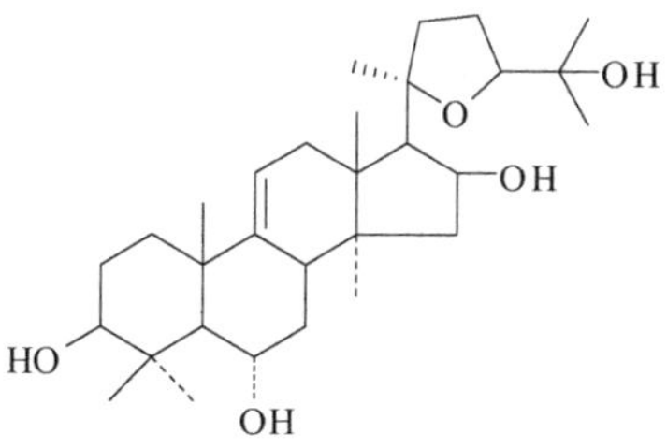

黄芪醇

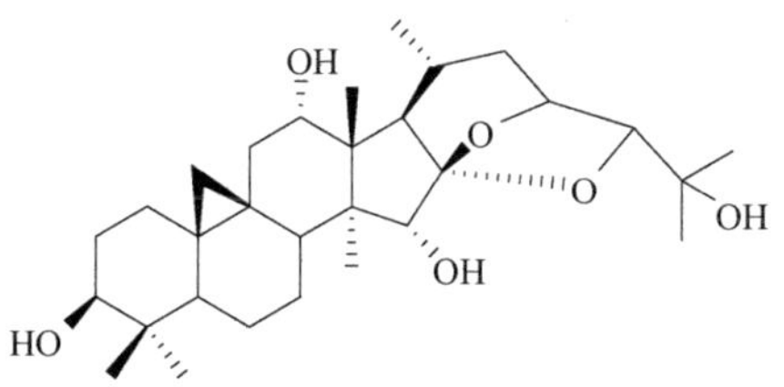

12*β*-hydrocimigenol

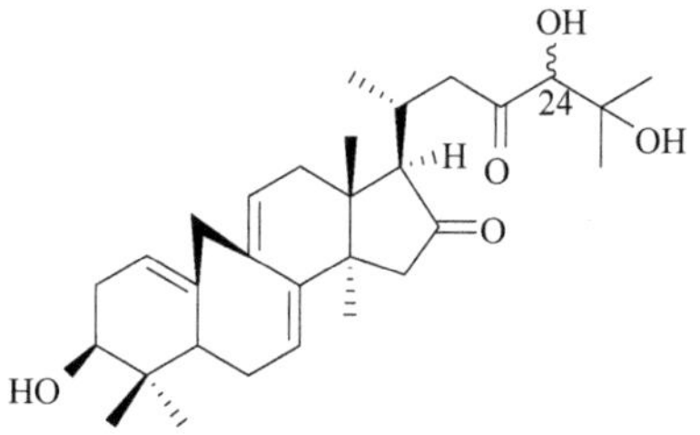

24*α*-cimifoetidanol A
24*β*-cimifoetidanol B

另外，在西番莲科西番莲属植物紫果西番莲 *Passiflora edulis* Sims 的果实及茎叶中分离得到分子母核含 31 个碳原子的环菠萝蜜烷型三萜及其苷类成分，如 cyclopassifloic acids A ～ H，passiflorin 和 cyclopassiflosides Ⅰ ～ XV。

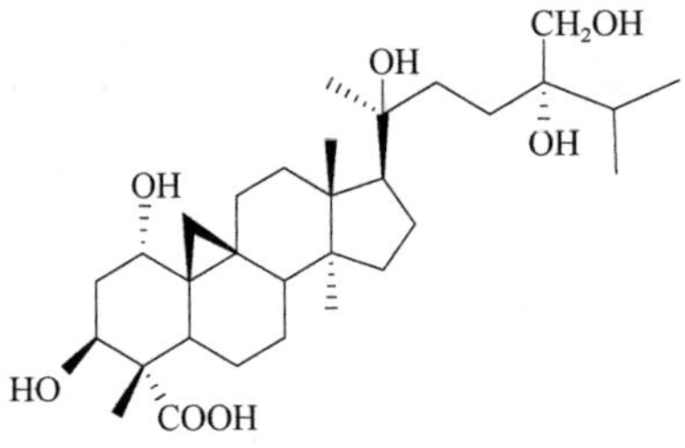

cyclopassifloic acid C

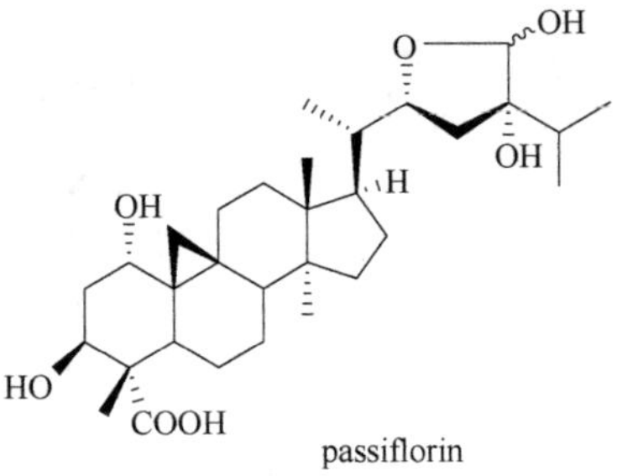

passiflorin

5. 原萜烷（protostane）型

此结构类型与达玛烷比较，差别只是在C-8位-CH_3为α-型和C-14位-CH_3为β-型，C-9-H为β型，且C-20构型为S-型。

中药泽泻 *Alisma orientalis*（Sam.）Juzep. 具有利水渗湿、泻热、化浊降脂的功效，其指标性成分23-乙酰泽泻醇B（23-*O*-acetylalisol B）等的基本母核属于该结构类型。

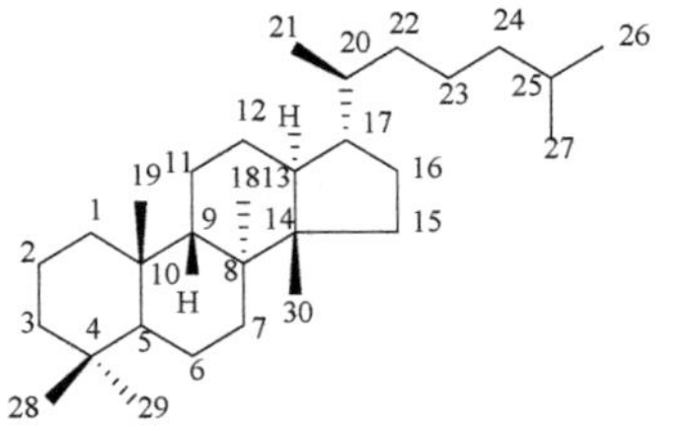

原萜烷

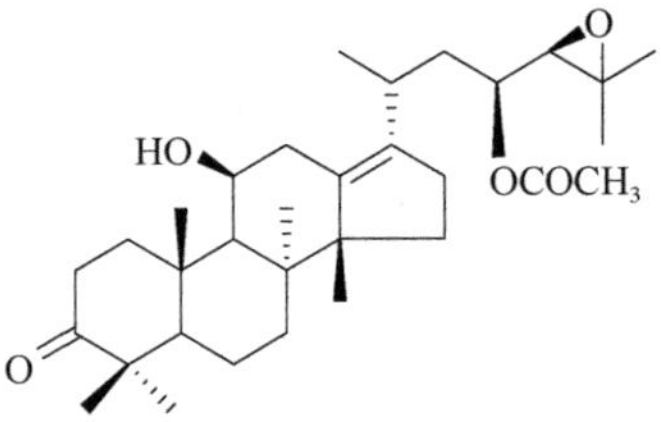

23-乙酰泽泻醇B

6. 葫芦烷（cucurbitane）型

葫芦烷型与羊毛脂甾烷相似，仅其C-10位上β-CH_3转换为C-9位β-CH_3，其他取代基位置都一样，但A/B环上5位和8位都是β-H，10位是α-H。

葫芦科植物中常含有该类型的皂苷类成分，统称为葫芦苦素类（cucurbitacins），如葫芦素A～S等化合物。近年来，从葫芦科苦瓜 *Momordica charantia* L. 又不断有该类型成分的报道，如cucurbita-6，24-dien-3β，23-diol-19，5β-olide、kuguacin S、charantagenin D等。

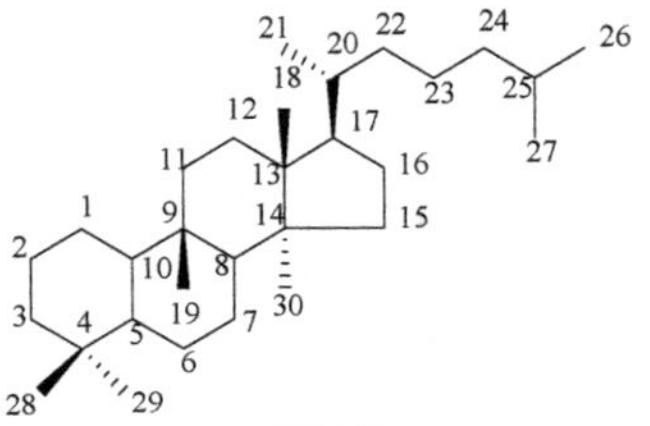

葫芦烷

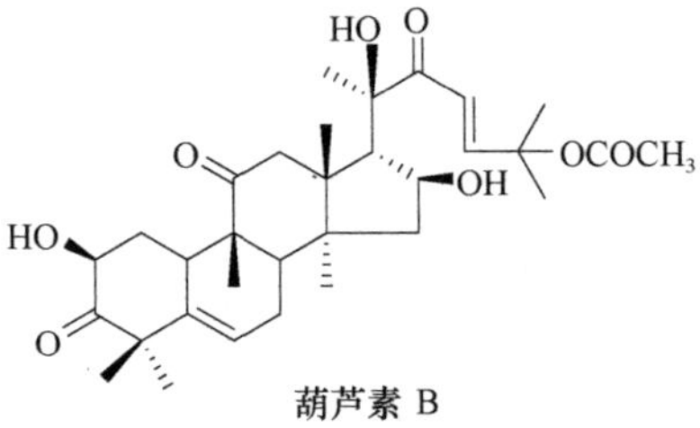

葫芦素 B

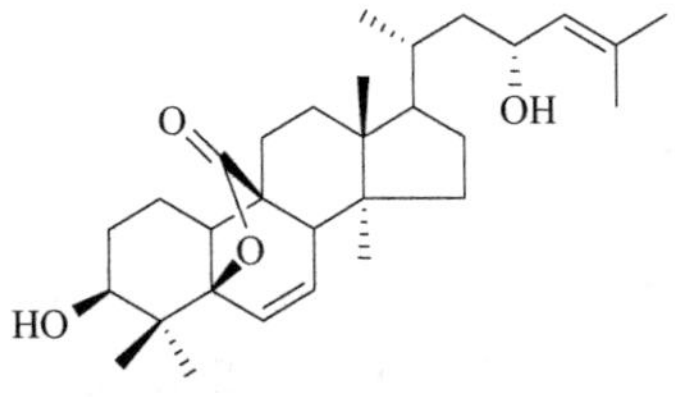

cucurbita-6，24-dien-3β，23-diol-19，5β-olide

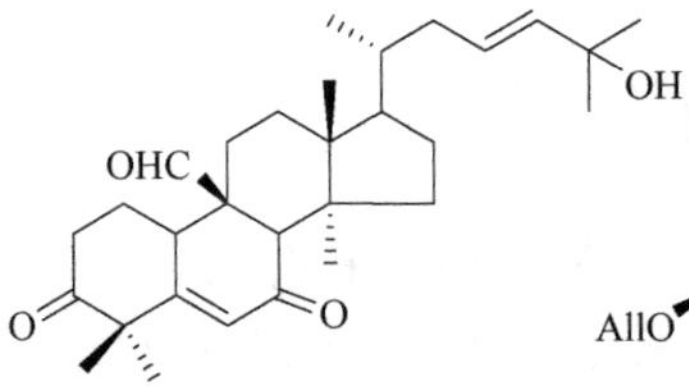

kuguacin S

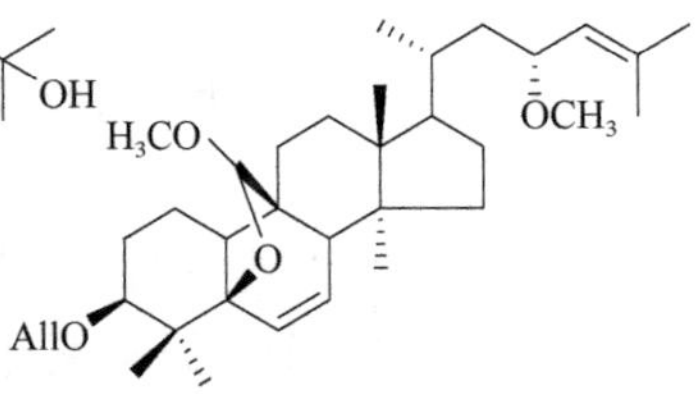

charantagenin D

葫芦科植物罗汉果 *Momordica grosvenori* 的果实具有清热润肺、凉血、滑肠通便之功效，所含三萜苷类化合物的结构属于此类型。其中罗汉果甜素Ⅴ（mogroside Ⅴ）味甜而不苦，仅0.02% 水溶液比蔗糖甜约 256 倍，可作为一种低热量甜味剂。

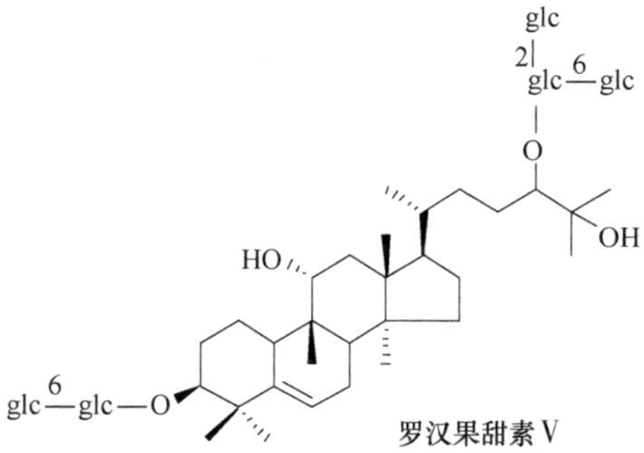

罗汉果甜素Ⅴ

7. 楝烷（meliacane）型

楝烷型基本母核结构中共有 26 个碳，是一类特殊的四环三萜。与甘遂烷型基本母核结构相似，不同的是 C-14 位上 α-CH_3 转换为 C-8 位 β-CH_3，17 位有 4 个碳的侧链取代，而且是 *S* 型。

楝科楝属植物苦楝 *Melia azedarach* Linu. 果实及树皮中含有多种楝烷型化合物，味苦，总称为楝苦素类成分，其中川楝素（toosendanin）具有驱蛔作用。

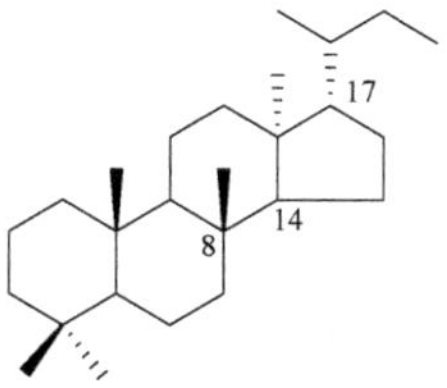

楝烷

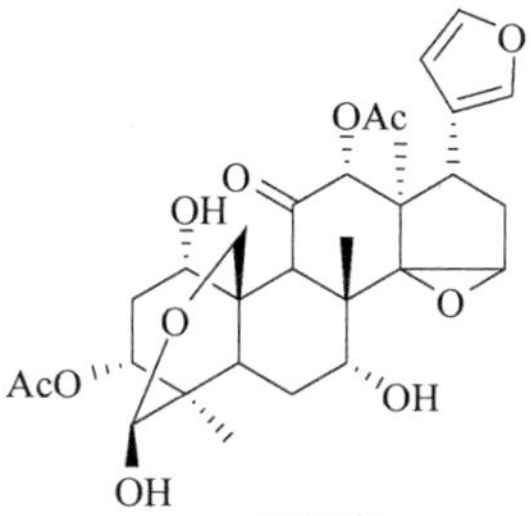

川楝素

六、五环三萜

五环三萜在自然界分布也比较广泛，也是一类重要的天然化学成分，常在植物体内以游离型或与糖结合形成皂苷的形式存在。因苷元中常含有羧基，又称为酸性皂苷。

五环三萜根据 E 环和 C 环大小、母核上取代基位置及构型，分为 E 环为六元环（如齐墩果烷、乌苏烷和木栓烷）、E 环为五元环（如羽扇豆烷、羊齿烷、异羊齿烷、何帕烷和异何帕烷）、C 环为七元环（如其他类型）（表 8-2）。

表 8-2　不同类型五环三萜类化合物的结构特征

类型	CH_3 取代	C4 取代	C20 取代	
齐墩果烷	10β，8β，14α，17β	偕二甲基	偕二甲基	
乌苏烷	10β，8β，14α，17β	偕二甲基	20α- 甲基	19β- 甲基
木栓烷	9β，14β，13α，17β	4β，5β 甲基	偕二甲基	

续表

类型	CH_3 取代	C4 取代	C20 取代	
羽扇豆烷	10*β*，8*β*，14*α*，17*β*	偕二甲基		19*α*- 异丙基
羊齿烷	10*β*，13*α*，14*β*，17*α*	偕二甲基		22*α*- 异丙基
异羊齿烷	10*β*，13*β*，14*α*，17*β*	偕二甲基		22*β*- 异丙基
何帕烷	10*β*，8*β*，14*α*，18*α*	偕二甲基		22*α*- 异丙烯基
异何帕烷	10*β*，8*β*，14*α*，18*α*	偕二甲基		22*α*- 异丙基
其他类型	C 环为七元环，E 环为六元环			

1. 齐墩果烷（oleanane）型

齐墩果烷又称*β*- 香树脂烷（*β*-amyrane）。基本碳架为多氢蒎的五环母核，环稠合的构型为：A/B 环反式，B/C 环反式，C/D 环反式，D/E 环顺式。母核上 8 个甲基取代，形成 6 个季碳。C-8、C-10、C-17 的甲基均为 *β*- 构型，C-14 位甲基为 *α*- 构型。母核上常有羟基、羧基、羰基、双键等基团取代。一般 C-3 位有羟基取代，多为 *β* 型，少数为 *α* 型；若有羧基，多在 C-28、C-30 或 C-24 位；若有羰基，多在 C-3 或 C-11 位；若有双键，多在 C-11 或 C-12 位。

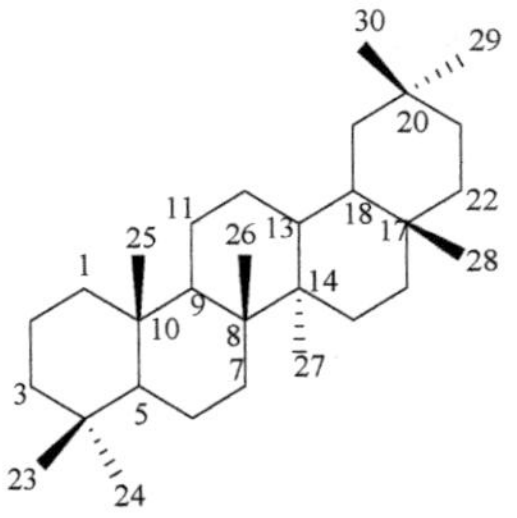

齐墩果烷

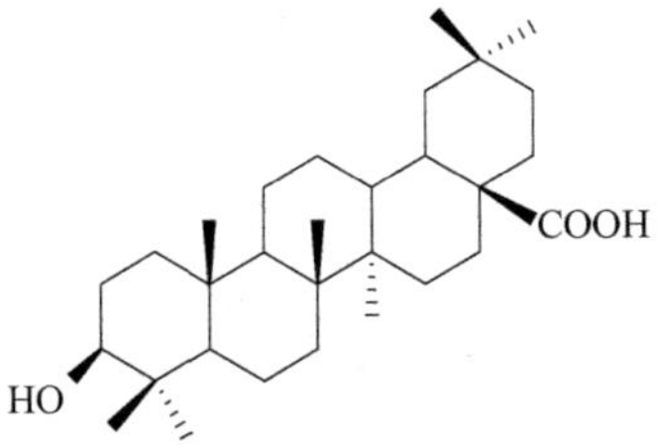

齐墩果酸

齐墩果酸（oleanolic acid）最早从油橄榄 *Olea europaea*（习称齐墩果）的树叶中获得，是植物界广泛存在的一种皂苷元。其具有抗炎、镇静、抗肿瘤等方面的作用，是治疗急性黄疸型肝炎和迁延慢性肝炎的有效药物。齐墩果酸在有些植物体中以游离的形式状态存在，如刺五加、白花蛇舌草、连翘、獐牙菜等；有些植物中是与糖结合成皂苷形式存在，如人参、甘草、柴胡、楤木、紫菀、远志等。

甘草 *Glycyrrhiza uralensis* Fisch. 为常用中药，主要含有甘草皂苷，也称为甘草酸，因味甜也称甘草甜素，是由苷元（甘草次酸）和 2 分子葡萄糖醛酸结合而成。药理研究表明，甘草次酸具有促肾上腺皮质激素（ACTH）样作用。

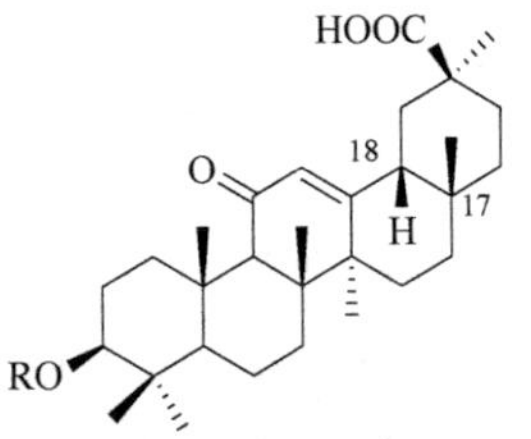

甘草次酸　R=H
甘草酸　R=*β*-D-gluA $\overset{2}{—}$ *α*-D-gluA-

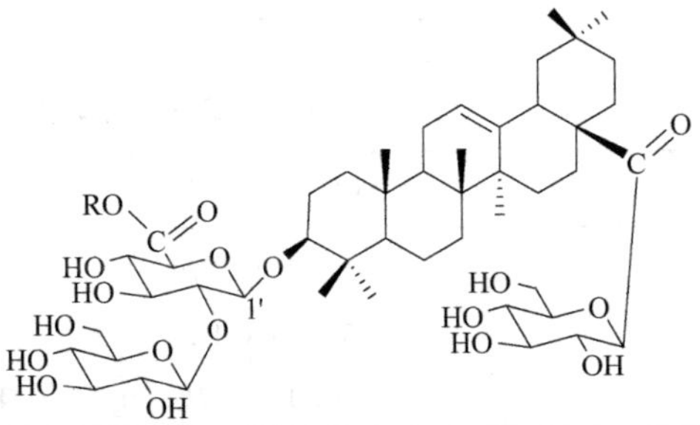

人参皂苷R_0　R = H
人参皂苷R_0-6'-正丁基酯　R = butyl ester

五加科人参属植物含有大约 20 个齐墩果烷型三萜皂苷类化合物。其中，人参皂苷 Ro 在人参和西洋参中含量较低，在三七中含量稍高。最近，从红参中分离得到人参皂苷 Ro-6′- 正丁基酯。

柴胡皂苷（saikosaponins）为中药柴胡发挥药效的主要有效部位，含量可达 1.6% ~ 3.8%。柴胡皂苷类化合物在结构上均属于齐墩果烷型三萜皂苷，主要代表化合物有柴胡皂苷 a 和 d，含量较高。柴胡皂苷具有解热、抗炎、保肝、降血脂和调节免疫等作用。

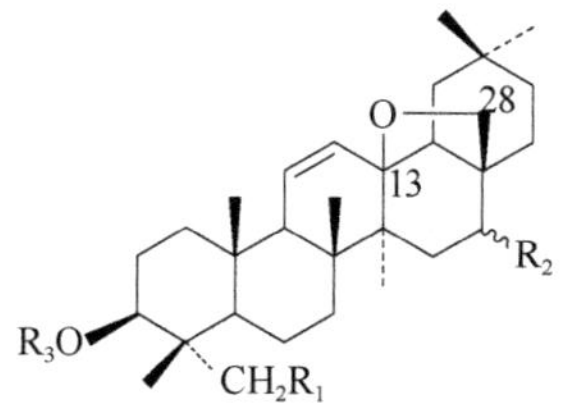

	R_1	R_2	R_3
柴胡皂苷a	OH	β-OH	glc$\xrightarrow{(1\text{-}3)}$fuc—
柴胡皂苷d	OH	α-OH	glc$\xrightarrow{(1\text{-}3)}$fuc—
柴胡皂苷c	H	β-OH	glc$\xrightarrow{(1\text{-}6)}$glc— rha (1-4)

2. 乌苏烷（ursane）型

乌苏烷又称 α- 香树脂烷（α-amyrane）或熊果烷。基本碳架为多氢蒎的五环母核，有 8 个甲基取代，取代位置与齐墩果烷唯一不同的是 19 位和 20 位各有一个甲基，因此乌苏烷只有 1 个偕二甲基，形成 5 个季碳。

该类化合物在植物界分布也比较广泛，以游离或与糖结合形成皂苷的形式存在植物体内，如中药地榆、枇杷叶、女贞子等。

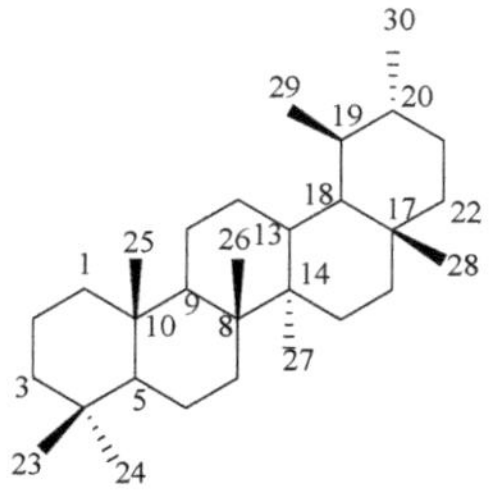

乌苏烷

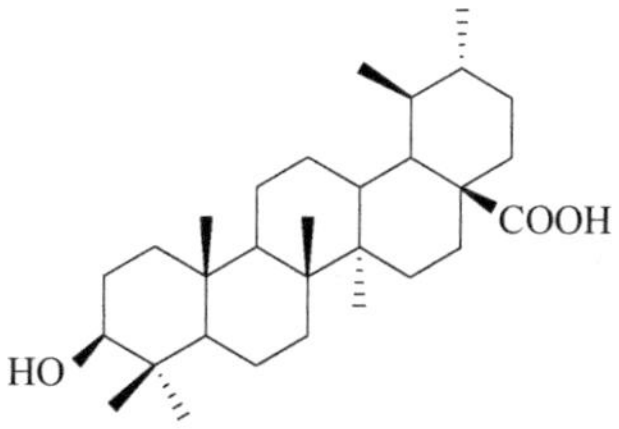

乌苏酸

中药地榆 *Sanguisorba officinalis* L. 含有地榆皂苷 B 和 E（sanguisorbin B、E）；蒲公英 *Taraxacum mongolicum* Hand.Mazz. 和旋覆花 *Inula japonica* Thunb. 中的蒲公英醇（taraxasterol），款冬 *Tussilago farfara* L. 花中的款冬二醇（faradiol）等都属于乌苏烷型三萜类化合物。

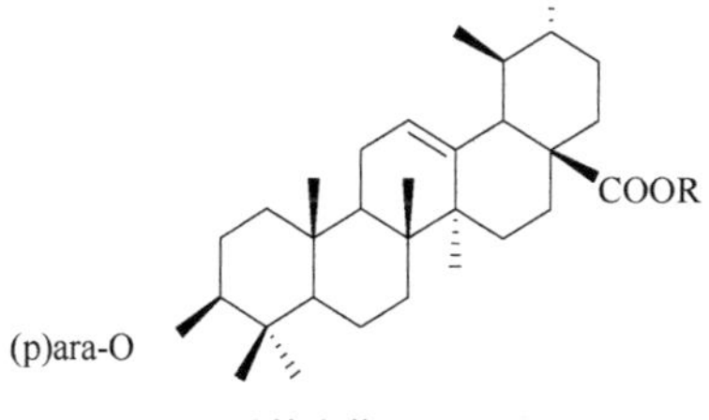

地榆皂苷 B R=H
地榆皂苷 E R=3-Ac-glc

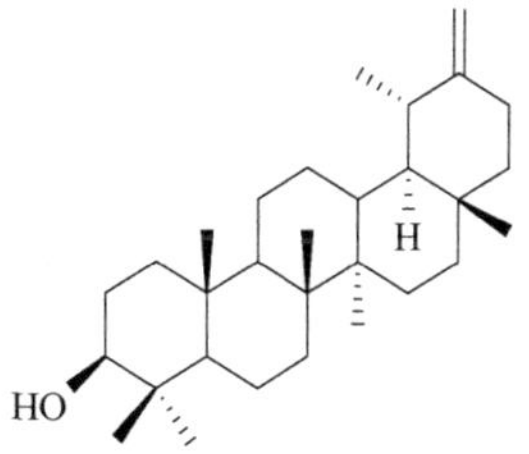

蒲公英醇

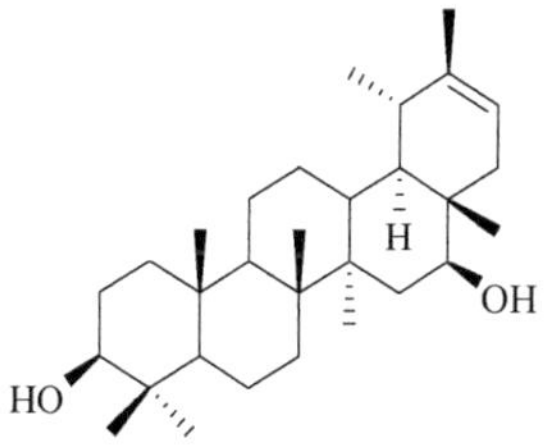

款冬二醇

3. 木栓烷（friedelane）型

木栓烷从生源上可以看成是由齐墩果烯甲基移位而成，即齐墩果烯 4 位偕二甲基的一个甲基移位至 5 位、10 位甲基移位至 9 位、8 位甲基移位至 14 位、14 位甲基移位至 13 位。木栓烷基本母核只有 20 位 1 个偕二甲基，共 8 个甲基取代，形成 5 个季碳。

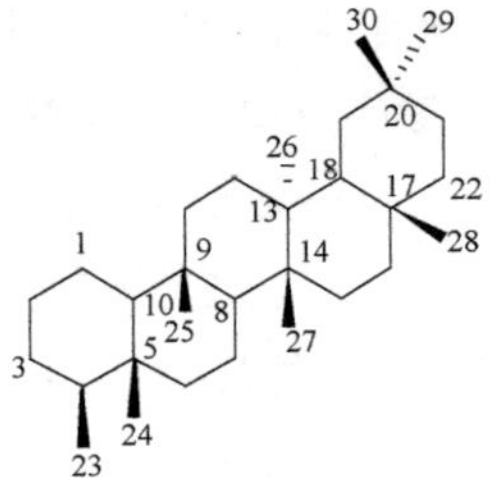

木栓烷

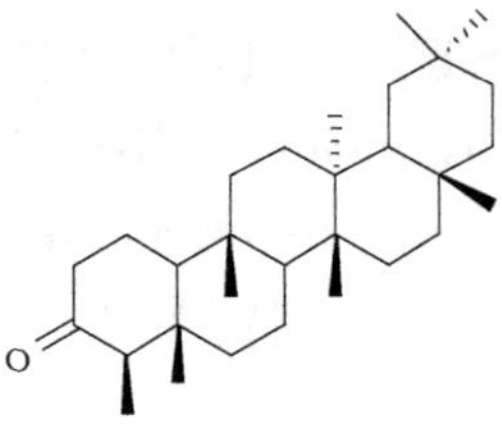

木栓酮

从卫矛科植物雷公藤根的木质部分离出雷公藤酮（triptergone），其基本母核结构为失去25位甲基的木栓烷型衍生物；卫矛科植物灿南蛇藤 *Celastrus vulcanicola* 和简氏美登木 *Maytenus jelskii* 的根皮中富含有多种木栓酮的衍生物，其中化合物 7*β*-hydroxy- 3-oxo-D：A-friedooleanan-28-oic acid 和 7*β*，29- dihydroxy-3-oxo-D：A-friedooleanane 具有胰岛素协同和增敏作用。

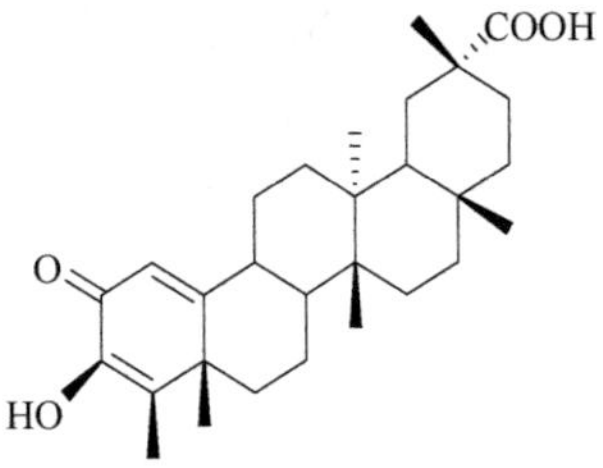

雷公藤酮

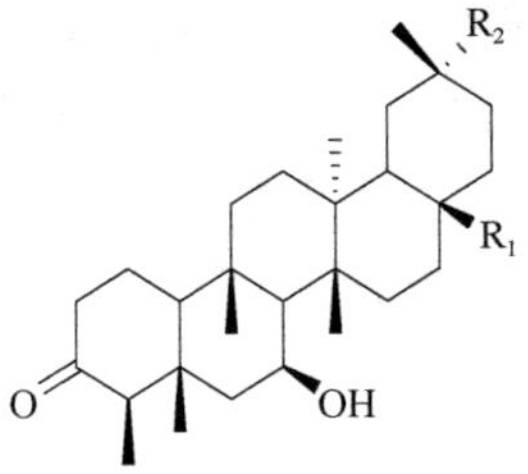

	R_1	R_2
7*β*-hydroxy-3-oxo-D:A-friedooleanan-28-oic acid	COOH	Me
7*β*，29-dihydroxy-3-oxo-D:A-friedooleanane	Me	CH_2OH

4. 羽扇豆烷（lupane）型

羽扇豆烷从生源上可以看成是由齐墩果烷的 E 环 20 位和 21 位碳碳键断裂，且 21 位碳与 19 位碳连接成五元环所形成的结构类型，因此 19 位连接 *α*- 构型的异丙基，并常有 $\Delta^{20(29)}$ 双键。母核上其他甲基取代位置和构型与齐墩果烷相同。

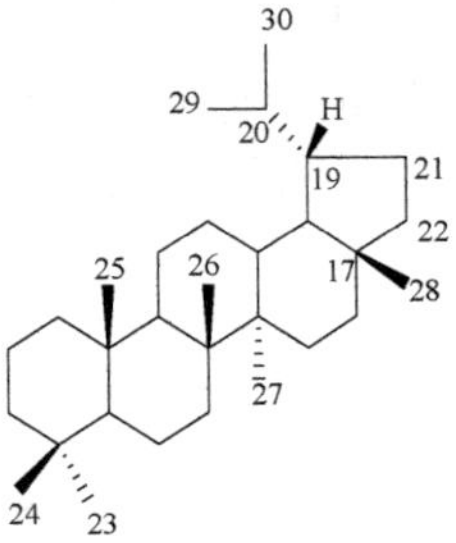

羽扇豆烷

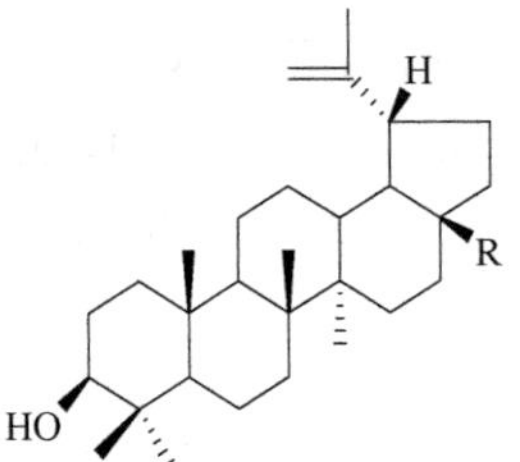

羽扇豆醇　R = H
白桦脂醇　R = CH_2OH
白桦脂酸　R = COOH
白桦脂醛　R = CHO

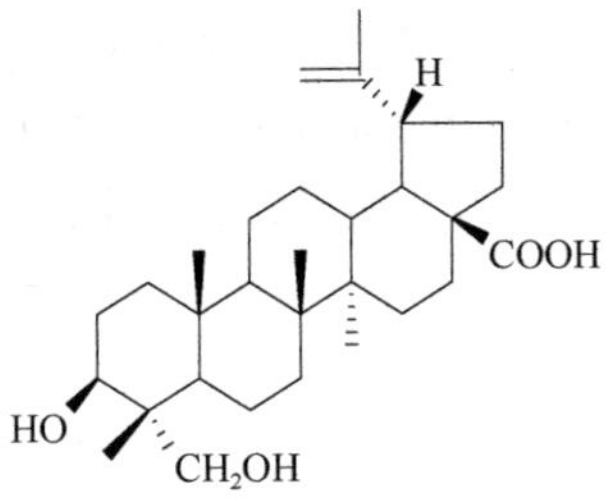

23-羟基白桦脂酸

具有羽扇豆烷型结构的化合物存在于中药羽扇豆种皮、酸枣仁、桦树皮、槐花等中。例如，羽扇豆醇（lupeol）、白桦脂醇（betulin）、白桦脂酸（betulinic acid）、白桦脂醛（betulinaldehyde）等游离型；白头翁皂苷 A_3 和 B_4（pulsatiloside A_3 和 B_4）等羽扇豆烷型皂苷，其苷元为 23- 羟基白桦脂酸（23-hydroxybetulinic acid）。

5. 其他类型

（1）羊齿烷（fernane）型和异羊齿烷（isofernane）型：羊齿烷和异羊齿烷可认为是羽

扇豆烷型的异构体。从日本产的白茅根中分得多种羊齿烷型和异羊齿烷型三萜成分，包括白茅素（cylindrin）、芦竹素（arundoin）和羊齿烯醇（fernenol）等。

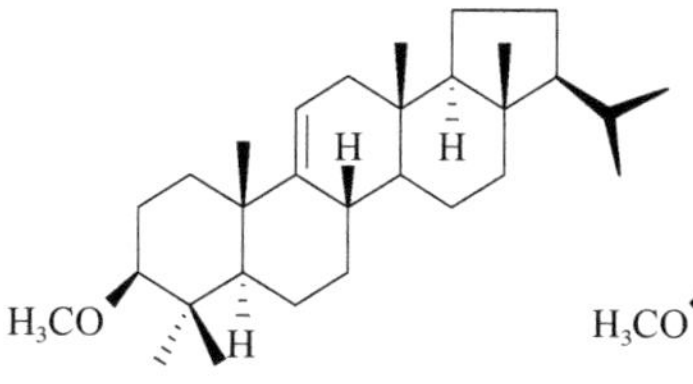
白茅素

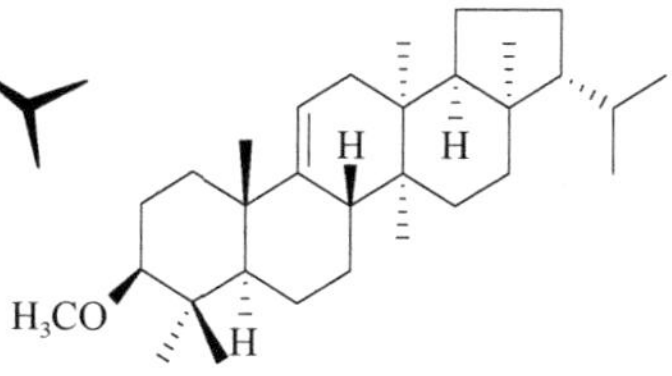
芦竹素

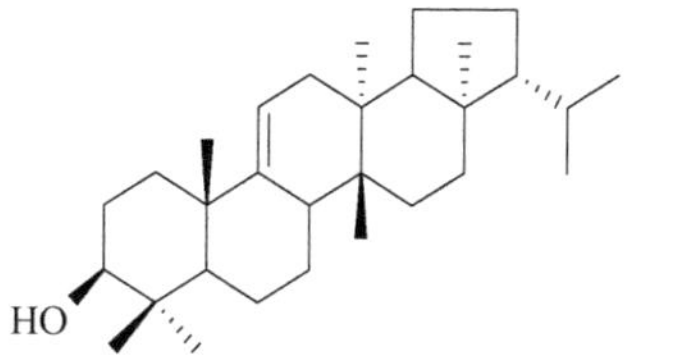
羊齿烯醇

（2）何帕烷（hopane）型和异何帕烷（isohopane）型：何帕烷型和异何帕烷型互为异构体，也是羊齿烷的异构体。绵马贯众 *Dryopteris crassirhizoma* 和石韦 *Pyrrosia lingua* 全草中含有的里白烯（diploptene），属何帕烷型三萜类化合物。

（3）石松烷型：石松 *Lycopodium clavatum* 中的石松素（lycoclavanin）、石松醇（lycoclavanol）等属于此类三萜类化合物。

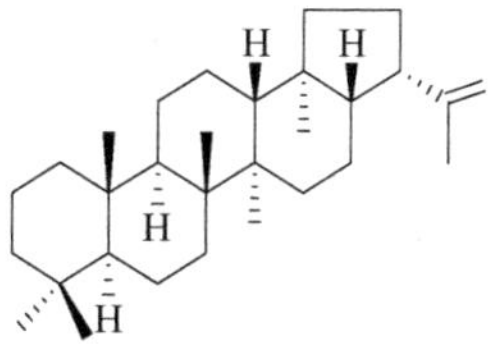
里白烯

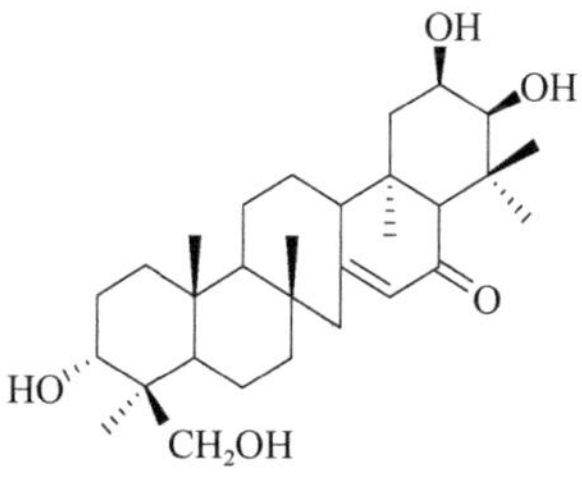
石松素

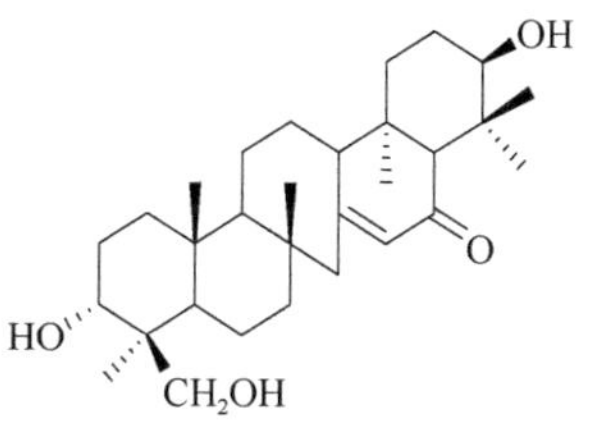
石松醇

第三节　三萜类化合物的理化性质和溶血作用

一、物理性质

1. 性状

大多数游离三萜类化合物为无色或白色结晶，三萜皂苷因分子结构较大，常为无定形粉末，仅少数为针状结晶；糖基数目较多的皂苷极性较大，具有吸湿性。

2. 味

多数皂苷具有苦味和辛辣味，对人体黏膜有刺激性。某些皂苷内服能刺激机体黏膜，引起腺体反射性分泌黏液。远志、桔梗等中药就是因它们含有的皂苷类成分引起了呼吸道腺体分泌，使痰液稀释，易于咳出，从而起到化痰止咳平喘的作用。但也有少数皂苷味甜，对黏膜刺激性较小，如甘草皂苷。

3. 溶解性

游离的三萜类化合物易溶于石油醚、苯、氯仿、乙醚等极性小的有机溶剂，也可溶于甲醇、乙醇等，在水中溶解度较小。随着糖分子的引入，化合物极性增加，亲水性增强，三萜皂苷可溶于水，易溶于热水、稀醇、热甲醇和热乙醇中，几乎不溶或难溶于苯、乙醚等极性较小的有机溶剂。另外，皂苷在含水正丁醇或戊醇中有较好的溶解度，因此正丁醇常作为提取分离皂苷的首选溶剂。

4. 熔点及旋光性

游离三萜类化合物具有固定的熔点，带羧基者熔点较高，如齐墩果酸的熔点为 308 ~ 310℃。三萜皂苷的熔点也较高，常在到达熔点之前已发生分解，因此多无明显的熔点，测得的大多是分解点，一般为 200 ~ 300℃。

游离三萜类化合物及其皂苷均有旋光性。

二、颜色反应

皂苷类成分的颜色反应基于其三萜母核的结构特征。在无水条件下，三萜类化合物经强酸（盐酸、硫酸、高氯酸等）、中等强度酸（三氯乙酸）或 Lewis 酸（五氯化锑、氯化锌等）作用，产生各种颜色变化或荧光。

（1）Liebermann-Burchard 反应：也称乙酐 - 浓硫酸反应，反应在试管中进行。将样品溶解在乙酐中，加浓硫酸 - 乙酐（1 ∶ 20）数滴，可产生黄→红→紫→蓝等颜色变化，最后褪色。

（2）Rosen-Heimer 反应：也称三氯乙酸反应，反应在滤纸上进行。将样品的氯仿溶液或醇溶液滴在滤纸上，喷 25% 三氯乙酸乙醇溶液，加热至 100℃，呈红色，逐渐变为紫色。

（3）Salkowski 反应：也称氯仿 - 浓硫酸反应，反应在试管中进行。将样品氯仿溶液加至试管中，沿着试管壁滴加浓硫酸，上层氯仿层出现绿色荧光，下层浓硫酸层呈红色或蓝色。

（4）Kahlenberg 反应：也称五氯化锑反应，反应在滤纸上进行。将样品的氯仿溶液或醇溶液滴在滤纸上，喷 20% 五氯化锑氯仿溶液（或三氯化锑饱和的氯仿溶液），干燥后 60 ~ 70℃加热，显蓝色、灰蓝色、灰紫色等颜色。

（5）Tschugaeff 反应：也称冰醋酸 - 乙酰氯反应，将样品溶于冰醋酸中，加乙酰氯数滴及氯化锌结晶数粒，稍加热，显淡红色或紫红色。

三、表面活性

皂苷的水溶液经振摇会产生持久性泡沫，且不因加热而消失，这是与蛋白质水溶液产生泡沫的明显区别。皂苷的发泡性是由于其降低水溶液表面张力而具有表面活性作用。这种表面活性与皂苷分子内部亲水性和亲脂性结构比例有关，只有当两者比例适当，才有较好的表面活性。基于皂苷的表面活性，常将其制作成乳化剂、清洁剂等。

四、溶血作用

大多数皂苷的水溶液能破坏红细胞而有溶血作用，这是由于皂苷与红细胞膜上的胆甾醇结合产生沉淀，破坏了红细胞的正常渗透性，使细胞内渗透压增加而发生崩解，从而导致溶血现象，因此皂苷又称皂毒素（sapotoxins）。溶血作用强弱用溶血指数表示，溶血指数是指在一定条件（等渗、缓冲及恒温）下，能使同一动物来源的血液中红细胞完全溶血的最低皂苷浓度。溶血指数越小，毒性越强。例如，甘草皂苷的溶血指数为 1 ∶ 4000，薯蓣皂苷的溶血指数为 1 ∶ 400 000，说明薯蓣皂苷的毒性比甘草皂苷强。

多数皂苷的水溶液肌内注射或静脉注射时会发生溶血作用，临床上应用时不容忽视。一般皂苷水溶液低浓度静脉注射便能产生溶血作用，肌内注射则容易引起组织坏死，但口服无溶血作用。

皂苷的溶血作用与其结构有关。一般是否有溶血作用与皂苷的苷元有关，而溶血的强弱与皂苷连接的糖有关。但并非所有的皂苷都具有溶血作用，如人参总皂苷（包括以原人参二醇、原人参三醇及齐墩果酸为苷元的人参皂苷混合物）没有溶血作用，因为皂苷元为原人参三醇型和齐墩果烷型的人参皂苷有溶血作用，而原人参二醇型的人参皂苷具有抗溶血作用。

应当指出，生物体中的其他成分也具有溶血作用，如某些植物的树脂、脂肪酸、挥发油等也能产生溶血，而鞣质通过凝集红细胞而抑制溶血。因此判断是否是由皂苷引起的溶血，可以结合胆甾醇沉淀法，若沉淀后的滤液无溶血现象，而沉淀物经乙醚溶解，过滤，残渣溶于水，该水溶液若有溶血作用，表明溶血是由皂苷引起。

第四节　三萜类化合物的提取与分离

除三萜酸类可用碱溶酸沉法提取外，三萜类化合物的提取一般根据成分的极性选择合适的有机溶剂来进行。分离三萜类化合物可采用分段沉淀法、胆甾醇沉淀法等，但这两种方法只能分离得到三萜粗品，各种色谱法仍然是目前最行之有效的分离方法。

一、游离三萜类化合物的提取与分离

（一）游离三萜类化合物的提取

游离三萜类化合物的提取方法大致分为两类：一是用乙醇或甲醇提取，提取物分散在水中，依次用石油醚、氯仿或乙酸乙酯、水饱和正丁醇等溶剂进行萃取，游离三萜类化合物主要分布在氯仿部分；二是在植物体内三萜类化合物多是与糖结合成苷的形式存在，若需要皂苷元，可先进行水解，再用氯仿或乙酸乙酯等溶剂提取出皂苷元，也可先用醇类溶剂提取出皂苷，再加酸水解后，用有机溶剂萃取。

（二）游离三萜类化合物的分离

游离三萜类化合物多采用反复硅胶吸附柱色谱法进行分离，常用的溶剂系统有：石油醚 - 乙酸乙酯、石油醚 - 丙酮、氯仿 - 乙酸乙酯、氯仿 - 甲醇等。亦可在硅胶柱色谱初步纯化的基础上结合中压制备色谱、高效液相制备色谱等进一步分离纯化。

二、三萜皂苷的提取与分离

（一）三萜苷类化合物的提取

三萜皂苷常用极性大的醇性溶剂如含水正丁醇或稀醇进行提取。提取液减压浓缩后，加适量水混悬，必要时先用石油醚等亲脂性有机溶剂萃取除去亲脂性成分，然后用正丁醇萃取，正丁醇层减压干燥。水层经大孔树脂，水洗去糖及其他水溶性成分，然后用 30% ~ 80% 乙

醇或甲醇洗脱得到极性大的皂苷类成分。皂苷集中在正丁醇萃取部位和水相经大孔树脂醇类溶剂的洗脱部位。

（二）三萜苷类化合物的分离

1. 分段沉淀法

皂苷难溶于乙醚、丙酮等溶剂，可将粗皂苷先溶于少量甲醇或乙醇中，然后分次加入乙醚、丙酮或乙醚 - 丙酮（1 ： 1）的混合溶剂（加入量以能使皂苷从醇溶液中析出为限），边加边振摇均匀，不同极性的皂苷即可分别析出。

2. 胆甾醇沉淀法

利用皂苷与胆甾醇形成沉淀的特性，将粗皂苷溶于少量乙醇中，加入胆甾醇的饱和乙醇溶液，至沉淀不再析出为止（混合后需稍加热），过滤，滤饼依次用水、乙酸乙酯、石油醚等洗涤以除去糖类、色素、油脂和游离的胆甾醇。滤饼干燥后用乙醚回流，使分子复合物分解，胆甾醇溶于乙醚液中，不溶物即为皂苷。

3. 色谱分离法

三萜皂苷的极性较大，且同一种中药中常含有结构极其相似的多种成分，分离上存在着一定的难度。为达到分离单体的目的，多采用各种色谱方法综合使用。

（1）正相分配柱色谱：三萜皂苷的分离，采用分配柱色谱往往比吸附柱色谱收到更好的效果，通常以硅胶为支持剂，以 3% 草酸溶液为固定相，氯仿 - 甲醇 - 水、乙酸乙酯 - 甲醇 - 水或氯仿 - 乙酸乙酯 - 甲醇 - 水等含水溶剂进行梯度洗脱，亦可用水饱和的正丁醇与其他溶剂组成溶剂系统进行洗脱。

（2）反相分配柱色谱：通常以反相键合相硅胶 Rp-18 和 Rp-8 为填充剂，常用甲醇 - 水或乙腈 - 水等溶剂为洗脱剂。可用的反相柱色谱常有常压反相柱色谱、中压制备色谱和高压制备色谱。

（3）凝胶柱色谱：以具有分子筛作用的 Sephadex LH-20 为填充剂，将三萜皂苷混合物用甲醇等溶解成溶液后，加到凝胶色谱柱的上端，当用甲醇或不同浓度的含甲醇溶液洗脱时，相对分子质量大的皂苷先被洗脱下来，相对分子质量小的皂苷后被洗脱下来。

三、三萜皂苷提取分离实例

（一）人参中达玛烷型皂苷的提取分离

人参为五加科植物人参 *Panax ginseng* 的根和根茎，始载于《神农本草经》，列为上品，记载其味甘，微寒，主补五脏、安精神、定魂魄、止惊悸、除邪气、明目、开心益智，久服轻身延年。人参在亚洲各国广泛应用，为驰名的补益药之一。其具有大补元气、复脉固脱、补脾益肺、生津养血、安神益智之功效。临床用于体虚欲脱、肢冷脉微、脾虚食少、肺虚喘咳、津伤口渴、内热消渴、气血亏虚、久病虚羸、惊悸失眠、阳痿宫冷。

人参根、茎、叶中均含有多种人参皂苷，目前从人参中分离得到的皂苷包括原人参二醇型（A 型，如人参皂苷 Ra_1、Ra_2、Ra_3、Rb_1、Rb_2、Rb_3、Rc、Rd、Rg_3、Rh_2、Rs_1、Rs_2 及丙二酰基人参皂苷的 Rb、Rb_2、Rc、Rd 等）、原人参三醇型（B 型，如人参皂苷 Re、Rf、Rg_1、Rg_2、Rh_1、Rh_3、Rf_1 等）和齐墩果烷型（C 型，如人参皂苷 R_o）三萜皂苷等 30 多种。

2015 版《中国药典》主要检测人参皂苷 Rg_1、Re 和 Rb_1，规定人参药材含人参皂苷 Rg_1 和人参皂苷 Re 的总量不得少于 30%，人参皂苷 Rb_1 不得少于 0.20%。

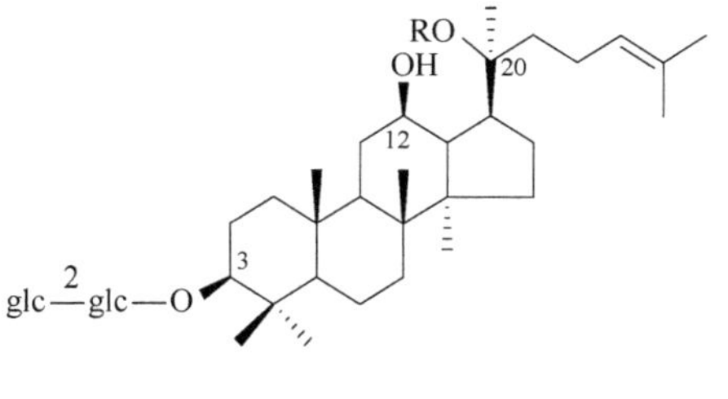

20(*S*)-原人参二醇

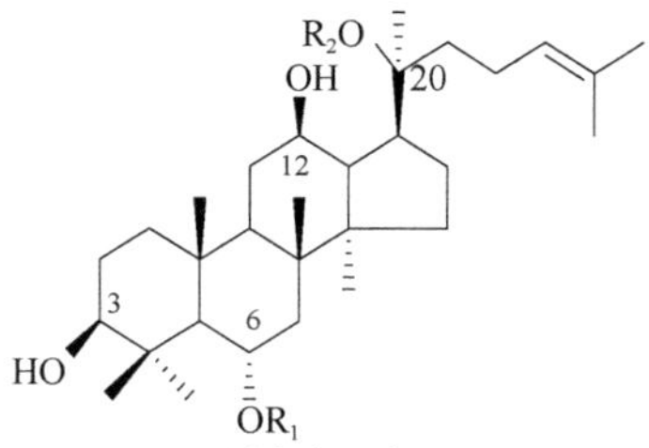

20(*S*)-原人参三醇

	ginsenoside	R
PG_{10}	Rg_3	H(20R)
PG_{20}	Rc	glc $\overset{6}{—}$ ara
PG_{26}	Rb_1	glc
PG_{31}	Rb_2	glc $\overset{6}{—}$ ara(p)

	ginsenoside	R_1	R_2
PG_4	Re	glc $\overset{2}{—}$ rha	glc
PG_7	Rg_1	glc	glc
PG_{11}	Rg_2	glc $\overset{2}{—}$ rha	-H(20R)

人参药材多用醇类溶剂提取，经系统溶剂萃取法得到人参总皂苷。利用硅胶柱色谱，使用含水溶剂系统梯度洗脱，得到单体化合物；亦可利用反复硅胶色谱、凝胶色谱、反相柱色谱结合高效液相制备色谱对总皂苷进行分离纯化（图 8-1）。

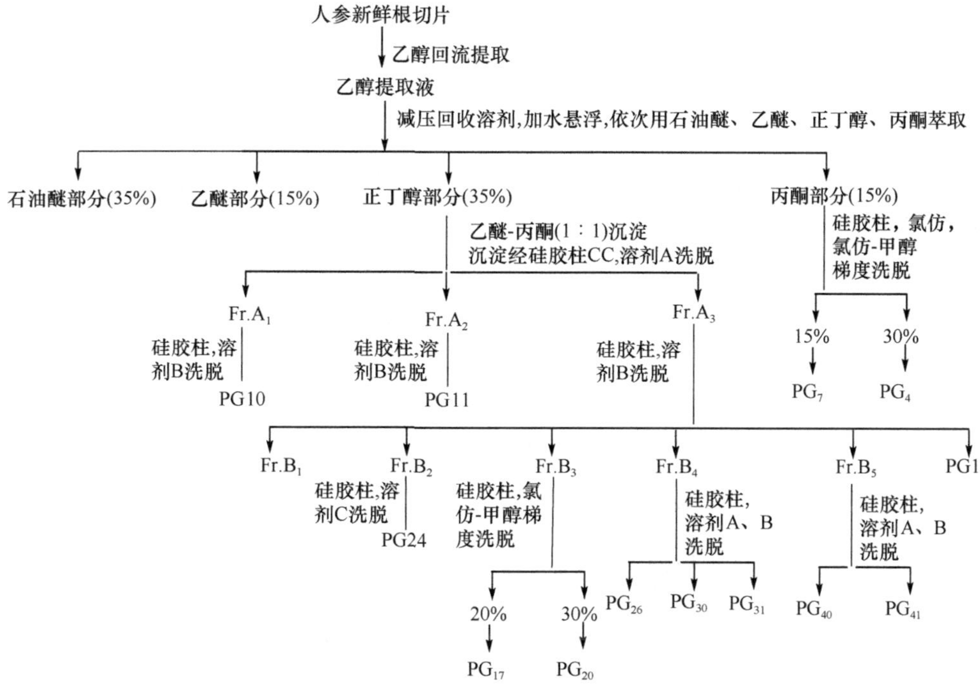

图 8-1　人参中皂苷类有效成分提取流程图

溶剂系统 A. 正丁醇 - 乙酸乙酯 - 水（4 ∶ 1 ∶ 5，上层）；溶剂系统 B. 氯仿 - 甲醇 - 水（65 ∶ 35 ∶ 10，下层）；溶剂系统 C. 氯仿 - 甲醇 - 乙酸乙酯 - 水（2 ∶ 2 ∶ 4 ∶ 1，下层）

（二）珠子参叶中达玛烷型皂苷的提取分离

珠子参 *Panax japonicus* C. A. Meyer var. *major*（Burk.）C. Y. Wu et K. M. Feng 为五加科人参属植物，分布于我国西南至西北较高海拔地区。民间常用其念珠状的根茎入药，其叶也作为“参叶”用于清热、消炎、镇静、镇痛等。

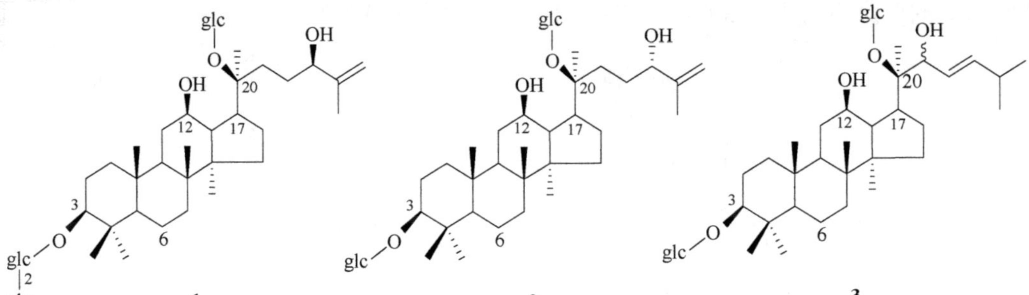

1　　2　　3

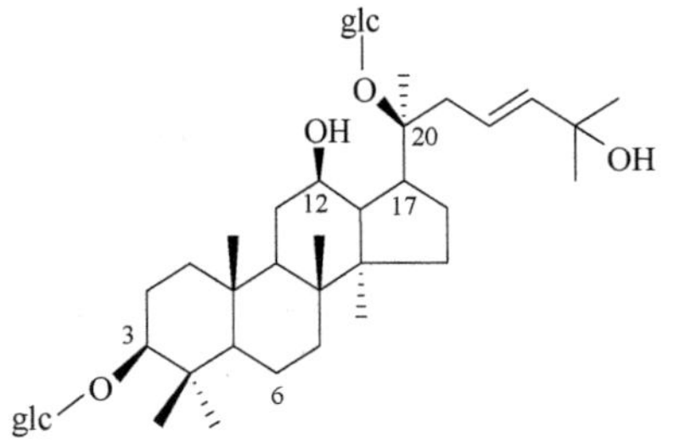

4

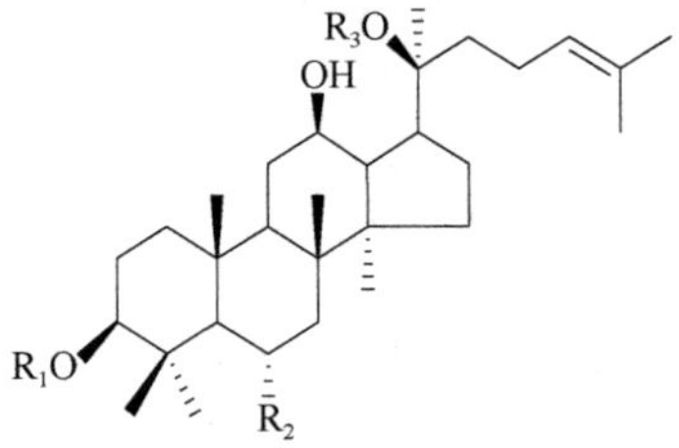

	R_1	R_2	R_3
5	glc $\frac{2}{}$ glc	H	glc
6	H	O — glc $\frac{2}{}$ rha	glc
7	H	O — glc	glc
8	H	O — glc $\frac{2}{}$ rha	H
9	glc	H	glc

化合物1 ~ 4为珠子参皂苷F_1 ~ F_4（majoroside F_1 ~ F_4），化合物5 ~ 9为人参皂苷Rd（5）、Re（6）、Rg_1（7）、Rg_2（8）和F_2（9）。

珠子参叶中皂苷类成分一般采用醇溶剂提取，系统溶剂萃取法富集总皂苷，经反复硅胶柱色谱分离、反相柱色谱等纯化得到单体化合物，流程如图 8-2。

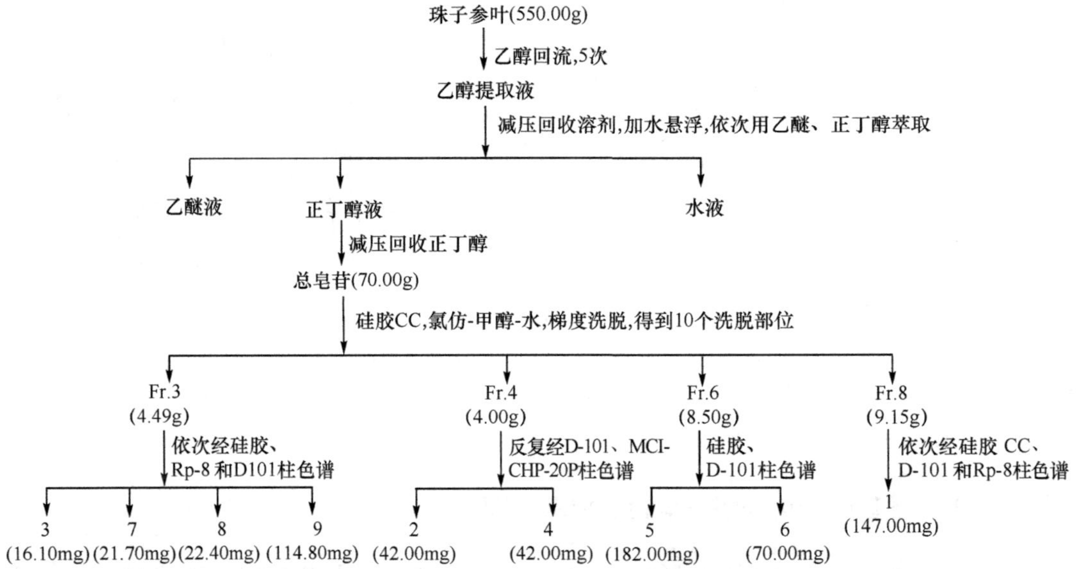

图 8-2　珠子参叶中有效成分提取流程图

第五节　三萜类化合物的检识及结构鉴定

一、理化检识

1. 泡沫试验

皂苷水溶液经强烈振摇能产生持续15分钟以上的持久性泡沫，而且这种泡沫不会因加热而消失。利用泡沫试验，可以初步判断样品是否含有皂苷。具体操作是：取中药粉末少许，加十倍量水，煮沸10分钟后过滤，滤液置于试管中，经振摇后产生持久性泡沫，则为阳性。

2. 显色反应

Liebermann-Burchard等颜色反应和Molish反应可以初步判断三萜或三萜皂苷，虽然反应比较灵敏，但专属性较差。还可以利用Liebermann- Burchard反应和Rosen-Heimer反应鉴别三萜皂苷和甾体皂苷（参见第九章）。

3. 溶血试验

取供试液1ml于水浴上加热蒸干，残留物加0.9%生理盐水溶解，再加几滴2%的红细胞悬浮液，若溶液由浑浊变为澄清，即产生溶血现象，显示有皂苷类成分存在。此试验可用于皂苷的检识，还可以用于皂苷的含量推算。如某中药的水提取液测得的溶血指数为1 ∶ 1M，所用的对照标准皂苷的溶血指数为1 ∶ 100M，则该中药中皂苷含量约为1%。

二、色谱检识

1. 吸附薄层色谱

常用硅胶为吸附剂的吸附色谱，流动相选择依据三萜类化合物的存在状态来进行。游离三萜类化合物亲脂性强，常选用亲脂性溶剂为展开剂，如石油醚-乙酸乙酯、石油醚-丙酮系统。三萜皂苷极性强，常用极性强的溶剂为展开剂，如氯仿-甲醇、氯仿-甲醇-水和氯仿-乙酸乙酯-甲醇-水等。

2. 反相薄层色谱

反相薄层色谱也用于三萜类化合物的检识，固定相为RP-18或RP-8，展开剂为甲醇-水或乙腈-水，分离效果一般比较好。分离酸性皂苷时，流动相中加入少量甲酸或乙酸，可以克服因极性强而产生的拖尾现象。

薄层色谱常用显色剂有5% ~ 10%硫酸溶液、香草醛-硫酸试剂等，若显色不明显，可以适当加热，但要注意温度不宜过高，通常以105℃为宜。

三、三萜类化合物的结构研究

（一）紫外光谱

多数三萜类化合物因分子结构中较少含有发色团，往往不产生紫外吸收，即使是分子结构中含有羰基或双键时，也大多只是在 205 ～ 250nm 处有微弱吸收。因此，当用中、高压液相色谱进行三萜类化合物的制备分离时，常配备蒸发光散射检测器。

（二）^{1}H-NMR

在氢谱中可获得三萜类化合物结构类型的重要信息，根据高场区（δ 0.63 ～ 1.80）出现多个甲基信号的数目和裂分情况推测其类型是最有利的突破口。如齐墩果烷型和乌苏烷型三萜结构中均含有 8 个甲基，在谱图中前者甲基均以单峰出现，后者在高场区则有个二重峰的甲基信号，以此判断；如有与双键相连的甲基，其化学位移值向低场位移，则可考虑羽扇豆烷型或何帕烷或其异构体的三萜类型。环菠萝蜜烷类的三萜化合物可根据其 C-18 位的亚甲基信号 [δ_{H} 0.50 和 0.80（d，J = 4.0Hz）] 加以准确推断，此外，高场区的 δ 0.63 ～ 1.50 区域内，常出现堆积成山形的亚甲基信号。

三萜类化合物的 C-3 位常连有含氧基团，而 C-4 多为季碳（木栓烷型除外），可依据 H-3 的耦合常数来准确判断 C-3 含氧取代基团的构型。若为 dd 峰，耦合常数之一较大（约 11.0）时，含氧基团取代为 β- 构型；若为宽单峰，则含氧取代为 α- 构型。

烯氢信号的化学位移为 δ 4.30 ～ 6.00，一般环外烯氢的 δ 值小于 5，而环内双键质子的 δ 值大于 5。例如，齐墩果酸类和乌苏酸类 C-12 烯氢在 δ 4.93 ～ 5.50 处出现分辨不好的多重峰或宽单峰。羽扇豆烯型三萜化合物 E 环上的异丙烯基受 C-12 位质子空间位阻的影响不能自由旋转，双键末端的两个质子不等价，表现为双峰，而何帕烯型的两个末端烯氢接近等价，合并为一单峰，利用这一特点可区别这两种母核。

还可根据 ^{1}H-NMR 中出现在 4.3 ～ 5.9ppm 的糖端基质子信号推测三萜皂苷中糖的个数，根据其耦合常数可确定苷键的相对构型。

（三）^{13}C-NMR

三萜或其皂苷的 ^{13}C-NMR 几乎可给出每一个碳的信号，在确定三萜皂苷元类型、糖与苷元、糖的数目、糖与糖之间连接位置等方面发挥着极为重要的作用。在 ^{13}C-NMR 中，角甲基一般出现在 δ 9.4 ～ 33.7，苷元中与氧连接的碳在 δ 60 ～ 90，双键碳在 δ 109 ～ 160，羰基碳在 δ 170 ～ 220，其他碳一般在 δ 60 以下。

1. 双键位置及母核类型的确定

当双键位于不同类型母核或同一母核的不同位置时，其碳原子化学位移有明显差别。表 8-3 列出一些常见类型三萜化合物 ^{13}C-NMR 的烯碳化学位移。

表 8-3　齐墩果烷、乌苏烷、羽扇豆烷型三萜主要烯碳的化学位移

三萜及双键的位置	烯碳 δ 值	其他特征碳
Δ^{12}- 齐墩果烯	C_{12} 为 122 ～ 124，C_{13} 为 143 ～ 144	
11-oxo-Δ^{12}- 齐墩果烯	C_{12} 为 128 ～ 129，C_{13} 为 155 ～ 167	11-C=O 为 199 ～ 200
$^{\Delta}$11-13，28-epoxy- 齐墩果烯	C_{11} 为 132 ～ 133，C_{12} 为 131 ～ 132	13-C　为 84 ～ 86
$^{\Delta}$11，13（18）- 齐墩果烯（异环双烯）	C_{11} 为 126 ～ 127，C_{12} 为 125 ～ 126	
	C_{13} 为 136 ～ 137，C_{18} 为 133 ～ 135	

续表

三萜及双键的位置	烯碳 δ 值	其他特征碳
$^{\Delta}9$（11），12- 齐墩果烯（同环双烯）	C_9 为 154 ~ 155，C_{11} 为 116 ~ 117	
	C_{12} 为 121 ~ 122，C_{13} 为 143 ~ 147	
$^{\Delta}12$- 乌苏烯	C_{12} 为 124 ~ 125，C_{13} 为 138 ~ 140	
$^{\Delta}20$（29）- 羽扇豆烯	C_{29} 为 109，C_{20} 为 150	

2. 苷化位置的确定

糖与苷元的羟基成苷及糖与糖之间连接成苷后，会发生苷化位移现象，醇苷一般使苷元中与苷键直接相连的碳原子信号向低场移动，而酯苷则向高场移动。如三萜的 C_3-OH 成苷后，一般 C-3 向低场位移 8 ~ 10ppm，C-4 则向高场移动，糖的端基碳向低场位移 δ 3 ~ 8。当糖与三萜的羧基成酯苷后，羰基碳则向高场位移约 2ppm，而糖的端基碳化学位移值在 δ 95 ~ 96。

3. 糖数目的确定

多数糖的 C-1 化学位移在 δ 90 ~ 109，糖分子中连氧次甲基信号出现在 68 ~ 80ppm，羟甲基信号出现在 δ 60 ~ 69，可根据 δ 90 ~ 109 范围内出现的信号数目确定糖的数目。

（四）其他 NMR 谱

DEPT 谱、HSQC 谱、HMBC 谱等 2D-NMR 技术广泛用于三萜类化合物的结构确定。可以利用 DEPT 谱确定碳的类型；^1H-^1H COSY 谱分析相邻质子的耦合关系，归属苷元及糖上质子的信号；^{13}C-^1H COSY 谱（HSQC 谱）确定分子内碳原子与质子的连接关系；HMBC 谱是通过 ^1H 检测的异核多键相关谱，可把 ^1H 核与其远程耦合的 ^{13}C 相关联，常用于确定苷中糖的连接位置，在 HMBC 谱中糖的端基质子与连接位置的碳有远程相关，可看到明显的相关点；全相关谱 TOCSY 用于糖环的连续相互耦合氢的归属，当糖上氢的信号重叠时，可选择一个分辨良好、不与其他信号重叠的信号作为起点，得到该耦合体系中其他氢的信号；NOESY 谱广泛用于提供空间连接和立体化学的信息，对于确定三萜类化合物的立体结构十分重要。

（五）质谱

EI-MS 等主要用于三萜化合物的分子离子峰及裂解碎片峰的研究，可提供该类化合物的相对分子质量、可能的结构骨架或取代基位置的信息。虽然三萜化合物的结构较为复杂，但其分子裂解有一定规律，如五环三萜裂解的规律：①当碳环内有双键时，一般都有特征性的 RDA 裂解，可根据裂解的碎片离子推测双键所在的位置；②如碳环内无双键，则常从碳环断裂成两个碎片；③有时，RDA 裂解和碳环断裂同时发生。

目前广泛使用的质谱技术为快原子轰击质谱（FAB-MS）和电喷雾电离质谱（ESI-MS）。这两种质谱的应用可以得到皂苷的分子离子峰和准分子离子峰，用于推出相对分子质量的信息。根据高分辨 FAB-MS 或 ESI-MS 等，可直接获得皂苷分子式的信息，有助于新皂苷类化合物的结构确定。

四、结构研究实例

Cyclopassifloside Ⅻ为从具有抗抑郁活性的紫果西番莲 *Passiflora edulis* Sims 茎叶部位分离的单体化合物：白色无定形粉末，$[\alpha]_D^{14.2}$ −11.1（c 0.06，MeOH）。ESI-MS *m/z* 533 $[M-glc-H]^-$，高分辨质谱给出分子式 $C_{37}H_{60}O_{12}$（*m/z* 533.3488，计算值 $C_{37}H_{59}O_{12}$ 533.3478），具有 8 个不饱和度。红外色谱（KBr 压片）显示羟基（$3406cm^{-1}$）、羰基（1729，$1638cm^{-1}$）、烷基（2949，2878，1462，$1385cm^{-1}$）、C—O 键（$1072cm^{-1}$）等的吸收峰。

^{1}H-NMR 图数据（表 8-4）显示环阿尔廷烷型 18 位三元环上亚甲基氢质子信号：δ_H 0.51 和 0.76（1H each，d，J = 4.0Hz）；三个二重峰的甲基质子信号：δ_H 1.06（3H，d，J = 6.0Hz），1.20（3H × 2，d，J = 6.6Hz）；三个单峰的甲基质子信号 δ_H 0.96，1.13，1.67（3H each，s）；一个氧取代的亚甲基质子信号 δ_H 3.99，4.02（1H each，d，J = 11.0Hz）；两个氧取代的次甲基质子 δ_H 3.85（1H，br s）、5.57（1H，dd，J = 11.5，2.5Hz）和一个糖分子的端基质子信号 δ_H 6.52（1H，d，J = 8.0Hz，H-1′），提示该糖分子以 β- 键与苷元相连。

^{13}C-NMR 谱图数据（表 8-4）显示分子中含有 37 个碳原子信号，其中 31 个碳原子 [8 个季碳（2 个羰基），7 个次甲基，10 个亚甲基，6 个甲基] 构成环阿尔廷烷型三萜苷元，另外 6 个碳原子构成一个葡萄糖分子 [δ_C 96.5（d），74.7（d），78.5（d），71.0（d），79.6（d），62.1（t）]。除了碳谱中 δ_C 51.0（t，C-15），218.7（s，C-16）和 61.9（d，C-17）分别向低场移动 2.3ppm、142.4ppm 和 3.6ppm，C-14 位的化学位移向高场位移 1.7ppm 外，该化合物与已知化合物 cyclopassifloside Ⅷ的核磁数据非常相似。HMBC 谱中氢质子 δ_H 0.96（3H，s，H-30）与碳原子 δ_C 51.0（t，C-15），δ_H 1.86，1.98（H-15）和 2.37（H-17）均与 δ_C 218.7（s）相关，提示化合物结构中 C-16 位上的 β-OH 氧化成羰基。鉴于 cyclopassifloside Ⅷ侧链上 C-24 的绝对构型在文献中鉴定为 *S* 构型，而该化合物的磁共振谱与 cyclopassifloside Ⅷ文献报道基本一致，基团的变化未涉及手性中心的连接，C-24 位的绝对构型被定为 *S* 构型。综上所述，该化合物的结构确定为：24（*S*）-1α，3β，24-trihydroxy-16-keto-24-hydroxymethylcycloartan-28-oicacidβ-D-glucopyranosyl ester，为一新化合物，命名为 cyclopassifloside Ⅻ。

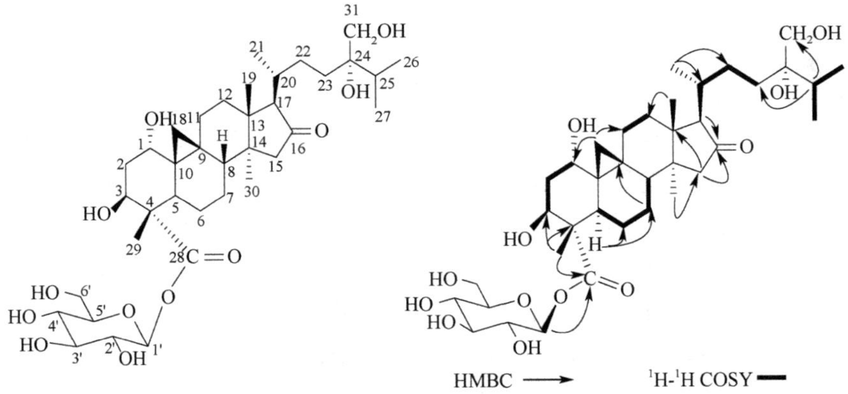

图 8-3　Gyclopassifloside Ⅻ的结构及主要二维相关信号

表 8-4 化合物 Cyclopassifloside Ⅻ 的 ^{1}H- 和 ^{13}C-NMR 数据（pyridine-d_5）

No.	δ_C	δ_H（J in Hz）	No.	δ_C	δ_H（J in Hz）
1	72.0 d	3.85（br s）	19	19.3 q	1.13（s）
2	38.3 t	2.43（α-H，dt，13.5，2.5）	20	32.7 d	1.85（m）
		2.23（β-H，m）	21	19.3 q	1.06（3H，d，6.0）
3	70.6 d	5.57（dd，11.5，2.5）	22	29.4 t	2.32，1.71（1Heach，m）
4	56.3 s	—	23	32.9 t	2.02，1.91（1Heach，m）
5	37.6 d	3.35（dd，11.0，5.0）	24	75.8 s	—
6	22.7 t	1.83，1.12（1H，each，m）	25	33.5 d	2.26（m）
7	25.7 t	1.44，1.12（1H，each，m）	26	17.6 q	1.20（3H，d，6.6）
8	47.1 d	1.50（m）	27	17.6 q	1.20（3H，d，6.6）
9	20.2 s	—	28	176.6 s	—
10	30.3 s	—	29	9.6 q	1.67（3H，s）
11	25.9 t	2.78，0.99（1H，each，m）	30	19.7 q	0.96（3H，s）
12	31.5 t	1.80（2H，m）	31	66.1 t	3.99，4.02（1H each，d，11.0）
13	42.4 s	—	1′	96.5 d	6.52（d，8.0）
14	45.4 s	—	2′	74.7 d	4.16（t，8.0）
15	51.0 t	1.98，1.86（1H each，d，18.7）	3′	78.5 d	4.27（t，8.0）
16	218.7 s	—	4′	71.0 d	4.37（t，8.0）
17	61.9 d	2.37（d，6.5）	5′	79.6 d	3.99（m）
18	30.6 t	0.51，0.76（1H each，d，4.0）	6′	62.0 t	4.40（2H，m）

本章参考资料请扫码

第九章 甾体类化合物

第一节 概 述

甾体类化合物（steroidal compounds）是自然界中广泛存在的一类化学成分，以强心苷、甾体皂苷、C_{21} 甾类、胆汁酸、植物甾醇、昆虫变态激素等为代表，它们均具有环戊烷骈多氢菲（cyclopentano-perhydrophenanthrene）的基本骨架。甾体类化合物不仅具有多种生理活性，在动植物生命过程中发挥着重要的作用，同时也是合成甾体类激素的主要原料。

一、甾体类化合物的结构与分类

甾体化合物是由甲戊二羟酸途径，经角鲨烯和 2，3- 氧化角鲨烯转化而来。在四环骈合的母核上通常带有两个角甲基（C-10、C-13）和一个含有不同碳原子数目的侧链或含氧基团（C-17），因而“甾”字形象地表示了这类化合物的基本骨架。根据 C-17 位取代侧链的不同，可将甾体类化合物分成多种类型，如表 9-1 所示。

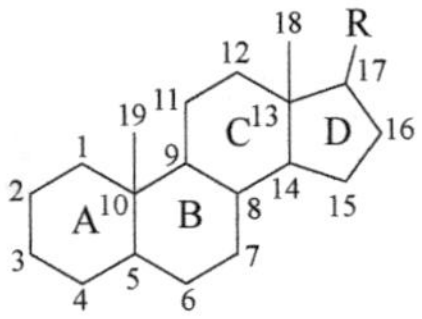

表 9-1 天然甾体类化合物的分类及甾核的稠合方式

	C_{17} 侧链	A/B	B/C	C/D
强心苷类	不饱和内酯环	顺、反	反	顺
甾体皂苷类	含氧螺杂环	顺、反	反	反
C_{21} 甾类	甲羰基衍生物	反	反	顺
胆酸类	戊酸	顺、反	反	反
植物甾醇	脂肪烃	顺、反	反	反
昆虫变态激素	脂肪烃	顺	反	反

在稠合方式上，天然甾体化合物的 B/C 环均为反式稠合，C/D 环多为反式稠合，A/B 环有顺、反两种稠合方式：C-5 位上的氢和 C-10 位的甲基位于环平面同侧的为顺式，称为 β- 型；C-5 位上的氢和 C-10 位的甲基位于环平面异侧的为反式，称为 α- 型。

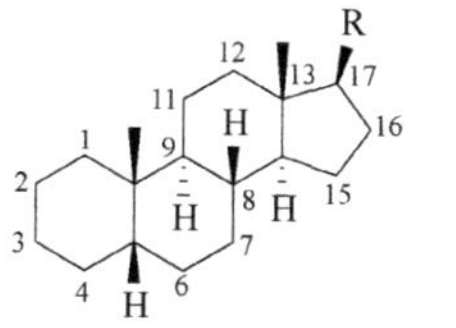

A/B顺式稠合

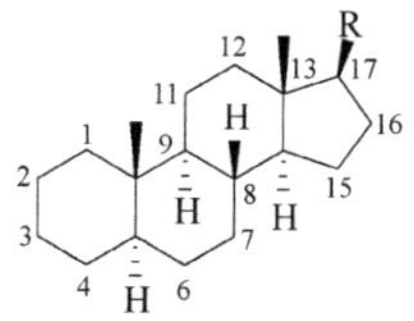

A/B反式稠合

甾体化合物的C-3位一般有羟基取代，其他位置也可能有羟基、羰基、双键、环氧醚键等基团的取代。

二、甾体类化合物的颜色反应

甾体类化合物与三萜类化合物类似，在无水条件下可与酸作用，经脱水、缩合、氧化等过程产生各种颜色变化，这些颜色反应包括乙酸酐-浓硫酸反应（Liebermann-Burchard反应）、Salkowski反应、Tschugaev反应、Rosen-Heimer反应和Kahlenberg反应等。其中，Liebermann-Burchard反应和三氯乙酸反应（Rosen-Heimer反应）还可用于区别三萜皂苷和甾体皂苷。

1. Liebermann-Burchard反应

将样品溶于氯仿，加硫酸-乙酸酐（1 ∶ 20），甾体化合物产生黄→红→紫→蓝→绿→污绿等颜色变化。甾体皂苷在颜色变化中最后呈显绿色，而三萜皂苷只能转变为蓝色，不出现绿色。

2. Rosen-Heimer反应

将样品溶液滴在滤纸上，喷25%的三氯乙酸乙醇溶液，甾体皂苷等甾体化合物加热至60℃呈红色至紫色，而同样条件下，三萜皂苷必须加热到100℃才能显色，生成红色渐变为紫色。

第二节　强心苷类化合物

一、概述

强心苷类化合物（cardiac glycosides）是自然界存在的一类对心脏具有显著强心作用的苷类化合物，它能选择性地作用于心脏，增强心肌收缩力，增加心排血量，并减慢窦性频率。强心苷类是临床上主要应用的一类强心药物，用于充血性心力衰竭及节律障碍等疾病的治疗，代表药物有毛花洋地黄苷丙、地高辛、洋地黄毒苷等。但需要注意的是，强心苷还能兴奋延髓催吐化学感受区引起恶心、呕吐等胃肠道反应，或出现头痛、头晕、疲乏、不适、失眠及谵妄，以及视觉障碍等中枢神经系统症状，其治疗剂量已经接近中毒剂量的60%，安全剂量范围较小。

强心苷类化合物由强心苷元（cardiac aglycones）和糖通过苷键连接而成，强心苷元结构上具有甾体骨架，C-17位连有不饱和的五元内酯环或者六元内酯环，C-3位连有各种糖分子，包括羟基糖和去氧糖。

强心苷存在于许多有毒植物中，特别以玄参科、夹竹桃科、萝藦科、百合科、毛茛科、十字花科、桑科、卫矛科等科的植物比较普遍，常见的有毛花洋地黄 *Digitalis lanata* Ehrh.、紫花洋地黄 *Digitalis purpureal* L.、黄花夹竹桃 *Thevetia peruviana*（Pers.）K. Schum.、绿毒毛

旋花 *Strophanthus kombe*、铃兰 *Convallaria majalis Linn.*、海葱 *Ornithogalum caudatum Jacq.*、羊角拗 *Stropanthus divaricatus*（Lour.）Hook. et Arn. 等。

中药蟾酥是蟾蜍耳后腺及表皮腺体的分泌物，其具有强心作用的有效成分虽然也是甾体化合物，但是为一类蟾毒配基与脂肪酸结合而成的酯，不属于强心苷的范畴。

二、强心苷的结构

强心苷在结构上除包括组成的强心苷元与糖类外，苷元与糖之间也有着不同的连接方式。

（一）苷元部分的分类与结构特点

1. 分类

根据 C-17 位不饱和内酯环的结构，强心苷元可分为以下两类。

（1）甲型强心苷元：C-17 位连接的侧链为五元不饱和内酯环（$\Delta^{\alpha\beta}$-γ- 内酯），称甲型强心苷元，母核有 23 个碳，以强心甾烯（cardenolides）命名。甲型强心苷元 C-17 位侧链多为 β- 构型，少数为 α- 构型。天然存在的强心苷类大多为此种类型，如夹竹桃苷元（oleander aglycone）。

（2）乙型强心苷元：C-17 位连接的侧链为六元不饱 和内酯环（$\Delta^{\alpha\beta,\gamma\delta}$-$\delta$- 内酯），称乙型强心苷元。母核有 24 个碳，以海葱甾二烯（scillanolides）或蟾蜍甾二烯（bufanolide）命名。乙型强心苷元 C-17 位侧链均为 β- 构型，具有此类苷元结构的强心苷较少，如海葱苷元（scillarenin）。

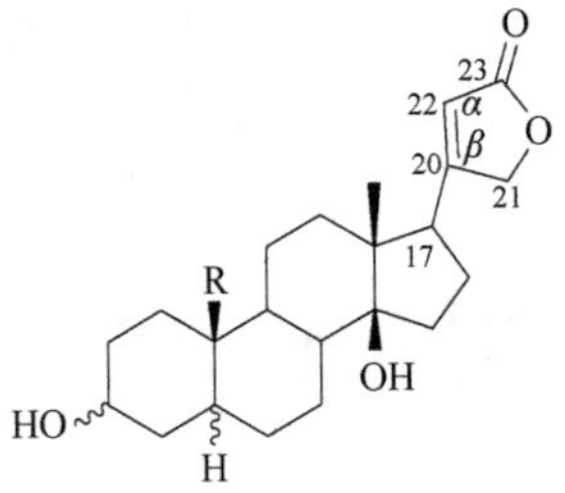

甲型强心苷元(强心甾稀)

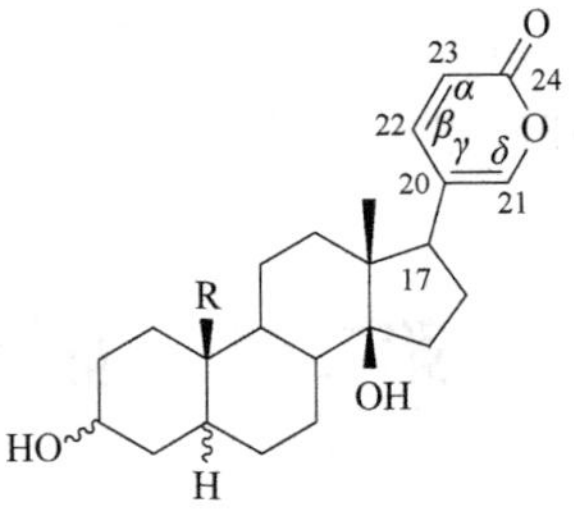

乙型强心苷元(海葱甾二烯或蟾蜍甾二烯)

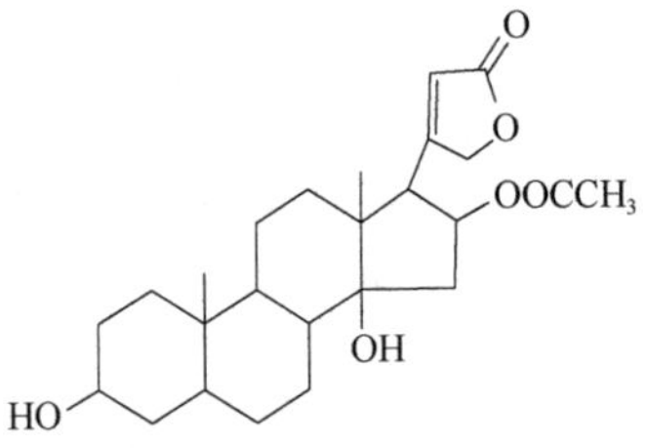

夹竹桃苷元

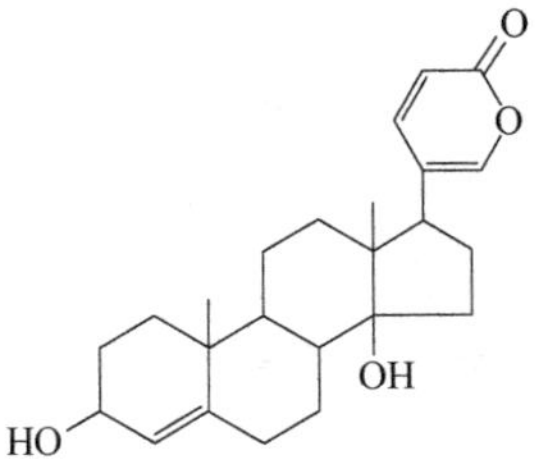

海葱苷元

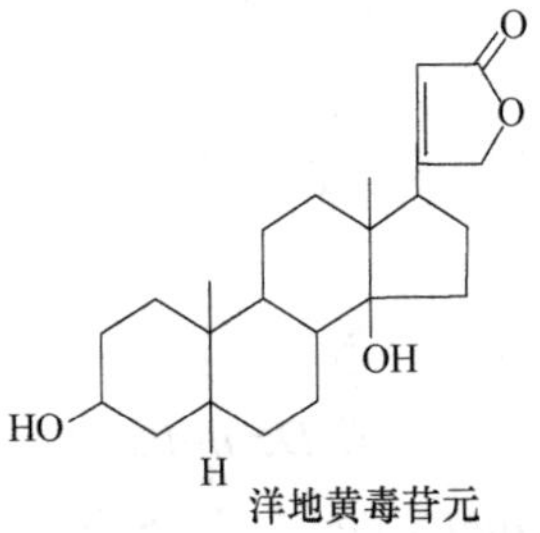

洋地黄毒苷元

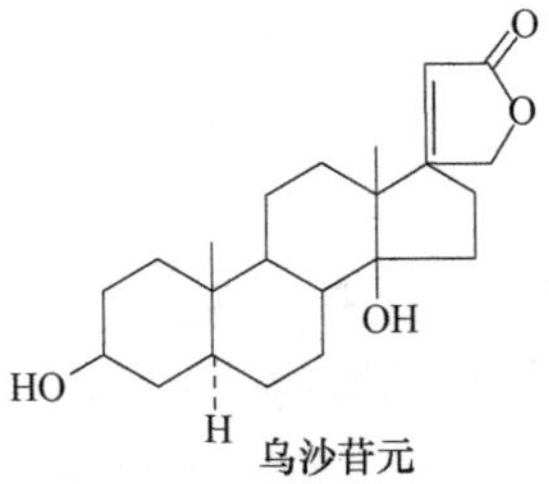

乌沙苷元

2. 特点

（1）甾体母核：具有 A、B、C、D 四个环，它们的稠合方式为：A/B 环具有顺、反两种形式，但多为顺式稠合，如洋地黄毒苷元（digitoxigenin）；反式稠合的较少，如乌沙苷元（uzarigenin）。B/C 环均为反式稠合；C/D 环多为顺式稠合。C/D 环顺式稠合也是强心苷区别于其他类型甾体化合物的重要特征。

（2）取代基：强心苷元 C-10 位上大多为甲基或其氧化产物，如羟甲基、醛基或羧基等，均为 β-构型。C-13 位为甲基取代，C-3 位和 C-14 位有羟基取代，C_3—OH 一般为 β- 构型，少数为 α-构型，C_{14}—OH 均为 β- 构型。强心苷中的糖常与 C_3—OH 缩合成苷。甾体母核上也可能有羰基或双键存在，羰基一般在 C-11 或 C-12 位上，双键一般在 C-4、C-5 位或 C-5、C-6 位，也可能在 C-9、C-11 或 C-16、C-17。

（二）糖部分的结构特点

构成强心苷的糖有二十余种，根据它们 C-2 位有无羟基可以分为 α- 羟基糖（2- 羟基糖）和 α- 去氧糖（2- 去氧糖）两类。α- 去氧糖常见于强心苷中，是与中药中其他苷类成分相区别的一个重要特征。

1. *α*- 羟基糖

α- 羟基糖除 D- 葡萄糖、L- 鼠李糖外，还有 6- 去氧糖，如 L- 夫糖、D- 鸡纳糖、D- 弩箭子糖（D-antiarose）、D-6- 去氧阿洛糖（D-6-de-oxyallose）；另外还有 6- 去氧糖甲醚，如 L- 黄花夹竹桃糖（L-thevetose）、D- 洋地黄糖（D-digitalose）等。

2. *α*- 去氧糖

由于 2 位去氧的糖一般 6 位同时去氧，故 α- 去氧糖即 2,6- 二去氧糖，如 D- 洋地黄毒糖（D-digitoxose）等。还有 2,6- 二去氧糖甲醚，如 L- 夹竹桃糖（L-oleandrose）、D- 加拿大麻糖（D-cymarose）、D- 迪吉糖（D-diginose）和 D- 沙门糖（D-sarmentose）等。

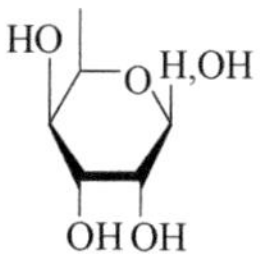

D-弩箭子糖

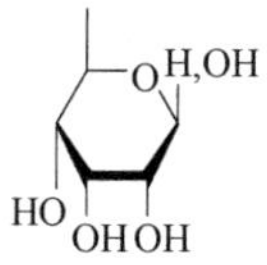

D-6-去氧阿洛糖

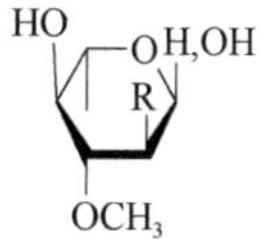

L-黄花夹竹桃糖 R=OH
L-夹竹桃糖 R=H

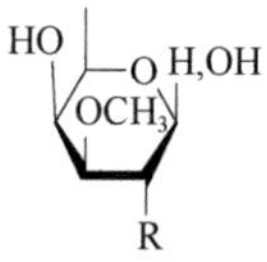

D-洋地黄糖 R=OH
D-迪吉糖 R=H

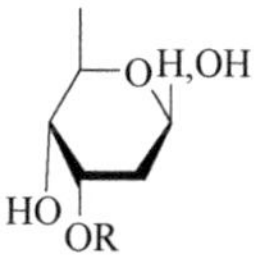

D-洋地黄毒糖 R=H
D-加拿大麻糖 R=CH_3

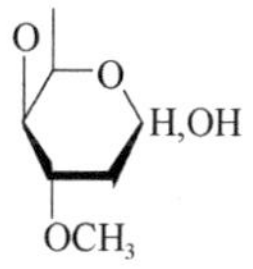

D-沙门糖

（三）苷元和糖的连接方式

强心苷大多为低聚糖苷，少数是单糖苷或双糖苷。按糖的种类及和苷元的连接方式，可分为以下三种类型。

1. Ⅰ型

苷元 -（2，6- 二去氧糖）$_x$-（D- 葡萄糖）$_y$，如紫花洋地黄苷 A（purpurea glycoside A）。

2. Ⅱ型

苷元 -（6- 去氧糖）$_x$-（D- 葡萄糖）$_y$，如真地吉他林（digitalinum verum）。

3. Ⅲ型

苷元 -（D- 葡萄糖）$_y$，如绿海葱苷（scilliglaucoside）。

x=1 ～ 3，y=1 ～ 2。

自然界中Ⅰ型、Ⅱ型强心苷较多，Ⅲ型强心苷较少。

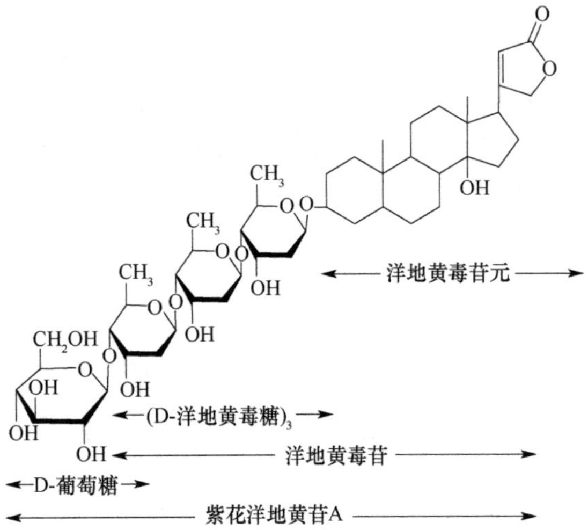

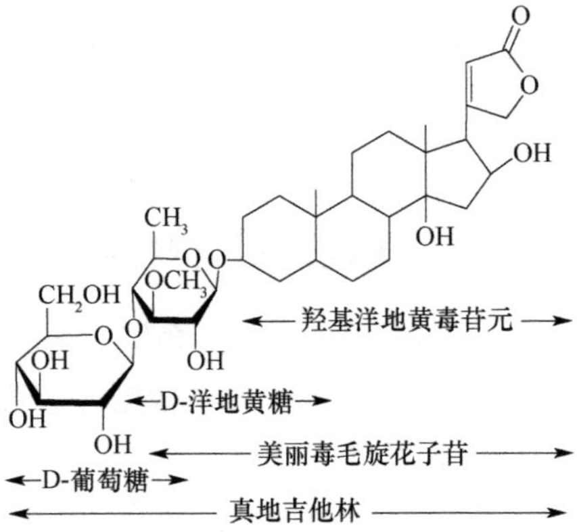

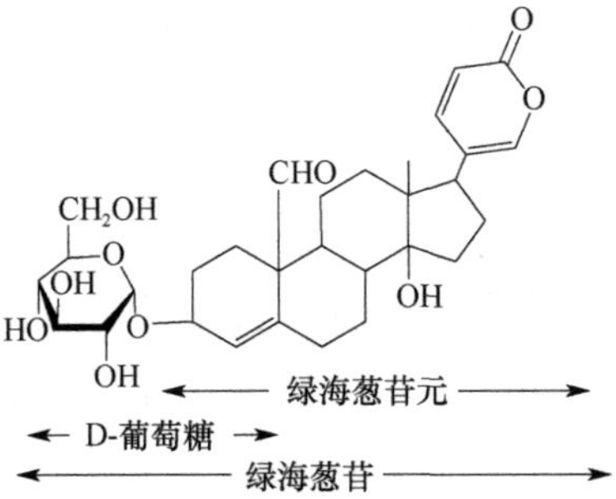

三、强心苷的理化性质

（一）性状

强心苷均为中性化合物，多为无色结晶或无定形粉末，有旋光性，C-17 侧链为 *β*- 构型的味苦，*α*- 构型的味不苦，但无强心作用；对黏膜具有刺激性。

（二）溶解性

强心苷中糖分子的性质、数目及苷元中的亲水性基团是影响其溶解度的主要因素。由于分子糖的存在，强心苷一般极性较大，可溶于水、丙酮及醇类等极性溶剂，略溶于乙酸乙酯、含醇氯仿，几乎不溶于乙醚、苯、石油醚等非极性溶剂。

强心苷的溶解度随分子中所含糖基数目的不同而异，含糖基数目多的原生苷比其次生苷和苷元的亲水性强，亲脂性弱。此外，由于强心苷中出现了去氧糖，故其溶解性取决于分子中总的羟基数目。例如，乌本苷（ouabain）虽是单糖苷，但整个分子却有 8 个羟基，水溶性大（1 ∶ 75），难溶于氯仿；洋地黄毒苷虽为三糖苷，但是 3 个糖基都是 *α*- 去氧糖，整个分子只有 5 个羟基，故在水中溶解度小（1 ∶ 100 000），易溶于氯仿（1 ∶ 40）。

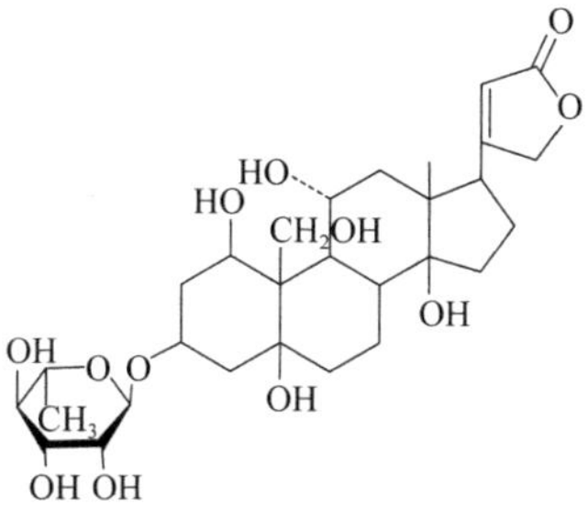

乌本苷

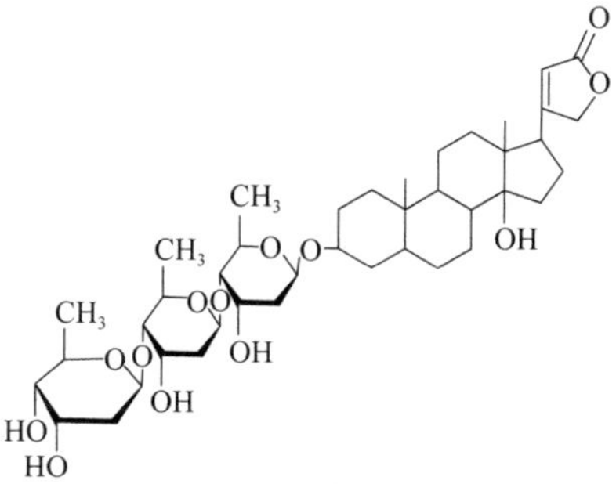

洋地黄毒苷

当强心苷分子中糖基与苷元上的羟基总数相同时，苷元羟基不能形成分子内氢键者比能形成分子内氢键者水溶性大。例如，毛花洋地黄苷乙和毛花洋地黄苷丙，都是四糖苷，分子中均具有 8 个羟基，仅苷元上羟基位置不同，前者是 C-14、C-16 二羟基，其中 C_{16}—OH 能和 C-17 位内酯环的羰基形成分子内氢键，而后者是 C-14、C-12 二羟基，不能形成氢键，所以毛花苷丙在水中溶解度（1 ∶ 18 500）比苷乙大（几乎不溶），而在氯仿中的溶解度则相反，毛花洋地黄苷丙（1 ∶ 17 500）小于苷乙（1 ∶ 500）。

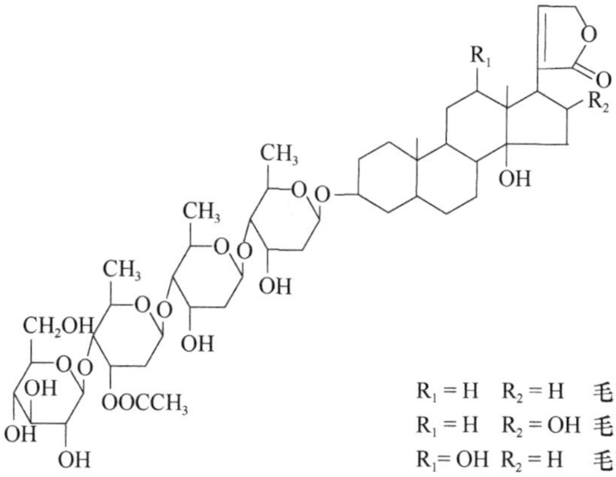

$R_1 = H$　$R_2 = H$　毛花洋地黄苷甲
$R_1 = H$　$R_2 = OH$　毛花洋地黄苷乙
$R_1 = OH$　$R_2 = H$　毛花洋地黄苷丙

（三）水解反应

强心苷的苷键可被酸或酶催化水解，分子中的内酯环和其他酯键能被碱水解。但强心苷中苷键由于糖的结构不同，水解难易有区别，水解产物也有差异。

1. 酸水解

（1）温和酸水解

1）反应条件：用稀酸（0.02 ~ 0.05mol/L 的盐酸或硫酸）在含水醇中经短时间（半小时至数小时）加热回流即可水解。

2）反应特点：温和酸水解能水解苷元和 *α*- 去氧糖之间的苷键、*α*- 去氧糖和 *α*- 去氧糖之间的糖苷键，因而可使 I 型强心苷水解成苷元和糖，且不会引起苷元的脱水反应，对不稳定的 *α*- 去氧糖亦不致分解。

由于 *α*- 羟基糖苷较 *α*- 去氧糖苷难水解，温和酸水解不易切断 *α*- 羟基糖与苷元、*α*- 去氧

糖与 α- 羟基糖、α- 羟基糖与 α- 羟基糖之间的苷键，因而无法水解Ⅱ型及Ⅲ型强心苷；水解Ⅰ型强心苷时，常得到双糖和三糖，如

紫花洋地黄苷 A $\xrightarrow{\text{温和酸水解}}$ 洋地黄毒苷元 + 2 分子 D- 洋地黄毒糖 + 洋地黄双糖（D- 洋地黄毒糖 -β-D- 葡萄糖）

毒毛花苷 K $\xrightarrow{\text{温和酸水解}}$ 毒毛花苷元 + 毒毛花三糖（D- 加拿大麻糖 -β-D- 葡萄糖 -β-D- 葡萄糖）

（2）强烈酸水解：α- 羟基糖形成的苷，由于羟基的吸电子诱导效应使苷键原子的电子云密度降低，使水解反应不易进行，此时要增加酸的浓度。

1）反应条件：用 3% ~ 5% 的盐酸或硫酸，延长作用时间或同时加压。

2）反应特点：强烈酸水解能使强心苷元和糖之间的苷键、糖和糖之间的糖苷键全部断裂，因而可水解Ⅰ型、Ⅱ型和Ⅲ型强心苷。但由于其条件剧烈，常引起苷元发生脱水反应，促使分子中 C_{14}-OH 或 C_{16}-OH 的叔醇羟基脱除生成脱水苷元，而得不到原来的苷元，如紫花洋地黄苷 A 进行强烈酸水解，得到的就是缩水洋地黄毒苷元。

又如，羟基洋地黄毒苷强烈酸水解得到的是脱水羟基洋地黄毒苷元，脱水后双键与内酯环形成共轭链，促使了反应的进行。

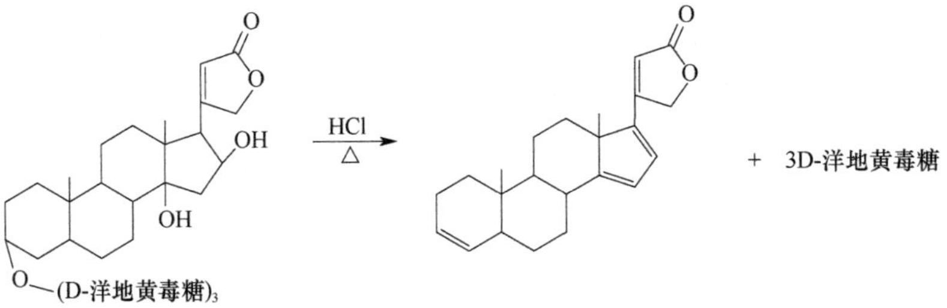

羟基洋地黄毒苷　　脱水羟基洋地黄毒苷元

（3）氯化氢 - 丙酮法（Mannich 水解）：将强心苷溶于丙酮中，室温下与盐酸（0.4% ~ 1%）放置两周。糖分子中 C-2 位和 C-3 位羟基与丙酮反应，生成丙酮化物，进而水解，可得到原生苷元和糖衍生物。

本法适合于多数Ⅱ型强心苷的水解，但也有例外，如黄夹次苷乙用此法水解只能得到缩水苷元。同时，多糖苷因极性太大，难溶或不溶于丙酮中，水解反应不易进行或不能进行。

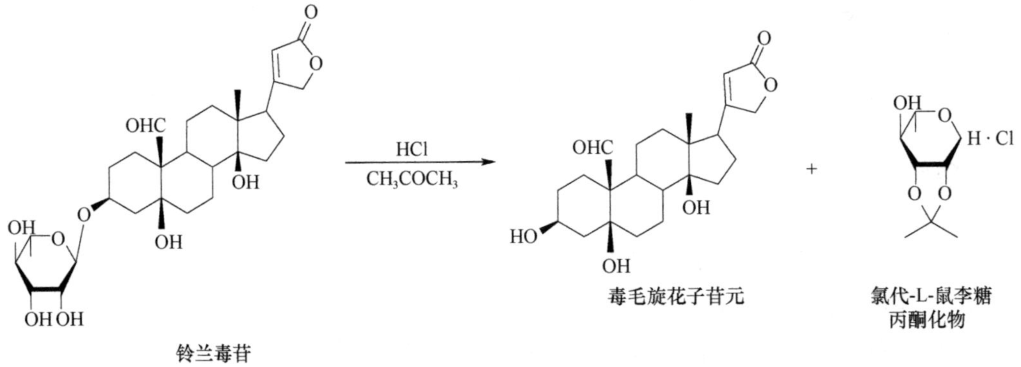

铃兰毒苷　　毒毛旋花子苷元　　氯代-L-鼠李糖丙酮化物

2. 酶水解

酶催化水解有其专属性，不同的酶作用于不同性质的苷键。在含强心苷的植物中，有水解 D- 葡萄糖的酶，无水解 α- 去氧糖的酶，所以水解能脱去分子中的葡萄糖而生成保留 α- 去

氧糖的次生苷。如紫花洋地黄叶中含有紫花苷酶，为一种 β- 葡萄糖苷酶。

紫花洋地黄苷 A $\xrightarrow{\text{紫花苷酶}}$ 洋地黄毒苷 +D- 葡萄糖

紫花洋地黄苷 B $\xrightarrow{\text{紫花苷酶}}$ 羟基洋地黄毒苷 +D- 葡萄糖

除植物中与强心苷共存的酶外，其他生物中的水解酶，如来源于动物脏器（家畜的心肌、肝脏等）、蜗牛的消化液、紫苜蓿和一些霉菌中的水解酶，也能使强心苷中的苷键逐步裂解，从而获得次生苷或苷元，因而酶解法可用于强心苷的结构研究。

此外，苷元类型不同，强心苷被酶解的难易程度也不同。一般来说，糖基上有乙酰基者对酶作用阻力大，水解慢；乙型强心苷较甲型强心苷易被酶水解。

3. 碱水解

强心苷为缩醛结构，可被酸或酶水解，而对碱稳定。但碱试剂可使强心苷发生分子内的酰基水解或内酯环开裂等变化。

（1）酰基的水解：强心苷的苷元或糖上常有酰基存在，一般可用碱处理使酯键断裂脱去酰基。通常碳酸氢钠、碳酸氢钾可使 α- 去氧糖上的酰基水解，而 α- 羟基糖及苷元上的酰基多不被水解；氢氧化钙、氢氧化钡可使 α- 去氧糖、α- 羟基糖及苷元上的酰基均被水解；氢氧化钠碱性太强，不但可使所有酰基水解，还可使内酯环开裂。

（2）内酯环的水解：在水溶液中，氢氧化钠、氢氧化钾溶液可使内酯环开裂，加酸后可再闭环；在醇溶液中，氢氧化钠、氢氧化钾溶液也可使内酯环开裂，但同时还使其结构异构化，酸化后不再有可逆变化。

甲型强心苷在氢氧化钾醇溶液中，通过内酯环的质子转移和双键转移，形成 C-22 活性亚甲基，同时由于 C-14 位羟基质子对 C-20 位的亲电加成作用生成内酯型异构化苷，再经皂化作用开环形成开链型异构化苷。

乙型强心苷在氢氧化钾醇溶液中，不发生双键转移，但内酯环开裂生成甲酯异构化苷。

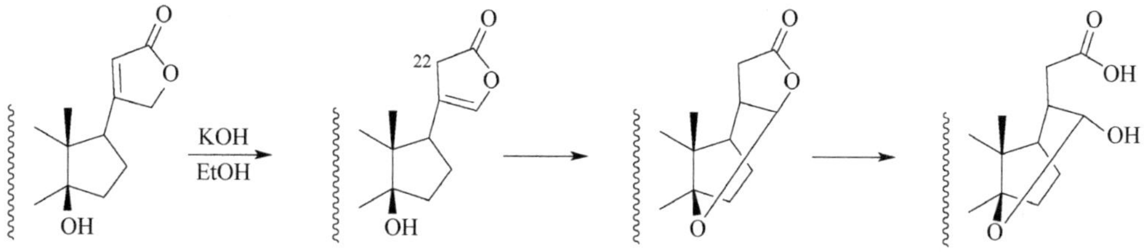

甲型强心苷　　　　异构化苷(内酯型)　　　　异构化苷(开链型)

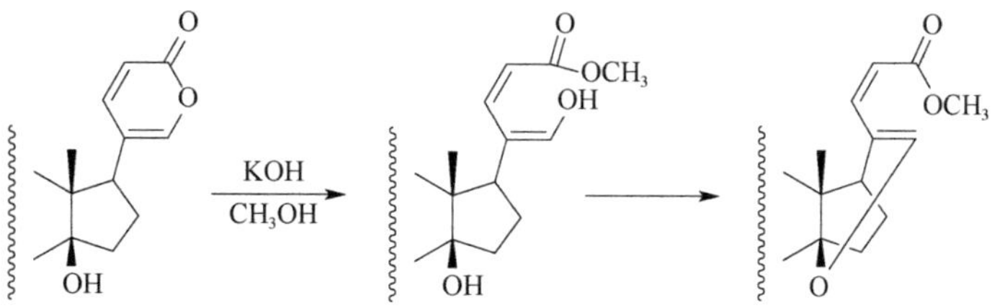

乙型强心苷　　　　异构化苷

四、强心苷的结构与强心作用、毒性间的关系

强心苷类化合物以强心作用为其生物活性的代表，在临床上用于治疗心力衰竭和某些心律失常。但是，强心苷也表现出一定的毒性，过量服用时会引起胃肠道不适，甚或心肌发生

收缩性停止而威胁生命。

强心苷的生物活性与其化学结构密切相关。强心苷的苷元部分（如甾体母核的立体结构，不饱和内酯环的种类，以及一些取代基的种类及构型）对于强心作用的发挥具有决定性的作用，C/D 环顺式稠合和 C-17 位不饱和内酯环为 β- 构型是强心作用的必备条件。糖部分虽然本身不具有强心作用，但可影响强心苷的活性或毒性强弱。

1. 甾体母核

母核中无论 A/B 环为顺式或反式稠合，C/D 环必须为顺式稠合（C_{14}—OH 为 β- 构型），才能显现强心作用。如果 C/D 环为反式稠合（C_{14}—OH 为 α- 构型）或 C_{14}—OH 与邻近碳上的氢脱水形成双键，强心作用消失。在 A/B 环为顺式稠合的甲型强心苷元中，C_3—OH 为 β- 构型者才有强心作用，若为 α- 构型则无活性。A/B 环为反式稠合的甲型强心苷元中，C_3—OH 构型对强心作用无明显的影响，β- 构型和 α- 构型均有活性。

2. 不饱和内酯环

强心苷 C-17 位的不饱和内酯环必须为 β- 构型，具有一定的强心作用；如异构化为 α- 构型或开环，强心作用将变得很弱甚至消失。内酯环中双键被加氢饱和后，强心作用虽减弱，但同时毒性亦减弱。

3. 取代基

强心苷的生物活性也受到甾体母核中一些取代基团的影响。如 C-10 位的甲基氧化成羟甲基或醛基后，强心作用增强；但如氧化成羧基或无甲基时，强心作用减弱。此外，甾体母核上引入 5β、11α、12β 羟基，可增强活性，引入 1β、6β、16β 羟基，可降低活性；引入双键 $\Delta^{4(5)}$，活性增强，引入双键 $\Delta^{16(17)}$，活性显著降低或消失。苷元或糖基上引入乙酰基，都有增强活性的作用。

4. 糖部分

在强心苷中，糖自身没有强心作用，但糖的性质及数目对强心作用有影响。一般来说，苷元连接糖形成单糖苷后，毒性增加。随着糖基数目的增多，相对分子质量增大，苷元相对比例减少，又使毒性减弱。甲型强心苷及苷元的毒性大小规律为：三糖苷＜二糖苷＜单糖苷＜苷元。同一甲型强心苷元的单糖苷，毒性的强弱决定于糖的种类。例如，洋地黄毒苷元与不同单糖结合的苷的毒性由大到小依次为：葡萄糖苷＞甲氧基糖苷＞ 6- 去氧糖苷＞ 2,6- 二去氧糖苷。

通常乙型强心苷元的毒性大于相应的甲型强心苷元。乙型强心苷与苷元相比较，苷元的毒性大于苷，且苷中糖基数目越多，毒性越小，相应的毒性规律为：苷元＞单糖苷＞二糖苷。

五、强心苷的检识

1. 颜色反应

按发生的部位可分为三类，除前述甾体母核所产生的显色反应外（本章第一节），还因结构中含有不饱和内酯环和 α- 去氧糖而产生显色反应。

（1）不饱和内酯环的颜色反应：甲型强心苷在碱性醇溶液中，五元不饱和内酯环上双键移位，生成 C-22 位活性亚甲基，故能与活性亚甲基试剂作用而呈色。乙型强心苷在碱性醇溶液中，不能产生活性亚甲基，不能发生此类反应，故可用此类反应区别甲型强心苷和乙型强心苷。具体反应类型见表 9-2，由于反应的产物均具有一定的颜色，在可见光区有最大的吸收，故可用于定量。

表 9-2　活性次甲基显色反应

反应名称	试剂	颜色
Legal 反应	亚硝酰铁氰化钠	深红或蓝
Raymond 反应	间二硝基苯	紫红或蓝
Kedde 反应	3,5- 二硝基苯甲酸	深红或红
Baljet 反应	苦味酸	橙或橙红

1）Legal 反应：取 1 ~ 2mg 甲型强心苷样品，溶于 2、3 滴吡啶中，加 3% 亚硝酰铁氰化钠溶液和 2mol/L 氢氧化钠溶液各 1 滴，反应液呈深红色并渐渐褪去。

2）Raymond 反应：取样品约 1mg，以少量 50% 乙醇溶解后加入 0.1ml 间二硝基苯的乙醇溶液，摇匀后再加入 0.2ml 20% 氢氧化钠，反应液呈紫红色渐变为蓝紫色。

该反应的机制是间二硝基苯与活性亚甲基缩合，再经过量的间二硝基苯的氧化生成醌式结构而呈色，部分间二硝基苯自身还原为间硝基苯胺。与其他具有间二硝基结构的化合物，如 3，5- 二硝基苯甲酸（Kedde 反应）、苦味酸（Baljet 反应）等也有类似的反应机制。

3）Kedde 反应：取样品的甲醇或乙醇溶液，加入 3，5- 二硝基苯甲酸试剂（A 液为 2% 3，5- 二硝基苯甲酸的甲醇或乙醇溶液，B 液为 2mol/L 氢氧化钾溶液，用前等量混合）3、4 滴，生成红色或紫红色。

本试剂可用做甲型强心苷纸色谱和薄层色谱的显色剂，喷雾后强心苷类成分显紫红色，几分钟后褪色。

4）Baljet 反应：取样品的甲醇或乙醇溶液，加入碱性苦味酸试剂（A 液为 1% 苦味酸乙醇溶液，B 液为 5% 氢氧化钠水溶液，用前等量混合）数滴，反应呈现橙色或橙红色。本反应有时发生较慢，放置 15 分钟以后才能显色。

（2）α- 去氧糖的颜色反应

1）Keller-Kiliani（K-K）反应：将强心苷溶于含少量 Fe^{3+}[$FeCl_3$ 或 $Fe_2(SO_4)_3$] 的冰醋酸中，倾斜试管沿管壁缓缓加入浓硫酸。如有 α- 去氧糖存在时，乙酸层（上层）渐呈蓝或蓝绿色。界面的呈色，则由于浓硫酸对苷元所起的作用渐渐扩散向下层，其显色随苷元羟基、双键的位置和数目不同而异，如洋地黄属强心苷中，洋地黄毒苷元、羟基洋地黄毒苷元、异羟基洋地黄毒苷元分别呈草绿色、洋红色、黄棕色等，但久置后均因炭化作用，转为暗色。

本反应对游离的 α- 去氧糖或 α- 去氧糖与苷元连接而成的强心苷都能呈色，但 α- 去氧糖与葡萄糖等羟基糖相连接的二糖、三糖，因在此条件下较难水解出 α- 去氧糖，故不呈色。

2）呫吨氢醇（Xanthydrol）反应：取样品少许，加 1ml 呫吨氢醇试剂（10mg 呫吨氢醇溶解于 100ml 冰醋酸中，再加入 1ml 浓盐酸混匀），置沸水浴中加热 3 分钟，反应液呈红色。此反应只要分子中有 α- 去氧糖者均能显色，且定量进行，故还可用于 α- 去氧糖的含量测定。

3）对二甲氨基苯甲醛反应：将样品的醇溶液点在滤纸上，晾干后，喷对二甲氨基苯甲醛试剂（1% 对二甲氨基苯甲醛的乙醇溶液和浓盐酸按 4 ∶ 1 比例混合），于 90℃加热 30 秒，分子中若有 α- 去氧糖，可显灰红色的斑点。

4）过碘酸 - 对硝基苯胺反应：过碘酸能将强心苷分子中的 α- 去氧糖氧化成丙二醛，再与对硝基苯胺缩合而呈黄色。将样品的醇溶液点于滤纸或薄层板上，先喷过碘酸钠水溶液（过碘酸钠的饱和水溶液 5ml 加 10ml 蒸馏水稀释），室温放置 10 分钟，再喷对硝基苯胺试液（1% 对硝基苯胺的乙醇溶液 - 浓盐酸 4 ∶ 1），在灰黄色背底上立即出现深黄色斑点，紫外光下观察则为棕色背底上出现黄色荧光斑点。再喷以 5% 氢氧化钠甲醇溶液，斑点转为绿色。

2. 色谱检识

强心苷的色谱检识可采用纸色谱和薄层色谱进行。

（1）纸色谱：常用于强心苷的检识。根据强心苷及其苷元的极性不同可选用不同的固定相。如强心苷的亲水性较强，宜用水预先浸透滤纸为固定相，展开剂多选用水饱和的丁酮、丁醇 - 甲苯 - 水（4 ∶ 6 ∶ 1）、氯仿 - 甲醇 - 水（10 ∶ 2 ∶ 5）；如果强心苷的亲水性较弱或检识苷元时，可用甲酰胺或者丙二醇处理滤纸作为固定相，以甲酰胺饱和的甲苯或苯为展开剂。

（2）薄层色谱：吸附薄层色谱和分配薄层色谱均可用于强心苷的检识。硅胶吸附薄层色谱较为常用，以氯仿 - 甲醇 - 冰醋酸（85 ∶ 13 ∶ 2）、二氯甲烷 - 甲醇 - 甲酰胺（80 ∶ 19 ∶ 1）、乙酸乙酯 - 甲醇 - 水（8 ∶ 5 ∶ 5）等溶剂系统作展开剂；也可用氧化铝、氧化镁、硅酸镁作为吸附剂，以乙醚或氯仿 - 甲醇（99 ∶ 1）等为展开剂，检识极性较弱的苷元及一些单糖苷。

与吸附薄层相比，分配薄层分离强心苷的效果较好，承载的样品量较大，且斑点集中。常用硅藻土、纤维素为支持剂，以甲酰胺、二甲基甲酰胺、乙二醇等为固定相，氯仿 - 丙酮（4 ∶ 1）、氯仿 - 正丁醇（19 ∶ 1）等溶剂系统展开，分离极性较强的强心苷类化合物。

强心苷类的色谱显色往往借助上述颜色反应进行，常用的显色试剂和显色方法有：① 2% 3，5- 二硝基苯甲酸的乙醇溶液与 2mol/L 氢氧化钾溶液等量混合，喷后强心苷显红色，几分钟后褪色；② 1% 苦味酸水溶液与 10% 氢氧化钠水溶液按 95 ∶ 5 混合，喷后于 90 ~ 100℃烘 4 ~ 5 分钟，强心苷呈橙红色；③ 2% 三氯化锑的氯仿溶液，喷后于 100℃烘 5 分钟，不同的强心苷及苷元呈现出不同的颜色。

六、强心苷的提取分离

1. 提取

强心苷类成分由于分子中糖基的存在，总体极性比较大，在植物中的含量一般又比较低，常与性质相近的皂苷、鞣质、糖类等混杂在一起；同一植物又常含有几个甚至几十个性质相近的系列强心苷类化合物；并且多数强心苷是多糖苷，可被植物中的酶水解成次生苷，与原生苷共存，从而增加了成分的复杂性，也增加了提取分离工作的难度。另外，强心苷结构比较复杂，性质不稳定，在提取分离过程中易发生水解、脱水及异构化等诸多反应，因此需要特别注意相应的条件。

（1）原生苷的提取：植物中的酶可水解原生苷，因此如果需要提取药材中的原生苷，首先要注意抑制酶的活性。新鲜药材采收后尽快干燥，最好在 50 ~ 60℃通风快速烘干或晒干，在保存期间要注意防潮，控制含水量。其次提取时也要避免酸碱的影响，药材粉末可直接用 80% 左右的乙醇冷浸或加热提取。

（2）次生苷的提取：要比原生苷简便，可以利用酶解、部分酸、碱水解等适当方法提取药材中的次生苷，也可先提取得到药材原生苷后再进行酶解或水解。

当提取原药材为种子类或含较多亲脂性杂质的中药材时，一般需用石油醚或溶剂汽油脱脂后再进行提取；若原料为叶类或全草类药材时，含叶绿素较多，可以用析胶法（将醇提液浓缩至适当浓度，放置使叶绿素等脂溶性杂质形成胶状沉淀而去除）或者活性炭吸附除去提取液中叶绿素等脂溶性杂质，用聚酰胺或氧化铝吸附除去水溶性色素、鞣质、糖、皂苷、酚等酸性物质。但要注意采用这些方法除去杂质的同时，可能也会有部分强心苷同时被吸附而损失。

2. 分离

用上述方法得到的提取液，通常采用溶剂萃取法、逆流分溶法和色谱法进一步分离。对于少数含量较高的成分，可以优选适宜的溶剂进行反复重结晶得到单体。但在大多数情况下，往往需要多种方法配合使用，才能获得最终的单一组分。

两相溶剂萃取法和逆流分溶法均是利用强心苷在两相溶剂中分配系数的不同来进行分离的方法。例如，毛花洋地黄苷甲、毛花洋地黄苷乙、毛花洋地黄苷丙三者的分离，就是利用这几种化合物苷元结构中羟基的数目和位置不一样，极性大小不一样。极性小的苷甲和苷乙在非极性溶剂（氯仿）中溶解度大，而极性大的苷丙在极性溶剂（稀甲醇）中溶解度小，故以氯仿 - 甲醇 - 水（5 ∶ 1 ∶ 5）为溶剂系统进行萃取，可实现苷甲、苷乙和苷丙的分离。

色谱法分离亲脂性的苷元、次生苷、单糖苷时，一般以硅胶、中性氧化铝为吸附剂的吸附色谱，氯仿 - 甲醇、乙酸乙酯 - 甲醇、正己烷 - 乙酸乙酯等作洗脱剂。对于极性较大的成分，如多糖苷等宜选用以硅胶、硅藻土、纤维素等为支持剂的分配色谱，水作为固定相，氯仿 - 甲醇 - 水、乙酸乙酯 - 甲醇 - 水等作洗脱剂。此外，凝胶柱色谱、制备型高效液相色谱等也普遍用于强心苷类成分的分离，这些色谱分离方法的结合应用在中药化学成分的分离中发挥了重要作用。

七、强心苷的波谱特征

1. 紫外光谱

强心苷类化合物由于分子中五元或六元不饱和内酯环具有共轭结构，在紫外光区有较为明显的吸收。甲型强心苷元具有$\Delta^{\alpha\beta}$-γ- 内酯环，在 217 ~ 220nm（lgε 4.20 ~ 4.24）处有特征吸收；乙型强心苷元具有$\Delta^{\alpha\beta,\gamma\delta}$-$\delta$- 内酯环，共轭程度比甲型强心苷元高，故最大吸收红移，出现在 295 ~ 300nm（lgε 3.93）处，该波谱特征在区别甲型强心苷和乙型强心苷中具有重要作用。

如果甲型强心苷结构中有 C-16、C-17 位的双键即$\Delta^{16(17)}$，可与$\Delta^{\alpha\beta}$-γ- 内酯环共轭，在 270nm 处出现强吸收；若有$\Delta^{14(15),16(17)}$- 双烯和不饱和内酯共轭，则最大吸收进一步红移至

330nm 附近。强心苷元 C-11 位、C-12 位或 C-19 位有孤立羰基时，在 290 ~ 300nm 处有弱吸收（lgε 约 1.80）。

2. 红外光谱

依据红外光谱中强心苷类化合物内酯环羰基吸收峰的强度和峰位，也可以区分五元不饱和内酯环和六元不饱和内酯环。

甲型强心苷元具有$\Delta^{\alpha\beta}$-γ- 内酯环，一般在 1800 ~ 1700cm^{-1} 有两个羰基吸收峰：低波数的吸收峰是 α，β- 不饱和羰基的正常吸收，高波数的为其非正常吸收。非正常吸收随溶剂极性而改变，在极性大的溶剂中吸收强度减弱或消失，而正常吸收在极性溶剂中吸收强度不变或略加强。例如，3- 乙酰毛花洋地黄毒苷元（3-acetylgitoxigenin）在二硫化碳溶液中测定时，红外光谱有 3 个羰基吸收峰：1738cm^{-1}、1756cm^{-1} 和 1783cm^{-1}，其中 1738cm^{-1} 为乙酰基上羰基的吸收；1756cm^{-1} 是不饱和内酯环中羰基的正常吸收峰，因与 α、β 双键共轭而向低波数位移 20 ~ 30cm^{-1}（饱和内酯环的羰基峰在 1786cm^{-1} 处）；1783cm^{-1} 处的吸收峰则是羰基的非正常吸收峰，可随溶剂性质不同而改变。

乙型强心苷元具有$\Delta^{\alpha\beta,\gamma\delta}$-$\delta$- 内酯环，在 1800 ~ 1700cm^{-1} 区域内也有两个羰基吸收峰，但因其环内共轭程度高，故两峰均较甲型强心苷元中相应的羰基峰向低波数位移 40cm^{-1} 左右。例如，嚏根草苷元（hellebrigenin）在氯仿中测定时，出现 1740cm^{-1}（非正常羰基吸收）和 1718cm^{-1}（正常羰基吸收）两个吸收峰。

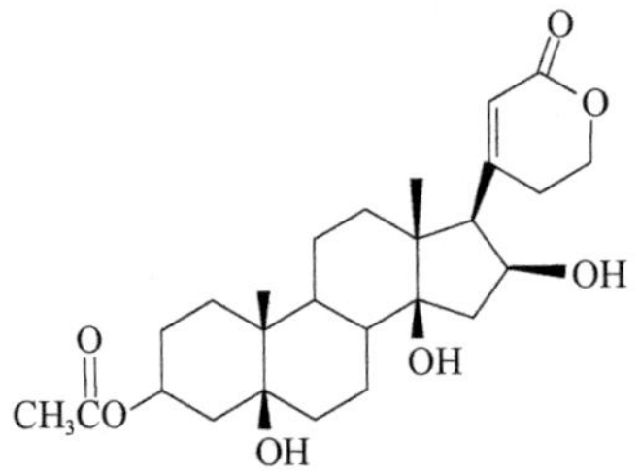

3-乙酰毛花洋地黄毒苷元

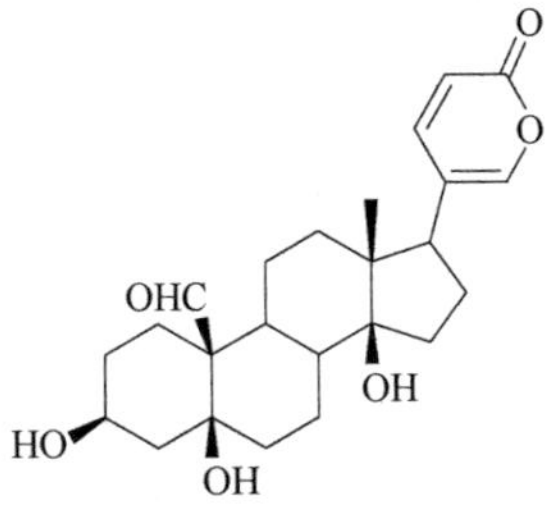

嚏根草苷元

3. 核磁共振谱

（1）^{1}H-NMR 谱：强心苷类化合物的氢谱中可以见到某些具有明显特征的质子信号。例如，强心苷元于 δ 1.00 左右出现两个叔甲基单峰，示 C-10 位、C-13 位各有一个甲基取代。这两个甲基的化学位移值与甾核 C-5 位、C-14 位的构型有关，并且一般 C_{13}—CH_3 的信号位于 C_{10}—CH_3 的低场。若 C-10 位有醛基取代，在 δ 9.50 ~ 10.0 内出现醛基质子的单峰。C-3 位的氢为多重峰，苷元中出现在约 δ 3.90 处，与糖结合成苷后向低场位移。

甲型强心苷中，$\Delta^{\alpha\beta}$-γ- 内酯环 C-21 位上的两个质子以宽单峰或三重峰或 AB 型四重峰出现在 δ 4.50 ~ 5.00（J = 18 Hz）；C-22 位上的烯氢因与 C-21 位上的 2 个质子产生远程偶合，故以宽单峰出现在 δ 5.60 ~ 6.00。乙型强心苷中，$\Delta^{\alpha\beta,\gamma\delta}$-$\delta$- 内酯环上的 C-21 的氢以单峰形式出现在 δ 7.20 左右；C-22 和 C-23 的氢各以二重峰形式分别出现在 δ 7.80 和 6.30 左右。

强心苷中去氧糖的存在使得其显示出特征性的氢谱信号。6- 去氧糖的 C_5—CH_3 以双峰（J = 6.5 Hz）或多重峰出现在高场区 δ 1.00 ~ 1.50。2- 去氧糖 C-1 位的端基质子因与 C-2 位上的两个质子偶合，呈双二重峰（dd 峰）。

（2）^{13}C-NMR 谱：甲型强心苷五元不饱和内酯环中的碳信号分别出现在 δ 172（C-20）、74（C-21）、117（C-22）和 176（C-23）左右，乙型强心苷六元不饱和内酯环中的碳信号分别出现在 δ 123（C-20）、149（C-21）、147（C-22）、115（C-23）和 162（羰基碳）左右。当强心苷结构中引入羟基时，相应羟基的 α- 位和 β- 位碳均向低场位移。当羟基被酰化后，酰氧基碳的 δ 值向低场位移，而其 β- 位碳则向高场位移。

强心苷碳谱中，组成糖部分的碳原子也都有各自相应的化学位移值，可用以确定糖的种类、数目及与苷元的连接位置。

4. 质谱

强心苷最主要的 MS 裂解方式是苷键的 α- 裂解，而强心苷元也有较多复杂的开裂方式。一般而言，甲型强心苷元可产生含有 γ- 内酯环或者是内酯环加 D 环的特征碎片离子 *m/z* 111、*m/z* 124、*m/z* 163 和 *m/z* 164。乙型强心苷元的裂解可见保留 δ- 内酯环的碎片离子 *m/z* 109、*m/z* 123、*m/z* 135 和 *m/z* 136，借此可区别甲型强心苷元与乙型强心苷元。

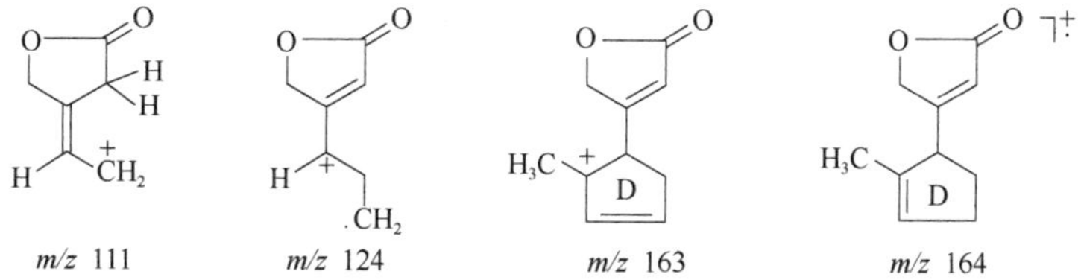

甲型强心苷元质谱裂解的常见碎片离子

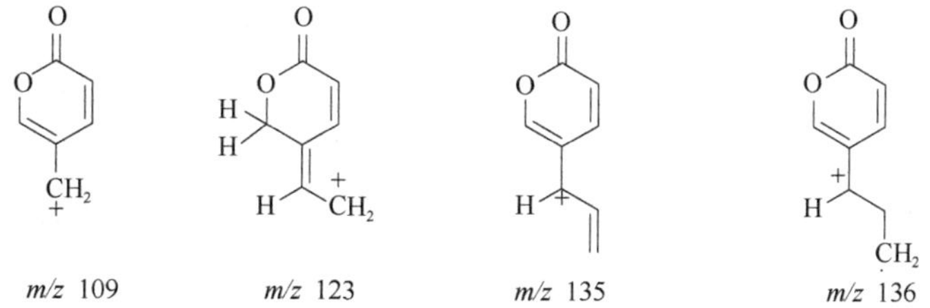

乙型强心苷元质谱裂解的常见碎片离子

八、强心苷及蟾酥强心成分的研究实例

1. 卫矛

卫矛 *Euonymus alatus*（*Thumb.*）Sieb 为卫矛科卫矛属植物，又名鬼见愁、千层皮、四方柴等。卫矛带栓翅的枝条入中药，称为鬼箭羽，始载于《神农本草经》，列为中品；味酸甘涩，性寒，归肝、脾经，具有破血、杀虫、通经、散瘀止痛等功效。现代药理研究表明其具有调血脂、降血糖、延缓动脉粥样硬化等作用，临床上主要用于治疗糖尿病、动脉硬化、脂血症、心绞痛等，效果显著。卫矛含有三萜类、倍半萜类、强心苷类、黄酮类等多种药用活性成分，其中强心苷类化合物对人肿瘤细胞系 HL-60、A549、Hela 及小鼠白血病细胞 p388 和 L1210 具有明显的抗增殖作用。

提取分离：卫矛干燥茎枝粉碎后用 95% 乙醇冷浸提取 5 次，每次 48h，浸提液减压浓缩得醇浸膏。醇浸膏用水分散后依次用石油醚、乙酸乙酯萃取，减压回收得各萃取部位浸膏。其中乙酸乙酯部位过 MCI 柱，依次用甲醇和丙酮洗脱，获得两部分洗脱液，再运用硅胶柱色谱、Sephadex LH-20 凝胶柱色谱、C_{18} 反相柱色谱分离得到 4 个强心苷类化合物：毒光药木糖苷元 **1**、毒光药木糖苷元 3-O-*α*-L- 吡喃鼠李糖苷 **2**、xysmalogenin**3** 和 xysmalomonoside **4**（表 9-3）。

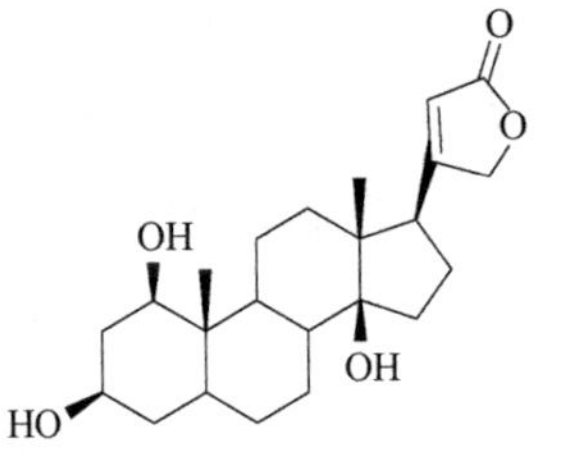

1

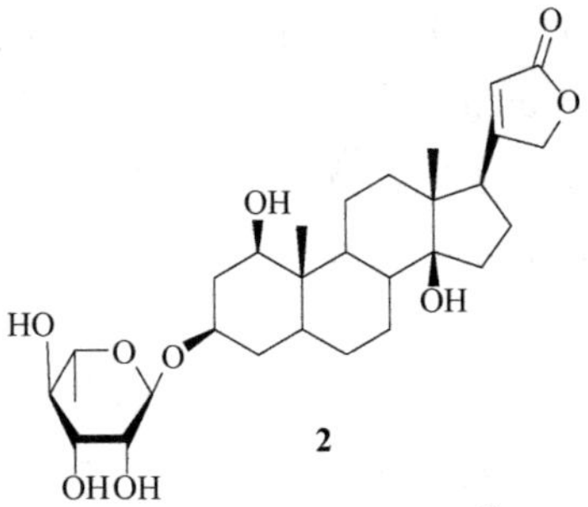

2

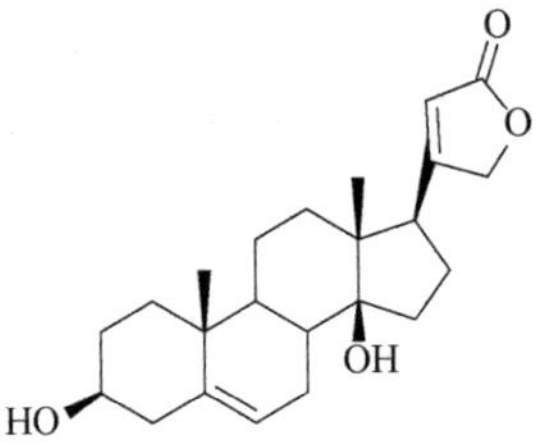

3

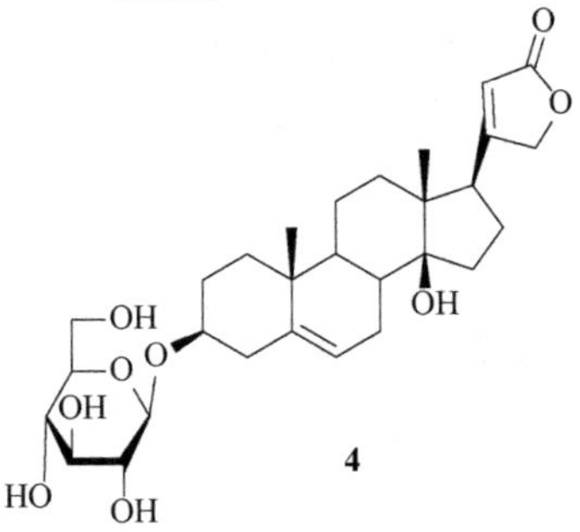

4

化合物 **2** 为无色块状结晶。ESI- MS（Positive）给出准分子离子峰 $[M+Na]^+$ *m/z* 559.4，结合 ^{1}H、^{13}C-NMR 确定其分子式为 $C_{29}H_{44}O_9$。在 ^{1}H-NMR（500 MHz，aceton-d_6）中信号 *δ* 4.85（1H，d，*J* = 18.0 Hz），5.01（1H，d，*J* = 18.0 Hz），5.87（1H，s）结合 ^{13}C-NMR（125 MHz，aceton-d_6）中信号 *δ* 73.9、*δ* 117.8、*δ* 174.7、*δ* 176.3 提示该化合物存在一个 *α*，*β*- 五元不饱和内酯环；同时，^{1}H-NMR（500 MHz，aceton-d_6）中信号 *δ* 1.21（3H，d，*J* = 6.0 Hz）结合 ^{13}C NMR（125 MHz，aceton-d_6）中信号 *δ* 98.1、*δ* 73.6、*δ* 72.7、*δ* 72.5、*δ* 69.8、*δ* 18.2 提示还存在一个去氧糖，结合文献确定该化合物为毒光药木糖苷元 3-*O*-*α*-L- 吡喃鼠李糖苷。

表 9-3　卫矛中强心苷类化合物 1 ~ 4 的 ^{13}C-NMR 谱数据（*δ*，125 MHz，aceton-d_6）

碳位	1	2	3	4
1	73.5	72.2	37.1	37.7
2	33.5	32.4	30.9	30.5
3	68.4	72.9	71.0	78.9
4	33.5	28.9	41.5	39.5
5	31.3	31.5	139.7	140.1
6	27.2	27.6	121.2	122.5
7	21.8	21.8	26.4	28.0
8	42.4	42.5	37.7	38.5
9	37.9	38.0	46.2	46.8
10	41.0	41.0	36.9	37.8

续表

碳位	1	2	3	4
11	22.1	21.9	20.9	21.7
12	40.1	40.3	39.1	29.3
13	50.3	50.3	49.6	50.1
14	84.9	85.3	85.2	84.9
15	34.6	33.4	32.9	34.0
16	27.6	27.0	26.7	27.1
17	51.7	51.6	51.0	51.9
18	16.6	16.2	15.4	16.2
19	19.7	19.1	19.2	19.9
20	174.9	174.7	175.8	174.9
21	74.1	73.9	73.9	74.1
22	118.0	117.8	117.1	118.1
23	176.3	176.3	176.1	176.3
1′	—	98.1	—	102.8
2′	—	72.5	—	75.7
3′	—	72.7	—	78.2
4′	—	73.6	—	72.0
5′	—	69.8	—	78.9
6′	—	18.2	—	63.1

2. 香加皮

香加皮为萝藦科植物杠柳 *Periploca sepium* Bge. 的根皮，又名香五加、五加皮、臭五加、北五加皮等。其性温，味辛、苦，有浓郁的特异香气，久嗅令人头晕，能祛风湿、强筋骨，为治疗风湿痹痛、关节拘挛的常用中药。但《中国药典》上明确注明“香加皮有毒，服用不宜过量”，临床上不良反应主要有恶心、呕吐、腹泻等胃肠道症状，以及心率减慢、期前收缩、房室传导阻滞等心律失常表现，甚至有误服致死的报道。其中的毒性成分主要是以杠柳毒苷（periplocin）及其苷元为代表的甲型强心苷类化合物。

提取分离：香加皮饮片粉碎后使用 8 倍量 70% 乙醇室温浸泡，回流提取 3 次，每次 2h。浸提液减压浓缩后得总浸膏。总浸膏用水分散后依次用石油醚、氯仿和水饱和正丁醇萃取，减压回收得各萃取部位浸膏。对正丁醇萃取部位运用硅胶柱色谱、Sephadex LH-20 凝胶柱色谱并结合半制备型 RP-HPLC 分离得到杠柳次苷和杠柳毒苷。

黄花夹竹桃内容请扫码

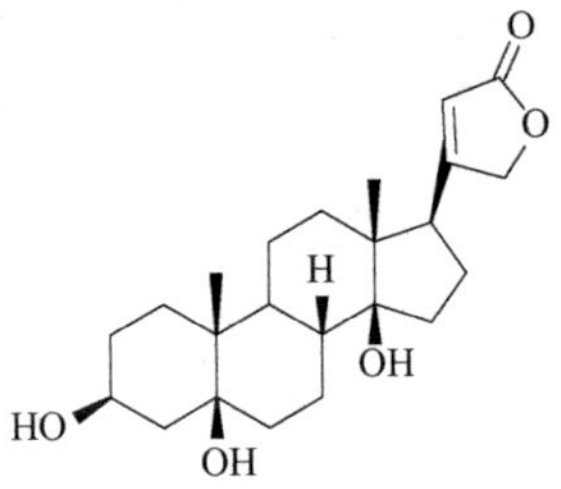

杠柳苷元

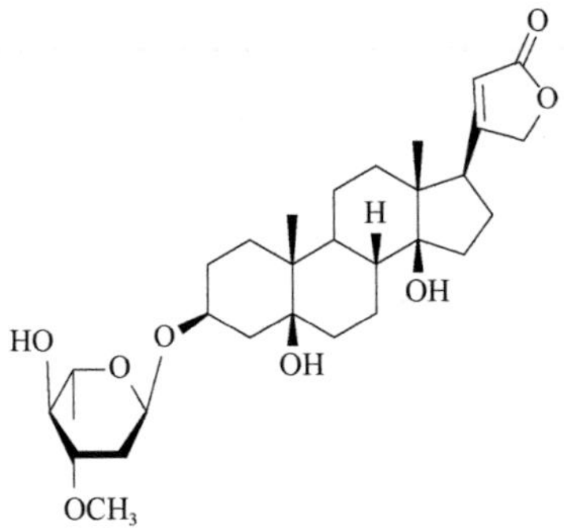

杠柳次苷

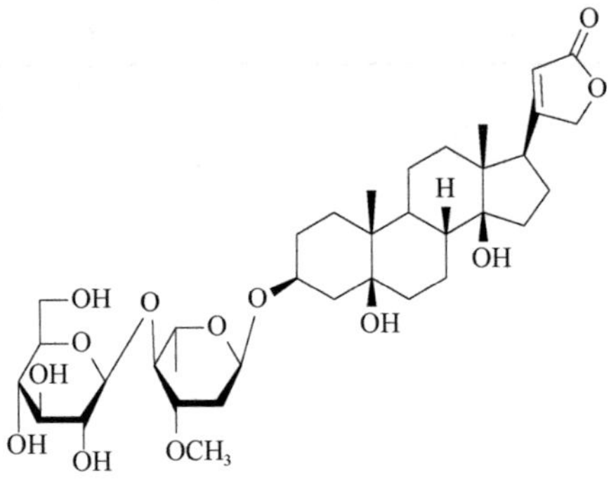

杠柳毒苷

3. 蟾酥

蟾酥是蟾蜍科动物中华大蟾蜍 *Bufo bufo gargarizans* Cantor 或黑眶蟾蜍 *Bufo melanostictus* Schneider 等的耳下腺及皮肤腺分泌的白色浆液经加工干燥而成。蟾酥为六神丸、喉症丸、救心丸、蟾力苏等多种中成药制剂的组成药味，具有解毒止痛、开窍醒神的功效。其强心成分为游离的蟾毒配基或其与脂肪酸结合而成的酯，结构没有糖的存在，故并不属于强心苷的范畴。

蟾酥中发挥强心作用的有效成分包括蟾蜍甾二烯类和强心甾烯蟾毒类。蟾蜍甾二烯类化合物又有游离型和结合型两类，游离型的如华蟾酥毒基（cinobufagin）、脂蟾毒配基（resibufogenin）、蟾毒灵（bufalin）、蟾毒它灵（bufotalin）、日蟾毒它灵（gamabufotalin）等化合物，其中蟾毒灵的强心作用最大。2015 版《中国药典》以华蟾酥毒基（$C_{26}H_{34}O_6$）和脂蟾毒配基（$C_{24}H_{32}O_4$）作为蟾酥药材定性定量的指标性成分，规定本品按干燥品计算，含两类成分的总量不得少于 6.0%。结合型的按 C-3 位所连接酸的不同可分为蟾毒类（如蟾毒灵 -3- 辛二酸精氨酸酯）、蟾毒配基脂肪酸酯（如蟾毒灵 -3- 辛二酸单酯）和蟾毒配基硫酸酯（如蟾毒灵 -3- 硫酸酯）三种类型。

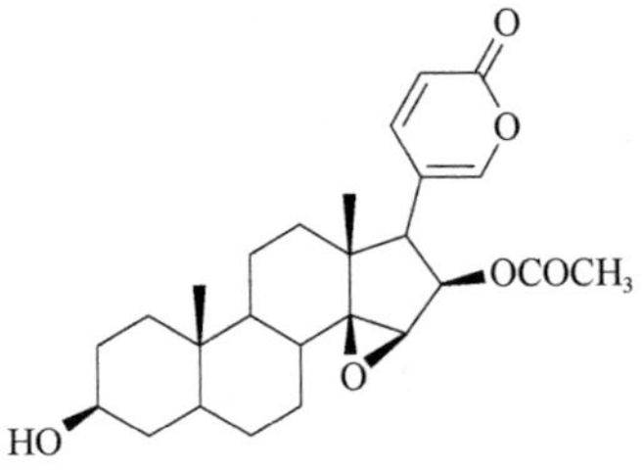

华蟾酥毒基

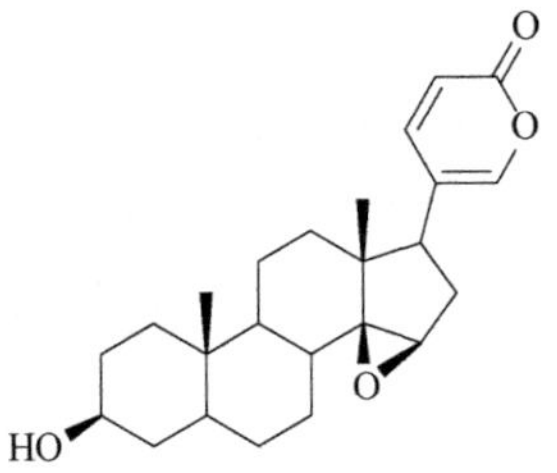

脂蟾毒配基

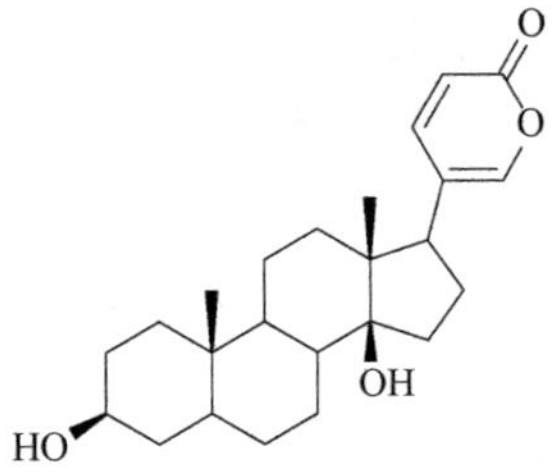

蟾毒灵

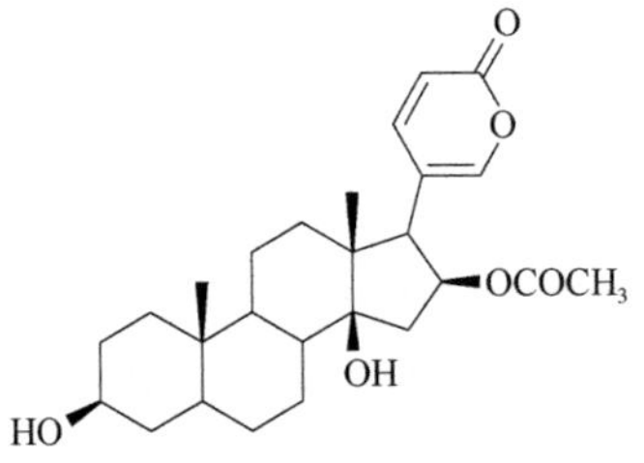

蟾毒它灵

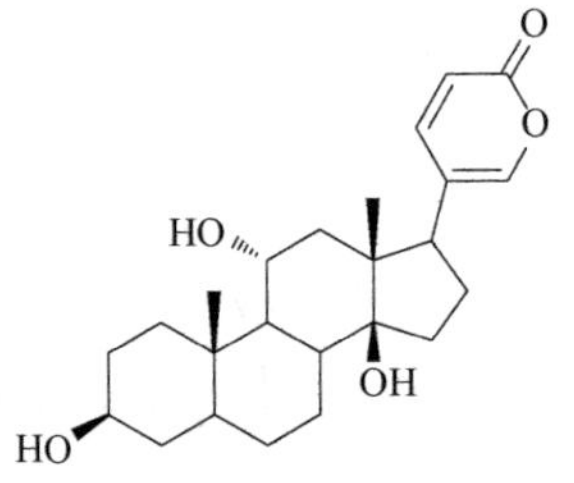

日蟾毒它灵

强心甾烯类化合物数量较少，其母核为甲型强心苷元，C_3—OH 也多与酸结合成酯。如从新鲜蟾蜍浆中分离出的沙门苷元 -3- 辛二酸精氨酸酯（samentogenin-3-suberoyl-larginine ester）和

沙门苷元 -3- 硫酸酯（sarmentogene-3-sulfate）及沙门苷元 -3- 半辛二酸酯（sarmentogenin-3-hydrogen suberate）等均属此类化合物。

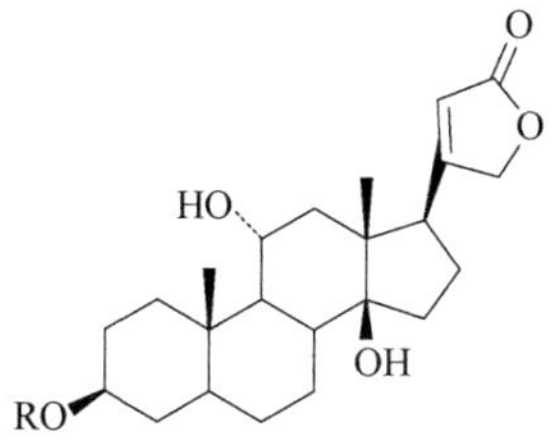

强心甾烯蟾毒(R为氨基酸、脂肪酸或硫酸等)

除上述脂溶性成分外，蟾酥中还含有蟾毒色胺、蟾蜍季铵、5- 羟色胺等水溶性成分，属于吲哚类生物碱。

第三节 甾体皂苷

一、概述

甾体皂苷（steroidal saponins）是一类由螺甾烷类与糖结合而成的甾体苷类化合物。与三萜皂苷类似，甾体皂苷的水溶液经振摇后多能产生大量持久性的肥皂样泡沫。但甾体皂苷结构中一般不含羧基，呈中性，为中性皂苷，与三萜皂苷中常含羧基呈酸性的性质有所不同。

甾体皂苷主要分布于单子叶植物中，大多存在于薯蓣科、百合科、玄参科和石蒜科等的植物中，常用中药知母、麦冬、重楼（七叶一枝花）、百合、薤白、黄精、玉竹等均含有大量的甾体皂苷。此外，海绵、软珊瑚、海星等海洋生物和棘皮动物的体内也存在着众多结构特殊的甾体皂苷。

甾体皂苷元是医药工业中黄体酮、性激素、甾体避孕药及激素类药物重要的制备原料，我国目前在薯蓣皂苷元（diosgenin）、替告皂苷元（tigogenin）和海柯皂苷元（hecogenin）的生产方面位于世界前列。在临床上，甾体皂苷广泛地运用于心脑血管疾病的防治，如由黄山药 *Dioscorea panthaica* Prain et Burkill 中甾体皂苷制成的地奥心血康胶囊，甾体皂苷总含量达到 90% 以上，对冠心病、心绞痛发作疗效显著；心脑舒通是从“草中名药”——蒺藜 *Tribulus terrestris* L. 果实中提取的总皂苷制剂，具有扩张冠脉、改善冠脉循环的作用，能有效缓解心绞痛，改善心肌缺血；薤白 *Allium macrostemon* Bunge 中分离到的薤白皂苷经体外试验显示有较强的抑制 ADP 诱导的家兔血小板聚集作用等。此外，甾体皂苷类化合物具有的抗肿瘤、降血糖、降胆固醇、抗菌和免疫调节等作用正在引起国际上的广泛关注。

二、甾体皂苷的结构与分类

甾体皂苷是由甾体皂苷元和糖组成，其基本碳架为螺旋甾烷及其异构体异螺旋甾烷，具有以下通式：

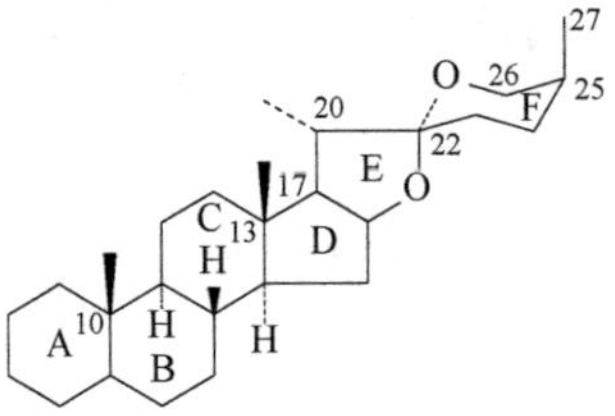

螺旋甾烷

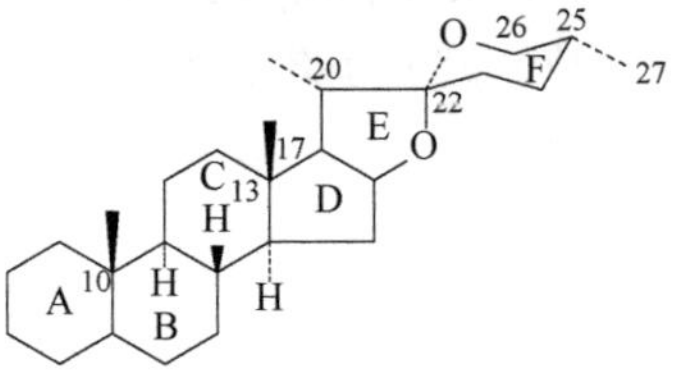

异螺旋甾烷

（一）甾体皂苷的结构特征

甾体皂苷元分子中有 27 个碳原子，含 A、B、C、D、E 和 F 六个环；其中 A 环、B 环、C 环、D 环为环戊烷骈多氢菲的甾体母核，E 环、F 环以螺缩酮（spiroketal）形式相连接，共同组成螺旋甾烷结构。

1. 稠合方式和取代基

甾体皂苷元 A/B 环可以是顺式（5β）或反式稠合（5α），B/C 和 C/D 环均为反式稠合（8β、9α；13β、14α）。分子中常含有多个羟基，大多在 C-3 位有羟基，且多为 β- 构型。部分甾体皂苷元分子中还含有羰基和双键，羰基大多位于 C-12 位，是合成激素特别是肾上腺皮质激素类的原料所需的结构条件；双键一般在 C-5、C-6 之间，亦可能在 C-9、C-11 间，后者与 C-12 羰基共同构成 α，β- 不饱和酮基，也有极少数双键在 C-25、C-27 之间。

2. 手性碳原子

E 环和 F 环中有三个手性碳原子 C-20、C-22 和 C-25。其中 C_{20}—CH_3 位于 E 环平面的后方（α- 型），故 C-20 的绝对构型为 *S* 型。C-22 上的含氧侧链位于 F 环的后方，亦属 α- 型，故 C-22 的绝对构型为 *R* 型。C_{25}—CH_3 有两种构型，当 C-25 位上的甲基位于 F 环平面上的直立键时，为 β 型，此时 C-25 的绝对构型为 *S* 型，又称 L 型或 *neo* 型，为螺旋甾烷；当 C-25 位上的甲基位于 F 环平面下的平伏键时，为 α 型，此时 C-25 的绝对构型为 *R* 型，又称 D 型或 *iso* 型，为异螺旋甾烷。螺旋甾烷和异螺旋甾烷互为异构体，常共存于植物体中，一般而言 25*R* 型较 25*S* 型稳定。

3. 糖部分

甾体皂苷中的糖基多与苷元的 C-3 羟基成苷，也有在其他位置如 C-1、C-26 位置成苷。组成甾体皂苷的糖种类较多，以 D- 葡萄糖、D- 半乳糖、D- 木糖、L- 鼠李糖和 L- 阿拉伯糖等 α- 羟基糖较为常见。部分皂苷中还可见到 6- 去氧糖，如 6- 去氧葡萄糖（鸡纳糖）和 6- 去氧半乳糖的参与。当甾体皂苷中糖单元数超过 3 个时，糖链多以分支形式存在。糖链的连接方式多样，同时也影响着甾体皂苷的生物活性，如地奥心血康中的甾体皂苷具有显著的扩张血管作用，而水解产生的薯蓣皂苷元却不具上述作用，反而具有明显的细胞毒作用。

（二）甾体皂苷的结构

根据螺旋甾烷结构中 C-25 的构型和 F 环的环合状态，甾体皂苷可分为以下四种类型。

1. 螺甾烷醇类（spirostanols）

C-25 为 *S* 构型，如百合科植物知母 *Anemarrhena asphodeloides* Bge. 中含有的知母皂苷（timosaponin）A_1 ~ A_4、知母皂苷 B_1、知母皂苷 B_2 等。

2. 异螺甾烷醇类（isospirostanols）

C-25 为 *R* 构型，如薯蓣科植物薯蓣 *Dioscorea opposita* Thunb. 含有的薯蓣皂苷（dioscin）。

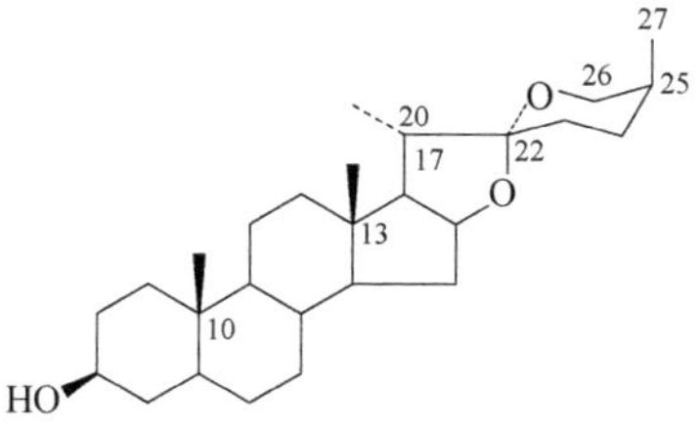

螺甾烷醇

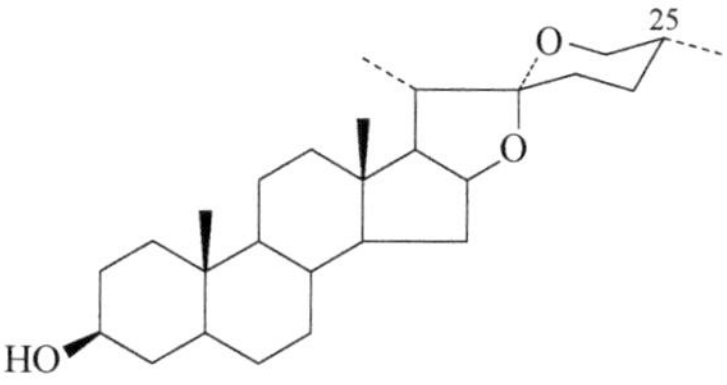

异螺甾烷醇

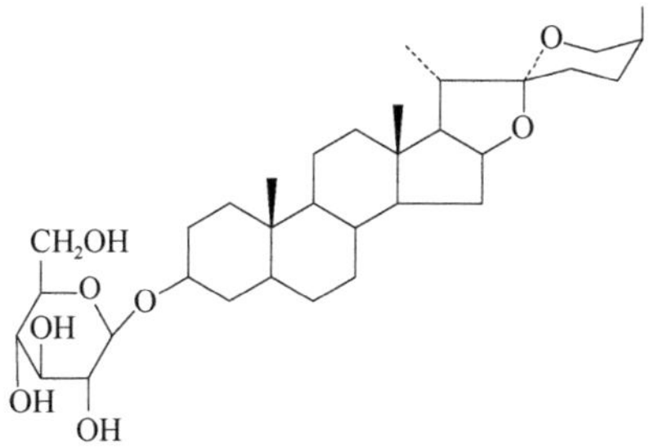

知母皂苷A_1

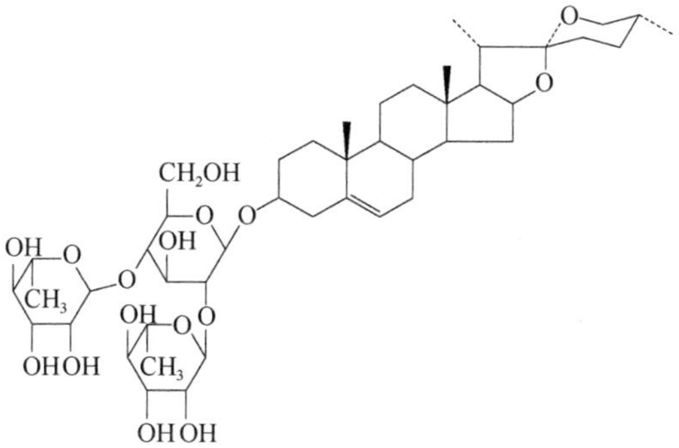

薯蓣皂苷

3. 呋甾烷醇类（furostanols）

F 环不成环，为开链型衍生物。此类皂苷 C-26 上为伯醇基，常与葡萄糖结合成苷。当苷被水解时 F 环往往随之环合。例如，菝葜 *Smilax china* L. 根中的原菝葜皂苷（sarsaparilloside）即属于此类皂苷，在被 β- 葡萄糖苷酶酶解时，其结构中的 F 环发生环合，成为螺甾烷醇类化合物菝葜皂苷（parillin）。

4. 变形螺甾烷醇类（pseudo-spirostanols）

F 环为五元四氢呋喃环，C-26 上也为伯醇基，常与糖结合成苷。此类皂苷在自然界数目较少，在酸水解脱掉糖基的同时，F 环迅速重排为六元吡喃环，转变为螺甾烷醇类或异螺甾烷醇类，如野颠茄 *Solanum torvum* Swartz 中的颠茄皂苷 A（aculeatiside A）。

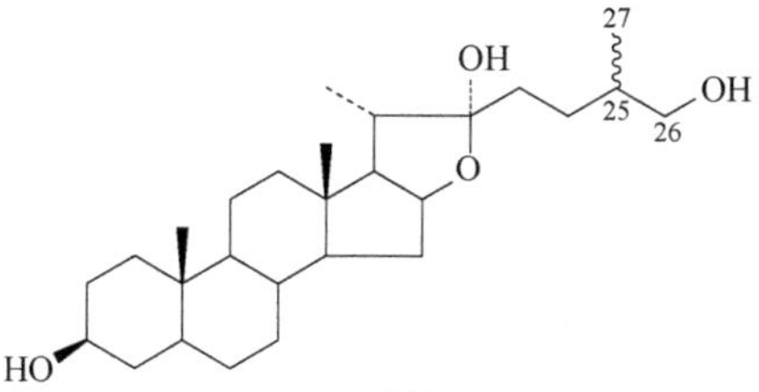

呋甾烷醇

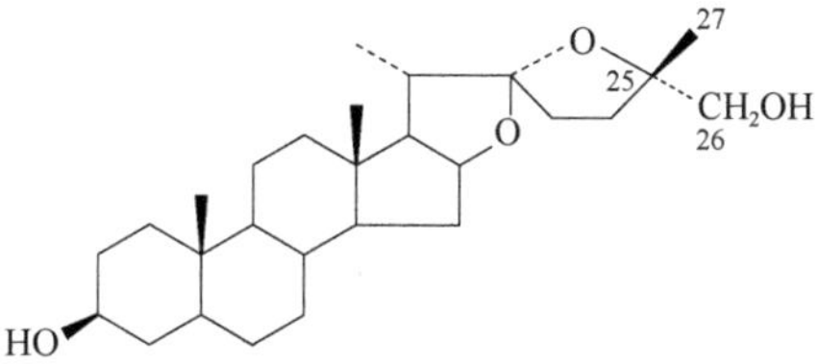

变形螺甾烷醇

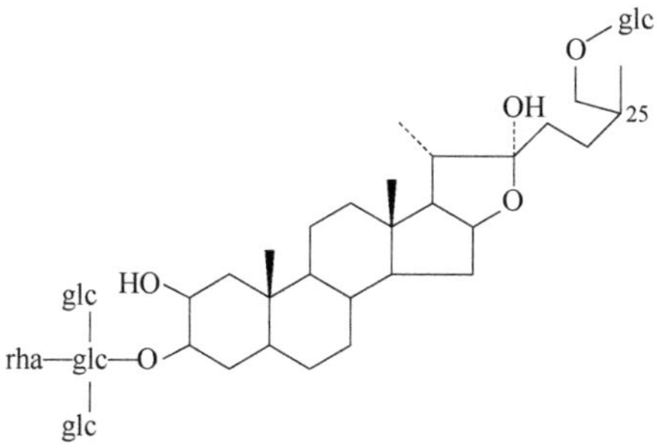

原菝葜皂苷

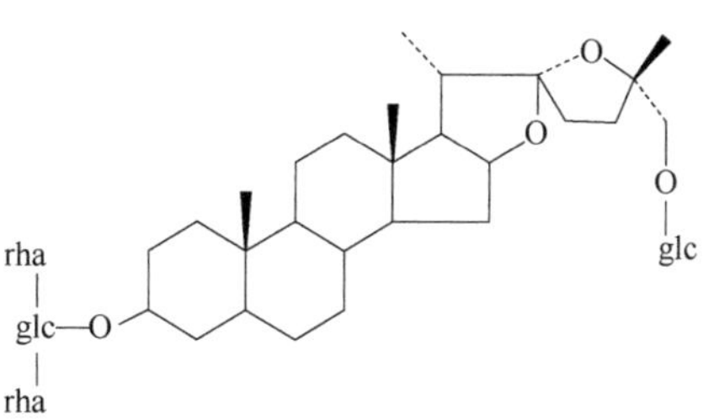

颠茄皂苷A

此外，近年来还发现了结构中 E 环和 F 环均开环的甾体皂苷类成分，称为胆甾烷型皂苷。这类皂苷因具有较强的抗肿瘤活性，成为了甾体皂苷领域的研究热点。

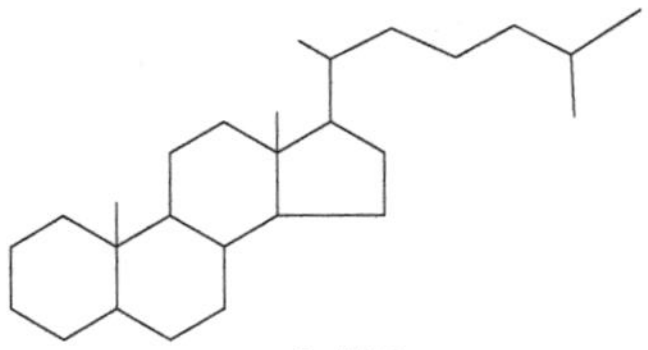

胆甾烷

三、甾体皂苷的理化性质和检识方法

（一）理化性质

1. 性状

甾体皂苷因分子中糖基的存在，极性较大，不易结晶，大多为无色或白色无定形粉末；甾体皂苷元则多有较好的结晶态。苷与苷元熔点都较高，且熔点常随羟基数目的增加而升高：甾体皂苷元单羟基物都在 208℃以下，三羟基物都在 242℃以上，多数双羟基或单羟基酮类介于两者之间。

2. 溶解性

甾体皂苷一般可溶于水，易溶于热水、稀醇，在含水的丁醇或戊醇中溶解度较好，难溶于丙酮，几不溶于或难溶于石油醚、苯、乙醚等亲脂性溶剂。甾体皂苷元则不溶于水，能溶于石油醚、氯仿等亲脂性溶剂中。

3. 旋光性

甾体皂苷和苷元均具有旋光性，且多为左旋。

4. 表面活性

甾体皂苷结构中也具有亲脂部分（甾体皂苷元）和亲水部分（糖基），能够降低溶液的表面张力，故而其水溶液振摇后能产生持久性的泡沫，与三萜皂苷具有类似的发泡性。

5. 沉淀反应

与三萜皂苷相似，甾体皂苷可与含有 C-3 位 β-OH 的甾醇（如胆甾醇、β- 谷甾醇、豆甾醇、麦角甾醇等）结合生成难溶性的分子复合物，利用这一性质可分离或纯化皂苷类成分。操作时将粗皂苷溶于乙醇中，随后加入甾醇（常用胆甾醇），皂苷与之生成难溶的分子复合物而形成沉淀，从而与其他杂质组分相分离。甾体皂苷与胆甾醇形成的分子复合物可用乙醚进行回流，胆甾醇溶于乙醚，而皂苷不溶，从而实现分离目的。

当甾醇 A/B 环为反式，或具有 Δ^5 的结构，与甾体皂苷形成的分子复合物溶度积最小。但是，如果甾醇中的 3-OH 为 α- 构型，或者 3-OH 被酰化或生成苷键时，则不能与皂苷生成难溶性的分子复合物。

相比较而言，甾体皂苷与甾醇形成的分子复合物比三萜皂苷与甾醇形成的分子复合物稳定。

6. 溶血性

与三萜皂苷类似，甾体皂苷可以与红细胞膜上的胆甾醇结合形成不溶于水的分子复合物，具有溶血作用；但 F 环裂解的甾体皂苷常不表现出溶血作用。

（二）颜色反应

甾体皂苷属于甾体化合物的范畴，其在无水条件下可与某些酸类发生颜色反应（本章第一节）。这些反应与三萜皂苷的显色反应相似，其中的 Liebermann-Burchard 反应和 Rosen-Heimer 反应还可用以区别甾体皂苷和三萜皂苷。

此外，F 环裂解的双糖链甾体皂苷与盐酸二甲氨基苯甲醛试剂（Ehrlich 试剂，简称 E 试剂）能显红色，与茴香醛（Anisaldehyde 试剂，简称 A 试剂）则显黄色；而 F 环闭环的单糖链皂苷只对 A 试剂显黄色，对 E 试剂不显色。

（三）检识方法

1. 理化检识

依据甾体皂苷的理化性质，可采用显色反应、泡沫试验、溶血试验等对其进行检识，其中，Liebermann-Burchard 反应和 Rosen-Heimer 反应可用于区分三萜皂苷和甾体皂苷；Ehrlich 试剂和 Anisaldehyde 试剂可用于判断甾体皂苷 F 环是否开环。

2. 色谱检识

由于皂苷的极性大，亲水性强，用分配薄层的分离效果较好，常以硅胶为支持剂，不同比例的氯仿 - 甲醇 - 水或乙酸乙酯 - 甲醇 - 水进行洗脱。若为极性较小的皂苷和皂苷元，也可用硅胶吸附色谱，以苯 - 甲醇、氯仿 - 甲醇、氯仿 - 苯等溶剂系统进行展开。常用的显色剂有三氯乙酸试剂、10% 的浓硫酸乙醇溶液、五氯化锑试剂或 25% 磷钼酸乙醇液等，喷雾后适宜加热，可使不同的皂苷和皂苷元显不同的颜色。

此外，纸色谱也可用于甾体皂苷类成分的检识。对于亲水性强的皂苷，应以水为固定相，选择极性大的展开剂，如乙酸乙酯-吡啶-水（3 ∶ 1 ∶ 3）、正丁醇-乙酸-25%氨水（10 ∶ 2 ∶ 5）等。亲脂性强的皂苷和皂苷元，可以甲酰胺为固定相，用甲酰胺饱和的氯仿为展开剂。纸色谱的显色剂可采用三氯乙酸试剂和五氯化锑试剂等。

四、甾体皂苷的提取与分离

甾体皂苷的提取分离方法与三萜皂苷的相似，但甾体皂苷一般不含羧基，呈中性，亲水性相对三萜皂苷较弱。

（一）甾体皂苷和皂苷元的提取

甾体皂苷和皂苷元的提取一般均采用溶剂法。实验室研究中主要用甲醇或乙醇回流或渗漉提取药材原料，提取液回收溶剂后的醇浸膏用石油醚或乙醚脱脂，再加水后用水饱和正丁醇萃取，或者用大孔吸附树脂处理等方法除去糖和氨基酸等水溶性杂质组分，得到粗皂苷。然后将粗皂苷加热酸水解，再用氯仿等有机溶剂自水解液中提取皂苷元。

在工业生产中，常直接将药材原料在酸性溶液中加热水解，水解物水洗后干燥，再用有机溶剂提取甾体皂苷元。例如，工业上由盾叶薯蓣 *Dioscorea zingiberensis* C. H. Wright 或穿龙薯蓣 *Dioscorea nipponica* Makino 提取薯蓣皂苷元时，即采用此法：植物原料先加水浸透，再加 3.5 倍量的水，并加入浓硫酸使成 3% 浓度；然后通蒸气加压水解 8h，水解物用水洗至近中性，干燥后粉碎（含水量不超过6%），置回流提取器中，加6倍量溶剂汽油（或甲苯）提取20h；提取液回收溶剂，浓缩至约1∶40，室温放置，使结晶完全析出，离心；沉淀物用乙醇或丙酮重结晶，活性炭脱色，即得薯蓣皂苷元，但此法收率比较低，通常只有2%左右。如果将原料在酸水解之前进行预发酵（加入菌种）或自然发酵（不加入菌种）处理，不但能缩短水解时间，还能显著提高薯蓣皂苷元的得率，达到40%以上。

（二）甾体皂苷的分离

与三萜皂苷类似，甾体皂苷类成分的分离可采用分段沉淀法、胆甾醇沉淀法和色谱分离法进行。硅胶柱色谱、大孔吸附树脂柱色谱、葡聚糖凝胶Sephadex LH-20柱色谱、液滴逆流色谱（DCCC）及制备型HPLC法等在粗皂苷的纯化和单体皂苷组分的分离中均有相应的运用。

对于极性较大的甾体皂苷成分，可用乙酸酐、吡啶乙酰化制成乙酸酯或者用CH_2N_2甲酯化制成甲酯衍生物后再行分离。含有羰基的甾体皂苷元，也可用吉拉德试剂T或P与之反应生成水溶性的腙，从而与不含羰基的皂苷元相分离。

五、甾体皂苷的结构鉴定

（一）紫外光谱

甾体皂苷元的结构母核中无共轭系统，因此在200～400nm波长处无明显吸收峰。如果结构中引入碳碳双键、碳氧双键，则可产生吸收。一般情况下，含孤立双键的苷元在205～225nm处有吸收（ε 900左右），含羰基的苷元在285nm处有弱吸收（ε 500），具有α，β-不饱和酮基者在240nm处有特征吸收（ε 1000），具共轭二烯系统者在235nm处出现吸收。

如果将甾体皂苷元与浓硫酸作用后，在220～600nm处出现最大吸收峰，可用以进行甾体皂苷元的定性和定量分析。具体的吸收规律为：①E环和F环的螺缩酮结构产生270～275nm处的特征吸收；②C-12位有羰基者在350nm附近出现最大吸收；③C-2、C-3上均有羟基，且C-5、C-6有双键者，在235nm处出现最大吸收；但仅C-3上有羟基和C-5、C-6有双键者，在415nm处有吸收；④含单羟基或双羟基的饱和苷元，在310nm处出现吸收峰。

（二）红外光谱

1. 甾体皂苷元C-25两种立体异构体的区别

含有螺缩酮结构侧链的甾体皂苷元，在红外光谱中具有980cm^{-1}（A）、920cm^{-1}（B）、900cm^{-1}（C）和860cm^{-1}（D）附近的四个特征吸收谱带。在吸收强度上，A带最强，B带与C带的相对强度与F环上C-25位的构型有关，如果B带的吸收强度大于C带，则C-25为*S*构型，反之则为*R*构型。

当C-25有羟甲基取代或C-26有羟基取代时，光谱规律改变为C-25为*S*型时，在995cm^{-1}处显示强吸收；C-25为*R*型时，在1010cm^{-1}附近有强吸收。F环开裂后，这种螺缩酮结构的特征吸收消失。

2. C_3—OH的光谱特征与A/B环的构型

具有C_3—OH的甾体皂苷元在1080～1030cm^{-1}有吸收峰，当C_3—OH构型已知时，可根据此特征峰的具体波数来推测 A/B 环的构型（表 9-4）。

表 9-4　C_3-OH 甾体衍生物的红外光谱特征

A/B	C_3-OH	υ_{OH}/cm^{-1}	C_3-OH	υ_{OH}/cm^{-1}
顺式（5*β*-H）	*α*-（*e* 键）	1044 ~ 1037	*β*-（*a* 键）	1036 ~ 1032
反式（5*α*-H）	*β*-（*e* 键）	1040 ~ 1037	*α*-（*a* 键）	1002 ~ 996
$\triangle^5$	*β*-（*e* 键）	1052 ~ 1050	*α*-（*a* 键）	1034*

* 石蜡糊，其余为 CS_2 溶液

3. 判断 C-11 或 C-12 位的羰基是否形成共轭体系

甾体皂苷元的 C-11 或 C-12 位有未参与共轭的羰基时，在 1705 ~ 1715cm^{-1} 处出现一个吸收峰。如果 C-12 位羰基成为 *α*，*β*- 不饱和酮的体系（羰基与双键成共轭体系），则有 1600 ~ 1605cm^{-1} 和 1673 ~ 1679cm^{-1} 两个吸收峰。

（三）核磁共振谱

1. ^{1}H-NMR 谱

甾体皂苷元氢谱的高场区有 18 位、19 位、21 位和 27 位的 4 个甲基特征峰，其中 18 位，19 位角甲基为单峰，且 18 位甲基处于较高场；21 位和 27 位甲基分别与邻位氢偶合，因而呈双峰，且 27 位甲基常处于较高场。C-25 位有羟基取代时，27 位的甲基为单峰，并向低场移动。C-16、C-26 位的碳与氧相连，其上的氢位于较低场，C-16 位上的氢约在 *δ* 4.50，C-26 位上的氢在 *δ* 3.30 ~ 4.10，易于辨认。

甾体皂苷元的两种 C-25 位立体异构体可通过其上甲基的化学位移值进行鉴别：25 位上的甲基处于平伏键（*α*- 取向，25*R* 型）时，其甲基质子信号处于较高场，约 *δ* 0.70；而 C-25 位上的甲基处于直立键（*β*- 取向，25*S* 型）时，其甲基质子信号处于较低场，约 *δ* 1.10。此外，C-26 上的 2 个氢质子，在 25*R* 异构体中化学位移值相近（如位于 *δ* 3.59 和 *δ* 3.49 处），而在 25*S* 异构体中则差别较大（如位于 *δ* 4.16 和 *δ* 3.89 处），故也可用于区别两种异构体。

2. ^{13}C-NMR 谱

甾体皂苷母核有 27 个碳信号，其中 18 位、19 位、21 位、27 位 4 个甲基碳的化学位移均低于 *δ* 20。如碳原子上有羟基取代时，将向低场位移 40 ~ 45ppm；如羟基与糖结合成苷，与羟基相连的碳则发生苷化位移，再向低场位移 6 ~ 10ppm。碳原子形成双键后，将向低场位移至 *δ* 115 ~ 150；碳原子形成羰基后，将移至 *δ* 200 左右；

碳谱中 16 位和 22 位两个碳信号的化学位移是甾体皂苷元最主要的特征，易于辨认，也可用于有效区分不同类型的甾体皂苷类成分。在螺甾烷醇型和异螺甾烷醇型化合物中，这两个碳因均与氧直接相连，化学位移分别在 *δ* 80 和 *δ* 109 左右，且 C-22 的化学位移与 C-5、C-22 和 C-25 构型无关。而在呋甾烷醇型化合物中，其 C-22 位碳信号出现在 *δ* 90.3；当 C-22 位连有羟基时，22 位碳信号向低场移动，出现在 *δ* 110.8 处；当 C-22 位连有甲氧基时，22 位的碳信号出现在 *δ* 113.5 处。变形螺甾烷醇类化合物，C-22 位碳信号出现在 *δ* 120.9，C-25 位信号出现在 *δ* 85.6。

螺甾烷型甾体皂苷27位甲基碳的化学位移值与C-25的构型有关，25*R*型的27位甲基信号位于δ 17.1左右，而25*S*型的位于δ 16.2左右。

（四）MS与LC-MS^n

甾体皂苷元由于分子中具有螺缩酮结构，在质谱中均出现很强的*m/z* 139基峰、中等强度的*m/z* 115碎片离子峰及一个弱的*m/z* 126辅助离子峰，具体裂解途径如下所示。

如果E环或F环有不同取代基，上述三个碎片离子峰可发生相应的质量位移或峰强度的变化。如C-25或C-27位有一个羟基取代时，这三个峰均发生质量位移，上移16 amu为*m/z* 155、*m/z* 131及*m/z* 142。当C-25或C-27位有双键时，这三个峰均下移2 amu，为*m/z* 137、*m/z* 113及*m/z* 124。C-23位有羟基取代者，*m/z* 139基峰消失，也没有质量位移的相应峰。C-17位有α-OH取代者，*m/z* 139峰强度减弱，*m/z* 126成为基峰，并出现*m/z* 155（72%）、153（33%）的两个峰。上述规律可用于鉴定皂苷元F环上的取代情况。

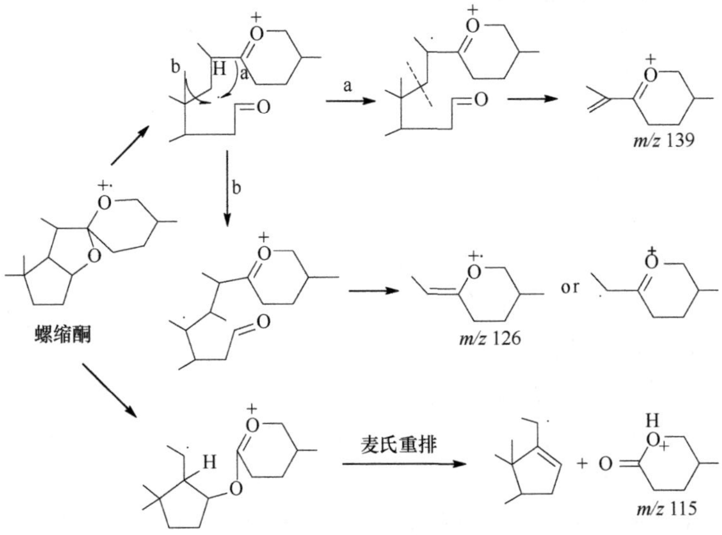

甾体母核或甾体母核加E环在质谱中常出现*m/z* 386、*m/z* 357、*m/z* 347、*m/z* 344、*m/z* 302、*m/z* 287、*m/z* 273、*m/z* 122的碎片离子，同时还可能产生一些失水或失CO的离子。

近年来，随着新颖软电离技术、质量分析技术的发展，LC-MS^{n}在皂苷的结构鉴定中起到越来越重要的作用，该方法不仅克服了甾体皂苷紫外吸收弱的缺点，还是一种灵敏度高，选择性好的快速鉴定方法。通常，多级质谱可以提供丰富的结构信息。对皂苷的质谱裂解过程进行研究，不仅可以找出苷元分子的立体结构、取代基位置及种类和多环稠合方式对质谱裂解的影响，还可以获得糖链中糖的种类、数目及连接顺序等信息，这些规律对于测定同种皂苷类型的新化合物结构有重要的参考意义。该方法在甾体皂苷结构鉴定研究中不仅克服了紫外吸收弱的特点，而且是一种灵敏度高、选择性好的快速鉴定方法。

（五）结构研究实例

从茄科茄属植物龙葵 *Solanum nigrum* Linn. 的全草中分离得到一个单体化合物Ⅰ，该化合物为白色无定形粉末。$[\alpha]_D^{25}$-63.9°（*c* 0.44，甲醇），高分辨质谱ESI-TOF-MS（Positive）给出准分子离子峰$[M+Na]^+$ *m/z* 1069.5226，确定其分子式为$C_{51}H_{82}O_{22}$（计算值1069.5195）。

^{13}C-NMR 谱数据及归属见表 9-5。

表 9-5 化合物Ⅰ的 ^{13}C-NMR 谱数据（δ，100 MHz，C_5D_5N-d_5）

碳位	I	碳位	I	碳位	I
1	37.5	18	17.1	2	72.5
2	30.1	19	19.4	3	72.8
3	78.0	20	44.8	4	74.1
4	38.9	21	9.7	5	69.5
5	140.9	22	109.8	6	18.6
6	121.8	23	31.8	Rha（1→4）-1	101.7
7	32.4	24	28.8	2	82.2
8	32.3	25	30.4	3	72.6
9	50.2	26	66.7	4	74.5
10	37.1	27	17.3	5	69.7
11	20.9	3-O-Glc-1	100.3	6	18.3
12	32.1	2	77.7	Glc（1→2）-1	107.3
13	45.1	3	77.8	2	75.7
14	53.0	4	78.2	3	78.8
15	32.1	5	76.8	4	71.5
16	90.1	6	61.3	5	78.3
17	90.0	Rha（1→2）-1	101.9	6	62.9

^{13}C-NMR 谱中，除糖链信号外，可以看到 27 个碳信号，提示该化合物有可能是一个甾体类化合物。其中在 δ 90、δ 109 左右出现两个碳信号，这是异螺甾烷醇类骨架 16 位、22 位碳的特征性信号，另外在 δ 121 和 δ 140 左右出现一个不饱和双键的碳信号，是甾体类化合物 5 位、6 位双键的特征性信号，δ 78.0 左右出现一个含氧碳信号，为 3 位羟基取代碳信号，进一步说明该化合物是异螺甾烷醇类化合物，将其数据和文献中已知化合物进行比较，同时，糖链部分通过 HSQC、HMBC 和 TOCSY 等二维核磁技术进行了准确归属，确定该化合物为 solanigroside H。

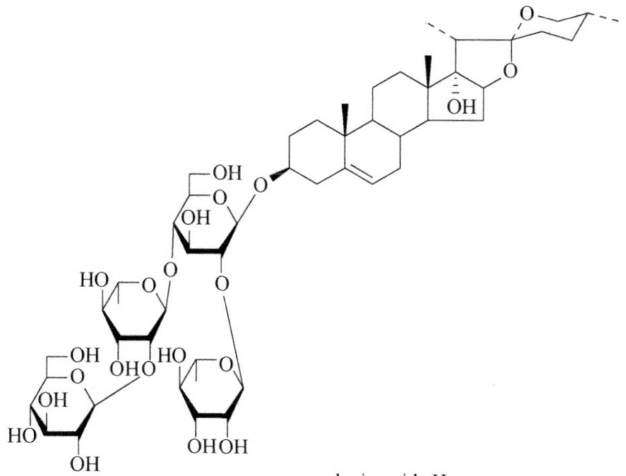

solanigroside H

六、甾体皂苷的研究实例

百合科开口箭属植物开口箭 *Tupistra chinensis* Baker，又名岩芪、大寒药、竹根参、牛尾七、包谷七等，多年生草本，主要分布于印度和我国中西部地区。开口箭一般以根茎入药，味甘微苦，性寒，多为少数民族民间用药，具有清热解毒、祛风除湿、散瘀止痛等功效，主治白喉、胃痛、咽喉肿痛、跌打损伤、毒蛇咬伤等症。该植物中含有的主要成分为甾体皂苷类、黄酮类和强心苷类化合物。

提取分离：新鲜开口箭根茎切片，用 10 倍量 60% 乙醇加热回流，反复提取 3 次，合并醇提液，减压浓缩成浸膏。将醇浸膏混悬于适量水中后，依次用石油醚、氯仿和正丁醇萃取，各溶剂提取部位旋蒸浓缩至干，得到各部位萃取物。取正丁醇萃取部位，经 AB-8 型大孔吸附树脂柱色谱初步分离，用乙醇 - 水梯度洗脱，得到 25% 乙醇 - 水部位、50% 乙醇 - 水部位、75% 乙醇 - 水部位和 95% 乙醇 - 水部位，再对 50% 乙醇 - 水洗脱部位进一步纯化，交叉运用硅胶柱色谱、Sephadex LH-20 凝胶柱色谱、C_{18} 反相柱色谱分离得到化合物 **1**。

化合物 **1** 为白色无定型粉末，易溶于吡啶，可溶于甲醇，难溶于水。Liebermann-Burchard 和 Molish 反应均呈阳性，Ehrlich 试剂不显色，表明该化合物为甾体或三萜皂苷类化合物。红外光谱在 3396 cm^{-1} 处显示一个宽的羟基吸收峰，1087 cm^{-1} 为羟基弯曲振动吸收峰。HR-ESI-MS（Positive）显示：*m/z* 611.3789 $[M+H]^+$（计算值 $C_{33}H_{55}O_{10}$，611.3790），提示化合物 **1** 的分子式为 $C_{33}H_{54}O_{10}$，不饱和度为 7。

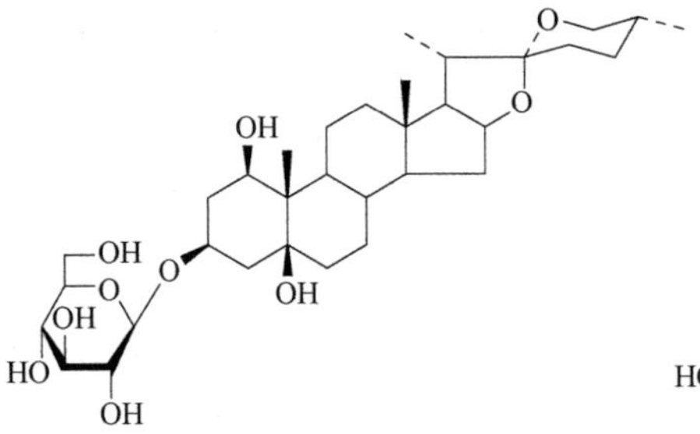

化合物1

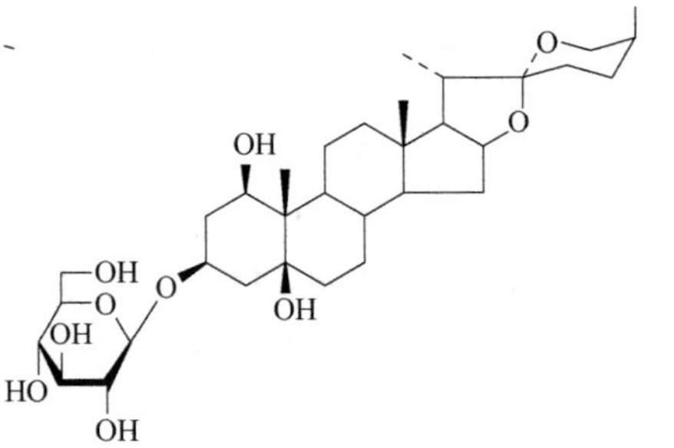

化合物 2

^{1}H-NMR（600 MHz，C_5D_5N）谱中 δ 1.53（3H，s，C_{19}-CH_3），1.07（3H，d，J = 6.6 Hz，C $_{21}$-CH_3），0.98（3H，s，C_{18}-CH_3）和 0.68（3H，d，J = 6.6 Hz，C_{27}-CH_3）为苷元上 4 个角甲基的特征氢信号，δ 5.00（1H，d，J = 7.8 Hz，H-1′）为糖的端基氢的特征信号；^{13}C- NMR（150 MHz，C_5D_5N）谱中 δ 17.3（C-27），17.0（C-18），16.8（C-21）和 13.5（C-19）是苷元上 4 个角甲基的特征碳信号，δ 102.9（C-1′）是糖的端基碳信号，δ 110.6 是典型的螺甾皂苷元 C-22 半缩醛的特征碳信号，由此可以确定化合物 **1** 为螺甾皂苷。

化合物 **1** 的分子式与已知化合物 **2**[（22*S*，25*R*）- 螺甾 -1*β*，3*β*，5*β*- 三羟基螺甾 -3-*O*-*β*-D-吡喃葡萄糖苷] 相同。对比这两个化合物的 ^{1}H-NMR 和 ^{13}C-NMR 谱数据，发现 A ~ D 环的 ^{13}C-NMR、^{1}H- NMR 位移值基本相同，而 E 环和 F 环的 ^{13}C-NMR、^{1}H NMR 位移数值存在明显差别，这意味着化合物 **1** 与化合物 **2** 的 E、F 环的立体结构可能不同（表 9-6）。

表 9-6　开口箭中化合物 1 和化合物 2 的 ^{13}C-NMR 谱数据（δ，150 MHz，C_5D_5N）

碳位	1	2	碳位	1	2
1	73.0	73.1	18	17.0	16.6
2	33.1	33.1	19	13.5	13.6
3	75.4	75.4	20	42.2	42.5
4	35.4	35.4	21	16.8	14.9
5	75.2	75.2	22	110.6	109.7
6	36.7	36.7	23	28.3	26.4
7	29.0	28.9	24	28.2	26.2
8	34.7	34.9	25	30.7	27.6
9	45.7	45.6	26	69.6	65.1
10	44.0	44.0	27	17.3	16.3
11	21.6	21.5	1′	102.9	102.9
12	40.5	40.7	2′	75.4	75.5
13	41.2	40.0	3′	78.7	78.9
14	55.4	56.2	4′	71.4	71.4
15	33.3	32.2	5′	78.5	78.4
16	80.9	81.2	6′	62.7	62.7
17	62.7	62.8			

在化合物 **1** 的 ^{1}H- NMR 和 ^{13}C-NMR 谱中，糖的端基氢信号为 δ 5.00（1H，d，J = 7.8 Hz），其六个碳的信号分别为 δ 102.9（CH），75.4（CH），78.7（CH），71.4（CH），78.5（CH）和 62.7（CH_2），这些信号是 D- 吡喃葡萄糖的特征值。对化合物 **1** 的酸水解和 TLC 分析进一步证实了 D- 吡喃葡萄糖基的存在。葡萄糖基 H-1 与 H-2 偶合常数（$J_{1,2}$）大于 7，推断出糖苷键为 β- 构型。在 HMBC 谱中，葡萄糖的端基氢信号（δ 5.00）与苷元的 C-3（δ 75.4）有远程相关，表明糖基连在苷元母核的 C-3 位。

综合分析，化合物 **1** 的结构鉴定为（22*S*，25*S*）-1β，3β，5β- 三羟基螺甾 -3-*O*-β-D- 吡喃葡萄糖苷，命名为开口箭皂苷 G（tupistroside G）。

第四节　其他甾体化合物

一、C_{21} 甾类

C_{21} 甾化合物（C_{21}-steroides）是一类具有 21 个碳原子的甾体衍生物，主要存在于萝摩科、玄参科、毛茛科等的植物如徐长卿 *Cynanchum paniculatum*（Bge.）Kitag、青阳参 *Cynanchum otophyllum* Schneid. 中。

C_{21} 甾类以孕甾烷（pergnane）或其异构体为基本骨架。一般 A/B 环为反式稠合，B/C 环多为反式稠合，少数为顺式，C/D 环为顺式稠合。C-5 位、C-6 位上大多有双键，C-20 位多有羟基、羰基等含氧基团取代。C-17 位侧链多为 α- 构型，但也有 β- 构型。在 C-3、C-8、C-12、C-14、C-17、C-20 均可能有 β-OH 取代，C-11 上可能有 α-OH 取代。C-11、C-12 羟基可能与乙酸、苯甲酸、桂皮酸等有机酸成酯。C_{21} 甾类主要的结构类型有以下两种，其中以骨架 I 为基本结构的化合物占多数。

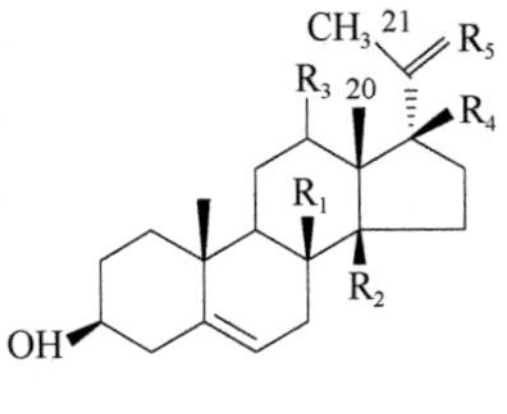

I

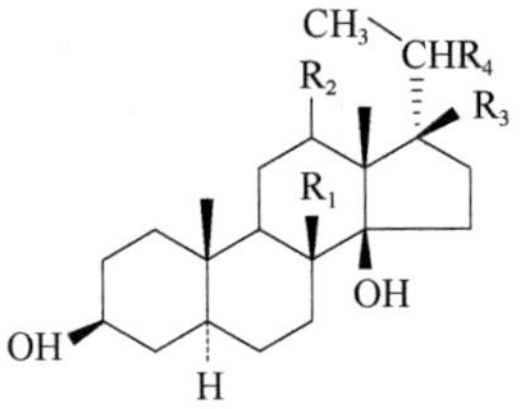

Ⅱ

在植物体中，C_{21} 甾体苷类是其存在的主要形式，并常与强心苷、皂苷类成分共存于同种植物中。组成苷类的糖既有 α- 羟基糖，又有 α- 去氧糖，如葡萄糖、夹竹桃糖、毛地黄毒糖、加拿大麻糖和黄花夹竹桃糖等。糖链多与苷元的 C-3 羟基相连，少数与 C-20 羟基结合成苷，糖链最多的含有 6 个糖。

C_{21} 甾体类成分有强烈的生物活性，黄体酮、孕甾烯醇酮等黄体激素和肾上腺皮质激素等药物都属于此类化合物。目前，C_{21} 甾体类成分因其显著的抗肿瘤和调节免疫活性受到了广泛的关注，如萝藦科植物耳叶牛皮消 *Cynanchum auriculatum* Royle ex Wight 的块根中含有的白首乌新苷 A（cynanauriculoside A）具有抗肿瘤活性。此外，C_{21} 甾体类成分还具有抗抑郁、抗生育、抗氧化、镇痛抗炎、抗癫痫等生物活性，如从萝藦科植物青阳参根茎中分离得到青阳参苷 Ⅰ（otophylloside A）和青阳参苷 Ⅱ（otophylloside B）是青阳参治疗癫痫的有效成分。

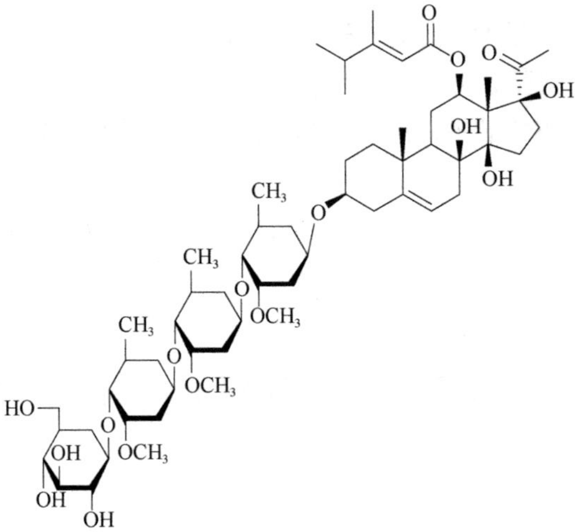

白首乌新苷A

C_{21} 甾苷类化合物具有甾类皂苷的性质，分子中存在 α- 去氧糖时，可采用 Keller- Kiliani 反应进行鉴别。C_{21} 甾苷由于结构的相似性给分离纯化带来一定的困难，常用的方法是将甲醇提取物脱脂后溶于氯仿，氯仿可溶部分倒入正己烷中析出沉淀得总苷，然后用常规硅胶柱色谱进行分离，最后用反相硅胶 C_8、C_{18} 低压柱或 HPLC 精制纯化。

二、胆汁酸

天然胆汁酸（bile acid）是具有 24 个碳原子的胆烷酸（cholanic acid）衍生物，具有以下结构特点：甾体母核 B/C 环均为反式稠合，C/D 环也多为反式稠合，而 A/B 环有顺、反稠合两种异构形式。A/B 环为顺式稠合时称为正系，若为反式稠合则称为别系，如胆酸为正系，而别胆酸则为别系。C-17 连接的是 5 个碳的戊酸侧链，它和 C-10 位、C-13 位上甲基的构型均为 *β*- 型。甾核的 C-3 位、C-6 位、C-7 位、C-12 位常有羟基或羰基取代，构型大多为 *α*- 型。在动物胆汁中，胆汁酸的羧基常与甘氨酸或牛磺酸的氨基以酰胺键结合，形成甘氨胆酸或牛黄胆酸。

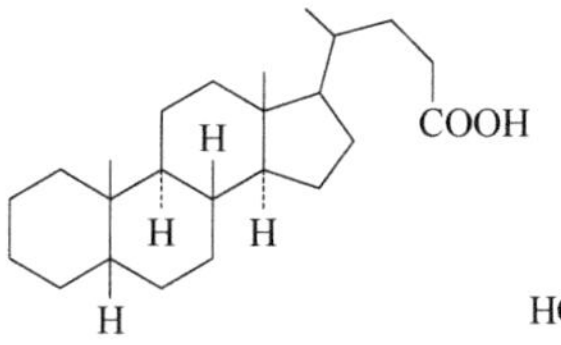

胆烷酸

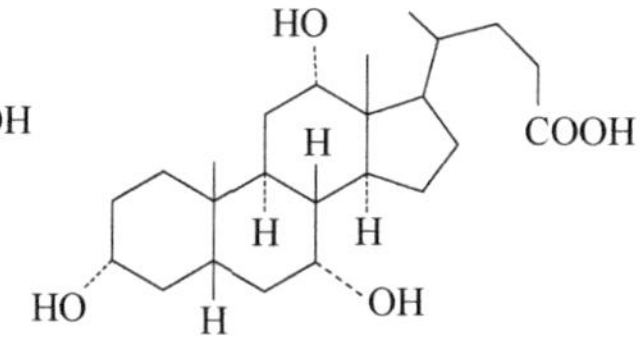

胆酸

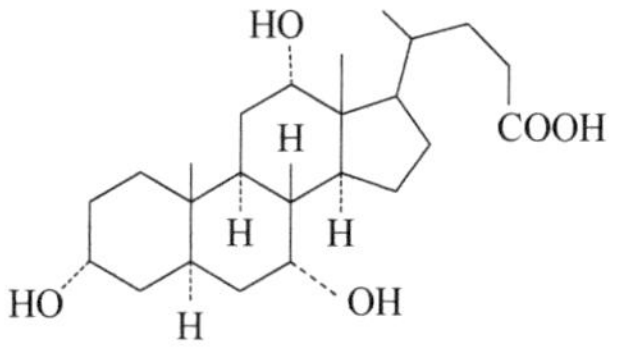

别胆酸

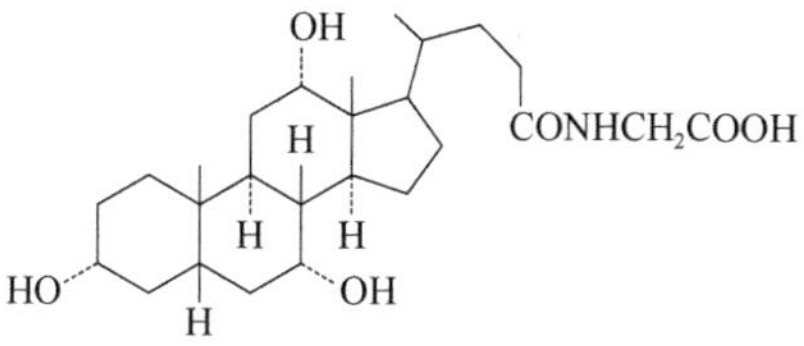

甘氨胆酸

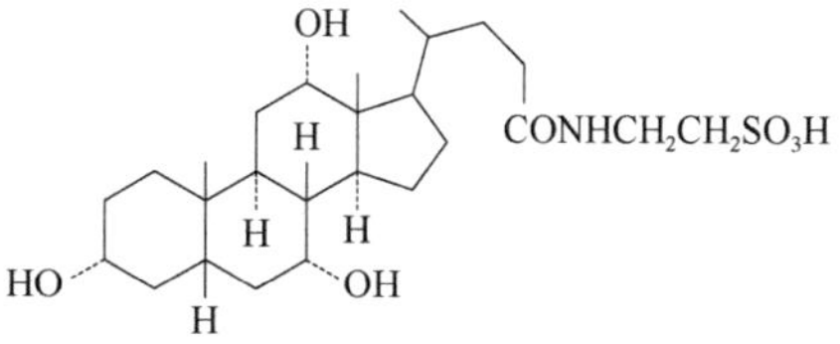

牛黄胆酸

天然胆汁酸类成分有 20 多种，如胆酸、去氧胆酸、石胆酸、熊去氧胆酸、鹅去氧胆酸等，它们之间的差别主要在于羟基数目、位置和构型上的不同。

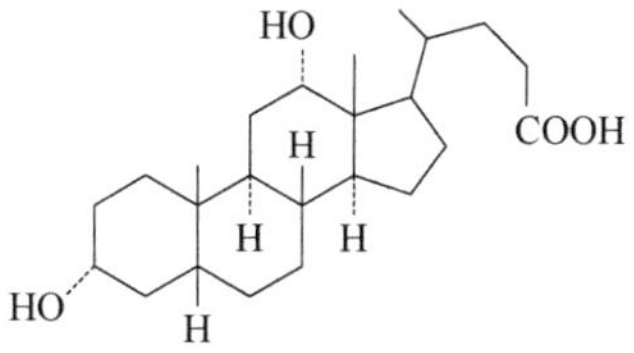

去氧胆酸

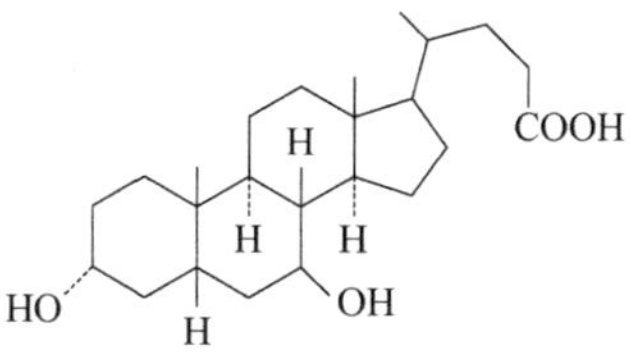

熊去氧胆酸

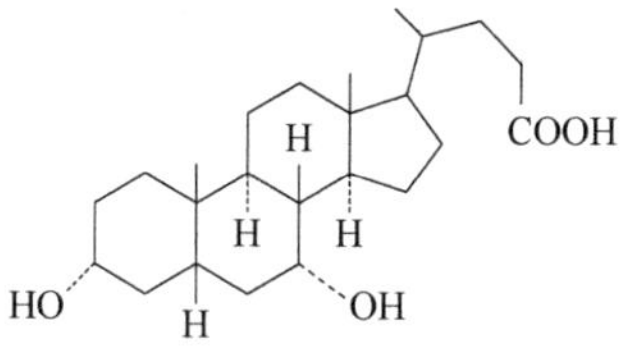

鹅去氧胆酸

胆汁酸的结构中有羧基，可与碱反应生成盐，能与醇反应生成酯。游离胆汁酸在水中溶解度很小，但与碱成盐后则易溶于水，故常用碱水溶液提取胆汁酸。常用将胆汁酸制备成易于析出结晶的酯的衍生物的方法来对胆汁酸进行分离纯化。

除甾体母核的显色反应外，胆汁酸还有以下鉴别反应。

（1）Pettenkofer 反应：取胆汁 1 滴，加 4 滴蒸馏水及 1 滴 10% 蔗糖溶液，摇匀，倾斜试管，沿管壁加入浓硫酸 5 滴，置冷水中冷却，在两液分界处出现紫色环。此反应原理是蔗糖在浓硫酸作用下生成羟甲基糠醛，后者可与胆汁酸缩合成紫色的物质。

（2）Gregory Pascoe 反应：取 1ml 胆汁，加 6ml 45% 硫酸及 1ml 0.3% 糠醛，塞紧振摇后，在 65℃水浴中放置 30 分钟，胆酸存在的胆汁样品显蓝色。本反应可用于胆酸的定量分析。

（3）Hammarsten 反应：取少量样品，用 20% 铬酸溶液（20g CrO_3 置于少量水中，加乙酸至 100ml）溶解，温热，胆酸为紫色，鹅去氧胆酸不显色。

中药牛黄为牛科动物黄牛 *Bos taurus domesticus* Gmelim 或水牛 *Bubalus bubalis* L. 的胆囊结石，少数为胆管、肝管结石。具有清热解毒、熄风止痉、化痰开窍之功效。牛黄中约含 8% 胆汁酸，主要成分为胆酸（3*α*，7*α*，12*α*- 三羟基取代，cholic acid）、去氧胆酸（3*α*，12*α*- 二羟基取代，deoxycholic acid）和石胆酸（3*α*- 羟基取代，lithocholic acid），其中的去氧胆酸能松弛平滑肌从而发挥解痉功效。由于天然牛黄药源有限，依据其化学组成研制成功人工牛黄，在临床上替代天然牛黄使用。

中药熊胆为熊科动物黑熊 *Selenarctos thibetanus* G. Cuvier 或棕熊 *Ursus arctos* L. 的干燥胆囊胆汁，具有清热解毒、止痉、明目之功效。其主要有效成分为牛磺熊去氧胆酸，还含有牛磺鹅去氧胆酸、牛磺胆酸和游离的熊去氧胆酸（3*α*，7*β* – 二羟基，ursodeoxycholic acid）、鹅去氧胆酸（3*α*，7*α*- 二羟基取代，chenodeoxycholic acid）等。熊胆中的熊去氧胆酸是其发挥解痉作用的主要成分，其解痉作用的机制和罂粟碱相似。

三、植物甾醇

植物甾醇（phytosterols）是存在于植物中的天然甾体类化合物，它广泛分布于自然界，是植物体内细胞膜的构成成分之一，也是多种激素、维生素 D 及甾族化合物合成的前体。现已从植物中分离鉴定了 200 多种植物甾醇，它们不仅可直接用于消炎、降血脂、抗溃疡和防治癌症等，也是生产甾体药物的重要原料，植物甾醇近年来在医药、化工、化妆品、食品和饲料等行业得到了越来越多的关注。

植物甾醇主要以游离态、甾醇酯（脂肪酸酯和酚酸酯）、甾基糖苷和酰化甾基糖苷等形式存在。游离态的植物甾醇具有胆甾烷的骨架结构，C-17 位为 8 ~ 10 个碳原子的链状侧链，分子中多具有 1、2 个双键。甾体母核 A/B 环可以顺式或反式稠合，B/C 环和 C/D 环均为反式稠合，C-3 位羟基可与糖成苷或与脂肪酸结合形成酯。

天然植物甾醇种类繁多，一般有 4 种结构：谷甾醇类（sitosterol）、豆甾醇类（stigmasterol）、菜油甾醇类（campesterol）和菜籽甾醇类（brassicasterol）。这些类型的化合物在结构上的差异主要来自于侧链，正是这些侧链间的微小差异导致了它们生理活性上的极大不同。

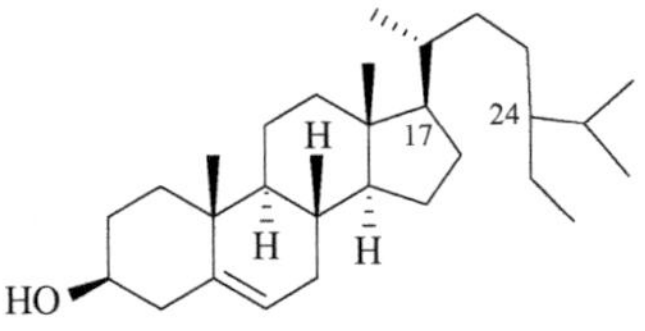

谷甾醇

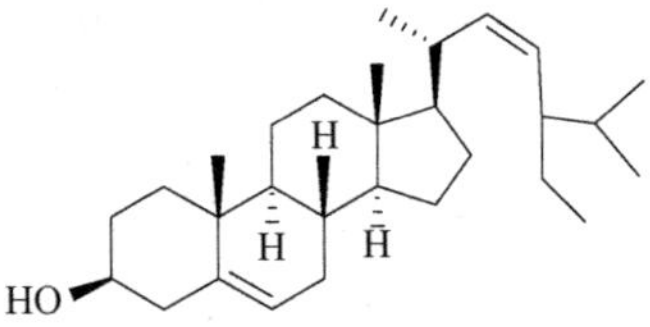

豆甾醇

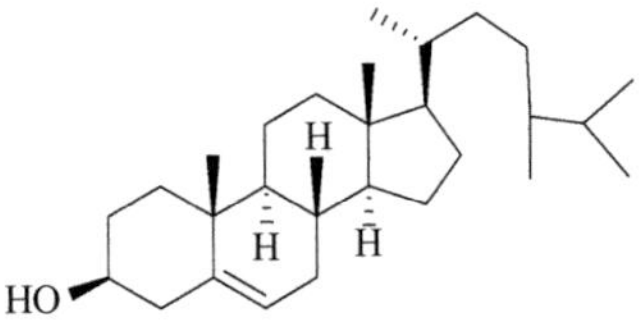

菜油甾醇

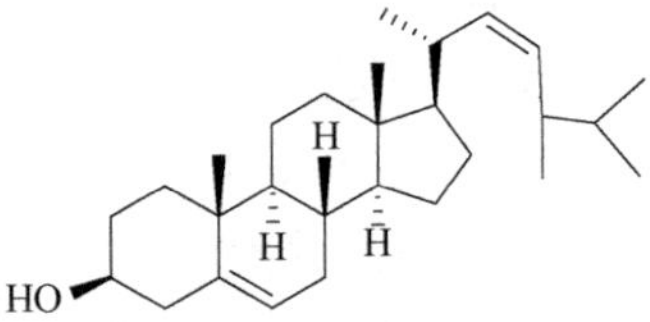

菜籽甾醇

β- 谷甾醇是植物界中存在最多的谷甾醇类化合物，人参、黄柏、蟾酥等众多中药均含有 *β*-

谷甾醇。它有降低血清胆固醇的作用，用于Ⅱ型高脂血症的治疗及预防动脉粥样硬化。此外，β- 谷甾醇还可降低胆汁酸代谢物的浓度，抑制化学致癌剂诱发的大肠癌，具有抗癌的功效。

豆甾醇是豆甾醇类植物甾醇的典型代表，在大豆中含量丰富，许多中药如柴胡、人参、防己、款冬花中等亦含有，是维生素 D 和甾体激素的合成原料。

植物甾醇在常温下为白色结晶，无臭无味，熔点可达 130 ～ 140℃。不溶于水，易溶于苯、乙醚、氯仿、乙酸乙酯等有机溶剂，成苷后水溶性增加，能溶于水、乙醇或甲醇中。植物甾醇具有甾体母核的颜色反应，化学性质主要表现在具有活性的羟基和双键上。近年来采用超临界 CO_2 流体萃取技术提取植物甾醇的报道较多，这种技术具有较好的萃取效能，同时具有无溶剂残留、无污染等优点。

四、昆虫变态激素

昆虫体内产生的用以调节昆虫变态（如幼虫转变为蛹，蛹羽化为蛾等过程）的天然甾体化合物，主要包括脑激素、蜕皮激素和返幼激素三大类。该类化合物是甾醇的衍生物或甾醇类的代谢产物，最初在昆虫体内发现，如脱皮甾酮（ecdysone）称为蜕皮激素，能通过促进细胞生长和刺激真皮细胞分裂以产生新的表皮使昆虫蜕皮。1966 年从台湾民间抗肿瘤植物百日青中分离得到首个植物蜕皮激素——百日青酮 A，现已在牛膝、紫杉、桑叶、贯众、露水草等许多植物中发现几十种植物蜕皮激素的同类物。例如，牛膝和川牛膝中的牛膝甾酮（inokosterone），川牛膝和桑叶中的川牛膝甾酮（capitasterone）等。这些成分能促进核酸和蛋白质合成，影响糖代谢，促进脂类代谢，还能影响中枢神经系统，调节免疫等。

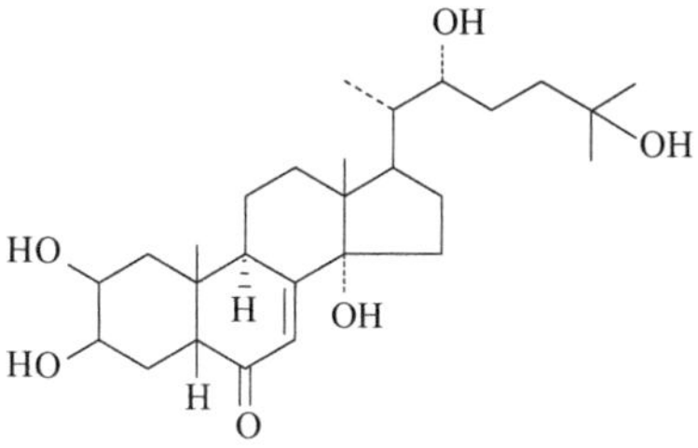
蜕皮甾酮

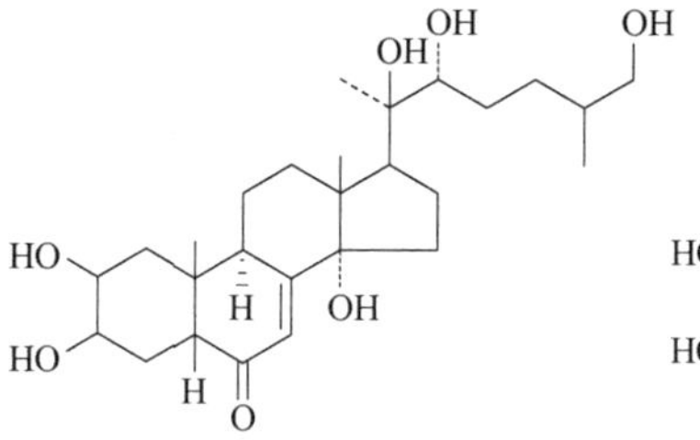
牛膝甾酮

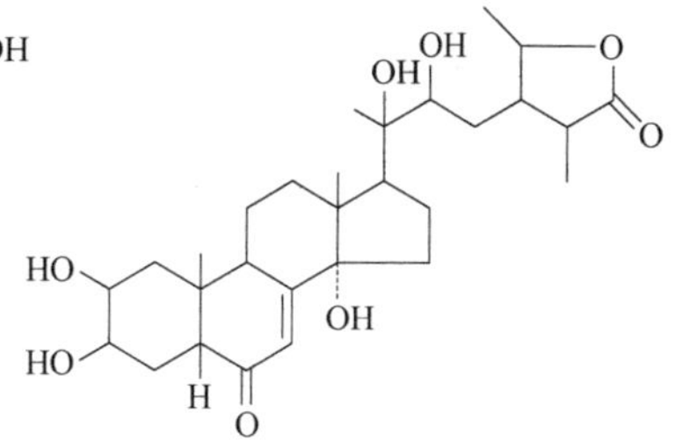
川牛膝甾酮

昆虫变态激素的结构特点为：甾体母核 A/B 环大多为顺式稠合，个别为反式，A/B 环为反式者活性降低或消失。B/C 环反式，C/D 环大多是反式。C-6 位上有羰基，C-7 位有双键，C-17 位侧链是由 8 ～ 10 个碳原子组成的多元醇，个别含酮基等含氧官能团。甾体母核上有多羟基取代，常见的为 2β、3β 和 14α-OH 等。其具有甾体母核的颜色反应。

由于昆虫变态激素类化合物的甾核和侧链上有多个羟基，在水中溶解度较大，通常采用甲醇或乙醇为溶剂来提取，回收溶剂后用乙醚除去脂溶性成分，再经乙酸乙酯反复萃取，回收溶剂所得粗品用柱色谱法进一步分离获得单体化合物。

本章参考资料请扫码

第十章 生 物 碱

第一节 概 述

一、生物碱的含义

生物碱(alkaloids)是指来源于生物界的一类含氮有机化合物，它一般具有以下三个特点:①大多具有较复杂的氮杂环结构；②大多具有碱性；③具有生物活性。由于有些生物碱并不完全符合前面两个特点，如麻黄碱的氮原子位于环外，咖啡因、秋水仙碱不呈碱性，第三个特点成为了生物碱最重要的特征。同时，生物碱所具有的显著生物活性也使得它成为了广受关注的中药化学成分。

此外，氨基酸、多肽、蛋白质、核酸和含氮维生素虽然也是来源于生物界的含氮有机化合物，但习惯上不归类于生物碱。故从广义的范围讲，生物界除去生物体必需的含氮化合物如氨基酸、多肽、蛋白质、核酸和含氮维生素等外，其他所有的含氮化合物都可以视为生物碱。

生物碱的发现始于19世纪初，是人们研究得最早而且最多的一类天然有机化合物。生物碱化学的研究，为合成药物提供了重要的线索。例如，古柯碱的化学研究导致了一些局部麻醉药如普鲁卡因等的合成。在研究生物碱的结构时，往往会发现新的杂环体系，从而也促进了杂环化合物化学的发展。

二、生物碱的分布

生物碱在植物、动物及微生物中均有存在，以植物界为主。在高等植物特别是双子叶植物中分布广泛，100多个科的植物中均含有生物碱。其中较为典型的有毛茛科黄连、乌头、附子等；防己科汉防己、北豆根、青风藤等；罂粟科罂粟、延胡索等；豆科苦参、苦豆子等；茄科曼陀罗、颠茄、莨菪等。单子叶植物中也有少数科含有生物碱，如百合科百合、贝母，以及石蒜科石蒜等。少数裸子植物，如麻黄科、红豆杉科、三尖杉科等中存在生物碱。低等植物，如麦角菌中也发现有生物碱。

和大部分中药化学成分类似，含生物碱的植物中往往含有多种生物碱类成分，其中以一种、两种成分的含量居高。由于合成途径上的相似性，这些生物碱类成分在结构上也较为相似，常含有同一母核，麻黄生物碱类成分即是其中典型的代表。相同科属的植物中往往也含有化学结构相同或相似的生物碱成分，如茄科的颠茄属、曼陀罗属、莨菪属植物均含有莨菪碱。依据这一规律，可以扩大药源，寻找更多、含量更高的植物资源。

植物中的生物碱经常集中于某一部位或某一器官。例如，黄柏中的生物碱集中于树皮；麻黄中的生物碱集中于茎的髓部；贝母中的生物碱集中在鳞茎，这些高含量部位往往即是相应药材的入药部位。

三、生物碱的生物活性

生物碱的最重要特征就是其显著的生物活性，这些生物活性正是其药用价值所在。例如，麻黄碱、伪麻黄碱具有止咳平喘作用，并能扩张支气管，收缩鼻黏膜，缓解感冒时呼吸困难、流涕的症状；四氢帕马丁（延胡索乙素）具有镇痛作用，可用于催眠、镇静与安定；吗啡能抑制大脑皮质痛觉区，有强镇痛作用，能抑制呼吸中枢和咳嗽中枢，而兴奋胆道、输尿管、支气管等的平滑肌；阿托品能阻断M胆碱受体，解除痉挛、减少腺体分泌、缓解疼痛、散大瞳孔；小檗碱具有抗菌消炎作用，也有着抗焦虑和抗抑郁的作用；利血平、钩藤碱、莲心碱具有降压作用；奎宁具有抗疟作用；苦参碱具有抗菌抗病毒、利尿作用；喜树碱、秋水仙碱、长春新碱、紫杉醇、三尖杉碱等具有不同程度的抗癌活性等。

四、生物碱的存在形式

生物碱由于具有碱性，在植物体内大多与有机酸类成分如柠檬酸、酒石酸、苹果酸等结合，以有机酸盐的形式存在；少数以无机酸盐形式存在，如盐酸小檗碱、硫酸吗啡等。酰胺类生物碱等少数碱性极弱的生物碱以游离态存在。还有的生物碱以*N*-氧化物（如氧化苦参碱）、苷（如西贝素苷）、或酯（如莨菪碱）等形式存在。

五、生物碱的生物合成途径

生物碱类成分的生物合成途径为氨基酸途径，生物碱主要由色氨酸、赖氨酸、苯丙氨酸、酪氨酸、精氨酸等前体物质合成。此外，甲戊二羟酸和乙酸酯也可作为生物碱合成的前体。为了加以区分，往往将由氨基酸类生成的生物碱称为真生物碱，而将后两者生成的生物碱称为伪生物碱。

氨基酸类前体在不断的转化过程中，通过环合、裂解等反应从初级代谢产物转变成物种特异性的生物碱类化合物。环合反应包括一级环合反应（由氨基酸环合成含氮杂环化合物的反应，包括希夫碱形成反应、曼尼希氨甲基化反应等）和次级环合反应（已具备氮杂环生物碱的再环合反应，如酚的氧化偶联反应）。碳-氮键的裂解反应包括内酰胺开环反应、Hofmann降解反应和Von Braun降解反应等。

第二节　生物碱的结构与分类

生物碱类化合物的数目较多，结构复杂，可采用多种分类方法：按植物来源分类，如麻黄生物碱、苦参生物碱等；按化学结构类型分类，如哌啶类生物碱、异喹啉类生物碱等；

按生源分类，如来源于鸟氨酸的生物碱、来源于苯丙氨酸和酪氨酸的生物碱等。目前最常用的分类方法是按生源结合化学结构类型分类，依据此种分类方法，可对生物碱进行以下分类（表 10-1）。

表 10-1　生物碱的来源、结构特点、分布和代表化合物

来源	类型	分布	代表生物碱
鸟氨酸	吡咯烷类、莨菪烷类、吡咯里西啶类	茄科、菊科、百合科	莨菪碱（阿托品）、可卡因
赖氨酸	哌啶类、吲哚里西啶类、喹诺里西啶类	大戟科、豆科、石松科	一叶萩碱、苦参碱、石松碱
邻氨基苯甲酸	喹啉类、吖啶酮类	茜草科、芸香科	东风桔碱、奎宁
苯丙氨酸 / 酪氨酸	苯丙胺类、异喹啉类	木兰科、防己科、小檗科、罂粟科、毛茛科、芸香科	吗啡、小檗碱、麻黄碱
色氨酸	吲哚类	禾本科、豆科、麦角菌科、夹竹桃科、茜草科等	麦角新碱、利血平
萜类	含有单萜、倍半萜、二萜或三萜的结构	龙胆科、石斛科、毛茛科、交让木科	猕猴桃碱、交让木碱、石斛碱
甾体	含有 C_{21}、C_{24} 或 C_{27} 甾环结构	夹竹桃科、黄杨木科等	浙贝甲素、茄次碱、康斯生

一、鸟氨酸系生物碱

此类生物碱在生源上由鸟氨酸衍生而来，鸟氨酸结构中除 1 个羧基碳外，还有 4 个碳原子，代谢形成的生物碱多具有五元含氮杂环——吡咯环。鸟氨酸系生物碱主要又可分为三小类。

（一）吡咯烷类

这类生物碱的基本母核是四氢吡咯（吡咯烷），结构比较简单，数目也较少。如益母草 *Leonurus japonicus* Houtt. 中的水溶性生物碱水苏碱（stachtydrine）、新疆党参 *Codonopsis clematidea*（Schrenk）C. B. Cl. 中的党参碱（codonopsine）等。

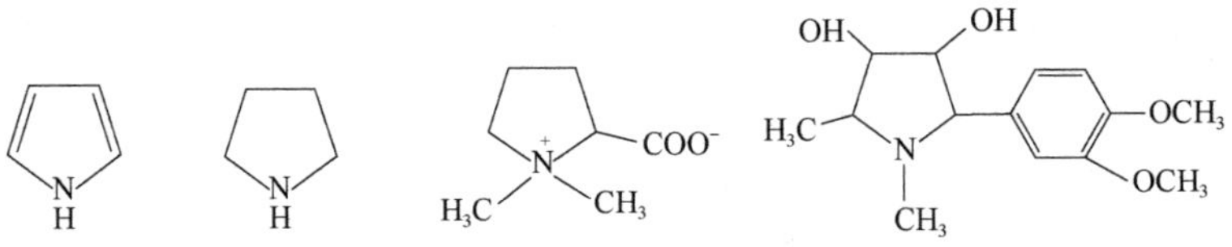

吡咯　　吡咯烷　　水苏碱　　党参碱

（二）莨菪烷类

莨菪烷类又称托品烷类生物碱。该类生物碱常以莨菪烷的 3 位连接醇羟基成为的莨菪醇与不同有机酸缩合而成酯的形式存在，主要分布在茄科的莨菪属、曼陀罗属、颠茄属和天仙子属等植物中，如洋金花中的莨菪碱（hyoscyamine）、东莨菪碱（scopolamine）。天然存在的莨菪碱为左旋体，临床上运用的为其外消旋体阿托品。

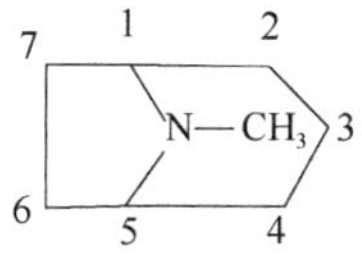

莨菪烷

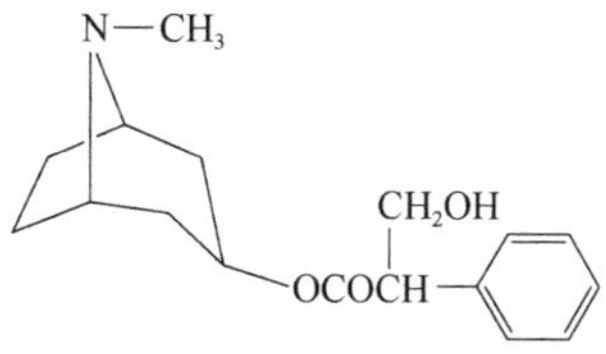

莨菪碱

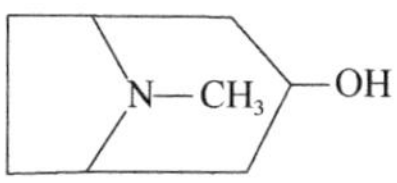

莨菪醇

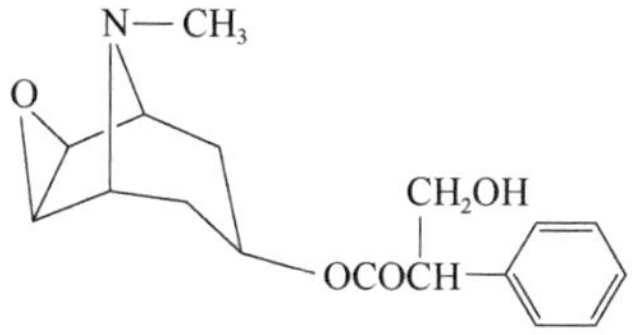

东莨菪碱

（三）吡咯里西啶类

吡咯里西啶类为两个吡咯烷共用一个氮原子的稠环衍生物。该类生物碱也常以双稠吡咯环上的醇羟基与不同有机酸缩合成酯的形式存在。例如，存在菊科千里光属植物中的大叶千里光碱（macrophylline），该化合物具有较强的抗炎、抗肿瘤活性，但也有着较大的肝脏毒性。

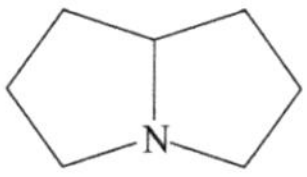

吡咯里西啶

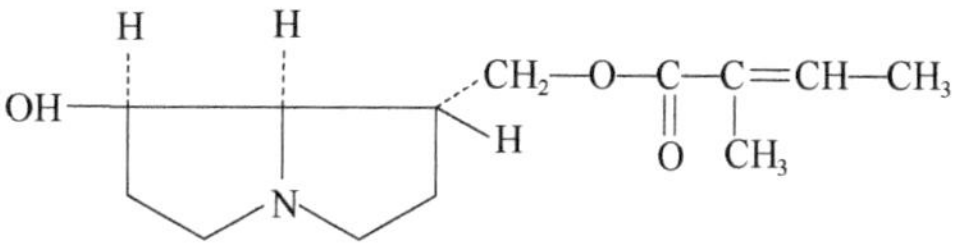

大叶千里光碱

二、赖氨酸系生物碱

该类生物碱在生源上属于赖氨酸的二次代谢产物，赖氨酸结构中比鸟氨酸多 1 个碳，代谢形成的生物碱多具有六元含氮杂环——吡啶环，赖氨酸系生物碱也可分为三小类。

（一）哌啶类

这类生物碱的基本母核是六氢吡啶（哌啶），结构简单，但分布广泛，如槟榔 *Areca catechu* L. 中的槟榔碱（arecoline）和槟榔次碱（arecaidine）、胡椒 *Piper nigrum* L. 中的胡椒碱（piperine）等。

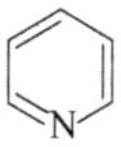

吡啶

哌啶

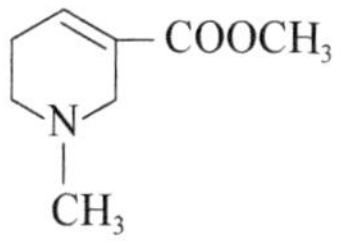

槟榔碱

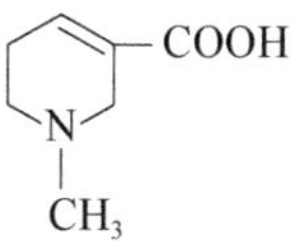

槟榔次碱

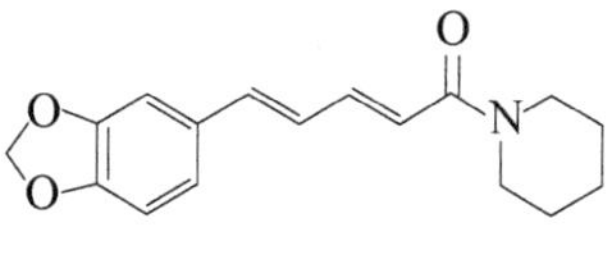

胡椒碱

（二）喹诺里西啶类

喹诺里西啶类为两个哌啶共用一个氮原子的稠环衍生物，豆科植物苦参中的生物碱大多属于该类，如苦参碱（matrine）、氧化苦参碱（oxymatrine）。石松科植物石松 *Lycopodium japonicum* Thunb.ex Murray 具有祛风除湿、通经活络的功效，从中分离得到的有效成分石松碱（lycopodine）也属于此类型的生物碱。

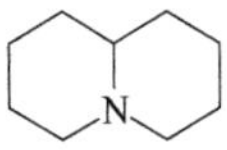
喹诺里西啶

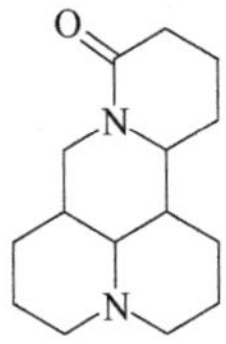
苦参碱

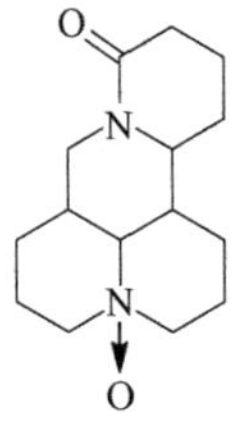
氧化苦参碱

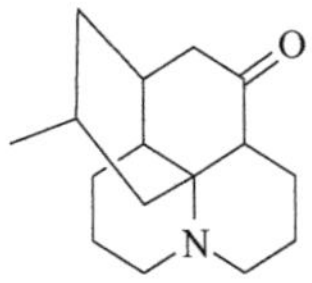
石松碱

（三）吲哚里西啶类

吲哚里西啶类是指由哌啶和吡咯共用一个氮原子的稠环衍生物。这类生物碱数目不多，但具有较强的生物活性，代表化合物如大戟科一叶萩属植物一叶萩 *Flueggea suffruticosa*（Pall.）Baill. 中的一叶萩碱（securinine），对中枢神经系统有兴奋作用。

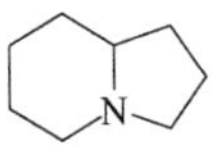
吲哚里西啶

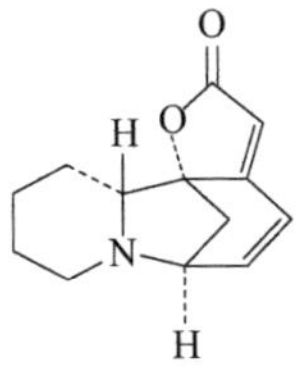
一叶萩碱

三、苯丙氨酸和酪氨酸系生物碱

来源于苯丙氨酸和酪氨酸的生物碱数量很多，有1000多种，且分布广泛，类型复杂，药用价值较高。根据生源上关键前体物的骨架类型，此类生物碱又可以分为以下类型。

（一）苯丙胺类

苯丙胺类生物碱源于苯丙氨酸，数量较少。麻黄碱（ephedrine）、伪麻黄碱是该类生物碱典型的代表化合物。

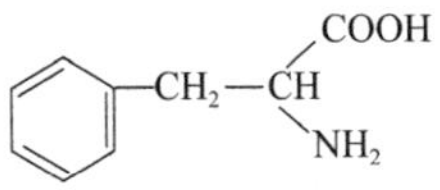
苯丙氨酸

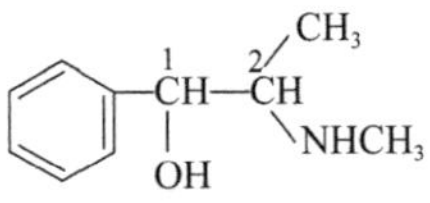
l-麻黄碱(1*R*，2*S*)
d-伪麻黄碱(1*S*，2*S*)

（二）异喹啉类

异喹啉类是由酪氨酸二次代谢形成的具有苯并吡啶氮杂环——异喹啉骨架的生物碱，

以异喹啉或四氢异喹啉为基本母核。异喹啉类生物碱又可以划分为 20 多类，这里介绍其中主要的四种类型。

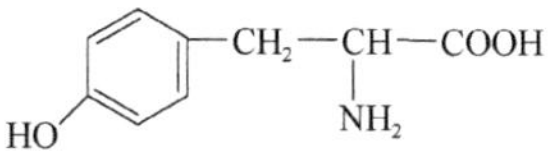

酪氨酸

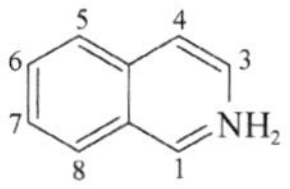

异喹啉

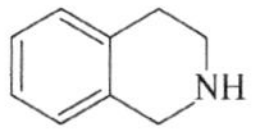

四氢异喹啉

1. 苄基异喹啉类

异喹啉母核的 1 位上连接（苄基）苯甲基，代表性化合物为罂粟科植物罂粟 *Papaver somniferum* L. 中的罂粟碱（papaverine）；去甲乌药碱（higenamine）首先从日本附子 *Aconitum japonicum* Thumb. 分离得到，有显著的降压及加快心率的作用，是中药乌头、附子中的强心有效成分。

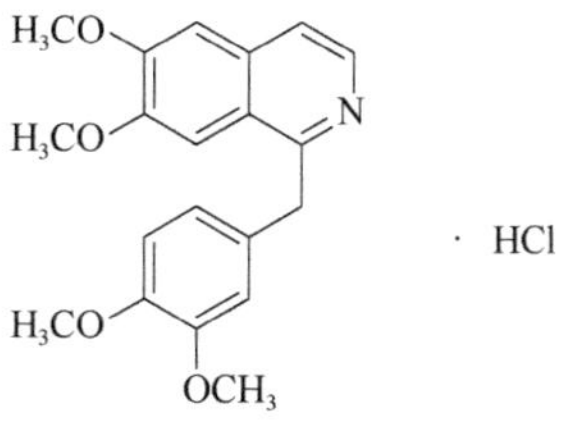

罂粟碱

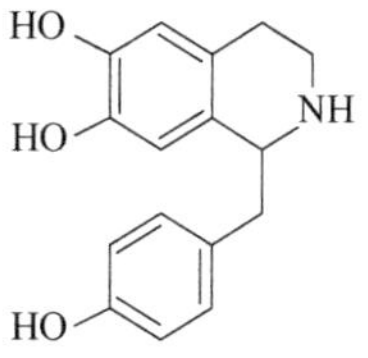

去甲乌药碱

2. 双苄基异喹啉类

两个苄基异喹啉通过 1 ~ 3 个醚氧键连接而成。因连接方式较多，此类生物碱类型也多。例如，防己科植物汉防己中的汉防己甲素（tetrandrine）和汉防己乙素（fangchinoline），均为非选择性钙通道阻滞药，也是钙调蛋白的拮抗药，能影响钙离子的跨膜转运及细胞内的分布，临床上用作止痛药。

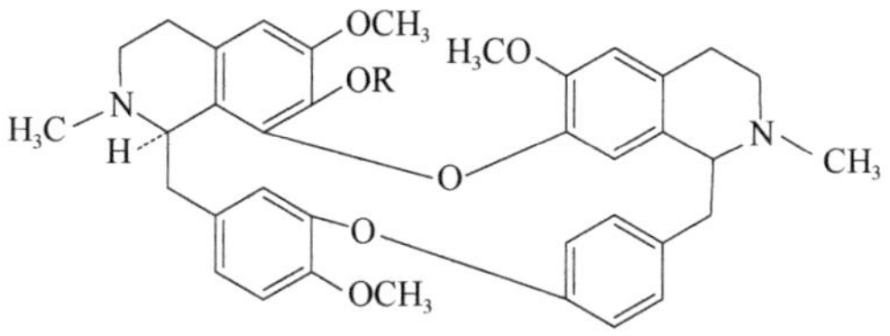

粉防己甲素　R = CH_3
粉防己乙素　R = H

3. 小檗碱类和原小檗碱类

两个异喹啉共用氮原子的稠环衍生物，根据母核碳环的氧化程度不同，又可分为小檗碱类和原小檗碱类。小檗碱类生物碱多为季铵碱，如存在于三颗针、黄连和黄柏中的抗菌成分小檗碱（berberine）。原小檗碱类多为叔胺碱，如延胡索中的镇痛成分延胡索乙素（tetrahydropalmatine）。

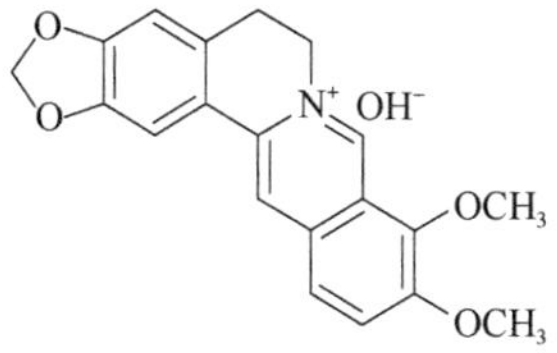

小檗碱

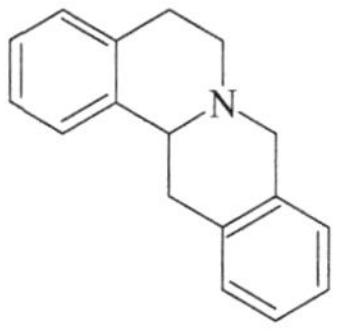

原小檗碱

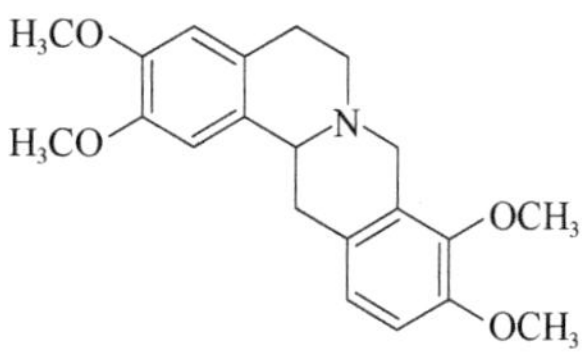

延胡索素

4. 吗啡烷类

具有部分饱和的菲核，因其代表性化合物吗啡（morphine）、可待因（codeine）、蒂巴因（thebaine）等是罂粟及其制品“鸦片”中的主要成分，故又被称为鸦片生物碱。吗啡及其衍生物是临床解除剧烈疼痛的主要药物，是全世界使用量最大的强效镇痛剂，但其最大的缺点是易成瘾。蒂巴因的药理作用与吗啡相反，它的痉挛毒性超过麻醉作用。

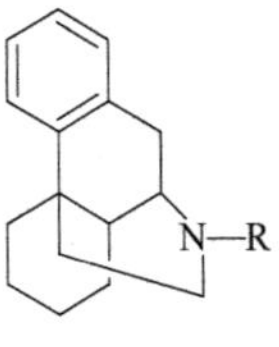

吗啡烷

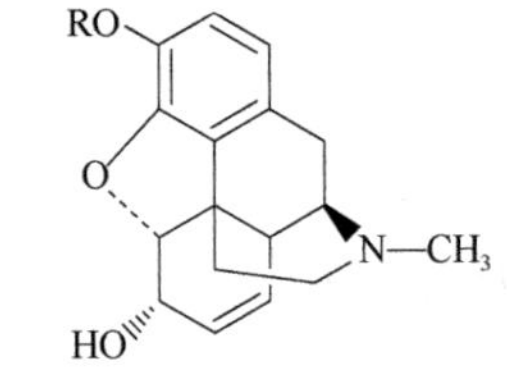

吗啡 R=H 可待因 R=CH_3

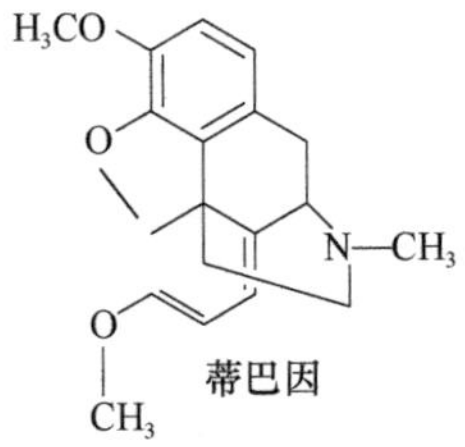

蒂巴因

（三）苄基苯乙胺类

该类生物碱骨架上为苄基与苯乙胺相连，几乎全部分布于石蒜科的石蒜属 *Lycoris*、水仙属 *Narcissus* 植物中，故又被称为石蒜生物碱。其代表化合物如石蒜碱（lycorine）、加兰他敏（galanthamine）等。

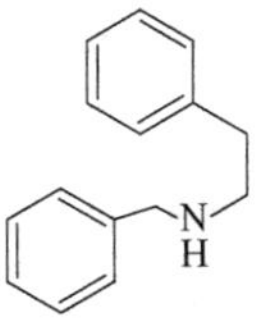

苄基苯乙胺

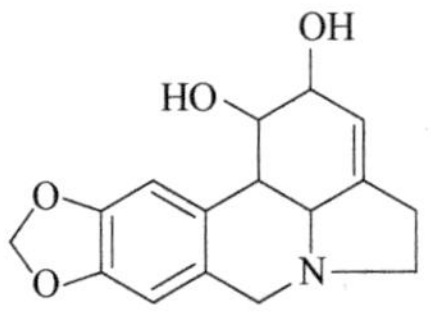

石蒜碱

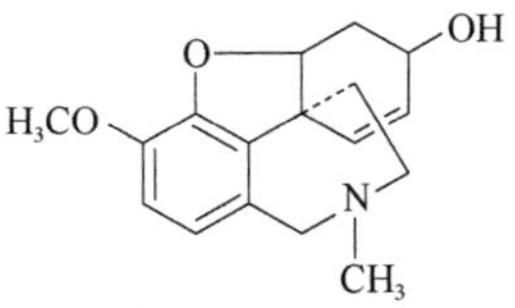

加兰他敏

四、色氨酸系生物碱

此类生物碱数目最多，结构也较为复杂，在生源途径上由色氨酸二次代谢生成。因母核中含有吲哚氮杂环，故又常被称为吲哚类生物碱。根据生源，此类生物碱又可以进一步分为四小类。

（一）简单吲哚类

色氨酸在生物转化过程中失去同碳上的氨基和羧基后生成的生物碱，其结构中只有吲哚母核。代表化合物如蓼蓝 *Polygonum tinctorium* Ait 中的靛青苷（indican），其在酸水解后生成吲哚酚，在空气中被氧化成靛蓝。

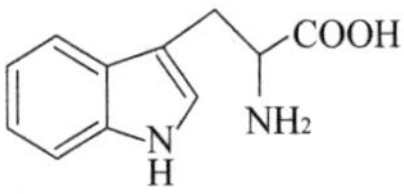

色氨酸

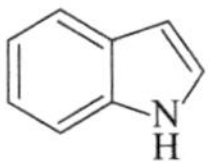

吲哚

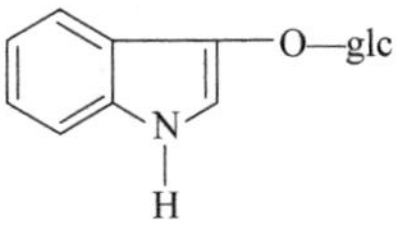

靛青苷

（二）色胺吲哚类

色氨酸分子生物转化时脱羧形成的生物碱，结构中含有色胺部分。例如，芸香科植物吴茱萸 *Evodia rutaecarpa*（Juss.）Benth 中的吴茱萸碱（evodiamine），具有镇痛、降血压及升高体温等药理作用。

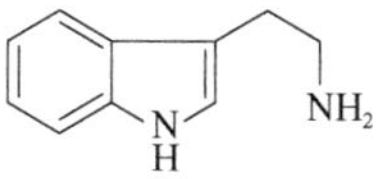

色胺

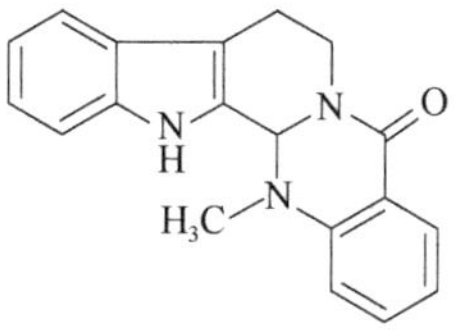

吴茱萸碱

（三）半萜吲哚类

半萜吲哚类为在色胺吲哚类骨架基础上，进一步连接一个异戊二烯单位后形成的生物碱，此类生物碱主要分布于麦角菌类中，故又被称为麦角碱类生物碱。代表性的化合物，如麦角新碱（ergometrine）和麦角胺（ergotamine），前者对子宫平滑肌有高度选择性，临床用于治疗产后子宫出血、产后子宫复旧不全（加速子宫复原）等。

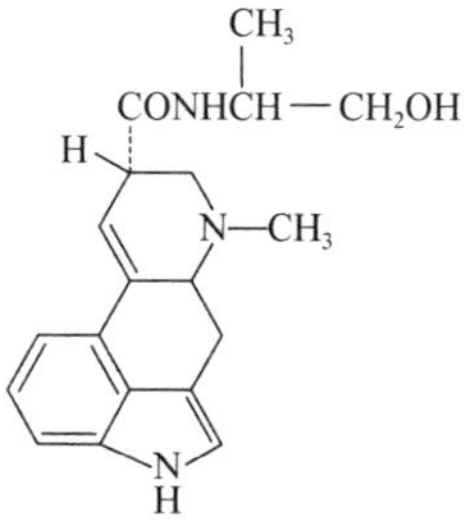

麦角新碱

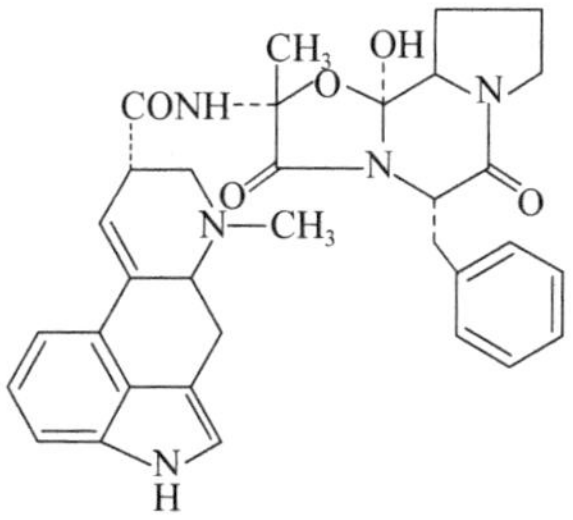

麦角胺

（四）单萜吲哚类

从 1818 年化学家 Pelletier 和 Caventon 首次从马钱子属植物中分离得到马钱子碱至今，已从自然界分离发现了 2000 多个单萜吲哚类生物碱。该类生物碱骨架复杂、数量巨大，为色氨酸系生物碱中最重要的一类。除了简单单萜吲哚外，还可以双聚或者糖苷等形式存在。

1. 单萜吲哚类

此类生物碱尽管在结构骨架上千变万化，但都是由色胺与单萜或其衍生物组合而成，分子中具有吲哚母核和一个 C-9 或 C-10 的裂环番木鳖萜及其衍生物的结构单元。例如，萝芙木 *Rauvolfia verticillata*（Lour.）Baill. 中的利血平（reserpine），为经典的降压药，曾广泛用于轻度和中度高血压的治疗。

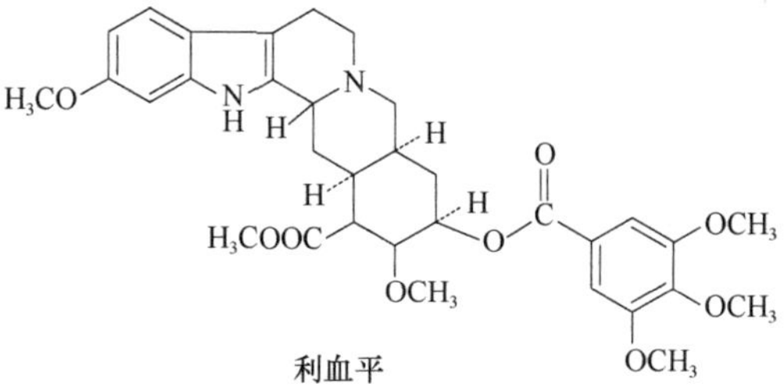

利血平

2. 双聚单萜吲哚类

双聚单萜吲哚类是由相同或者不同的两个单萜吲哚类生物碱单元经分子间的缩合而形成的生物碱。例如，从夹竹桃科植物长春花 *Catharanthus roseus*（L.）G. Don 中分离得到的长春碱（vinblastine）和长春新碱（vincristine）均具有较好的抗肿瘤效果。

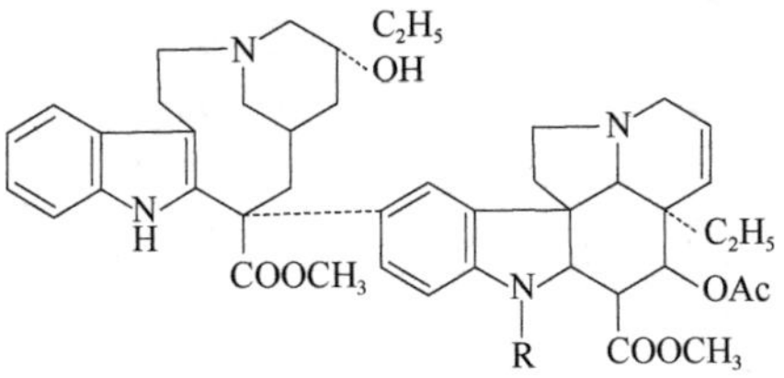

长春碱　R=CH_3
长春新碱　R=CHO

3. 与单萜吲哚类生物碱相关的生物碱

有些单萜吲哚类生物碱的吲哚环在生物合成过程中被重排成喹啉环，故虽然此类生物碱在化学结构上具有喹啉环，但从生源上归类却归于单萜吲哚类生物碱中，如喜树 *Camptotheca acuminate* Decne 中的抗癌成分喜树碱（camptothecine）、金鸡纳属植物中抗疟成分奎宁（quinine）等。

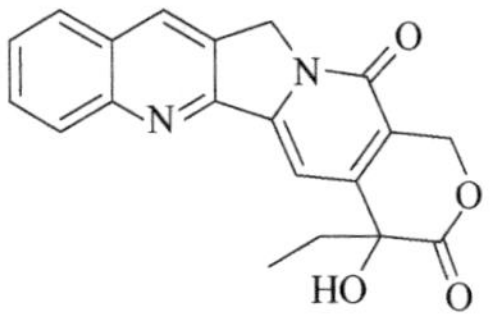

喜树碱

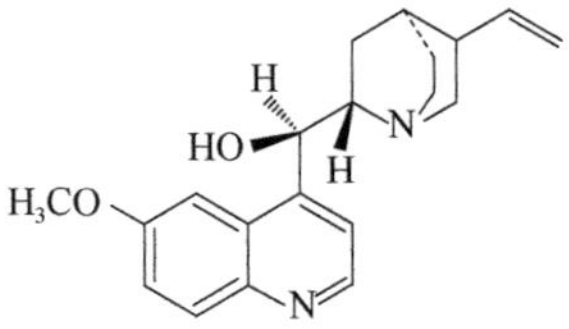

奎宁

五、邻氨基苯甲酸系生物碱

邻氨基苯甲酸系生物碱是由邻氨基苯甲酸直接生物合成的生物碱类型，主要包括喹啉类和吖啶酮类两种，如白鲜 *Dictamnus dasycarpus* Turcz. 根皮中的白鲜碱（dictamnine）、酒饼勒 *Atalantia buxifolia*（Poir）Oliv. 中具有抗肿瘤活性的东风桔碱（atalafoline）等。

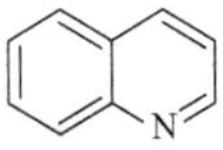

喹啉

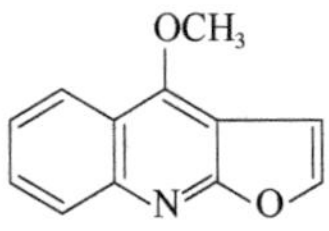

白鲜碱

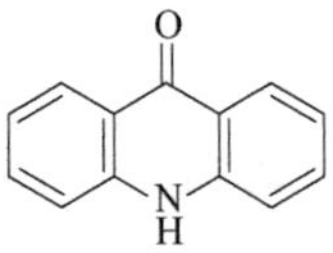

吖啶酮

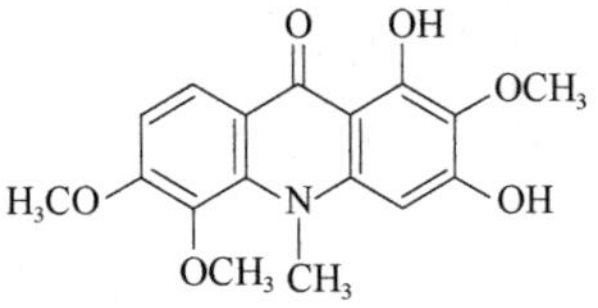

东风桔碱

六、组氨酸系生物碱

此类生物碱由组氨酸代谢生成，结构中具有五元氮杂环——咪唑环，数目不多，代表化合物如芸香科毛果芸香属植物中分离得到的毛果芸香碱（pilocarpine），其选择性直接作用于 M 胆碱受体，用于治疗原发性青光眼。

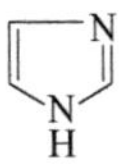

咪唑

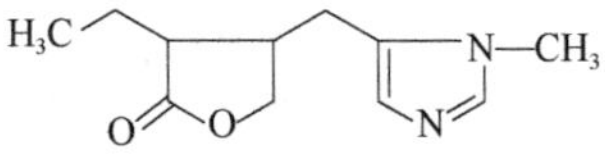

毛果芸香碱

七、萜类生物碱

此类生物碱一般具有较强的生物活性，常按照萜类的分类体系归类。

1. 单萜生物碱类

单萜生物碱类主要是由环烯醚萜衍生而来的生物碱，多分布于龙胆科植物中，如龙胆科植物龙胆 *Gentiana scabra* Bunge 中的龙胆碱（gentianine）、猕猴桃科植物猕猴桃 *Actinidia chinensis* Planch 中的猕猴桃碱（actinidine）属于此种类型 。

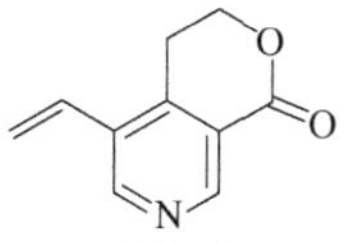

龙胆碱

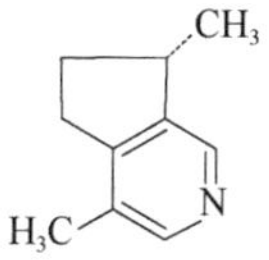

猕猴桃碱

2. 倍半萜生物碱类

倍半萜生物碱类主要分布于兰科石斛属植物中，如兰科植物石斛 *Dendrobium nobile* Lindl. 中的石斛碱（dendrobine）。

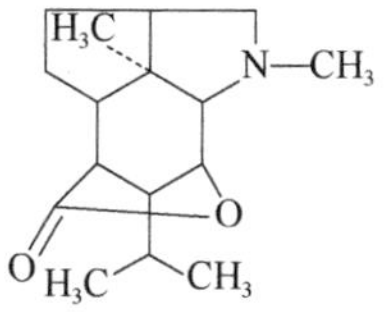

石斛碱

3. 二萜生物碱类

二萜生物碱类具有四环二萜或五环二萜的基本结构母核，主要分布于毛茛科乌头属、飞燕草属和翠雀属植物中，如乌头 *Aconitum carmichaeli* Debx. 中的强心成分乌头碱（aconitine）。

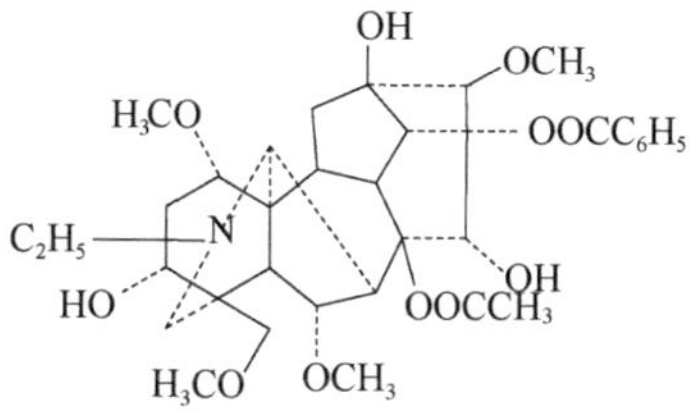

乌头碱

4. 三萜生物碱类

三萜生物碱类数目较少，主要分布于交让木科交让木属植物中，如交让木碱（daphniphylline）。

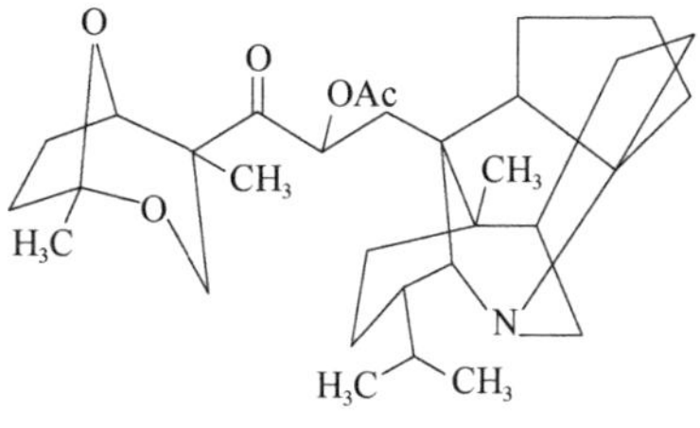

交让木碱

八、甾体类生物碱

此类生物碱为具有甾体母核结构的生物碱，且氮原子多不在甾核上，根据甾体母核的不同又可分为孕甾烷类、环孕甾烷类、胆甾烷类和异胆甾烷类生物碱，如孕甾烷类生物碱康斯生（conssine）、环孕甾烷类生物碱环常绿黄杨碱 D（cyclovirobuxine）、胆甾烷类生物碱藜芦胺碱（veratramine）、异胆甾烷类生物碱浙贝甲素（verticine）等。

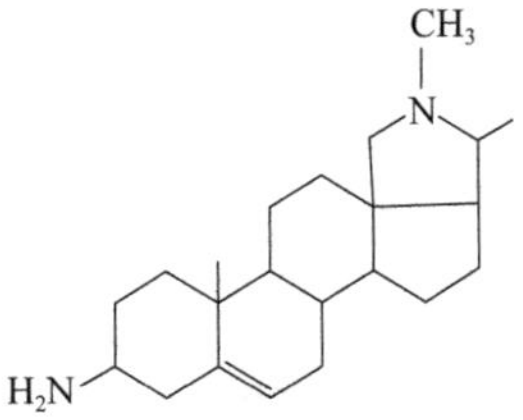

康斯生

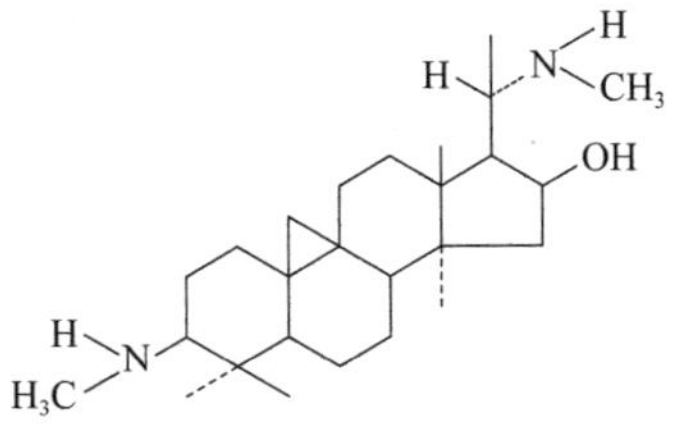

环常绿黄杨碱D

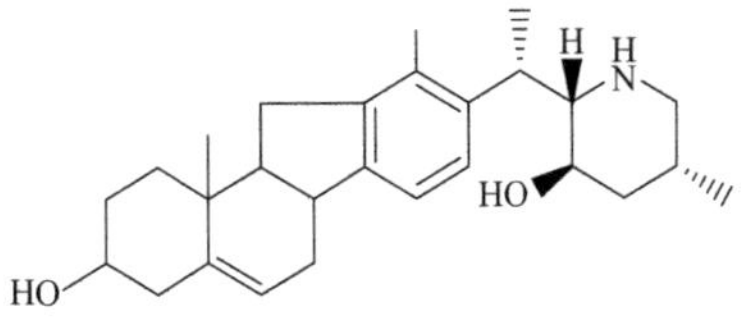

藜芦胺碱

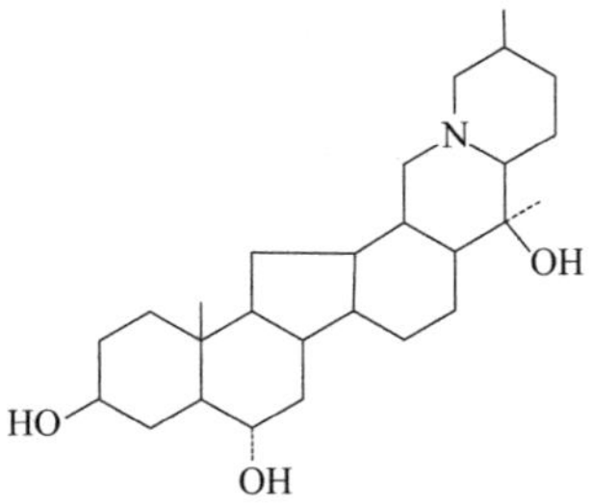

浙贝甲素

第三节　生物碱的理化性质

一、性状

（一）形态

生物碱大多为结晶形固体，少数为无定形粉末。极少数分子较小的生物碱呈液态（结构中不含氧原子或氧原子结合为酯键），如烟碱、毒芹碱（coniine）、槟榔碱等。生物碱一般都有固定的熔点，有的还具有双熔点，如汉防己甲素和汉防己乙素，自丙酮中结晶者，150℃左右熔融后加热又固化，至 213℃复熔。

（二）味道

生物碱多数具有苦味，如小檗碱味极苦，是黄连苦味的物质基础。极个别生物碱具有甜味，如甜菜碱（betaine）。

（三）挥发性和升华性

液态生物碱和个别小分子的固体生物碱具有挥发性，如麻黄碱。极少数生物碱还具有升华性，如咖啡因（caffeine）、川芎嗪（ligustrazine）等。

（四）颜色

绝大多数生物碱是无色的，少数因结构中具有较长共轭体系及助色团而呈现颜色，如小檗碱为黄色、药根碱(jatrorrhizine)为红色。有的生物碱在可见光下无色，但在紫外光下显荧光，如利血平，加酸和曝光后其荧光进一步增强。小檗碱若加氢还原成四氢小檗碱，因共轭链的缩短而变为无色，再次说明了结构和颜色之间的密切相关性。

二、旋光性

多数生物碱因结构中有手性碳，存在不对称结构，故具旋光性，且大多为左旋。生物碱的旋光性受手性碳的构型、测定溶剂、pH、温度及浓度等多个因素的影响，如麻黄碱在水中为右旋，而在乙醇、氯仿及苯中则为左旋；烟碱在中性条件下为左旋，而在酸性条件下为右旋；北美黄连碱（hydrastine）在 95% 乙醇中为左旋，而在稀乙醇中为右旋，且随乙醇浓度的降低旋光度增加。

生物碱的生物活性与其旋光性密切相关，一般左旋体生物活性显著，右旋体活性弱或无活性，如 *l*- 莨菪碱的散瞳作用比 *D*- 莨菪碱大 100 倍；去甲乌药碱的左旋体才有强心作用，右旋体无此作用。但也有个别生物碱的右旋的生物活性强于左旋体，如 *D*- 可卡因的局麻作用就比 *l*- 可卡因大 2.6 ～ 3.0 倍。

三、溶解性

（一）游离生物碱的溶解性

游离状态的生物碱按照其溶解性，可分为亲脂性生物碱和亲水性生物碱。

1. 亲脂性生物碱的溶解性

此类生物碱数目较多，绝大多数叔胺碱或仲胺碱都属于此类。亲脂性生物碱易溶于苯、乙醚、二氯甲烷、氯仿、四氯化碳等亲脂性有机溶剂，尤其在氯仿中溶解度较大（因生物碱中的氮原子可与氯仿形成分子间氢键）；可溶于甲醇、乙醇、丙酮、乙酸乙酯等有机溶剂；不溶或难溶于水。

2. 亲水性生物碱的溶解性

此类生物碱数目较少，主要是季铵碱，为离子型化合物，易溶于水、酸水和碱水，也可溶于甲醇、乙醇、正丁醇等极性较大的有机溶剂，难溶于苯、氯仿等亲脂性有机溶剂。

（二）生物碱盐的溶解性

生物碱因为碱性的存在，能与酸结合成盐，生物碱盐的溶解性类似于亲水性生物碱；易溶于水；可溶于甲醇、乙醇等极性较大的有机溶剂，难溶或不溶于亲脂性有机溶剂。

生物碱盐的水溶性与成盐的酸的种类有关。一般含氧无机酸盐（如硫酸盐、磷酸盐等）水溶性大于不含氧无机酸盐（如盐酸盐等），无机酸盐的水溶性大于有机酸盐（如乙酸盐、酒石酸盐等）。

（三）特殊生物碱和生物碱盐的溶解性

生物碱由于数目较多，结构复杂，除上述介绍的生物碱及生物碱盐溶解性的一般规律外，难免有一些特殊情况。

一些小分子的叔胺碱和液体生物碱，如麻黄碱、秋水仙碱、烟碱、苦参碱、氧化苦参碱、东莨菪碱等，既溶于水，也溶于氯仿等低极性的有机溶剂。

N-氧化物型生物碱结构中具有半极性的 N → O 配位键，在水中的溶解度增大，如氧化苦参碱的水溶性大于苦参碱。

一些生物碱结构中具有酚羟基或羧基等特殊官能团，这类生物碱既可溶于酸性溶液，又可溶于碱性溶液，称为两性生物碱。其中具有酚羟基的生物碱如吗啡等，可溶于氢氧化钠等强碱性溶液。不过也有些酚性生物碱由于酚羟基受到空间位阻的效应，而难溶于氢氧化钠溶液，这种酚羟基称为隐性酚羟基，如汉防己乙素结构中的酚羟基。结构中具有羧基的生物碱，如槟榔次碱等可溶于碳酸氢钠等弱碱性溶液。

具有内酯或内酰胺结构的生物碱，如喜树碱、苦参碱等，溶解性类似一般的叔胺碱，但在氢氧化钠等强碱溶液中加热，其内酯（或内酰胺）结构能开环形成羧酸盐溶于碱水，酸化后又可闭环沉淀析出。

一些特殊的生物碱盐可溶于亲脂性的有机溶剂，如奎宁、罂粟碱等的盐酸盐溶于氯仿，略溶于水；而有些生物碱盐如麻黄碱草酸盐及小檗碱盐酸盐等难溶于水。

四、碱性

（一）生物碱碱性产生的原因和碱性强弱的表示方法

生物碱的碱性是其特征性的化学性质。生物碱之所以具有碱性，是因为结构中含有氮原子，氮原子上有孤对电子。根据 Lewis 酸碱电子理论，凡是能给出电子的物质为碱，能接受电子的物质为酸。生物碱分子中氮原子的孤对电子能给出电子，接受质子，因而呈现碱性。

生物碱接受氢质子后，生成其共轭酸。由于生物碱的碱性越强，其共轭酸的酸性越弱，共轭酸的电离常数 K_a 越小，而电离常数的负对数 pK_a 越大，故而生物碱的碱性强弱常用其共轭酸的 pK_a 来表示。生物碱共轭酸的 pK_a 越大，说明其碱性越强；反之，pK_a 越小，碱性越弱。

$$\underset{\text{碱}}{B} + \underset{\text{酸}}{H_2O} \rightleftharpoons \underset{\text{共轭酸}}{BH^+} + \underset{\text{共轭碱}}{OH^-}$$

依据 pK_a 大小，可将生物碱按碱性强弱分类：$pK_a > 11$，为强碱，如季铵碱、胍类生物碱；$pK_a 8 \sim 11$，中强碱，如脂肪胺、脂氮杂环类生物碱；$pK_a 3 \sim 7$，为弱碱，如苯胺类、六元芳香氮杂环类；$pK_a < 3$，近中性碱，如酰胺类、五元芳香氮杂环类等。

（二）影响生物碱碱性强弱的因素

生物碱的碱性强弱从根本说取决于自身结构，受到氮原子的杂化方式、电性效应、空间效应及分子内氢键等因素的影响。

1. 氮原子杂化方式

氮原子杂化方式与碳原子类似，氮原子有 sp^3、sp^2 和 sp 三种杂化方式。在这三种杂化轨道中，p 电子比例越大者，活动性越大，越易给出电子，碱性越强，因此三种杂化方式的氮碱性依次减弱，即 $sp^3 > sp^2 > sp$。一般脂肪胺类、脂氮杂环类生物碱的氮原子为 sp^3 杂化，碱性较强，为中强碱；六元芳香氮杂环类生物碱氮原子为 sp^2 杂化，碱性较弱；氰基中的氮原子为 sp 杂化，近乎中性。因此，异喹啉（氮 sp^2 杂化，pK_a 5.40）碱性弱于四氢异喹啉（氮 sp^3 杂化，pK_a 9.50）；罂粟碱（氮 sp^2 杂化，pK_a 6.13）的碱性也弱于可待因（氮 sp^3 杂化，pK_a 8.15）。烟碱分子中的两个氮原子碱性呈现出较大差异也是由于它们杂化方式不同所致，吡啶环上的 1 号氮为 sp^2 杂化，其 pK_a 为 3.27，碱性弱于四氢吡咯环上的 2 号氮，因为 2 号氮为 sp^3 杂化，其 pK_a 达到了 8.02。

季铵碱因是以一价阳离子状态存在，在水中电离出氢氧根离子，呈强碱性，如小檗碱的 pK_a 为 11.50。

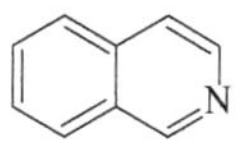

异喹啉(p*K*a 5.40)

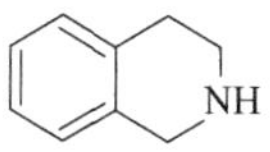

四氢异喹啉(pK_a 9.50)

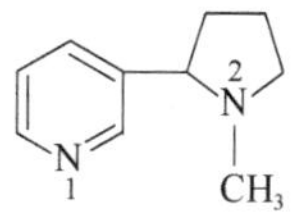

烟碱(N-1,pK_a 3.27;N-2,pK_a 8.02)

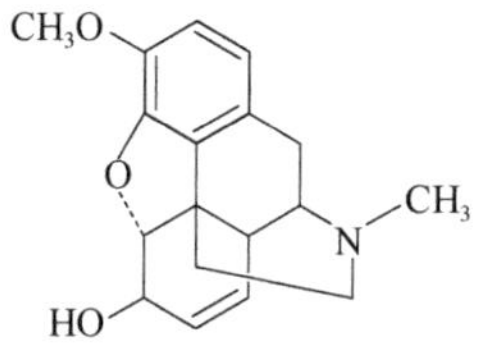

可待因(p*K*a 8.15)

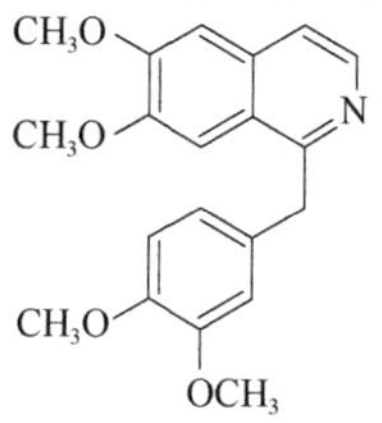

罂粟碱(pK_a 6.13)

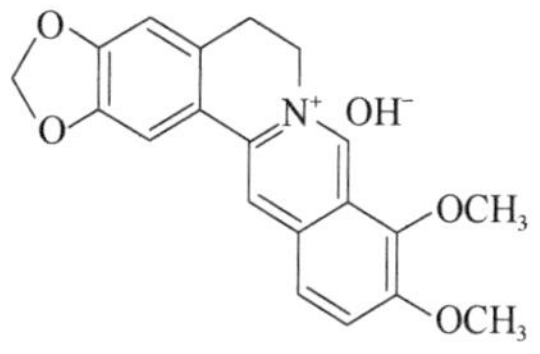

小檗碱(pK_a 11.50)

2. 电性效应

生物碱分子结构中存在的电性效应能够影响氮原子孤对电子上电子云的密度，从而影响生物碱的碱性大小，这些电性效应包括诱导效应、诱导 - 场效应和共轭效应。

（1）诱导效应：由分子中组成原子的电负性差异引起，通过碳链传递，可分为供电子诱导和吸电子诱导。氮原子附近存在的供电子基团（如烷基），可使氮原子上电子云密度增加，接受质子的能力增强，因而碱性增强；氮原子附近如果存在吸电子基团（如羟基、羰基、酯基、醚基等含氧基团、双键、芳环）时，则一般使氮原子上电子云密度降低，碱性减弱。例如，麻黄碱的碱性（pK_a 9.58）强于去甲麻黄碱（pK_a 9.00），即是麻黄碱氮原子上的甲基供电子诱导的结果；而两者的碱性均要弱于苯异丙胺（pK_a 9.80），则是因为两者连氨基碳原子的邻位碳上羟基吸电子诱导所导致的。

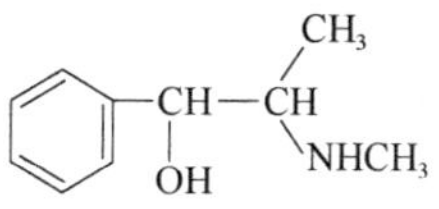

麻黄碱(pK_a 9.58)

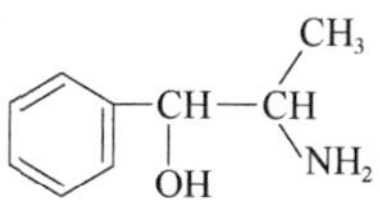

去甲麻黄碱(pK_a 9.00)

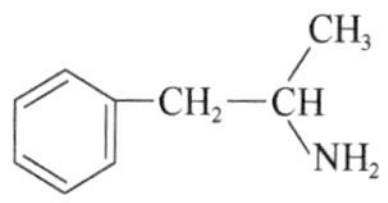

苯异丙胺(pK_a 9.80)

一般而言，羟基和双键的吸电子诱导效应会使生物碱的碱性减弱。但是，环叔胺型的生物碱，当氮原子的邻位碳原子上具有双键或羟基者，氮原子上的孤电子对与双键或 α- 羟基的 C—O 单键的 σ 电子发生转位，转变成季铵型生物碱而呈强碱性。例如，醇胺型小檗碱的氮

原子的 α- 位上有羟基，可转变成季铵型小檗碱，呈强碱性。

醇胺型小檗碱　　　　季铵型小檗碱

但是，如果生物碱中的氮原子处在稠环的桥头时，分子自身的刚性结构使双键或 α- 羟基不能发生转位，叔胺氮不能转变为季铵氮，双键或 α- 羟基只能呈现吸电子诱导效应而使碱性减弱。例如，阿马林（ajmaline）虽然有 α- 羟基结构，但因氮原子位于稠环的桥头，氮原子上的孤电子对不能发生转位，故碱性中等（pK_a 8.15）；新士的宁结构中氮原子的邻位有双键结构，但由于该氮原子为桥头刚性结构，不能转变成季铵氮，故新士的宁的碱性（pK_a 3.80）弱于士的宁（pK_a 8.29）。

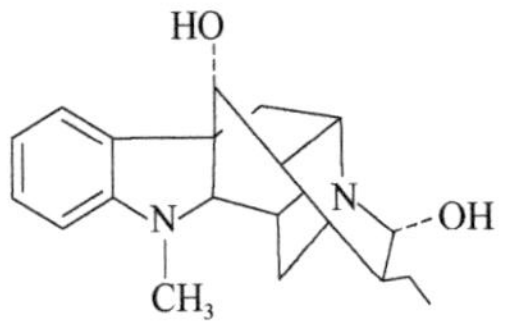

阿马林(pK_a 8.15)

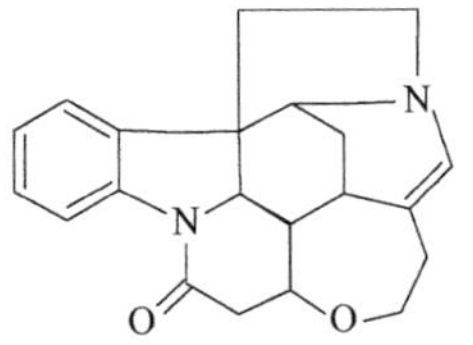

新士的宁(ΔpK_a .3.80)

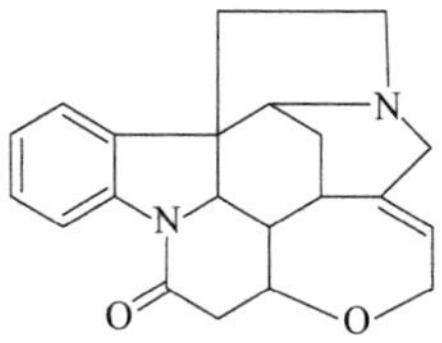

士的宁(pKa 8.29)

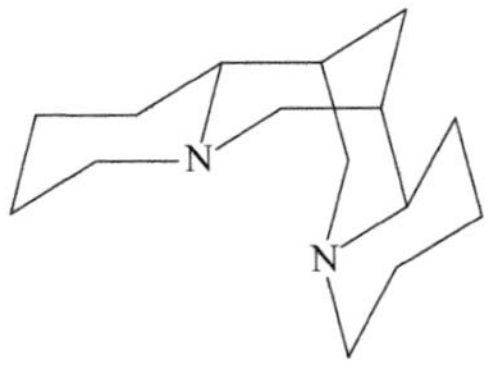

无叶豆碱(PKa 8.10)

（2）诱导 - 场效应：存在于分子中含有一个以上氮原子的生物碱中，这些氮原子即使杂化形式和化学环境等完全相同，各自的碱性也不同。这是因为，当分子中的一个氮原子质子化后，就形成一个强的吸电子基团—N^+HR_2，进而对另外的氮原子产生两种降低碱性的效应，分别是诱导效应和静电场效应。诱导效应如（1）所述，通过碳链传递间接作用，而静电场效应则通过空间直接传递，故又称为直接效应，这两种效应合称诱导 - 场效应。例如，无叶豆碱（sparteine）分子中两个氮原子碱性相差较大（两个氮原子的 pK_a 分别为 11.40 和 3.30，相差 8.10），原因就是两个氮原子在空间上很接近，存在着显著的诱导 - 场效应。

（3）共轭效应：生物碱分子中氮原子上存在的孤对电子，与具有 π 电子的基团连接，形成 p- π 共轭体系，从而影响生物碱的碱性，比较常见的受共轭效应影响的生物碱有苯胺型、酰胺型和胍基型三类。

1）苯胺型：氨基与苯环直接相连的生物碱类型。苯胺（pK_a 4.58）氮原子上的孤对电子与苯环的 π 电子形成 p- π 共轭体系，使得氮原子上电子云密度减低，碱性减弱，故碱性大大弱于未形成共轭的环己胺（pK_a 10.64）；毒扁豆碱（physostigmine）分子中的两个氮原子碱性相差较大，N-1 因孤对电子与苯环形成 p- π 共轭体系（pK_a 1.76），其碱性远弱于未形成 p- π 共轭体系的 N-2（pK_a 7.88）。

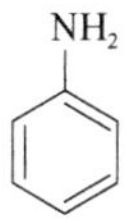

苯胺(pK_a 4.58)

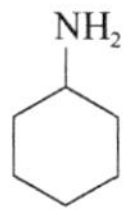

环己胺(pK_a 10.64)

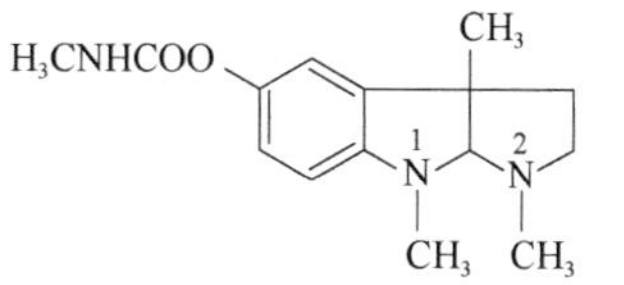

毒扁豆碱(N-1 pK_a 1.76；N-2 pK_a 7.88)

2）酰胺型：氨基与羰基直接相连的生物碱类型。氮原子上的孤对电子与相连羰基的 π 电子形成 p-π 共轭体系后碱性极弱，如胡椒碱（pK_a 1.42）、咖啡因（pK_a 1.22）、秋水仙碱（pK_a 1.84）等。毒扁豆碱分子中有三个氮，其中侧链上的氮原子为酰胺型，碱性最弱。

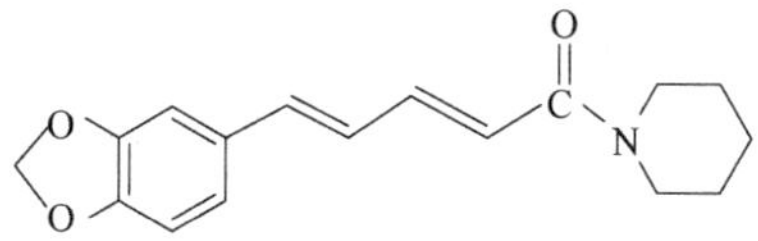

胡椒碱(pK_a1.42)

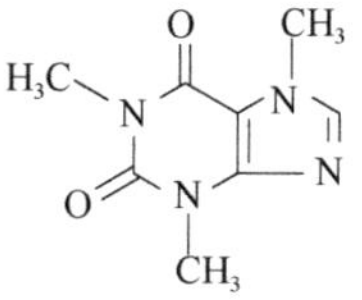

咖啡因(pK_a1.22)

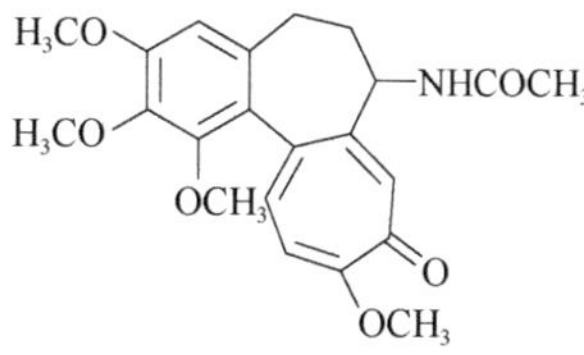

秋水仙碱(pK_a1.84)

3）胍基型：含胍基的生物碱大多呈强碱性，这是因为胍在接受质子后形成季铵离子，具有更强的 p-π 共轭体系，高度的共振稳定性使碱性达到最强（pK_a 13.60）。

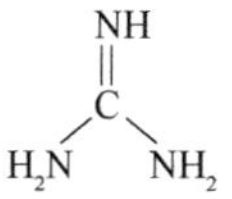

胍(pK_a 13.60)

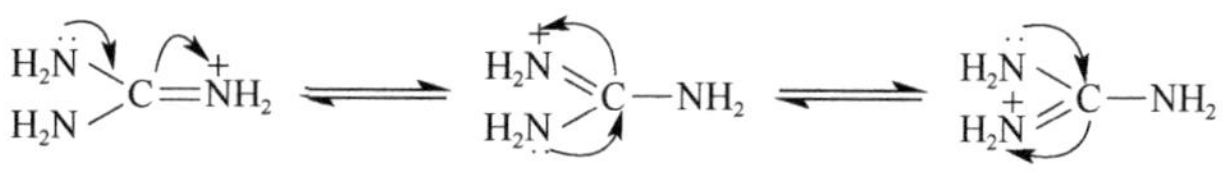

根据以上所述，各类型生物碱的碱性强弱顺序一般是：胍基型＞季铵型＞脂肪胺＞吡啶型＞苯胺型＞酰胺型。当然，具体到每一种生物碱，还要结合其他各因素综合分析。

3. 空间效应

生物碱分子中，如氮原子附近存在取代基的空间位阻或分子构象影响，会使氮原子的孤对电子接受质子的能力减弱，导致生物碱碱性减小。例如，东莨菪碱（pK_a 7.50）碱性弱于莨菪碱（pK_a 9.65），其原因除了 6、7- 位醚氧键的吸电子诱导效应外，更主要的是氧环的空间阻碍作用，使得氮原子难于接受质子，碱性降低。山莨菪碱结构中 C-6 为羟基，空间位阻小于环氧基团，其碱性介于东莨菪碱与莨菪碱之间。甲基麻黄碱的氮原子上比麻黄碱多一个甲基，虽有甲基的供电子诱导效应使氮原子上的电子云密度增加，但由于甲基的空间位阻占主导作用，使得甲基麻黄碱（pK_a 9.30）碱性要弱于麻黄碱（pK_a 9.58）。

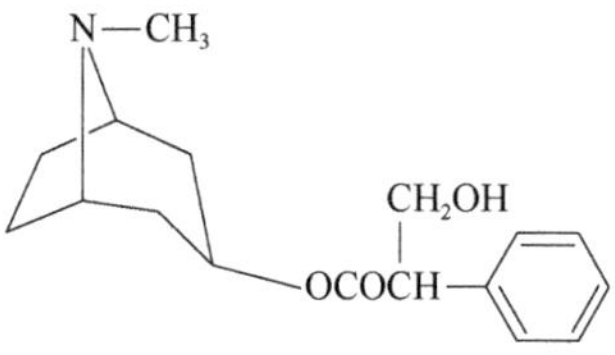

莨菪碱

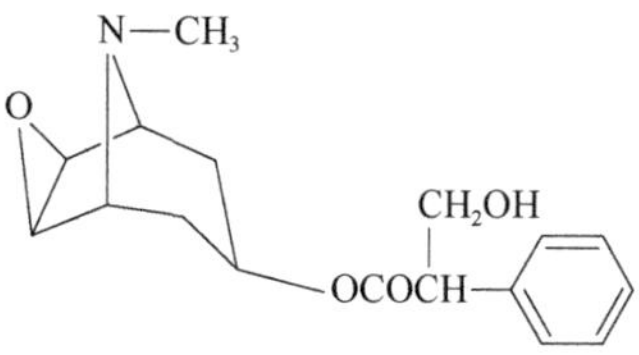

东莨菪碱

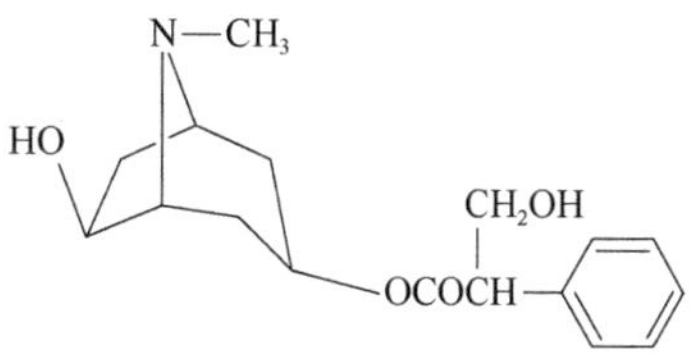

山莨菪碱

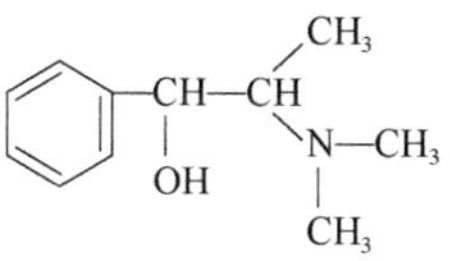

甲基麻黄碱

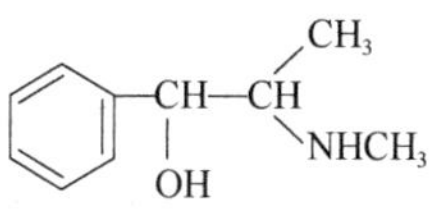

麻黄碱

4. 氢键效应

生物碱氮原子接受氢质子后形成它的共轭酸，如果共轭酸能与其分子中的羟基或羰基形成稳定的分子内氢键，共轭酸的稳定性增加，因而生物碱的碱性增强，如钩藤碱的碱性（pK_a 6.32）强于异钩藤碱（pK_a 5.20），是因为钩藤碱的共轭酸能和附近的羰基形成分子内氢键，而异钩藤碱无法形成。

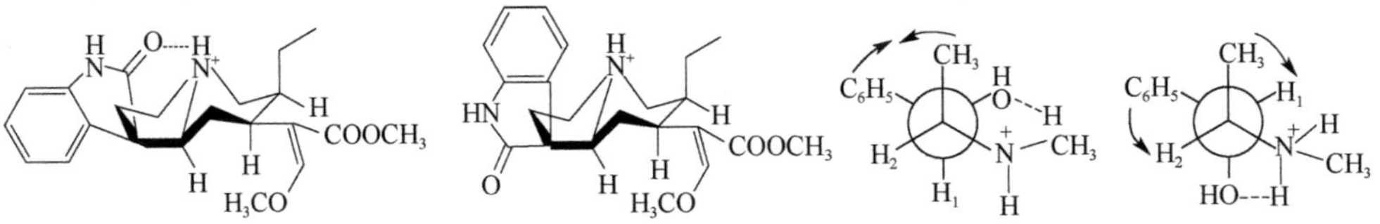

钩藤碱共轭酸　　异钩藤碱共轭酸　　麻黄碱共轭酸　　伪麻黄碱共轭酸

此外，共轭酸的稳定性大小也会影响到生物碱碱性的大小，如伪麻黄碱（pK_a 7.71）的碱性强于麻黄碱（pK_a 9.58），就是因为两者共轭酸的稳定性差异所致。麻黄碱和伪麻黄碱是一对光学异构体，接受质子后的共轭酸均能与 1 位羟基形成分子内氢键，但麻黄碱共轭酸中—CH_3、—C_6H_5 两个基团构象上处于重叠位置，稳定性弱于两个基团位于异侧、不重叠的伪麻黄碱共轭酸，故麻黄碱的碱性弱于伪麻黄碱。

生物碱分子的结构复杂，在一种生物碱中可能同时存在上述多种因素的共同影响，需要综合考虑。一般而言，诱导效应与共轭效应共存时，后者对碱性的影响相对较大；而空间效应与诱导效应共存时，前者占主导地位。

五、沉淀反应

大多数生物碱在酸水溶液或酸性稀醇溶液中，可与某些试剂生成难溶性的复盐或分子络合物，这种反应被称为生物碱沉淀反应，所用试剂被称为生物碱沉淀试剂。

（一）常用的生物碱沉淀试剂

生物碱沉淀试剂的种类较多，可分为碘化物复盐类、大分子酸类和重金属盐类等。常用的生物碱沉淀试剂见表 10-2。

表 10-2　常用的生物碱沉淀试剂及反应现象

类别	试剂名称（英文名称）	化学组成	反应现象
碘化物复盐类	碘化铋钾（dragendoff reagent）	$KBiI_4$	黄色至橘红色沉淀
	碘化汞钾（mayer reagent）	K_2HgI_4	类白色沉淀
	碘 - 碘化钾（wagner reagent）	$KI\text{-}I_2$	红棕色沉淀
大分子酸类	硅钨酸（bertrand reagent）	$SiO_2 \cdot 12WO_3 \cdot nH_2O$	淡黄色或灰白色沉淀
	磷钼酸（sonnenschein reagent）	$H_3PO_4 \cdot 12MO_3 \cdot 2H_2O$	白色或黄褐色沉淀
	苦味酸（picric acid reagent）	2,4,6- 三硝基苯酚	黄色沉淀或结晶
重金属盐类	雷氏铵盐（ammonium reineckate reagent）	$NH_4[Cr(NH_3)_2(SCN)_4]$	红色沉淀或结晶

（二）生物碱沉淀反应的条件

因生物碱与酸成盐后易溶于水，与沉淀试剂的反应产物难溶于酸水而析出，故生物碱沉淀反应一般在稀酸水溶液或酸性醇溶液中进行，但苦味酸试剂在中性条件下进行实验。

（三）生物碱沉淀反应的应用

生物碱沉淀反应简单便捷，可用于生物碱的定性检识、提取分离和薄层显色等。

1. 生物碱的定性检识

沉淀反应是生物碱的一类特征反应，它可用于检识中药中生物碱类成分的存在与否，或在生物碱提取分离过程中作为追踪手段。为保证检出结果的准确性，进行定性鉴别时，应使用三种以上沉淀试剂分别进行反应，如果均能形成相应颜色的沉淀，可判断为阳性结果。

2. 生物碱的分离精制

某些生物碱和沉淀试剂结合形成的沉淀可在一定条件发生分解，恢复成游离生物碱。此类沉淀试剂可以用于生物碱的分离精制，如应用雷氏铵盐试剂沉淀分离季铵型生物碱。

3. 生物碱的薄层显色

生物碱大多是无色的，在硅胶、氧化铝薄层展开后，常用改良碘化铋钾试剂喷雾显色，生物碱呈现出橘红色斑点。

（四）生物碱沉淀反应的假阴性和假阳性结果

仲胺碱如麻黄碱一般不易与生物碱沉淀试剂发生反应，这是生物碱沉淀反应中的假阴性结果。

此外，由于植物的酸水提取液中通常含有蛋白质、多肽、氨基酸、鞣质等成分，它们也能与生物碱沉淀试剂反应生成沉淀，造成假阳性结果。为了避免它们的干扰，可采用“酸化 - 碱化 - 再酸化”的纯化处理方法，也就是先将中药的酸水提取液碱化，使原本成盐的亲脂性生物碱游离，再用氯仿萃取，从而与上述水溶性干扰成分分离，氯仿层回收溶剂后再加酸水溶解，进行生物碱沉淀反应。

六、显色反应

某些生物碱能和一些以浓无机酸为主的试剂反应，呈现特殊的颜色，此类反应被称为生物碱的显色反应，可用于个体生物碱的鉴别、检识乃至含量测定。一些常用的生物碱显色试剂见表 10-3。

表 10-3　常用的生物碱显色试剂及反应现象

试剂名称	化学组成	反应现象
Mandelin 试剂	1% 矾酸铵的浓硫酸溶液	莨菪碱阿托品显红色，可待因显蓝色，士的宁显紫色到红色
Frohde 试剂	1% 钼酸钠或钼酸铵的浓硫酸溶液	乌头碱显黄棕色，小檗碱显棕绿色
Marquis 试剂	30% 甲醛溶液 0.2ml 与 10ml 浓硫酸的混合溶液	吗啡显橙色至紫色，可待因显红色至黄棕色

（1）浓硫酸反应：使用浓硫酸与生物碱反应，乌头碱显紫色、小檗碱显绿色，阿托品不显色。此反应可以进一步加入其他试剂用于特定生物碱的检查。例如，再加入重铬酸钾后，士的宁初显蓝紫色，渐变为紫红色，最后为橙黄色。马钱子碱在此条件下不能产生相似的显色反应过程。

（2）浓硝酸反应：使用浓硝酸与生物碱反应，小檗碱显棕红色，秋水仙碱显蓝色，咖啡因不显色。

第四节　生物碱的提取分离

一、总生物碱的提取

生物碱的提取，除少数具有特殊性质的生物碱，如具有挥发性的生物碱（麻黄碱）可用水蒸气蒸馏法提取，具有升华性的生物碱（咖啡因和川芎嗪）可用升华法提取外，绝大多数生物碱都采用溶剂提取法进行提取，提取的溶剂有水、酸水、醇类溶剂和亲脂性有机溶剂。

（一）水或酸水提取法

1. 提取原理

在植物体内生物碱大多以盐的形式存在，因而可以用水提取。由于生物碱在自然界多为有机酸盐，水溶性偏小，所以通常用无机酸水溶液提取，使有机酸盐转化为无机酸盐，增加在水中的溶解度。此外，一些亲脂性的弱碱或中性碱往往以游离态存在，酸水可以使它们成盐而被提取。

2. 提取方法

酸水提取法常用 0.1% ~ 1% 的盐酸或硫酸溶液等为溶剂，用浸渍法或渗漉法提取。这种方法在操作上较为简单，但提取得到的提取液体积较大，含水溶性杂质较多，需要进一步分离纯化，一般可采用离子交换提取法和有机溶剂萃取法。

（1）阳离子树脂交换法：生物碱无机酸盐在水溶液中可解离出生物碱阳离子 BH^+，能与阳离子交换树脂发生离子交换。将生物碱酸水提取液通过强酸型阳离子交换柱，生物碱阳离子被交换到树脂上，酸水液中其他未能发生交换反应的杂质流出柱外，与生物碱相分离。

在生物碱交换到树脂上后，用蒸馏水或乙醇洗脱，除去残留在柱中未发生交换的杂质。而后用含氨水的乙醇液或酸水液、酸性乙醇液洗脱，浓缩之后可得到总生物碱或总生物碱盐。也可将交换后的树脂从色谱柱倒出晾干，用氨水碱化至 pH 为 10 左右，氯仿回流，回收溶剂得到总生物碱。

（2）萃取法：用氨水碱化生物碱水或酸水提取液，使生物碱游离，如形成沉淀，过滤即得总生物碱；如不沉淀，可用氯仿等低极性有机溶剂萃取，回收有机溶剂后即得总生物碱。

（二）醇类溶剂提取法

1. 提取原理

游离生物碱及生物碱盐均能溶于乙醇或甲醇，因此可以把甲醇和乙醇作为提取生物碱的溶剂。甲醇对生物碱的溶解性能比乙醇好，但毒性较大，一般多采用乙醇作为提取溶剂。

2. 提取方法

醇类溶剂提取法可选择浸渍法、渗漉法、回流法和连续回流法进行。得到的醇提液中水溶性大分子杂质（如蛋白质、多糖等）较少，但脂溶性杂质（如树脂、脂溶性色素等）较多，可浓缩后运用 “酸水 - 碱化 - 萃取”法进一步精制：生物碱的醇提液回收溶剂得到的醇浸膏，加入稀酸水搅拌溶解，过滤，滤液用氨水碱化至 pH 9 ～ 10，使生物碱游离，如有沉淀，过滤得总生物碱；如不沉淀，也可用氯仿等低极性有机溶剂萃取，回收有机溶剂后得总生物碱。

（三）亲脂性有机溶剂提取法

1. 提取原理

绝大多数生物碱都是脂溶性的，可用亲脂性有机溶剂，如氯仿、二氯甲烷或苯等进行提取。

2. 提取方法

由于生物碱在植物体内多以盐的形式存在，因此首先应用碱如石灰乳、碳酸钠溶液或稀氨水等润湿药材，使生物碱游离，药材晾干后再用氯仿等亲脂性有机溶剂提取。提取方法可采用浸渍法、回流法或连续回流法。

该法得到的提取液中水溶性杂质少，但亲脂性杂质较多，需进一步采用“酸水 - 碱化 - 萃取”法除杂。而且亲脂性有机溶剂价格高，有的毒性较大，易燃烧或爆炸，故在提取过程中应注意安全。

近年来，一些新技术如超声辅助提取、微波萃取、超临界流体萃取等在生物碱提取中的应用大大提高了提取效率，降低了过程能耗。例如，利用超临界 CO_2 流体萃取苦参中的总生物碱，提取率为常规溶剂提取法的 2.4 倍，耗时为常规方法的 1/3。

二、生物碱的分离

一般而言，一种药材中往往共存着多种生物碱类成分，用上述提取方法得到的总生物碱仍然是各个生物碱的混合物，需要进一步分离单体生物碱。通常是先用溶剂法初步分离，将性质相近的生物碱分成几个类别，再按照单体生物碱的性质差异分离得到单一化合物。

（一）生物碱的初步分离

利用生物碱的碱性强弱、亲脂亲水性以及是否具有酚羟基，可把提取液中的生物碱初步分成以下几种类别。一般初步分离流程如下（图 10-1）。

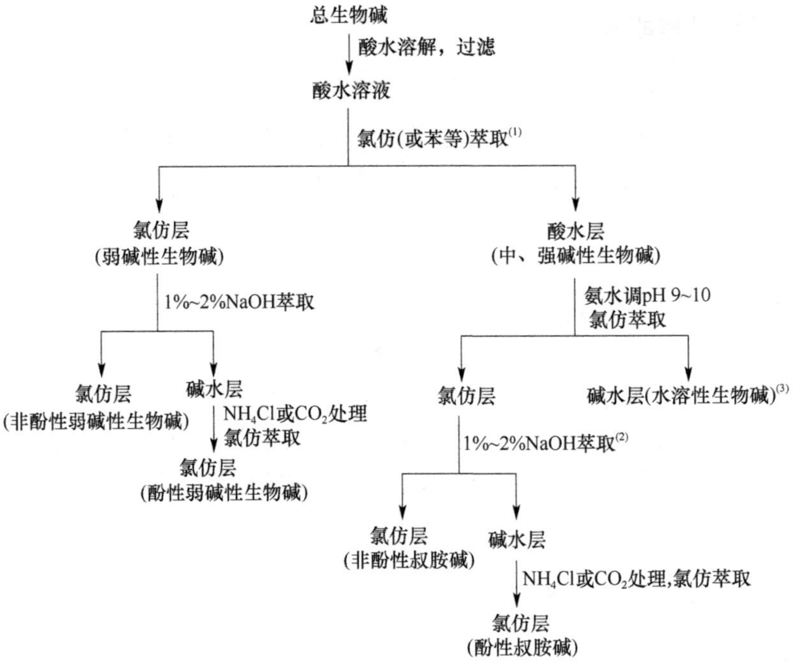

图 10-1　生物碱的初步分离流程图

在此流程中，应注意以下几点。

（1）弱碱性生物碱的盐不稳定，遇到氯仿等有机溶剂即转变成游离碱而被提出，而碱性强或中等的生物碱形成的盐稳定，不被溶剂提出。

（2）用 1% ~ 2% NaOH 溶液来萃取酚性生物碱，得到的碱水层用 NH_4Cl 或 CO_2 弱酸处理，使酚羟基游离，被 $CHCl_3$ 萃取。此处不能用盐酸、硫酸等强酸使酚羟基游离，这是因为强酸酸性太强，不仅能使酚羟基游离，还能与碱性氮原子结合成盐，酚性生物碱将仍留在水层中，不能被萃取出来。

（3）水溶性生物碱易溶于水、酸水和碱水。

（二）生物碱单体的分离

1. 利用生物碱的碱性差异进行分离

（1）原理：总生物碱中各单体生物碱一般均存在碱性强弱的差异，强碱在弱酸性条件下即可成盐溶于水，而弱碱需要在较强的酸性条件下才能成盐溶于水。反过来，将总生物碱盐的水溶液碱化时，生物碱将游离。弱碱盐在弱碱性条件下即可游离，溶于亲脂性有机溶剂；而强碱盐需在较强碱性条件下才能游离，溶于亲脂性有机溶剂。根据这一性质，可以在不同 pH 条件下分离单体生物碱，这种方法称为 pH 梯度法。

（2）方法：用 pH 梯度法分离生物碱单体有两种具体操作模式，一种是将总生物碱溶于酸水中，逐步加碱使 pH 由低到高，每调一次 pH，用氯仿等亲脂性有机溶剂萃取一次，从而使生物碱按照碱性由弱到强的顺序先后被萃取出来；另一种是将总生物碱用氯仿等有机溶剂溶解，用 pH 由高到低的酸性缓冲溶液依次萃取，生物碱按照碱性由强到弱的顺序成盐转溶于各缓冲溶液中，各部分缓冲溶液碱化后，用亲脂性有机溶剂萃取，回收溶剂即得不同碱性的生物碱。例如，莨菪碱的碱性强于东莨菪碱，洋金花中两者的分离就是将两种生物碱的氯仿溶液先用稀酸水萃取，使两种生物碱成盐，再将此稀酸水用固体碳酸氢钠碱化至pH小于10，以氯仿萃取，东莨菪碱因碱性弱先游离出来而溶于氯仿；碱水层再用氨水碱化至pH 10，用氯仿可萃取出碱性稍强的莨菪碱。

2. 利用生物碱或生物碱盐溶解度的差异进行分离

（1）原理：总生物碱中各单体生物碱的极性不同，因而在不同溶剂中的溶解度不同；一些生物碱成盐后在不同溶剂中的溶解度也存在较明显差异。利用这些差异，可对生物碱单体进行分离。

（2）方法：一般采用两相溶剂萃取法、沉淀法等进行。

1）苦参中苦参碱和氧化苦参碱的分离：氧化苦参碱极性较苦参碱稍大，难溶于乙醚，而苦参碱可溶于乙醚。两者混合物溶于氯仿，再加入10倍量以上的乙醚，氧化苦参碱析出沉淀，过滤，与留在溶剂中的苦参碱分离。

2）粉防己中粉防己甲素和粉防己乙素的分离：粉防己甲素和粉防己乙素的差别仅在异喹啉环7位碳上的取代基不同，甲素为—OCH_3，乙素为—OH，后者极性大于前者；粉防己乙素不溶于冷苯，而甲素溶于冷苯，故可将两者的混合物用冷苯浸提达到分离的目的。

3）麻黄中的麻黄碱和伪麻黄碱的分离：麻黄碱和伪麻黄碱的分离可利用它们草酸盐的溶解度差异来进行。草酸麻黄碱在水中的溶解度小于草酸伪麻黄碱，在两者混合物的水溶液中加入一定量的草酸，草酸麻黄碱先沉淀析出，从而与草酸伪麻黄碱分离。

3. 利用生物碱的特殊官能团进行分离

（1）原理：生物碱结构中常含有一些特殊官能团，如酚羟基或羧基、内酯或内酰胺结构，可利用这些基团的可逆化学变化来分离生物碱。

（2）方法：具有酚羟基的生物碱能与氢氧化钠生成盐而溶于水，可与非酚性的亲脂性生物碱分离。例如，鸦片中的吗啡与可待因即可利用前者结构中具有酚羟基，而后者不具有此官能团，在两者混合物加入5%氢氧化钠溶液，吗啡酚羟基成盐溶解，可待因不溶而分离。含羧基的生物碱能溶于碳酸氢钠溶液中，从而与其他生物碱分离。内酯或内酰胺结构有在碱性条件下加热开环溶于水，加酸闭环沉淀析出的性质，含有此类结构的生物碱，如喜树碱、苦参碱可采用这种方法与其他亲脂性生物碱相分离。

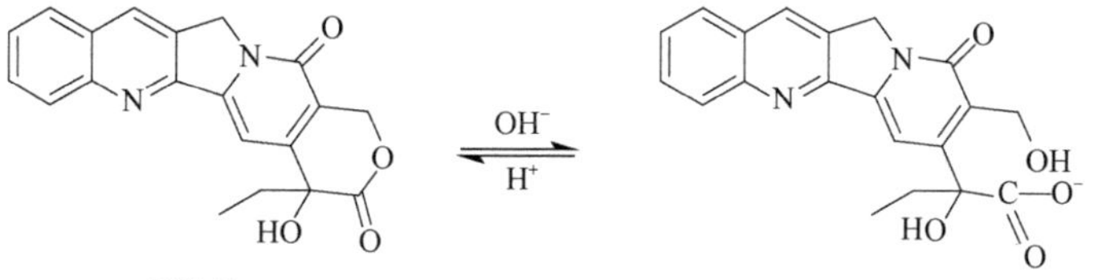

喜树碱　　　　喜树碱内酯环开环产物

4. 利用色谱法进行分离

中药中往往含有着结构十分相似的多种生物碱，此时需要借助柱色谱法来进行分离。

（1）吸附柱色谱：在生物碱分离中应用得较多，常用吸附剂为氧化铝，也可用硅胶、纤维素等；洗脱剂为苯、氯仿、乙醚等亲脂性溶剂或混合溶剂。总生物碱中各单体按照极性由小到大的顺序被洗脱，从而达到分离的目的。

（2）分配柱色谱：对于结构十分相近的生物碱，可尝试采用分配柱色谱，其分离效果比吸附柱色谱更理想。例如，三尖杉属植物中三尖杉酯碱和高三尖杉酯碱均对骨髓性、粒细胞性白血病有较好的抑制作用。分离这两种生物碱时，因为高三尖杉酯碱结构上仅比三尖杉酯碱多一个亚甲基，吸附柱色谱的分离效果不佳。利用硅胶为支持剂，pH 5.0 缓冲溶液为固定相，固定相饱和的氯仿为流动相的分配柱色谱能将两者分离，高三尖杉酯碱极性相对较弱而先被洗脱，中间洗脱部分为两者混合物，三尖杉酯碱极性相对较强而后被洗脱。

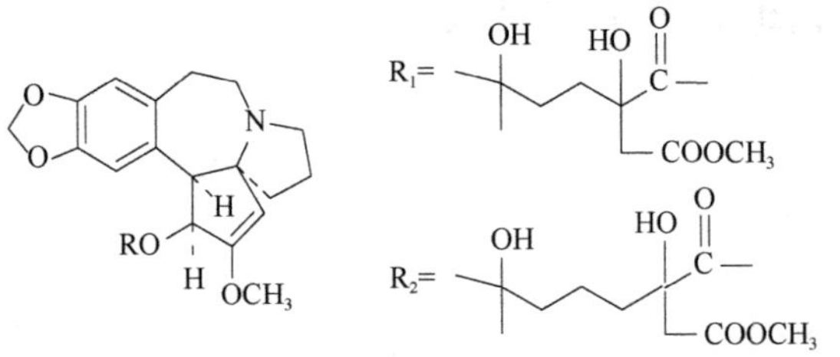

R_1：三尖杉酯碱

R_2：高三尖杉酯碱

（3）大孔吸附树脂柱色谱：大孔吸附树脂由于比表面积大，因此有较高的吸附量，且它对化合物有较好的选择性，还具有吸附速度快、易于解吸附等特点，以及物理化学性质稳定，使用周期长且可重复使用。乌头、黄连、苦参、长春花等药材含有的生物碱均有采用大孔吸附树脂纯化的报道，如长春花 90% 甲醇的提取液上 AB-8 型大孔树脂，90% 乙醇溶液以 1.5BV/h 的速度洗脱，总比吸附量达到 74.5mg/g，然后经硅胶柱色谱分离后获得的长春碱和长春新碱的纯度可达 90% 以上。这一实例也说明中药中单体生物碱的分离往往可通过多种柱色谱分离方法的配合使用来实现。

（4）制备型高效液相色谱：近年来，制备型高效液相色谱、中压或低压柱色谱等在生物碱的分离中运用日益广泛，也获得了良好的分离效果。例如，借助制备型高效液相色谱从荷叶中分离制备得到 6 种荷叶生物碱单体，通过质谱、薄层色谱、紫外光谱及分析型高效液相色谱鉴定，并对照文献确定为原荷叶碱、亚美罂粟碱、巴婆碱、*O*- 去甲基荷叶碱、*N*- 去甲基荷叶碱和荷叶碱，纯度分别为 91.9%、93.8%、83.5%、96.7%、91.8%、94.2%。

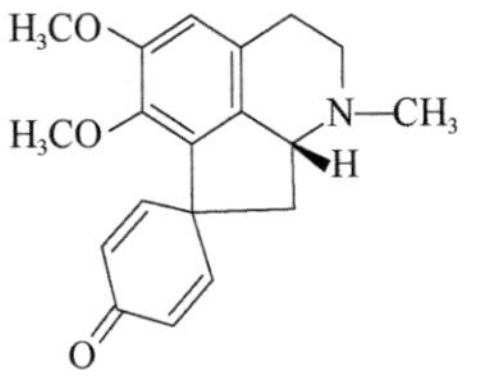

原荷叶碱

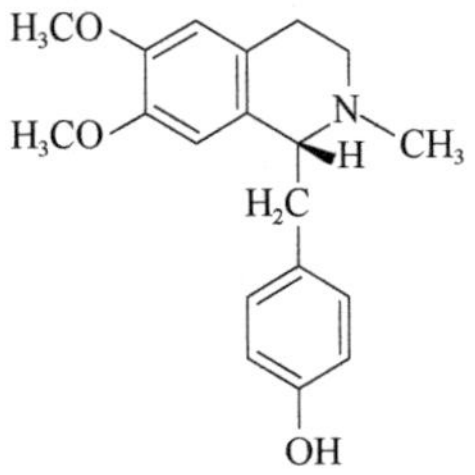

亚美罂粟碱

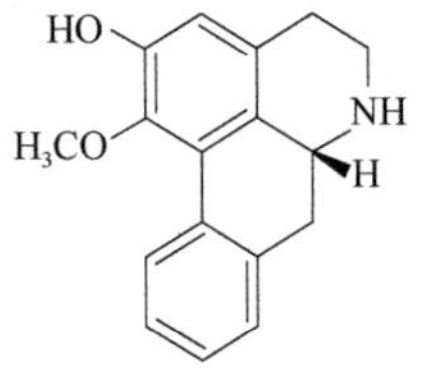

巴婆碱

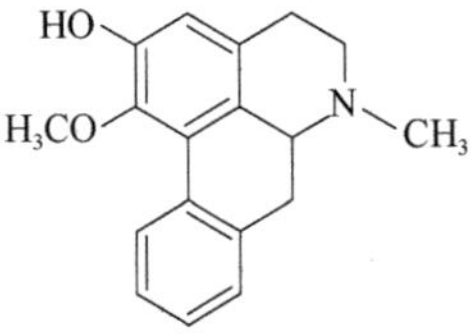

O-去甲基荷叶碱

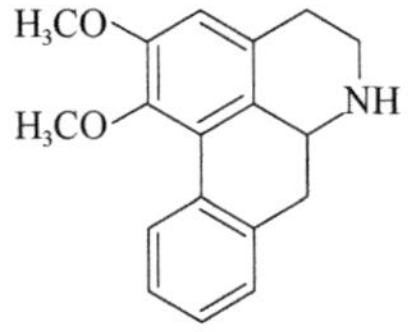

N-去甲基荷叶碱

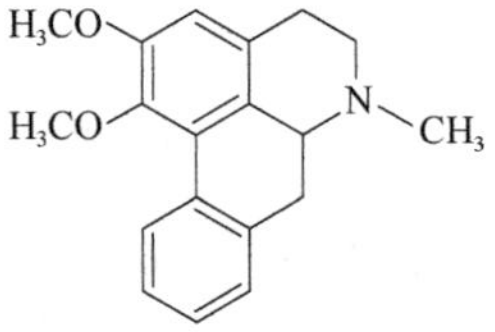

荷叶碱

（三）水溶性生物碱的分离

水溶性生物碱主要是季铵碱，它们既溶于酸水，也溶于碱水。在总生物碱的分离过程中，水溶性生物碱往往存在于有机溶剂萃取后的碱水中，与极性较大的水溶性杂质（如单糖、氨基酸等）共存，需进一步纯化除杂。

1. 沉淀法

（1）原理：水溶性生物碱和生物碱沉淀试剂如雷氏铵盐等在酸性条件下生成难溶于水的复合物，从水溶液中沉淀出来，从而与水溶性杂质相分离。

（2）方法：采用雷氏铵盐试剂纯化水溶性生物碱可分为以下几步。

1）雷氏铵盐试剂沉淀：将提取过亲脂性生物碱的碱水液加酸调 pH 为 2 ~ 3，加入新配制的雷氏铵盐饱和水溶液，生物碱雷氏铵盐即沉淀析出，滤集生成的沉淀，少量水洗涤至洗涤液不呈红色为止。

2）氧化铝柱色谱纯化：生物碱雷氏铵盐沉淀用丙酮溶解，过滤除去不溶物。滤液通过氧化铝柱，用丙酮洗脱，收集洗脱液。此过程的目的是用氧化铝吸附除去极性杂质。

3）生物碱雷氏铵盐分解：在丙酮洗脱液中加入硫酸银饱和水溶液，使生物碱雷氏铵盐沉淀分解，转化为水溶性生物碱的硫酸盐，并生成雷氏银盐沉淀。过滤除去雷氏银盐沉淀，在滤液中加入与硫酸盐等摩尔数的氯化钡溶液（剧毒），使生物碱硫酸盐转变成盐酸盐，过滤除去同时生成的硫酸钡沉淀，滤液浓缩，即得纯度较高的水溶性生物碱的盐酸盐。

上述纯化过程的反应机制为

$B^{+}+NH_4[Cr(NH_3)_2(SCN)_4] \longrightarrow B[Cr(NH_3)_2(SCN)_4]\downarrow + NH_4^{+}$（生物碱与雷化铵盐结合形成沉淀）

$2B[Cr(NH_3)_2(SCN)_4] + Ag_2SO_4 \longrightarrow B_2SO_4 + 2Ag[Cr(NH3)_2(SCN)_4]\downarrow$（生物碱雷氏铵盐轻变为硫酸盐）

$B_2SO_4 + BaCl_2 \longrightarrow 2BCl + BaSO_4\downarrow$（生物碱硫酸盐转变为盐酸盐）

注：B 代表季铵型生物碱

2. 溶剂法

（1）原理：水溶性生物碱可溶于一些与水不完全混溶的中等极性有机溶剂，如正丁醇、异戊醇、氯仿 - 甲醇的混合溶剂等，用这类溶剂萃取含水溶性生物碱的碱水液，使水溶性生物碱与水溶性杂质相分离。

（2）方法：一般用两相溶剂萃取法，用正丁醇或异戊醇等萃取碱水液后，萃取液回收溶剂即得水溶性生物碱。

第五节　生物碱的检识

一、理化检识

和其他中药化学成分类似，生物碱的物理检识主要依据外观性状、熔点、沸点、颜色和味道等，生物碱特征性的化学检识方法是其沉淀反应，用三种或者三种以上的沉淀试剂进行反应，观察沉淀的生成和沉淀的颜色。在此过程中，应注意避免假阳性和假阴性结果的干扰。

二、色谱检识

（一）吸附薄层色谱

生物碱吸附薄层色谱常用的吸附剂有硅胶和氧化铝，分离的生物碱极性越小，在薄层上展开的 R_f 越大；反之，极性越大，R_f 越小。

当用硅胶薄层色谱分离生物碱时，因硅胶显弱酸性，碱性的生物碱在硅胶薄层上展开时，可与硅胶形成盐，极性的增加使得展开后斑点 R_f 过小、或斑点拖尾、或形成复斑等现象。为克服这种情况，可采用以下方法：在铺制硅胶薄层板时，加入稀碱溶液（0.1 ~ 0.5mol/L 的氢氧化钠）或用碱性缓冲液代替水来制板；用碱性展开剂（在展开剂中加入一定比例的碱性试剂，如乙二胺、氨水等）；或者在展开槽中放置盛氨水的小容器，使展开在碱性环境中进行。硅胶吸附薄层中的展开剂，常以亲脂性溶剂如氯仿为基本溶剂，根据生物碱成分的色谱行为调整展开剂极性，若 R_f 偏小，可在展开剂中添加甲醇、丙酮等极性较大的有机溶剂；若 R_f 偏大，可添加苯、环己烷等极性较小的有机溶剂。相应的比例可通过实验求得，以获取最佳的分离和检识效果。

氧化铝薄层色谱也常用于生物碱的检识，由于氧化铝本身显弱碱性，不经处理直接使用。氧化铝的吸附力强，极性大的生物碱因吸附强而无法展开，所以它适合分离和检识亲脂性较强的生物碱。

（二）分配薄层色谱

若生物碱用吸附薄层色谱无法获得理想的检识效果，可考虑分配薄层色谱法，特别是一些结构相近的生物碱，用分配薄层色谱可能获得较好的效果。与吸附薄层色谱相比较，分配薄层色谱一般用于分离极性相对较大的生物碱。

生物碱分配薄层色谱支持剂通常为硅胶或纤维素粉，以甲酰胺或水为固定相：在分离弱极性或中等极性生物碱时，宜选择甲酰胺为固定相；在分离水溶性生物碱时，宜选择水为固定相。具体操作方法是将硅胶或纤维素粉的薄层板浸于甲酰胺 - 丙酮混合溶液中片刻，或将薄层板用此混合溶液展开一次，取出薄层板，于空气中挥干丙酮后点样，再用适当的展开剂展开。

分配薄层色谱的展开剂在分离和检识脂溶性生物碱时，多选用氯仿 - 苯（1 ∶ 1）等亲脂性有机溶剂；分离和检识水溶性生物碱，宜选用 BAW 系统（正丁醇 - 乙酸 - 水 =4 ∶ 1 ∶ 5，上层）等亲水性的溶剂为展开剂。

（三）薄层色谱的显色

用薄层色谱展开后，生物碱如本身具有颜色，可在可见光下肉眼观察斑点；如有荧光，则可在紫外灯下观察。由于绝大多数生物碱是无色的，需要用显色剂显色，最常用的薄层显色剂是改良碘化铋钾试剂，生物碱呈现橘红色的斑点。但也有些生物碱与改良碘化铋钾试剂不显色，需选用某些特殊试剂进行显色后观察生物碱的色谱行为。

三、纸色谱

纸色谱属于分配色谱的范畴，其载体为纸纤维，依据固定相和流动相相对极性大小的不同有正相和反相之分，目前运用得较多的是正相分配色谱。

纸色谱的固定相有甲酰胺、水和酸性缓冲液。通常情况下，甲酰胺用于极性较小的亲脂性生物碱的分离，含水的固定相则主要用于极性较大的水溶性生物碱和生物碱盐的分离。以甲酰胺为固定相时，是将甲酰胺溶于丙酮，再将滤纸置于其中浸湿片刻，取出挥去丙酮即可。滤纸本身含有6% ~ 7%的水，也可用水浸润滤纸，以水作为固定相。此外，酸性缓冲液也可作为纸色谱的固定相，将 pH 由高到低的不同酸性缓冲溶液依次分别涂布在自色谱纸起始线间隔为 2cm 左右距离的间隔带上，晾干即可使用，这种纸色谱特称为缓冲纸色谱。

以甲酰胺和酸性缓冲液为固定相的纸色谱，宜采用苯、氯仿、乙酸乙酯等亲脂性有机溶剂为主的溶剂系统作为展开剂。以水为固定相的纸色谱，宜用 BAW 系统等亲水性展开剂。

生物碱纸色谱所用的显色方法与薄层色谱法基本相同，因硫酸对滤纸的腐蚀性，含硫酸的显色剂不宜使用。

四、高效液相色谱

HPLC 在生物碱类成分的分析领域已获得广泛应用，由于 HPLC 的高分离效能、高灵敏度，在结构相似的生物碱的分离检测上具有明显的优势。

例如，《中国药典》对麻黄药材中麻黄碱和伪麻黄碱的 HPLC 定量检测，就是以极性乙醚连接苯基键合硅胶为填充剂；以甲醇 -0.092% 磷酸溶液（含 0.04% 三乙胺和 0.02% 二正丁胺）（1.5 ∶ 98.5）为流动相；检测波长为 210nm；麻黄药材细粉用 1.44% 磷酸溶液超声提取的样品液进样检测。在此条件下，麻黄碱和伪麻黄碱获得了良好的分离，如图 10-2 所示。

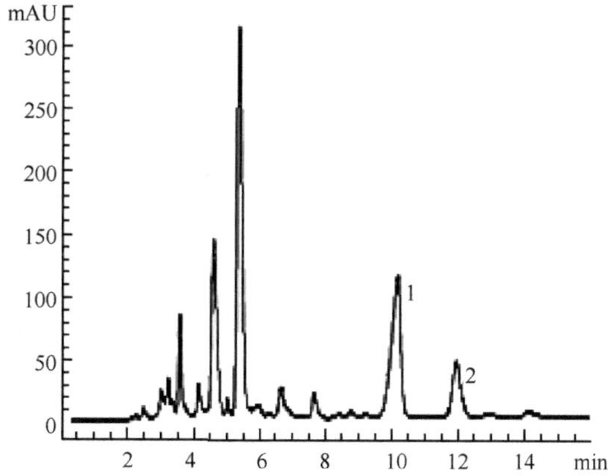

图 10-2　麻黄药材提取液的 HPLC 色谱图

1. 盐酸麻黄碱；2. 盐酸伪麻黄碱

第六节　生物碱的结构测定

生物碱的结构测定早期采用的主要是化学方法，即采用 Hofmann 反应、Emde 反应、Von Braun 反应等使生物碱的碳—氮键裂解，生成简单结构的中性分子后进行鉴定。随着波谱技术的迅速发展，波谱技术目前已基本替代化学方法，成为解析生物碱结构的主要方法。

一、生物碱的波谱学特征

生物碱类化合物数目多，结构骨架复杂，因而多数类型生物碱的波谱学共性较差，只有部分类型具有规律性的波谱特征。对于已发现的生物碱化合物，可结合文献的四大波谱数据进行判断；而对未知化合物的结构测定，则还须借助多种 2D-NMR 等进一步确定波谱信息中碳和氢化学位移的归属和立体构型。

（一）紫外光谱

UV 光谱提供的是化合物结构中不饱和体系的信息，具有共轭双键或共轭体系的生物碱可呈现相应的 UV 吸收特征，如吡啶类、喹啉类、苄基异喹啉类、吲哚类等类型的生物碱母体具有共轭双键，UV 光谱信息可辅助推断生物碱的结构。

（二）红外光谱

IR 光谱提供化合物的官能团信息，由于生物碱的 IR 光谱共性不强，主要用于与已知结构的生物碱进行对照鉴定。

（三）^{1}H-NMR 谱

^{1}H-NMR 是生物碱结构鉴定的常用手段，虽然多数生物碱波谱信息的规律性与其他类型化合物类似，无明显的专属性，但生物碱的氮原子周围的氢质子受其影响发生化学位移的改变，可用作生物碱结构推导的依据。

1. 不同类型生物碱氮上质子的 δ 范围

脂肪胺 δ 0.3 ～ 2.2；芳香胺 δ 2.6 ～ 5.0；酰胺 δ 5.2 ～ 10。

2. 不同类型生物碱氮上甲基的 δ 范围

叔胺 δ 1.97 ～ 2.56；仲胺 δ 2.3 ～ 2.5；芳叔胺和芳仲胺 δ 2.6 ～ 3.1；杂芳环 δ 2.7 ～ 4.0；酰胺 δ 2.6 ～ 3.1；季铵 δ 2.7 ～ 3.5。由于氢谱中甲基信号较易区分，借助其化学位移可帮助推断氮原子的类型。

3. 生物碱构型的判断

氢谱的化学位移和偶合常数等可作为生物碱构型区分的重要依据。例如，麻黄碱与伪麻黄碱是构型异构体，它们在 1 位碳上构型的差异体现在氢谱中的偶合常数上。麻黄碱的 1 位碳上的氢与 2 位碳上的氢为邻位交叉，两面夹角约 60°，$J_{1,2}$ = 4 Hz，而伪麻黄碱的 1 位碳上的氢与 2 位碳上的氢为对位交叉，两面夹角约 180°，$J_{1,2}$ = 8 Hz。

（四）^{13}C-NMR 谱

与 ^{1}H-NMR 谱类似，生物碱 ^{13}C-NMR 谱的规律性和其他类型化合物基本一致，仅生物碱氮原子的电负性对邻近碳原子的化学位移值造成影响。

1. 对邻近碳原子 δ 的影响

由于生物碱氮原子的电负性大，通过吸电子诱导效应降低了邻近碳原子的电子云密度，导致 δ 向低场位移。其中 *α*- 碳的位移最大，*α*- 碳、*γ*- 碳、*β*- 碳的 δ 依次减小。*N*- 氧化物和季铵等生物碱氮原子的作用更强，使 *α*- 碳的 δ 增加更明显。

2. 对相连甲基碳 δ 的影响

氮原子电负性也会使与之相连的甲基碳向低场位移，*N*- 甲基碳 δ 30 ～ 47。

另外，生物碱 ^{13}C-NMR 的波谱信息也可用于结构中差向异构体的区分。

（五）质谱

生物碱 MS 的数据较为丰富，存在着一定的裂解规律。例如，结构为芳香体系组成，或以芳香体系为主，或者环系多、结构紧密的生物碱，如喹啉类、苦参碱类、吗啡类、去氢阿朴菲类、萜类及某些甾体生物碱类等，难于发生骨架裂解，由取代基或侧链的裂解产生特征离子，故 M^+ 或 $[M-1]^+$ 碎片多为基峰或强峰，一般观察不到由骨架裂解产生的特征离子。而苄基四氢异喹啉类、双苄基四氢异喹啉类等含有苄基的生物碱则主要由苄基裂解产生特征离子，裂解后得到一对互补离子，其中的二氢异喹啉离子碎片多为基峰。此外，*α*- 裂解和 RDA 裂解是生物碱常见的质谱裂解方式。

1. *α*- 裂解

与氮原子相连的 *α*- 碳键上发生的裂解，是受氮原子支配的裂解方式，特征是基峰或强峰多是含氮的基团或部分。辛可宁、莨菪烷类、甾体类生物碱等可发生这种裂解，对生物碱基本骨架的测定有重要意义。当生物碱结构中有多个氮原子且其 *α*- 碳连接的基团不同时，则所连接的大基团易发生 *α*- 裂解。

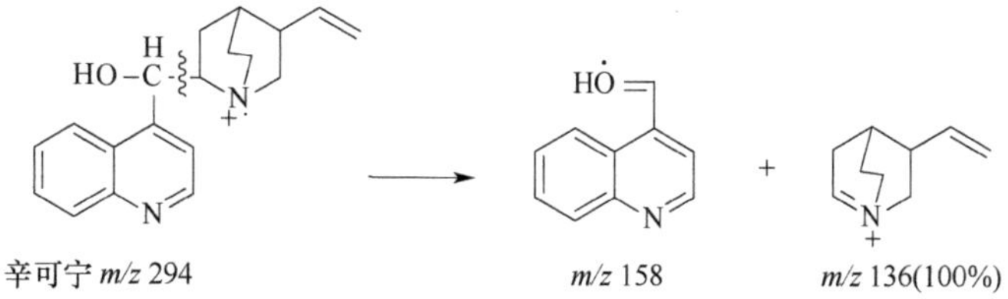

2. RDA 裂解

具有环己烯结构的生物碱，常发生双键邻位键的断裂即 RDA 裂解而开环，裂解后产生一对强的互补离子，由此可推断环上取代基的性质和数目。发生这种裂解的生物碱主要有四氢原小檗碱类（如延胡索乙素）、吲哚类（如吴茱萸碱）等。

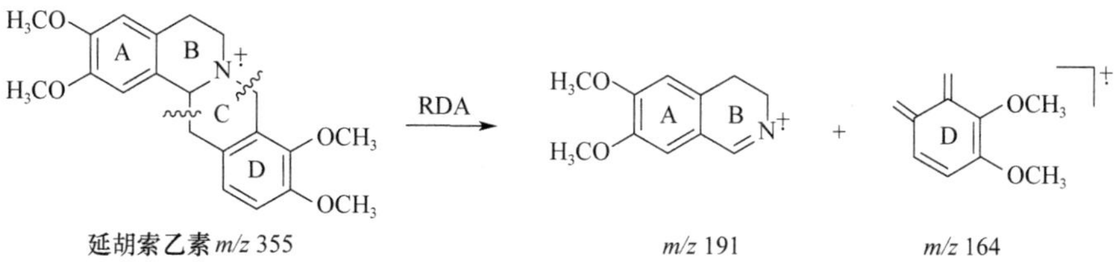

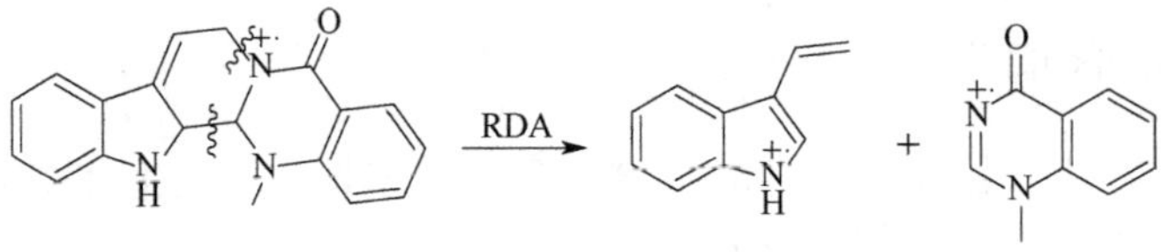

二、生物碱波谱解析实例

延胡索为罂粟科紫堇属植物延胡索 *Corydalis yanhusuo* W. T. Wang 的干燥块茎，是著名的“浙八味”之一。延胡索能活血散瘀、行气止痛，具有镇痛、镇静和催眠作用，临床上对冠心病、心律失常、胃溃疡等多种疾病都具有较好的治疗效果。通过综合运用硅胶柱色谱、制备型薄层色谱、制备型高效液相色谱等多种现代色谱学分离手段，对延胡索药材 60% 乙醇提取物的氯仿萃取部分进行了系统的化学成分研究，从中分离得到生物碱 20 个。化合物 1 和 2 的波谱信息如下所示。

化合物 1 为无色针状结晶，碘化铋钾反应呈阳性。ESI-MS（positive）给出 *m/z* 356 $[M+H]^+$，推出化合物的相对分子质量为 355，结合 ^{1}H-NMR 和 ^{13}C-NMR 数据，推测其分子式为 $C_{21}H_{25}NO_4$，计算其不饱和度为 10。

UV 图谱（甲醇）λ_{max}：275nm（lg ε 4.45），显示苯环的特征吸收。

^{1}H-NMR（400MHz，$CDCl_3$）图谱共显示 25 个氢信号。其中包括 4 个芳香氢信号 [δ 6.88（1H，d，*J*=8.4Hz），6.79（1H，d，*J*=8.4Hz），6.74（1H，s），6.62（1H，s）]，4 个甲氧基氢信号 [δ 3.89（3H，s），3.87（3H，s），3.86（3H，s），3.85（3H，s）]，以及高场区的其他 9 个 sp^3 杂环碳上的氢信号。^{13}C-NMR（100MHz，$CDCl_3$）图谱共显示 21 根谱线，包括 12 个芳香碳信号（δ 150.3，147.6，147.5，145.2，129.7，128.6，127.7，126.8，123.9，111.5，111.1，108.8），7 个与杂原子相连的饱和碳信号（δ 60.2，59.3，56.2，56.0，55.9，54.0，51.5），以及其他 2 个碳信号（δ 36.3，δ 29.1）。

综合以上信息，结合文献报道，将化合物 1 鉴定为延胡索乙素。

化合物 2 为黄色针状结晶，碘化铋钾反应呈阳性。ESI-MS（positive）给出 *m/z* 366 $[M]^+$，结合 ^{1}H-NMR 和 ^{13}C-NMR 数据，推测其分子式为 $C_{22}H_{24}NO_4$，相对分子质量为 366。

UV 图谱（甲醇）λ_{max}：273nm（lg ε 4.64）和 342nm（lg ε 4.39）。

^{1}H-NMR（400MHz，$CDCl_3$）图谱共显示 24 个氢信号。其中包括 5 个芳香氢信号 [δ 10.13（1H，s），7.94（1H，d，*J*=9.2Hz），7.88（1H，d，*J*=9.3Hz），7.18（1H，s），6.93（1H，s）]，4 个甲氧基氢信号 [δ 4.23（3H，s），4.06（3H，s），4.01（3H，s），3.96（3H，s）]，2 组相连的亚甲基氢信号 [δ 5.03（2H，t，*J*=5.6Hz），3.21（2H，t，*J*=5.8Hz）]，以及 1 个甲基氢信号 [δ 2.97（3H，s）]。^{13}C-NMR（100MHz，$CDCl_3$）图谱共显示 22 根谱线，其中包括 15 个芳香碳信号（δ 151.4，150.4，147.9，145.6，145.3，136.5，133.8，131.9，129.2，125.7，121.6，120.1，119.3，114.0，110.8），4 个甲氧基碳信号（δ 62.6，57.0，56.5，56.3），2 个仲碳信号（δ 57.5，28.1），以及 1 个甲基碳信号（δ 17.9）。

化合物 2 为 C-13 位甲基取代的小檗碱型季铵碱，且结构中有 4 个甲氧基取代，该化合物鉴定为去氢紫堇碱（dehydrocorydaline）。

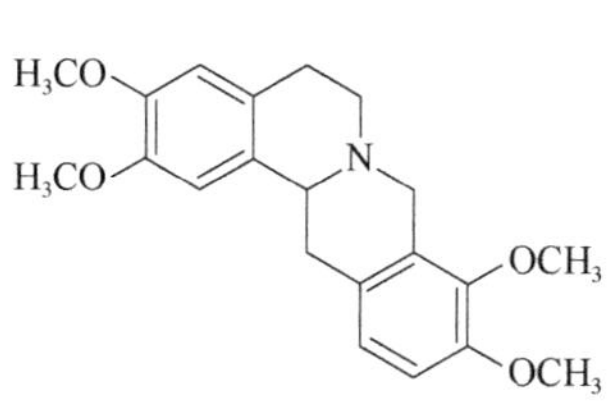

延胡索乙素

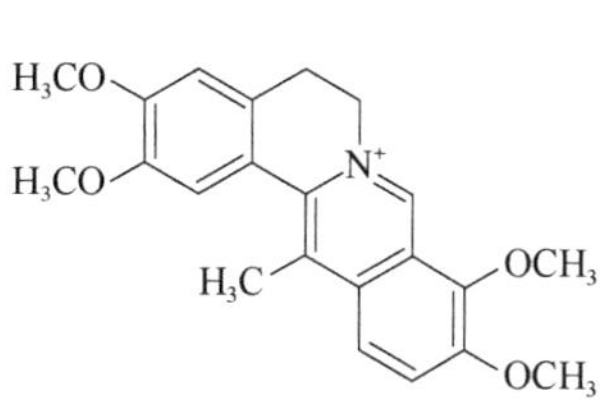

去氢紫堇碱

第七节　含生物碱的中药实例

生物碱类成分具有强烈的生物活性，是众多中药主要的药效物质基础。

一、麻黄

麻黄为麻黄科植物草麻黄 *Ephedra sinica* Stapf、中麻黄 *E. intermedia* Schrenk et C. A. Mey. 或木贼麻黄 *E. equisetina* Bge. 的干燥草质茎。其性温，味辛、苦，具有发汗平喘、利水消肿的功效。

（一）麻黄中的主要生物碱及化学结构

麻黄中的主要生物碱是麻黄碱和伪麻黄碱，其中麻黄碱占麻黄总生物碱的 40% ~ 90%，盐酸麻黄碱和盐酸伪麻黄碱是《中国药典》中麻黄药材的质量控制成分。此外还含有少量的甲基麻黄碱、去甲基麻黄碱、甲基伪麻黄碱、去甲基伪麻黄碱。麻黄生物碱的共同特点是氮原子位于环外，为苯丙胺类生物碱。

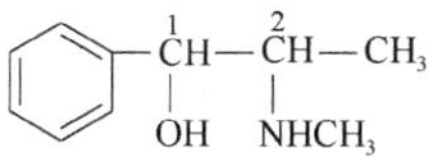

L-麻黄碱(1R，2S)
D-伪麻黄碱(1S，2S)

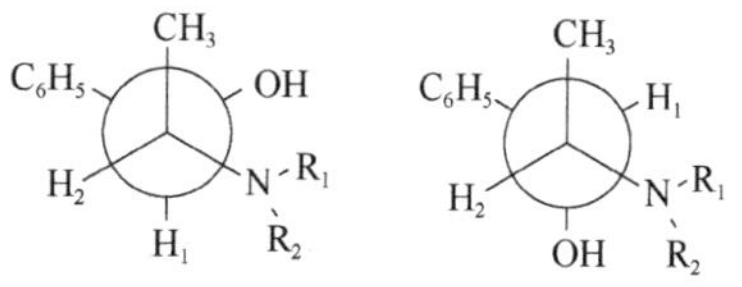

R_1=H, R_2=CH_3	L-麻黄碱	D-伪麻黄碱
R_1=R_2=CH_3	L-甲基麻黄碱	D-甲基伪麻黄碱
R_1=R_2=H	L-去甲基麻黄碱	D-去甲基伪麻黄碱

（二）麻黄生物碱的理化性质

1. 溶解性

麻黄碱和伪麻黄碱相对分子质量较小，其溶解性与一般生物碱不完全相同。麻黄碱可溶于水，伪麻黄碱在水中的溶解度小于麻黄碱，但两者都可溶于氯仿、乙醚、苯及醇类溶剂。草酸麻黄碱难溶于水，而草酸伪麻黄碱易溶于水；盐酸麻黄碱不溶于氯仿，盐酸伪麻黄碱可溶于氯仿。

2. 碱性

麻黄碱和伪麻黄碱均为有机仲胺衍生物，碱性较强。伪麻黄碱的共轭酸与 1 位碳上的羟基形成分子内氢键的稳定性大于麻黄碱，所以伪麻黄碱的碱性稍强于麻黄碱。

3. 鉴别反应

麻黄碱和伪麻黄碱均属于仲胺衍生物，不能和大多数生物碱沉淀试剂发生反应，可用下列两种反应进行鉴别。

（1）二硫化碳 - 硫酸铜反应：在麻黄碱或伪麻黄碱的乙醇溶液中，加入二硫化碳、硫酸铜试剂和氢氧化钠试剂各 1 滴，即产生棕色或黄色沉淀。

（2）铜络盐反应：在麻黄碱或伪麻黄碱的水溶液中加入硫酸铜试剂，随即加入氢氧化钠试剂使呈碱性后，溶液显蓝紫色，再加乙醚振摇静置分层，乙醚层为紫红色，水层变蓝色。

（三）麻黄生物碱的提取分离

1. 溶剂法

（1）原理：利用麻黄碱和伪麻黄碱均能溶于有机溶剂，以及草酸麻黄碱的水溶性小于草酸伪麻黄碱的性质，分离两者。

（2）方法：先用甲苯萃取出麻黄药材水提液中的麻黄碱和伪麻黄碱，甲苯萃取液流经 2% 的草酸溶液，使两种生物碱转变成它们的草酸盐，再利用两种生物碱草酸盐的水溶性差异进行分离，具体流程如下图 10-3 所示。

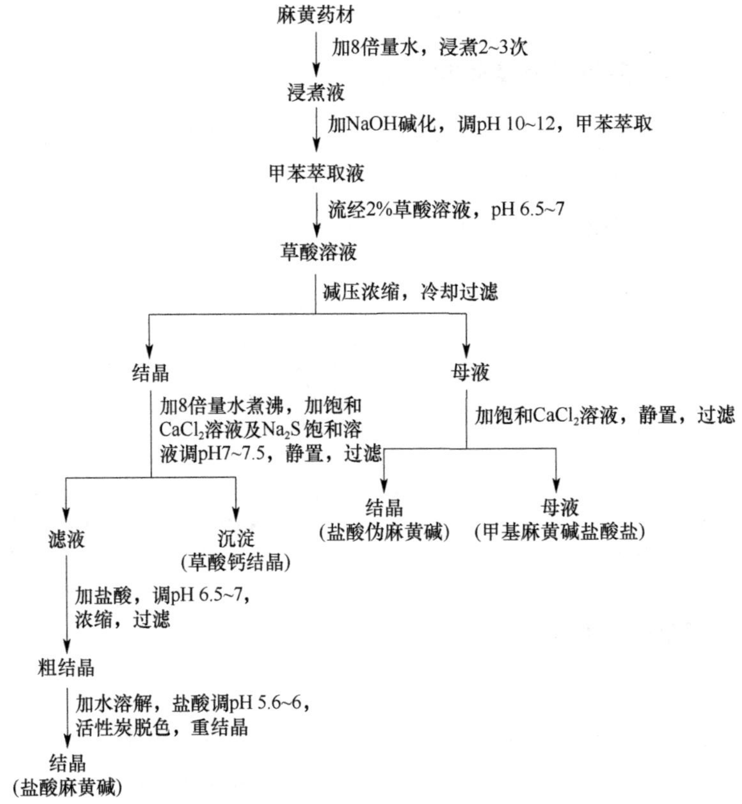

图 10-3　麻黄生物碱的提取分离流程图

2. 水蒸气蒸馏法

（1）原理：麻黄碱和伪麻黄碱具有挥发性，可随水蒸气蒸馏出来，再利用两者草酸盐的水溶性差异分离两者。

（2）方法：麻黄药材水提液浓缩成膏，碱化后进行水蒸气蒸馏，用草酸溶液吸收馏出液，草酸麻黄碱结晶析出，与留在蒸馏液中的草酸伪麻黄碱相分离。

水蒸气蒸馏法以水为提取溶剂，操作简单，但加热时间过长，部分麻黄碱会被分解产生胺和甲胺，影响产品质量和收率。

3. 离子交换树脂法

（1）原理：麻黄碱盐和伪麻黄碱盐可被交换到树脂上，由于麻黄碱的碱性弱于伪麻黄碱，先被洗脱，而达到分离的目的。

（2）方法：麻黄药材的酸水提取液通过强酸性阳离子交换树脂，生物碱盐阳离子被交换到树脂上，再用酸性水或碱性乙醇洗脱，适当控制洗脱量，可使麻黄碱和伪麻黄碱按先后顺序被洗脱出柱，从而达到分离的目的。

二、黄连

黄连为毛茛科植物黄连 *Coptis chinensis* Franch.、三角叶黄连 *C. deltoidea* C. Y. Cheng et Hsiao 或云连 *C. teeta* Wall. 的干燥根茎，具清热燥湿、清心除湿、泻水解毒的功效。

（一）黄连中的主要生物碱及化学结构

黄连中主要含生物碱，也是其有效部位。黄连生物碱主要是原小檗碱类生物碱，包含小檗碱、巴马丁、黄连碱、甲基黄连碱、药根碱和表小檗碱等。其中小檗碱含量最高（可达10%），也是《中国药典》中黄连药材的质量控制成分。

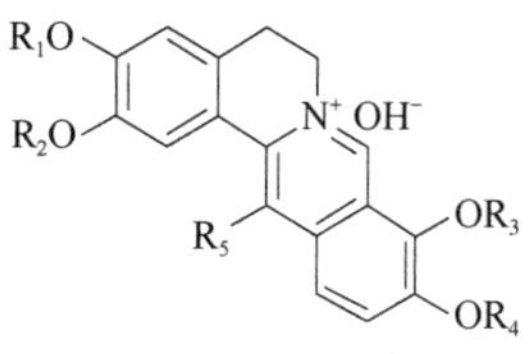

	R_1	R_2	R_3	R_4	R_5
小檗碱	—CH_2—		CH_3	CH_3	H
巴马丁	CH_3	CH_3	CH_3	CH_3	H
黄连碱	—CH_2—		—CH_2—		H
甲基黄连碱	—CH_2—		—CH_2—		CH_3
药根碱	H	CH_3	CH_3	CH_3	H
表小檗碱	CH_3	CH_3	—CH_2—		H

（二）黄连生物碱的理化性质

1. 溶解性

游离小檗碱能缓缓溶解于水中，在冷乙醇中溶解度不大，但易溶于热水或热乙醇，难溶于苯、氯仿、丙酮等有机溶剂。小檗碱盐酸盐在冷水中溶解度较小（1 ∶ 500），易溶于沸水，难溶于乙醇；小檗碱的硫酸盐、磷酸盐在水中的溶解度较大（分别为 1 ∶ 30 和 1 ∶ 15）；小檗碱和大分子有机酸，如甘草酸、黄芩苷等生成的盐，在水中溶解度都很小。

2. 碱性

小檗碱为季铵型生物碱，呈现强碱性（pK_a 11.50）。

（三）黄连中小檗碱和甲基黄连碱的提取分离

小檗碱盐酸盐在乙醇中溶解性较差，甲基黄连碱盐酸盐的醇溶性较好，但硫酸盐的溶解性较差，利用这些差异可进行黄连生物碱的分离，具体流程如图 10-4 所示。

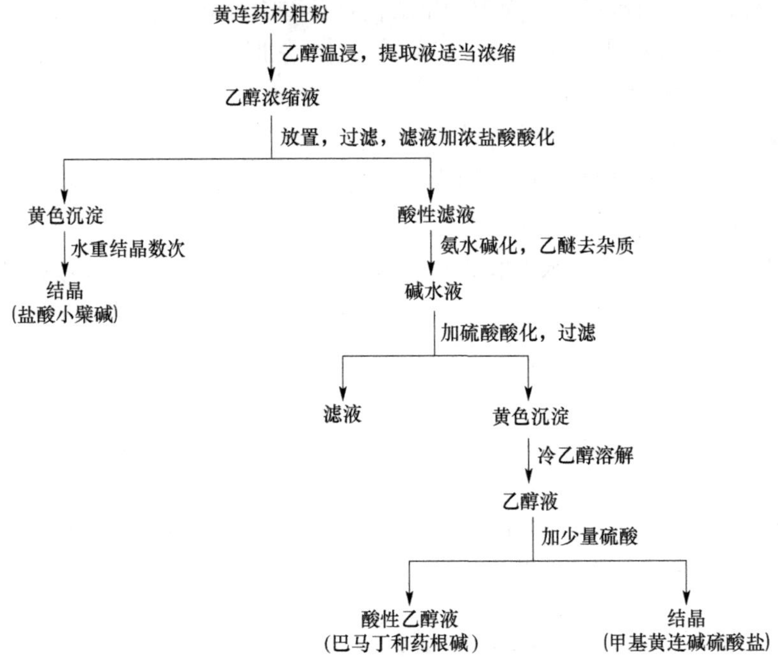

图 10-4　黄连中小檗碱和甲基黄连碱的提取分离流程图

三、防己

防己，为防己科植物粉防己 *Stephania tetrandra* S. Moore 的干燥根，具祛风湿、止痛、利尿消肿等功效。

（一）防己中的主要生物碱及化学结构

防己中含有多种生物碱，其中主要是双苄基异喹啉类生物碱——粉防己甲素（粉防己碱，$C_{38}H_{42}N_2O_6$）和粉防己乙素（防己诺林碱，$C_{37}H_{40}N_2O_6$），还有少量的轮环藤酚碱。2015 版《中国药典》规定，本品按干燥品计算，含粉防己甲素和粉防己乙素的总量不得少于 1.6%。

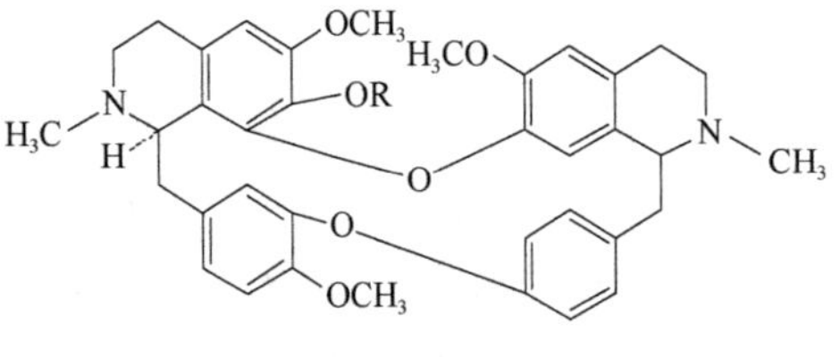

粉防己甲素 R = CH_3
粉防己乙素 R = H

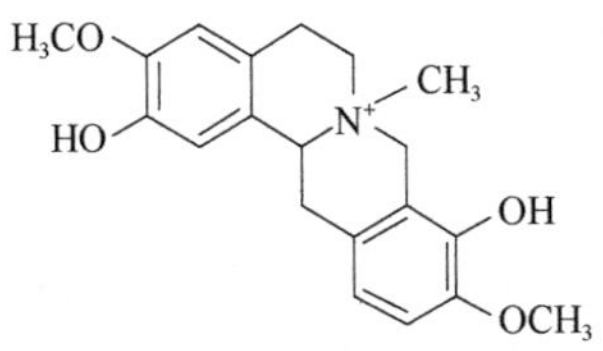

轮环藤酚碱

（二）防己生物碱的理化性质

1. 溶解性

粉防己甲素和乙素的溶解性符合一般亲脂性生物碱的通性。粉防己甲素可溶于冷苯，粉防己乙素因为极性稍大而难溶于冷苯，利用这一差异可进行两者的分离。轮环藤酚碱属于亲水性季铵碱，可溶于水、乙醇、甲醇，不溶于苯。

2. 碱性

粉防己甲素和乙素均为叔胺碱，碱性较强，为中强碱；轮环藤酚碱属于季铵碱，为强碱。

（三）防己生物碱的提取分离

防己生物碱的提取分离具体流程如图 10-5 所示。

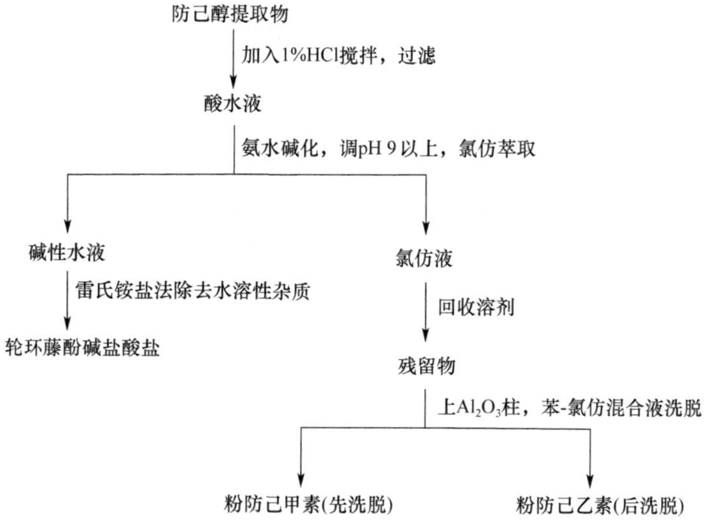

图 10-5　防己生物碱的提取分离流程图

四、苦参

苦参为豆科植物苦参 *Sophora flavescens* Ait. 的干燥根，其性寒，味苦，具有清热燥湿、杀虫、利水等功效。

（一）苦参中的主要生物碱及化学结构

苦参碱和氧化苦参碱是苦参中的主要生物碱，也是《中国药典》中苦参药材的质量控制指标。此外，苦参还含有羟基苦参碱，*N*-甲基金雀花碱、安那吉碱、巴普叶碱和去氢苦参碱（苦参烯碱）等，这些生物碱在化学结构上均属于喹诺里西啶类。

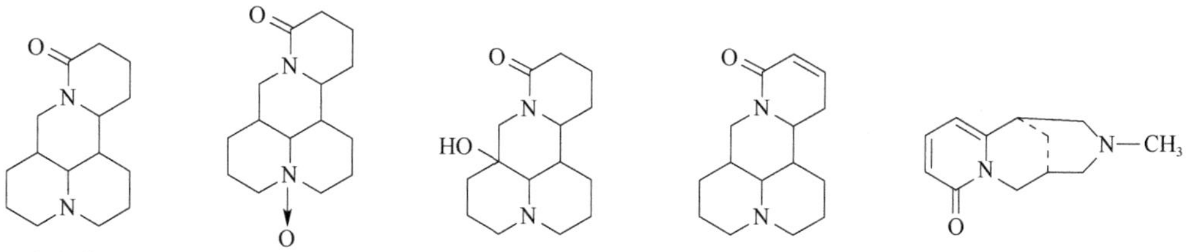

苦参碱　　氧化苦参碱　　羟基苦参碱　　去氢苦参碱　　*N*-甲基金雀花碱

（二）苦参生物碱的理化性质

苦参碱既可溶于水，又可溶于氯仿、乙醚、苯、二硫化碳等亲脂性溶剂。氧化苦参碱是苦参碱的 *N*- 氧化物，具半极性配位键，其亲水性比苦参碱强，易溶于水，可溶于氯仿，但难溶于乙醚，故乙醚是分离两者的首选溶剂。苦参类生物碱因具有内酰胺结构，可在碱性溶液中加热开环，水解皂化成羧酸衍生物，酸化后又环合成原生物碱。常见苦参类生物碱的极性大小顺序依次为：氧化苦参碱＞羟基苦参碱＞苦参碱＞去氢苦参碱。

（三）苦参生物碱的提取分离

苦参生物碱虽然内酰胺结构的碱性极弱，但叔胺氮仍表现较强的碱性，因此可采用稀酸水渗漉提取苦参总生物碱，再经阳离子交换树脂进行纯化。依据各生物碱极性差异，采用溶剂法和色谱法分离单体生物碱。

1．苦参总生物碱的提取

苦参粗粉用 0.1% 的盐酸渗漉，酸水渗漉液通过强酸性阳离子交换树脂，苦参生物碱盐被交换到树脂上。树脂用蒸馏水淋洗至无色，晾干后用氨水碱化，氯仿回流提取，提取液用无水硫酸钠脱水，回收溶剂得苦参总生物碱。

2．主要生物碱的分离

总生物碱中苦参碱、氧化苦参碱和去氢苦参碱的分离利用三者的极性大小差异进行，具体流程如图 10-6 所示。

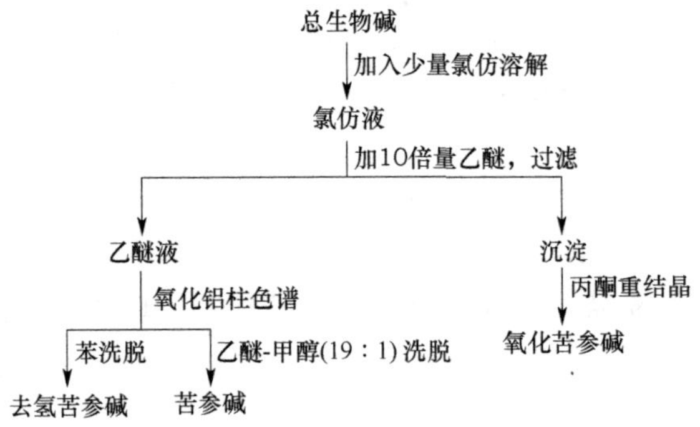

图 10-6　苦参中主要生物碱的分离流程图

五、洋金花

洋金花为茄科植物白花曼陀罗 *Datura metel* L. 的干燥花，其味辛、性温，有毒；具平喘止咳、解痉定通的功效，我国古代即使用含洋金花的制剂进行麻醉。

（一）洋金花中主要生物碱的化学结构及生物活性

洋金花的有效成分是莨菪烷类生物碱，如莨菪碱、东莨菪碱、山莨菪碱、樟柳碱、*N*- 去甲莨菪碱等，均是由莨菪醇类和芳香族有机酸如莨菪酸、羟基莨菪酸等缩合而成的酯类化合物。2015 版《中国药典》以阿托品为指标性成分进行洋金花药材的薄层鉴别，并规定以干燥品计算，洋金花药材含东莨菪碱（$C_{17}H_{21}NO_4$）不得少于 0.15%。

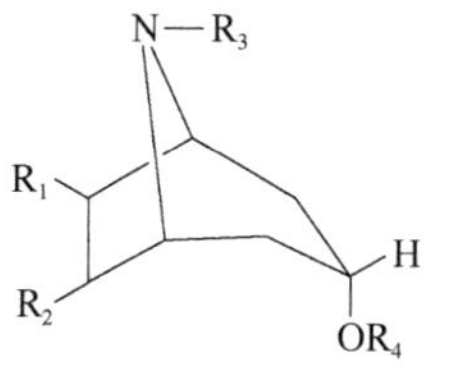

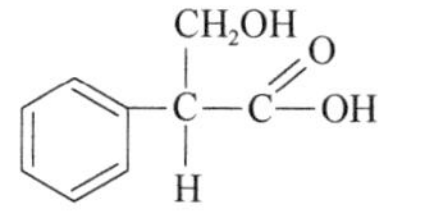

莨菪酸

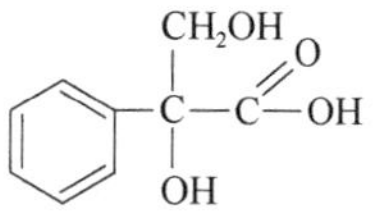

羟基莨菪酸

	R_1	R_2	R_3	R_4
莨菪碱(阿托品)	H	H	CH_3	莨菪酰基
东莨菪碱	—O—		CH_3	莨菪酰基
N-去甲莨菪碱	H	H	H	莨菪酰基
山莨菪碱	H	OH	CH_3	莨菪酰基
樟柳碱	—O—		CH_3	羟基莨菪酰基

洋金花生物碱类成分均具有止痛解痉的作用。莨菪碱（为左旋体）的外消旋体阿托品药理作用与之相近，为 M 胆碱受体阻断剂，能解除平滑肌痉挛、抑制腺体分泌、扩瞳、兴奋呼吸中枢。

（二）洋金花生物碱的理化性质

1. 溶解性

莨菪碱亲脂性较强，难溶于水，可溶于苯、四氯化碳，易溶于乙醇、氯仿。山莨菪碱因为结构中羟基的存在、东莨菪碱和樟柳碱因为结构中三元氧环的存在，极性增加，能溶于水和乙醇。

2. 碱性

洋金花类生物碱的碱性与各自的化学结构密切相关，受到空间效应和诱导效应等因素的影响，碱性强弱顺序是：莨菪碱＞山莨菪碱＞东莨菪碱≈樟柳碱。

3. 旋光性

洋金花生物碱均具有左旋的光学活性，其光学活性除山莨菪碱来自整个分子结构外，莨菪碱、东莨菪碱和樟柳碱均来自莨菪酸部分。莨菪碱手性碳原子上的氢位于羰基的 *α*- 位，易发生互变异构，发生消旋化。莨菪碱在提取和制剂的储存过程中因易发生消旋化致使制剂质量不易控制，所以将其制成外消旋体阿托品供临床应用。

（三）洋金花生物碱的特征鉴别反应

Vitali 反应是指分子结构中具有莨菪酸部分的生物碱，如莨菪碱、东莨菪碱、山莨菪碱，能在发烟硝酸的作用下，生成三硝基衍生物。此物再和氢氧化钾的醇溶液反应，生成醌样结构的衍生物而呈深紫色，渐转暗红色，最后颜色消失。分子中不具莨菪酸结构者，如樟柳碱 Vitali 反应为阴性。

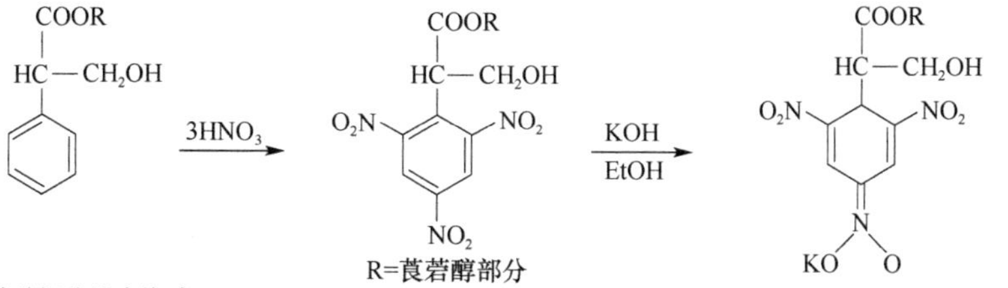

具莨菪酸部分的生物碱　　R=莨菪醇部分 三硝基衍生物　　醌样衍生物(深紫色)

（四）洋金花中莨菪碱和东莨菪碱的提取分离

洋金花药材的酸水提取液通过阳离子交换树脂，其中的莨菪碱和东莨菪碱均以盐的形式交换在树脂上。用碳酸氢钠溶液碱化树脂，由于东莨菪碱的碱性弱，因而可以游离出来被有机溶剂所提取，而碱性较强的莨菪碱仍留在树脂上，两者得以分离。除去东莨菪碱后的离子交换树脂再用氨水碱化，可将莨菪碱取代出来（图 10-7）。

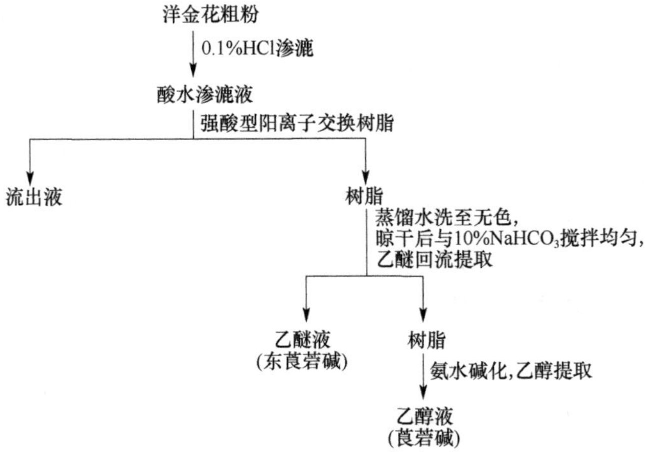

图 10-7　洋金花中莨菪碱和东莨菪碱的提取分离流程

本章参考资料请扫码

第十一章　鞣　　质

鞣质又称单宁（tannin），是一类在植物中广泛存在的、较为复杂的多元酚类化合物。因其能与兽皮中的蛋白质结合形成坚韧致密、不易腐败、有良好透气性而又难以透水的皮革而得名，一直是制革业的重要原料。随着对其化学结构的不断阐明，鞣质主要是指没食子酸或其聚合物与葡萄糖或其他多元醇形成的酯，或是黄烷醇及其衍生物的聚合物。

除苔藓植物中外，鞣质广泛存在于植物界，尤其在高等植物的种子植物中分布更为普遍。我国约 70% 以上的中草药的次生代谢产物中都含有大量的鞣质类化合物，以蔷薇科、大戟科、蓼科、茜草科植物中最为多见，如地榆、五倍子、诃子、大黄、虎杖、石榴皮、金荞麦、侧柏、槐花米、仙鹤草、榛子叶、槟榔等均含有大量的鞣质。鞣质可存在植物的根、茎、叶、果实等部位，其含量随植物生长环境、生长年限、存在部位、存储年限等不同而有所差异。据报道该类成分在植物体内的产生与植物自身防御病害有关，如植物被昆虫伤害而形成的虫瘿中常含有大量鞣质，五倍子中鞣质的含量可高达 70% 以上。

鞣质因含有多个酚羟基，化学性质不稳定，在中药提取、分离纯化过程中，常发生氧化、聚合等反应，引起中药提取液变色，产生沉淀，分离纯化困难，在过去很长一段时间里人们常把鞣质作为无效成分加以去除。近年来随着分离技术的不断发展，对鞣质单体化合物的分离和结构测定取得了较大进展，现已分离鉴定的鞣质类化合物多达 500 多种，并不断发现其具有的多种生物活性，如收敛、止血、抗菌、抗脂质过氧化、清除自由基、抗肿瘤、抗病毒、抗炎抗过敏等药理作用。鞣质不仅具有以上多种药理作用，还具有更重要的保健功能，随着人们对健康保健、预防疾病意识的提高，对鞣质类成分的中药产品和保健产品的开发具有重要意义。临床上以往主要利用鞣质的收敛性用于止血、止泻、治烧伤等，现已开发出多种含鞣质类成分的中药制剂，如 2001 年首个从金荞麦中提取的鞣质类化合物为有效成分研制的抗肿瘤新药威麦宁，以四季青鞣质制成的治疗烫伤、烧伤的制剂，以葡萄籽提取的原花青素、茶叶中提取的茶多酚制成的多种用于抗衰老的医药保健产品。

第一节　鞣质的化学结构与分类

根据组成鞣质的多酚来源及生成的鞣质能否水解，鞣质主要分为可水解鞣质（hydrolysable tannins）、缩合鞣质（condensed tannins）和复合鞣质（complex tannins）三大类。

一、可水解鞣质

可水解鞣质是由酚酸（没食子酸、逆没食子酸或其聚合物）通过苷键或酯键与糖或多元醇结合成的一类化合物，可在酸、碱、酶的作用下发生水解。根据水解产生的酚酸种类不同，可水解鞣质主要分为没食子酸鞣质（gallotannins）和逆没食子酸鞣质（ellagitannins，又称鞣花酸鞣质）两类。前者水解产生没食子酸（gallic acid），后者水解产生逆没食子酸（ellagic acid）。

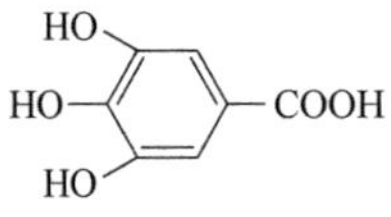

没食子酸

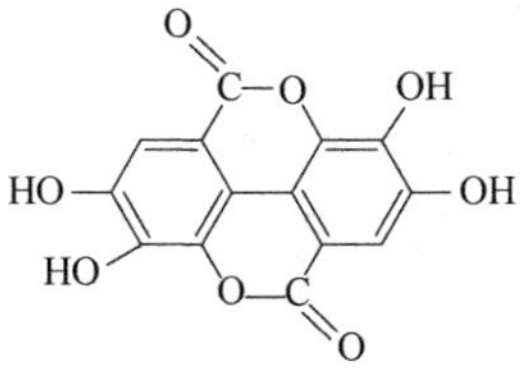

逆没食子酸

分子中的糖，最常见的是 D- 葡萄糖，此外还有 D- 金缕梅糖（D-hamamelose）、木糖等；多元醇最常见的为原栎醇（protoquercitol）、原槲皮醇、奎宁酸（quinic acid）和莽草酸等。

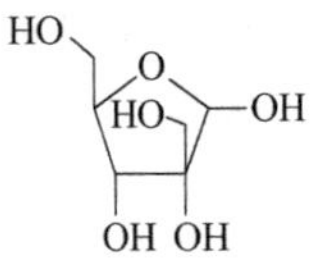

D-金缕梅糖

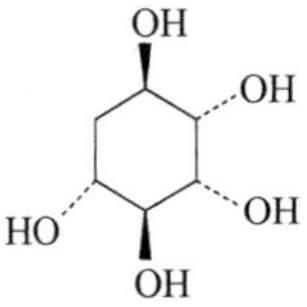

原栎醇

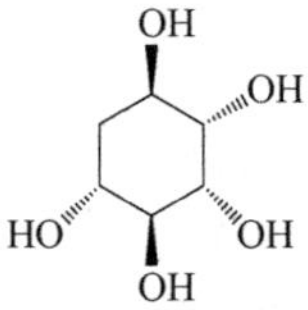

原槲皮醇

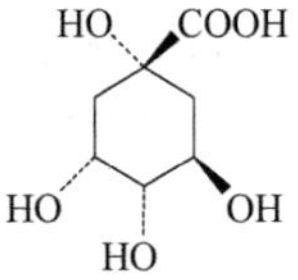

奎宁酸

1. 没食子酸鞣质

这类鞣质水解后生成的酚酸主要为没食子酸或其聚合物。没食子酸缩合的方式主要是一分子没食子酸的羧基与另一分子没食子酸的羟基发生酯化反应，根据缩合的羟基位置不同主要有间位缩合和对位缩合；还有部分缩合物是两分子的没食子酸以 C—C 键直接连接而形成六羟基联苯二甲酸。此类鞣质的糖或多元醇部分的羟基全部或部分地与没食子酸或其缩酚酸（depside）酯化，结构中具有酯键或酯苷键。此类鞣质的最常见的糖是 D- 葡萄糖。

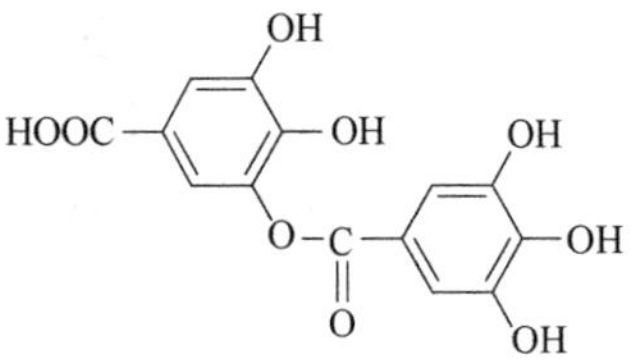

间-双没食子酸

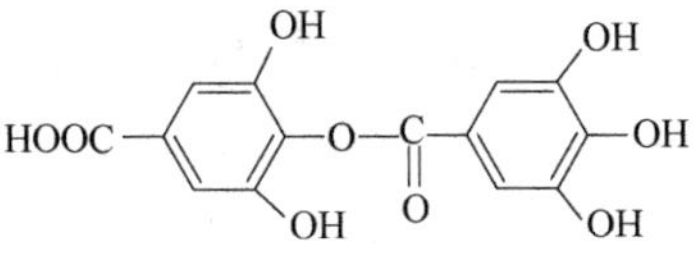

对-双没食子酸

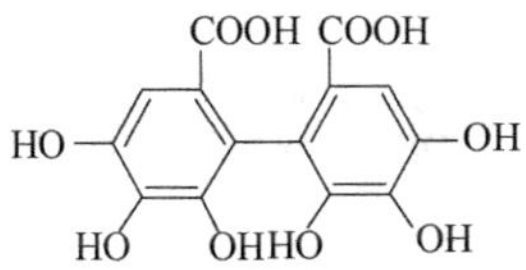

六羟基联苯二甲酸

五倍子鞣质是一种典型的没食子酸鞣质，是许多葡萄糖没食子酸鞣质的混合物，即葡萄糖上的羟基与没食子酸所形成的酯类混合物。五倍子鞣质产于漆树科盐肤木的虫瘿内，是中药五倍子的主要药效成分，含量较高。因我国是五倍子的主产国，产量约占世界总产量的95%，其中四川、贵州、湖北、湖南、陕西和云南6省的产量约占全国总产量的80%。国际上又将五倍子鞣质称为中国鞣质。

五倍子鞣质所有组分的化学结构，都是以1，2，3，4，6-五-*O*-没食子酰葡萄糖为“核心”，在2，3，4位上可再连接多个没食子酰基。研究证明，五倍子鞣质可分成8个组分（G5～G8），即五至十二-*O*-没食子酰葡萄糖（$x+y+z$=0～7的整数）。五倍子鞣质制成的软膏外用具有收敛、止血作用，与蛋白质结合制成鞣酸蛋白，内服可治疗腹泻、溃疡和慢性胃肠炎等。

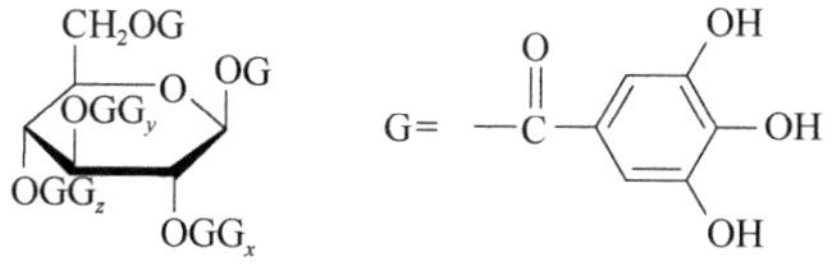

金缕梅鞣质（5，6-di-galloyhamamelose）是从金缕梅科植物枫香树茎枝和美洲金缕梅树皮中分离，具有抑制肺癌细胞生长的作用，后来在蔷薇科植物地榆、龙芽草中也分离得到。该类鞣质是由两个没食子酰基和金缕梅糖组成的可水解鞣质。从龙牙草中分离的诃子酸也属于没食子酸鞣质。

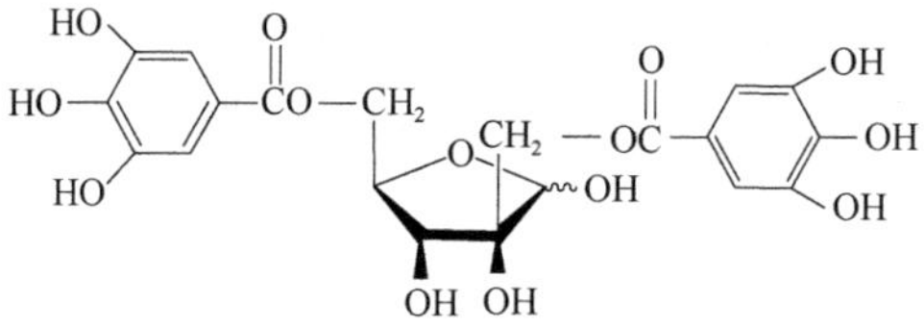

金缕梅鞣质

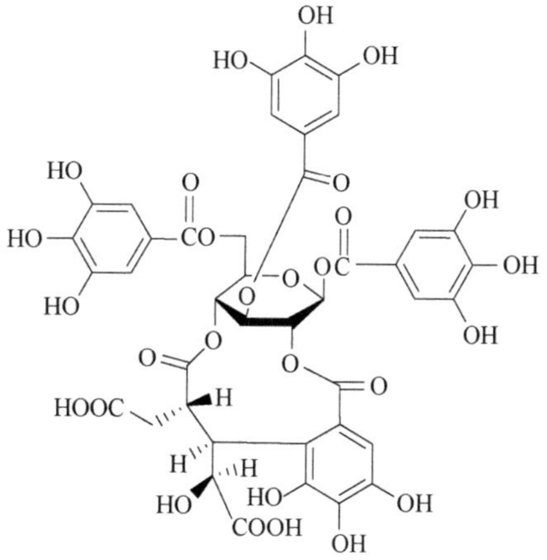

诃子酸

2. 逆没食子酸鞣质

此类鞣质在自然界比没食子酸鞣质分布更广泛。该类鞣质水解后可产生逆没食子酸或与其有生源关系的多元酚酸与多元醇（多数是葡萄糖），但该类鞣质中的糖环并不直接连接逆没食子酸结构，连接的比较典型的结构是六羟基联苯二甲酰基（hexahydroxydiphenoyl，HHDP）和脱水六羟基联苯二甲酰基（dehexahydroxydiphenoyl，DHHDP）。虽然该类鞣质的结构中并没有逆没食子酸，但其水解后产生六羟基联苯二甲酸或脱水六羟基联苯二甲酸，羟基和羧基脱水发生酯化反应，而转化成逆没食子酸。

有的该类鞣质是由相邻的2个、3个或4个没食子酰基之间发生脱氢、耦合、重排、环裂等变化形成。比较常见的如脱氢二没食子酰基（dehydrodigalloyl，DHDG）、橡腕酰基（valoneoyl，Val）、地榆酰基（sanguisorboyl，Sang）、脱氢六羟基联苯二甲酰基（dehydro-hexahydroxydiphenoyl，DHHDP）、诃子酰基（chebuloyl，Che）等。

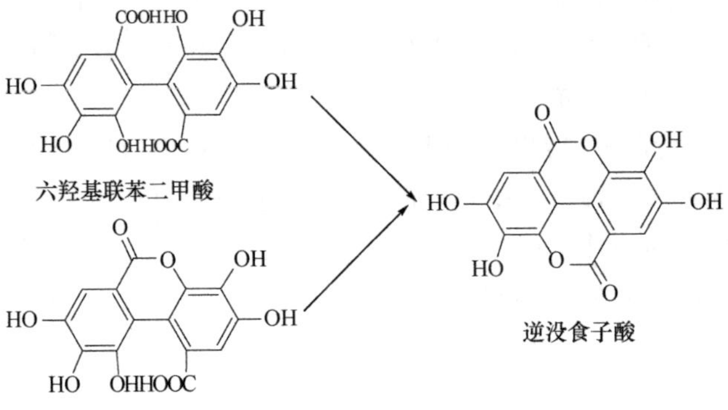

六羟基联苯二甲酸　脱水六羟基联苯二甲酸　逆没食子酸

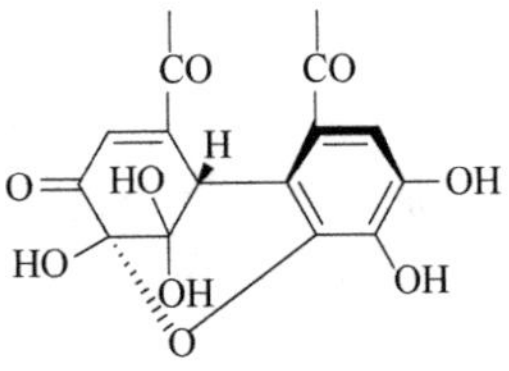

脱氢六羟基联苯二甲酰基

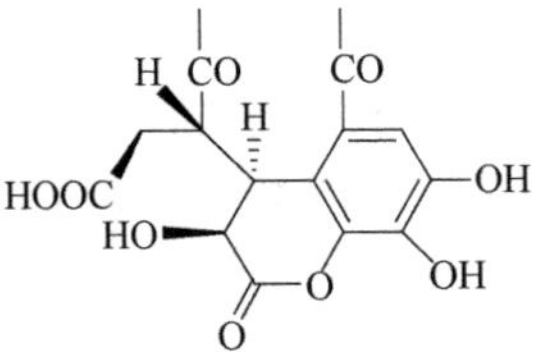

诃子酰基

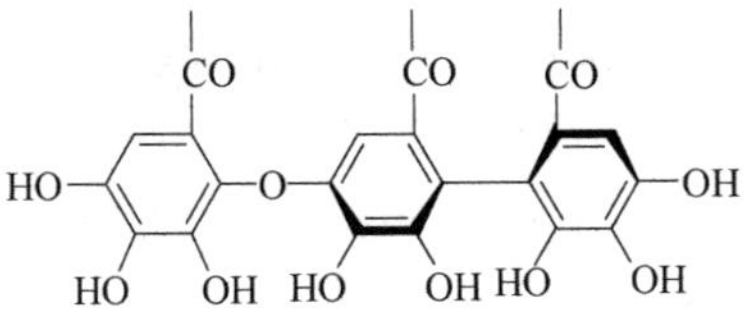

橡腕酰基

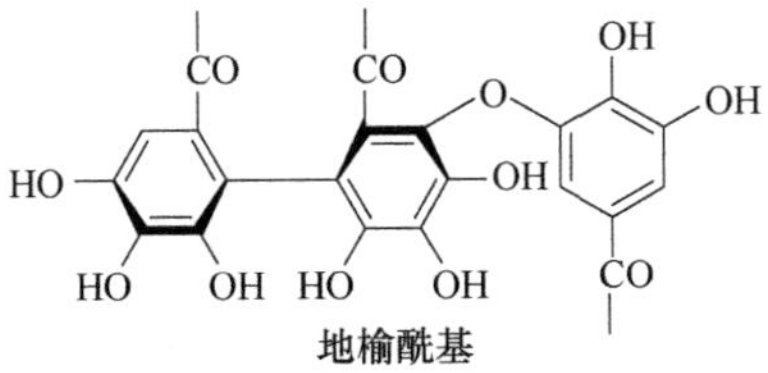

地榆酰基

例如，从中药诃子中分离得到的诃子次酸（chebulinic acid），从老鹳草中分离得到的老鹳草素（geraniin），仙鹤草中分离得到的仙鹤草因（agrimoniin），以及木麻黄亭（casuarictin），特里马素Ⅰ、Ⅱ（tellimagrandin Ⅰ、Ⅱ），英国栎鞣花素（pedunculagin）等具有HHDP基的逆没食子酸鞣质。

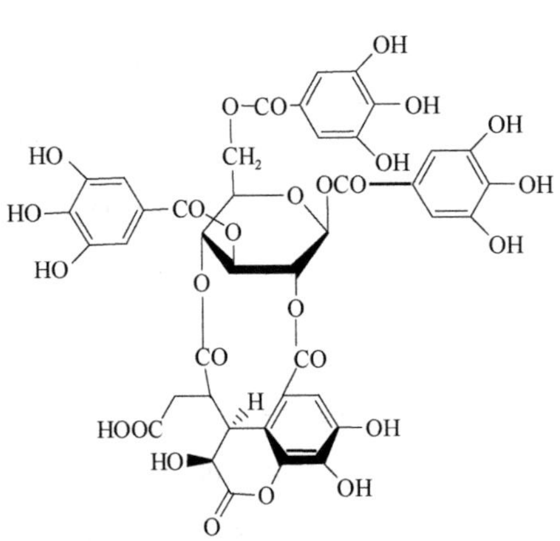

诃子次酸

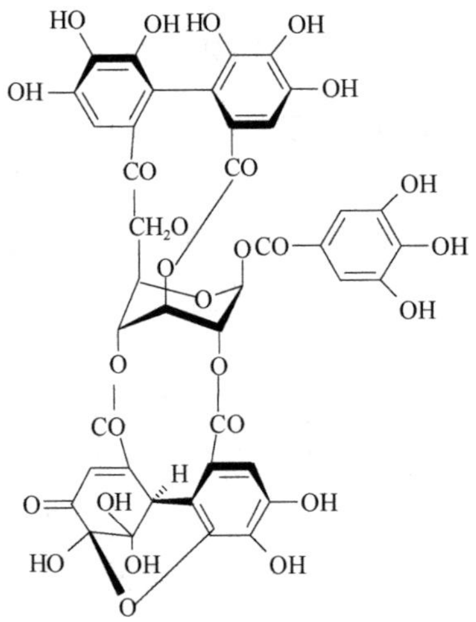

老鹳草素

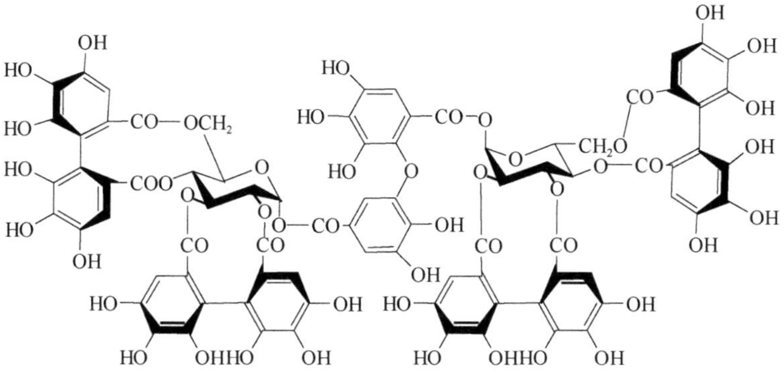

仙鹤草因

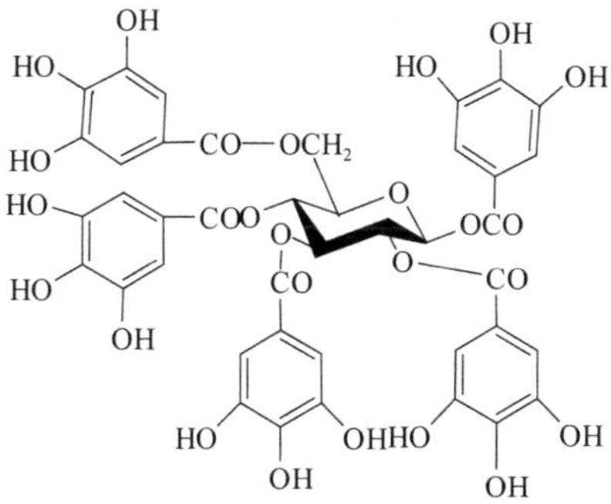

五没食子酰基葡萄糖

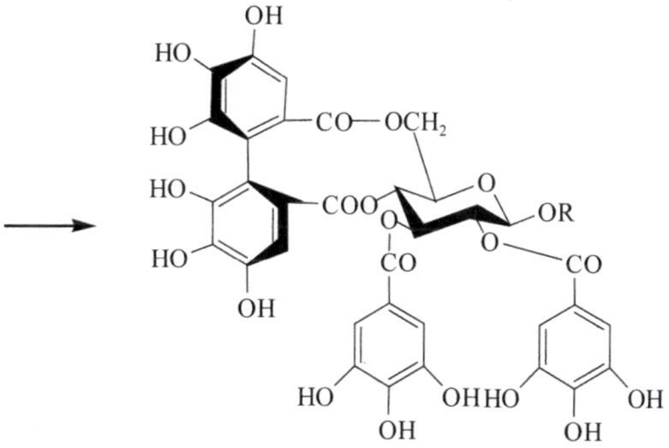

特里马素Ⅰ：R=H(α, β)
特里马素Ⅱ：R=G

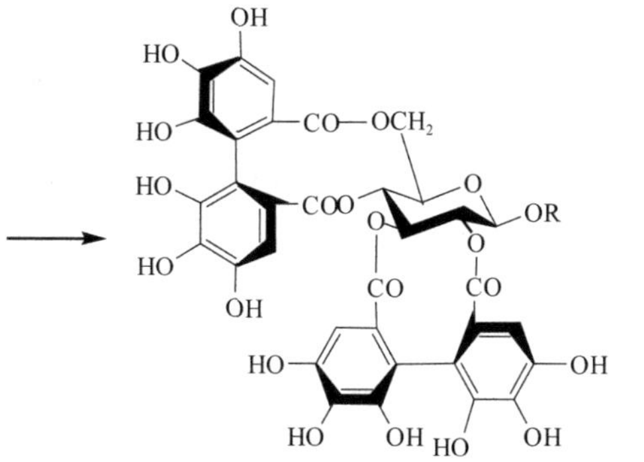

英国栎鞣花素R= H(α, β)
木麻黄亭：R=G

逆没食子酸鞣质类还有一些糖部分开环的特殊结构类型，HHDP 等酚酸类以 C—C 键与开环葡萄糖的端基碳形成类似的 C- 苷类，即 C- 苷鞣质（C-glycosidic tannins）。该类鞣质具有碳苷的通性，结构稳定，难于水解。例如，从麻黄科植物中最初分离得到的木麻黄宁（casuarinin）和后来分离得到旌节花素（stachyurin），从桉树属植物柠檬桉叶中分离得到的栗木鞣花素（castalagin）均属于该类成分。

二、缩合鞣质

与可水解鞣质的结构单元不同，缩合鞣质是以黄酮类化合物中的羟基黄烷类为单元，以 C—

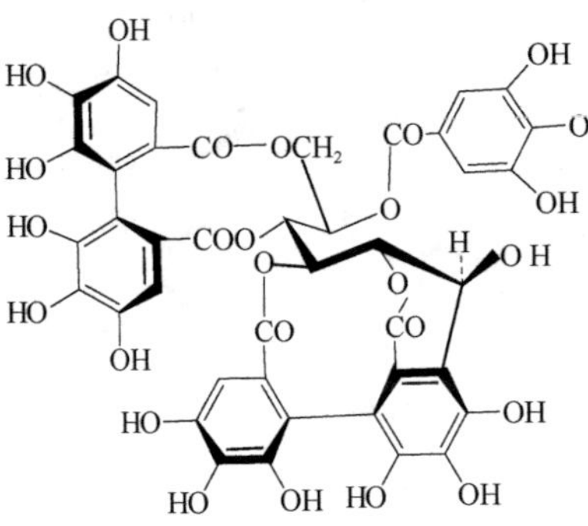

木麻黄宁(casuarinin)

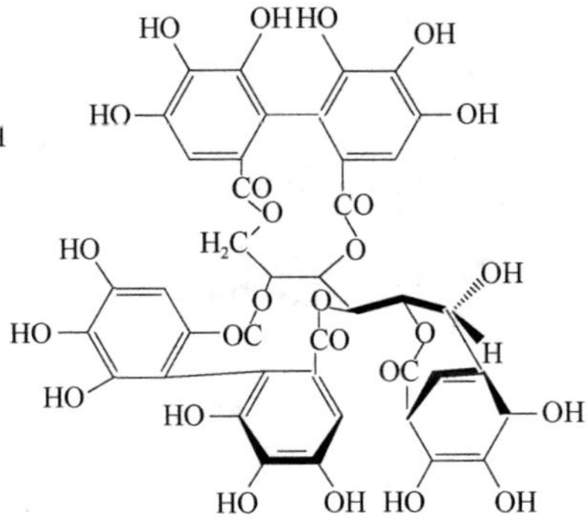

栗木鞣花素(castalagin)

C 键相连接的缩合产物，因此又称为黄烷类鞣质。缩合鞣质本身无色，但在热酸处理下会发生氧化裂解产生有颜色的花色素，故植物化学家也把该类鞣质称为原花青素（proanthocyanidin）。该类鞣质有类似碳苷的性质，酸、碱、酶处理均不能使其发生水解，但长时间放置或与空气接触，特别是在酶的影响下，很易氧化、脱水发生缩合反应，产生相对分子质量较大、难溶于水的暗棕色或红棕色沉淀“鞣红”（tannin reds），故又称为鞣红鞣质类。缩合鞣质在植物界的分布比可水解鞣质更为广泛，主要存在于植物的果实、种子及树皮等部位。例如，槟榔、麻黄、钩藤、翻白草、大黄、肉桂等常用中药，以及柿子、苹果、茶叶、葡萄、蓝莓叶中均含有该类鞣质类。茶水久置变红就是由于鞣红的生成。

组成缩合鞣质的基本结构单元为儿茶素（catechin）和表儿茶素（epicatechin）等黄烷-3-醇（flavan-3-ol）和黄烷-3，4-二醇（flavan-3，4-diol）。各单元间以4，8-或4，6-位通过C—C 键缩合。黄烷醇是组成缩合鞣质的结构单元，因此黄烷醇的结构特征、化学性质、波谱特征在缩合鞣质中均会有相应的体现，研究缩合鞣质可以黄烷醇类为切入点。

1. 黄烷-3-醇

儿茶素是此类鞣质最重要的结构单元。儿茶素又称儿茶精、茶单宁，因最初从印度儿茶中分离得到而得名。化学结构式是5，7，3′，4′-四羟基黄烷-3-醇。分子中含有两个手性碳原子（C-2 和 C-3），有四个旋光异构体，即（+）-儿茶素，（−）-儿茶素，（+）-表儿茶素和（−）-表儿茶素，其中（+）-儿茶素和（−）-表儿茶素在天然界中分布最为广泛。它们的左旋体和右旋体在热水中可发生差向异构化反应，而转为其混合物。

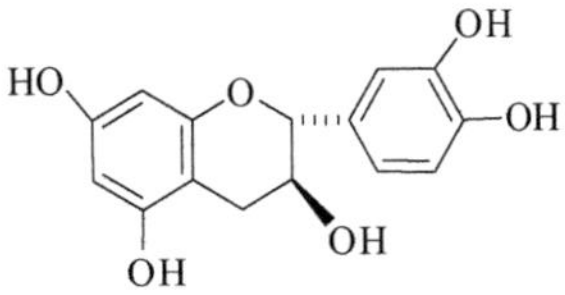

(+)-儿茶素

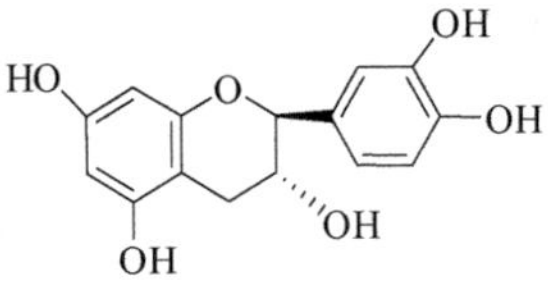

(−)-儿茶素

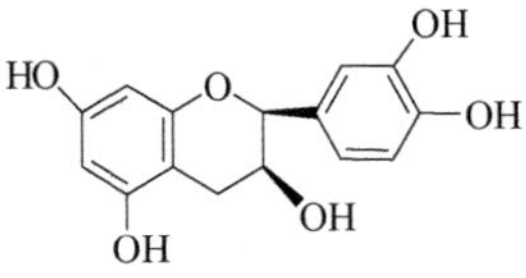

(+)-表儿茶素

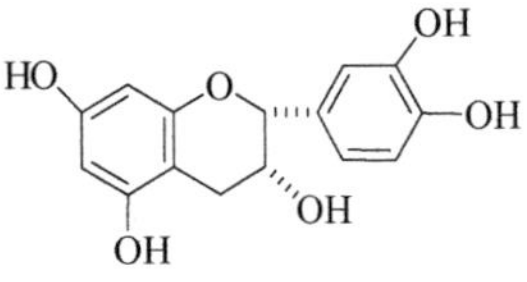

(−)-表儿茶素

儿茶素仅作为鞣质的前体化合物，本身不属于鞣质类，但结构中的 C-8 和 C-6 受邻对位酚羟基给电子作用，电子云密度较高，C-4 电子云密度相对较低，可作为亲电中心，进攻另一儿茶素的 C-8 或 C-6 发生缩合反应，产生二儿茶素。二儿茶素结构中仍有亲电中心，可继续发生聚合反应，形成三聚体、四聚体及多聚体，即形成了缩合鞣质。聚合位置最常见为 C_4-C_8 位或 C_4-C_6 位，有些缩合鞣质除 C—C 键外还兼有醚键。目前从中药中分离得到的缩合鞣质主要为二聚体、三聚体及四聚体，五聚体及六聚体相对较少。代表性结构如原花青定（procyanidin）B-1、

B-5、A-2 为二聚体，原花青定 C-1 为三聚体，parameritannin A-1 为四聚体。

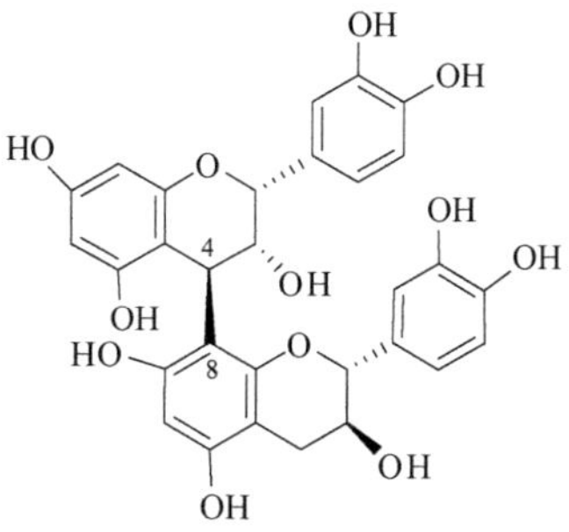

原花青定B-1

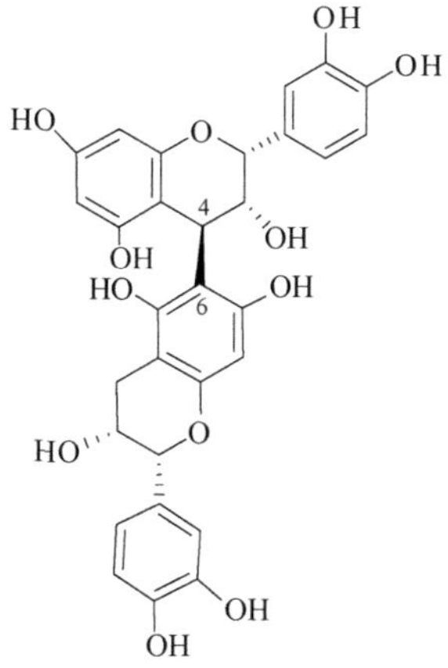

原花青定B-5

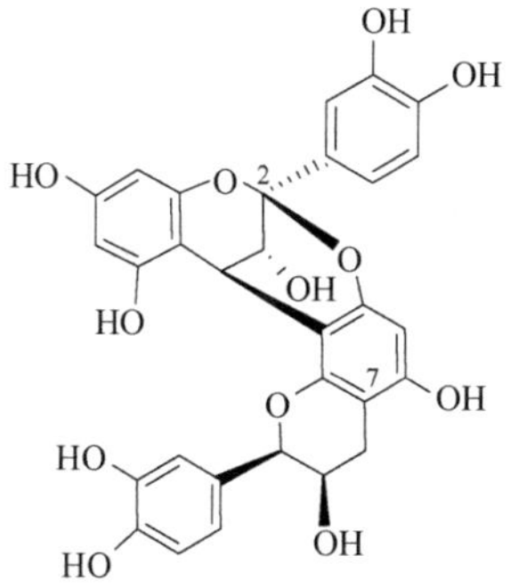

原花青定A-2

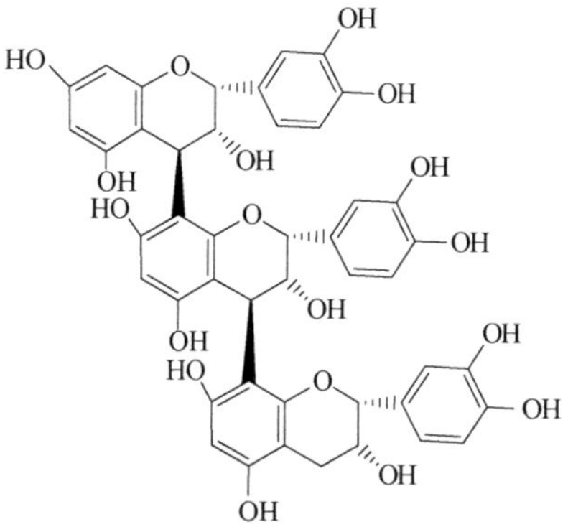

原花青定C-1

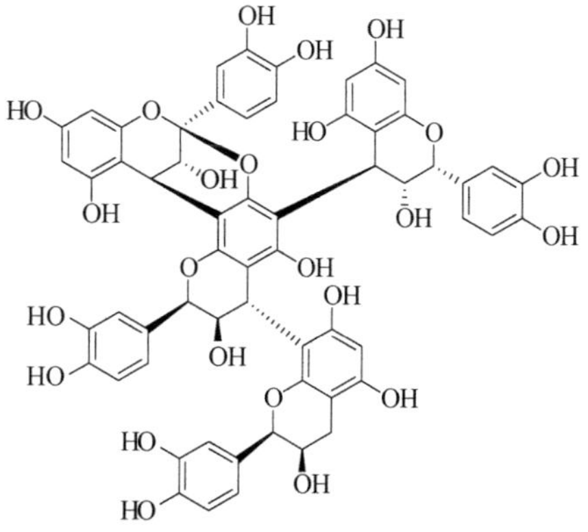

parameritannin A-1

2. 黄烷 -3，4- 二醇

此类化合物是黄烷 -3- 醇（儿茶素类）的 C-4 羟基衍生物，又称为无色花色素或白花素类（leucoanthocyanidins），也作为缩合鞣质的前体化合物。黄烷 -3，4- 二醇因结构中多了一个醇羟基，形成了邻二醇结构，化学性质比黄烷 -3- 醇更活泼，更易发生氧化聚合反应，因此在植物体内含量较低。无色天竺葵苷元、无色矢车菊苷元、无色飞燕草苷元（结构见第六章）均属于此类化合物，此外还有如（-）- 白漆苷元和（-）- 黑金合欢素等。

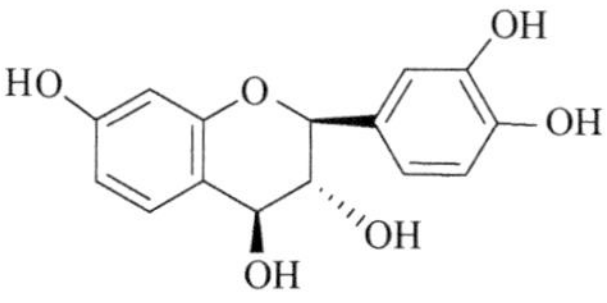

(-)-白漆苷元

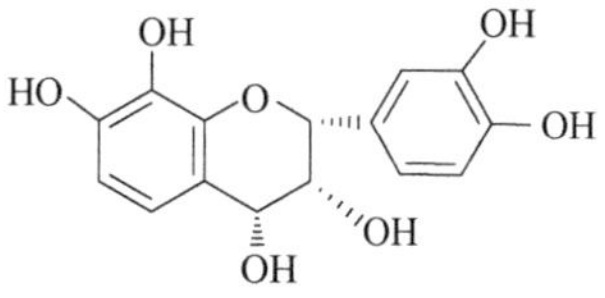

(-)-黑金合欢素

三、复合鞣质

复合鞣质（complex tannins）分子中同时含有缩合鞣质的前体化合物黄烷 -3- 醇和可水解鞣质，这两部分通过碳碳键相连接。该类鞣质兼有可水解鞣质与缩合鞣质的性质，如首先从壳斗科植物狭叶栎中分离得到的狭叶栎鞣质 A（stenophynin A）；从桃金娘科番石榴属植物番石榴叶子中分离得到的番石榴素 A 和 C（guavin A、C），结构中的可水解部分的葡萄糖为开环型葡萄糖；从山茶中分离出的山茶素 B 和 D（camelliatannin B、D）均属于复合鞣质。现有研究表明，该类鞣质广泛存在于同时含有缩合鞣质和可水解鞣质的植物中。

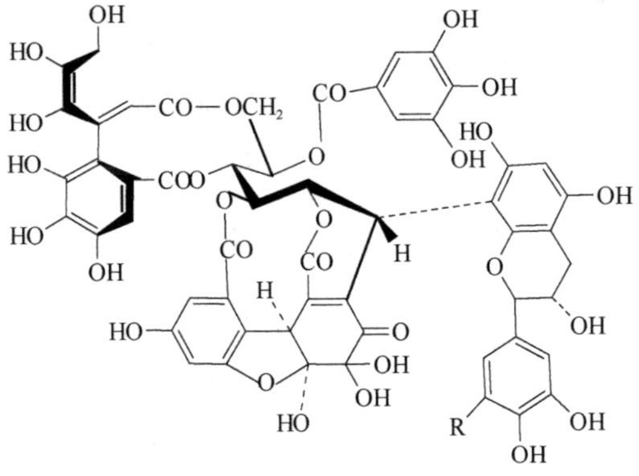

R=H 番石榴素 A
R=OH 番石榴素 C

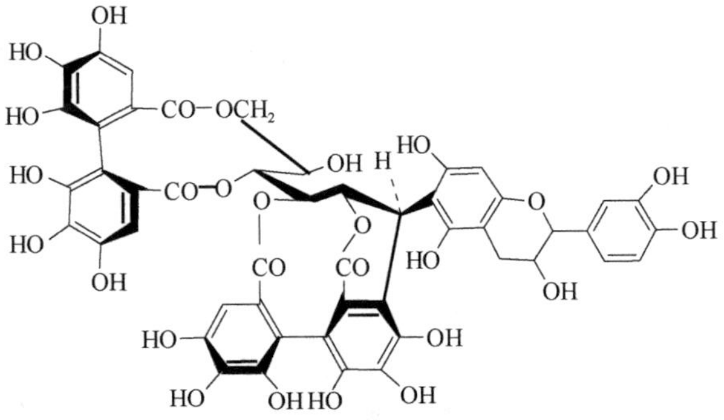

山茶素 B

第二节 鞣质的理化性质

一、物理性质

1. 性状

鞣质由于具有较多酚羟基，极性较大，具有吸湿性，故很难得到结晶，大多为无定形粉末。结构中含有较长的共轭体系作为发色团及多个酚羟基作为助色团，通常呈现浅黄色、棕色或褐色。因结构中的酚羟基很容易被氧化，鞣质的颜色会随着存储时间而改变，故要避光保存。

2. 溶解性

鞣质极性较强，溶于水、甲醇、乙醇、丙酮等强极性溶剂，也可溶于乙酸乙酯，不溶于乙醚、氯仿等低极性有机溶剂。少量水存在可增加鞣质在有机溶剂中的溶解度。

二、化学性质

1. 酸性

不同结构类型的鞣质中具有较多酚羟基，因此水溶液显弱酸性。

2. 还原性

鞣质属于多元酚类化合物，具有较强的还原性，很易被空气中的氧氧化，碱性环境下更易被氧化，甚至能被弱氧化剂斐林试剂氧化。大部分反应都会发生颜色变化，可作为鞣质的定量方法。Folin 酚法即是根据在碱性条件下，钨钼酸将鞣质中的酚羟基氧化成蓝色化合物，在 760nm 处有最大吸收可用于鞣质的定量测定。

3. 沉淀反应

（1）与蛋白质沉淀：鞣质能与蛋白质结合产生不溶于水的沉淀，鞣质的最初定义就是由于能与蛋白质结合产生沉淀，如与口腔中的涎蛋白结合，可使人感觉到涩味，这种与蛋白质结合的性质是鞣质具有收敛性的主要原因。鞣质与蛋白质结合为沉淀，主要是因为鞣质分子中的酚羟基与蛋白质结构中的酰胺基团通过分子间氢键形成不溶于水的大分子复合物。鞣质与蛋白质结合的反应在一定条件下是可逆的，如用丙酮回流，鞣质可溶于丙酮而与蛋白质分离。这一性质可用于分离、纯化和检识鞣质类成分，实验室最常用的蛋白质是明胶。

（2）与金属离子络合：鞣质结构中的邻位酚羟基可与许多金属离子发生络合，如 Ca^{2+}、Pb^{2+}、Zn^{2+}、Cu^{2+}、Fe^{3+} 等。络合产物的生成，一般会降低鞣质类成分的水溶性而产生沉淀。该性质可用于鞣质的提取、分离或除去鞣质。例如，从槐花米中提取芦丁，用石灰水而不选用氢氧化钠，就是利用鞣质与 Ca^{2+} 形成沉淀，不被提出，作为杂质除去。并且形成的络合物常常伴有颜色变化，如鞣质的水溶液与三氯化铁作用，产生蓝黑色或绿黑色。工业上蓝黑墨水的制造就是利用鞣质的这一性质。

（3）与生物碱沉淀：弱酸性的鞣质可与生物碱结合形成难溶或不溶于水的沉淀，因此鞣质可用作生物碱沉淀试剂。在提取分离或除去鞣质时亦常利用这一性质。

此外，无论是可水解鞣质还是缩合鞣质，在酸、碱、酶或氧化剂的作用下均不稳定，容易发生氧化、聚合、降解、异构化等反应，这是研究鞣质化学难度较大的原因之一。

第三节　鞣质的提取与分离

一、鞣质成分的预试

在对某中草药的鞣质类成分进行提取分离之前，应首先了解其中所含鞣质的种类和性质，以便设计出科学合理的提取分离方法。判断鞣质的不同种类可借助薄层色谱和适当的显色剂，常用的显色剂为三氯化铁、茴香醛 - 浓硫酸等，它们对不同类型鞣质显色现象不同。

二、鞣质的提取

鞣质类成分无挥发性或升华性，主要采用溶剂提取法。鞣质含有多个酚羟基，可与铁、铜等金属离子络合而不易被提出，因此提取鞣质应避免使用铁、铜等容器，尽量使用玻璃或不锈钢容器。鞣质对酸、碱、酶、热均不稳定，故提取时应避免与酸、碱、酶接触，并在低温下进行，多采用冷浸法。在整个提取及浓缩过程中控制温度在50℃以下，最好采用真空冷冻干燥。鞣质含量随着储存年限延长，含量下降，故应尽可能采用新鲜植物原料，提取前可采用短时间（2 ~ 5 分钟）水蒸气加热，以破坏样品中多酚氧化酶的活性。

鞣质在植物体内常常与蛋白质以氢键形式形成稳定的大分子复合物，提取鞣质类成分的溶剂不仅要对鞣质类成分具有很好的溶解性，还需要能断裂鞣质与蛋白质之间的氢键。因此有机溶剂与水的混合体系（有机溶剂占 50% ~ 70%）对鞣质的提取率较高。其中，丙酮 - 水体系最常用，主要因为丙酮与甲醇或乙醇相比，与鞣质发生溶剂化反应的可能性小，而且丙酮沸点低，有利于在低温下提取浓缩样品。不过工业上对鞣质选用水提取，提取液喷雾干燥获取粗鞣质。

三、鞣质的分离与纯化

上述提取得到的粗总鞣质，仍然是一混合物，需要进一步分离、纯化。鞣质分离及纯化一般先通过溶剂法、蛋白质沉淀法等粗分后，进一步结合色谱法进行细分。

1. 溶剂法

分离鞣质效果最好的溶剂是乙酸乙酯。通常将含鞣质的水溶液先用乙醚等低极性溶剂萃取，除去极性小的杂质，然后用乙酸乙酯萃取，可得到较纯的鞣质。

2. 蛋白质沉淀法

利用鞣质与蛋白质结合的性质，可从水溶液中分离鞣质。在含鞣质的水溶液中分批加入明胶溶液，滤取沉淀，用丙酮回流，鞣质溶于丙酮，蛋白质不溶于丙酮而析出。实验室常用此方法分离鞣质与非鞣质类成分。例如，从中药地榆中富集总鞣质，先采用明胶沉淀法、后用乙酸乙酯萃取法对地榆总鞣质进行纯化，得到的地榆总鞣质含量可大于73%。

3. 柱色谱法

柱色谱法是目前分离纯化鞣质类化合物的最主要方法。一般是在利用溶剂法或蛋白质沉淀法富集总鞣质的基础上进行。常用的色谱填料有凝胶，如Sephadex LH-20、MCI Gel CHP-20P、Toyopearl HW-40；大孔树脂，如Diaion HP-20；纤维素及反相ODS等。

Sephadex LH-20不仅具有一定的分子筛作用，同时对含有酚羟基的化合物有一定的吸附作用。常用的洗脱体系有甲醇-水，乙醇-水，丙酮-水，在分离鞣质类成分时，常采用梯度洗脱或更换溶剂体系，可获得较好的分离效果。

大孔吸附树脂在大生产上被广泛地用于从植物粗提取液中富集鞣质，Diaion HP-20比较常用，洗脱体系主要为乙醇-水。先用水洗脱，除去多糖、多肽及蛋白质等水溶性杂质，然后用不同比例的乙醇-水梯度洗脱。

纤维素柱色谱可用于不同类型的可水解鞣质的分离，微晶纤维素柱比较常用，洗脱溶剂为2%的乙酸水溶液。因洗脱剂中有乙酸，溶剂不能采用常规的减压回收，可将洗脱液直接用MCI Gel CHP-20P吸附，先用水洗脱，除去乙酸，再用甲醇将鞣质洗脱下来。

在实际操作中，上述几种分离方法可联合使用，往往可获得满意的效果。例如，以60%丙酮-水作为提取溶剂，石油醚脱脂后，用Sephadex LH-20和MCI Gel CHP-20P从中药乌药茎中分离并鉴定了10个鞣质类化合物。具体化合物的结构和分离流程见本章鞣质的研究实例部分。

4. 高效液相色谱法

HPLC是鞣质分离纯化的重要手段，对那些结构极为相似的鞣质混合物有很好的分离效果。常用反相HPLC，以ODS为填料，洗脱剂为不同比例的甲醇-水、磷酸-磷酸二氢钾-乙酸乙酯-乙醇、乙腈-水-甲酸等，检测波长为280nm。有时也采用正相HPLC，色谱柱多为Superspher Si 60及Zorbax SIL，洗脱剂为环已烷-甲醇-四氢呋喃-甲酸。

HPLC不仅可以有效地分离鞣质，而且还可以判断鞣质分子的大小、各组分的纯度及*α*、*β*-异构体等，具有简便、快速、准确、实用性强等优点。

第四节　鞣质的检识

一、化学检识

在鞣质结构鉴定前，通过一些特殊的化学反应，可以对鞣质的结构类型有一个初步认识。鞣质的定性检识反应很多，但最常用的是使明胶溶液变混浊或生成沉淀。另外还可利用化学反应对可水解鞣质与缩合鞣质进行初步的区别，方法和鉴别结果见表 11-1。

表 11-1　两类鞣质的鉴别反应

试剂	可水解鞣质	缩合鞣质
稀酸（共沸）	无沉淀	暗红色鞣红沉淀
溴水	无沉淀	黄色或橙红色沉淀
三氯化铁	蓝色或蓝黑色（或沉淀）	绿或绿黑色（或沉淀）
石灰水	青灰色沉淀	棕或棕红色沉淀
乙酸铅	沉淀	沉淀（可溶于稀乙酸）
甲醛或盐酸	无沉淀	沉淀

二、薄层色谱检识

在化学检识的基础上，薄层色谱可以对各类鞣质进行进一步定性检识。一般植物原料（0.1 ~ 0.5g）用 80% 丙酮水溶液浸提，将提取物经硅胶 G 薄层色谱，以苯 - 甲酸乙酯 - 甲酸（2 ∶ 7 ∶ 1）作展开剂（鞣质由于相对分子质量大，含酚羟基多，故薄层鉴定时一般需在展开剂中加入微量的酸，以抑制酚羟基的解离），展开后依次喷以三氯化铁及茴香醛 - 硫酸显色剂，根据薄层上的斑点颜色可初步判断鞣质的结构类型（图 11-1）。

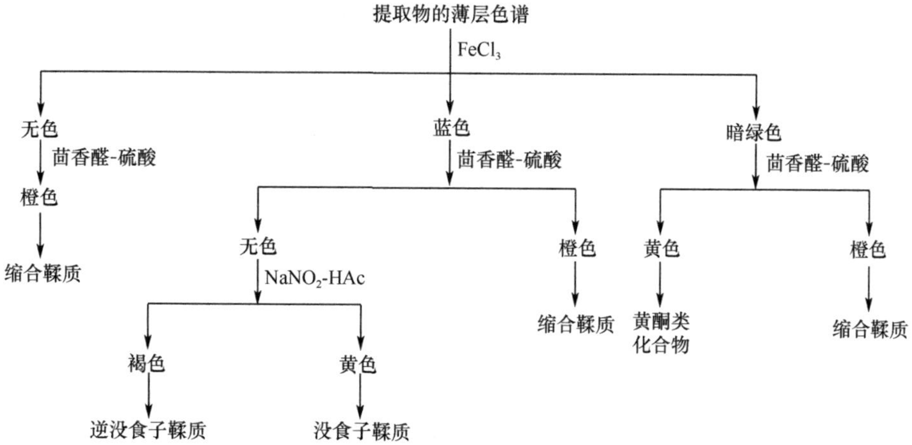

图 11-1　鞣质的薄层色谱检识流程图

第五节　鞣质的研究实例

一、乌药

乌药是常用中药，为樟科山胡椒属植物乌药 *Lindera aggregata*（Sims）Koster 的块根，有温中散寒、理气止痛等功效，临床上广泛用于治疗寒凝气滞所致的脘腹疼痛及一些气痛等症，中成药制剂中乌药也应用广泛。乌药水煎液具有兴奋和增强胃运动节律的作用，乌药挥发油具有兴奋心肌和加速血液循环的作用。随着乌药的用量增加，在全国一些药材市场已出现以乌药茎代替乌药块根现象，为了寻找其科学依据和扩大药源，张朝凤采用多种柱色谱相结合的方法从乌药茎中分离并鉴定了 10 个鞣质类化合物，其中包括 1 个新化合物：epicatechin-（4*β*-8，2 -*O*-7）-catechin（4*β*-8）-catechin（lindetannin trimer）、4 个二聚体、1 个三聚体和 1 个四聚体。现将提取分离和化合物 epicatechin-（4*β*-8）-epicatechin-（4*β*-8，2-*O*-7）-epicatechin-（4*β*-8）-epicatechin 的结构测定介绍如下。

提取分离：乌药茎粉末（8.0kg）用 60% 丙酮 - 水提取，石油醚脱脂后，减压浓缩蒸去有机溶剂后，冷冻干燥，将冻干粉末用乙醇溶解，通过 Sephadex LH-20，分别用乙醇和甲醇洗脱，得到 A ～ E 5 个组分；各组分分别通过 MCI-gel CHP 20P，以不同浓度的甲醇 - 水溶液洗脱，再分别用 Sephadex LH-20 多次纯化。从 A 组分中分离得到两个化合物，分别为：①儿茶素，（+）-catechin；②表棓儿茶素，（–）-epigallocatechin。从 B 组分中得到 3 个二聚体原花色素缩合鞣质分别为：③ epicatechin-（4*β*-8，2-*O*-7）-epicatechin 即 procyanidin A3；④ epicatechin-（4*β*-8，2-*O*-7）-catechin 即 procyanidin A6；⑤（–）-epicatechin。从 C 组分中分离得到两个二聚体原花色素缩合鞣质化合物，分别为：⑥ epicatechin-（4*β*-8）-catechin，即 procyanidinB1；⑦ epicatechin-（4*β*-8）-epicatechin，即 procyanidin B2；从 D 组分得到两个三聚体原花色素缩合鞣质化合物，分别为：⑧ epicatechin-（4*β*-8，2-*O*-7）-epicatechin-（4*β*-8）-epicatechin，即 cinnamtannin B1 和一个新化合物 ⑨ epicatechin-（4*β*-8，2-*O*-7）-catechin（4*β*-8）-catechin（lindetannin trimer）。从 E 组分得到一个四聚体原花色素缩合鞣质化合物 epicatechin-（4*β*-8）-epicatechin-（4*β*-8，2-*O*-7）-epicatechin-（4*β*-8）-epicatechin。提取分离流程如图 11-2。

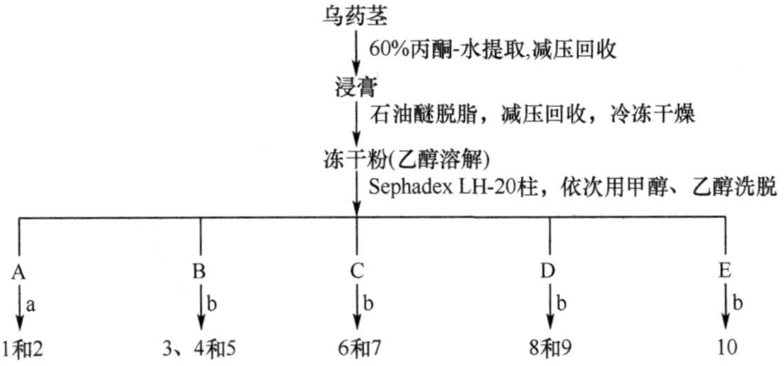

图 11-2　乌药茎中鞣质类化合物提取分离流程图

a. Sephadex LH-20，甲醇 - 水洗脱；b.Sephadex LH-20 和 MCI-gel CHP-20P，甲醇 - 水洗脱

所分离的 10 个化合物的结构如下所示。

以化合物⑧ epicatechin-（4*β*-8，2-*O*-7）-epicatechin-（4*β*-8）-epicatechin 即 cinnamtannin B1 为例，进行结构解析，具体如下所示。

该化合物为灰白色粉末，茴香醛 - 浓硫酸显色为橘红色，负离子 API-MS 给出准分子离子峰 863$[M-H]^-$。^{1}H-NMR 中，在高场区有 1 个宽单峰 2.82（2H，s，H-4I）及 7 个饱和碳的质子信号，在芳香质子区 5.90 ～ 6.10ppm 有 4 个质子信号：5.95（1H，d，*J*=2.4Hz），6.0（1H，d，*J*=2.4Hz），5.79（s）和 6.09（s），推断为每个单元的 C-6 或 C-8 位的质子信号。DEPT 谱在高场显示 1 个 CH_2 信号 29.4ppm 和 2 个 CH 信号 28.8ppm 与 38.2ppm，^{13}C-NMR 半缩醛碳信号 99.9ppm，进一步证明该化合物为 A 型三聚体化合物。在 ^{1}H-^{1}HCOSY 图谱中，有下列质

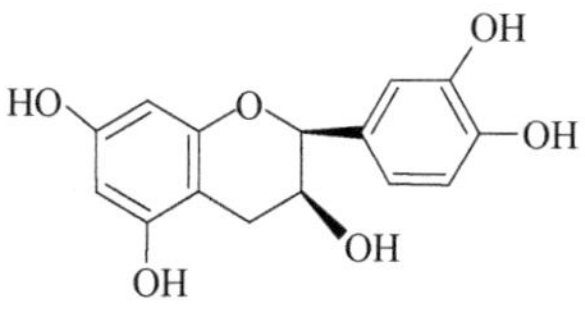
①

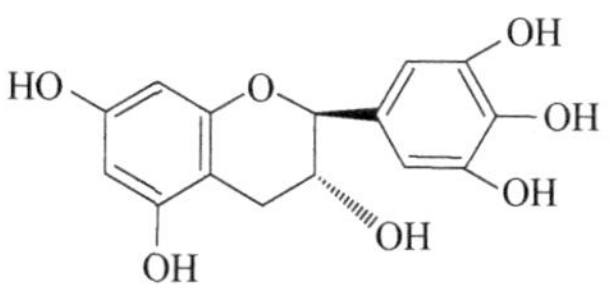
②

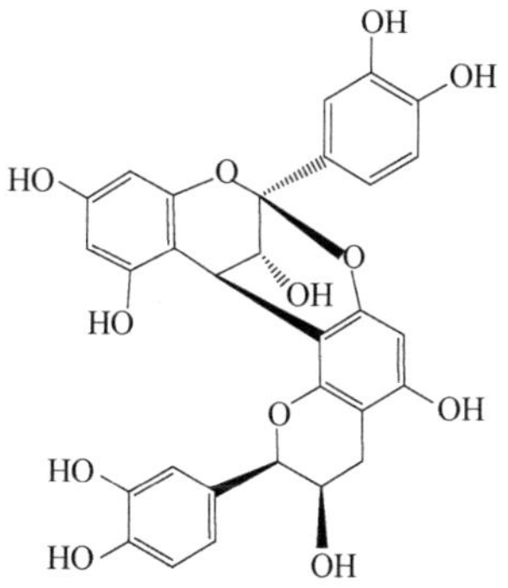
③

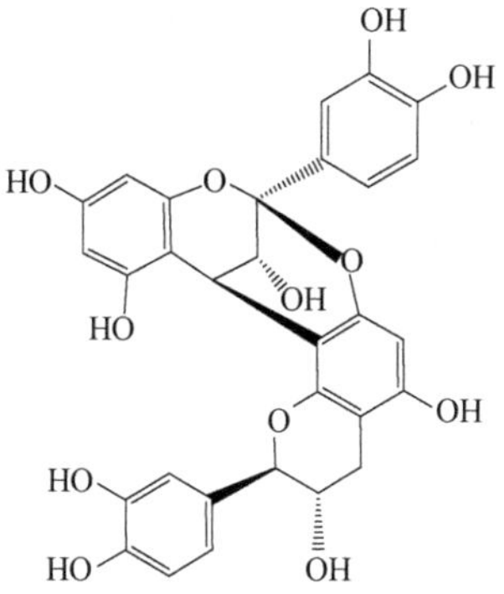
④

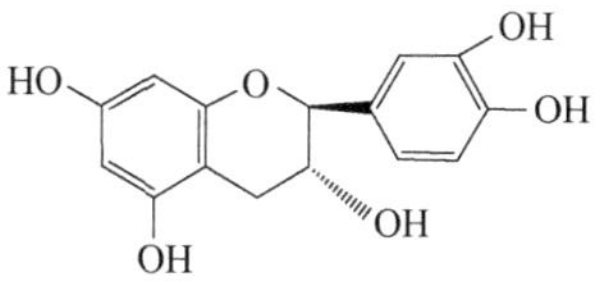
⑤

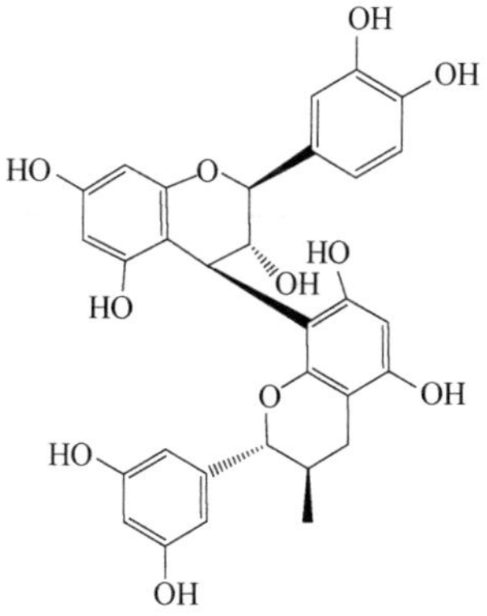
⑥

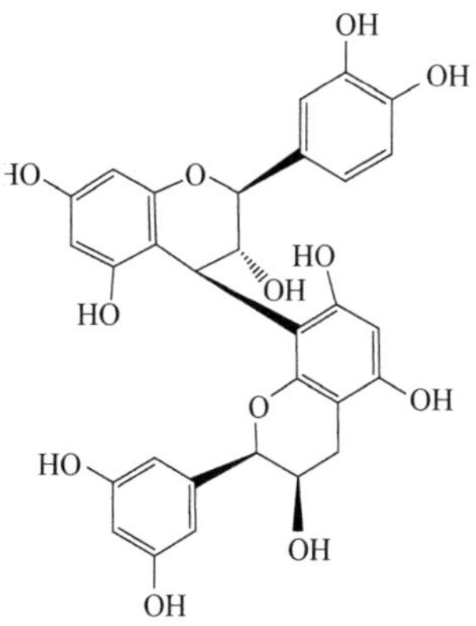
⑦

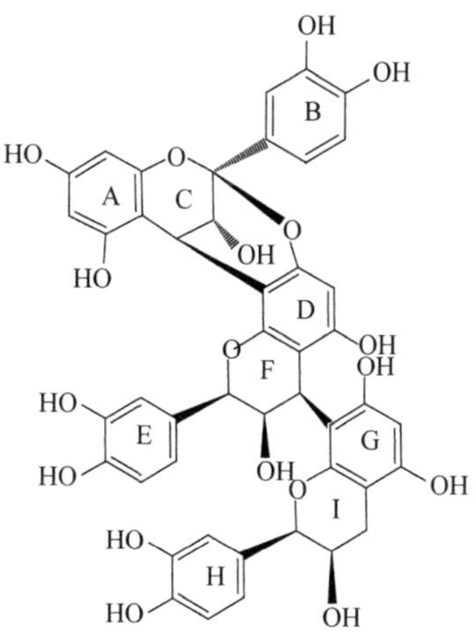

⑧

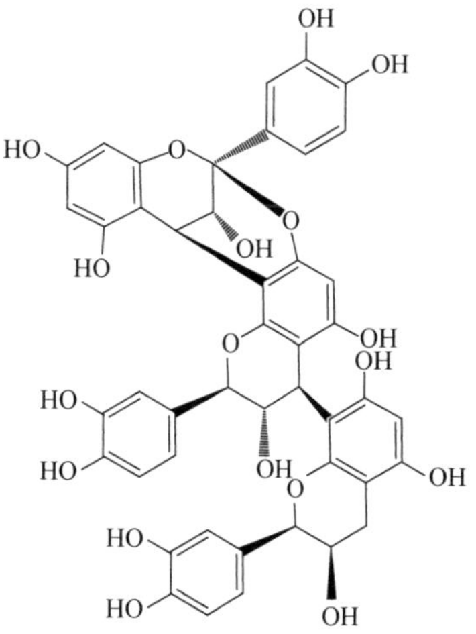
⑨

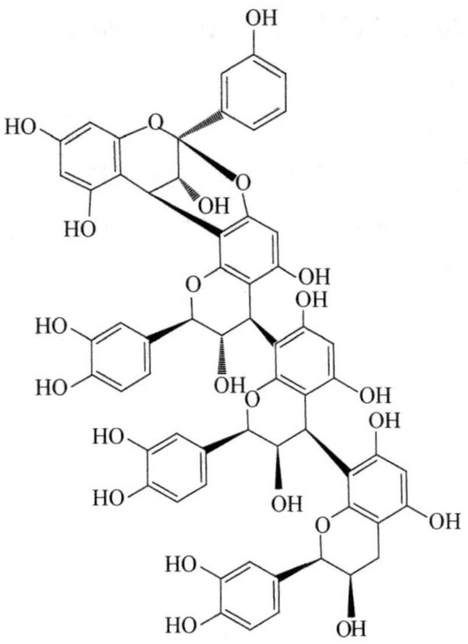

⑩

子相关信号：2.82（2H，H-4I）/3.85（1H，H-3I）/4.37（1H，H-2I），4.55（1H，H-3F）/4.11（1H，H-4F）/5.69（1H，H-2F）和4.14（1H，H-4C）/3.29（1H，H-3C）。根据HMBC谱，可对各个结构单元的质子信号和碳信号进行归属。在 ^{1}H-NMR中，中间单元2位质子信号5.69（1H，H-2F）较其他2位的质子信号远远向低场位移，这是因为上端单元与中间单元是以 C_4-C_8 相连，从而使中间单元的2位质子处于芳香环去屏蔽区，向低场位移。该化合物 ^{1}H-NMR和 ^{13}C-NMR的数据见表11-2。

表11-2　化合物8的 ^{1}H-NMR和 ^{13}C-NMR的数据

所在环	编号	C	H
上部分			
C	2	99.9	3.29（d，3.4）
	3	67.1	4.14（d，3.4）
	4	28.8	
A	5	156.8	
	6	98.5	5.96（d，2.4）
	7	157.8	6.00（d，2.4）
	8	96.6	
	9	154.2	
	10	104.9	
B	1′	132.5	
	2′	115.7	7.02（d，2.0）
	3′	145.5	6.84（d，8.1）
	4′	146.6	6.86（dd，8.1，2.0）
	5′	116.1	
	6′	119.9	

续表

所在环	编号	C	H
中部分			
F	2	78.9	5.69（brs）
	3	72.6	4.11（brs）
	4	38.3	4.55（brs）
D	5	155.8	5.79（s）
	6	96.1	
	7	151.1	
	8	106.4	
	9	151.8	
	10	106.7	
E	1′	131.8	
	2′	116.7	7.3（d，2.0）
	3′	145.9	
	4′	146.3	
	5′	115.7	4.86（d，8.1）
	6′	121.4	7.19（dd，28.1，.0）
下部分			
I	2	80.3	4.34（brs）
	3	67.5	3.85（brs）
	4	29.8	2.82（2H，m）
G	5	155.5	
	6	96.5	6.09（s）
	7	155.8	
	8	108.9	
	9	155.8	
	10	100.1	
H	1′	133.2	
	2′	115.5	6.82（brs）
	3′	145.3	
	4′	145.8	
	5′	116.0	6.76（d，8.3）
	6′		6.72（brs，8.3）

二、余甘子

余甘子为大戟科叶下珠属植物余甘子 *Phyllanthus emblica* L. 的干燥成熟果实，被多版《中国药典》作为藏药收载。原植物广泛分布于北非至亚洲南部各地以及南美洲，在我国西南至东南沿海地区均有分布，冬季至次春果实成熟时采收。余甘子味甘、酸、湿、凉，归肺、胃经，具有清热凉血、消食健胃、生津止咳的功效，用于血热血瘀、消化不良、腹胀、咳嗽、喉痛、口干等症。

余甘子在藏医药中应用极为广泛，《藏药标准》所载的中成药中，含有余甘子的成药占总数的近 30%。现代药理研究表明，余甘子提取物具有抗病毒、抗菌、抗炎、增强免疫、抗氧化、保肝、抗肿瘤、降血糖、保护心血管等多种作用。余甘子富含鞣质、酚酸、黄酮、多糖和维生素 C 等多种成分，特别是鞣质的含量极高，新鲜果实中鞣质含量高达 45%，干燥果实中鞣质含量也有 14%，其中大多数为可水解鞣质。据目前文献报道的鞣质类成分近 50 个。

三、槟榔

槟榔为棕榈科植物槟榔 *Areca catechu* L. 的干燥成熟种子，原产马来西亚，在我国主要分布在广东、福建、云南、台湾等地。其味辛、苦，性温，归胃、大肠经，具有消积杀虫、行水降气等功效，主治人体肠道寄生虫、食积腹痛、水肿胀满等，是常用的驱虫消积的药物。槟榔果实中含有槟榔碱和鞣质等多种化学成分，以往主要集中于对槟榔中生物碱的研究，对鞣质类成分的研究报道较少，为能更好地开发利用槟榔资源，寻找其中的生理活性物质，对槟榔果实 95% 乙醇提取物的石油醚和乙酸乙酯萃取部位进行了化学成分研究，从中分离并鉴定了 10 个化合物，其中 5 个为缩合鞣质类。分别为：原花青素 B1、原花青素 B2、原花青素 B7、epicatechin-（4*β*-8）-epicatechin-（4*β*-8）-catechin 和 epicatechin-（4*β*-6）-epicatechin -（4*β*- 8）-catechin。

本章参考资料请扫码

第十二章 其 他 成 分

第一节 有机酸类化合物

一、概述

有机酸是一类带有羧基，具有酸性的有机化合物，在中草药的叶、根、特别是果实种子中广泛分布，如乌梅、覆盆子、五味子、金银花、枇杷叶、款冬花、鸦胆子、薏苡仁、紫苏籽、亚麻籽等。常见的有机酸有水杨酸、酒石酸、琥珀酸、草酸、抗坏血酸、柠檬酸、油酸、亚油酸、亚麻酸等，在植物体中大多与钙、钾、镁等金属离子结合成盐或以酯的形式存在。

有机酸类成分是一些中药中主要的有效成分，有着重要的生物活性。例如，绿原酸（chlorogenic acid）存在于金银花、沙棘、茵陈等许多植物中，具有抗菌、抗病毒、保肝利胆、清除自由基、抗衰老和兴奋中枢神经系统等作用；菊苣酸（cichoric acid）是菊苣和紫锥菊中极为重要的抗病毒活性成分之一；丹参中的酚酸（salvianolic acid）类成分具有很强的抗脂质过氧化和清除自由基的能力，对心、脑血管系统具有明显的保护作用，尤以丹酚酸 A 和丹酚酸 B 活性最强；丁香酸（syringic acid）为白蒿的主要抗菌有效成分，并有中枢抑制作用；冬青叶中的水杨酸（salicylic acid）可促进血液循环，改善病变部位的营养供给和组织代谢，从而减轻局部病理反应，具有消除不适、减轻水肿、止痛、消炎、退热等作用。油酸、α- 亚麻酸、γ- 亚麻酸、花生四烯酸、二十二碳六烯酸（DHA）和二十碳五烯酸（EPA）等是人体必需的脂肪酸，这些不饱和脂肪酸在人体中易于乳化、输送和代谢，不易在动脉壁上沉淀，有良好的降血脂作用，能预防动脉粥样硬化。

此外，也有部分有机酸类成分有着一定的毒副作用，马兜铃酸（aristolochic acids）是植物中少有的硝基菲类有机酸，具有很强的肾毒性，能导致急性或慢性肾病。含有马兜铃酸的中药关木通、广防己、青木香、寻骨风、朱砂莲等皆被禁用，而细辛也改全草入药为根及根茎入药。

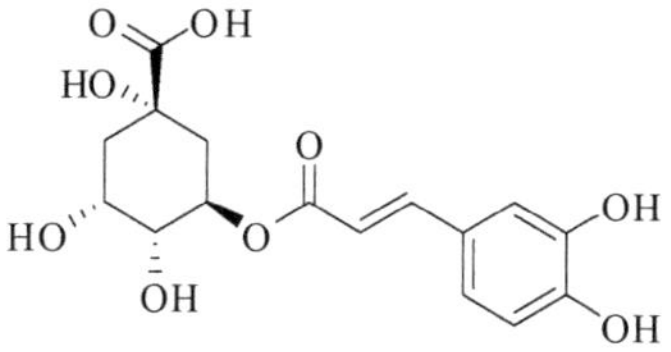
绿原酸

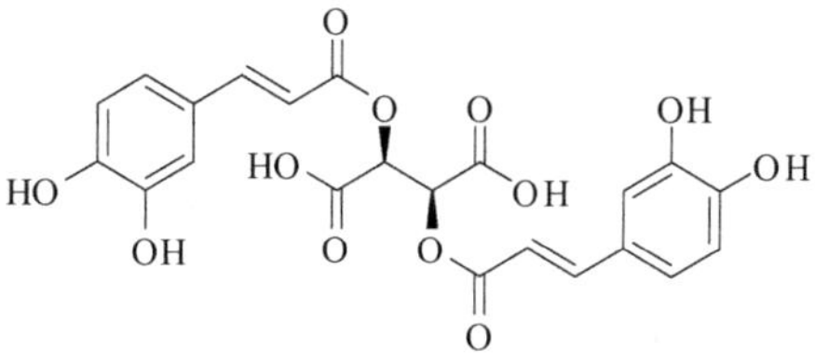
菊苣酸

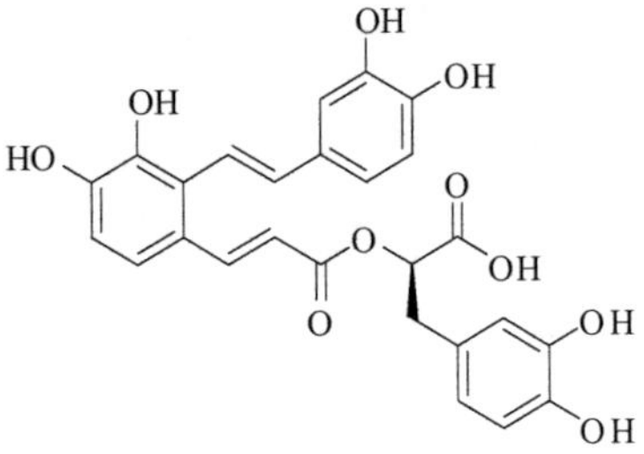

丹酚酸A

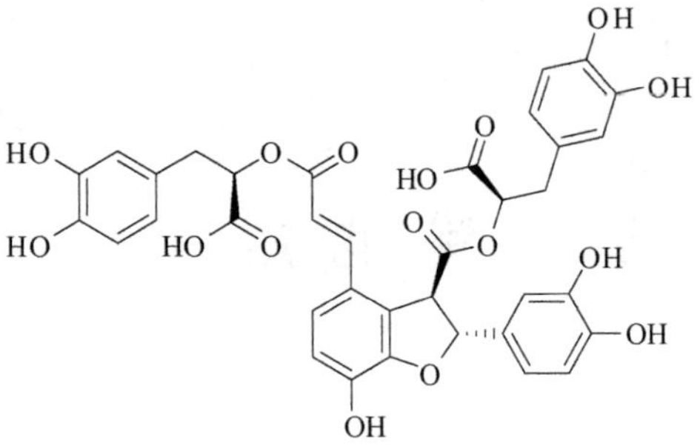

丹酚酸B

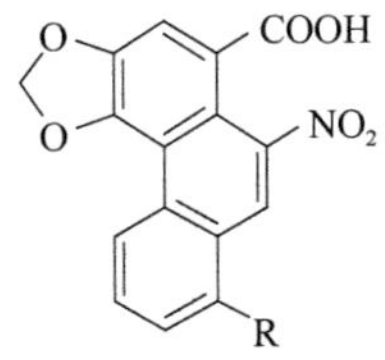

	R
马兜铃酸Ⅰ	OCH_3
马兜铃酸Ⅱ	H

二、有机酸的结构与分类

（一）脂肪族有机酸

脂肪族有机酸常常是指含有羧基的脂肪族化合物，广泛分布于动植物中。常见的有草酸、琥珀酸、丙二酸、柠檬酸等小分子羧酸，以及一些饱和脂肪酸和不饱和脂肪酸，如棕榈酸、油酸、亚油酸、亚麻酸、二十二碳六烯酸（DHA）和二十碳五烯酸（EPA）等。在生物体内小分子羧酸多以金属盐形式存在，中长链脂肪酸以酯的形式存在比较常见。此外还有一些少见的有机酸，如奎宁酸、莽草酸、乌头酸。

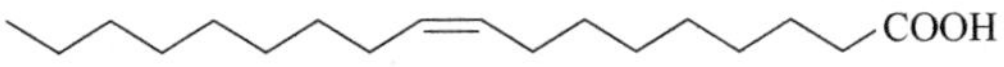

油酸

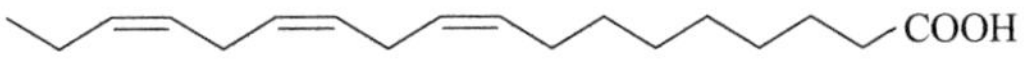

亚麻酸

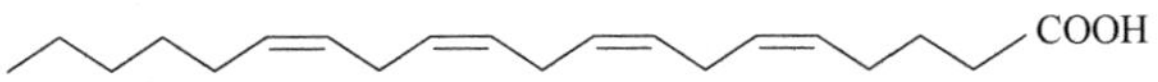

花生四烯酸

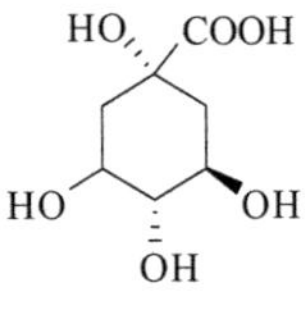

奎宁酸

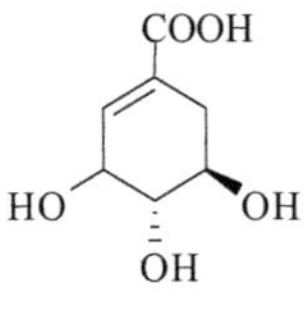

莽草酸

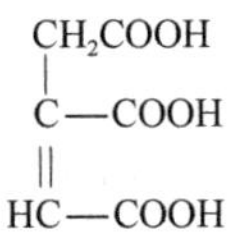

乌头酸

（二）芳香族有机酸

芳香族有机酸在中药中广泛存在，常见的是苯甲酸和桂皮酸衍生物，如原儿茶酸、香草酸、没食子酸、丁香酸和桂皮酸、咖啡酸、异阿魏酸、阿魏酸、芥子酸等。还有一些是多个有机酸结合物，如绿原酸、异绿原酸、丹酚酸 A 和丹酚酸 B 等。

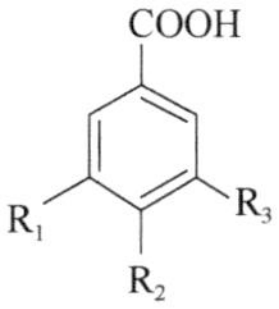

	R_1	R_2	R_3
苯甲酸	H	H	H
原儿茶酸	H	OH	OH
香草酸	H	OH	OCH_3
没食子酸	OH	OH	OH
丁香酸	OCH_3	OH	OCH_3

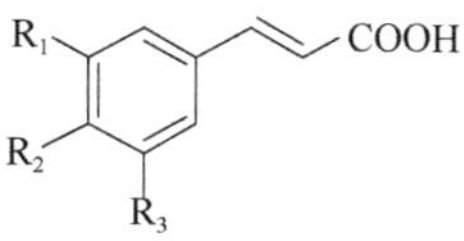

桂皮酸	H	H	H
咖啡酸	H	OH	OH
异阿魏酸	H	OCH_3	OH
阿魏酸	H	OH	OCH_3
芥子酸	OCH_3	OH	OCH_3

三、有机酸的理化性质

（一）物理性质

1. 性状

小分子脂肪族有机酸一般为结晶；芳香族有机酸少数为无色透明晶体，大多为灰白色无定形粉末，并多具有吸湿性；中长链饱和脂肪酸一般为固体，而含 8 个碳原子以下的低级脂肪酸或不饱和脂肪酸一般为液体。

2. 溶解性

有机酸的溶解性与结构有关，在水中的溶解度随着分子中极性基团的增加而增加，如多元酸比一元酸易溶于水，含羟基数目多的有机酸水溶性较大。短链脂肪酸一般溶于水，中长链脂肪酸不溶于水，溶于乙醚、己烷、苯、氯仿、热乙醇等有机溶剂。对于芳香族有机酸，简单苯甲酸或桂皮酸衍生物如阿魏酸和咖啡酸等难溶于水，易溶于乙醇或氯仿等有机溶剂，而多个芳香族有机酸缩合而成的化合物如菊苣酸和丹酚酸等溶于水。另外，由于有机酸结构中存在羧基单元，一般可溶于碱溶液。

（二）化学性质

有机酸类化合物具有羧酸的一般性质，能与醇作用生成酯，与氨作用形成酰胺，与卤化物作用生成酰卤，能与碱金属、碱土金属结合成盐。

四、有机酸的提取分离

（一）溶剂法

有机酸在植物体内一般以盐的形式存在，故对药材先酸化，使结合的有机酸游离，再采用适当的溶剂进行提取，或者超临界二氧化碳流体萃取。除了一些小分子脂肪族有机酸，大多数游离的有机酸易溶于乙醚、氯仿等有机溶剂，难溶于水，因此这类有机酸常采用碱溶液提取后酸化，再用乙醚等有机溶剂萃取获得。

（二）离子交换分离法

有机酸在碱性条件下可以解离出有机酸负离子（$R-COO^-$），利用阴离子交换树脂在水溶液中交换吸附有机酸负离子，用水洗涤树脂柱后，碱性和中性成分被洗涤除去，再用稀酸洗脱，即可以得到游离的有机酸。

（三）尿素包合法

当尿素溶解于甲醇、乙醇等溶剂中，遇到直链的、短链的、饱和的、低不饱和的脂肪族有机酸时，这些化合物易进入尿素分子的六面体晶体管道内形成稳定的尿素络合物，也就是尿素包合物。亚麻酸、亚油酸和花生四烯酸等不饱和脂肪酸由于双键较多，碳链弯曲很难进入尿素六面晶体中，而不易被尿素完全包合，也就很难形成稳定的包合物。利用这一原理可将饱和脂肪酸、单不饱和脂肪酸和多不饱和脂肪酸分离。

（四）低温溶剂结晶法

在低温条件下，混合脂肪酸及其酯在有机溶剂中的溶解度取决于它们的碳链长度和双键数目。一般情况下，碳链长度越长溶解度越低，双键数目越多溶解度越大。这种溶解度变化规律随温度降低表现更为明显，因此可以将脂肪酸及其酯溶于有机溶剂，通过降温，分离获得不同脂肪酸。

（五）色谱法

结构相似的脂肪酸混合物可以采用色谱法进行分离。由于银离子极易与含有双键且没有空间位阻的不饱和有机酸形成络合物，双键越多，络合能力越强。因此色谱法分离脂肪酸时，往往采用银离子处理过的硅胶为吸附剂。

五、有机酸的检识

（一）理化检识

供试样品制备：取中药材 5 ～ 10g，按液固比 10 ∶ 1ml/g 加 95% 乙醇回流提取 1 小时，滤过，提取液浓缩制得浸膏样品，供以下试验。

1. pH 试纸检查

样品溶解后用试纸检查，如显酸性，显示可能含有游离有机酸。

2. 溴－麝香草酚蓝试验

样品溶解加溴 - 麝香草酚蓝试液，呈蓝色，表明可能含有有机酸。

3. 碘酸钾－碘化钾试验

取样品溶解后，加 2% 碘化钾溶液及 4% 碘酸钾溶液各 2 滴，加塞，沸水浴加热 1 分钟。冷却，加 0.1% 淀粉溶液 1 ～ 4 滴，呈蓝色，表明可能含有机酸。

（二）色谱检识

采用薄层色谱。吸附剂为硅胶G；展开剂为石油醚-乙醚-乙酸（60∶40∶1）、苯-甲醇-乙酸（45∶8∶4）；显色剂为0.05%溴酚蓝水溶液，喷后产生黄色斑点。

六、含有机酸的中药实例

薏苡仁油的提取分离：薏苡仁为禾本科植物薏苡 *Coix lacryma-jobi* 的干燥成熟种仁，有利水渗湿、健脾止泻、除痹、排脓、解毒散结的功效。薏苡仁油富含多种脂肪酸，具有增强免疫力和抗肿瘤等作用，其静脉注射用乳剂用于治疗各种恶性肿瘤已取得满意的疗效。用超临界二氧化碳流体萃取技术从薏苡仁中萃取薏苡仁油，与传统的石油醚提取法相比，萃取时间短，得油率高，无污染。

第二节　有机含硫化合物

一、概述

硫是所有生物体必需的元素，在机体内扮演着重要的角色。中药中存在一些含硫的二次代谢产物，主要以硫代葡萄糖苷形式存在，分布不甚多，已发现的这类化合物只有130多个，如白芥子和莱菔子中硫代葡萄糖苷类成分具有较强的抗菌、抗霉菌及杀虫作用等。还有一些其他类型的含硫有机物，如具有显著抗菌作用的大蒜素类成分、具有蛋白酶抑制活性的含硫多肽、抗HIV活性的硫酸化多糖等。

二、含硫化合物及其中药实例

1. 硫代葡萄糖苷类化合物

硫代葡萄糖苷类主要存在于十字花科植物中，通常以钾盐的形式，但有时也以钠盐、铵盐的形式存在。该类成分都是由 β- 硫代葡萄糖基、磺酸肟基和一个烃基所构成的，依据侧链烃基结构可以分为三类：①含有直链或直链烷基的脂肪族硫苷，如黑芥子中存在的黑芥子苷（结构见第三章第二节）；②含有苯环的芳香族硫苷，如白芥子中的白芥子苷（结构见第三章第二节）；③含有吲哚环的吲哚族硫苷，如白芥子中的芸苔葡糖硫苷（glucobrassicin）。

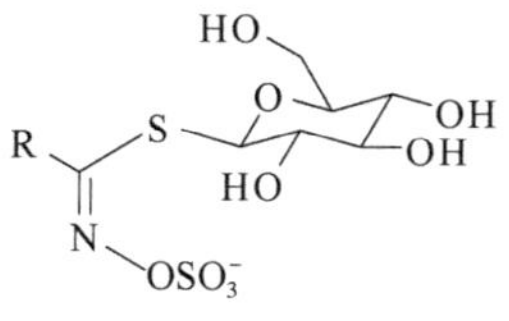

硫代葡萄糖苷类结构通式

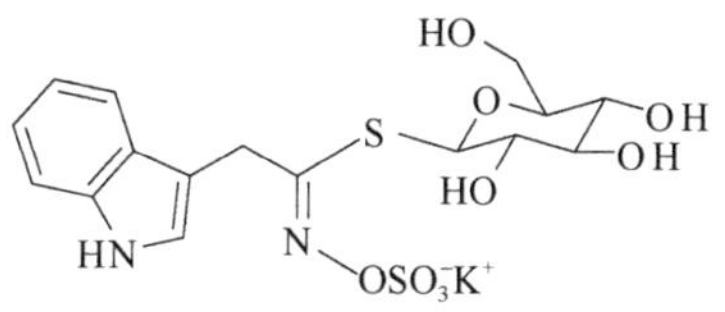

芸苔葡糖硫苷

硫代葡萄糖苷类化合物在加热、加压（有酶和无酶）的条件下都会发生降解，在加热、加压条件下降解时主要产物是腈类化合物和异硫氰酸，白芥子和莱菔子传统使用要经过加热炮制，沸水煎剂，使硫代葡萄糖苷类成分部分转化为有机氰化物和异硫氰酸，发出强烈的辛辣味；而如果在中性条件下以芥子苷酶催化水解，生成葡萄糖和硫代羟肟酸，后者经转位最后产生异硫氰酸酯。

2. 含硫吲哚类化合物

十字花科芸苔属植物除了富含硫代葡萄糖苷类成分外，还含有一系列含硫吲哚类衍生物，如芸苔宁（brassinin）和环芸苔宁（cyclobrassinin）等，这类化合物有抗真菌、抗肿瘤等活性。

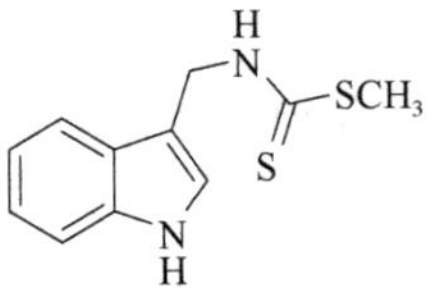

芸苔宁

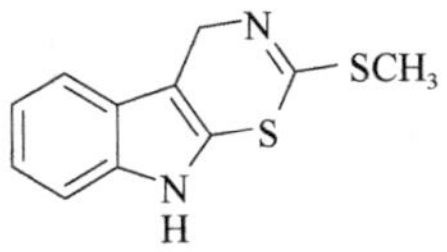

环芸苔宁

3. 大蒜

大蒜为百合科葱属植物蒜 *Allium sativum* 的地下鳞茎，作为药用历史悠久，具有行滞气、暖脾胃、消症积、解毒、杀虫的功效。现代药理学研究表明大蒜有降血脂、抗血栓、预防脑卒中和高血压，提高机体免疫力和抗癌抗菌等功效。大蒜辣素（allicin）和阿霍烯（ajoene）等系列含硫有机化合物是大蒜中主要有效成分，由蒜氨酸（alliin）在蒜氨酸酶（alliinase）的作用下生成。大蒜辣素有抗菌、抗真菌、抗感染、抗凝血等生物活性，但因其性质不稳定、易分解影响了进一步药用。阿霍烯则是血栓形成的天然抑制剂，药理实验表明，该成分有抗凝血、降血压、抗癌、抗氧化、抗衰老及提高免疫能力的作用，在目前知道的大蒜挥发油诸多成分中，阿霍烯抗凝血活性最高。近年来，从大蒜挥发油中分离得到，一种性质稳定的新抗菌成分大蒜新素（allitridin）具有抗病原微生物、抗肿瘤、降血脂、清除自由基及保护肝、胃等作用，现已人工合成并用于临床。

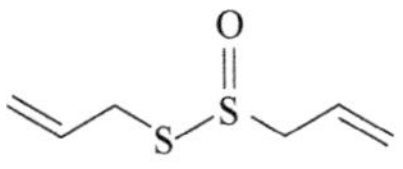

大蒜辣素

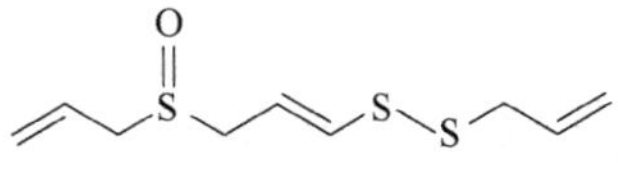

阿霍烯

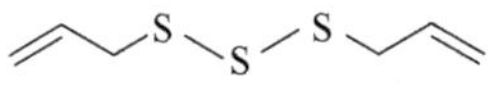

大蒜新素

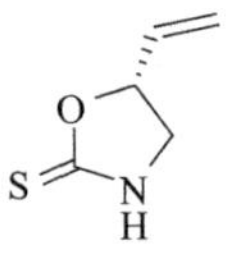

表告依春

4. 板蓝根

板蓝根是常用抗病毒中药，为十字花科植物菘蓝 *Isatis indigotica* 的干燥根。板蓝根中含有硫代葡萄糖苷类成分，同时也含有一些其他类型的含硫有机物，如表告依春（epigoitrin）是板蓝根抗病毒最主要的有效成分之一。

5. 泽泻

泽泻为泽泻科植物泽泻 *Alisma orientalis* 的干燥块茎，味甘、淡、性寒，主治肾炎水肿、肾盂肾炎、肠炎泄泻、小便不利等症。泽泻磺醇类成分（sulfoorientalol A ～ D）具有抑制卡巴胆碱诱导的豚鼠离体膀胱平滑肌收缩的作用。

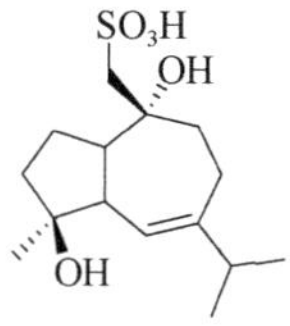

sulfoorientalol B

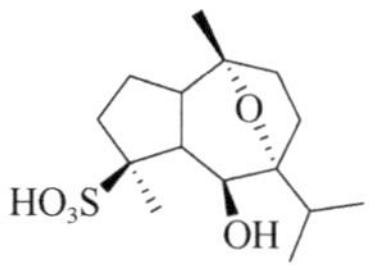

sulfoorientalol D

第三节　氨基酸、环肽、蛋白质和酶

一、氨基酸

（一）概述

氨基酸（amino acid）是指一类含有羧基并在与羧基相连的碳链上连有氨基的有机化合物，是生物功能大分子蛋白质的基本组成单位。氨基酸分非必需氨基酸和必需氨基酸，后者是指人体不能合成或合成速度不能满足机体需要，必须从食物中直接获得的氨基酸。构成人体蛋白质的 20 多种氨基酸中，10 种为必需氨基酸，分别是异亮氨酸、亮氨酸、赖氨酸、蛋氨酸、苯丙氨酸、苏氨酸、色氨酸、缬氨酸、组氨酸和精氨酸。一些氨基酸类成分已被应用于医药等方面，如精氨酸、谷氨酸被用作肝性脑病抢救药；组氨酸用于治疗胃及十二指肠溃疡和肝炎等。

氨基酸也是中药中一类重要的成分。动物类中药一般含有丰富的氨基酸类成分，这些成分与人体蛋白质构成的氨基酸较为一致，有着一定的生物活性。另外，部分中药中含有一些非蛋白氨基酸，有着特殊的生物活性。例如，中药葫芦巴 *Trigonella foenum-graecum* 中 4- 羟基异亮氨酸（4-hydroxyisoleucine）是一种新型胰岛素分泌促进剂，可用于治疗 2 型糖尿病；使君子 *Quisqualis indica* 中的使君子氨酸（quisqualic acid）和鹧鸪茶 *Caloglossa leprieuii* 中的海人草氨酸（kainic acid）都是驱蛔虫的有效成分；大蒜中蒜氨酸具有降血脂、降血压、抗菌杀毒等多种药理功效；三七 *Panax Notoginseng* 中的三七素（dencichine）具有止血活性；天门冬 *Asparagus cochinchinensis* 中天门冬素（asparagine）具有止咳和平喘作用；茶 *Camellia sinensis* 叶中茶氨酸（theanine）有降压及提高记忆的效果，其中另一氨基酸类成分——γ- 氨基丁酸（γ-aminobutyric acid）则是中枢神经系统中很重要的抑制性神经递质，能促进脑的活化性、健脑益智、抗癫痫、促进睡眠、调节血压等。

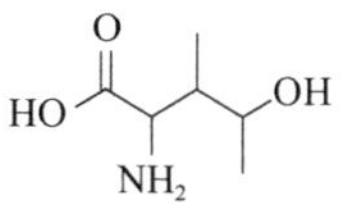

4-羟基异亮氨酸

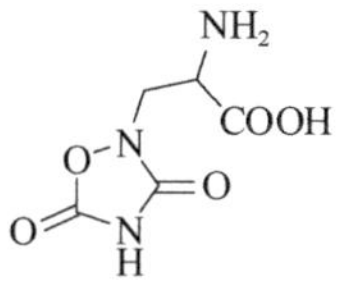

使君子氨酸

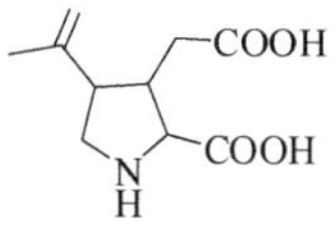

海人草氨酸

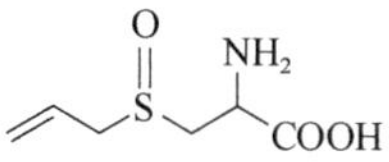

蒜氨酸

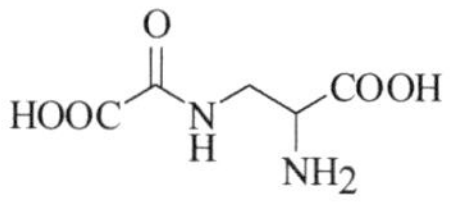

三七素

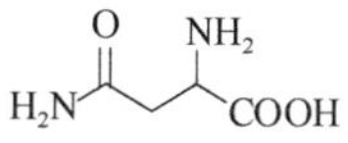

天门冬素

（二）氨基酸的结构与分类

氨基酸是羧酸分子中碳上的氢被氨基所取代的衍生物。根据氨基和羧基相对位置，将氨基酸分为 α- 氨基酸、β- 氨基酸、γ- 氨基酸等，其中以 α- 氨基酸占多数。

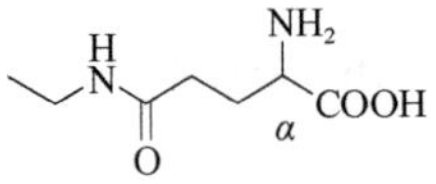

茶氨酸

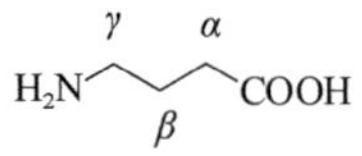

γ-氨基丁酸

此外还可根据氨基酸分子的烃基侧链结构，将氨基酸分为脂肪族氨基酸、芳香族氨基酸和杂环氨基酸。也可以根据氨基酸所含氨基和羧基的数目，将氨基酸分为中性氨基酸、酸性氨基酸和碱性氨基酸：中性氨基酸分子中的羧基和氨基数目相等；酸性氨基酸分子中羧基多于氨基；碱性氨基酸则氨基多于羧基。

（三）氨基酸的理化性质

氨基酸都是白色或无色晶体，具有较高的熔点。除胱氨酸和酪氨酸外，大多都能溶于水中。脯氨酸和羟脯氨酸还能溶于乙醇或乙醚中。大多数氨基酸都有旋光性，因结构中往往存在一个或多个手性碳原子，如苏氨酸和异亮氨酸有两个手性碳原子。

氨基酸分子中既含有氨基又含有羧基，故不仅具有羧基与氨基的性质，也具有两种基团在分子内相互作用、相互影响的一些特殊性，在水溶液中常以偶极离子的形式存在。

1. 成盐

由于既有碱性又有酸性，氨基酸是一种两性化合物，与强酸、强碱均能成盐。同时，分子内氨基和羧基可相互作用生成内盐。

2. 等电点

氨基酸分子中的羧基和氨基在水溶液中可以分别像酸、碱一样离子化。当将氨基酸溶液调至某一特定 pH 时，氨基酸分子中羧基电离和氨基电离的趋势恰好相等，这时的 pH 称为该氨基酸的等电点。不同的氨基酸具有不同的等电点。在等电点时，氨基酸分子以内盐的形式存在，因而溶解度最小，容易沉淀析出。

3. 与茚三酮反应

氨基酸与茚三酮（ninhydrin）在微酸性溶液中加热，生成蓝紫色物质。少数氨基酸如脯氨酸和羟脯氨酸与茚三酮反应产生（亮）黄色物质。该反应可用于氨基酸鉴别和薄层色谱显色。

4. 与亚硝酸反应

氨基酸在室温下与亚硝酸反应，脱氨生成羟基羧酸和氮气。因为伯胺都有这个反应，所以赖氨酸的侧链氨基也能反应，但速度较慢。放出的氮气一半来自于氨基酸的氨基，一半来自于亚硝酸，故测定氮气的多少即可确定氨基酸中氨基的量，该反应常用做氨基酸的定量。

（四）氨基酸的提取分离

氨基酸在水和稀乙醇溶液中有较好的溶解度、结构中有氨基和羧基、能够成盐、存在等电点等特性为氨基酸的提取分离方法提供了依据。氨基酸类成分一般采用水或者稀乙醇提取，如果要提取组成蛋白、多肽等的氨基酸，一般先将药材经过酸、碱或者酶水解后，再进行提取。氨基酸分离常用沉淀法、离子交换树脂法和电泳法。

1. 沉淀法

沉淀法分离氨基酸主要包括特殊试剂沉淀法、等电点沉淀法和有机溶剂沉淀法。

有机溶剂法：利用各氨基酸在溶剂中溶解度不一样来实现氨基酸的彼此分离。例如，胱氨酸和酪氨酸在冷水中极难溶解，而其他氨基酸易溶；酪氨酸在热水中溶解度较胱氨酸大得多，故可将两者再分离。

特殊试剂沉淀法：某些氨基酸可以与一些有机化合物或者无机化合物结合，形成结晶性衍生物沉淀，从而达到与其他氨基酸分离的目的。例如，精氨酸与苯甲醛在碱性和低温条件下，可以缩合成溶解度很小的苯亚甲基精氨酸析出，将析出沉淀用盐酸水解除去苯甲醛，即可得到精氨酸盐酸盐。

等电点沉淀法：依据氨基酸的等电点不同，在等电点处，氨基酸分子净电荷为零，溶解度降低，氨基酸易于彼此吸引形成结晶沉淀。

2. 离子交换树脂法

不同的氨基酸有不同的等电点，通过调节 pH，可以实现一些氨基酸带正电，一些氨基酸带负电，或者一些氨基酸不带电。利用离子交换树脂对带不同电荷的氨基酸吸附能力的差异可以对氨基酸混合物进行分离。该法只有当混合氨基酸之间等电点相差较大的时候才能较好地实现不同氨基酸所带电荷的差异，便于采用离子交换树脂分开。

（五）氨基酸的检识

测试样品制备：取中药粗粉 5 ~ 10g，加水 10 ~ 20ml 温浸 1 小时，滤过，滤液供下述试验用。

1. 理化检识

（1）茚三酮反应：取供试液 1ml，加 0.2% 茚三酮溶液 2 ~ 3 滴，摇匀，在沸水浴中加热 5 分钟，冷却后如显蓝色或蓝紫色，显示含有氨基酸、多肽或蛋白质。此反应也可用于色谱显色，但少数氨基酸产生黄色斑点，并易受氨气、麻黄碱、伯氨、仲氨等的干扰而产生假阳性。

（2）吲哚醌（Isatin）反应：取供试液滴于滤纸上，晾干，喷吲哚醌试液，加热 5 分钟，不同的氨基酸类显示不同的颜色。

（3）Folin 试剂：取 1，2- 萘醌 -4- 硫酸钠 0.02g 溶于 5% 碳酸钠溶液 100ml 中，临用时现配。不同氨基酸显不同颜色。

2. 色谱检识

（1）纸色谱检识：展开剂为正丁醇 - 甲醇 - 水（3 ∶ 3 ∶ 1）；异丙醇 - 乙酸 - 水（4 ∶ 1 ∶ 1）；甲醇 - 水 - 吡啶（20 ∶ 20 ∶ 4）。

（2）薄层色谱检识：展开剂为正丁醇 - 乙酸 - 乙醇 - 水（4 ∶ 1 ∶ 1 ∶ 2）；正丁醇 - 乙酸 - 水（4 ∶ 1 ∶ 5，上层）；氯仿 - 甲醇 -17% 氨水（2 ∶ 2 ∶ 1）。

显色剂：茚三酮试剂，喷后于 110℃加热，显紫色。如为脯氨酸，海人草氨酸则显黄色，氨也有反应，因此要注意氨气的干扰。吲哚醌试剂，显色方法与印三酮相似，不同氨基酸显不同颜色，灵敏度不如茚三酮试剂。

（六）含氨基酸中药研究实例

4- 羟基异亮氨酸的提取分离：4- 羟基异亮氨酸是一种重要的促胰岛素分泌剂，可作为治疗 2 型糖尿病的药物，在胡芦巴种子中的含量较高。葫芦巴为豆科葫芦巴属植物，用于治疗寒疝、腹胁胀满、寒湿脚气、肾虚腰酸等，现代研究证实其对糖尿病、高血脂、肠疾病、痛风、痛经等具有很好的疗效。葫芦巴中主要的降糖活性成分 4- 羟基异亮氨酸的提取分离流程如图 12-1。

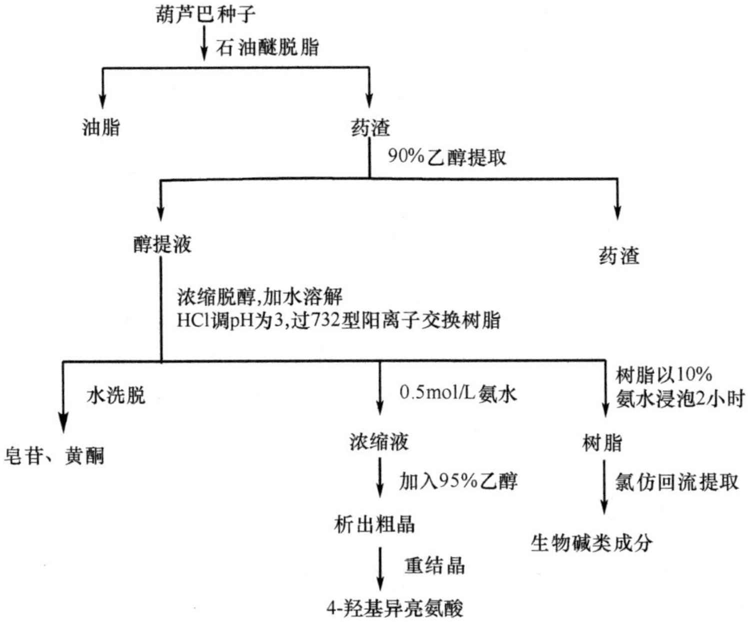

图 12-1　4- 羟基异亮氨酸提取分离流程图

二、环肽

（一）概述

环肽化合物（cyclopeptides）是由 2 ～ 12 个氨基酸通过酰胺键或肽键形成的一类环状肽类化合物。主要来源于植物、海洋生物和微生物等，目前从约 25 科 65 属 120 种高等植物中已发现 450 多个植物环肽。约 24 种以上的中药中含有环肽类成分，中药中环肽研究虽然起步较晚，但由于环肽类化合物结构新颖及多样化，生物活性显著，已成为一个新的研究热点。

环肽类成分具有抗肿瘤、抗病毒、免疫抑制、镇静、收缩子宫等多方面生物活性，尤以一些微生物和海洋生物来源的成分具有显著的抗病毒、抗肿瘤、免疫抑制方面活性，一些环肽已应用于临床。环孢菌素 A（cyclosporine A）是一种从丝状真菌 *Tolypocladium inflatum* 培养液中分离出的由 11 个氨基酸组成的环肽，具有强的免疫抑制、抗真菌等活性；从海洋被囊动物膜海鞘 *Trididemnum sodium* 得到的 didemnin B 肽类化合物具有抗肿瘤、抗病毒和免疫调节作用；棘白菌素（echinocandin）是一类接有脂链的环状六肽，由曲霉 *Aspergillus nidulans* 或 *A.rugulosus* 发酵产生的广谱抗真菌药物，为葡聚糖合成酶抑制剂。

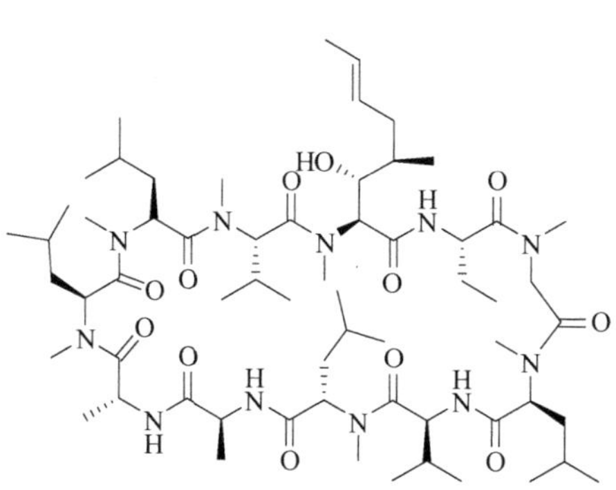

环孢菌素A

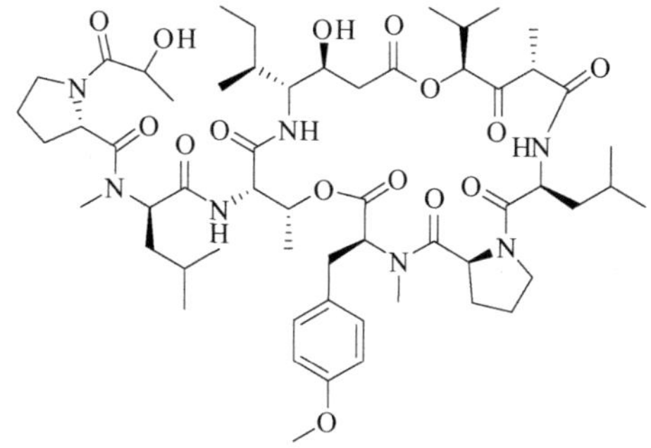

didemnin B

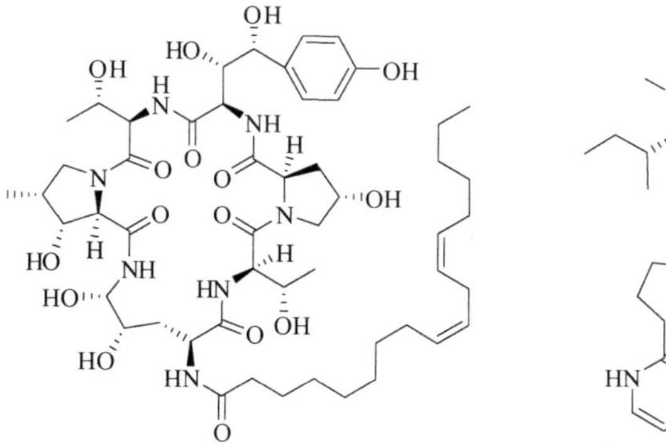

棘白菌素 B

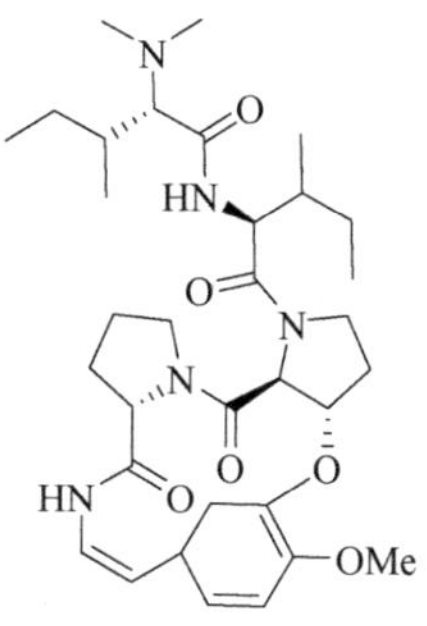

zizyphine A

对从中药中分离获得的环肽研究也有一定进展，如从酸枣仁 *Ziziphus jujuba* 中获得具有安眠作用的 zizyphine 系列环肽类化合物；从太子参 *Pseudostellaria heterophylla* 中获得的太子参环肽类成分具有酪氨酸酶抑制活性，其中太子参环肽 B（heterophyllin B）已作为中药太子参药材的含量测定对照物质；中药金铁锁 *Psammosilene tunicoides* 中环肽 tunicyclin D 具有强效广谱的抗真菌活性；从茜草科植物小红参 *Rubia yunnanensis* 中得到 rubiyunnanins A 等 13 个环肽类成分有着丰富的生物活性，其中化合物 RA- Ⅴ为强活性天然新型 NF-κB 信号通路抑制剂，并具有良好的抑制新生血管活性。

（二）环肽的结构分类与理化性质

目前得到的环肽类化合物根据其骨架可分为均环肽（homodetic cyclopeptide）和杂环肽（heterodetic cyclopeptide）两个大类。均环肽结构中氨基酸之间以酰胺键相连，杂环肽结构中存在非氨基酸单元或者各结构单元之间除酰胺键相连外还有酯键、醚键、硫酯键和二硫键等。

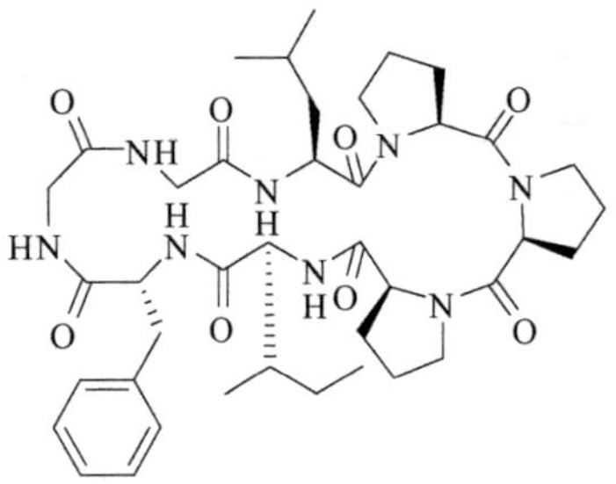

heterophyllin B

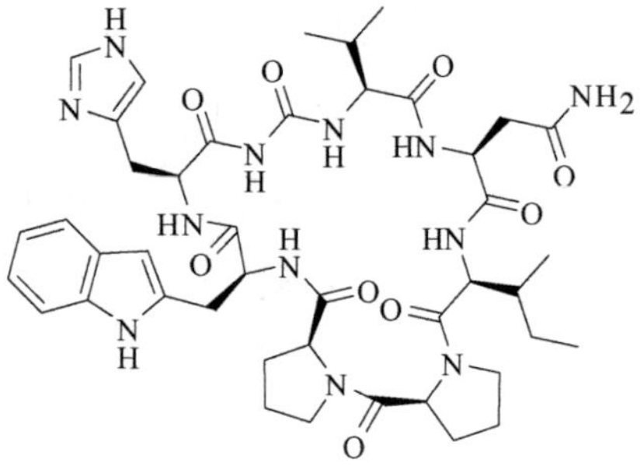

tunicyclin D

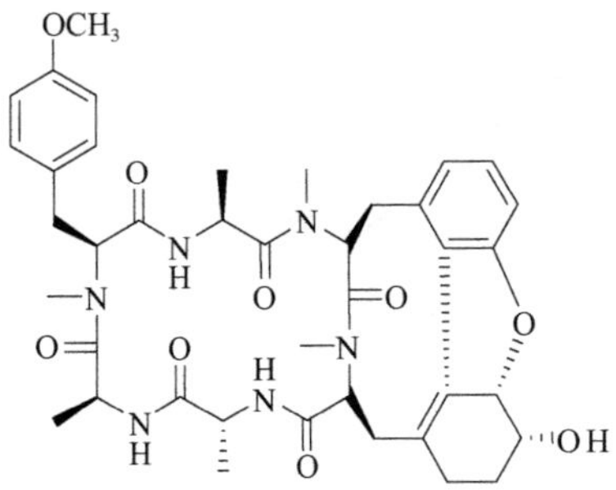

rubiyunnanins A

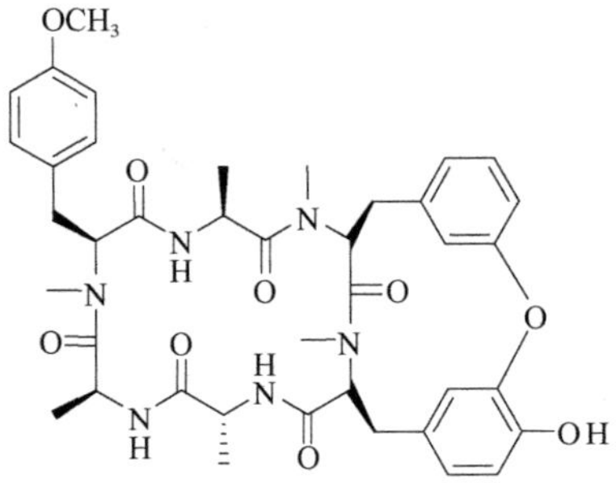

RA-Ⅴ

环肽化合物一般易于结晶，熔点多高于 260℃，有旋光性，易溶于水，可溶于甲醇、氯仿等有机溶剂。

（三）环肽的检识

供试样品制备：称取 50 ～ 100g 干燥植物细粉，用 95% 乙醇回流提取 3 小时，过滤并回收溶剂得乙醇流浸膏。乙醇流浸膏首先用乙酸乙酯或氯仿萃取，继用正丁醇萃取，回收溶剂所得的乙酸乙酯或氯仿部分用于环肽检测，正丁醇部分用于环肽配糖体检测。

薄层色谱检识：取两块硅胶 G 板（板 1 和板 2），将样品分别点在两块板上，用氯仿 - 甲醇（9 ∶ 1）展开；挥发掉溶剂后，板 1 放置，而板 2 悬于底部加有约 1ml 浓盐酸的密闭磨口玻璃缸中（耐酸和耐高温玻璃缸），置于 110℃的烘箱中，加热水解 1 ～ 2 小时，冷却后取出板 2，挥发掉盐酸；然后将未经水解的板 1 和加热酸水解的板 2 同时喷洒 0.2% 茚三酮丙酮试剂，加热显色，如板 2 显示几个紫红色斑点或黄色斑点，而板 1 在相应位置上无显色斑点，显示此植物样品可能含有环肽。

三、蛋白质和酶

（一）概述

蛋白质（protein）和酶（enzyme）是生物最基本的生命物质，凡是有生命的地方就有蛋白质和酶。氨基酸是组成蛋白质的基本单位，氨基酸通过脱水缩合连成肽链，由一条或多条多肽链组成蛋白质生物大分子。酶大多是蛋白质，但少数具有生物催化功能的分子并非为蛋白质，有一些被称为核酶的 RNA 分子也具有催化功能。

近年陆续开发了与人体健康密切相关的不同活性的蛋白质以及酶类成分，并已在临床发挥了很大的作用，蕴含着巨大的潜力。例如，中药天花粉为栝楼 *Trichosanthes kirilowii* 的块根，天花粉蛋白（trichosanthin）临床用于中期妊娠引产，治疗葡萄胎和绒毛膜上皮细胞癌；还有一些蛋白类成分，如蓖麻毒蛋白（ricin）、商陆毒蛋白（dodecandrin）、相思豆毒蛋白（abrin）和槲寄生蛋白（viscotoxin）等皆为免疫毒素，常有一定抗肿瘤活性；从地龙 *Pheretima aspergillum* 中提取的蚯蚓纤溶酶（earthworm fibrinolytic enzyme），具有直接纤溶活性和纤溶酶原激活活性，既能溶解陈旧血栓又能抑制血栓的形成，是预防和治疗血栓疾病的有效药物；番木瓜 *Carica papaya* 未成熟的果实内含有大量蛋白酶，可消炎止痛，驱除肠道寄生虫；蛇毒类凝血酶（thrombin-like enzyme）是一类纤维蛋白原裂解酶，主要存在于蝮亚科和蝰亚科蛇毒中，具有去纤、抗凝、扩张血管、改善微循环等功效。

（二）蛋白质和酶的理化性质

蛋白质的理化性质和氨基酸相似，有两性解离及等电点、紫外吸收和呈色反应。作为生物大分子，还有胶体性质、沉淀、变性和凝固等特点。

1. 溶解性

多数蛋白质和酶溶于水，不溶于有机溶剂。蛋白质的溶解度受 pH 影响。

2. 相对分子质量

蛋白质和酶的溶解具有亲水胶体特性，蛋白质的相对分子质量为 1 万～100 万，其颗粒平均直径约为 4.3nm，可以依据蛋白质和酶分子大小，利用半透膜或者凝胶色谱提纯蛋白质。

3. 两性和等电点

蛋白质和氨基酸一样，结构上存在氨基和羧基，是两性物质，在溶液中的荷电状态受 pH 影响，具有等电点。

4. 变性和沉淀

当蛋白质和酶被加热，或与酸、碱等理化因素作用，空间结构被破坏，导致理化性质改变，生物学活性丧失，称为蛋白质的变性。变性蛋白溶解度降低，易形成沉淀析出；有些变性是可逆的，去除变性条件，蛋白有可能恢复生物活性。

蛋白质自溶液中析出的现象，称为蛋白质的沉淀。盐析、有机溶剂、重金属盐、生物碱试剂都可沉淀蛋白质。盐析沉淀蛋白质不变性，是分离制备蛋白质的常用方法，蛋白质和酶在水溶液中可被高浓度的硫酸铵或氯化钠溶液盐析而沉淀析出。低温时，用丙酮沉淀蛋白质，可保留原有的生物学活性。

蛋白质与鞣酸、苦味酸、三氯乙酸或硅钨酸结合成盐而沉淀，是不可逆的。另外蛋白质可与过渡金属如 Cu、Fe 和 Hg 等的离子形成稳定络合物沉淀。

5. 水解

蛋白质在酸、碱、酶等作用下可逐步水解，最终生成各种氨基酸。

6. 酶解

酶具有很高的催化性及专属性。例如，麦芽酶（maltase）只能水解 α- 苷键，而对 β- 苷键无作用。

（三）蛋白质和酶的检识

供试样品制备：取中药粗粉 1.0～2.0g，加水 10～20ml 温浸 1 小时，滤过，滤液浓缩备用。

1. **理化检识**

（1）加热沉淀试验：取供试液 1ml，加热煮沸，如产生混浊或沉淀，可能含有蛋白质。或直接加入 5% 硫酸铵溶液 1ml，若产生沉淀，亦表明可能含有蛋白质。

（2）双缩脲（Biuret）反应：取供试液 1ml，加 40% 氢氧化钠溶液 2 滴，摇匀，滴加 1% 硫酸铜溶液 1 ～ 2 滴，摇匀，如显紫色，示含多肽或蛋白质。

2. **色谱检识**

薄层吸附剂：硅胶 G；展开剂为氯仿 - 甲醇（或丙醇）（9 ∶ 1）；显色剂为 2% 茚三酮溶液。

（四）含蛋白质和酶中药研究实例

苦瓜籽蛋白的提取分离：苦瓜 *Momordica charantia* 是葫芦科（Cucurbitaceae）苦瓜属植物，有除邪热、解劳乏，清心明目的功效，用于治疗痢疾、内热消渴、疮疡肿毒等。迄今为止，已成功地从苦瓜中提取了包括 *α*- 苦瓜籽蛋白（*α*-momorcharin）和 *β*- 苦瓜籽蛋白（*β*-momorcharin）在内的数种蛋白质。研究表明苦瓜蛋白具有抗肿瘤、降血糖和抗艾滋病等生物活性，其提取分离工艺流程如图 12-2 所示。

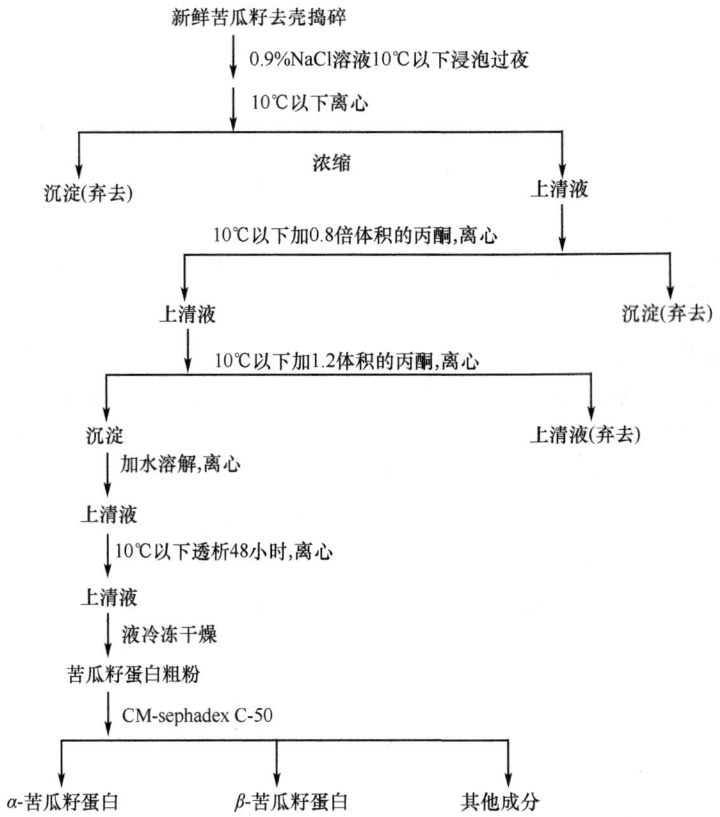

图 12-2　苦瓜籽蛋白提取分离流程图

本章参考资料请扫码